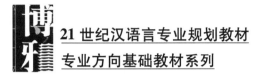

21世纪汉语言专业规划教材
专业方向基础教材系列

修辞学教程

（第二版）

陈汝东 著

图书在版编目（CIP）数据

修辞学教程 / 陈汝东著. —2版. —北京：北京大学出版社，2014.8
（21世纪汉语言专业规划教材·专业方向基础教材系列）
ISBN 978-7-301-24530-9

Ⅰ.①修⋯ Ⅱ.①陈⋯ Ⅲ.①汉语—修辞学—教材 Ⅳ.①H15

中国版本图书馆 CIP 数据核字（2014）第 164124 号

书　　　　名：	修辞学教程（第二版）
著作责任者：	陈汝东　著
责 任 编 辑：	唐娟华
标 准 书 号：	ISBN 978-7-301-24530-9/H·3552
出 版 发 行：	北京大学出版社
地　　　　址：	北京市海淀区成府路 205 号　100871
网　　　　址：	http://www.pup.cn　新浪官方微博:@北京大学出版社
电 子 信 箱：	zpup@pup.pku.edu.cn
电　　　　话：	邮购部 62752015　发行部 62750672　编辑部 62753374
	出版部 62754962
印　　刷　者：	三河市北燕印装有限公司
经　　销　者：	新华书店
	650 毫米×980 毫米　16 开本　33.25 印张　550 千字
	2004 年 8 月第 1 版
	2014 年 8 月第 2 版　2024 年 8 月第10次印刷
定　　　　价：	69.00 元

未经许可，不得以任何方式复制或抄袭本书之部分或全部内容。
版权所有，侵权必究
举报电话：010-62752024　电子信箱：fd@pup.pku.edu.cn

再版说明

本书原名《当代汉语修辞学》，由我社于 2004 年出版。《当代汉语修辞学》自问世以来，受到读者的欢迎，而且被众多高校选作教材，一再重印。利用续订出版合同之机，作者对教材进行了较大的修订，并同意将新版改名为《修辞学教程》，纳入北大社策划的《21 世纪汉语言专业规划教材》系列。

本书吸收当代修辞学的最新研究成果，特别是作者近年来的研究成果，系统阐述了汉语修辞学的基本知识和基本理论，分析了汉语修辞手段、修辞方法的结构和功能，概括了修辞交际的基本规律，特别是社会心理规律，揭示了话语建构和话语理解的理论和方法，简要概括了中国修辞学研究的历史、现状及发展趋势。

本书力求集学术性、知识性、实用性、趣味性、科学性、前沿性于一体，达到体系合理、观点鲜明、文笔流畅、语料丰富生动。它所阐述的修辞基本理论和基本知识，对提高大学生的汉语修辞知识和理论水平，增强其社会协调能力，特别是建构有效话语、准确理解话语信息的能力，提高学术素养，具有积极作用。

本书适于用作大学修辞学课教材，特别是大学中文、新闻、传播、文秘、影视、外语等专业的修辞学教材，也可以作为大学汉语修辞学通选课教材，同时适合修辞学爱好者、研究者阅读。

北京大学出版社

太上有立德，其次有立功，其次有立言，虽久不废，此之谓三不朽。……禄之大者，不可谓不朽。

——叔孙豹语《左传·襄公二十四年》

出言陈辞，身之得失，国之安危也。

——子贡语，刘向《说苑·善说》

人而无辞，安所用之。……夫辞者乃所以尊君、重身、安国、全性者也。故辞不可不修，而说不可不善。

——主父偃语，刘向《说苑·善说》

盖文章，经国之大业，不朽之盛事。年寿有时而尽，荣乐止乎其身，二者必至之常期，未若文章之无穷。

——曹丕《典论·论文》

一声啼哭，宣告我们来到这个世界。呀呀学语，开始了最初的交流。从此，语言与我们结下不解之缘，相濡以沫，终其一生。

语言开启了人生旅程，打开了智慧之门，书写了生命的历史。人生，是一篇文章，是语言的历程，是修辞的长河。

以语言为业，以修辞为生，课堂上，书本里，修辞是一道风景，是一种意境，是一种人生追求，是一种文化和文明。

修辞即生活，生活即修辞，修辞是生命的一种表现形态。它内涵丰富，五彩斑斓，意境高远，气象万千。

听一堂课，看一页书，开始一种耕耘，编织一个梦想，实现一片憧憬。

目 录

第一章 修辞学概说 … 1

第一节 修辞概说 … 1
一、修辞——古老的传统 … 1
二、修辞的缘起和历史沿革 … 4
三、修辞行为 … 7
四、修辞行为的属性 … 12
五、修辞观中的几种偏颇 … 18
六、修辞行为的目的与功能 … 24
七、修辞行为的基本要素 … 28

第二节 修辞学概说 … 32
一、修辞学 … 32
二、修辞学的研究对象和任务 … 35
三、修辞学的学科属性 … 39

第三节 修辞学与当代社会 … 43
一、多维视野中的修辞学 … 43
二、修辞学的科学地位 … 52
三、修辞学与当代社会发展 … 54

第二章 修辞手段 … 58

第一节 修辞手段及其类别 … 58
一、修辞手段 … 58
二、语言手段和非语言手段 … 59
三、语音、语义及形式手段 … 63
四、平实手段和艺术手段 … 66

五、修辞手段的行为类别 ································ 69
第二节　语音及其修辞功能 ································ 69
　　一、汉语语音的特点 ································ 69
　　二、谐音功能 ································ 70
　　三、韵律功能 ································ 72
　　四、节奏功能 ································ 73
　　五、语篇功能 ································ 74
　　六、风格功能 ································ 75
第三节　词语及其修辞功能 ································ 77
　　一、词语的修辞功能类别 ································ 77
　　二、词语的意义与功能 ································ 78
　　三、词语的修辞功能 ································ 80
第四节　词语的附加修辞功能 ································ 82
　　一、词语的语体标示功能 ································ 82
　　二、词语的风格标示功能 ································ 85
　　三、词语的角色标示功能 ································ 86
　　四、词语的态度标示功能 ································ 89
　　五、词语的形象标示功能 ································ 92
　　六、词语的行业标示功能 ································ 96
　　七、词语的时代标示功能 ································ 97
　　八、词语的地域标示功能 ································ 99
　　九、词语的语域标示功能 ································ 101
　　十、词语的文化标示功能 ································ 102
　　十一、词语的各种附加功能之间的关系 ················ 105
第五节　熟语及其修辞功能 ································ 106
　　一、惯用语及其修辞功能 ································ 107
　　二、成语及其修辞功能 ································ 110
　　三、谚语及其修辞功能 ································ 113
　　四、格言及其修辞功能 ································ 115
　　五、歇后语及其修辞功能 ································ 116

六、俗语及其修辞功能 …………………………………… 118
　　七、熟语的附加修辞功能 ………………………………… 120
 第六节　句式及其修辞功能 …………………………………… 122
　　一、句式的语气变化 ……………………………………… 124
　　二、句式的主被差异 ……………………………………… 131
　　三、句式的肯否错综 ……………………………………… 133
　　四、句式的长短调整 ……………………………………… 135
　　五、句式的整散匹配 ……………………………………… 139
　　六、句式的松紧处理 ……………………………………… 142
　　七、句式的雅俗分化 ……………………………………… 145
　　八、句式的文白选择 ……………………………………… 148
　　九、其他类型的句式 ……………………………………… 151
　　十、各种句式的杂糅 ……………………………………… 151

第三章　修辞方法 ………………………………………………… 155
 第一节　修辞方法及其分类 …………………………………… 155
　　一、修辞方法的内涵 ……………………………………… 155
　　二、修辞方法的类别 ……………………………………… 157
 第二节　形式化修辞方法 ……………………………………… 159
　　一、两两相对法——对偶 ………………………………… 159
　　二、一贯而下法——排比 ………………………………… 168
　　三、一唱三叹法——反复 ………………………………… 173
　　四、首尾蝉联法——顶真 ………………………………… 181
　　五、回环往返法——回文 ………………………………… 183
 第三节　意义化修辞方法 ……………………………………… 188
　　一、形象生动法——比喻 ………………………………… 188
　　二、简洁幽默法——借代 ………………………………… 207
　　三、生动活泼法——比拟 ………………………………… 216
　　四、虚张声势法——夸张 ………………………………… 224
　　五、含蓄委婉法——双关 ………………………………… 230

六、新异感受法——移就 ………………………………… 240

第四章　修辞规律 ………………………………………… 247

第一节　修辞规律及其研究 ……………………………… 247
　　一、修辞规律的性质 ……………………………………… 247
　　二、修辞规律的作用 ……………………………………… 249
　　三、修辞规律研究概述 …………………………………… 254
　　四、修辞规律 ……………………………………………… 256

第二节　修辞应符合汉语的结构规律 …………………… 260
　　一、话语应符合汉语的语音和文字规范 ……………… 260
　　二、话语应符合汉语的语法规范 ……………………… 262
　　三、话语应符合汉语的语义规范 ……………………… 265

第三节　修辞应符合语体规范 …………………………… 266
　　一、语体及其成因 ………………………………………… 266
　　二、语体研究溯源 ………………………………………… 270
　　三、汉语的语体规范体系 ………………………………… 274
　　四、修辞应切合语体规范 ………………………………… 281
　　五、语体的渗透与交叉 …………………………………… 290

第四节　修辞应切合风格要求 …………………………… 297
　　一、语言风格 ……………………………………………… 297
　　二、语言风格的类型 ……………………………………… 298
　　三、语言风格与修辞的关系 ……………………………… 301
　　四、修辞应切合风格要求 ………………………………… 302

第五节　修辞应切合言语动机 …………………………… 307
　　一、言语动机 ……………………………………………… 307
　　二、言语动机和目的在修辞过程中的作用 …………… 308
　　三、修辞应切合言语动机、言语目的 ………………… 311

第六节　修辞应切合语境 ………………………………… 317
　　一、语境及其构成 ………………………………………… 317

二、修辞与语境的辩证关系…………………………………………319
三、修辞应切合社会文化背景…………………………………………322
四、修辞应切合民族心理………………………………………………328
五、修辞应切合社会政治背景…………………………………………335
六、修辞应切合社会心理………………………………………………336
七、修辞应切合社会角色………………………………………………339

第五章 话语建构……………………………………………………………347

第一节 修辞原则研究…………………………………………………347
一、修辞原则研究的历史与现状………………………………………347
二、修辞原则研究的局限性……………………………………………348
三、修辞原则研究分析…………………………………………………349

第二节 话语建构的原则………………………………………………351
一、正确…………………………………………………………………351
二、准确…………………………………………………………………355
三、适切…………………………………………………………………359
四、恰切…………………………………………………………………361
五、四项原则划分的理据………………………………………………363
六、四项原则的辩证关系………………………………………………363

第三节 词语选择…………………………………………………………365
一、区分词语的理性意义………………………………………………366
二、注意词语的附加修辞功能…………………………………………371
三、寻常词语的艺术化…………………………………………………387

第四节 句际组合…………………………………………………………398
一、句子建构……………………………………………………………398
二、句际组合的原则……………………………………………………404
三、句式匹配的方法……………………………………………………411

第五节 修辞格运用………………………………………………………433
一、修辞格运用的原则…………………………………………………433

二、修辞格运用的方法 ·· 439
　　三、修辞格的创新 ·· 443

第六章　话语理解 ·· 452

第一节　话语理解及其修辞价值 ································ 452
　　一、话语理解 ·· 452
　　二、话语理解的修辞价值 ·· 454
　　三、话语理解研究的修辞学意义 ······························ 459

第二节　话语理解的内容 ·· 460
　　一、话语意义 ·· 460
　　二、言语动机 ·· 462
　　三、社会角色 ·· 463
　　四、个性心理 ·· 465
　　五、社会心理 ·· 467

第三节　话语理解的原则 ·· 470
　　一、言境统一 ·· 470
　　二、言实统一 ·· 473
　　三、言人统一 ·· 478
　　四、言行统一 ·· 481
　　五、言德统一 ·· 482

第七章　修辞学史 ·· 487
　　一、中国的古典修辞学传统 ······································ 488
　　二、现代修辞学的基本理论成就 ································ 497
　　三、现代修辞学事业的发展成就 ································ 507
　　四、现代修辞学发展的经验教训 ································ 508
　　五、未来中国修辞学理论展望 ··································· 509
　　六、世界学术舞台上的中国修辞学 ····························· 512
　　七、中国修辞学事业的发展前景 ································ 514

第一章　修辞学概说

> 　　修辞不仅是一种选择语音、词语、句式、修辞格等的语言运用现象，也是一种社会行为现象。它利用语言、音乐、图片、图像、建筑、环境等媒介符号，建构有效的文本，传播信息，影响和改变他人的情感、态度、思想、观念乃至行为。
>
> 　　修辞也是一种人类传播现象，是一种人类传播秩序和社会秩序，是公共权力和公共秩序建构、社会事务处理、公共政策制定的方式和方法，是一种社会公平、公正的制度体系，是一种人类生活方式，同时也是一种人类文化和文明的样类。

第一节　修辞概说

一、修辞——古老的传统

　　社会生活纷繁复杂、千姿百态，但维系其运作的最重要纽带，却只有一条——语言。人们通过语言沟通、交流，进行社会互动。作为人类最重要的交际工具，语言实际上也是一种人类生存方式，是一种社会生产力，是人类文化和文明的气象。我们不仅生存在一个物质世界里，同时也生活在一个语言世界里。人类通过语言思维、认知，运用语言交流、娱乐，依靠语言记录并再现自己的历史、文化乃至文明。离开了语言，生活将寸步难行，等待我们的将是一个寂寞的世界。

　　语言能力的发展，从来就是人生存的基本要件和必备素质。而这种必备素质的集中体现就是——修辞。汉代的刘向曾引用主父偃的话说：

> 　　人而无辞，安所用之。昔子产修其辞而赵武致其敬，王孙满明其言而楚庄以惭，苏秦行其说而六国以安，蒯通陈其说而身得以全。夫辞者乃所以尊君、重身、安国、全性者也。故辞不可不修，

而说不可不善。①

这段话的意思是说，一个人没有很强的言语能力，说话没有文采，怎么用他呢？郑国的政治家、外交家子产能言善辩，精于治国，为晋国的政治家、外交家赵武——赵文子所钦佩。楚庄王曾经想推翻周室，却被能言善辩的东周大夫王孙满所折服。蒯通善于辞令而为刘邦所赦免。这话有理有据，一语中的，不但说明了修辞之于个人安身立命的实用功能，也道出了修辞的治国安邦价值。

作为语言运用艺术的修辞，在我国的历史文化中积淀了许多为人津津乐道的经典。唐朝苦吟诗人贾岛是位诗歌修辞高手。他的"推敲"典故，今天依然挂在世人的嘴边：

闲居少邻并，草径入荒园。
鸟宿池边树，僧敲月下门。
过桥分野色，移石动云根。
暂去还来此，幽期不负言。

（贾岛《题李凝幽居》）

据载，诗人在作该诗时，对用"僧敲月下门"还是"僧推月下门"举棋不定。后来遇到韩愈，韩愈觉得用"敲"比"推"好，贾岛才定为"敲"。为什么呢？"敲门"暗含了必然的声响效果，如此能衬托夜的寂静；而"推门"则不一定有明显的声响效果指向。此外，使用"敲"还使上下句水乳交融。作者是何以知道"鸟宿池边树"呢？因为敲门声惊飞了宿在池边树上的鸟。在这首意在突出自然景色恬淡幽静之美的诗歌中，舍"推"取"敲"，使诗歌的意境更趋理想。一"推"一"敲"，何其辛苦！所谓"二句三年得，一吟双泪流。知音如不赏，归卧故山秋"，②正是对这种苦吟的感叹。贾诗中许多名句，如"秋风生渭水，落叶满长安"等的获得，谁又说不是诗人瞑思苦吟的修辞结果呢？

不言而喻，谈到修辞，进入人们思想视野的首先就是选词、择句、调音、设格的古老传统。它历久靡衰，常说常新。如果说上述语例着力突现的是意蕴悠长的话语听觉效果，那么下面的例子所要说明的就是视

---

① 刘向《说苑·善说》。
② 贾岛《题诗后》，在《送无可上人》中的"独行潭底影，数息树边身"下注，《全唐诗》卷五百七十四，第十七册，第6692页。

觉的靓丽了：

> 京口瓜洲一水间，钟山只隔数重山。
> 春风又绿江南岸，明月何时照我还。

这是宋代诗人王安石的《泊船瓜洲》。诗中的改字也是大家耳熟能详的炼字经典。"春风又绿江南岸"一句，历来为人们所称道。宋代洪迈的《容斋续笔·诗词改字》记载："吴中士人家藏其草，初云：'又到江南岸'，圈去'到'字，注曰：'不好'，改为'过'。复圈去，而改为'入'。旋改为'满'。凡如是十许字，始定为'绿'。"

为什么诗人不用"到""过""入""满"等词，最后定为"绿"呢？其修辞理据何在呢？深入推敲，原因大抵有二：一方面，"绿"所蕴含的色彩能激发听读者的想象力。看到"绿"字，人们就很容易联想到自然界的绿色植物，联想到充满绿色、生机勃勃的春天。"绿"具有鲜明的视觉效果，"到""过""入""满"等则没有。这在语言文字的抽象传播中，无疑会增加诗歌意境的立体感。另一方面，就是"绿"所喻化出的双关联想。诗人当时正值被贬复出，重新得到皇上的重用，心情自然是十分畅快。这和绿色所喻化出的充满生机与希望的春天一致。"绿"不仅是春风拂后江南花草树木的主色调，也是皇恩再度来临的象征。这里，"绿"有双关的意思。在本诗中，诗人对上述几个词语变体的选择取舍，实际上就是传统修辞的主体部分。

斗转星移，人世沧桑，刀耕火种的时代已如过往烟云。在经历了千万年的修辞磨砺之后，人类迈入了一个高科技化的信息时代。人间虽换，但修辞的社会功能却历久弥新。在当今飞速发展的科技时代，在人际交流日益频繁的今天，谁又能说语言素质与语言能力的高低，不是人才衡量与竞争的重要标志之一呢？人际交往、政治宣传、新闻广播、商业营销、演讲主持甚至于读书学习，各行各业、事事处处、每时每刻，都离不开修辞知识与修辞能力。不学词汇，依然可以说话；不学语法，仍然可以造句；但如果不学修辞，我们将难以提高人际合作的效率，无法更好地推销自己。因此，在各级各类学校教育中，语文素质的培养，修辞能力的提高，依然举足轻重。而在大学的素质教育中，悠久的修辞学传统更应该继承并发扬光大。

二、修辞的缘起和历史沿革

在中华民族悠久的历史文化中,修辞是一个常说常新的古老命题。《左传》里说:"晋为伯,郑入陈,非文辞不为功,慎辞哉!"意思是:"晋国成为诸侯的霸主,而郑国却敢于兴兵攻下陈国,假如不依靠优美的外交辞令,是绝对不会获得晋国的谅解的。可见,外交官员的言论必须谨慎。"[①] 这可以说是中国人语言社会功能或者说修辞社会价值论的滥觞。它表明,早在春秋战国时期,当时人就利用语言协调诸侯国之间关系,且具有武力所难以达到的社会效果。《论语》记载,孔子曾说:"为命,裨谌草创之,世叔讨论之,行人子羽修饰之,东里子产润色之。"意思是:写外交文书,先由裨谌起草,世叔审议并提出意见,行人子羽修改,东里子产进行加工润色。汉朝人刘向的《说苑·善说》引用子贡的话说:"出言陈辞,身之得失,国之安危也。"这些都说明,中国人早已认识到了修辞在社会生活中的重要作用,而且很注意修辞。

在我国历史上,许多文学家也都十分重视雕词琢句、锤炼语言。比如,唐代诗人杜甫就曾说过:"为人性僻耽佳句,语不惊人死不休!"[②] 他还曾说过:"新诗改罢自长吟……颇学阴何苦用心。"[③] 刘禹锡所说的"常恨言语浅,不如人意深",[④] 实际上也表达了孜孜于语言锤炼的感叹。这表明了我国古代人民重视修辞的悠久传统。重视修辞表现在口语中,就是重视口才。而在书面语交际领域中,就是看重文章写作。魏文帝曹丕曾说:"盖文章,经国之大业,不朽之盛事。年寿有时而尽,荣乐止乎其身,二者必至之常期,未若文章之无穷。是以古之作者,寄身于翰墨,见意于篇籍,不假良史之辞,不托飞驰之势,而声名自传于后。故西伯幽而演易,周旦显而制礼,不以隐约而弗务,不以康乐而加思。夫然则古人贱尺璧而重寸阴,惧乎时之过已。而人多不强力,贫贱

---

① 冯作民《白话左传》,岳麓书社,1988年,第303页。
② 杜甫《江上值水如海势聊短述》,《全唐诗》卷二百二十六,第七册,第2443页。全诗为:"为人性僻耽佳句,语不惊人死不休。老去诗篇浑漫兴,春来花鸟莫深愁。新添水槛供垂钓,故着浮槎替入舟。焉得思如陶谢手,令渠述作与同游。"
③ 杜甫《解闷十二首》之七,全诗为:"陶冶性灵在底物,新诗改罢自长吟。孰知二谢将能事,颇学阴何苦用心。"《全唐诗》卷二百三十,第2518页。
④ 《视刀环歌》,《全唐诗》卷三百六十四,第十一册,第4103页,全诗为:"常恨言语浅,不如人意深。今朝两相视,脉脉万重心。"

则慑于饥寒，富贵则流于逸乐，遂营目前之务，而遗千载之功，日月逝于上，体貌衰于下，忽然与万物迁化，斯志士之大痛也。"① 曹丕说的是为文，也就是著书立说，自然离不开修辞，也可以看作是我国古代对修辞社会功能的一种高度概括。

　　修辞是一个在长期的社会语用过程中产生的特殊范畴，是一个历时概念。在不同的历史时期，它有不同的含义。"修辞"在我国古代是两个词（或字）。在古文献中，这两个词连在一起用，最早见于孔子的话。《周易》记载，孔子说："君子进德修业。忠信，所以进德也；修辞立其诚，所以居业也。""这是说君子要增进美德、营修功业的道理。忠诚信实，是增进美德的主要基础。修饰文辞和言语，确立至诚的感情，是营修功业的根基。"② 后人对"修辞"有多种解释。《说文解字》说："修，饰也"；"辞，讼也"。唐代人孔颖达解释说："辞谓文教，诚谓诚实也；外则修理文教，内则立其诚实，内外相成，则有功业可居，故云居业也。"也就是说，"修"就是"修理"，"辞"就是"文教"，"修辞"就是"修理文教"的意思，即提高自身的言谈举止等外在素养水平。显然，这与现代人对"修辞"的界定有一定距离。

　　自先秦时期至20世纪初，在我国，人们对修辞的认识经历了一个漫长的过程，修辞的内涵和外延也不断演化。1926年，王易在《修辞学》一书提出修辞学是研究表现文章内美之学。这种观点反映了我国修辞观念上悠久的美辞观传统。这一观点实际上是由修饰观而来，炼字炼句、精雕细琢的结果就是使语言美。20世纪60年代，张弓所主张的"修辞是为了有效地表达意旨，交流思想而适应现实语境，利用民族语言各因素以美化语言"，③ 实际上也是美辞观的延续。这一观念与美学融合，到20世纪90年代逐渐形成了修辞学的一个分支学科——修辞美学。如果说修辞学关涉真、善、美三个层面，那么，修辞美学的建立无疑大大推动了现代修辞学的发展。它使我国横贯古今的文艺修辞批评提升到了一个新的高度。

　　20世纪30年代，陈望道对"修辞"作了广狭之分。他认为：

---

① 曹丕《典论·论文》。
② 《周易》，[英]理雅各英译，秦颖、秦穗校注，秦颖今译，长沙：湖南出版社，1993年，第8页。
③ 张弓《现代汉语修辞学》，河北教育出版社，1993年，第1页。

"（甲）狭义，以为修当作修饰解，辞当作文辞解，修辞就是修饰文辞；（乙）广义，以为修当作调整或适用解，辞当作语辞解，修辞就是调整或适用语辞。"陈望道把狭义和广义交叉，得出四种含义：修饰文辞、修饰语辞、调整或适用文辞、调整或适用语辞。① 实际上，就是修饰、调整或适用文辞和语辞。也就是说，修辞除了包括功能旨在使话语生动形象的"积极修辞"之外，还应该包括那些旨在表达得清楚明白的"消极修辞"；"消极修辞"用孔子的话说，也就是"辞达而已矣"② 的境界。据此，他主张"修辞原是达意传情的手段。主要为着意和情，修辞不过是调整语辞使达意传情能够适切的一种努力"。③ 不难看出，较之于"修饰"观，陈望道的"调整或适用语辞"观和"达意传情适切的努力"观前进了一步，它不但兼顾了一般意义上的用词用句问题，同时指明了修辞的目的和功能指向。但是，把修辞归结为"一种努力"，未免失之笼统。

如果说20世纪上半叶中国修辞学关于修辞本质的认识，还缺乏足够的现代语言学等其他相关学科的理论基础；那么，到了20世纪后半叶，随着语言学本体研究特别是语境研究的深入，人们就开始把修辞纳入语言运用的大视野来认识。因此，有了许多更为深入的论述。比如，"修辞就是在运用语言的时候，根据一定的目的精心地选择语言材料这样一个工作过程"，④"修辞，这里指的是对语言材料的加工，目的是为了提高语言的表达效果"，⑤"修辞现象是言语交际中表达一方力求获得最佳交际效果的一种言语表达现象……修辞手段是言语形式的最佳组合"⑥，等等。

上面这些定义一定程度上代表了现代人对修辞的不同看法。他们对修辞的界定分别侧重了不同方面。有的侧重于修辞的主观意识性，有的强调了语言材料的选择过程，也有的突出了提高表达效果，还有的明确了言语形式的最佳组合。这些看法反映了不同历史时期人们对修辞本质的认识，同时也反映了修辞观念背后的学理基础。这些修辞观对推进汉

---

① 陈望道《修辞学发凡》，上海教育出版社，1979年，第1、3页。
② 《论语·卫灵公》。
③ 陈望道《修辞学发凡》，上海教育出版社，1979年，第1、3页。
④ 张志公《张志公语文教育论集》，人民教育出版社，1994年，第532页。
⑤ 倪宝元主编《大学修辞》，上海教育出版社，1994年，第2页。
⑥ 刘焕辉《修辞学纲要》（修订本），百花洲文艺出版社，1997年。

语修辞研究起了积极作用，但是上述观点也存在某些偏颇或局限。比如，"语辞调整说""选择过程说""美化语言说""最佳组合说"等等，分别侧重了修辞主体的主观性、修辞的过程性、修辞效果的目的性等，分别揭示了修辞的各个侧面的属性，但都没有从整体上把握修辞的本质属性。上述界定尚未上升到人类言语行为高度，从中很少看到修辞主体及其言语行为，它们不同程度地忽视了修辞交际过程中交际双方话语建构和话语理解的互动性。

三、修辞行为

1. 传播行为修辞观及其内涵

随着研究的深入，人类对修辞本质属性的认识也不断加深，对修辞的社会价值更加了解。目前，修辞研究的趋势表明，修辞已不仅指词语修饰、炼词炼句，更不是堆砌辞藻，而是一种人类行为。作为一个词语，"修辞"可以区分出修辞环境、修辞行为、修辞现象、修辞过程、修辞效果等。作为一个概念，我们认为，修辞是人类的一种媒介符号传播行为，是人们依据具体的语境，有意识、有目的地建构话语和理解话语以及其他文本，以取得理想传播效果的社会行为。

修辞所使用的媒介符号以语言为主，但是，近年来，随着修辞学研究的深入，修辞已拓展到了建筑、图片、视频、舞蹈、音乐以及戏剧表演等领域，出现了视觉修辞、建筑修辞、音乐修辞、表演修辞、宗教修辞等等。而人们对修辞的认识、阐发，也更加深入，对修辞进行了更为深刻的阐释："修辞不仅是一种选择语音、词语、句式、修辞格等的语言运用现象，也不仅是一种运用语言、音乐、图片、图像、建筑、环境等涉及听觉、视觉、触觉等媒介符号，建构有效的文本，传播信息，以影响、改变他人情感、态度、思想、观念乃至行为的社会行为现象，也是一种人类传播现象，是一种人类传播秩序和社会秩序，是公共权力和公共秩序建构、社会事务处理、公共政策制定的方式和方法，是一种社会公平、公正的制度体系，是一种人类生活方式，同时也是一种人类文化和文明的样类。"[①]

[①] 陈汝东《新兴修辞传播学理论》，北京：北京大学出版社，2011年，第178页；陈汝东《古典与未来：中国修辞学思想的全球意义》，《北京大学学报》（哲学社会科学版），2013年第5期。

该修辞界定包括以下五个要点。其一，修辞是一种行为。为什么呢？因为修辞具有人类其他行为的一切要件，这包括行为主体——人、行为动机、目的、过程，以及修辞效果。这与人类的其他行为在本质上具有一致性。教师运用语言讲课、作家运用语言创作、售货员通过语言销售商品、政要利用语言宣传施政纲领，凡此种种，都是在用语言来做事。因此说，修辞也是一种人类行为。

其二，修辞是一种言语行为或者说媒介符号行为。尽管当代修辞学已经拓展到了建筑、绘画、多媒体甚至于计算机等领域，但修辞所利用的依然主要是语言。通过语言及其他符号做事，是修辞行为区别于其他人类行为的主要特征。无论是说写行为，还是听读行为，都离不开语言或其他符号。语言或其他符号贯穿了修辞行为的始终，因此说，修辞是一种言语行为，是一种符号行为，是一种传播行为。

其三，修辞是一种言语交际行为，或者说语言传播行为、媒介传播行为。修辞不是语言文字游戏，而是实实在在的言语交际，是参与双方的语言等媒介符号互动，是媒介信息的生产和交换。日常交谈、书信往来、新闻报道、文学创作、商业广告、网络传播，也都是为了交际，是由说写者和听读者构成的双向交际。

其四，修辞是一种有意识、有目的的言语交际行为，或者说语言传播行为、媒介符号传播行为。说话、写文章不是漫无目的地随便说、随便写，而是都有明确的目的。说什么、写什么以及如何说、如何写，都是有意识、有目的的，并努力使话语更有效，以取得预期的理想效果。人类信息的生产和交换，都是建立在信息需求与满足基础上的。

最后，修辞是一定语境下的一种有意识、有目的的言语交际行为，或者说语言传播行为、媒介符号传播行为。修辞都是在一定的具体言语环境或传播环境中进行的。用什么词语，选择什么句式，选择什么样的媒介符号和传播方式，要看交际对象的身份。国别、种族、年龄、性别、职业以及场合等等，都应考虑。课堂上与宿舍里就不一样，有第三者在场和只有两人的对话也有差别。也就是说，修辞要依据具体的言语环境、传播环境进行。

2. 行为修辞观的实践基础

修辞定义的上述要件，具有深厚的现实基础。生活中的语用现实是最好的证明。比如，一电视广告宣传一种保健品——脑白金，开始时广告词是:"今年过节不收礼,收礼只收脑白金!"节目播出后,观众反映这则广告有问题,有误导消费者送礼的倾向,不利于廉政建设。有的观众认为:"很显然,这一广告不是要从我做起,而是他腐败得有些层次了——竟在亿万电视观众面前公然鼓动'送礼',而且送的礼不是脑白金他都不收,此情此景恐怕小学生也能'心领神会':是脑白金他才收,那么比脑白金更好的礼物他收不收呢?"① 在受到社会舆论批评之后,这则广告的广告词改成了"今年爸妈不收礼,礼品还收脑白金"。此后,该广告词又改成了"孝敬爸妈——脑白金"。

显然,在上述话语的建构过程中,广告者具有一定的言语动机,目的是通过话语信息对广大受众施加影响,试图左右受众的购买意向。欲完成的交际任务、传播任务是:劝说消费者购买该产品。这说明该广告的劝说行为是通过言语实施的。在"今年过节不收礼,收礼只收脑白金"中,暗含了一个推理过程:过节要收礼,礼品都是好的;今年只收脑白金——脑白金是唯一礼品——脑白金是礼品中最好的——如果你要送最好的礼,就要送脑白金;如果要送脑白金,就要购买脑白金。如此,从广告者角度看,就完成了一个通过言语实施的广告行为。值得注意的是,广告者的上述有意识、有目的的言语行为是在一定的社会环境中进行的,话语的构建、传播及其功能发生,都是以特定的社会环境为基础的。

所以,上述广告行为虽然具有很强的说服力,但其功能发生却受到了我们社会的抵制。因为广告者修辞行为的价值取向只是着眼于商业利益,忽视了我们社会的价值理想,特别是公众对贿赂等腐败现象的痛恨,因此受到社会批评。对此,广告者予以调整,调整后的广告话语缩小了广告言语交际对象之间的角色范围。把原来泛化的、没有确定对象的一般公众之间的对话,缩小为家庭内部父母与子女之间的对话关系,而子女给父母送礼是正常的人伦关系的体现,受社会肯定,因此其广告话语的价值取向符合社会道德要求,具有一定的可接受性,避开了鼓励行贿的嫌疑。

通过上述分析,我们可以看出,该广告修辞行为具有明确的动机、目的,发生在汉民族的当代语境中,且有行为过程和结果以及由此引发的调控。这一切都表明了修辞的言语行为性、符号传播性、有意识有目的性、语境性等。当然,在修辞的概念界定中,我们还应该指出,修辞

---

① 彭允《评论:由"收礼只收脑白金"引起的思考》,《解放军报》,2001年2月2日。

不只是说写或者说表达一个方面，同时也包含了对话语等文本的理解和认知，修辞是一个完整的言语交际过程，是一个双向互动的信息传播过程。

传播行为修辞观的现实基础，不仅体现在实用性的传播领域中，在其他人类传播领域中也有充分体现。比如，在文艺传播领域中，文学话语的构造以及文学话语的认知，同样具有语言传播行为性质。比如，现代著名作家孙犁的《荷花淀》中有这样一段描写：

> 要问白洋淀有多少苇地？不知道。每年出多少苇子？也不知道。只晓得，每年芦花飘飞苇叶黄的时候，全淀的芦苇收割，垛起垛来，在白洋淀周围的广场上，就成了一条苇子的长城。女人们，在场里院里编着席。编成了多少席？六月里，淀水涨满，有无数的船只，运输银白雪亮的席子出口，不久，各地的城市村庄，就全有了花纹又密、又精致的席子用了。大家争着买：
> "好席子，白洋淀席！"

白洋淀的苇地大，苇子多，席子好，但作者没直说。他先自问自答，卖个关子，让读者去猜、去想，而后用比喻的手法说："在白洋淀周围的广场上，就成了一条苇子的长城"，激发读者得出白洋淀苇地之大、苇子之多的结论。然后，作者从苇席的编织和销售地点，说明席子的多和精美。"无数""银白雪亮""各地的城市村庄""花纹又密、又精致"等语词，把白洋淀席的数量、质量渲染得具体、形象。"好席子，白洋淀席！"一句叫卖声，好像使读者已置身于精美的席子世界中，不免叫人有看看、摸摸、想买一张的感觉。

为什么要这样写呢？因为作者是在写小说，目的在于给人以更真切的感受，使人有如临其境的感觉。但如果是一般地理介绍或说明，上面的话语就显得啰嗦了，应该写得简洁一些，比如写成"白洋淀苇地广阔，芦苇产量巨大。秋天芦苇收割后，编织成十分精美的苇席，销往全国各地"，就十分得体。这两段话意思基本一样，目的基本相同，都想说明白洋淀苇地大、苇子多，织的席子好，销路广。但两者的写法却大不相同，给人的感受也不一样。前者具体、生动、形象，而后者则清晰、明确、简洁。为什么呢？显然，言语动机不同，言语环境不同。这些也表明，小说作为一种艺术形式，也是通过话语，通过修辞，实施一种有意识、有目的的行为，或为抒发作者的情感，或为感染听读者，使之获得美感，或陶冶情操，或净化心灵，或提升公众的道德水平。

以上分析表明，把修辞作为一种积极有效的言语交际行为，不仅是学术研究的需要，同样是社会实践的需要，它具有厚重的社会现实基础。

3. 传播行为修辞观的学理基础

把修辞看作一种言语交际行为，一种语言传播或媒介符号传播行为，实际上不仅基于修辞传播实践，同时也基于一定的学理渊源。

一方面，行为主义修辞观是国外修辞观念不断沿革的最新版本。在古希腊时期，亚里士多德认为修辞术是"一种能在任何一个问题上找出可能的说服方式的功能"。① 但美国当代修辞学家则认为，修辞是"有效地运用语言的艺术"，"是劝服的艺术"。② 同时，修辞也是"人类运用符号相互交际的独特能力"，③ 是"一种用以协调社会行为的传播活动"，④ 并且"是人类一切行为的基础"。⑤ 这是不无道理的，因为人类的一切行为都是建立在言语交际或语言传播基础上的，确切说是建立在积极有效的修辞行为基础上的。这种修辞观以行为心理学和语言哲学中的言语行为理论为基础，具有广泛的可接受性。它从人类交际行为的宏观视野出发，大大提高了修辞及修辞学的社会功能。

另一方面，语言传播行为修辞观还具有一定的语言学理论基础。在繁衍生息的历史长河中，人类获得了自己的专利品——语言。这犹如一叶扁舟，又好似一轮彩虹，把人类从蒙昧渡到文明，从盲目导向理智，从个体凝聚成整体。所以，语言被视为——人类摆脱兽性的标志，交际与思维的重要工具，信息及文化的载体，人际冲突与合作的桥梁。

语言有两个义项：一个是由语音、词汇、语法和语义组成的符号系统，通称为语言或语言体系；另一个是对语言体系的运用，即说写行为和所说写的话语，往往称之为言语。言语是对语言的运用，语言存在于言语之中。

---

① 亚里士多德《修辞学》，罗念生译，生活·读书·新知三联书店，1991年，第24页。
② 转引自杰克·富勒《信息时代的新闻价值观》，展江译，新华出版社，1999年，第111页。
③ Sonja K. Foss, Karen A. Foss, and Robert Trapp, *Contemporary Perspectives on Rhetoric*, Illinois: Waveland Press, Inc., 1985, pp. 11.
④ Gerard A. Hauser, *Introduction to Rhetorical Theory*, New York: Harper & Row Publisher, 1986.
⑤ Sonja K. Foss, Karen A. Foss, and Robert Trapp, *Contemporary Perspectives on Rhetoric*, Illinois: Waveland Press, Inc., 1985, pp. 243.

上述区分源自现代语言学之父瑞士语言学家索绪尔。在20世纪中叶之前，现代语言学重在研究语言符号体系的结构规律，之后则更加重视研究言语规律，即人类运用语言进行交际或传播的规律，这就是修辞学。可见，传播行为修辞观的出现，也是语言学、新闻传播学等研究不断深入、交叉的结果，它具有深厚的语言学、传播学等方面的理论基础。

四、修辞行为的属性

修辞作为一种有意识、有目的的言语交际行为，它被放置在社会文化背景中进行审视，修辞就呈现出多重属性。

1. 媒介符号性

所谓媒介符号性，就是修辞主体借助语言等媒介符号，组织话语等文本，进行交际或传播的属性。语言是人类最重要的媒介符号，修辞源自语言，因此，语言属性、言语属性是修辞的本质属性之一。作为一种社会互动行为，语言属性是修辞行为有别于其他社会行为的区别性特征。在社会生活中，无论是传递信息、交流思想情感、实施社会控制，还是协调人际关系、增加美感情趣，都要借助于语言和话语。

如今，修辞所使用的媒介符号已经不限于语言，而是包括各种媒介符号。所以，修辞离不开语言等符号，符号打造了修辞的本质属性。如果离开了语言等媒介符号，离开了语言手段所组成的话语，人们无论对语境认知得如何清晰，对动机、目的认识得如何明确，也谈不上什么修辞。所以，无论是修辞传播，还是修辞研究，都必须始终立足于修辞的语言性、符号性，同时兼顾修辞的其他媒介符号属性。

随着修辞研究的深入和社会影响的扩大，人们已经意识到，修辞不仅指语言运用行为，而且是指人类的所有媒介符号行为。在以文字、图像、音乐、建筑等其他符号为媒介的传播领域中也存在修辞。多媒体是当代交际或传播的最新形式，其中就不乏语言符号之外的修辞方式。比如，图像的艺术处理、音像的匹配甚至是语言、文字、图像的蒙太奇，也需要修辞技巧，这被称为图像修辞或视觉修辞。随着修辞研究的深入，多媒体修辞学的诞生已成为一种现实。此外，体态、动作也是交际手段，也需要修辞，不妨称之为体态语修辞。

2. 动机性、目的性

动机是一切人类行为的共性，它引发个体或群体行为，并导引行为取向。作为人类行为的一种，修辞同样离不开动机。听话、读文章或理解话语时，人们往往要探究其中的核心意思。而说话或写文章时，人们又总是要考虑说写的动因和要达到的目标。人们理解话语时所要把握的"核心意思"和说写行为中的心理动因，就是修辞动机或称言语动机，修辞行为的目标指向就是修辞目的或称言语目的。如果把这一定义扩展到传播领域，那就是传播动机。

言语动机和言语目的是修辞行为的动力和指向，它们在修辞过程中起统帅作用，其功能是引发修辞行为，维持并把修辞行为导向一定的目标。如果没有言语动机和目的，修辞就失去灵魂，失去存在价值，说出来的话或写出来的文章就会一团糟。实际上，人们的修辞行为总是围绕着言语动机和目的而展开。有利于实现言语动机、有利于达到交际目的的修辞手段、修辞方法甚至话语信息就运用，否则就舍弃。两个人初次相遇，问声"你好"，是切合言语动机的；反之，如果说"今天的蔬菜两毛钱一斤"，就是辞不达意了。

不仅日常口语修辞如此，文艺修辞也不例外。例如，据报道，1998年12月出版的长篇小说《走出硝烟的女神》的初稿中，有大量的战争背景描写，但修改时却几乎都删除了。原稿60万字，定稿44万，删掉了近三分之一。① 为什么作者要如此大刀阔斧地删节描写战争背景的文字呢？因为它们与作者的言语动机、言语目的关系不大，不利于小说主题的表达。这充分说明了言语动机在话语信息取舍中的决定性作用。

此外，言语动机和言语目的还是修辞效果评价的参数。修辞交际的成败、修辞效果的好坏，最终要看是否实现了言语动机，是否达到了交际目的。生活中常听到这样的评价："这人表达不清，讲不出个所以然来"，或"下午的报告，我听了半天，也没听出个一二三"。为什么呢？很大程度上是讲话人对自己的动机或目的不很清楚或表达得不清楚。而修辞行为的特点就是具备明确的动机和目的，并在话语建构过程中始终以此为中心。毫无动机、目的的言语行为算不得修辞行为。实际上，社会生活中存在大量的"废话"，它不仅耗费了大量的社会资源，浪费自己的时间和精力，也耗损了公众的青春年华。因此，把握修辞动机，提高修辞效率，是一个长期的话题。

修辞不仅在于其具有明确的动机和目的，更重要的是要选用实现动

---

① 李颖《从六十万字到四十万字》，《中华读书报》，1999年10月13日。

机和达到目的的适当方式。如果说修辞动机是人体，那么适当的修辞手段、修辞方法就是合体的外衣。比如，同样拒绝小伙子求爱，有的会说："我们两个人结合不合适，条件相差太大，缺乏共同语言，如果结合，是不会有好结果的。"有的人则说："你是一个英俊的小伙子，也很有才华，以你的才貌，不愁找不到心上人。天涯何处无芳草，到处都有比我美丽贤淑的姑娘，相信生活不会亏待你。"前者是直接的拒绝，后者则是委婉的劝阻。两相比照，前者语气强硬，容易伤害对方。而后者则婉转温和，对方听了比较容易接受，副作用小。为什么呢？实现言语动机的方式不同。这说明了言语动机和目的在修辞过程中的统帅作用，也说明了言语动机实现方式和达到目的方式的多样性、灵活性。

3. 语境性

说话和写文章都离不开特定的言语环境。大到社会文化背景，小至具体场合，都对话语的建构和理解起着重要的制约作用。同样的话语，语境不同，其功能效果也不一样。比如，一般情况下，顾客消费以后，服务员往往笑脸相送："您慢走，欢迎下次光临！"这时，顾客会乐于接受。但是，如果在棺材铺、花圈店，顾客消费后，服务人员如果说："您慢走，欢迎下次光临！"效果可想而知。话语因语境而变化。语境变化，往往意味着交际对象及其心理状态的变化。所以，修辞必须使话语切合语境。否则，就可能影响交际效果。日常言语交际如此，商业广告也不例外。

比如，有一年，武汉一家花圈店在门口立了一块广告牌，上书："本店24小时为您服务。"结果，舆论哗然，过往行人纷纷打电话到媒体，谴责店主。花圈店是出售花圈悼念逝者的，因此没人会希望接受花圈店24小时的服务。广告语中明确的敬称"您"，使所有看到该广告的人，都成了交际对象。这与其说是服务用语，还不如说是咒语。如果改为"本店24小时营业"，就不会引发社会公愤了。当然，如果是花店，效果也不同。这进一步说明，修辞不能脱离语境，不能忽视语境。

理解话语时，如果不依赖特定的语境，也往往不行。同样的语言符号，在不同的语境条件下，往往会产生不同的功能效果。如果忽视了特定的语境限制，话语理解就可能出现失误。比如，据报道，某市高中语文试卷中有这样一道题："妻子晚餐还多做了两个丈夫喜欢的菜"一句有歧义，请写出你的两种不同理解。有关方面提供的标准答案为：

(一)妻子晚餐做的菜,两个丈夫都喜欢吃;(二)晚餐妻子做了丈夫喜欢吃的两个菜。结果,学生们被逗得哄堂大笑,老师们愤而投书媒体,指出该题"思想性不妥"。①

其实,出题者的动机是欲考查学生对由多层定语与中心语之间的多重关系引起的歧义的理解。师生们之所以觉得它不妥,其原因在于出题者违背了话语理解的语境性原则。显然,出题者注意到了微观句法层次上的结构歧义性,但却忽视了宏观语境限制下的非歧义性。这道题在汉民族的宏观语境限制下并没有歧义,人人都清楚我们的社会是一夫一妻制,不存在一个妻子同时有两个丈夫的现象。学生们的笑声和教师们的批评即是最好的说明。出题者之所以认为它有歧义,是因为他们忽视或漠视了一个基本的语境常识。如果出题者知觉到该语境常识,把"妻子"和"丈夫"分别调整为"主人"和"客人",就不会出这类笑话了。

这说明话语理解不能脱离语境,离开了具体语境,话语的真实意义将难以确定。再如"It's getting hot here(这儿正在升温)",如果离开具体语境,也难以确定其真实意思。夏天来临,谈话人是在说"气温在升高";而如果是在会议上,则可能指会场气氛变得火药味十足,争论趋于激烈;但如果是新闻报道,则可能指某个地区的局势趋于紧张。这些都说明,无论是修辞过程中的话语建构,还是话语理解,都不能脱离语境。语境是修辞的基础,它不仅为话语建构行为提供参照,同时也为理解话语提供解释系统。所以,语境性也是修辞的本质属性之一。

4. 社会性

既然修辞是一种言语交际行为,那么它就是一种社会行为。社会行为由社会主体实施,修辞行为则由修辞主体实施。修辞主体包括两个方面:一是说写者,二是听读者。无论说话还是写文章,都需要有一个交际对象;否则,它就不是修辞行为。教师的讲课,演说家的讲演,作家的创作,都是有人听、有人看的。有人听、有人看,话语才有针对性,才谈得上说得好,写得好。一个人与世隔绝,无论他说什么,无论他写什么,不管他说得如何动听,写得多么精彩,没人听、没人看,缺少交际对象,话语也就失去了存在的社会价值。

丹尼尔·笛福笔下的鲁滨逊就是这样。因为生活在与世隔绝、荒无

---

① 刘绍楹《一夫二妻?一妻二夫?》,《讽刺与幽默》,人民网,2000年5月24日。

人烟的海岛上,他没有交际对象,只能自言自语甚至是失语。事实上,这样也说不好、写不好,这样的言语行为是不可想象的,谈不上修辞。当然,社会生活中人们也会自言自语,即使如此,也并非不需要交际对象,只不过这个交际对象就是说写者自己或者他想象中的人物。否则,也将不存在修辞行为。有些情况下,交际双方会有意识地停止言语,这种停止可能是"此时无声胜有声",也是一种修辞交际行为。所以,修辞的社会性之一就是交际性。

社会是个大集体,人们需要通过话语来传递信息、交流情感,进行社会互动与合作。司马迁的史作、李白的诗歌、鲁迅的小说、毛泽东的政论,无一不是为了交际,为了传递社会信息,进行社会互动与合作。社会生活纷繁复杂,人们每时每刻都要进行交际,或发生冲突或达成默契。这就需要修辞,需要建构适切的话语,或抒发自己的情感,或表达自己的意见,或为维护个人利益而唇枪舌剑,或为捍卫真理而大声疾呼。因此,我们说互动性也是修辞的社会性之一。

此外,修辞的社会性还表现在,修辞行为的实施是以社会背景为基础的,修辞行为的效果评价也是以社会环境为价值参照系的。话说得动听不动听,文章写得精彩不精彩,离开了社会背景,离开了交际双方,就失去了衡量主体和评价标准。反过来说,社会也离不开修辞。社会生活的展开和延续,都以人际修辞互动为基础。所以,修辞和修辞研究都应以修辞的社会属性为基点。

5. 认知属性

作为人类的一种特殊行为,修辞的属性是多方面的。除以上属性外,修辞还具有一定的认知属性,它也是一种认知行为。因为无论是人类建构话语的过程,还是理解话语的过程,都离不开认知。作为人类认识世界的一种心理活动,认知是人对周围事物注意、感知、记忆、产生表象、形成概念并在此基础上进行分析、判断、推理以获取知识的信息处理过程。在修辞过程中,修辞交际双方语境信息的获得以及话语的建构、理解乃至于修辞效果的分析评价,都是以认知作为基础的。

例如,一个姑娘和她的教授妈妈走在大街上。这时,对面走过来一小伙子。"大妈,到知春里怎么走?"小伙子问道。"谁是你大妈?到别处去找你大妈去。我妈妈是大学教授。"姑娘不客气地冲小伙子大声说。小伙子赶忙说:"对不起!"这时,姑娘的母亲冲小伙子微微一笑,说:

"小伙子，朝前走，到了路口向左拐。""谢谢！"小伙子不好意思地说。

本例中，小伙子一个"大妈"竟招致了姑娘的抢白，为什么呢？除了女青年不够冷静之外，事情的起因应在男青年。他没有准确识别对方的确切身份就匆忙称呼"大妈"，因而造成语误。"大妈"虽是对年长妇女的尊称，但因其多适用于城镇街道居委会里或一般邻里赋闲在家的年长妇女，暗含了文化知识层次不高的意思。此处，男青年贸然以"大妈"称呼一个高级知识分子，无意中就带上了贬低的意味，自然有点不合适。小伙子语境认知不够，造成话语角色误认，应是导致言语失当的主要原因。姑娘的话语也不妥当，这与她对小伙子的真正言语动机以及言语态度的认知评价不准确，也不无关系。

由此可见，修辞过程中的话语建构和话语理解行为，都离不开语境认知，否则无法确立话语建构的信息参照网络，会导致修辞行为盲目，出现失误。此外，修辞也是一个认知过程，是一个信息加工和处理的动态心理过程。从语言修辞手段的认知，到语境认知——话语建构——话语认知——修辞主体认知——社会知识认知，构成了一个大的认知系统。

实际上，修辞的认知属性在早期的修辞哲学中就已经被认识到了。比如，在西方历史上，修辞学曾经被作为知识体系的核心。其含义是，在修辞过程中，人们不仅要使用修辞手段、修辞方法，更重要的是要调动、整合、利用已有的知识，这在其他学科中并不多见。20世纪的西方修辞学又对此属性重新认定，特别是在哲学认识论领域，修辞已经被赋予产生知识和真理的功能，修辞并非只是为知识穿上美丽的外衣，并非只是对知识进行符号化或物化，哲学论辩或其他形式的修辞过程同样产生知识和真理。而有些修辞格比如隐喻本身，也具有认知功能。

6. 规律性

在言语交际过程中，人们建构话语、理解话语，完成交际任务，并非杂乱无章，而是有规律可循。这一点在人们的日常言语中就有所反映。俗语所说的"见什么人说什么话，到什么山上唱什么歌"，从修辞角度看，就是说话、作文要因人而宜，因境而宜，因言语动机、目的而宜。这实际上就是一条修辞规律。修辞过程中言语失误的出现，反证了修辞交际的规律性。

例如，同是询问年龄，对不同的人就会有不同的说法，要因人而宜，因境而变。对老年人常说"您老多大年纪了""您今年高寿"，其中又有分化，对有些落后农村的老大爷，宜用前者，而对知识层次较高的人则宜用后者。如果反其道而行之，农村的老人则可能听不懂，或者会感到问话人卖弄风雅。对青年人则说"你多大了""你今年二十几了"等等；对儿童则用"你今年几岁了"。如果长幼不分，一律用"你几岁了"或"您多大年纪了"就可能导致言语失当。当然，在上海等地，无论长幼，都可以用"你几岁了"。而在北方地区则行不通，如果问年长者"你几岁了"，则有戏谑甚至侮辱对方之嫌。作为具有同一功能的上述言语变体与各自所适用的角色和语境之间的对应关系说明，根据不同的交际对象、语境，选择相应的言语功能变体，实际上也是一条修辞规律。生活中很多误会、纠纷，常与违反修辞规律密切相关。有些人不看交际对象的身份、年龄等情况就贸然开口，因此常常出现语误，引起不愉快甚至纠纷。

实际上，规律性不仅是修辞的属性，也是修辞学的科学性所在。正因修辞具有规律性，它才具有科学研究的价值。研究修辞现象，揭示修辞规律，指导人们的言语交际，促进社会的交流与合作，是修辞学的科学意义所在。

综上所述，修辞具有多重属性。其中，言语性、媒介符号属性和语境性是体现修辞行为区别于人类其他行为的本质特征。而动机性、目的性、社会性、认知属性、规律性以及审美属性和道德属性，则是修辞行为的从属性质，其他人类行为也有。

五、修辞观中的几种偏颇

在修辞研究历史上，对修辞的认识也存在许多偏颇，这主要表现在以下六个方面。

1. 修辞就是用一些华丽的辞藻美化语言

目前，修辞的言语行为界定很大程度上依然停留在学术上。在公众层面，修辞就是修辞格，就是华丽词句的认识，依然存在。这显然不利于修辞学的社会化和公众语言素质的提高。这种认识有悠久的历史。孔子曾说："志有之，言以足志，文以足言；不言，谁知其志？言之无文，行而不远。"[①] 意思是："古书上曾记载，言论是用来表达志节的，文章

---

① 《左传·襄公二十五年》。

是用来表达言论的，假如不发言论，谁又能知道他的志节呢？假如言论没有文章来辅助，那么这种言论就不能流传久远。"① 实际上，此处的"文"不仅指"文章"，其中也蕴含了文采的意思。也就是说，无论是说话，还是写文章，都要讲究文采，文辞没有文采，就难以广为流传。也许，这就是美辞说的滥觞。

不言而喻，修辞追求语言美，无可非议。但修辞是否要因此堆砌美丽的辞藻呢？当然不是。美有多种形态，华丽是一种美，朴实也是一种美。诗歌多讲究辞藻，但这并不排斥诗歌的朴实美。如果说"高尚是高尚者的墓志铭，卑鄙是卑鄙者的通行证"② 呈现出的是华丽美，那么，"墙角的花！你孤芳自赏时，天地便小了"③ 则具有朴实美；如果说"大江东去，浪淘尽，千古风流人物"④ 是一种豪放美；那么，"杨柳岸晓风残月"则是一种婉约美。修辞美具有各种各样的表现形态。"鸡声茅店月，人迹板桥霜"⑤ 和 "楼船夜雪瓜洲渡，铁马秋风大散关"⑥ 中，虽然没有华丽的辞藻，只是平实的词语，但谁又能说它们不具备审美的意蕴呢？更何况，一味地用华辞丽句，也未必美。六朝时期的诗歌用词绮丽奢靡，但并未流芳百世，相反却每每受到批评。

上述分析说明，美与不美，并非取决于华丽的辞藻。修辞可以美化语言，但美化语言并不是修辞的唯一目的。修辞不是不顾效果地一味追求华美，而是要根据具体的言语环境，选择合适的词语，构建适于交际目的的话语。修辞效果好不好，语言美不美，要看它是不是跟言语环境相切合。

比如，丈夫称呼妻子有多种："夫人""妻子""爱人""老婆""孩子他妈""俺那口子""屋里的""拙荆""太太"等都是，这些词语能不能随便用呢？当然不能。虽然都指称男性的配偶，但它们所适用的交际对象和场合却不一样。"夫人"比较庄重，适合于正式场合，运用时还要看说话人的身份。国家要人、社会贤达以及社会地位、文化层次比较高的人的妻子，不妨称"夫人"。普通百姓若称自己的妻子为

---

① 杨伯峻编著《春秋左传注》第三册，中华书局，1981年，第1106页。
② 北岛《回答》。
③ 冰心《春水·三三》。
④ 苏轼《赤壁怀古》。
⑤ 温庭筠《商山早行》。
⑥ 陆游《书愤》。

"夫人"，则过于庄重严肃。"妻子"比较正式，多用于书面语。"老婆""屋里的""孩子他妈""俺那口子"十分通俗，多适用于农村或一般普通百姓，带有俚俗色彩。"拙荆"是旧时代向别人介绍自己妻子时的谦称。

"太太"也是旧时代的称呼，20世纪五六十年代曾一度在大众言语交际领域中消失，现在多用于中国南方的某些地区。"爱人"是解放后才流行的称呼，目前依然常用。这也表明，修辞过程中辞藻的华朴，是由各种修辞动机、修辞目的以及其他语境因素包括时代因素决定的。选择什么话语最合适，要根据言语目的、交际任务和言语环境来确定，不能为了美化语言而随意选择。如果离开了一定的言语目的、交际任务和言语环境，空谈语言美，是不符合实际的。

2. 修辞就是说服或劝服人的艺术

从西方古典修辞学开始，说服或劝服（persuasion）就被认为是修辞的主要功能，因此谈到修辞，人们往往联想到说服他人，改变其态度、观念，最终达到交际双方预期的思想或行为上的一致。这与古典修辞学创立之初的社会环境有关，因为当时的社会事务决策主要依靠演讲和论辩，因此人们十分看重修辞的劝服功能。美国修辞学家肯尼斯·柏克（Kenneth Burke）在《动机修辞学》一书中，就主张交际双方通过相互认同的修辞方式，达到思想和行为上的同一。这可以看作是古典修辞学的劝说功能在当代的重新阐释。

不错，在现实生活中，许多言语交际或者说传播活动，都不同程度地含有劝说功能。这从我国古代的修辞实践中也可以找到充分的佐证。比如，苏秦与张仪就是通过强有力的劝说技巧，协调当时诸侯国之间的外交关系的。即使在当代社会生活中，也经常利用修辞的说服功能，新闻报道、舆论宣传、商业广告、演讲谈判等等，都需要说服。但劝说是否就是修辞功能或目的的全部呢？当然不是。事实上，许多言语行为或传播行为的目的并非只是为了劝说。日常人际沟通、节目主持、新闻播报、教师授课、文学创作、影视娱乐等等，很难说只是为了说服交际对象，很大程度上只是为了互通信息、相互了解或者娱乐。因此，说服并不等同于修辞，但修辞中含有劝服的成分。

上述分析表明，修辞不只是为了修饰语言、美化语言，甚至于说服他人，而是为了更好地、更有效地传递信息、表达情感，使话语切合语境，以促进人际交往与合作。表面看来，修辞是解决话语的组织问题，而实际上是通过话语解决交际双方的关系问题，解决人际之间的冲突、互动与合作问题。话语的好坏优劣，不仅是一个纯粹的语言问题，它还涉及人们之间的关系和行为。话语适切，听读者就易于接受，也就容易达成共识。话语不当，不仅会影响理解，影响信息传递、情感交流，而且最终会影响人际合作。这不仅表现在同一文化的修辞交际中，同时也体现在跨文化修辞交际中。

3. 只有成功的言语交际行为或语言传播现象才是修辞行为或修辞现象

在修辞研究中，人们有这样一种认识——修辞是成功的言语行为或语言传播现象，一般的或失败的言语行为或语言传播现象不是修辞行为，失败的言语现象或传播现象也不是修辞现象。这与修辞研究的历史不无关系。人类修辞研究的发展历史，是从寻找奇特的修辞手段或修辞方法开始的，因为诸如修辞格之类的积极修辞现象最受关注。因此，在修辞研究的历史长河中，修辞格的研究占了较大比重。但随着修辞研究的深入，人们发现，即使一般的话语中也存在修辞现象，这就是通常所说的消极修辞。

在修辞研究中，如何区分修辞行为和一般言语行为一直是修辞学中一个争论十分激烈的问题。这种争论实际上源于修辞观念中的美辞观，因为人们往往把那些修辞效果明显、成功的修辞现象，称之为修辞，而那些一般话语、失败的话语，不是修辞。其中有误解。话语效果的好坏并不是区分修辞行为与一般言语行为的本质差异，只要是有意识、有目的的言语交际行为都是修辞行为。有些修辞行为的效果不理想，甚至出现失误，并不意味着修辞者一定是无意识、无目的的言语行为，也不意味着修辞者的言语行为消极，有可能是修辞能力有差异。实际上，修辞学不仅要研究成功的修辞行为或修辞现象，尤其是具有特殊修辞效果的修辞手段，更应该探讨修辞失误及其原因，从中寻找修辞规律。英国当代著名修辞学家瑞查兹就曾说过，修辞学应该研究误解及其补救。[①] 我们的修辞学理论也是建立在修辞失误分析基础上的。

---

① I. A. Richards, *The Philosophy of Rhetoric*, New York: Oxford University Press, 1936.

4. 修辞主要是解决"意"和"辞"的问题

此外，也有人认为，修辞主要是解决"意"和"辞"，即所要表达的意思和话语之间的关系问题，把所要表达的意思说或写清楚，使人明白就行了，也就是孔子所说的"辞达而已矣"。这话对不对？应该说有合理的部分，但不全面。微观上，在话语层面，修辞要解决的是"意""辞"问题；但宏观上，修辞所要解决的则是人际关系问题，是社会个体、社会群体、社会组织乃至国家、民族之间的关系问题，是社会事务的决策问题。

在现实生活中，许多交际只需要"辞达"就可以了，比如日常生活中熟人之间打招呼，问声好，完全是可以的。但有时候，只做到"辞达"，尚且不够。这在中国古代的爱情故事中表现得尤为突出。梁山伯与祝英台相爱，但费了九牛二虎之力，那个"爱"字也没有直说出口，而是通过各种委婉的方式来暗示。为什么呢？这与含蓄委婉的民族传统有关。如今虽然社会已越来越进步，但在此问题上依然需要委婉含蓄。可见，"辞达"往往不能"而已矣"。再如，"去厕所"的表达可能最具代表性。从古代的"出恭"到现代的"去卫生间""去洗手间""去盥洗室"等等，并非都是为了达，而且还要委婉。再如：

> 有一天戏问结婚多年的她，该称呼她什么最好，"你姓田，称你小田太一般；叫你根芳太随便；喊你芳，又不是谈情说爱；叫孩子他妈，你又不是北方人；叫俺屋里的那口子，舌头来不及打转转；叫声夫人，过分庄重；喊声太太，难以合众；向别人介绍，我爱人，很普通；道拙荆、鄙妻，又过分古典迂腐；叫田小姐，你已嫁我；道一声田女士，嘿，那又像外人，你看叫什么好呢？"
>
> （丁国平《称呼》）

作者所欲选用的词语，都能表达清楚他所要表达的意思。但为什么他犹豫不决呢？显然，修辞不是表达清楚就行，还应考虑合不合适、有效没效。在书面语交际中，某些话语只做到通顺明白就可以了。比如，写一个请假条，发一个通知，出一张布告等等，把要说的意思表达清楚，把信息传递给别人，就能完成交际任务。但在某些言语领域中，尤其是口语交际中，只表达清楚往往不妥。比如，朋友来家里做客，时间已经很晚了，主人要休息。这时主人该怎样对客人说呢？如果直说"我要休息了，你走吧"，意思是表达清楚了，但客人也得罪了。这时就要考虑修辞方式，需要把话说得含蓄些。比如说"哦，几点了"，这显然不只是问时间，而是借询问时间提醒对方。

上述分析说明，修辞不仅仅是解决"意""辞"问题，更重要的是要解决交际双方的关系问题。因此，修辞不仅仅是把所要表达的意思表达清楚，使人明白就行了。有些情况下还要使人感动，需要激发人的情感，调动他们的想象力。也就是说，选词择句，组织成什么样的话语，是简洁还是繁丰，是朴实无华还是绚丽多彩，是通俗幽默还是庄重典雅，都应与交际目的、交际对象乃至于语体等相适应。曹丕在《典论·论文》中曾说过："夫文本同而末异，盖奏议宜雅，书论宜理，铭诔尚实，诗赋欲丽"，道理是一样的。也就是说，语言变体、言语风格的选择，要因人、因情、因境、因文体而定。公文语体、科技语体可以"辞达而已矣"，而政论语体、文艺语体则"辞达不能而已矣"。

5. **修辞只关涉语言表达，不关涉话语理解**

传统修辞观认为，修辞只关涉语言表达，不涉及话语理解。现代修辞学中也有类似的观点，这是不全面的，也是以往修辞研究的局限性之一。既然修辞是一种言语交际行为，它就不仅包括语言表达，自然也包括话语理解或者其他符号的理解。随着修辞研究的深入，人们发现，修辞离开了话语理解，是不完整、不系统的。语言表达实际上也离不开交际对象，离不开话语理解。这也包括了修辞者自身的话语理解。此外，修辞学的功能之一就是提高人们的话语理解能力和素养。因此，修辞作为一种言语交际行为，不仅包括话语表达，也涵盖了话语理解。所以，当代修辞学已经把话语理解作为修辞研究的必要对象之一。有的叫做接受修辞学，有的叫做理解修辞学。当然，这样命名是否科学还值得探讨。如此，把话语理解作为修辞和修辞研究的一个有机组成部分，修辞学就形成了一个完整的系统。

6. **只有书面语讲究修辞，口语没必要讲修辞**

修辞认识上的偏差还有，只有书面语讲究修辞，口语没必要讲修辞。这话也不对。书面语要修辞，口语也要修辞。话说得对不对，好不好，就是口语修辞问题，实际上，口语更需要修辞。比如，授课、营销、主持等等，都需要修辞，就连日常交往中的打招呼也需要修辞。同样都是打招呼，表达方式会因交际对象、交际场合出现差异。"你好""吃了吗""去哪儿""上班去啊"，甚至包括手势、体态都可作为打招呼的辅助手段。但是，什么时候，对什么人，选择什么方式，也有讲究。上级与下级不同，经理与员工不同，老师与学生不同，初次相识与多年知己也不尽相同。时代变了，打招呼的方式也变。不同的方式有不同的适用条件，用得好，能促进交际双方的关系；用不好，就会导致语误。

初次交往，互不相识，比较正式，用"你好"，表示尊重。熟人之间，擦肩而过，说句"上班去啊""吃了吗""吃过了"，表示礼貌。对方其实没必要如实回答。如果不知道这些，就可能会闹笑话。有的外国朋友在学习汉语的过程中，从教科书上学到的只是"你好"。所以，来中国以后，遇到"上班去啊""吃了吗""吃过了"等打招呼的方式时，他们常误认为中国人爱管闲事，动不动就打听别人的私事。其实，上述言语变体只是人们打招呼时的不同修辞方式而已。这种差异英语中也有。学校中我们学到的多是"How do you do?""How are you?""Good morning!"等等，前者多用于初次见面，后两者多用于熟人之间，且多比较正式。但实际上在熟人之间，人们更喜欢用"How are you doing?"甚至省略形式"Morning!"等，如果不区分这些同义表达式的功能差异，也会影响交际效果。因此说，口语交际不仅需要修辞，而且更需要修辞，因为口语交际中人与人之间的接触频率高，各种角色转换快，随时都会遇到修辞方式的选择与调整问题，修辞也就显得格外重要。

上述观点延伸到传播领域，那就是不仅书面传播存在修辞，口头传播也存在修辞。

六、修辞行为的目的与功能

1. 修辞行为的目的

为什么要修辞呢？因为生活离不开言语交际，离不开修辞。人们要正确、有效地运用语言，把话说对、说好，把文章写对、写好不容易，必须讲究修辞。如果不讲究修辞，就可能导致言语失误，影响人际关系。

有个笑话，说是有个人请四位客人吃饭，来了三位。等了一会儿，见第四位还没来，主人就说："该来的怎么还不来？"旁边的一位客人听了，心想："该来的不来，那我是不该来的了。"于是，他推说有事走了。主人一看，就又说："不该走的走了。"另一位客人一听，明白了："不该走的走了，那我就是该走的了。"想到这里，他也起身告辞了。过了一会儿，主人觉得奇怪："怎么都走了？"就问剩下的一位客人。这位客人直言相告："开始，你说'该来的不来'，第一位客人认为他是不该来的，不高兴，就走了。后来你又说'不该走的走了'，第二位客人认为他是该走的，也走了。"主人听后说："嗨！我不是说他们啊！"最后一位客人听了，心想："既然不是说他们，那是说我了。"

上面那位主人的话没有什么语法错误，但为什么他请的客人听了就都走了呢？不言而喻，他没有注意修辞。他没有把要表达的意思说清楚，没有充分考虑说话的环境。如果没有其他客人在场，他的话语没有什么不妥当的。但其他客人已经来了，他们听了以后就容易推出话语以外的含义，因而产生误解，影响了人际关系。实际上，这位主人是犯了通常所说的"辞不达意"的错误。他是想说："该来了，怎么还不来？"两句话相比，一个是"的"，一个是"了"，一字之差，修辞效果大不一样。第二句"不该走的走了"，如果说成"不该走，走了"，效果也不一样。我们平时把这种现象叫做"不会说话"。不是他不会说话，而是说话不好听，效果不好，也就是不会修辞。

此外，从话语理解角度看，上面三位客人的理解也存在问题。他们应该综合当时的各种语境因素，全面把握主人的话语信息，而不应仅就主人的话语就事论事。既然请你们来做客，怎么会再下逐客令呢？！特别是最后一位客人，明明知道主人不会说话，还毅然离去，也值得反思。这说明，修辞过程中同样离不开话语理解，特别是准确的话语理解。

常言说得好："一样话百样说。"不同的说法有不同的效果。要想取得好的交际效果，那就要讲究修辞，就要在表达同一个意思的很多词语、很多句子甚至语段中，选择最合适的。比如，表达年龄的词语有许多，如"年纪""岁数""年龄""年岁""年事"等等。那么，在谈到自己的年龄时，用哪个好呢？这就有一个修辞问题。选择得当，效果就好；选择不当，效果就受影响。例如：

记　　者：听说你要退役，是真的吗？
运动员：是想退役。
记　　者：为什么？
运动员：我现在年纪已经太大了。
记　　者：可是你才17岁！
运动员：不，我已经19岁了。

本例是记者和女运动员的对话。其中"年纪"一词用得不妥当，听起来别扭，让人觉得她似乎已经到了花甲之年。即使从体操专业的角度看，也显不妥。如果用"年龄"，就没有这种感觉了。因为"年龄"比较正式，没有附加意义，常用于没有实际年龄大小标志的情况。在一般的履历表中，有一栏是"年龄"，但没有写"年纪""年事""岁数""年岁"的，因为这些词语则多适用于表示具有实际年龄大小标志的情况，尤其是年龄大的情况，在询问或陈述老年人的年龄时常用这些词语。例如：

"看样子你有六十了吧？"
"哈哈！六十？这辈子别再想那个好时候了——这个年纪啦。"说着老泰山捏起右手的三根指头。
我不禁惊疑说："你有七十了么？看不出。身板骨还是挺硬朗。"

（杨朔《雪浪花》）

本例中，"老泰山"是一位老者。所以，他自称时用了"年纪"。而上例中，那位运动员才19岁，就说"现在年纪已经太大了"，显然不恰切。反之，如果陈述对象是老年人，却用了没有附加意义的"年龄"，那也是不合适的。例如：

老太婆想得很"横"：自己案子重，不是死刑也是无期，早晚都是死在里面，这把年龄是没有盼头了。绝望的她成天吵吵闹闹，搞得同舍的人都烦她。

（朱小茵《弹奏青春的歌》，《共鸣》，1998年第8期）

本例中的陈述对象是一个"老太婆"，因此应该用与其年龄相对应的"年纪"，而不应用"年龄"。搞不清这些词语在表达或询问年龄时的功能差异，就常常言语失当。

社会生活离不开修辞。修辞的目的，就是为了把话说好，把文章写好，把话语理解好，准确地把握话语信息，及时捕捉修辞者的言语动机，更有利于达到交际目的，改善人际关系，促进社会合作。

2. 修辞行为的功能

从古今中外修辞研究的历史看，人类对修辞的社会功能的认识已十分深入。比如，我国古代就有"太上有立德，其次有立功，其次有立言，虽久不废，此之谓三不朽。……禄之大者，不可谓不朽"① 的说法。其中，"立言"不仅被看作建功立业的一个重要部分，而且被看作是功德的标志之一。这表明，我国古代人民十分重视说话和作文的道德价值，同时也说明了言语与道德、功勋三者在人生中的价位与相互关系。道德、功勋、言语互为补充，成为当时及后世人的人生三大追求。显然，在当时人的价值观念中，这三者较之于物质方面的"禄"更为重要。其后，"德、功、言"之说被发扬光大。

清人魏源在《魏源集·默觚上·学篇九》中把它们扩展为四个方面，并详细阐述了它们之间的关系："立德，立功，立言，立节，谓之四不朽。自夫杂霸为功，意气为节，文词为言，而三者始不皆出于道德，而崇道德者又或不尽兼功、节、言，大道遂为天下裂。君子之言，有德之言也；君子之功，有体之用也；君子之节，仁者之勇也。故无功、节、言之德，于世为不曜之星；无德之功、节、言，于身心为无原之雨；君子皆弗取焉。"这被称为"四不朽说"。我国古代的"三不朽说"经世不衰，可称得上是后世"文章，经国之大业，不朽之盛事"说的滥觞。因为"立言"离不开修辞，可以说是修辞的一种结果，因此这种对言语功能的重视，一定程度上也就是对修辞的重视。

那么，修辞在当今社会中有什么作用和功能呢？微观上，修辞行为具有四种功能：一是传递信息，二是进行情感交流，三是协调人际关系，四是进行社会控制。严格地说，上述四个方面是相互交叉、互为条件的。传递信息是修辞的基本功能，与一般话语的信息传递功能所不同的是，修辞更强调有目的、有效地传递信息。人们通过建构适切的话语来传递有效的信息，进而进行情感交流，促进人际关系的互动，最终实现社会控制。说话、写文章无不是如此。因此，可以说修辞的任务就是根据具体言语环境组织适切的话语，把话说好，把文章写好，同时也包括了听好、读好、理解好，以达到传递信息、交流情感、协调人际关系和进行社会控制的目的。总之，古今中外，人类社会生活的各种领域、各个层面，都需要修辞。即使是将来实现人际对话、人工智能，也离不开修辞，它们要解决的也无非是上述几个方面。

---

① 《左传·襄公二十四年》，叔孙豹语。

七、修辞行为的基本要素

关于修辞的过程和要素的概括,各种修辞学传统中的范畴不同。在欧洲的古典修辞学传统中,修辞就是以城邦社会为语境的演说、劝服和论辩。其经典模式是由"诉讼""议政""典礼"三种演说和"觅材取材""布局谋篇""文体风格""记忆""表达技巧"等五个步骤,以及"人格""情感""逻辑"等说服要素构成的范畴体系。① 我们称之为"三说""五艺""三素"。② 我国的修辞学传统没有这样的范畴,它更重视修辞与道德的关系。孔子的修辞观中,有言语应符合礼制、仁义、忠实、诚信以及道德体系的要求。我们把它概括为"言礼""言仁""言忠""言信""言德"等五个方面。③ 这是东方的一种修辞范式。今天,从传播角度看,修辞是一个由修辞者和受众构成的交际系统,修辞关涉的不仅是"意""辞"两个方面,而是以语言为主要媒介的传播双方的多个方面。我们把修辞传播过程中所关涉到的各种因素,称之为修辞要素。它包括修辞者、修辞动机、修辞目的、修辞手段、修辞方法、修辞效果和修辞规律以及言语环境或传播环境等。

1. 修辞者

在所有的修辞要素中,修辞者即修辞交际双方或传播双方是最重要的。离开了言语交际或传播行为的双方,也就无所谓修辞了。这就意味着修辞不只是一个说或写的问题,而且也与听读即话语理解密切相关。如果修辞利用的是图像、体态等其他符号,那么修辞关涉的就是其他符号的建构者和解构者。传统的修辞研究只把修辞定位在"意""辞"或内容和形式层次,忽略了修辞传播的主体,因此陷入了就事论事的窠臼。我们把修辞者作为修辞要素,就是要把修辞行为与修辞者联系起来,研究话语等文本的建构和解构与修辞者之间的共变关系,把修辞传播双方的各种因素与修辞行为之间的关系作为研究内容。

---

① [美]迈克尔·莱夫《西方修辞学概览》,陈汝东、王晓峰译,《修辞学论文集》第 12 集,中国修辞学会、北京大学新闻与传播学院编,黑龙江人民出版社,2009 年。
② 陈汝东《古典与未来:中国修辞学思想的全球意义》,《北京大学学报》(哲学社会科学版),2013 年第 5 期。
③ 陈汝东《论汉民族先秦时期的言语道德思想》,《语文建设》,1997 年第 6 期。

2. 修辞手段

修辞所需要的材料就是修辞手段，它包括所有的语言要素（如语音、词汇、语法、语义）、文字、图像、体态、动作以及其他符号或媒介。在言语交际或者说语言传播中，语言体系的各成分包括语音、词汇、语法、语义等往往被作为重要的修辞手段。书面语修辞中多使用文字，口语修辞还利用一些辅助性言语手段，如面部表情、眼神、手势、体式、姿态等等。而在多媒体修辞中，除了语言文字之外，人们还利用图像以及其他符号，比如网络中就使用了一些表示情态的符号。可以说，多媒体修辞实际上是日常口语修辞的拷贝和延展。

3. 修辞方法

修辞过程中，修辞者要把修辞手段组织起来，构成话语或其他媒介文本，这就需要一定的方法，也就是修辞方法。

比如"大学新生报到新时尚——爹妈陪着、电脑带着"，[①] 这是一则新闻标题，其中的话语组织就运用了修辞方法。为什么作者不说"大学新生带着电脑由爹妈陪着报到"，也不说"大学新生报到新时尚——带着电脑和爹妈"呢？这样难道不可以吗？当然不是。作者用破折号，且连用两个主谓结构短语，使结尾的词相同，就产生了类似反复的效果，突出了两个短语的信息，这样比较醒目。而如果用后者，两个短语的信息就淹没在整个句子中了。与之形成对比的是正文："近日，来自12个省份的近4000名大学新生前来绍兴文理学院报到。在现场，记者发现不少新生是爹妈陪着，带着电脑来的。"两相对比，修辞方法显然不同，效果也不一样。这是因为前者是标题，后者是正文，修辞要求和语境都不同。如果正文也用标题中的方法，就显得不够流畅。再如：

有句俗话："老婆是人家的好，文章是自己的好。"

大概是喜新厌旧之心，人皆有之。喜新厌旧，本非什么缺点，只是因为有了此心，才有科学上的不断发明创造文学艺术上的不断推陈出新；可是把喜新厌旧之心放到老婆身上，那就糟了，怎么人家的老婆出落得如此年轻貌美，体态轻盈，咱家里的婆娘就这么的发福臃肿，腰粗如熊？人家的老婆怎么出落得面如桃花，灼灼艳丽，还有那临去秋波有意无意的一转，只让人三天过后依旧心旌摇

[①] 新华网，2002年9月27日。

荡，咱老婆怎么倒成了黄脸婆，连往昔甜甜的媚眼也早已消失到了爪哇国。

（洪丕谟《老婆和文章》）

  上面这段话，作者是如何组织起来的呢？显然是用了一些修辞方法。开头作者用了一句俗语引起下文，接着说"大概是喜新厌旧之心，人皆有之"，这是化用了俗语"爱美之心，人皆有之"的格式。此后的"科学上的不断发明创造"和"文学艺术上的不断推陈出新"，采用了对称的手法。"科学上的"与"文学艺术上的"相对，"不断发明创造"和"不断推陈出新"相对。"如此年轻貌美，体态轻盈"与"这么的发福臃肿，腰粗如熊"，也是用了同一种修辞方法。此外，"老婆""婆娘"与"妻子""夫人"意思相当，但作者却没有选择"妻子""夫人"，而是用了"老婆""婆娘"，并且是前面用了"人家的老婆"，而后边则用了"咱家里的婆娘"。

  为什么呢？这也是修辞方法，我们可以把它叫做避复，目的是为了避免重复。换一个说法，使话语富于变化。"爪哇国"是南太平洋上的一个国家，此处代指遥远的地方。"消失到了爪哇国"，意即消失得很远，无影无踪，这可以说是一种借代的手法。此外，"腰粗如熊""面如桃花"用的则是比喻的手法。上面这些都是修辞方法。

  4. 修辞动机、修辞目的

  修辞过程中，修辞手段和修辞方法是否可以随便使用，无拘无束呢？当然不是。选择修辞手段和修辞方法，要围绕一个中心，那就是说写者的修辞动机和目的。比如上面的例子中，作者之所以使用了对称、对比、避复、比喻等手法，用"老婆""婆娘"而不用"妻子""夫人"，而且间隔使用，前边称"老婆"，后面说"婆娘"，目的就是为了使话语富于变化，更活泼、生动、诙谐、幽默。这就是作者的修辞动机和目的。修辞动机是修辞的动因，修辞目的是修辞的归宿。

  生活复杂多样，修辞动机各不相同，因此才有了各种各样的话语。修辞不只是为了确定动机和目的，而是要为实现动机，达到目的，选择最佳的修辞手段和修辞方法。生活中，修辞动机和目的可以相同，但修辞手段、修辞方法、修辞效果往往不同。

  5. 言语环境

  言语环境或传播环境叫做语境或传境。作为一种言语交际行为，修辞离不开言语环境或传播环境。不论是口语传播，还是书面语传播，都是在一定的社会环境中进行的。大到民族文化背景，小至具体场合，乃至于上下文，都会对人们的言语交际行为产生一定影响。在修辞过程中，无论是话语建构，还是话语理解，都与语境息息相关。离开了语境，不但会失去话语建构的坐标，同样会导致话语信息不确定。比如，同样是"躬身做官，挺腰做人"，① 有的人看到了"对上躬身做官"，"对下挺腰做人"；有的人领悟了"对民众躬身做官""对上级大员挺腰做人"。因此，是堂堂正正、清清楚楚、认认真真、敢于面对公众、面对社会、面对现实、面对未来，还是低声下气、不讲原则、混淆是非、四处讨好、八面玲珑，往往取决于话语的理解主体和语境。这说明了语境在修辞、传播中的重要作用。

6. 修辞规律

就如一切事物一样，修辞也具有自身的原则和规律。表面看，人类的修辞交际纷繁复杂、凌乱无序，但实际上暗含了一定的规律性。这不仅是修辞的可能性所在，也是修辞研究的价值所在。比如，在社会生活中，尽管修辞者千差万别，采用的修辞方式、方法也五彩缤纷，但所有这一切并非杂乱无章，而是按照修辞交际双方的角色和角色关系要求进行的。老人与年轻人、男性与女性、上级与下级、中国人与外国人，角色与角色关系不同，交际的方式、方法也各异。中国人之间询问年龄或西方人询问中国人的年龄，一般不会产生冲突。反之，如果中国男子询问西方女子的年龄，一般情况下是不合适的。为什么？角色与角色关系不同，角色心理尤其是民族心理不同，因此修辞方法有异。这说明，修辞过程中话语的组织建构，并不是毫无规律，不是想怎么说就怎么说、想怎么写就怎么写，而有普遍的、共同遵守的东西蕴含在里面。修辞过程中，除了遵守汉语的语法结构规则以外，还必须遵守汉语的语义组织规则，以及与言语环境相适应的原则等等。这些都是修辞规律。

7. 修辞效果

说写者使用修辞手段、修辞方法建构话语，实施修辞行为，听读者接受了话语之后，就会产生一定的反应或行为，这叫做修辞效果或者传

---

① 任桂瞻《人民时评：话说"躬身做官"与"挺腰做人"》，人民网，2002年9月30日。

播效果。有的人在传播之后获得了信息，有的改变了态度，有的抒发了情感，有的促进了合作，当然也有的出现了误解甚至冲突，这些都是修辞效果或者传播效果。以往，人们往往把修辞效果限定在话语自身，把对话语的感受作为修辞[①]的唯一效果，忽视了修辞行为在社会生活中的交际效果，不全面。修辞效果既可以通过话语判断，也可以通过交际对象反映，既可以通过说写者来预测，也可以通过听读者来判断和验证。修辞效果既存在于微观的话语层面，也呈现在宏观的社会层面。

综上所述，修辞者、修辞动机、修辞目的、修辞手段、修辞方法、言语环境、修辞规律以及修辞效果，都是修辞所关涉的要素。修辞过程中，修辞者选择修辞手段，运用修辞方法，根据一定的言语环境，按照一定的修辞规律来组织建构话语，理解话语，以达到预期的交际目的。

第二节 修辞学概说

一、修辞学

1. 修辞学

修辞研究的历史源远流长。公元前5世纪，修辞学诞生于古希腊，通常称为古典修辞学。其主要研究对象是演说和论辩的技巧，时人又称之为修辞术。当时，修辞学还没有上升到一门科学，只是一门艺术。比如，亚里士多德的《修辞学》有时就被翻译成"修辞术"。这与当时修辞学的研究对象有关。尽管如此，修辞学依然被作为一门很重要的学科。在中世纪（约476年——1453年），修辞学曾成为欧洲学校教育中的三大学科（trivium：logic，grammar，rhetoric）之一。直到当代，修辞学有时依然被当作一门关于如何有效地使用语言的艺术来看待。19世纪末，随着美国新修辞学的兴起，修辞学的地位不断攀升，并进入科学殿堂。修辞学也界定为"研究人与人如何运用符号交际的一门学科"。[②]

我国古代没有现代意义上的修辞学，但与修辞相关的论述十分丰富，多散见于文论、诗论，主要以雕词琢句为主。20世纪初，我国的

[①] Sonja K. Foss, Karen A. Foss, and Robert Trapp, *Contemporary Perspectives on Rhetoric*, Illinois: Waveland Press, Inc., 1985, pp. 11, 14, 243.

[②] 王德春、陈晨《现代修辞学》，江西教育出版社，1989年，第1页。

现代修辞学开始形成,中叶逐渐建立相对完整的学科形态,到20世纪末期日臻成熟,科学品位不断提升。人们从多种角度对修辞学进行了界定。比如,"现代修辞学是以现代语言学为理论基础,从语言和言语区分的角度研究语言修辞手段、修辞方法和整个言语修辞规律的现代语言学分科。"① "所谓修辞学,就是研究在交际活动中如何提高语言表达效果的规律规则的科学。"② "修辞活动和修辞手段及其成果(修辞成例)统称为修辞现象;从各种修辞现象中总结出来的普遍规律便是修辞规律;研究修辞规律的科学就叫修辞学。"③ 显然,对修辞学的这些界定都是以现代语言学理论为基础的,反映了人们对修辞学的不同认识。

现代语言学把"语言"区分为"语言"和"言语"两个方面,语言研究也随之形成了相应的分支学科。研究语言结构体系的分别为语音学、词汇学、语法学、语义学。研究言语行为及其规律的,则主要是语用学和修辞学。因此,可以说,修辞学是研究言语交际行为及其规律的科学,或者说,修辞学是研究修辞行为及其规律的科学。

但是,近年来,新修辞学发展的蓬勃态势,为相邻学科提供了理论和方法,并与许多学科形成交叉,特别是新闻学、传播学等。因此,修辞学的阐释也越发深入。运用语言等媒介符号进行思想、观念、情感、知识以及理论观点等的信息产生和消费,实现信息的传播、交流、交换,促成信息共享、观念行为协调,是人类修辞的共性。因此,对修辞学的阐释也融入了其他学科的视角——修辞学是研究人类修辞规律的科学,是探讨提高人类信息传播效率规律的学问,它旨在揭示人类如何实现高效地信息生产和消费的规律。

2. 修辞学的分支学科

根据研究对象和研究方法,修辞学分为许多分支学科。研究人类修辞交际行为的普遍规律的,叫做普通修辞学。研究某一种语言运用规律的,叫做专语修辞学,比如英语修辞学、法语修辞学等等。专门探讨汉语修辞行为及其规律的,叫做汉语修辞学。专门研究运用现代汉语进行修辞交际及其规律的,就叫现代汉语修辞学。当然,"现代汉语修辞学"还可以理解为"现代"的"汉语修辞学"。当代汉语修辞学,则是

---

① 王德春、陈晨《现代修辞学》,江西教育出版社,1989年,第1页。
② 王希杰《修辞学通论》,南京大学出版社,1996年,第32页。
③ 刘焕辉《修辞学纲要》(修订本),百花洲文艺出版社,1997年,第4、28页。

当代的汉语修辞学，不是当代汉语的修辞学。

此外，根据时代和研究对象的不同，人们往往把古希腊时期的修辞学称之为古典修辞学，把以修辞手段或修辞格为主要对象的修辞学称之为传统修辞学，把以现代语言学以及其他现代科学理论为基础的修辞学称之为现代修辞学。

另外，根据研究侧重点的不同，又可以划分出语言修辞学、言语修辞学。前者研究语言体系中修辞手段的结构和功能；后者研究言语体系中的修辞现象。根据具体研究对象差异，人们又区分出语音修辞学、词汇修辞学、语法修辞学、篇章修辞学以及语体修辞学、语境修辞学等。根据研究方法、研究对象的交叉属性，还可以区分出许多交叉学科，比如社会修辞学、心理修辞学、社会心理修辞学、认知修辞学、修辞哲学、修辞伦理学、修辞美学以及跨文化修辞学等等。这些修辞学分支学科，都是利用相邻学科的理论和方法来研究修辞行为过程中的某一交叉领域。比如，社会心理修辞学就是借鉴和利用了社会学、心理学、社会心理学的理论和方法来探讨修辞规律的。

现代修辞学理论在不同交际领域中的应用，可产生一些修辞学的应用学科，比如政治修辞学、新闻修辞学、修辞传播学、教育修辞学、商业修辞学、广告修辞学、文艺修辞学、经济修辞学以及网络修辞学、计算机修辞学等等。此外，修辞学本是以言语交际或者说语言传播行为为主要研究对象的。但是，近年来，修辞学理论被广泛用于解决其他社会领域中的问题，催生了一些其他的分支学科，比如图像修辞学、视觉修辞学、建筑修辞学、音乐修辞学、舞蹈修辞学、表演修辞学、宗教修辞学等。[1] 另外，随着数字、网络等媒介技术的发展和普及，以及全球传播的发展，近年来我们提出了公共修辞学、[2] 国家修辞学、[3] 全球修辞学等新范畴。[4] 上述分支学科为修辞学疆域的拓展和修辞学理论体系的发展提供了广阔视野，使当代修辞学成为了一个覆盖社会生活广泛领域的综合学科，也为相邻学科的发展提供了理论支持。

---

[1] 陈汝东《新兴修辞传播学理论》，北京大学出版社，2011年10月。

[2] 陈汝东《论公共修辞学的理论建设》，《国际修辞学研究》（第2辑），高等教育出版社，2012年。

[3] 陈汝东《论国家修辞学》，《江淮论坛》，2012年第3期。

[4] 陈汝东《古典与未来：中国修辞学思想的全球意义》，《北京大学学报》（哲学社会科学版），2013年第5期。

二、修辞学的研究对象和任务

如上所述，修辞学以人类的修辞行为或传播行为及其规律为研究对象，其主要研究目的和任务主要包括以下三个方面：

1. 探讨修辞行为的机制，揭示修辞传播所关涉的各种语境因素及其与修辞行为之间的关系

在20世纪中叶之前，我国修辞学研究的重点是修辞手段的结构和功能，很少顾及修辞过程。20世纪80年代以后，人们逐渐发现，只就话语本身难以对修辞现象进行全面阐释，因此开始关注语境问题。人们发现，任何修辞现象都与语境密切相关，离开了语境，话语的组织与理解以及修辞效果，将毫无针对性。语境是修辞的基础。因此，随着修辞观念的变化和修辞学研究的深入，修辞过程特别是修辞过程中所关涉的各种语境因素成为修辞学研究的重点，并且形成了以语境因素为基础的修辞学分支学科，比如语境学、语境修辞学等等。我们所建构的社会心理修辞学理论，就是以修辞过程中的社会因素、心理因素以及社会心理因素同修辞行为之间的共变关系为主要研究对象的。因此，探讨修辞过程、语境因素、修辞机制，成为当代修辞学研究的一项重要任务。

2. 总结、归纳各种修辞手段和修辞方法，阐释其结构和功能

人类在长期的语用过程中构造了丰富多彩的修辞手段和修辞方法。总结概括这些修辞手段、修辞方法，阐释它们的结构和功能，就成了修辞学研究的长期任务。这也是从古到今修辞学研究的一贯传统。

比如，表达"死亡"有许多手段和方法。"死""死亡""仙逝""作古""殒命""丧命""身亡""遇难""逝世""殉职""牺牲""与世长辞""寿终正寝""呜呼哀哉""溘然长逝""溘然而去""驾鹤西归""阴阳两隔""老了""去了""走了""光荣了""不在了""断气了"，以及"蹬腿了""完蛋了""爬烟囱了""见阎王了""见上帝了""去见马克思了"等等，都是表达"死亡"的语言变体。但它们的修辞功能以及适用语境有什么差别呢？这就需要分析、研究、描写、阐释。

首先，根据使用领域可以区分出书面语的和口语的两类。"逝世""仙逝""作古""殒命""丧命""身亡""遇难""死亡""殉职""牺牲""与世长辞""溘然长逝""溘然而去""驾鹤西归""寿终正寝""阴阳两隔"，多用于书面语交际领域，庄重、典雅的风格功能比较明

显。而"死了""老了""去了""走了""不在了""光荣了""蹬腿了""完蛋了""断气了",以及"见阎王了""见上帝了""爬烟囱了""呜呼哀哉了""去见马克思了"等等,则多用于口语交际领域,通俗、委婉、诙谐的风格功能比较明显。

其次,从词语表示的态度看,还可以区分出褒、贬、中性等类型。"死""死亡""身亡""殒命""遇难""阴阳两隔"是中性词,静态看没有明显的褒贬功能。"逝世""仙逝""牺牲""作古""与世长辞""溘然长逝"等,则具有明显的褒义,尽管程度不同,但从中可以体会到说话人对表达对象的赞许、尊敬、惋惜甚至崇敬等心情或态度。"丧命""寿终正寝"则分别暗含了对死者的平淡态度和讽刺成分。至于"完蛋了""蹬腿了",则完全是贬义的,能表达说话人对表达对象的不尊敬、不恭敬或贬斥,甚至能体现说话者庆幸、高兴的情态。"呜呼哀哉了""爬烟囱了""见阎王了""见上帝了",则在轻微的贬义中兼有讽刺、诙谐的意味。而"光荣了",则是战士、警察或革命者在战场上"牺牲了"的委婉说法,"去见马克思了"也是革命者表达"死"或"牺牲"的一种委婉说法,两者都是褒中兼有轻微的诙谐意味。

第三,上述词语还具有相对明确的适应角色和场合,也就是说,它们本身具有标示所适应角色的功能。"死"适用于普通人和一般场合。"死亡"比较正式,一般用于意外事故。"逝世""作古""与世长辞""溘然长逝""溘然而去",十分庄重,一般适用于重要的国家领导人和社会贤达。"仙逝"则多用于说写者所崇敬的人,比较委婉,多适用于文艺语体。"老了""去了""走了""不在了",是口语中的委婉说法,且带有一定的地域色彩,多适用于普通人或者亲近的人之间。

在修辞过程中,上述词语的角色一般是明确的,如果不了解上述词语的修辞功能或者故意改变其适用的角色,则有悖于语用习惯,或要达到特定的修辞目的。比如,如果把"死""死亡"用于重要的国家领导人和社会贤达,则具有贬义。同理,如果把"逝世""作古""与世长辞""溘然长逝""溘然而去"用于一般普通人,则显得太郑重其事。

从上述分析可以看出,分析、概括、阐释各种修辞手段的结构、功能,探讨话语组织的具体方法,如词语选择、锤炼的方法,句式调配、句际组合的方法,辞格运用的方法,以及语篇布局、衔接和话语协调的方法等等,是非常必要的。这是修辞学的重要任务之一。科学地总结、归纳、概括出生活中的修辞手段和修辞方法,并描写、阐释它们的结构和功能，不仅有助于人们有效地使用它们，而且有助于人们的话语理解和修辞评价。

3. 揭示修辞规律，综括人类的语言传播秩序

修辞学研究的另一个重要任务就是揭示修辞规律，特别是人类的修辞秩序或者说传播秩序。如何组织建构话语，如何准确地理解话语，就如同汽车在马路上行驶一样，不是乱而无序，而是有一定规律可循。比如，修辞要弄清词语的意义及其所适应的场合，根据交际对象的身份、角色来建构话语，就是一条修辞规律。例如：

① 春天到了，百花竞放，西花厅的海棠花又盛开了。看花的主人已经走了，走了12年了，离开了我们，他不再回来了。

（邓颖超《从西花厅海棠花忆起》）

② 在北京医院住院的全国政协副主席赵朴初和邓颖超同住一层。想起邓大姐的关心，这位著名宗教界领袖的泪水潸然而下："大姐前些时还问起我的身体，没想到她竟去了……"

（邹爱国《中南海新闻实录》，花城出版社，1994年，第279页）

③ 去年，当我听到翻译家赵萝蕤教授逝世的消息后不禁愕然，实感意外。因为不久以前我还麻烦过她，找她借一张陈梦家先生的相片。她给我的信中附来相片，并说早就翻拍洗印了几张，这张不必退还了，送我留作纪念。我是为出书作插图用的，现在书已问世，赵先生却去了。

（姜德明《忆赵萝蕤教授》，《中华读书报》，2000年1月26日）

④ 5月27日，中国书法家协会创始人、当代唯一的一位字体被收入电脑文字排版系统的书法大师舒同先生以93岁的高龄驾鹤西归。

（马为《目送舒同》）

上述语例表达同样的意思，为什么用了不同的修辞手段呢？这可以从上述修辞手段的功能差异和语境要求进行分析。例①中，邓颖超因谈及她的丈夫周恩来的"死"，所以用"走了"，很委婉，避免引起伤感。如果用"逝世"，无疑就太直白、太庄重了。例②是赵朴初含着悲痛的心情言及自己尊敬的邓颖超"大姐"的去世，所以用了"去了"。此处如果用"驾鹤西归"，就太"浪漫"了，难以表达内心的伤感。例③作者谈及

自己尊敬师长的去世,因此分别选择了"逝世"和"去了",表示尊敬和惋惜。例④中,舒同是受人尊敬的著名书法家,作者用"驾鹤西归",委婉、含蓄且富有诗意。一般情况下,谈及自己和自己的亲人时,避免直说"死",多采用委婉说法,这符合汉民族的心理特点。再如:

> 每当这样的夜晚,面对无力的倚着墙的即将"上路"的犯人,听她们滔滔不绝诉说着对人生的眷念,对亲人的愧疚,听她们"来生定要好好做人"的赌咒发誓,惋惜痛心和无数的感慨就会情不自禁地涌上心头。
>
> (朱小茵《弹奏青春的歌》,《共鸣》,1998年第8期)

"上路"本是指起程,开始旅行,但此处委婉地指称被处死,"路"指死亡之路。这种修辞手段的选择,也是由语境和交际双方的角色和角色关系决定的。"上路"往往适用于狱中犯人这一特定的角色。此处,既表达了作者对待犯人的特殊态度,也反映了作者对罪犯生命的怜悯。

在上述语例中,对表达死亡的词语的选用差异,实际上反映了汉民族的一种忌讳心理。这些关于"死"的委婉说法,多源自人们对于生命的留恋和对死亡的恐惧。如果人一旦对"死亡"的认识升华,且能够泰然处之了,也就不再忌讳了。例如:

> 在以前的一些采访中,我知道邓大姐对于后事看得很淡。她多次说过:"我的骨灰不要保留,撒掉。人死了,也不必穿那么好,将来我死了,都穿旧衣服。"
>
> (邹爱国《中南海新闻实录》,花城出版社,1994年,第275页)

本例是记者对邓颖超的采访,场合非常正式,其交际对象是公众,且具有一定的针对性,因此她直言"死",没有避讳。这反映了一个革命者面对死亡的坦然。

此外,如果没有明确的指称对象,只表达一般的理性意义或在固定的表达法中,也不需要委婉和忌讳。例如:

> 她住进北京医院后,曾多次要求医生、护士给她"安乐死"。"安乐死",是邓大姐一贯的主张。在中央人民广播电台的一次讨论中,她以一个读者的身份表示,支持"安乐死"。
>
> (邹爱国《中南海新闻实录》,花城出版社,1994年,第275页)

本例中,作者表达的主要是理性意义,并非指称真的事实,而且是表达一个特定的概念,所以用了"死"。如果换成"安乐走""安乐去""安乐逝世""安乐与世长辞"等等,都不合适。

以上分析表明,修辞者对特定修辞手段、修辞方法的选择,正是依据它们的功能和各自所适应的语境来进行的。这就是修辞规律。遵从这样的规律,就可以提高修辞效果;反之,违反了这一规律,就会出现语误。修辞学的重要任务,就是从大量的修辞实例中概括出规律性的东西,服务于公众。

修辞学的研究对象经历了一个不断发展变化的历程。从古典修辞学的演说和论辩手段、修辞格,到现代修辞学的语言单位的修辞功能、语体、风格,以至于今天的修辞行为、修辞过程和修辞规律,反映了修辞学研究对象的历史变革。修辞学的研究对象就是修辞行为及其规律。其科学任务是总结、归纳或者说揭示人类的修辞行为规律,综括人类的言语交际秩序或者说传播秩序,其实践任务是为人们提供科学的理论指导,提高公众言语交际的质量和效率。具体讲,修辞学研究修辞的本质特性、修辞学的理论建设、修辞手段、修辞方法、语体风格、修辞规律、话语组织和话语理解的机制、话语协调、修辞批评、修辞学史等等。

三、修辞学的学科属性

关于修辞学的学科属性,也是一个有争议的话题。这主要表现在以下三个方面。

1. 修辞学是艺术还是科学

关于修辞学是艺术、技巧还是科学的争论,始于古典修辞学时期。当时,修辞学被认为是一门艺术,但柏拉图并不这么认为,他借苏格拉底(Socrates)之口说:"修辞学不是一门艺术。"[1] 柏拉图认为诡辩派(sophists,智者派)的修辞学忽视真知而不向善,是假修辞学,他主张的是真修辞学,并认为修辞是一种技巧(technique or knack),而不是艺术。亚里士多德认为:"修辞术是论辩术的对应物,因为二者都论证那种在一定程度上是人人都能认识的事理,而且都不属于任何一种科学。人人都使用这两种艺术,因为人人都企图批评一个论点或者支持一

---

[1] James L. Golden, Goodwin F. Berquist, and William E. Coleman, *The Rhetoric of Western Thought*, Kendall/Hunt Publishing Company, U.S.A., 1989. p.18.

个论点，为自己辩护或者控告别人。"① 显然，此处亚氏指的不是修辞学，而是修辞或修辞技巧。

这种争论在我国主要始于现代，因为我国古代还没有形成完整的修辞学学科形态。我国的现代修辞学形成了相对完整的学科形态后，就出现了两种观点。一种认为，修辞学是技术。比如，1905年汤振常在其《修辞学教科书》中指出，修辞学属于应用的方面，故为技术而非学问。1930年，王易在《修辞学通诠》中则主张："修辞学者，乃研究辞之所以成美之学也。"同年，张弓的《中国修辞学》也持类似观点：修辞学是"美化文辞的一种技术"。这种观点在20世纪后期依然存在。比如，王力先生就曾说过："勿以为语法能使文章做得好……其实，现代语言学里的grammar只是对于某一民族的语言事实加以分析，并不怎样着重在矫正坏习惯，更不会企图改善语言。至于怎样使话说得漂亮或文章做得好，那是修辞学的事，也和语法无关。……若拿医学来做譬喻，语法好比解剖学，逻辑好比卫生学，修辞好比美容术，咱们虽然不能说解剖学和卫生美容完全不生关系，然而咱们究竟不该把解剖和卫生或美容混为一谈，尤其是修辞学，必须和语法分别清楚。修辞学属于艺术的部门，语法学属于科学的部门。语法学家只把语言当作动物来解剖，并不把它当作一瓶鲜花来欣赏。"② 后来也有人持类似观点，比如"修辞学不属于科学部门而属于艺术部门"。③

显然，上述观点来自于当时的修辞观和修辞学的研究现状，因为当时把修辞的功能看作美辞较为普遍。但是，随着现代修辞学研究的深入，修辞已远远不是美辞所能概括的了，它已涉及所有的人类言语交际行为。因此，修辞的功能已不仅是美辞，修辞学也不再是美辞学。修辞学有明确的研究对象——人类言语交际及其规律或者说语言传播规律，它是一门科学的观点被普遍接受，而且修辞学研究的成果已证明了这一点。即使是修辞学的分支学科修辞美学、文艺修辞学，虽然具有一定的美学属性，但其科学属性也十分明显。所以，把修辞混同于修辞学，称之为艺术，是不准确的。确切说，修辞一定程度上具有艺术性，但修辞学并非艺术。修辞学属于科学范畴，而非艺术范畴。修辞学是一门研究

---

① 亚理士多德《修辞学》，罗念生译，生活·读书·新知三联书店，1991年，第21页。
② 王力《王力文集》第三卷，山东教育出版社，1985年，第156-157页。
③ 骆小所《现代修辞学》，云南人民出版社，1994年，第49页。

修辞交际行为及其规律的科学。

2. 修辞学的上位学科范畴是语言学还是其他学科

学科之间的属种关系随着科学的发展而不断变化，修辞学也是一样。古希腊时期，亚里士多德认为："修辞术就像是辩证法和伦理学说的分支，后者可以被恰如其分地称作政治学。所以，修辞术也可以纳入政治学的框架。"他同时指出："修辞术是分析科学和伦理方面的政治学的结合。"① 西方修辞学的这种哲学传统，在当代依然十分明显。人们往往把修辞学与哲学联系在一起。但与古希腊时期不同的是，如今哲学与修辞学的对立状态已有所改变，修辞学被认为某种程度上具有哲学的认识论功能，而不仅仅是知识的外衣和传声筒。因为修辞不仅是哲学辩论的手段，同时也是知识与真理产生的途径之一。这在修辞学与哲学的交叉学科——修辞哲学中表现得更为突出。因此，在西方，修辞学往往与哲学联系在一起。

在我国，现代修辞学自从诞生以来，一直接受现代语言学的理论滋养，因此被打上了深深的语言学烙印。尽管陈望道1932年出版的《修辞学发凡》没有明确修辞学的学科性质，但后人却认为"《发凡》全书贯穿了以语言为本位的思想，暗示出修辞学乃是语言学中的一门分支学科，虽然作者当时还未用明确的语言说出来"。② 因此，修辞学常常被划归语言学。20世纪中叶后，修辞学属于语言学的认识逐渐形成。1962年，明确提出"研究使用语言的规律和特点"的新学科叫做修辞学。③ 1989年，进一步明确，"修辞问题是语言问题，是语言的运用问题，因此，修辞学只能是语言学科"，"修辞学属于言语学"，且"是一门交叉学科"。④ 有的还认为"修辞学是一门边缘学科"。⑤

不难看出，修辞学被划归语言学的理论依据是修辞学以言语及其规律为研究对象。但事实上，修辞学往往被以研究"语言本体"为己任

---

① 苗力田主编《亚里士多德全集》第9卷，中国人民大学出版社，1994年，第339、349页。
② 宗廷虎《中国现代修辞学史》，浙江教育出版社，1990年，第116页。
③ 王德春《语言学的新对象和新学科——言语和修辞学》，《文汇报》，1962年3月1日；《修辞学探索》，北京出版社，1983年。
④ 张静、郑远汉主编《修辞学教程》，河南教育出版社，1989年，第22-23页。
⑤ 张志公《修辞研究的可喜的新局面》，《张志公语文教育论集》，人民教育出版社，1994年。

的"语言学"所排斥。这是因为，一方面，修辞很大程度上并不受纯粹的语言法则包括语音、词汇、语法、语义结构规则的制约，而更多地是违背上述语言规范，创造性地使用语言，尤其是在文艺语体中；另一方面，作为一种言语交际行为，修辞所关涉的因素除了语言之外，还有许多社会因素、心理因素以及社会心理因素，因此，语言本体研究的方法不适合修辞学研究。实际上，语言学不应只包括研究语言本体的分支学科，还应包括研究语言运用的分支学科。那种把修辞学排斥在语言学之外的观点是十分狭隘的。

此外，因为修辞学研究言语、言语交际，因此，随着言语交际学的出现，修辞学又被纳入言语交际学。比如，"既然修辞现象属于言语现象，而且是言语交际中一种成功的表达现象，那么研究提高言语表达效果规律的修辞学，当属于言语交际学的组成部分了"，"修辞当属于言语交际学"。[①] 而言语交际学在国外就是"speech communication"，也可以翻译成言语传播学。因此，随着传播学的兴起，修辞学又被收入传播学麾下，特别是古典修辞学传统中的说服理论。这一方面反映了修辞学研究对象与传播学研究对象的交叉，另一方面也反映了修辞学功能价值的多面性。

那么，修辞学的学科归属问题究竟怎样处理呢？我们认为，随着现代科学的发展和修辞学研究的深入，虽然我国学术界基本上倾向于修辞学归属于语言学，但从中外修辞学研究的历史与现状看，修辞学已难以划归或者局限于语言学范畴。实际上，修辞学被放置在了一个语言学与传播学乃至于哲学的交叉地带。修辞学与传播学关系密切。一方面，传播学具有修辞学学统；另一方面，传播学只限于探讨传播属性、过程以及传播策略是不够的，还必须探讨如何提高传播效率的规律，这在一定程度上却是修辞学的任务。所不同的是，传统上一般认为修辞学只研究以语言为媒介的修辞行为，但目前已经扩展到了图像以及多媒体修辞。因此，不妨把修辞学暂时搁置在自己的价值体系中。修辞学就是修辞学，它不但具有悠久的学理传统，而且具有自己的独立学科体系。

3. 修辞学是人文科学还是社会科学

在修辞学的学科属性问题上，困扰研究者的另一个问题是修辞学是

---

① 刘焕辉《修辞学纲要》（修订本），百花洲文艺出版社，1997年，第4、28页。

属于人文科学还是社会科学。在此问题上，古今不同，中外有异。西方古典修辞学，包括现代美国新修辞学研究中的古典部分，都是关于论辩手段或演讲技巧的，因此，其人文科学属性突出。即使当代的西方修辞学研究，实际上也依然在人文科学的道路上前行，因此就构成了修辞学与传播学在研究方法上的对立。在我国，现代修辞学一直被划归语言学，因此也属于人文科学。但从20世纪后期开始，修辞学逐渐采用社会科学的理论和方法，无论是学科立意，还是社会功能价值，都呈现出社会科学的一些特点。比如，社会心理修辞学理论认知修辞学理论，就采用社会学、社会心理学理论中的社会角色、社会互动、社会交往等理论，来分析修辞现象，阐释人类修辞交际的规律。这大大提高了修辞学的科学性，使这门古老的学科焕发了青春活力。修辞现象和修辞规律的阐释，已超越了修辞赏析层面。这是当代修辞学研究的一大进步。修辞学的社会科学属性的提升，与人类对修辞的社会属性的认识和研究方法的社会科学倾向不无关系。修辞被作为人类交际行为看待后，其规律性就不再是修辞手段的结构功能的人文阐释，而是修辞行为与语境共变关系的社会科学分析。毫无疑问，随着修辞学研究的深入，其社会科学属性将继续提高。

综上所述，修辞学不是一门艺术，而是一门研究修辞交际行为及其规律的科学。它既涵盖了语言学的研究内容，也兼涉文学、传播学等学科领域，是一门兼具人文科学属性和社会科学属性的综合性学科。

第三节 修辞学与当代社会

一、多维视野中的修辞学

修辞学自古至今一直是一门综合性学科，它广涉其他学科，与其他相邻学科，比如语言学、文学、哲学、美学、符号学、新闻学、传播学、政治学、伦理学、社会学、心理学、社会心理学乃至于自然科学等，不仅在研究对象，甚至是学科理论方面，都有着千丝万缕的联系。一定程度上可以说，修辞学关涉了诸多的学科门类。它不仅从其他学科吸收理论与方法，同时也为其他学科输送理论和方法。修辞学的这种综合学科属性集中体现在了它与以下诸门学科之间的关系方面。

1. 修辞学与语言学的关系

在古典时期，修辞学并不属于语言学。中外都是如此。在我国，自20世纪30年代始，现代修辞学在建立和发展过程中，被定位在语言学范畴内。这一方面是因为修辞学研究的是语言运用的规律，必须使用语言各要素作为修辞手段；另一方面，修辞学在发展过程中始终受语言学理论的影响。

在我国，现代修辞学受普通语言学理论的影响很大。自20世纪五六十年代的"语言"和"言语"的学术讨论后，我国的现代语言学就把研究"语言使用的规律"作为研究对象，并把其归入修辞学，这使得汉语修辞学一直受语言学理论研究的影响。也正因如此，汉语修辞学往往被划入语言学范畴，成为语言学研究中的一个重要组成部分。但值得注意的是，修辞学并不受语言学本体研究法则的规约，事实上，修辞学研究的是建立在语音、词汇、语法、语义基础之上的言语规律。因此说，修辞学与以上述诸方面作为研究对象的语音学、词汇学、语法学、语义学关系密切。上述诸学科是修辞学的基础，修辞学是它们在实践领域中的延伸。语音学、词汇学、语法学、语义学的研究对象都属于语言体系，修辞学的研究对象属于言语领域。前者揭示的是语言的结构组织规律，后者揭示的是语言的运用规律。前者属于基础层次，修辞学属于更高的运用层次。

除了普通语言学、专门语言学本体研究的诸门分支学科外，修辞学还与语言学的其他交叉学科关系密切，比如语用学、语言哲学、语言美学、社会语言学、心理语言学、社会心理语言学、认知语言学以及文化语言学等等。上述诸门学科，也都在不同程度上研究语言运用，因此，它们对修辞学研究，尤其是对当代修辞学新兴交叉学科的研究产生了一定影响。

2. 修辞学与文学的关系

修辞学与文学的关系包括两个方面：一是修辞与文学创作的关系，二是修辞学与文学理论或文艺学之间的关系。首先，文学（主要是文学作品）是语言的艺术，因此文学离不开修辞，修辞是文学的基础。如果把修辞作为一种积极的言语交际行为，那么"文学创作"只不过是一种特殊的修辞交际行为，与一般的公众言语交际所不同的是，文学创作是通过构造艺术话语，实施旨在创造艺术言语产品的言语交际行为，因为任何文学作品的目的都是一样的，那就是影响听读者，本质上也是与听读者进行言语交际。此外，由于文学创作的艺术性，文艺修辞多运用文艺语体，多使用艺术化的修辞手段，比如比喻、双关、拟人、移就、对偶、排比、回环等等，并且讲究雕词琢句，修饰加工。其次，是修辞学与文艺学的关系。文艺学与修辞学，在研究作品的创作过程及其规律方面是重合的。修辞学也探讨文学话语的建构规律等问题，特别是文艺修辞学，比如诗歌修辞学、小说修辞学、叙事学等等。此外，修辞学中的语体学、语言风格学等，也是与文学交叉的，因为两者都探讨文学作品以及作家的言语风格。这在我国的古代文论中有充分的体现，比如曹丕的《典论·论文》、刘勰的《文心雕龙》等等，它们不仅被看作是我国古代的文艺理论著作，同时也被看作是修辞学著作。我国修辞学研究中的语言风格研究往往把它们作为经典。

文学与修辞学在言语风格学方面的交叉，在国外也是同样的。20世纪60年代末，比利时法语区列日大学列日学派的一般修辞学，就是以一般偏离理论为基础来说明文学文本特别是诗歌文本的风格特征的。法国新诗学理论家J.柯亨在其《诗歌语言的结构》一书中说："修辞学是有关文学特有语言的程序的研究。'诗学'则是有关一般诗作原则的全面知识。"[①] 20世纪50年代，罗兰·巴尔特曾强调文学的"本质"不在语言内容方面，而在其形式结构特点方面。文学作品风格也不应指作者个人的心理表现，而应指其文学作品中语言运用的特殊方式。罗兰·巴尔特的第一部作品《写作的零度》，既是一部有关文学意识形态问题研究的著作，也是一部有关文学风格问题研究的著作。因此，现代结构修辞学的美学方向被认为是由巴尔特首倡。这些都说明了国外文学（特别是文艺学）研究与修辞学研究的交叉情况。至于修辞批评理论在国外与文艺批评理论之间的距离就更小了。许多修辞批评本身就是文学批评。这种重合与交叉实际上来自于修辞学家和文艺学家的重合与交叉，是一种知识结构的交叉和融合。

3. 修辞学与逻辑学的关系

逻辑学是研究人类思维规律的科学，它所关注的是思维、推理与现实的关系。修辞学研究语用规律，研究人们的言语交际行为规律，当然

[①] 转引自李幼蒸《理论符号学导论》，中国社会科学出版社，1993年，第312、320页。

离不开逻辑，也离不开逻辑学。应该说，修辞首先应该合乎逻辑，但不是必须也不一定非要合乎逻辑不可。在规范修辞领域中，合乎逻辑是首要的；但在艺术修辞领域中，修辞允许或者说事实上是违反逻辑的。一般说，合乎逻辑的称之为规范修辞，违反逻辑的主要是艺术修辞。修辞与逻辑之间的关系，实际上在语言结构单位中也表现得十分明显。

比如，"打扫卫生""晒太阳""恢复疲劳""跑警报""救火""打的""买单""养伤""接机"等等，都是不合逻辑的。这种违反逻辑的语言现象，实际上来自于修辞现象或修辞行为。如果说以上是进入语言体系中的凝固的违反逻辑的修辞现象，那么"囊中羞涩""悲惨的皱纹""苍白的法律""美丽的错误""今年二十，明年十八"等等，则是鲜活的反逻辑的修辞现象。再如，"正在发生的历史——1998年新闻调查"，① 这一书名就自相矛盾。历史指的是人类社会、自然界某种事物的发展过程或个人经历，或者过去的事实。所谓正在发生，是表示动作正在进行（区别于过去和将来）。1998年的新闻调查，自然已经成为历史，是过去，又怎能与正在发生强扭在一起呢？作者如此说，实际蕴含了一个假设：即所述事实虽然正在发生，但它必将成为历史，被历史所记录。实际上，在艺术修辞领域中，许多现象是违背逻辑的，而且这是人类的一种修辞传统。比如"有的人活着，他已经死了；有的人死了，他还活着"② 中，生死本是矛盾的，生死不能同时存在。这种方法叫做"矛盾修辞法"。

上述分析说明，修辞与逻辑之间的关系是辩证的。修辞学与逻辑学之间也存在密切关系。修辞学不仅要研究符合逻辑的修辞现象，更要研究违反逻辑的修辞现象。修辞学离不开逻辑学，两者可以相互借鉴。修辞学对修辞逻辑理据的探讨，实际上就是两门学科结合的一种体现。

4. 修辞学与社会学、心理学、社会心理学、认知心理学的关系

在现当代修辞学的发展中，社会学、心理学、社会心理学、认知心理学的理论和方法起了重要作用。一方面，修辞学从上述学科中借鉴、吸收相关的理论，比如社会行为理论、社会角色理论、社会交往理论以及社会心理理论等等，探讨修辞过程中的语境因素网络，构建修辞交际

---

① 何兴《书也要"正名"》，《中华读书报》，2000年1月5日。
② 臧克家《有的人》。

的社会心理模型及其认知模型,研究社会因素、心理因素、社会心理因素及其认知与修辞交际的共变关系。这大大提高了修辞学对修辞现象、修辞规律、修辞行为的解释力。另一方面,上述学科理论促成了修辞学交叉学科的形成,比如心理修辞学、社会心理修辞学、认知修辞学等等。这大大丰富了修辞学理论。

修辞学与上述诸学科之间的密切关系,具有深厚的现实基础。作为一种言语交际行为,修辞本身具有社会属性、心理属性、社会心理属性和认知属性。修辞行为主体都是社会的人,修辞交际都发生在一定的社会环境中,目的都是解决社会问题。修辞行为的实施及其功能发生,不但与修辞交际双方的心理因素有关,而且与修辞主体的认知能力和社会心理因素具有密切关系。因此,修辞学与社会学、心理学、社会心理学、认知心理学不但研究对象具有交叉,而且在理论、方法上具有统一性,可以相互借鉴。

5. 修辞学与伦理学的关系

修辞与伦理、道德之间的关系是与生俱来的。因为自从人类创造了语言,开始用语言进行交际,真话与假话就诞生了。因此,自从公元前5世纪修辞学诞生以来,人类一直为修辞与道德的关系问题所困扰。人类必须利用语言进行交际,但应该如何利用自身的修辞能力呢?是捍卫真理还是保护邪恶,这成了修辞伦理学的研究对象。在我国古代,"修辞立其诚"开了修辞伦理研究的先河。西方古典修辞学也把修辞者的人格、道德品质作为研究对象。这些在今天依然具有重要的理论意义。可以说,修辞学与伦理学的关系由来已久。但是两者真正的结合是在20世纪中叶,美国修辞学家瑞查德·维沃(Richard M. Weaver, 1910—1963)的《修辞伦理学》(*The Ethics of Rhetoric*)一书,就是两者结合的标志。虽然这种结合并不彻底,但它却表明了修辞学与伦理学研究对象交叉和理论方法结合的可能。修辞伦理学将随着时间的推移不断完善。

6. 修辞学与美学的关系

修辞学与美学的关系首先来自修辞与美尤其是语言美的关系。修辞美,不仅体现修辞格方面,而且是贯穿于人类修辞交际的各个层面。日常口语修辞要讲美,书面语修辞也要讲美;不但话语要美,修辞行为也要美,与话语相关的体态、动作等辅助言语手段以及图像或多媒体修辞手段,也讲究美。修辞学与美学关系密切,与文艺美学的关系尤为密切。修辞学中的修辞批评理论，实际上就是文艺批评理论。而所谓的小说修辞学、诗歌修辞学，本身就是文艺美学的分支；而所谓的叙事学，实际也是修辞学的一个分支。修辞学中的语言风格学，也同样可以看作是文艺美学的分支。修辞研究史上的美辞论修辞观，使修辞学和美学的联姻成为必然。修辞美学是这种两门学科密切关系的结晶。需要指出的是，修辞美学不仅要研究修辞格，更要研究修辞的审美属性、审美对象以及审美标准，还需要研究各种修辞交际领域中的审美评价等问题，探讨修辞的审美规律。

7. 修辞学与哲学的关系

修辞学与哲学的关系始于古典修辞学时期。两者之间的冲突，集中在哲学的科学目的是探求世界的本源，发现真理。而古典修辞学却旨在发现演说和劝说的技巧，其功能在于说服。因此，两者在本质上是对立的。如果说哲学家发誓要发现世界的本源和知识、真理，而修辞学家却立志要为它们穿上漂亮的外衣。这种理性与感性的水火冲突，致使修辞学遭到哲学家的鄙视，成为"哲学最古老之敌人兼盟友，因它强调'说得好'而排斥说得真"（利科，Ricoeur, P）。[①] 这种对修辞的看法，在 17 世纪英国著名哲学家约翰·洛克（John Locke，1632—1704）的《人类理解论》中得到集中反映："修辞学的一切技术（秩序和明晰除外）和演说术中发明的一切技巧的迂回的文字用法，都只能暗示错误的观念，都只能够动人底感情，都只能够迷惑人底判断，因此，它们完全是一套欺骗。因此，在雄辩和演说中，这些把戏虽是可奖赞的，可是我们底议论如果在指导人，教益人，则我们应完全免除了这些。因为在真理和知识方面，这些把戏委实可以说是语言本身的缺点，或应用这些语言的人底过错。"[②] 当然，这种批评是基于古典时期修辞学教师（即所谓的智者）的诡辩术。这从一方面反映了古典修辞学的弊端。这种批判之声一直延续到 19 世纪末。

但随着修辞学在 20 世纪的复兴和现代哲学的语言学转向，以及语言哲学的产生，哲学家对修辞学的态度发生了根本性的转变。哲学家们在为世界的本源而争论不休的同时，他们发现自己实际上正被自己的传

---

① 转引自李幼蒸《理论符号学导论》，中国社会科学出版社，1993 年，第 312、320 页。
② ［英］约翰·洛克《人类理解论》，关文运译，商务印书馆，1959 年，第 497 页。

统敌人修辞所困扰,因为哲学论辩本质上是修辞性的。与此同时,当代修辞学家们也开始重新思考修辞与真理之间的关系。人们发现,"修辞并不是使真理有效,而是本身就具有唤醒人的作用,或者说是'创造真理'的"。① 古典修辞学与哲学的对立,来源于修辞功能的劝说限定,因此,得出的结论往往是"真理先于劝说而存在""真理是客观的绝对的,修辞学是对真理一种服从性的解释"。② 但随着修辞研究的深入,人们发现修辞在物化思想和知识的同时,实际上也参与了知识的形成和真理的创造。修辞学家对人类修辞方法"隐喻"的研究表明,"隐喻"不仅是一个修辞格,而且还是一种认知方法。隐喻不仅存在于语言表达层面,而且存在于思维层面,是一种思维模式。③ 所以,有的人甚至把人类生活都归结为隐喻式的。与此同时,哲学研究者也主张,"修辞不可能也不可以从哲学话语乃至一般话语中'免除',它绝不是单纯的文饰技巧;相反,修辞与思想共生,在塑造知觉模式和思维倾向方面比逻辑更具原始性和重要性。"④

不言而喻,修辞学与哲学的联姻,不仅具有悠久的学理渊源,同时也具有坚实的实践基础,不但哲学论辩是修辞性的,而且修辞过程中还蕴含哲学原理。比如,话语建构过程中的修辞手段、修辞方法选择与语境之间的关系,就是辩证的。一方面,修辞行为的实施取决于语境因素;另一方面,修辞也在改变语境甚至创造语境。此外,许多修辞原理中蕴含了哲学道理。即使是修辞学的研究方法论中也不乏哲学理论。如果说修辞哲学的产生是哲学与修辞学结成联盟的开始,那么认知修辞学的建立,则标志了两门学科关系在当代的进一步发展。它在一定程度上带动了哲学观念的转变,打破了古典修辞学与哲学的传统对立状态。"修辞"在哲学家天平上的砝码越来越重,这可以说是现代哲学研究中修辞走向的一种表现。当代哲学与修辞学正在形成交叉。不过,哲学与

---

① 理查德·什尔维兹《修辞的"认知性":对"新修辞"运动认知论的淡化》,参见[美]肯尼斯·博克等著《当代西方修辞学:演讲与话语批评》,常昌富、顾宝桐译,中国社会科学出版社,1998年,第172页。
② 常昌富《导论:20世纪修辞学概述》,参见[美]肯尼斯·博克等著《当代西方修辞学:演讲与话语批评》,常昌富、顾宝桐译,中国社会科学出版社,1998年,第21页。
③ 陈汝东《认知修辞学》,广东教育出版社,2001年,第460页。
④ 马天俊《修辞价值重估——论修辞的认知奠基意义》,《天津社会科学》,2000年第1期。

修辞学毕竟是两门学科，尽管哲学话语离不开修辞，修辞中蕴含了哲学原理，但修辞哲学的研究不宜也不可能替代全面的哲学研究。

8. 修辞学与传播学及其应用性分支学科的关系

除了与上述理论学科具有密切关系之外，修辞学还与其他新兴学科，特别是传播学及其应用领域，比如新闻、广告、编辑出版、网络传播、播音与主持等，具有密切关系。这具体表现在以下方面。

首先，上述学科的研究对象，与修辞学存在不同程度的重合。修辞学以人类言语交际行为及其规律为研究对象，旨在揭示人类交际的规律，而无论是传播学还是其应用领域，包括新闻、广告、编辑出版、网络传播、播音与主持，都不同程度涉及言语交际行为及其规律。新闻、广告、编辑出版、网络传播、播音与主持等，本质上都是人类交际的具体领域或方面。因此，尽管它们所采用的交际媒介、传播方式不尽相同，但其交际属性是共通的。无论是人际之间的交往，还是大众媒体传播，都离不开语言。语言是人类最重要的交际工具，也是最重要的传播媒介。作为旨在揭示人类语言传播规律的修辞学，则是提高语言传播效果的重要理论体系。所以，如果传播学及其应用领域不谈修辞，那将是不可想象的。即使是多媒体传播行为，也存在语言、图像、文字等的修辞问题。现实生活中，许多传播障碍或者说交际障碍与失误，多是由不懂或违背修辞规律造成的。因此说，修辞学是人类传播行为的重要理论基础。

其次，修辞学与传播学还具有一定的学理渊源关系，可以说是传播学的理论来源之一。传播学诞生于20世纪中叶，具有坚实的社会基础，传播学家也往往把19世纪的达尔文、弗洛伊德、马克思乃至于20世纪上半叶的一些西方社会学家、心理学家作为传播学的理论先驱。如果说这是一种提高传播学学术地位的修辞策略，那么把传播学的理论渊源追溯到古希腊时期的修辞学，则是一种很实在的做法。

实际上，古典修辞学不仅为传播学建立了人际传播的理论基础，也为其他传播形式的理论建构奠定了基础。亚里士多德的《修辞学》，不仅建立了以说服为主的修辞学理论体系，还开创了传播学中受众分析理论的先河。至于美国当代新修辞学乃至于我国的现当代修辞理论，比如言语交际学、社会心理修辞学、认知修辞学等等，也可以看作是传播学的理论来源或有机组成部分。实际上，在许多传播领域中，很难把修辞学与传播学分开。如果说传播学理论存在偏颇的话，那就是把修辞的功能局限于劝说。实际上，修辞学探讨的不仅仅是说服理论，而是提高人类传播效果的规律。

除此以外，修辞学与传播学的密切关系，还体现在传播实践中。曾任美国《芝加哥论坛报》总编、社长兼首席执行官、普利策奖得主的杰克·富勒曾说："没有哪个职业比新闻界更讲究修辞了。"他进一步指出："如果他是一名记者并认为劝服的艺术与他不相干，因为他与事实打交道的话，那么他就错了。他所从事的是改变人的心灵的工作，使人从无知的状态转入知的状态。这意味着他必须掌握向人们传递讯息的艺术，而这就是修辞学。"① 从他的话中，我们或许不难体会修辞学之于新闻的重要作用了。

事实上，无论是人际传播，还是新闻传播，离开了修辞，都是寸步难行的。至于商业传播，杰克·富勒也有精辟的论述："修辞学是一门吸引和保持注意力以改变某种意向的学问。当其目的是出售某件商品时，修辞学被称为市场营销学。"② 如果说有人还认为这种说法过分的话，那么商业广告的实践会使他明白这一切都是真的。

当然，尽管修辞学与传播学关系密切，但它们毕竟学科属性不同。它们在学理渊源、研究对象、研究方法等方面具有很大差异。如果说修辞可以划分为修辞本体、修辞实践两个方面，那么，传播则可以划分为传播本体、传播实务、传播事业三个方面。传播本体就是传播行为、传播过程、传播机制。传播实务就是具体传播领域或传播类型及其行为，比如新闻传播、广告传播、科技传播、文艺传播、网络传播、通讯传播等。传播事业，则是传播组织、传播媒体。这是修辞与传播在具体层面上的差异，也是修辞学与传播学研究对象上的差异。

修辞学主要研究修辞本体理论和修辞实践理论。传播学则研究传播本体理论、传播实务、传播事业三个方面。显然，与其说传播学的建立给人类以往的相关学科带来什么惊人的理论创见或独特的理论体系，不如说传播学像一个托拉斯，它在兼并了以往许多分支学科之后，为一些相关学科的整合提供了一个理论平台，为其他一些应用领域提供了一个

---

① 转引自杰克·富勒《信息时代的新闻价值观》，展江译，新华出版社，1999年，第111、111-112、127页。

② 同①。

统一的哲学阐释框架。因此，不但传播学的理论体系建设需要其兼并的分支学科成果的积淀，而且其理论的深入拓展，也必须依靠一些相关学科的支撑。比如，在揭示传播规律，提高传播效率方面，传播学应该借鉴修辞学的理论成果。这是学理传统，也是两门学科发展的必然。当然，修辞学也应适当吸收传播学的相关理论和方法，扩大其理论视野，丰富、完善其理论体系。

二、修辞学的科学地位

修辞学的学术地位是不断发展变化的。在今天，当人们回顾人类的科学历史时，依然不会忘记亚里士多德的《修辞学》，不会忘记当时的先哲们关于修辞学的论争。从中我们不难发现修辞学在古典时期学术界和社会生活中的巨大影响力；不过，这种影响力更多的是来自修辞的社会实用价值。当然，修辞毕竟不能违背真理和事实，它必须建立在一定的道德基础上。我国修辞论中的"修辞立其诚"为此做了很好的阐释。古典修辞学被推崇备至的同时，也因当时的修辞学教师而背上了诡辩的恶名，成为哲学的敌对面。

在中世纪的欧洲，修辞学曾盛极一时，成为当时学校教育的三大学科之一。从17世纪到19世纪，修辞学不断向哲学、诗学、写作学、文学批评、美文学渗透，对上述学科产生了较大影响。但到19世纪末，这种影响力陷入低谷，修辞学走向衰落。20世纪初，古典修辞学在美国和西方开始全面复兴，形成了声势浩大的新修辞学派。新修辞学成为显学。一方面，许多学科受修辞学的影响，从中借鉴、吸收相关的理论和方法。哲学、美学、写作学、心理学、社会学、认知科学、传播学以及语言学、符号学乃至于自然科学等，都渗透着修辞学的影响。另一方面，上述学科的社会实践中也依靠修辞学的理论指导，比如写作、传播、社会工作、社会认知等都需要修辞和修辞理论。

如今，许多欧美国家的大学设有修辞学系或修辞与传播系、修辞与语言传播系等，比如美国加州大学（伯克利）修辞学系、爱荷华大学修辞学系、德克萨斯农工联合大学修辞与写作学系、里士满大学修辞学与传播学系、威拉米特大学修辞与媒体研究系、奥克兰大学修辞传播与新闻学系以及德国图宾根大学的修辞学系、丹麦哥本哈根大学媒介、认知、传播学系修辞学专业等等。为什么欧美国家的大学如此重视修辞学呢？因为修辞学是现代西方文化乃至文明的源泉，古希腊城邦国家的公共演讲修辞传统构成了现代欧美民主社会文化的基础。对欧美国家来说，修辞学不仅意味着一种演说手段和方法，而且是一种社会制度和文明形态；在他们眼里，修辞学具有创造知识、追求真理、培育理性、孕育民主等象征意义。修辞是通往社会民主、公平、正义的必要途径。

在我国，自从20世纪初现代修辞学产生以来，曾产生过一些有影响力的著作。20世纪30年代陈望道的《修辞学发凡》、50年代吕叔湘、朱德熙的《语法修辞讲话》、60年代张志公的《修辞概要》、张弓的《现代汉语修辞学》等，都产生了重要的社会影响。20世纪80年代以来，中国的修辞学研究有了很大发展，修辞学的学术影响力不断扩大，其理论和方法不断向文学、哲学、社会学特别是新闻传播学等相邻学科辐射。

"新世纪以来，中国学者自强不息，潜心挖掘中国的修辞文化矿藏，进军国际学术舞台，争夺国际学术话语权。在缺乏官方语言权的情况下，他们用外语传播和捍卫自己本民族的文化传统。他们组建起了世界汉语修辞学会，并顺应各国学者要求扩展为全球修辞学会，吸纳了来自五大洲的学者，汉语成为官方学术语言。中国学者在国际学术论坛上拥有了话语权。中国学者用世界眼光和国际视野，用兼容并包的汉文化胸怀，奋力进行学术文化的创新。"他们对修辞的阐释"从一种论辩、说服工具，延展到道德修养、人生追求乃至社会秩序、文化和文明形态高度"。通过创新学说，中国学者引领了"国际学术发展的方向，为风云变幻的国际秩序变革与重构提供理论支撑"。①

此外，修辞学教育也不断发展，其在高等教育体制中的地位逐步提升。从设置选修课，到硕士点和博士点的设立，都体现了中国修辞学事业的蓬勃发展。修辞学的这种发展形势虽然令人鼓舞，但离其应有的作用和地位尚有很大距离。基于修辞在国民素质、人类传播中的重要作用，修辞学不仅应成为中小学教育的重要内容，而且应成为大学语言学、文学、新闻学、传播学等专业人才培养中的核心学科乃至专业。不仅如此，还应参照欧美大学的模式，建立专门的学科，"实现修辞学学科体系的重构，实现修辞学学科地位的最终独立，……需要重新考虑构

---

① 陈汝东《古典与未来：中国修辞学思想的全球意义·主持人语》，《北京大学学报》（哲学社会科学版），2013年第5期。

建以修辞学为中心的学科体系，建立独立的修辞学系或修辞与传播系等"。①

综上所述，作为一门具有悠久历史的古老学科，修辞学在许多相邻学科中具有重要影响。相信，随着修辞学研究的深入，其学科地位将不断提升，修辞学正向揭示人类传播秩序乃至全球传播秩序的普遍规律方向挺进。

三、修辞学与当代社会发展

1. 修辞的社会生活价值

修辞学是一门古老学科，也是一门朝气蓬勃的年轻学科，它与时俱进，在人类历史的发展进程中发挥了重要作用。自从公元前5世纪具备完整的学科形态以来，修辞学一直在人类交际与传播过程中起着重要作用。这源自修辞学研究的不断发展，也来自于修辞之于人类社会生活的重要价值。

显然，如果我们想摆脱修辞，而创造另一种借以生存的方式，是不可能的。因为我们对语言的依赖是与生俱来的，语言不能摈弃，也不可能被摈弃。人类无时无刻不在修辞，修辞就如同空气之于人类一样重要，这是由修辞的语言行为属性决定的。思维、寒暄、购买、销售、阅读、宣传、娱乐、恐吓、威胁乃至于战争，人类事事处处、每时每刻都离不开修辞。小至个人生活，大到治国安邦、国际交往，没有一样离开修辞交际。有人把修辞作为"修身齐家治国平天下"的必备素质和能力，是不过分的。在科技高速发展的今天，修辞依然起着人际交往、社会互动与管理的重要纽带作用。随着网络时代的到来，社会民主和言论自由权利的扩大，修辞的社会功能也将得到更充分的发挥。修辞学的科学地位正是基于这样的现实基础。

2. 修辞学与当代社会发展

一如它在人类社会发展中一直所起的作用一样，当代修辞学在社会发展中的地位和作用，是由修辞的社会功能所决定的。

首先，修辞学在国民素质教育中起着重要作用。在当今乃至于将来，修辞学依然会是社会知识体系运作的核心，无论哪一门学科，都离

---

① 陈汝东《论以修辞学为中心的学科体系建设》，《福建师范大学学报》，2007年第1期。

不开修辞和修辞学。它不仅起着调动、整合、利用已有知识和物化知识的作用，同时也具有生产知识的功能。修辞学本身既是一种知识体系，同时也是一种知识重组的理论体系。

其次，在社会生活中，修辞具有公共意志凝聚、传播秩序和社会权力体系建构、公共政策制定以及知识物化等方面的功能，因此，修辞学同样具有影响社会事务决策和社会管理功能，具有社会秩序化以及社会文化的建构和物化功能。这些功能在当代社会发展中同样具有重要作用。

再次，修辞学也为其他相邻学科提供理论和方法，在人类交际规律或传播规律的探索中占有核心地位。可以说，当代修辞学理论的发展，直接或间接地影响到人类交际或传播效率和质量的提高，影响到社会文明的进化，影响到公正社会秩序的运作，影响到人类科学水平的提高。

最后，如果说科学是生产力，知识也是一种生产力；那么，科学的修辞学理论一定程度上也是一种社会生产力，而且是其中的一个重要组成部分，是其他科学知识整合及利用的媒介。它指导人类的交际行为，有助于协调人际关系，促进社会合作，提高社会生产力。

☞ 思考题

1. 什么是修辞？你在生活中遇到的修辞现象有哪些？
2. 结合自己的专业特点，谈谈修辞的人生和社会价值。
3. 什么是修辞学？谈谈你对修辞学研究对象、任务、学科地位的认识。

练习题

一、选择最合适的词语填空

1. 绿杨烟外晓寒轻，红杏枝头春意_____。
   A. 浓　　　　　　B. 盎然　　　　　　C. 闹

2. 春风又_____江南岸，明月何时照我还。
   A. 到　　　　　　B. 过　　　　　　　C. 绿

3. 鸟宿池边树，僧_____月下门。
   A. 推　　　　　　B. 撞　　　　　　　C. 敲

4. 今年是"人文奥运文物保护计划"实施的第二年，涉及周口店北京人遗址、长城、颐和园、天坛、故宫和十三陵这六大世界文化遗产的_____工程将于今年全面展开。
   A. 修缮　　　　　B. 修理　　　　　C. 修葺

5. 实不相瞒,我们的电扇的名气,是"_____"出来的。
   A. 卖　　　　　　B. 吹　　　　　　C. 传

6. 大陆是_____,台湾是_____,香港是情人,欧洲是外遇。
   A. 母亲　妻子　　B. 亲娘　夫人　　C. 妈妈　老婆

7. "您今年高寿"的适应角色是_____。
   A. 青年　　　　　B. 老人　　　　　C. 儿童

8. "看样子你有六十了吧?"
   "哈哈!六十?这辈子别再想那个好时候了——这个_____啦。"说着,老泰山捏起右手的三根指头。
   A. 年纪　　　　　B. 年龄　　　　　C. 年事

9. 毕福剑:按照我们的规矩,自报家门。
   赵本山:从前面开始,不要紧张。
   毛　毛:我是来自大城市铁岭莲花赤水沟子,我名字叫鸭蛋,今天心情非常地_____,今夜阳光明媚,今夜多云转晴。
   (小品《不差钱》)
   A. 冲动　　　　　B. 激动　　　　　C. 感动

10. 1943 年,在担任依阿华新闻学院院长时,威尔伯·施拉姆_____了世界上_____大众传播博士生课程。
    A. 创立　第一个　B. 创办　第一门　C. 开设　第一本

二、选择正确的答案填空

1. "晋为伯,郑入陈,非文辞不为功,慎辞哉"出自_____。
   A.《左传》　　　B.《论语》　　　C.《孟子》

2. "为命,裨谌草创之,世叔讨论之,行人子羽修饰之,东里子产润色之"出自_____之口。
   A. 孔子　　　　　B. 庄子　　　　　C. 孟子

3. "人而无辞,安所用之。昔子产修其辞而赵武致其敬,王孙满明其言而楚庄以惭，苏秦行其说而六国以安，蒯通陈其说而身得以全。夫辞者乃所以尊君、重身、安国、全性者也。故辞不可不修，而说不可不善"出自_____。

A.《论语》　　　　B.《史记》　　　　C.《说苑·善说》

4. 在文献中，"修辞"这两个词连在一起用，最早见于孔子的话中。据_____记载，孔子曾说过："君子进德修业。忠信，所以进德也；修辞立其诚，所以居业也。"

A.《周易》　　　　B.《论语》　　　　C.《左传》

5. 修辞不仅是一种选择语音、词语、句式、修辞格等的语言运用现象，也不仅是一种运用语言、音乐、图片、图像、建筑、环境等涉及听觉、视觉、触觉等媒介符号，建构有效的文本，传播信息，以影响、改变他人情感、态度、思想、观念乃至行为的社会行为现象，也是一种人类传播现象，是一种人类_____，同时也是一种人类文化和文明的样类。

A. 传播秩序　　　B. 社会秩序　　　C. 政治秩序

第二章 修辞手段

> 话语是人类的信息产品，是信息传播的桥梁，也是人类社会的重要景观，是文化和文明的芯片。修辞手段是人类进行信息生产的原材料，是建构信息桥梁的砖头、木料、钢筋和水泥，是构成语言文化的矿藏和财富，包括语音、词语、句子、句群、辞格和语篇，以及仪表、服饰、表情、体态、动作、图形、音乐、视频、建筑等各种媒介符号。把握语音、词语、句式等修辞手段的结构和功能，构建信息传播的桥梁，塑造人类的文化和文明景观，你就是话语文化大厦的缔造者。

第一节 修辞手段及其类别

一、修辞手段

盖房子需要土石砖木，铺路修桥需要钢筋水泥。作为日常言语交际活动的修辞，同样需要一些能够建构话语、达到交际目的的材料。比如，白居易的《长相思》这样写道：

　　汴水流，泗水流，流到瓜洲古渡头。吴山点点愁。
　　思悠悠，恨悠悠，恨到归时方始休。明月人倚楼。

这首词音节和谐，语音流畅，琅琅上口。这些修辞效果的取得，实际上都与诗人所选择的修辞手段密不可分。一方面，词中每个句尾音节都包含一个相近的音"ou"，具有上下承接作用，听觉上自然和谐。另一方面，诗人还运用了叠音词"点点""悠悠"，并且运用反复和顶真——思悠悠，恨悠悠；汴水流，泗水流，流到瓜洲古渡头。如此，整首词就形成了回环复沓的声响效果。

实际上，在日常言语交际中，利用语音相同、相似的词语，是人们喜闻乐用的一种修辞手段。比如，丈夫被妻子管束严厉，人们就说他得了"气管炎"——"妻管严"。因此，丈夫需要抹一点"肤轻松"——"夫轻松"。丈夫在外面放荡不羁，回家受惩罚，于是送他一家具名"床头柜"——"床头跪"。至于妻子对丈夫不放心，尾随其后盯梢，回家后关门不让进，则戏称为"盯、关、跟"。

当然，修辞过程中人们所使用的材料不仅是语音，还有其他方面的，包括语言的，也包括非语言的。有些交际领域中，交际双方配合默契，一招手，一投足，一个眼神，也能传递信息，达到交际目的。在影视、网络、平面广告等交际领域中，还包括文字、图像乃至图形等手段。这些修辞过程中所用到的一切可以利用的语言材料和非语言材料，称之为修辞手段。

我们知道，作为一种积极有效的言语交际行为，宏观上，修辞所要解决的是交际双方之间的矛盾关系，是不同社会组织之间的矛盾；而微观上，修辞所要解决的，还是修辞目的、修辞任务和话语组织的问题。修辞者要建构恰切的话语，就需要深入了解修辞手段的结构和功能。修辞学就有必要研究修辞手段的类别，分析它们的结构，概括它们的功能，并阐释其适用的语境。

修辞手段一直是修辞学研究的重点之一。我国古代的修辞研究虽然没有形成系统的理论体系，但是，炼词炼句历来是为人们所重视的。所谓炼词炼句，其本质就是讲究词语和句式的意义和功能。20世纪中叶以来，随着现代结构主义语言学研究的深入，我国的现代修辞学也逐渐把语言体系中的修辞手段的结构和功能作为研究重点，主要是语音、词汇、句式以及语法结构的修辞功能。从20世纪50年代吕叔湘、朱德熙的《语法修辞讲话》，到60年代张志公的《修辞概要》、张弓的《现代汉语修辞学》，以及80年代以后的许多修辞学著作，多是以修辞手段为主要研究对象的。目前，修辞手段研究依然是我国修辞学研究的一个重点。下面，我们就从不同的角度，来分别探讨各种修辞手段的类别、结构和功能。

二、语言手段和非语言手段

修辞手段可根据不同的标准分成不同的类型。首先，按是否是语言要素，修辞手段可分为语言修辞手段和非语言修辞手段。前者包括词语、句子、句群、辞格和语篇等，后者主要是一些辅助性的文字符号以及仪表、表情、体态、动作、音像等。图像手段属于视觉修辞范畴。

1. 语言修辞手段

平时，我们无论说话还是写文章，用以完成一定交际任务的基本单位是句子。而组成句子的基本单位是词语，词语是最基本的修辞手段。话语组织过程中，选择什么词语直接关系到修辞效果。比如，形容好喝酒的人，有许多词语可供选择："酒仙""酒徒""酒鬼""酒桶""酒篓子""酒囊饭袋"等等。这些词语的修辞功能不完全一样。"酒仙"通常是指那些虽然好喝酒、但却品行高雅的人。"酒徒""酒鬼""酒桶""酒篓子""酒囊饭袋"，则多形容或比喻那些酗酒且无所作为的人。这些同中有异的词语为话语组织提供了选择余地。

再如，在中国，"北京"和"首都"具有同样的所指，但在不同的语境中，它们的修辞功能有差异。例如，在"北京市各界人士庆祝申办奥运会成功"和"首都各界人士认真学习中央文件"中，"北京"和"首都"虽然所代表的客体相同，但内涵却不一样。前者强调的是事件发生的地域和事件中主体的范围，即北京作为一个城市；但后者却突出了北京的首都地位，它强调的是北京作为首都在国家行政区划中的政治中心地位。上述分析说明了词语作为基本修辞手段的重要作用。

比词语大一点的修辞手段就是句子了，而组织句子离不开语法规则。按不同规则组织的句子具有不同的功能。比如，郭沫若的历史剧《屈原》中有一句婵娟指责宋玉的话，原句是："宋玉你是没有骨气的无耻的文人！"上演时，演员发现，这句话不足以充分表达婵娟对宋玉卑劣人格的鄙视态度和愤慨之情。于是，就改成了："宋玉你这没有骨气的无耻的文人！"结果，表演效果显著提高。为什么词语相当，效果却不同呢？原因在于句子的组合格式不一样。前者是判断句，语气平缓，只起断定"宋玉是没有骨气的无耻的文人"的作用。后者是复指性的感叹句，它不仅能肯定"宋玉是没有骨气的无耻的文人"，而且表达了说话人对听话人的愤慨与责骂。可见，句子的结构方式也是重要的修辞手段。

此外，句子中也包含了内部成分的语序差异。语序不同，修辞效果也不一样。比如，有一则新闻，报道湖北郧县青龙山恐龙蛋化石群被不法之徒盗挖。因此，记者把其报道命名为"愤怒的恐龙蛋"。当然，也可以说成"恐龙蛋的愤怒"，但两者所强调的信息点不同。再如，有一则报道的题目是《奇！这棵"野菜"两米高》。当然，也可以用《这棵"野菜"两米高很奇》，但两者所突出的核心信息不同。

再如，南宋诗人僧志南有一首诗："古木阴中系短蓬，杖藜扶我过桥东，沾衣欲湿杏花雨，吹面不寒杨柳风。"其中，"杖藜扶我过桥东"，实际上是"我扶杖藜过桥东"，但诗人没有这样说，因为两者的效果不一样。前者是比拟，后者则是写实。此外，"沾衣欲湿杏花雨"是说，杏花飘落像下雨，落在游人衣服上有湿润的感觉，语序应是"杏花雨沾衣欲湿"；"吹面不寒杨柳风"，是说春天来了，杨柳树抽穗吐芽，微风拂面带来丝丝温暖，语序应是"杨柳风吹面不寒"；但作者调整语序，目的就是为了达到新异的修辞效果。作者似乎在启迪读者，你想成为诗人吗？那就倒过来说。以上语例表明，语序实际上也是一种修辞资源。

除词语和句式之外，一些句群、语段，甚至篇章及其格式，也是重要的修辞手段。修辞过程中，有时为了增加话语的感染力，就引用别人的话。例如：

"吹面不寒杨柳风"，不错的，像母亲的手抚摸着你。风里带来些新翻的泥土的气息，混着青草味，还有各种花的香，都在微微润湿的空气里酝酿。

（朱自清《春》）

显然，"吹面不寒杨柳风"是引自僧志南的诗。作者不用自己的话叙述，而借用现成的诗句，显得十分精练，且具有启示下文的作用。这种把现成的话语作为修辞手段的方法，人们通常称之为"引用"。被引用的有时是一句话，有时是一段话或者一篇短文。如果引用得当，可起到画龙点睛的作用，特别是一些名言警句。例如：

荔枝也许是世上最鲜最美的水果。苏东坡写过这样的诗句："日啖荔枝三百颗，不辞长作岭南人"，可见荔枝的妙处。

（杨朔《荔枝蜜》）

作者说"荔枝也许是世上最鲜最美的水果"，究竟荔枝有多美？苏轼的诗句可为佐证。这样，较之于用一些其他词语形容，修辞效果要好得多。当然，修辞中也不必完整地引用别人的话语，可借用或化用其中的一部分。如：

如果我回到江南，老是乍暖还寒，最难将息，老是牛角淡淡的阳光，牛尾蒙蒙的阴雨，整天好比穿着湿布衫，墙角落里发霉，长蘑菇，有死耗子味。

能不怀念北国的春风！

（林斤澜《春风》）

宋代词人李清照的《声声慢》一词中，有"寻寻觅觅，冷冷清清，凄凄惨惨戚戚。乍暖还寒时候，最难将息"的句子。本例中，作者是化用了李词中的这两句，借以抒写江南"乍暖还寒"的时节和作者"最难将息"的体会，读来不禁使人产生一种怀古怜今的深沉幽思。

不仅具体的句群、语段被作为修辞手段，一些组织句群、语段或者语篇的格式，也经常用来作为建构有效话语的手段。这种语篇格式包括两类：一类是宏观格式，如书信、通知、推荐信、公文等的格式，以及诗歌、散文、新闻等的语篇格式；另一类是微观格式，主要是一些辞格，如比喻、排比、对偶等。这些格式在有的语境中是必需的。

例如，据说张之洞任两江总督时，微服私访昔日同窗，被邀请参加松江知府的寿宴。张之洞毫不客气地占了首席。知府大为恼火，指着桌上一道名菜出了上联："鲈鱼四鳃，独占松江一府。"自诩"鲈鱼"，暗示他是松江的土皇帝。张之洞指指桌上的另一道名菜对道："螃蟹八足，横行天下九州。"知府闻之大惊，一打听，才知竟是两江总督张之洞，急忙叩头赔罪。

寿宴上，自己的首席被人占了，自然不舒服。因搞不清对方的身份，如果直说，一来显得没有气量，二来也怕得罪了对方。因此，用委婉的对句法暗示对方，很巧妙。如此，既显示了自己的才学，又可将对方一军。松江知府的对偶格式用得很巧妙。此时，如果对方不按对句的格式回答，就会丢面子。所以，张之洞毫不含糊，出口成章，对方惊讶不已。可见，语篇格式也是修辞手段。

词语、句式、现成的话语以及语篇格式，都属于语言层次，我们称之为语言修辞手段。除上述因素之外，语音的高低、长短，甚至于停顿，也是重要的语言修辞手段。

2. 非语言修辞手段

除语言修辞手段之外，言语交际中，尤其是口语交际中，还经常用到诸如手势、体式、表情等辅助性修辞手段。这些非语言修辞手段，主要用在口语交际中，具有语言手段不可替代的作用。它们可以传递许多难于用语言来传递的或胜过用语言来传递的信息。所谓"眼睛是心灵的窗户""眉目传情",讲的都是眼神的信息传递功能。《诗经》中的"巧笑倩兮,美目盼兮"①,指的也是表情、眼神等的信息传输功能。通过视觉获取的信息,可以帮助修辞者准确地判断对方的言语态度等心理信息,控制修辞过程,提高修辞行为的有效性。古人说的"言未及之而言谓之躁,言及之而不言谓之隐,未见颜色而言谓之瞽"②中就包含了这样的意思。所谓"未见颜色而言谓之瞽",意思就是:不看听话人的脸色就盲目开口,这叫做瞎说。这在社会心理学、认知心理学中叫做社会认知。

此外,在当代传播媒体,特别是在多媒体,尤其是网络中,有许多非语言修辞手段,包括声、图、像以及其他非语言符号,比如表达表情的符号等等,这些修辞手段起了一定的辅助作用。随着交际或者说传播方式的发展,人类正在创造许多非语言的修辞手段。这些在当代先进的传播方式中具有重要作用。

三、语音、语义及形式手段

修辞手段还可从语音、语义和形式三方面进行分类描写。修辞过程中,我们建构话语也是从这三个方面考虑的。有时是为了语音的和谐,有时是为了语义的畅达,有时是为了形式的整齐。比如,教室里,学生制作了"敬、静、净"的标语贴到黑板上,以提醒同学们:尊敬老师,关掉手机,帮老师擦黑板,讲究卫生。上述三个字发音一样,意义却不一样,因此相映成趣,便于传播。制作者利用的是同音词。

北京大学著名的景点有博雅塔、未名湖和图书馆,因此人们戏称为"一塔湖图",谐音为"一塌糊涂"。

学数学的人都知道圆周率比较难记,于是有人把 3.14159265358979 谐音为"山,一寺一壶酒,二鹿舞三舞,把酒吃酒"。原本枯燥无味的数字,变成了一个逍遥自在的野餐景象,幽默风趣。社会生活中,有些单位为了使自己的电话号码容易记、易传,也利用谐音。比如,有的救护单位的电话号码就是 995、999,谐音为"救救吾""救救救"。有的

---

① 《诗经·卫风·硕人》。
② 《论语·季氏》。

廉政账号也采用谐音方法,比如510、① 581,谐音"吾要零(廉)""吾不要"。这些都说明,语音修辞具有广泛的传播价值。再如,学中医药学的学生常常为背诵中药名烦恼,于是有人把药名连缀成对偶诗句,雅兴大增:

> 白头翁,持大戟,跨海马,与木贼草寇战百合,旋复回朝,不愧将军国老;
> 红娘子,插金簪,戴银花,比牡丹芍药胜五倍,苁蓉出阁,宛若云母天仙。

本例中,作者采用谐音双关的修辞方法,把多种中药名称连缀成对偶格式,趣味盎然。其中,"白头翁""大戟""海马""木贼""草寇""百合""旋复""将军""国老",还有"红娘子""金簪""银花""牡丹""芍药""五倍""苁蓉""云母""天仙",在医药学中是中草药名称,而在现实生活中也有具体事物所指。上联叙述了一个老翁征战沙场、凯旋而归的故事情节,下联则描绘了一个美貌女子梳妆打扮、插金戴银、从容出嫁的场景。药名、故事情节,两两双关,妙趣横生。其中所利用的依然是语音手段。谐音修辞在诗词歌曲中运用得更为频繁。比如:

> 君问归期未有期,巴山夜雨涨秋池。
> 何当共剪西窗烛,却话巴山夜雨时。

(李商隐《夜雨寄北》)

这首诗借淅沥秋雨,抒写游子思亲期盼团聚之情,读来缠绵而不哀伤。全诗以"期""池""时"为韵脚,读来和谐自然、悦耳动听,浑然一体,收到了语音和谐的审美效果。诗人利用的也是语音手段。再如,如今社会生活中许多干部腐化堕落,人们于是模仿毛泽东的《新长征》一诗予以讽刺:

> 干部不怕吃喝难,千杯万盏只等闲。
> 生猛海鲜腾细浪,鸳鸯火锅走鱼丸。
> 新式烧烤严冬暖,冰镇啤酒酷暑寒。
> 更喜小姐肤如雪,三陪过后尽开颜。

---

① 《南京一教师4.5万存款莫名进了廉政账户》,人民网,2003年3月6日。

这首诗运用的是仿拟手法，讽刺那些吃喝玩乐、花天酒地的腐败分子。因模仿律诗，所以多数诗句的最后一个音节，如"难""闲""丸""暖""寒""颜"等字的韵母十分相近，音响效果形成共鸣，韵脚和谐、流畅，易于诵读，增强了讽刺力度。

当然，在实际的修辞过程中，语音和语义是难以截然分开的，只有把语音和语义统一在一起，才是最完美的境界。上述语例也都是在契合句义的情况下达到语音和谐的。

修辞手段中的形式，主要是指语法形式或者说语法结构，也包括话语的结构格式。如，对偶辞格即是一种修辞结构格式。我们看下面的例子：

墙上芦苇，头重脚轻根底浅。
山间竹笋，嘴尖皮厚腹中空。

这两句话的结构格式是一样的，都是：（方位名词+名词），（名词+形容词）+（名词+形容词）+（名词+形容词）。此外，两句话在语义上也是两两相对的。"墙上"对"山间"，"芦苇"对"竹笋"，"头重"对"嘴尖"，"脚轻"对"皮厚"，"根底浅"对"腹中空"。这种两两相对的结构形式，就构成了一种特定的话语组织格式。人们在言语交际中经常使用。再如：

新世纪，新考验，三代表，指北南。
党之本，力之源，政之基，国之磐。
生产力，贵领先，重规律，无阻拦。
人为本，不可偏，开民智，任务艰。
勇探索，勇实践，高科技，最体现。
六坚持，六完善，硬道理，是发展。
……

（陈方宝《"三个代表"三字歌——读北青报〈帮您理解江泽民重要讲话的科学内涵〉有感》）

这首三字歌模仿的是《三字经》，通篇都是三个字为一词组，而且每四个词组为一个语段，因此，无论是语音结构还是文字结构，即无论在听觉节奏上，还是在视觉距离上，都具有整齐性。当然，作者为了追求形式上的整齐划一，因而造成了个别语段的组合比较牵强，不便理解。

四、平实手段和艺术手段

有一部长篇小说,描写革命战争年代部队掩护怀孕军属转移,开始取名为"孕妇队",但后来觉得不妥,就改为《走出硝烟的女神》。哪个好呢?当然是后者了。原因何在?修辞效果不同。前者写实,给人的形象是大腹便便的孕妇,形体美感不足。但"女神"则不同,形象典雅、高尚、纯洁,与战争硝烟连用,更具艺术魅力。两相比照,显然后者更胜一筹。这说明,修辞手段的功能有差异,前者属于平实性的,后者属于艺术性的。

对修辞手段,也可根据其功能进行分类。有的修辞手段能使话语通俗、明白、准确,有的修辞手段可使话语生动、形象,有的能使话语庄重、文雅,有的能使话语幽默、风趣。如同样表达"把家转移到另一个地方","搬家"就比较平实;"移居"就显得比较庄重;"乔迁"就显得文雅且有褒义;而"滚蛋",虽形象,但却含贬义。这说明词语修辞手段存在风格功能差异。

据此,我们把修辞手段分为平实性的和艺术性的两种。那些能使话语通俗、明白、准确、平实的,就叫做平实性修辞手段。那些能使话语生动、形象、庄重、文雅乃至于幽默、风趣的,就叫做艺术性修辞手段。例如,"开除""辞退""炒鱿鱼",都具有"使人离开一单位"的意思,但"开除""辞退"就是比较平实的修辞手段,而"炒鱿鱼"就比较形象,具有一定的艺术性。再如,表达"死"的修辞手段中,"死""逝世""去世",就属于平实性的;而"见阎王了""蹬腿了""完蛋了""爬烟囱了""去见马克思了"等,就属于艺术性的。平实手段所利用的主要是词语的理性意义,而艺术手段利用的则是词语的比喻义、引申义或附加义。

平实手段和艺术手段,在表意功能方面和语用动机方面有差异。请看下面的例子:

① 活性钙冲剂的主要成分为活性钙,是以海洋生物牡蛎的壳做原料,经特殊工艺加工精制而成。活性钙有助于骨质形成,维持神经传导和肌肉收缩,维持毛细血管的正常渗透压,保持血液酸碱平衡等,可用于健身补钙,预防和治疗某些缺钙所致的慢性疾病。

② 未名湖默然于青松翠柏之中,湖畔垂柳青青,绿杨依依。

洁白的银杏，映衬着湖中微微荡漾的蓝天白云，千年的古木呵护着岸边凛凛肃穆的绿阁红楼。清风拂来，明净的湖面堆起丝丝笑靥，惹得四碧心旌摇曳。漫步湖畔的莘莘学子，也因她的明媚，不知会荡起多少青春的梦漪。

上述两段话语所使用的修辞手段不一样。一方面，两者所用词语的表意功能不同。前者是以语言意义中的理性意义为主，每个词的意义都比较单一。比如"钙""冲剂""主要""成分""海洋""生物""牡蛎""骨质"等等，较少含附加意义。后者则不同，多数词语的意义是感性的或体验性的，而且具有附加表意功能。例如，"湖畔""青青""依依""荡漾""笑靥""摇曳""梦漪"，多用于书面语体，具有庄重、典雅、绚丽的表现功能。如，"湖畔"就比用"湖的岸边"显得典雅，"青青"就比"青"更具有形象性，"荡漾""笑靥""摇曳"较之于"晃动""酒窝""摇动"更雅致，更富于文采。另一方面，前者是以说明为主的，意在达到清楚、明白的修辞目的。后者则重在体验、渲染，以激发听读者联想的能动性，调动听读者的想象力，引起读者对未名湖美的体验。

一般说，平实性的修辞手段和艺术性的修辞手段，具有各自相对稳定的使用领域。比如，"湖边""湖的岸边"，多用于日常言语交际领域中；而"湖畔"则多用在散文、诗歌等要求高雅的交际领域中。比如，我国20世纪上半叶涌现出的"湖畔诗人"，就很富有诗意。但是如果说成"湖边诗人"，就乏味了。当然，有时候为了交际需要，也会出现雅化和俗化的转换。比如，"中南海""避暑山庄"，听起来都很雅致，能给人以美感。实际上，所谓的"中南海"并非真的海，原意是湖，听到"海"，人们心理上就会产生恢弘的气势和美感。如果说成"中南湖"，其审美价值就会顿跌。"避暑"日常说法就是"纳凉""凉快凉快"，"山庄"就是"山村""山里的村子"，如果说成"纳凉村"或"凉快村"，大概就没有多少游人前往了。这是积极有意使用艺术手段的例子。

修辞手段平实性和艺术性的区分不是绝对的，而是相对的、动态的，是在修辞手段的运用中显示出来的。平实手段也可在一定的语境中产生特殊的艺术魅力。比如，"闹"是一个很平实的词语，但宋代诗人宋祁的《玉楼春》，却把它用活了，使之成了千古流传的炼字经典：

东城渐觉春光好，縠皱波纹迎客棹。
绿杨烟外晓寒轻，红杏枝头春意闹。

春天来了，万物复苏，百花盛开。各种各样的生物都在明媚的春光里嬉戏。这样美丽的春景，该如何在诗句中体现呢？一句"红杏枝头春意闹"，便使诗的境界顿出。一个"闹"字，把春天万紫千红、百花争妍、花团锦簇、蝶飞蜂舞的景象，烘托得淋漓尽致。此处当然还有其他词语变体可用，比如"浓""盎然"，也并非不可，但效果都不如"闹"。"浓"突出的是色彩，而"盎然"则比较抽象，且是两个音节，较之于"闹"，它们缺乏动感。原诗句令人怦然心动的修辞效果，正是独具匠心的诗人把寻常词语艺术化的结晶。再如，朱自清在《春》中写道：

小草偷偷地从土里钻出来，嫩嫩的，绿绿的。园子里，田野里，瞧去，一大片一大片满是的。

"偷偷地"本很平常，常用以描写人的动作。草非人，不会"偷偷地"。但作者却把它赋予春天的小草，格外传神。为什么说是"偷偷地"呢？意在说小草的生长是在人们不经意的时候，在人们不知不觉的时候，从土里长了出来，给人们一种春天悄然而至的惊喜。小草没有必要"偷偷地"，只是因为它躲过了人们关注的目光，在短短的时间内，把绿色奉献给了人们，没有喧哗，没有鼓噪，没有骄傲，也没有炫耀。一个"钻"字，使小草不畏泥土重压，自强不息，不屈不挠的顽强生命力，展露无遗。表达这一意向的词语还有"长""冒""挤""拱"等，但作者都没有用。毫无疑问，在此处它们都不足以和"钻"相抗衡。当然，这种修辞效果的获得需要一个中国温带的地理环境以及与之相关的人。如果离开了温带环境，在四季植被变化不明显的热带，人们很难体会其中的"春意"。

上述语例说明，修辞手段的平实性和艺术性是相对的，而且是可以相互转换的。其区分以及修辞功能的评价，离不开具体语境。平实性的修辞手段要取得一定的艺术效果，离不开创造性的运用。

此外，在命名或翻译过程中也会遇到一个平实性与艺术性修辞手段的选择问题。比如以前有一部外国电影名字是 *Old Maid*，意思是"老处女"，但却被译作了"长相思"。[①] 显然，前者直译、写实，表达直露，且只出现一方，略显平淡；后者意译，关涉相思与被相思，一个永恒的爱情主题，读之能令人产生一定的联想。因此，区分修辞手段的艺术性

---

① 张世英《长相思与老处女》，光明网，2000年9月7日。

与实用性，对翻译也具有积极意义。

五、修辞手段的行为类别

汉语修辞手段丰富多样。按照不同标准，还可以详加区分。根据言语行为的类别，如"问候""感谢""拒绝""建议""命令"等等，还可归纳出修辞手段的不同功能类别。不同功能类别的修辞手段，可完成不同的修辞行为。同一个功能类别中的不同表达式，又可以满足不同交际对象和语境的交际需要。如"你的年龄""能告诉我你的年龄吗""你几岁了""你多大了""您多大年纪了""您老高寿""您贵庚""您尊齿几何""你二十几了""您六十几了"等等，都归属于询问年龄的言语表达式。但这些修辞手段又分别具有各自不同的适用范围，交际中应根据具体语境进行有效地取舍。"您贵庚"是文言，已经很少使用。若是问年纪大的长辈，需用"您多大年纪了"或"您老高寿"；但如果是问儿童，则可用"你几岁了""你多大了"。至于"你的年龄"，则多用于警察审讯犯罪嫌疑人。如果反其道而行之，一般情况下是不合适的。

汉语的修辞手段丰富多彩，它们可以满足各种交际需要。许多修辞手段的功能大致一样，但存在较细微差别。这些能表达同一个义项且功能存在细微差异的言语变体，修辞学上习惯称之为"同义形式"或"同义手段"。20世纪80年代，汉语修辞学曾经有一场关于"同义手段"讨论，有的甚至把它作为修辞学的重要研究对象。实际上，它们是在一定语境中表达同一义项时，功能相同或相近的修辞手段，称其为"同义手段"更为合适。修辞的艺术性就在于，随时根据语境，在众多的同义修辞手段中，选择或创造最佳的表达式。因此，修辞过程中要具体问题具体分析，依照修辞手段的功能类别进行择取。写公文，就要用平实手段，不宜使用艺术手段。如果是文学创作，则需经常运用艺术化的手段。

第二节　语音及其修辞功能

一、汉语语音的特点

以上谈到语音是重要的修辞手段，汉语语音的修辞价值，与汉语语音的特点分不开。首先，与其他语言相比，汉语有声调。一方面，声调被作为区别意义的重要手段,比如"糟""凿""早""躁",它们的构成音素相同,但声调不同,因此意思不同。这与英语等语言通过增加音节长度或增加形态变化的构词法相比,更为经济。另一方面,声调还可以调节语音的高低,增加语流的抑扬顿挫。如果说其他非声调语言是通过音节的轻重调节语流的变化,那么汉语则是通过声调调节的。比如,晏几道《临江仙》中的"落花人独立,微雨燕双飞"很美,但是如果没有声调的调节,都分别单用阴平或阳平、上声、去声朗读,那就不美了。语音没有高低变化,单调乏味。这种声调上的抑扬在诗词格律中称为平仄。

此外,汉语的每个音都以一个元音为主,因此可以形成一些语音上的整齐格式,比如对偶就是汉语中独特的修辞方法。这种形式不仅是汉字形式上的,同时也是语音上的。对偶除了视觉上的整齐外,语音也是两两相对的,因为一个汉字是一个音节,往往代表一个词或一个语素,这在其他语言中比较少见。此外,汉语每一个音节都是以一个元音为主,没有复辅音。这就使对偶上下句的时间基本相等。比如,崔颢《黄鹤楼》中的句子:"晴川历历汉阳树,芳草萋萋鹦鹉洲",不但视觉上上下句工整相对,而且语音长度也大致相等。这是由汉语的音节结构特点造成的。如果换了英语等其他语言,难以做到。

汉语语音的上述特点促成了它的一些修辞功能。这包括谐音表意功能、韵律功能、节奏功能、语篇衔接功能、风格功能等。

二、谐音功能

汉语的语音功能除了基本的表意功能之外,还具有谐音表意功能。因为汉语是有声调的语言,存在大量的同音词或近音词,在语用过程中容易形成谐音。有许多修辞方法是由谐音构成的,比如,双关、仿拟等。唐代刘禹锡的《竹枝词》中写道:"杨柳青青江水平,闻郎江上唱歌声。东边日出西边雨,道是无晴却有晴。"江水清清,杨柳青青。姑娘听到江上的小伙子唱起了歌。两者有什么关系呢?诗人没有直说,而是描写了天气情况。东边太阳从云彩中露出了笑脸,而西边却飘着雨滴,您说有没有晴天呢?看似没有情,其中却有情。那唱歌的小伙子和那姑娘是在脉脉传情。"晴"谐音"情",一语双关。

再如,有一则广告是"汾酒必喝,喝酒必汾",仿照的是《三国演义》开篇第一句话:"话说天下大势,分久必合,合久必分",利用的也是语音的相似性,同时借助了人们共同的文化底蕴,增强了广告词的传播力度。当然，该广告鼓励人们喝酒的动机还值得商榷。这种谐音现象比比皆是。再如，计算机有一个中央处理器叫"芯片"。2002年9月28日，中央电视台播出了一则消息："中国生产出了具有自主知识产权的'计算机芯片'，从而结束了'无芯'的历史。"此处的"无芯"实际上是谐音双关，一方面指"计算机芯片"；另一方面，指中国拥有独立知识产权的计算机核心技术。

谐音除了日常信息传递功能之外，还具有一定的商业传播价值。比如，成语是相对固定的，一般不能改变其中的成分或词序。但有时也被有意识地利用谐音改变其中的某个成分，以达到某种特殊效果，有的广告就是如此。比如，"咳不容缓""随心所浴""骑乐无穷"，就分别被作为止咳药、热水器、轻骑摩托的广告语。其实，上述修辞现象利用的分别是成语"刻不容缓""随心所欲""其乐无穷"。由于其中有一个音是相同的，所以具有一定的趣味性。再如，还有的把"好颜的涂料"谐音为"好色之涂"，作为宣传涂料的广告语，它谐音于"好色之徒"。当然，对上述现象也有人持批评态度，说容易误导青少年，有损汉语的规范。这种担心虽然可以理解，但从修辞角度看没有太大的必要，广告商是以人们熟知相关成语作为基础的，如果不知道相关成语，也就起不到应有的效果。而许多修辞现象往往是违背日常语用规范的。

谐音现象在生活中还很多。它们并不一定最终能进入语言体系，即使进入语言体系，也不至于引起交际混乱等严重后果，因为语言本质就是约定俗成的。实际上，这种现象在一般语用领域中也有，比如"沪深股市'跌跌不休' 拿什么拯救证券市场？"① 中，"跌跌不休"就是"喋喋不休"的谐音。这种谐音现象有些也不一定是成语，而是一些固定的词组，比如，"'缘'来如此"②"天赐良园"③ 分别谐音于"原来如此"和"天赐良缘"。"九大主编话里有划"④ 中，"话里有划"谐音于"话里有话"。"'政误公开'，又是一出政治秀？"中的"政误公开"，谐音于"政务公开"。⑤ 当然，有的修辞现象有不健康的嫌疑，比

---

① 新华网，2003年9月28日。
② 美国电影，2003年9月28日北京电视四台9：40播出。
③ 北京市一楼盘名。
④ 《北京青年报》，2003年9月28日。
⑤ 新华网，2003年3月5日。

如"好色之涂"的广告就引起了一些异议。① 这涉及修辞道德。

三、韵律功能

平时交际中，无论是日常口语，还是书面语，我们经常发现一些语音和谐、琅琅上口的话语。比如毛泽东的《十六字令·1934年到1935年》："山，快马加鞭未下鞍。惊回首，离天三尺三"，"山，倒海翻江卷巨澜。奔腾急，万马战犹酣"。这些话语读来韵律和谐自然。为什么呢？因为其中的词句押韵。"山""鞍""三""澜""酣"等音节中都含有相同的韵母"an"，因此，读来和谐自然。这是语音的韵律功能所致。这种押韵方法具有悠久的历史传统，比如《诗经·关雎》："关关雎鸠，在河之洲；窈窕淑女，君子好逑。""鸠""洲""逑"韵母相同。

此外，汉语语音的韵律功能，还可以通过叠音、双声、叠韵等手段实现。比如《诗经·采薇》："昔我往矣，杨柳依依；今我来思，雨雪霏霏。行道迟迟，载渴载饥。我心伤悲，莫知我哀。""依依""霏霏""迟迟"等，都是叠音词。再如，《诗经·黍离》："彼黍离离，彼稷之苗。行迈靡靡，中心摇摇。知我者谓我心忧，不知我者谓我何求。悠悠苍天，此何人哉！""离离""靡靡""摇摇""悠悠"，都可增加绵绵悠长的旋律。

这种使用叠音词的传统，可以说贯穿了我国的诗歌史。比如汉朝古诗十九首中的《青青河畔草》：

  青青河畔草，郁郁园中柳。
  盈盈楼上女，皎皎当窗牖。
  娥娥红粉妆，纤纤出素手。
  昔为倡家女，今为荡子妇。
  荡子行不归，空床难独守。

前六句都用了叠音词，这不但有助于增强回环的韵律，同时也可以深化语意。"青青""郁郁""盈盈""皎皎""娥娥""纤纤"，分别突出了河畔草、园中柳、楼上女等的情状。一个体态丰盈、面容姣好、双手纤细的粉妆少妇，就跃然于草色青青、垂柳郁郁葱葱的意境之中。如

---

① 《北京："好色之涂"惊现公交车站》，人民网，2002年11月22日。

果没有这些叠音词,该女子将多么黯淡啊!该诗下半部分则没有使用叠音词,因此,整首诗的韵律前后形成鲜明对比。这也从反面映衬出了叠音词的韵律功能。

叠音词因其韵律功能,使用广泛。再如,浙江杭州九溪十八涧清代俞曲园所撰的路亭联:"重重叠叠山曲曲环环路,丁丁冬冬泉高高下下树",以及杭州西湖楹联"绿绿红红处处莺莺燕燕,花花草草年年暮暮朝朝"和"水水山山处处明明秀秀,晴晴雨雨时时好好奇奇"等,都是利用了叠音手法。实际上,这种叠音修辞方法在现代交际领域中也常用。比如,张名河的歌曲《美丽的心情》中的"水蓝蓝""山青青""灯闪闪""鼓声声""天朗朗""地盈盈""星灿灿""雨纷纷",可以说是叠音词运用的典范。再如,"时时有思考,天天有学习,周周有讨论,月月出成果,年年出人才,代代薪相传",也是通过一些叠音词传达治学理念的。

语音的韵律功能还可以通过双声和叠韵实现。一个双音节词语的声母一样,称之为双声,如果韵母相同,则是叠韵。比如"伶俐""慷慨"是双声词。"窈窕""逍遥""苍茫"等,则是叠韵词。这两种方式都可用来增强话语韵律。比如杜甫的《独步寻花》:"流连戏蝶时时舞,自在娇莺恰恰啼。"其中"流连""自在"就是双声词。毛泽东的《和柳亚子先生》中有"长夜难明赤县天,百年魔怪舞翩跹"句,"翩跹"就是叠韵词。修辞过程中,如果把双声和叠韵完美地结合起来,则音响效果更好。比如杜甫《至日遣兴》中的"无路从容陪语笑,有时颠倒着衣裳",则把叠韵词"从容"和双声词"颠倒"珠联璧合,增强了诗句的音乐效果。

四、节奏功能

语音除了上述修辞功能之外,还可以调节话语的节奏。比如,毛泽东的《沁园春·长沙》中写道:"看万山红遍,层林尽染;漫江碧透,百舸争流","恰同学少年,风华正茂;书生意气,挥斥方遒"。这两段话的句子结构大致相同,音节多少相近。因此,话语的节奏感很强。这种修辞效果的取得,自然有语法结构的因素,但每句话音节的数量以及停顿方式,则起了更为重要的作用。我国古代的文言文单音词多,而现代汉语中双音节词占优势,且不乏三个音节的惯用语和四个音节的成语,因此在调节话语的节奏方面具有独特的优势。

其次，语音调节话语节奏的方法还有停顿。比如毛泽东的《十六字令·1934年到1935年》中的"山，刺破青天锷未残。天欲坠，赖以拄其间"，第一句的节奏是通过"山"后的停顿调节的。一般说，话语的韵律就包括了节奏，但具体说还有一些区别。韵律重在韵脚、抑扬的和谐性。节奏主要是指由话语信息的逻辑性、情感脉络和停顿决定的语速，不是指朗诵者的个性差异。话语的节奏多通过音节多少和停顿调整，但也不乏与韵脚结合的情况。比如，陆游的《钗头凤》：

  红酥手，黄縢酒，满城春色宫墙柳。东风恶，欢情薄。一怀愁绪，几年离索。错！错！错！
  春如旧，人空瘦，泪痕红浥鲛绡透。桃花落，闲池阁。山盟虽在，锦书难托。莫！莫！莫！

本例中，上下两阕不但韵律和谐自然，而且节奏快慢有致。这不但与韵脚有关，更主要的是与各句音节的多少以及停顿密不可分。前三句分别是3、3、7，第三句还可以拆分为"满城春色"和"宫墙柳"两部分。接下来是两个三音节，重音分别在最后一个音节。然后是两个四音节组合。结尾为单音节词的三次反复。如此，整首词的韵律和节奏就相得益彰了。

以上我们例举的多是艺术语体的话语，因此其韵律和节奏要求比较高，在修辞过程中也是精雕细琢。其实，日常言语交际以及其他类型的修辞交际中，语音的节奏功能也很重要。比如演讲、播音等修辞行为中，话语的节奏也是十分讲究的。

五、语篇功能

除了上述功能外，语音还具有语篇衔接功能。如果说语音的表意功能属于微观层次，那么其节奏和韵律就属于语篇层次。因为句子末尾的押韵和句子之间的组合节奏，在语篇建构中起了纽带作用。比如，人们所熟悉的徐志摩的《再别康桥》："轻轻的我走了，正如我轻轻的来；我轻轻的招手，作别西天的云彩；……悄悄的我走了，正如我悄悄的来，我挥一挥衣袖，不带走一片云彩。"这首诗虽然不是通篇韵律和谐，但是它的首尾部分以及内部词语音节上的和谐韵脚，不但起了微观上的韵律作用，也起到了宏观的语篇衔接作用。

语音的语篇衔接功能有两种体现方式：一是押韵，二是反复。比如：余光中的《乡愁四韵》：

给我一瓢长江水啊长江水
酒一样的长江水
醉酒的滋味
是乡愁的滋味
给我一瓢长江水啊长江水

给我一张海棠红啊海棠红
血一样的海棠红
沸血的烧痛
是乡愁的烧痛
给我一张海棠红啊海棠红

给我一片雪花白啊雪花白
信一样的雪花白
家信的等待
是乡愁的等待
给我一片雪花白啊雪花白

给我一朵腊梅香啊腊梅香
母亲一样的腊梅香
母亲的芬芳
是乡土的芬芳
给我一朵腊梅香啊腊梅香

  这首诗共四段,每一段的首尾两句反复,前后呼应,具有语篇的环箍作用,同样具有强化意义的功能。从上例不难发现,语音的语篇衔接功能通过两种方式起作用:一是听觉,二是视觉。听觉主要是在口语交际中,而视觉则是在书面语交际中。但两者有一定的联系,在书面语交际中,语音被用文字符号记录下来,以同样的形式呈现于视觉,读者阅读时可通过视觉转化为听觉。

六、风格功能

  无论是语音的韵律功能,还是节奏功能,最终要达到的是话语的风格目标。语篇中话语整体的语音声响效果,是构成话语风格的一个重要因素。这主要表现在口语语体的某些话语类型或方式中,比如演讲、播音、主持、朗诵以及文艺语体的话语。在文艺语体中，话语风格受语音影响较大的是诗歌。比如毛泽东的《沁园春·雪》：

北国风光，千里冰封，万里雪飘。望长城内外，惟馀莽莽，大河上下，顿失滔滔，山舞银蛇，原驰蜡象，欲与天公试比高。须晴日，看红装素裹，分外妖娆。

江山如此多娇，引无数英雄竞折腰。惜秦皇汉武，略输文采；唐宗宋祖，稍逊风骚。一代天骄，成吉思汗，只识弯弓射大雕。俱往矣，数风流人物，还看今朝。

这首词气势宏伟，意境高远，语音和谐，具有明快、豪放的风格特征。这种风格特征的形成与作者的立意和话语所述事物、现象的特征以及由此形成的意象密切相关，但与词的韵脚也不无关系。其中的"飘""滔""高""娆""娇""腰""骚""雕""朝"，韵脚为"ɑo""iɑo"，属于"遥条"辙。这两个韵母的发音开口度和共鸣腔都比较大，因此具有洪亮的音响效果。与上词相对照的是李清照的《声声慢》：

寻寻觅觅，冷冷清清，凄凄惨惨戚戚。乍暖还寒时候，最难将息。三杯两盏淡酒，怎敌他晚来风急？雁过也，正伤心，却是旧时相识。

满地黄花堆积，憔悴损，如今有谁堪摘？守著窗儿独自，怎生得黑！梧桐更兼细雨，到黄昏、点点滴滴。这次第，怎一个愁字了得！

这首词中的"觅""戚""息""急""识""积""滴""第"构成了全词的主旋律。这些词语的韵母为"i"，属于齐齿呼，开口度小，共鸣腔窄，属于"一七"辙，因此难以取得洪亮、豪迈、明快、奔放的音响效果。其风格特征是婉约、蕴藉、凝重。上述分析说明，话语语音的不同韵脚，可以形成不同的风格特征，这决定于所使用语音的开口度和共鸣腔的大小。

语言是诉诸感官的抽象符号，因此在传递信息过程中，语言符号要再现各种客观或主观的信息，需要调动各种感官的潜能。语音的修辞功能就在于声响效果，通过听觉起到传递音响信息的目的。所以，各种修辞领域都应重视语音的上述修辞功能。

第三节　词语及其修辞功能

词语不仅是语言的基本结构单位，同时也是重要的修辞手段。词语包括词和短语。短语又包括固定短语和不固定短语。固定短语包括惯用语、成语、谚语、格言、歇后语和俗语等，人们往往统称之为熟语。词和熟语都是语言中可重复利用的成品单位，因此详细分析它们的结构和修辞功能是非常必要的。

一、词语的修辞功能类别

1. 词语的语法功能类别

汉语的词按语法功能分为实词和虚词两大类。实词分为名词、动词、形容词、副词、数词、量词、代词和叹词。虚词分为介词、连词、助词和语气词。

2. 词语的修辞功能类别

从修辞角度，或者说从运用领域，从来源，从风格特征、意义特征等角度，还可以把词分为：书面语词、口语词；普通话词、方言词、外来词；现代词、古代词；科技词、一般词、文学词；同义词、反义词；褒义词、贬义词等等。

3. 词语修辞功能分类的价值

为什么要对词进行修辞功能分类呢？因为这种分类更有利于修辞分析和实际运用。词的语法功能分类是为了进行语法分析，其着重点在于词的语法功能和用法。虽然这种分类有助于解决话语组织的正确性问题，即话语是否合乎语法规则的问题，但却不能解决词语的其他修辞问题。词语的修辞功能分类重在词语的修辞功能，它着重要解决的是词语在话语表达中的态度标示、风格塑造以及它们的语用范围等问题。比如，"大喊""喊叫""呼喊""呐喊"从语法角度看都是动词，且意思相近，但在"他为民族危亡而呐喊"中，就不宜用"大喊""喊叫""呼喊"等代替，尽管替代后也是合乎语法规范的，但修辞效果却不一样。原因就在于，两者的修辞功能不同。"大喊""喊叫"等口语特征明显，多用于口语领域。"呼喊""呐喊"的书面语特征突出，多用于文学性话语或庄重的场合。比如，鲁迅把他的著作命名为《呐喊》，比较庄重，如果改为"大喊""喊叫""呼喊"，庄重感就消失了。

再如，"娘""妈妈""母亲"，表达的是同样的客体，且都是名词，语法功能基本一样；至于"老婆""爱人""妻子""夫人"等，也是一样。但是，这两组词语却有各自所适用的语境。余光中的散文《从母亲到外遇》中说："大陆是母亲，台湾是妻子，香港是情人，欧洲是外遇。"① 显然，如果换成"大陆是亲娘，台湾是老婆"，没有语法错误，表达的理性意义也无变化，但是话语的整体风格特征就变了，原文典雅，后者俚俗、诙谐。

类似的情况很多。人们常说"党啊，亲爱的妈妈""祖国啊，母亲"，但很少说"党啊，亲爱的娘""祖国啊，亲爱的娘"。"黄河，我的母亲"正式、文雅、庄重，但如果说成"黄河，俺的娘"，则不伦不类。尽管"我"与"俺"都是代词，"母亲"和"娘"都是名词，且指称相同，但它们的语体风格却不一样。"俺""娘"，多用于方言交际领域，乡土气息浓，其风格特征是通俗；而"我""母亲"则多用于普通话，与前者比较，风格特征则是典雅。以前曾经有一个时期，人们经常说"天大地大不如党的恩情大，爹亲娘亲不如毛主席亲"，此处用"爹亲娘亲"，而不说"爸亲妈亲"或"父亲母亲"，是因为要突出话语的通俗风格特征，适合于广大劳动群众，具有乡土气息，听起来亲切。

上述实例说明，词的语法功能分类和修辞功能分类，分别适用于不同的研究和实践目的，但两者又可以互补。探讨词的语法功能，有助于使话语组织符合语言习惯；而研究词的修辞功能，探讨全民语言中词语的各种变体的功能差异，则有助于更好地建构和理解话语，提高交际效率。

二、词语的意义与功能

大家知道，人们一般认为词语都是有意义的。但对意义的客观载体是什么或者说意义存在于哪里，却存在习惯上的理解偏差。一般认为，意义存在于"词"或者话语中。比如，听到一个词语时，人们往往认为听到的语音有意义；当看到一个字时，人们会说字有意义。若如此，如果有人说，请把语音或文字中的意义拿出来看看，人们就去翻字典或词典，并根据词典上的解释说出词的意义，认为"意义"就在词典里，

---

① 《读者》，1999 年第 1 期。

就是词典里的解释。

实际是否如此呢？当然不是。存在意义的或者说"意义"的载体是人的大脑，所谓词语的"意义"，也就是附着在语音或文字符号上的"意义"，都是以人脑作为载体的。语音或文字，是通过大脑把语音形象和文字形象，与大脑中的"意义"连接起来的。William J. Baker 指出："语言里的意义到底存在于什么地方呢？……意义显然只能存在于说话人和听话人的思想中。意义不是词或话语具有的性质，而是说话人和听话人赋予词或话语的性质。"① 所谓思想，实际上，是大脑的思维活动及其结果。这也说明，意义的客观载体是人脑。

那么什么是"意义"呢？通常认为是对词的解释。我们认为，与其说词具有意义，还不如说它具有表意功能或修辞功能。为什么呢？这要从词的意义或功能发生过程说起。

词是什么？一是我们听到的声音或看到的符号，通常叫做语音或文字；二是我们听到语音或看到文字时心理上形成的一定反应，通常是我们头脑中存储的对世界的认识结果；三是联想到的客观事物、过去的感受或经验等心理形象。比如，当我们听到"gǒu"这个音时，心理上就会产生反应，激起我们过去关于这个语音的记忆或认识，继而联想到长着四条腿、一条尾巴，而且会"汪汪"叫的动物，以及与此有关的各种经验、体验和感受。我们可以把这一过程表示为：

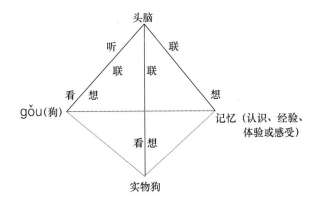

---

① [美国] 威廉·J·贝克《从"信息结构"的观点来看语言》，陈平译，《国外语言学》，1985年第2期，第9页。

从图中我们可以看出，无论是语音"gǒu"还是"狗"这个字，它们中既没有狗这种动物，也没有与之相联系的经验、体验或感受，以及与之相应的认识。有上述两者——也就是我们通常所说的"意义"的是我们的头脑。因此，我们通常所说的词语具有意义，实际上是不确切的，是一种习惯错误。英国修辞学家瑞查兹称之为"合理的意义迷信"，这是不无道理的。

从图中我们还可以看到，语音"gǒu"或文字"狗"、实物狗、记忆（认识、经验、体验或感受）三者之间，通过人的头脑是可以相互转化的。当我们听到"gǒu"或看到文字"狗"时，我们就会联想到实物狗及其相关的记忆（认识、经验、体验或感受）。当我们看到实物狗时，心理上也会出现语音形象"gǒu"或文字形象"狗"，以及与之相关的记忆（认识、经验、体验或感受）。而当我们头脑中出现与"狗"有关的记忆（认识、经验、体验或感受）时，也就是当我们说话或写文章进行修辞时，也会不自觉地联想到语音"gǒu"或文字"狗"以及实物狗。

从上面的分析可以看出，所谓词语的意义，实际上就是语音或文字符号在人们的心理上引发的心理形象或记忆、认识、经验、体验和感受等。也就是说，词语符号（包括语音的或文字的）在运用中，实际上是起一定的刺激中介作用。因此说，词语实际上所具有的是表意功能或修辞功能。

三、词语的修辞功能

词语对人脑的刺激有两种情况：一是离开言语环境的刺激，二是与一定的言语环境密切相关的刺激。我们把上述两种情况下词语所产生的功能分别叫做：语言修辞功能（词语抽象掉言语环境所具有的基本表意功能）和言语修辞功能（词语在具体的言语环境中的表意功能）。比如，"把脉"是一个医学术语，指医生把自己的手指放在患者的手腕部位的经脉上，通过感应脉搏的情况，判断患者的身体状况。这种意义或功能是一般的、适用于大多数语境或者说没有语境的情况，叫做语言意义或语言修辞功能。但是在"为新北京把脉"[①]中，"把脉"的意义或功能并非如此，而是指北京市的有关单位组织专家学者共同分析北京的发展状况，探讨首都的经济发展未来。这是词语在一定语境中的具体意

---

① 《北京晚报》，2001年9月5日。

义或功能，属于言语层次，叫做言语意义或言语修辞功能。

1. 词语的语言修辞功能

在言语交际中，当听到一个词的语音或者相应的字时，我们的头脑中往往联想到与之对应的客观事物或概念，比如"玫瑰花""杨树""图书馆"等等。我们把词语的这种表示理性的、概念意义的功能，称之为"理性意义表达功能"。例如，"爸爸"一词就具有表示"子女的嫡亲男性长辈——父亲"的功能，"然而"具有表示"转折"的功能。

此外，当我们感知到一个词或者它们对应的文字时，还会产生一些除了理性意义之外的联想或者记忆、感受。比如，"赞同"和"苟同"，其中都包含了同意的意思，但两者所体现的说话主体的态度有所区别。"赞同"所体现的赞同者的态度是积极的，而"苟同"则体现了赞同者的消极态度，其中蕴含了对动作实施者的贬义评价。我们把这些理性意义之外附加的功能，称之为附加意义标示功能，也就是图示中由语音或文字符号所引起的人们心理上的经验、体验或感受等。

词语的附加修辞功能，有时也被称为修辞色彩或词语的色彩。其实，这是一种比喻的说法。因为词语作为一种语言符号，是无所谓色彩的，因此，我们认为还是称之为附加修辞功能比较准确。它附着在词语的表达理性意义的功能之上。再如，"爸爸"具有标示口语的功能，"父亲"则具有标示书面语的功能。这些功能中有的标示词语的使用范围，比如是书面语还是口语，是方言还是普通话，是一般词语还是文学词语；有的还可以标示说话者的态度是褒、是贬还是中性，有的则标示风格是庄重典雅还是通俗随和，有的则标示是否具有文化含义等等。

2. 词语的言语修辞功能

在言语领域中，词语会因具体语境而获得一种临时的修辞功能。有的把它叫做言语意义或修辞意义，我们认为也可以称之为言语修辞功能。例如，"枪杆子"通常指的是枪柄，但在下面的语境中，"枪杆子"就不仅指枪柄：

> 枪杆子里面出政权。……延安的一切就是枪杆子造出来的。枪杆子里面出一切东西。
>
> （毛泽东《战争与战略问题》）

上面这两句话中，"枪杆子"显然不能简单地仅仅理解为真正的枪柄，因为"枪杆子"是不会生产"政权"和"一切东西"的。显然，此处用的是借代修辞方法，"枪杆子"代指"革命武装"，指军队。在这里，代指"革命武装"，就是"枪杆子"在具体语境中的功能，与其语言功能不同。再如，我们前边所举的王安石《泊船瓜洲》中"春风又绿江南岸"一句中的"绿"的修辞功能，也是来自于这句话和当时的语境。离开了这种语境，"绿"就失去了这种修辞功能。

　　词语的语言修辞功能和言语修辞功能是统一的。前者是后者的不断积淀，后者是前者在语境中的具体运用，但两者又不完全一样。词语的语言修辞功能是概括的、稳定的、静态的，而其言语修辞功能则是具体的、多变的、动态的。词语的修辞功能在言语领域中体现得更充分。语言修辞功能和言语修辞功能在修辞过程中，有时候是等同的，但有时候又不一致。因此，既需要知晓词语的语言意义或语言修辞功能，更需要理解词语的言语意义或言语修辞功能。

第四节　词语的附加修辞功能

　　词语表达理性意义的修辞功能，是词语的基本功能，在实际运用中人们往往重视。但是，词语表达附加意义的修辞功能，却常常被忽视。实际上，词语的附加修辞功能也同样重要。作为词语的语言修辞功能的一个方面，词语的附加修辞功能附属于语音（或文字）符号在人们心理上所产生的反应，是人们在词语意义符号化过程中，各种附带经验、体验或感受的综合。它包括语体、风格、角色、态度、形象、行业、时代、地域、语域、文化等十个方面。

一、词语的语体标示功能

　　诗人艾青写有《大堰河——我的保姆》一诗。此处，与"保姆"意思相当的词语还有"奶妈""奶娘""乳母"，它们指称的是同一客体。但是，如果换为"大堰河——我的奶妈"或"奶娘""乳母"，语法上没有问题，理性意义也基本没变。但诗人为什么没用这些词呢？上述词语的风格差异恐怕是主要原因。"奶妈""奶娘"一般用于口语语体，风格特点是通俗。而"乳母"则多用于书面语语体，风格特征更文雅。"保姆"的语体特征不明显，风格特征居中。当然，现在看来上述词语在理性意义上也存在些微的差异。现在"保姆"的外延已经大于"奶妈""奶娘""乳母",大致相当于今天的"家政服务员"了。而"家政服务员"则显得过于时髦、雅致。上述词语的风格差异来自于它们所习惯适用的语体,我们把词语的这种附加修辞功能称为语体标示功能。

词语的语体标示功能附着于表示理性意义的功能之上,标示词语的适用范围是书面语体、口语语体,或者它们的下位语体。其具体表现方式是由此产生的种种心理反应,特别是风格特征,如亲切、自然、通俗、庄重、文雅等。比如"爹娘""爸妈""父母""椿萱",所指的客体都是"父母"。但是,它们的语体特征具有明显差异,风格特征也不尽相同。"爹娘"一般用于口语中,风格特征是亲切,且具有一定的乡土和地方气息。"爸妈"也是多适用于口语,也是一种亲切称呼,但较之于"爹娘"要雅一些。而"父母"则比较正式,多用于书面语或者正式、严肃的场合。至于"椿萱",则是一种比喻用法,是古语词,即使在书面语中也较少用。上述词语的语体差异,不但标示了它们各自的适用语体,同时也为人们的修辞实践提供了多种选择。

比如,1999年,焦波在北京大学办了一个关于他父母的摄影展,展览名是《俺爹俺娘》。为什么作者选择"俺爹俺娘"呢?一方面,焦波的父母都是农民,其成长过程中本来就使用该称呼。"俺爹俺娘"不但具有亲切感,而且具有浓厚的乡土气息。作者的修辞动机就是要突出这一点。如果换成了"我的爸爸妈妈""我的父亲母亲"或者"吾父吾母",都不合适,"吾之椿萱"就更不能用了。究其原因:一方面,上述词语与摄影作品中的人物角色"农民"不相适应;另一方面,也不符合作者的风格追求。

与此形成对比的是,当时《北京大学校刊》刊登了一篇关于该摄影展的报道,题目是《我看〈我的父亲母亲〉》。[①] 文章作者把摄影展的名称变了,虽然题目所指没变,似乎文雅了许多,但摄影展的主题内涵却损失了不少,原名中的亲切、朴实被淡化了。无独有偶,同年有一部电影名为《我的父亲母亲》(*The Road Home*),此处作者没用"俺爹俺娘",意在突出庄重、正式。当然,这与影片叙述的是一个乡村教师的恋情不无关系。2003年7月中旬,中央电视台一套节目播出了一部电视剧,名为《好爹好娘》。为什么不说"好爸好妈"或者"好父亲好母

---

① 《北京大学校刊》,1999年11月20日。

亲"呢？这与电视剧的内容和作者的修辞动机有关，因为该剧是农村题材，作者大概是为了体现亲情、乡情。"好父亲好母亲"的风格特征是严肃、庄重，而"好爸好妈"则体现不出农村特点。所以，还是《好爹好娘》贴切。

上述词语的语体特征，也为与之相关的构词提供了理据。比如，我们经常说"父子""母子""父女""母女"，但不说"爹子""娘子""爹女""娘女"或者"爸子""妈子""爸女""妈女"，更不会用"椿萱"来替代其中的第一个语素。原因是，一方面与汉语的构词习惯有关，但更重要的恐怕是与"父母"一词的语体功能密切相关。"父子""母子""父女""母女"是一种文雅的说法，多适用于书面语或相对正式的场合。

汉语里的大部分词语没有明显的语体标示功能，可以用于各种语体。但也有相当一部分词语具有相对鲜明的语体标示功能，如"老家——祖籍、籍贯""寻思——思考""自个儿——独自""机灵——聪颖、聪慧""好像——仿佛""哆嗦——颤抖、颤栗""吃惊——惊诧""折磨——摧残""好处——实惠""老外——外宾""看病——就诊""同学——同窗""小孩——儿童""冷不丁——突然""钱、钞票——款、货币"，等等。前者更适用于口语，后者则多用于书面语。前后者的风格特征也具有俗雅分化。这些在一定程度上决定了它们的适用范围。比如，口语中人们经常说"你老家哪里"，正式一点说"你祖籍哪里"，但很少说"你籍贯哪里"。与之相反，填表格的时候，我们看到的一项往往是"籍贯"，而不是"老家"，尽管它们的所指相同。

词语的语体标示功能具有重要的修辞价值。这不仅体现在本民族语修辞中，同样也体现在跨文化交流或传播中。在翻译中，词语的语体标示功能也具有重要的修辞价值。比如，英语中的"communication"具有多种意义，翻译成汉语有许多同义词：通信、通讯、交通、交际、交往、交流、传播等等。但是在不同的语境中，"communication"却可以翻译成不同的词语，比如"交通银行""人类交往""跨文化交流""传播学"等等。实际上，在"传播""传播学"的翻译中，用"交际""交流"乃至于"交际学""交流学"，也难说不可以，理性意义没有多大差异。但为什么要翻译成"传播""传播学"呢？风格效果不一样。因为"传播""传播学"的书面语特征比较突出，具有雅致的风格特点，而"交际""交流"以及"交际学""交流学"，则口语特征明显。这说明了词语语体功能在翻译中的重要价值。

二、词语的风格标示功能

由上述实例不难看出，词语的语体标示功能实际上是词语的语体分化造成的。伴随语体分化而来的是风格差异，比如通俗、平实、自然、庄重、正式、典雅、诙谐、幽默等等。也就是说，在一组表达同样理性意义的词语中，它们具有风格上的差异。这些差异可以用上述风格范畴来区分。比如，"解决""搞定""摆平""搞掂"等，都有把问题解决、把事情办成的意思，但它们的风格特征却不尽相同。"解决"的语体特征不明显，既可以用于口语，也可以用于书面语。但"搞定""摆平""搞掂"等，则多用于口语中，具有诙谐功能。比如，"这件事情已搞定（或摆平、搞掂）"较之于"这件事情已解决"，要通俗、诙谐。我们把词语标示风格特征的功能，称为风格标示功能或风格功能。

词语的风格特征，不仅决定于语体及运用习惯，同时还取决于词语所标志的事物给人的意象以及与此相关的历史文化。比如，"北京大学"在历史上曾经有过三个名称："京师大学堂""京师大学校"和"北京大学"。前者"京师大学堂"取名于封建帝王时代，因此其中蕴含了高贵、典雅、气派、宏大的意象。而"京师大学校"则取名于1927年军阀混战时期。当时，军阀强行合并了九所国立大学，名之为"京师大学校"。因此，"京师大学校"中，它不仅缺少了"京师大学堂"的荣华、气派，也增加了一些由历史浸染的不良色彩。至于"北京大学"，则具有现代社会的气派、意象。与此相联系的是自由、民主、科学、"兼容并包"的学统和名师荟萃的大众气息。与上述名称相应的英文——"Imperial University of Peking""Metropolitan University""Peking University"，当然一定程度上也能体现上述名称的风格差异。与中国的情况不同，在韩国语中，大学名称大都用中文"大学校"。可能韩国人认为"大学校"显得庄重、正式，但在汉语中"大学校"远没有"大学"气派。这就涉及词语的文化功能差异了。

词语的风格标示功能是相对的，是在运用中、比较中显现的。在实际的言语交际中，其作用十分重要。无论是单一语言的交际，还是不同语言间的语码转换，都需要考虑词语的风格功能。这是使话语适切的重要前提。例如：

但为了academician，科学家们还是煞费了心思。起初拟为"会员"，觉得太俗。而后称为"学侣"、"院侣"，没有科学倒有了宗教味。又说译为"院员"吧，更不好听，好像是扫大街的清洁工。几经周折，傅斯年先生倡议称"院士"。真是一个好词，听着看着，都有了深邃和高雅的感觉。交给"评议员"们去表决，一致通过。

（邓琮琮、张建伟《中国院士诞生记》）

1946年前后，中国的科学院即将产生，科学院成员的名称用什么好呢？如何翻译英语中的"academician"？上例就是当时科学家们经历的几种选择过程。为什么科学家们选择了数个词语都觉得不合适呢？为什么最终选用了"院士"呢？不言而喻，主要是"会员""学侣""院侣""院员""院士"等词语的语体及风格差异造成的。中国的学会、协会、理事会太多，"会员"一词在人们的日常生活中使用频率较高，所以作者说俗气。"学侣""院侣"中，虽然语素"学""院"比较典雅，但"院""侣"相连，又会使人联想到"寺院"和"僧侣"，故作者说有宗教味。"院员"一词中，语素"员"多用于口语词中，如"成员""店员"，以及后来的"管理员""饲养员""售货员""理发员"等等，大众气息也比较浓。而"院士"中的"院"和"士"很少搭配，其语素义比较文雅，且"士"的历史语义就是指知识分子，中国古代就有"士大夫"一说。此外，"烈士""勇士""壮士"中"士"的语素义也不俗。由此看来，当时科学家们选用"院士"，即使到了今天，也具有很强的修辞理据。本例从一个方面说明了词语风格功能的修辞价值。

三、词语的角色标示功能

除了上述功能之外，汉语中的词语有些还具有标示适用对象的功能。比如，如果说"一头肥猪""这头牛又肥又壮"没什么问题，但是如果说某人"很肥"，就可能引发人际冲突，因为"肥"适用于动物，不适用于人。与之相应，说某人"很高"，含有赞扬的意思，但如果说某人"很长"，则不是开玩笑，就是贬低了。因为"高"适用于表示人的高度，而"长"则不可以。我们把这种词语习惯适用于特定对象的功能，称之为角色标示功能或角色功能。再如，"窈窕""苗条""丰满""水灵"等多适用于年轻女子。而"彪悍""威猛""英俊"等等，则多适用于男子。有些其他形容词，也具有相对稳定的修饰对象，比如"薄弱"，就多修饰"环节""兵力""意志"等，而"虚弱"则多修饰"身体"，如果说"身体薄弱"就不合适。

词语的角色功能，不仅表现在形容词上，名词也有角色分化。比如"寿辰""寿诞""诞辰""华诞""生日"，都具有表示出生日的功能，但其适用的角色不同。比如：

① 明天是小童童的生日。
② 1998年5月4日是北京大学一百周年华诞。
③ 他岳父八十寿辰那天，他带着妻子和孩子前去祝寿了。
④ 在毛泽东一百周年诞辰时，全国各地举行了丰富多彩的纪念活动。

例①是儿童的出生日，所以用"生日"。例②至例④都是指比较重要的事物或人物，因而选用了"华诞""寿辰"和"诞辰"。反过来，则不成。如果说"今天是小童童5周岁的寿辰或寿诞、诞辰、华诞"，都不合适。反之，如果大众媒体报道说"今天是国家某某重要领导人的生日"，也不怎么合适。因为上述词语在长期的语用过程中形成了角色分化。"生日"比较普通，没有庄重、严肃的风格功能，适用于儿童等普通人以及事物，一般用在口语中。而"寿辰""寿诞""诞辰""华诞"，则多适用于老人特别是重要的知名人士，具有庄重、敬重、严肃的风格功能。其中，"华诞"除了适用于人之外，还适用于重要的事物，比如国家、学校等。当然，有时为了适应语体或风格要求，上述词语也可以改变惯用对象，比如"今天是你的生日，我的祖国"。这是歌词，目的是为了上口，易于演唱。

词语的角色功能，也体现在一些动词中。这主要是动词关涉的宾语或语义搭配的角色关系。比如"赡养""抚养""抱养""收养""领养"，这几个动词关涉的对象都是有生命的人或动物。前三个主要适用于人，而且"赡养"的必须是老人或长辈角色，"抚养""抱养"的必须是晚辈、孩子。反过来，就不合适。比如，"赡养孩子""抚养老人""抱养老人"都不合适。"收养""领养"既可以是人，也可以是动物。

此外，量词也具有相对稳定的角色标示功能。例如，看到"个"，人们联想到的往往是月、人、萝卜、小时、单位、国家、民族等等；而说到"头",则常想到牛、猪、驴、象等。至于"匹",则往往适用于马、狼等等。语用过程中,人们很少说"一头人""一匹牛""一个狼"。实际上,所谓词语的角色功能,就是在长期的语用过程中形成的词语与所适用对象的匹配关系。

汉语中角色功能比较突出的是其称谓系统的词语。每一个称谓,都对应特定角色。称谓不同,意味着角色与角色关系不同,与之相应的是言语规范差异。这种传统由来已久。比如在中国古代,"后"专指天子的配偶,"夫人"专指诸侯的配偶,"孺人"指大夫的配偶,"妇人"则指士的配偶,而"妻"才是"庶人",即老百姓的配偶。[①] 这说明了汉语词语角色分化的悠久历史。再如,关于"死亡",这种分化也十分明显。天子、诸侯、大夫、士的死亡,分别被称为"崩""薨""卒""不禄"。[②] 实际上,这种词语的角色分化在现代社会中也依然十分明显。

此外,需要指出的是,词语的角色标示功能实际上与语体、风格标示功能密切相关。因为语体决定了词语的风格特征,而风格特征一定程度上标示了所对应的社会角色的层次差异。比如,"1946 年,中国的科学家们觉得,无论是否能准确翻译 academician,中国院士也必须诞生了。"[③]"诞生"与"出生"理性意义相同,但为什么作者不用"出生"呢?因为后者多用于口语语体,风格特征是通俗,如果用在这儿,就不够庄重、正式。"科学院院士"是科学家的头衔,不是一般人的名号,要用"诞生"。也就是说,"诞生"一般适用于比较重要的人或事物。这种角色分化,实际上与语体、风格功能密切相关。

词语的角色功能标示了一定的语用对象和环境。它一方面为人们的交际活动提供了方便,同时也限制了词语的适用范围,有助于形成一定的言语规范;另一方面,也为修辞手段的多样化提供了可能。人们可以能动地改变词语的惯用对象,服务于特殊的交际任务。比如,把惯用于人和物的词语互换适用角色,就构成了比拟。当然,如果不注意词语的角色功能,就可能导致语误。例如,在一次体操比赛的电视转播中,一个自由体操运动员在做翻跃动作时脚出界。解说嘉宾就说,他"因为身

---

① 《礼记》。
② 《公羊传·隐公三年》。
③ 邓琮琮、张建伟《中国院士诞生记》。

体太长而出了边界",虽然意思也能表达明白,但不合语用习惯,听起来别扭。

四、词语的态度标示功能

2003年3月2日,人民网转载《欣闻聋哑学校欲更名》,[①] 文中谈到,杭州市聋哑学校想改名的报道刊出后,引起广泛关注。人们建议改为"复聪学校""启聪学校""启智学校"。为什么要改名呢?因为"聋哑、弱智这些名字太伤人了,学生的毕业证上就给人打上深深的烙印,好像进这些学校的人就低人一等。我们应该给本来就是社会弱势群体的残疾人更加宽松的环境,学校名称应更多一些人情味,称谓上应更人文一些"。"聋哑学校"等名称,虽然反映了客观现实,但是这些词语都不同程度含贬义,让人听起来不舒服,有歧视弱势群体之嫌。再如,近年来,"残疾人奥运会"在国内也经常被称为"特殊奥运会",为什么呢?因为前者容易引起指称对象被歧视的心理反应,而后者则比较委婉,不会引起相关的不良反应。

上述词语的贬义来自哪里呢?当然是词语的附加功能。汉语中许多词语具有标示说话者态度的附加功能,如褒贬、庄谐、中性等,我们称之为词语的态度标示功能或态度功能。词语的态度功能具有重要的修辞价值。再如,在1980年的教科书审定中,日本政府要求执笔者在教科书中把日本对中国的"侵略",改写为对中国的"武力进入"。……日本政府在审定历史教科书过程中表现出的错误立场,受到了曾经遭受过日本侵略的亚洲各国的强烈批评。[②]

为什么日本政府要把"侵略"改为"武力进入"呢?为什么此举遭到亚洲各国的强烈批评呢?因为日本政府欲隐瞒历史事实。从词语的意义和功能看,"侵略"指"一个国家(或几个国家联合起来)侵犯别国的领土、主权,掠夺并奴役别国的人民"。显然,"侵略"是非正义的,它含贬义。而"进入"则是指"进到某个范围或某个时期里","武力进入"也只是通过"强暴的力量或军事力量"进入某一地区。它没有明显的正义和非正义之分。可见,把"侵略"改为"武力进入",表面上能掩盖过去日本的侵华性质。本例说明了词语的态度功能差异在

---

① 《南方都市报》,2003年3月2日。
② 刘文玉《日本最高法院判决删改历史教科书违法》。

社会生活中的修辞价值。

汉语中具有标示态度功能的词语很多，如"撤退——逃跑""顽强——顽固""鼓励——教唆""发动——煽动""丰满——臃肿、肥胖""控制——操纵""爱护、保护——袒护、庇护""稳妥——拖沓""羡慕——嫉妒""钻研——钻营""爱好——嗜好""效果——后果""侏儒——矮子、矬子""盲人——瞎子""节约——吝啬""起义——叛乱""团结——勾结"，等等。这些词中，前者标明了说话者对所谈及事物的肯定、拥护、赞成和褒扬的态度，后者则标明了说话者对所谈及事物的否定、反对、不赞成甚至贬斥的态度。当然，除此之外，还有许多词语没有明显的褒贬特征，或者说它们处于褒贬的中间状态，但它们依然具有标示态度的功能。

词语的态度功能是语言交际功能的一个重要方面，它重在通过词语表达说写者的情感、态度倾向。因此，它在运用中具有很高的修辞价值。在修辞过程中，如果忽视了词语的态度功能，就可能影响交际效果，有时还会引发社会冲突。例如，2002年6月，世界杯足球赛期间，某电视主持人在叙述韩国各大媒体争相报道世界杯时，称"韩国电视台无一幸免"。"无一幸免"，多指全部遭受侵害或损失等不利的事情，而电视台报道世界杯足球赛并非坏事。因此，用"无一幸免"显然没有把握该词的情感功能，如果改用"无一例外"就妥当了。

汉语词语的态度功能中，除了上述没有明确指向的以外，还有一部分具有明确的角色指向。这主要是性别歧视。比如，人们经常说"小女子""小女人"，与之相对的则是"大丈夫""大男人"，很少见"大女子""大女人"。因此，这些词语中蕴含了一定的社会歧视。再如，丈夫称呼自己妻子的词语——"拙荆""鄙妻""贱妾""糟糠之妻""女人""内人""老婆""婆娘""屋里的""跑堂的""孩子他妈""俺那口子"等，都含有明显的贬斥。其他如"马子""骚货""臊包""祸水""泼妇""奸妇""妓女""母老虎""丫头片子""水性杨花"等等，则含有轻视、蔑视甚至侮辱的成分。

当然，也有一些词语中反映了人们对女性的尊重，如"巾帼""妇女""女性""夫人""妻子""爱人""太太"等等。在当代社会中，人们由对女性称呼"女同志"，转变到称呼"小姐""女士"，也反映了汉民族现代社会中男女平等、女士优先的心理变化。

此外，有些词语的语序也蕴含了对女性的偏见或歧视。比如，"男女""夫妻""夫妇""子女""父母""祖父祖母""岳父岳母""男男女女""不男不女""男耕女织""男女老少""男盗女娼""男欢女爱""男左女右""男女不限""兄妹开荒""男女声二重唱"等等，都是表示男性的词或语素在前，表示女性的则在后。没有诸如"女男""妻夫""母父""女女男男"等说法。这同样体现了重男轻女、男先女后的社会观念。这种语言单位中的性别歧视态度虽然有时代性，但只是程度差异而已。

词语的态度功能不是一个从褒到贬的对立两极，而是一个连续的序列。有的褒，有的贬，有的中性，即使褒贬也有程度差异。比如，"成果""效果""结果""后果""恶果"五个词语中，"成果"与"恶果"处于褒贬的两极。其余，"结果"属于中性，"效果"偏重于褒，"后果"则近于贬。

此外，词语的褒贬功能也是随着时代的变化而变化的，比如，"龟"如今在汉语中，特别是用作喻体时，多表示贬义。"乌龟""王八""缩头乌龟""乌龟王八蛋"，就经常被当作詈语。而古人却曾把龟同龙、麟、凤称作四种神物，"龟"被视为宝物。民间传说，远古时龟曾帮助大禹治理黄河，上帝奖赏它一万年的寿命，所以有"万年龟"之说。因此，中国古代常用龟象征长寿。古人还以"龟"为名字，如唐代音乐家李龟年、诗人陆龟蒙等。中国古代还把"龟"视为高贵的象征。如汉代的丞相、将军、公侯的官印印钮，都雕刻或铸成龟形，唐代曾把官员佩带的鱼袋改为龟袋。这说明，在唐宋以前人们都是把"龟"看作神圣、高贵的象征物。但后来，"龟"从神圣高贵变得声名狼藉。这大概始于元朝。元代诗人金方的诗句云："宅眷皆为撑目兔，舍人总作缩头龟。"这是嘲讽一家名门大姓的诗。民间相传，兔子望月而孕。这里的"撑目兔"是暗示这家的妇女不嫁而孕，行为不轨，有伤风化；"缩头龟"是形容这家男子胆小怕事，即使妻子和别的男子有不正当关系也不敢出头说话。① 此外，"愚公移山"最初的意思也并非褒义，但后来却成了褒义的，用以表达征服自然、改造世界的雄心壮志和坚定不移的精神。再如，"倭"是中国古籍中对日本的称呼，古汉语中的"倭"实际是个中性而略具褒美意味的词，但明代日本对中国沿

---

① 常敬宇《"龟"的褒贬义的变迁》，《语文建设》，2000年第7期。

海地区的侵略暴行,使得"倭"真正成为"不雅"乃至贬义鲜明的词。① 上述语例说明,词语的态度标示功能具有时代性,词语中所蕴含的褒贬是随着历史的变化而变化的。

当然,就如词语的意义离不开语境一样,词语的态度标示功能也多是通过具体语境显示出来的。这包含两层含义:一是词语的态度功能只有在修辞过程中才具有实际价值;二是词语的态度功能是由语境决定的,因为褒词可贬用,贬词也可褒用。有些词语的语言意义中并没有鲜明的态度功能,但在一定的语境中却被赋予了一定的态度功能。比如,"昨天结婚高峰 四千情侣办事",② 这是一则新闻题目,内容是报道北京四千情侣喜结良缘,但是作者对此却没有说成"喜结良缘"或"办喜事",因此无形中增加了一定的贬义。这可能是无意的。如果有意识地改变词语的态度功能,褒词贬用,往往被称为"反语"。

此外,词语的褒贬功能还与个人的经验或语感有密切关系。例如,在一次阅卷工作中,一位负责人对参加阅卷的人说:"成人教育学院将组织一帮人,对不起,'一帮',不好听,组织一组人,进行抽查。"为什么他说"'一帮'不好听"呢?因为"帮"带有一定的贬义。汉语中的"拉帮结派""帮派体系""四人帮""匪帮"等等,都带有贬义。但这不等于说"帮"对任何人、在任何情况下都一定带有贬义,因为每个人对词语的经验、感受以及态度有差异。

五、词语的形象标示功能

语言是连接人们心理与客观世界的纽带。当我们听到或说出某一词语时,就会在心理上产生与之对应的形象,特别是一些表示具体事物以及一些描写事物性状的词,如"向阳花""马蹄莲""仙人掌""千年虫""爬山虎""梅花""红彤彤""摇摇晃晃""扑通""火热""雪白"等等。这些词语作用于人们的感官时,就会引起某些反应,或使人联想到事物的形象、色彩、声音、动作、气味、温度,进而引起某种感觉。比如,当我们听到"仙人掌"一词时,就会联想到仙人掌带刺的样子;听到"摇摇晃晃"和"扑通"时,就会联想到事物站立不稳、左摇右摆的样子和东西落入水中发出的声响。我们把词语的这种功能称

---

① 《中国古代对日本称谓的演变》,《中华读书报》,2000年2月23日。
② 张桂涵《昨天结婚高峰 四千情侣办事》,《北京青年报》,2002年9月23日。

为形象标示功能或形象功能。

词语的形象性在修辞交际中具有重要价值。它可以缩减语言的抽象性,使人们通过联想、想象,更接近现实或所期望的状态。比如,北京的"北海公园",其实没有"海","海"的意思是湖,如果说成"北湖公园",就没有那种"广阔无边""深邃"的联想。再如,"当代商城"实际上是一个大商店,只是规模比较大。但是如果说成"当代大商店",原名中的宏大意象就消失了。再如,"食府"也是如此,较之于"饭店"更雅致。这类例子在中药和食品名、花卉名中比比皆是。即使电视栏目,注重词语的形象性的与不重视的,修辞效果也不相同。比如,有的电视台把新闻节目命名为"新闻""新闻联播""新闻30分""晚间新闻""午间新闻"等等;而有的电视台则不然,比如,香港凤凰卫视就把新闻节目分别叫做"凤凰早班车""凤凰午间特快""时事直通车"等等。如此,两相比照,后者把听新闻获取新闻信息比作了乘坐列车,形象且有速度感。前者直白,但缺乏形象性,没有迅捷、快速等感受。再如,有的电视娱乐节目也比较直白,比如"综艺大观""正大综艺"等等;但也有的形神兼备,比如"开心词典""欢乐总动员"等等。

汉语中许多词语具有形象性,尤其是名词、动词、形容词、副词、叹词、语气词等。许多名词的形象功能突出,比如,表示眼泪的词语有"眼泪""泪水""泪珠"。这三个词一个比一个形象。说"眼泪下淌",就不如说"泪水往下流",因为"泪水"像水流一样流下来,更富有动感。但它仍不如"泪珠"更实在,因为珠子一般是固体的,它较之于液体的水更实在。再如"工作""饭碗",都表示赖以谋生的手段,但前者抽象,后者具体、形象。通常我们也经常说"小心自己的饭碗""砸了饭碗"等,除了比说"工作"通俗之外,更重要的是为了使话语形象、具体。

当然,具有形象功能的不仅仅是名词,有些动词也具有形象功能。比如:

> 她一边给女儿张罗营养的食品,一边兴高采烈地催促我,说:"你这写诗的,快为外孙女取个诗的名字!"过了半晌,又忙不迭地拿来了一本《新华字典》,翻来覆去地审视着,笑盈盈地说:"我准能从字典里揪出个漂亮的名字。"
>
> (野曼《为孩子起名》)

"揪"就是用手紧紧地抓住往外拉，被揪的常常是可触摸的实在物体。本例中的人物说，她要从字典里"揪"出个漂亮的名字，给人的感觉是：字典里的字就像可以用手紧紧地抓住并可以抽出来的东西，但它自己不愿意出来。当然，字是不用"揪"的，也是不可拿的，一般说"查""找"等。作者这样说，意在给人以实在、具体、形象的感受。这感受就来自于"揪"的形象功能。再如，"美军第六艘航母——海上巨无霸'尼米兹'扑向海湾"，① 这是一则新闻标题。作者用了"扑向海湾"，而在文中作者却这样写道："美国海军'尼米兹'号航空母舰3月3日从西海岸圣迭戈海军基地出发前往海湾地区。"此处用的是"前往"。与之相应的词语还有"驶往""开赴""开往"等，但都没有"扑"传神，因为"扑"中蕴含了迅猛的速度和气势，更能体现作者对待事物的态度。听到"扑"，人们往往联想到"饿虎扑食""老鹰扑小鸡"等等。

词语形象功能的获得，一方面来自词语所表示的事物或动作自身的形象；另一方面，更多的是来自词语的产生过程或修辞过程。比如"浪潮""漩涡"的比喻义就是在用比的过程中产生的。再如，"警花""校花"，也都蕴含了比喻的成分。它们较之于"警察中的漂亮女子""学生中的漂亮女孩"要形象得多。"警花""校花"使女警察、女学生与"花"联系在一起，所以能给人以美感。不过，这些意义已进入语言体系并成为一个义项了。有些情况中，词语的形象功能是在一定语境下被临时赋予的，并没有进入语言体系。如"'乘坐'阳光去太空"，② 具体含义是指人类以光子作为能源，通过太阳帆（太阳反射器）推动飞船进入太空。显然，此处的"乘坐"实际上是"凭借""利用""通过"的意思，作者把本适用于"飞船"的词语移用到"阳光"上，使人联想到"乘车""乘船"等具体动作，较之上述词语形象。但"乘坐"的这种意义或功能是暂时的，并没有进入语言体系。我们不能说"乘坐大楼办公""乘坐皮包"。这种形象功能来自临时语境。语境的这种形象临时赋予功能，为人们提高修辞效果提供了充分空间。

人类在修辞过程中，重视并利用词语的形象功能，最终目的还在于摆脱或者克服语言的抽象性，在符号、思维与事物或现象之间建立起一

---

① 新华网，2003年3月4日。
② 陈丹《"乘坐"阳光去太空》，新华网，2002年9月20日。

条纽带,把客观的、主观的世界立体地呈现在人们的面前,便于人类对语言符号的认知以及对与此相关的社会现象的认知。

实际上,词语形象功能的社会实践价值远不止此。比如"望梅止渴"的故事,三国时曹操有一次领兵打仗,路上士兵们没水喝,非常渴。他就说,前边有一片梅林,到那里摘梅子吃,可以解渴。士兵们听了以后,不禁想到了梅子,就流出了口水,起到了一定的止渴作用。这就是词语的形象功能造成的。士兵们听到"梅林",联想到梅子,接着会联想到梅子的酸味,梅子的酸味刺激口腔分泌腺,产生唾液,唾液多了就可缓解干渴。

词语的形象功能,除日常言语交际中的使用价值外,更多地体现在艺术话语中,因为利用词语的形象功能可达到一定的视觉和听觉效果。例如:

> 曲曲折折的荷塘上面,弥望的是田田的叶子。叶子出水很高,像亭亭的舞女的裙。层层的叶子中间,零星地点缀着些白花,有袅娜地开着的,有羞涩地打着朵儿的;正如一粒粒的明珠,又如碧天里的星星,又如刚出浴的美人。

这是朱自清的散文《荷塘月色》中的一段。作者描写荷塘、荷叶、荷花时,采用了许多形象词语,如"曲曲折折""田田""亭亭""袅娜""羞涩""明珠""星星"等。读后,不禁使人联想到那曲曲折折的荷塘、亭亭玉立的荷叶和那宛如明珠、星星及美女的荷花。这些形象的词语使那荷塘的景色跃然眼前,栩栩如生。

词语的形象功能固然能提高修辞效果,使话语形象增加审美价值。但是,在一些实际交际领域中,如果故意使用华丽的词语,不顾客观实际,效果也会适得其反。比如,据报道,某地的饭店为招徕顾客,就故弄玄虚,把菜名起得云山雾罩。"情侣欢""柔馨情""勿忘我""凤凰伞牡丹""金针碧玉丝""情侣双拼""红粉知己""翡翠鸳鸯带""虎踞龙盘""乌龙卧雪"等菜名,信息模糊,顾客看后不知所云。本来平常的大众菜,如"肉末炒粉丝""扒猪头",却故意绕圈子,叫什么"蚂蚁上树""天蓬下凡"。结果,顾客食后大失所望,频呼上当。[①] 本例中,修辞者刻意追求词语的形象性,结果导致言语不实、信息模糊,

---

① 新华网,2002年10月26日。

影响了社会合作。这说明，利用词语的形象功能，还需要顾及道德，符合伦理要求。

六、词语的行业标示功能

在日常言语交际或各种传播领域中，我们还经常见到另一种现象，即把不同行业和不同社会群体的专用词语，用到公众传播领域中。比如，"千年古城被淹没，解密千岛湖下的'时间胶囊'"，①"胶囊"是一个医药术语，此处作者用来作为喻体，比喻千岛湖下的文物历史。显然，较之于"历史"，"时间胶囊"这种说法更为形象，给人一种新异感。我们把全民语言社会变体的这种修辞功能，称之为词语的行业标示功能。

全民语言的社会变体，在语言学中被称为"社会方言"。这些词语变体通常适用于特定的行业或社会群体。在其原有的交际领域中，社会方言词语的意义往往是本义，其修辞功能也没有什么特殊的地方。但当它们进入大众传播领域时，意义往往发生变化，但依然不同程度地带有各自语用领域的特征。公众会产生一定的新鲜感。

例如，"盘点"是商业、银行等系统中的专用术语，意思是对货物、货币等营业情况进行清点、统计、结算。但在"公安部将'盘点'保安公司"中，"盘点"的意思则是"清查"，对"黑保安"进行专项治理，是一种比喻用法。因使用领域转变，听者、读者在解析话语意义时，会形成两种意义的对比，进而产生新鲜感。

再如，"昨天，面对同胞桑特拉奇从沙特队'下课'的消息，前一段也曾遭遇'下课'危机的米卢用一种调侃的方式轻描淡写地将其带过：'下课可以说是教练职业生涯的一个组成部分。'"②"拉姆斯菲尔德被喊'下课'"，③"下课"是教育领域的词，指课时结束。此处，作者把它移用到体育领域、政治领域中来，用以表示"下台""离职"或被辞退，比较委婉。

这样的语例很多，医学、教育、体育、经济、外交等各种领域的词语，都有可能被移用到公众传播领域中。这些词语蕴含其原始领域的特

---

① 《故弄玄虚，饭店菜名无人识》，《文摘报》，1997年4月10日。
② 谷辛《米卢调"下课"》，《北京晚报》，2001年8月30日。
③ 新华网，2003年9月27日。

点,因此被移用后多形成比喻义。再如"失业痼疾,全球都在开'处方'"①"专家们对青海省在大开发中的思路和经济发展中存在的问题进行了会诊",②"处方""会诊"是医学术语,此处运用于经济领域,是借喻。再如"以色列再次宣称只给阿拉法特'单程票'",③"单程票"是交通运输领域中的词,此处用于政治领域,表示以色列只允许阿拉法特离开约旦河西岸,但不会允许其返回巴自治区。显然,上述专业术语的移用,较之于相应的"措施""研讨"或"离开"等词语,要具体、形象。这种修辞效果的取得,与上述词语所固有的行业标示功能密切相关。听读者在认知其言语意义时,会把相关的认知领域串联起来,同时需要结合语境,形成联想、对比,形象性、新异性就来自于此。

七、词语的时代标示功能

除上述功能之外,词语还具有一种时代标示功能,就是词语的时代特征。这种功能往往附着在词语的时代变体上。比如,现代汉语中吸收的一些古语词:"须眉""巾帼""矍铄""耄耋""祝融""沐浴""囹圄""觊觎""状元""之""乎""者"等等。这类词通常被认为是词语的时代变体或历时变体。这类词语有的被现代汉语所吸收,有的则没有。词语的时代变体往往能给人以"古色古香"的感受。因此,有的经常被采用,以起到一种一般普通话难以起到的作用。比如:

> 每当我们民族处于危亡之秋,总会出现两类人。一类人有邦国而无自身,敬畏史笔,体恤民苦,壮怀激烈,视死如归;另一类人则重私利而轻大义,色厉内荏,寡廉鲜耻,戕害同胞,践踏故土,只求一时富贵权柄,置世世代代之唾骂于不顾。每念至此,感慨系之,不能自已……

(白桦《梅香正浓》)

这段话中,作者使用了一些古语词以及相关的表达式,比如"之""民""至此""自""已""置……之……于不顾"等等。显然,这样就比相应的现代汉语词语要精练得多,话语的风格也趋于典雅。比如

---

① 人民网,2002年9月19日。
② 梁娟、钱荣《专家学者为青海大开发"会诊"》,新华网,2001年8月20日。
③ 人民网,2002年9月3日。

"每念至此，感慨系之，不能自已"，如果用现代汉语说出来，意思大致是：每当想到这些，心里就充满了感慨，常常控制不住自己的感情。与原文相比，后者显然啰嗦。这与古语词多是单音节而现代汉语则多是双音节词密切相关。

此外，古语词可使话语庄重、严肃乃至诙谐，起风格调节作用。例如"瞻仰""拜谒""阁下"等词语，都具有增加庄重、严肃的风格功能。例如，人们常说"巾帼不让须眉"，"巾帼""须眉"分别指"女子""男子"。如果说成"女子不让男子"或"女人不让男人"，文雅特征则顿然消失。再如，春天来临，有些报刊上就有"春季来临，小心祝融光顾"的警示。"祝融"是火神，代指火灾。如果说成"小心火灾"，通俗有余，雅致不足。再如"俄首富对抗普京身陷囹圄　其被捕将引发'风暴'"①　中，"囹圄"要比"监狱"文雅。

其实，词语的时代变体，不仅是指现代白话文词语和古语词尤其是文言文词语，即使现代汉语中不同历史时期的词语之间也具有这种功能差异。比如，大众领域中的"同志""先生""小姐""夫人"等称呼，在不同历史时期，它们的意义、功能也有一些差异。1949年之前，"同志"的政治意义十分明显，是革命者之间的亲切称呼。新中国成立后，"同志"的政治意义虽依然很明显，但使用范围一度扩大到公众，且没有男女老幼之分。但是，20世纪80年代后，其政治意义逐渐强化，适用范围也逐渐缩小到政党、政府机构以及特殊的政治场合。与之不同的是"先生""小姐""夫人"，它们在建国之前是通用的，但是建国后逐渐被"同志"取代，且被认为具有"资产阶级迂腐味"，20世纪50年代至70年代几乎退出了公众交际领域，直到80年代后，又开始进入大众交际领域，且成为尊称。实际上，词语的时代变体是一个有机系统。与之相对应的是相关的历史事实和经验、体验。比如，"红军""土改""八路军""三反五反""右派""文革""红卫兵""上山下乡""知青""改革开放""联产承包""入世""互联网""小康"等等，都标示了不同历史时期的相关事物、现象，与之相应的是附着在这些词语上的感受，即词语的时代标示功能。词语的态度标示功能等也与时代有关。

---

① 常青《新闻晨报》，2003年10月27日。

八、词语的地域标示功能

全民语言除了功能变体、时代变体、社会变体之外,还有地域变体,通常称为地域方言。地域方言用在全民领域中时,具有特殊效果。比如,在戏剧小品中,演员往往通过说方言抖包袱,引人发笑。同样的情况,使用普通话和方言,效果不一样。这说明方言的修辞功能具有独特性,方言词语作为方言的组成部分,也不例外。那些被普通话吸收的方言词,同样具有特殊的表现力,比如"名堂""把戏""腻歪""拉倒""垃圾""瘪三""搞""打的""买单"等。

方言词语带有浓厚的地域特色,它们在交际中具有普通话难以替代的作用。例如"转基因食品悄然登货架,消费者心里犯嘀咕",①"嘀咕"是个方言词,意思相当于"猜疑""犹豫""疑惑"。此处如果使用上述相应的普通话词,难以充分表达消费者面对转基因食品时的心态。再如,汪曾祺在《跑警报》中有这样一段描写:"警报时间有时很长,长达两三个小时,也很'腻歪'。紧急警报后,日本飞机轰炸已毕,人们就轻松下来。"其话语风格倾向于简约、平淡、朴实、明快、诙谐。因此,作者不仅通过句式,而且通过方言词,调节上述话语风格。"腻歪"是方言词,意思是腻烦,多是因次数过多、时间过长而感到厌烦。但是如果换用"厌烦","腻歪"中所蕴含的特殊意韵就消失了。因此,"腻歪"更富有表现力。方言词语的这种功能在人物对话中体现得更明显。例如:

"你会的手艺可真不少呢。"

"苦人哪,自小东奔西跑的,什么不得干。干的营生多,经历的也古怪。不瞒同志说,三十年前,我还赶过脚呢。"说到这儿,老泰山把剪刀往水罐里蘸了蘸,继续磨着,一面不紧不慢地说:"那时候,北戴河跟今天可不一样。一到三伏天,来歇伏的差不多净是蓝眼珠的外国人。有一回,一个外国人看上我的驴……"

(杨朔《雪浪花》)

作者是描写一位北方海滨的渔民,因此,用了不少带有地方色彩的

---

① 诸华《转基因食品悄然登货架 消费者心里犯嘀咕》,《中华工商时报》,2000年9月6日。

词语。"苦人""得""营生""赶脚""三伏天""歇伏""一回"等等,都带有当地的方言特点。这些词语在普通话中,有的有等值的词,有的则没有。"苦人"就是一生中经历挫折和苦难多的人。"得"就是"必须、不得不"。"营生"指各种各样的"工作"。"赶脚"指赶着毛驴等牲口被别人雇佣当交通工具。"三伏天"指盛夏,"歇伏"就是"避暑","一回"就是"一次"。为什么作者不用普通话中对应的词语,而用方言词呢?目的就是为了使所描写的人物更鲜明、更逼真,以显示人物的地方性。如果上面的词语用普通话替代,原文就会失去应有的表现力:

> 我是一个命运不济的人呀,自幼四处漂泊,四海为家,无工不做,干得工种多,经历的也奇特。实不相瞒,三十年前,我还用毛驴搞过个体运输呢。说到此处,老泰山把剪刀往水罐里浸了浸,继续磨着,一面悠然自得地说:"那年月,北戴河跟今天可迥然不同。盛夏一到,来避暑的差不多都是金发碧眼的外宾。一次,一个外国人看上我的毛驴……

(杨朔《雪浪花》)

如此,基本上使用了普通话词语,方言词语没了,人物的地域特点也消失了。老泰山成了一位说普通话的老渔民。从工作看,他是渔民,但是从话语看,却是知识分子。因此,话语与人物个性相矛盾,效果不好。本例说明,在文艺作品中,适当使用方言可有助于人物性格的塑造,使人物性格典型化。有些小说、戏剧、小品以及影视作品,也利用适量的方言来塑造人物个性。这主要表现在人物对话中,比如反映共和国领袖毛泽东的影片中,演员就说湖南方言,目的是为了增强真实性、典型性。

词语的方言标示功能在人际交往中也起着重要作用。有些情况下,方言词语能缩短交际双方的心理距离,增加双方的亲切感。比如,双方是同一个方言区的,相遇时有时会使用方言。为什么呢?因为乡音能增加交际双方的认同感。"亲不亲家乡人",乡音无疑是一种很好的沟通媒介。

再如,有一则新闻的标题是《"抠门"刘大妈用水忒"算计"》,[①]其中的"抠门""忒""算计"都是北方方言词,与之相当的普通话词语有"吝啬""相当""斤斤计较"等,但作者此处用方言词,重在突

[①] 郑淑华、朱鹰《北京青年报》,2001年11月6日。

出"刘大妈"这一角色的个性特点,如果换用了后者,人物的个性特点和话语的通俗风格就不明显了。这些语例说明,词语的地域标示功能在人类交际中具有重要的修辞价值。

九、词语的语域标示功能

像其他语言一样,汉语也是一个开放的系统。它不断从其他语言中吸收一些营养,以丰富自己。这包括音译词、意译词、音译意译各半的合成词,如"激光""冰淇淋""松下""桑塔纳""英特尔""克隆""麦当劳""肯德基""萨斯"等等。这些词语除表示一定的理性意义之外,还带有一定的附加信息,如新奇感、新鲜感等。有些词语还在人们的心理上引发一定的异域风格感受。上述功能,我们称之为语域标示功能或语域功能。

20世纪末期以来,汉语中出现了一些中国人自己利用汉语的语音生造的词,特别是一些产品名称,如"雅戈尔"(youngor,一种衬衫的品牌)、"得利斯"(delicious,一种火腿肠的品牌)、"力波"(beer 的回环用法 reeb,一种啤酒品牌)等等。这些词语看起来像外来词,实际上不是,不妨称之为类外来词。从汉语自身的表达体系看,这些词语一般不能用汉语进行解释。人们生造这些词主要是因为它们具有语域标示功能,能给人新奇感。比如,有一种主要用于解毒、退烧的药,名字就叫"克比奇"。无论从字面上,还是对照外语的译音,我们很难看出它指的是什么。实际上,这是一种中成药,其副牌子是"羚羊角胶囊"。为什么不干脆叫"羚羊角胶囊"呢?原因大概在此。

汉语中外来词的特有附加功能,一方面来自它们所指示的事物或现象,比如"冰淇淋""英特尔""克隆"等等;另一方面,来自外来词的语音带来的听觉上和语义理解上的新异性。大多数外来词难以用汉语的语义进行解释,且语音特别,比如房地产名称"康斯坦郡"、连锁超市名称"福兰德",就无法让人理解。有些人名也是如此,比如"玛丽""娜塔莎"等。一般说,音译外来词的上述功能强,意译、音译各半的次之,意译的最弱。类外来词也同样具有新异感。

除了上述情况外,还有一种直接借用外语词或文字的现象。比如,T型台、T恤衫、CD、PC、VCD、IT、CEO、MBA、EMBA、TOEFL、GRE等等。这些词语有的很难转换为相应的汉语,或者转换以后没有原词形象,比如T型台、T恤衫。还有的是可以转换,但转换后没有原词语简练。比如 CD、PC、IT、WTO、CEO、CBD、MBA、EMBA 等，可以转换为"音乐光盘（光碟）""个人电脑或计算机""信息技术""世界贸易组织""首席执行官""中央商务区""工商管理硕士""高级工商管理硕士"等。当然，有的可以转换成相应的简练词语，比如"VCD"，就可以换为"影碟"。但是，人们还是习惯于用这些英文缩写。其中有许多因素起作用，但最主要的还是上述词语的语域功能。这反映了人们追求新异、时尚的修辞心理。这实际上也是一种修辞方法。这种修辞方法的极致是夹用外语词。比如，"高档写字楼中 office lady 的午间秘密"，① 此处的"office lady"（简写为"OL"）指的是"出入高档写字楼的公司小姐"，可以翻译为"白领女性"，但作者还是直接用外语，其目的主要还是追求用词时尚。

当然，这些"外来词语"的修辞功能也是具有相对性的。一方面，不同的社会个体具有经历、观念上的差异，因此上述词语的功能会因此不同。另一方面，上述词语的功能效果也具有一定的时效性。一旦它们进入全民语言体系中后，其新异性就逐渐消退。比如"激光""葡萄"等等，已经与汉语的固有词语没什么差异了。

十、词语的文化标示功能

除上述附加功能外，有些词语还具有显示特定的文化含义的功能。比如，20 世纪 90 年代以来，中国许多国营企业效益不佳，有些工厂停产，工人失去了工作。新闻媒体在宣传报道时，用了一个词——下岗。例如：

> 宝山区妇联通过多种渠道、多种形式，积极为下岗姐妹再就业架桥铺路，以帮助 2400 多名下岗女工再就业。目前，该区 74% 的下岗女工已走上新的岗位。
> （李志勇《宝山区妇联热心牵线搭桥帮助两千余姐妹重新上岗》）

表达此类意思的词语还有"失业"，为什么不用"失业"呢？一方面是因为中国是社会主义国家，过去从理论上讲，社会主义制度下不存在"失业"，只有资本主义社会才存在"失业"。如果用"失业"，理论上不好解释。另一方面，"失业"使人联想到某些书中所描述的资本主

---

① 东日《高档写字楼中 office lady 的午间秘密》，人民网，2001 年 10 月 12 日。

义社会中"失去工作、生活困顿"的特定文化含义。而"下岗"指"在本单位没有工作岗位，与单位没有解除劳动关系，在社会上又没有其他收入来源"，①它源自20世纪80年代以来企业改革中所施行的岗位责任制。"失业"与"下岗"的本质差别在于"失业"是社会人，"下岗"还是企业人。除与"失业"有具体内涵差异外，"下岗"较之于"失业"委婉。中国媒体中用"下岗"而不用"失业"，与为避免由此所引起的文化含义联想不无关系。事实上，为了解决"下岗"职工的生活困难，中国政府在不断地创造再就业机会。因此，使用"下岗""待岗""上岗"以及"转岗"等词语来表达此类意项，比较确切。它从侧面反映了中国社会中政府与职工之间的密切关系。当然，近年来随着市场经济的深化，自1994年、1995年明确提出的"失业"一词被起用，"下岗"一说也已退出。

上述修辞现象也反映了词语的文化功能，即词语标示一定文化背景信息的功能。词语的文化标示功能来自其所使用的文化语境。再如，中国人之间，尤其是中国共产党内部以及政府机关成员之间，常常以"同志"相称；而党或国家领导人在与外国领导人或朋友交往时，往往在称对方的职衔的同时，还要加以"先生"，如"×××总统先生""×××总理阁下"等；即使是国内领导人之间对外自称时，也不用"同志"，而用"先生""女士"等。为什么不也以"同志"相称呢？这就涉及到词语的文化含义了。"同志"的本义是"志同道合的人"，最初用于中国革命党人之间，表示为共同的事业奋斗，相互勉励。解放后，"同志"逐渐演化为一般的大众称呼。但改革开放后，由于"同志"一词的"政治性"较强，语用范围逐渐缩小，某些领域中已由"先生""小姐"取代，三者形成互补。这是"同志"一词所特有的文化功能。

在修辞中，人们往往很重视词语的文化功能，特别是在跨文化言语交际中。有些言语纠纷，往往与词语的文化功能有关。例如，1995年，英法海底隧道通车，每天都有数千旅客往来于伦敦的滑铁卢车站和巴黎北站之间。当法国旅客从巴黎乘坐"欧洲之星"火车抵达伦敦时，抬头看到的却是"滑铁卢"。法国人觉得这有损他们的民族自尊。为此，法国一议员还致函英国首相，要求将滑铁卢国际火车站改名。不然，他将不惜动用他的影响力，设法把巴黎北站改名为"冯提奴车站"。据说

---

① 蔚蓉晖《"下岗"一词将淡出》，《北京青年报》，2000年1月16日。

这冯提奴和滑铁卢一样，也是比利时的一个小村庄，是1745年路易十五打败英军的地方。①

为什么法国人在英国看到"滑铁卢"会感到心痛呢？因为历史上英军曾在"滑铁卢"把法军打得一败涂地。对法国人来说，"滑铁卢"已不再是一个单纯的地名，而是带有特定的文化功能。它能使法国人回忆起过去的失败和屈辱。而法国人声言要把巴黎北站改名为"冯提奴车站"，也是因为"冯提奴"所特有的文化功能，即让英国人联想到过去的失败。

如果不了解或忽视词语的文化含义，不仅在跨文化交流与传播中会引起误会，即使在同一文化的不同区域，也容易产生误会。比如"同志"在大陆作为大众称谓，具有一定的认同感，一般并无贬义。但在台湾、香港等地就不同了，它表示"同性恋"。据说，一大陆艺术家应邀到台湾做报告，一上台便开口道"同志们，朋友们"，结果台下哄堂大笑，场面好不尴尬。显然，如果该艺术家了解该词语在大陆与台湾的文化含义差别，就不至于闹笑话了。

再如，天津曾有两家经营日本电脑的公司，分别取名为"共存公司"和"共荣公司"。此事经新闻媒介曝光后，舆论一片哗然。公众对此十分愤慨。有人认为"中国字那么多，为什么偏偏选用这样的名称来经商，分明是别有用心"。《天津青年报》还发表署名文章提出了"什么'共荣'，'共存'什么"的质疑。

为什么两个企业名称会引起如此强烈的社会反响呢？主要原因在于"共荣"和"共存"所蕴含的文化含义与汉民族的心理相抵触。它们很容易使人联想到日本的侵华历史，使人联想到日本军国主义者鼓吹的建立"大东亚共荣圈"的谎言，使人联想到当年日本侵略者烧杀掳掠的法西斯暴行，容易引起人们对于那场民族灾难和耻辱的痛苦回忆，以及对法西斯侵略者罪恶的激愤。显然，这些商家"忽略"了这些词语与过去中国人民所经历的民族灾难之间的联系，"忽视"了民族大义，伤害了中华民族的情感。尽管商家认为他们"当时起这个名字的时候，并没有什么想法"，但公众却认为这两个名称"带有侵略和殖民意味的不良文化倾向"。

上例说明，词语的文化含义在跨文化言语交际中具有十分重要的修

---

① 秋天《旧名称引发新风波》。

辞价值。如果掌握所用词语的特定文化含义，顾及其在交际对象心理上的反应，对提高话语的有效性、得体性，十分必要。再如，在不同民族的语言中，颜色以及相关词语的文化含义不同。在汉语中，"红色""白色""黑色""绿色"等具有特殊的含义。"红色"象征喜庆、吉祥、进步、革命等。比如，"红公事""红色根据地""红卫兵"等等。当然，"红色"也表示淫秽，比如"红灯区"就指色情场所。"白色"，一方面表示纯洁，另一方面也表示反动、恐怖、丧葬等，比如"白玉兰""白区""白色恐怖""白公事"等。"黑"，除了表示庄重外，还多表示恐怖、反动、贬斥等。例如，"黑社会""黑手党""黑客""黑车""黑五类""黑色日子""黑色星期五"等等。"绿色"除了表示生机勃勃、希望、春天、环保、无污染等外，在有的词语中还表示贬义，比如"绿帽子"。

显然，如果不了解上述词语以及相关事物的文化含义，在交际中尤其是跨文化交际中，就会犯忌，进而引发冲突。例如，据报道，华盛顿州一名农业官员访问中国时，他每站都送人绿色垒球帽，但接受礼物的男士没有一个戴的，女主人往往在一旁笑。后来，一名华裔成员把该美国官员叫到一边，告诉了他原委，对方才明白。①"绿帽子"指绿头巾，元明两代规定娼家男子戴绿头巾，后来代指妻子有了外遇，与人通奸。再如，某研究单位召开国际会议，会议的主办者是美国某机构，于是就出现了白色的会议横幅和竖幅。结果，出席会议的中国学者大为反感，因为中国人一般不用白色作为标语或者横幅，会议条幅的架构和含义，类似于中国的灵棚，看上去令人不舒服。在中国，这类标语横幅多用红色作底。

十一、词语的各种附加功能之间的关系

词语的各种附加功能之间具有重叠交叉关系。一方面，同一个词语可以具有几种附加功能，比如，"沐浴"既是一个书面语词，同时也是一个古语词，属于书面语语体，具有典雅的风格特征；另一方面，各种附加功能之间又是相互联系、相互影响的。词语的语体功能往往与风格功能、时代功能等相交叉，而词语的地域功能也往往与风格功能相联

---

① 齐文信《老外到中国　禁忌防不胜防》，多维新闻网，2002年5月1日。

系。比如，在"机票'超售'，'涮'你没商量?"① 中，"涮"是一个口语词，意思是"耍弄"，既形象又通俗。该词语的上述附加功能，是相互联系的，是重叠的。

此外，词语的时代标示功能与态度功能之间也存在联系。例如，20世纪50年代到70年代，"胖"在用于寒暄时，是具有褒义的。那时老朋友久别重逢，往往说"好久不见，您胖了"，对方往往不置可否，但心里感觉很舒服。因为那时生活条件不高，"胖"意味着生活好、心情愉快。即使年轻女子，也不会拒绝这类评价语。但到20世纪90年代以后，生活条件改善，"胖"已不是生活质量高的体现，而是饮食及生活习惯不良和健康有问题的代名词。人们由此往往联想到"体态臃肿""高脂肪""高血压""心脏病"等等。对于年轻女子，更不能接受。因为时代变了，公众的审美心理也起了变化。"胖"很容易使人联想到体态臃肿，身材不美。与之相应的是，20世纪末期人们开始注意"减肥"，但后来这个词语的使用频率降低，逐渐被"瘦身"替代。为什么呢？也是因为避免因"肥"引起的联想。这说明态度功能与时代标示功能具有密切关系。

词语意义或功能的获得，往往是与人们的实际经验分不开的。而语言学习，无论是母语还是外语，人们不可能去体验所有词语的意义化过程，而多是通过课堂教学或词典解释获得各种意义或功能。但在解释过程中，词语的附加功能往往被忽略，而它们在修辞过程中又是十分重要的。因此，无论是学习母语还是外语，都应特别重视词语的各种附加功能，并且适时进行比较，增强在修辞过程中的针对性。

第五节　熟语及其修辞功能

在修辞过程中，话语的组织具有很大的可塑性。同样的意思，可以选择不同的言语变体来表达。这些言语变体，既包括丰富多彩的同义词、近义词，也包括一些修辞手段成品——熟语。同样的交际任务，也可选择熟语来完成。例如：

李先念插话："现在我们有个'脾气'，不干大家都不干，要

---

① 人民网，2002年9月6日。

干大家都干,一窝蜂。"话至此,李先念把手背在身后,抿着嘴笑了。这时,有人提出"一窝蜂"不要写了吧,李先念连忙说:"要写,就是一窝蜂,干什么都是一窝蜂。"

(邹爱国《中南海新闻实录》,花城出版社,1994年,第19页)

世人做事有一种现象,即跟风,一个做什么,群起而效仿。用什么来形容这种现象呢?当然,有许多说法,但都没有"一窝蜂"形象。这类现象很多。再如:

某辆公交车上很挤,我注意到身边一个男人老是在一个女孩身上磨来磨去,刚想"见义勇为",没想到这女孩反应比我更快——一回头,正对那男人,"你干嘛?再动我不客气了!"声音很大,半车厢的人都能听到,那男人也一愣,随即摆出一副"死猪不怕开水烫"的面孔,"侬当侬啥人啊!神经病!"还没说完,就听到"啪"地一下,女孩打了他一个耳光。

(《焦点:公交车上碰到"狼"你会反抗吗?》,人民网,2001年9月26日)

"死猪不怕开水烫"是句俗语,比喻不要脸,耍赖皮。作者如果直说,也无可厚非,但两者相比,原文效果更好,因为该俗语以死猪不怕开水烫作比,十分形象。

以上语例说明,熟语具有形式固定、言简意赅、生动形象等特定的修辞功能,使用熟语可使话语更具表现力。因此,了解熟语的种类、结构和功能十分必要。汉语中有十分丰富的熟语,包括惯用语、成语、谚语、格言、歇后语、俗语等等。下面,我们分别对它们的结构和功能作简要分析。

一、惯用语及其修辞功能

汉语中有一种三音节的修辞手段成品——惯用语,它是人们口头上相沿习用的固定词组,如"走后门""抓小辫""开绿灯""打棍子""扣帽子""碰钉子""开夜车""吃老本""吹牛皮""出洋相""开小差""走过场""敲边鼓""放空炮""炒鱿鱼""挖墙脚""拉后腿""开门红""打冷枪"等等。惯用语除了动词性的以外,还有一些是名词性的,比如"大锅饭""铁饭碗""半吊子""二百五""马后炮"等等。

惯用语一般具有两层含义，一层是字面意思；一层是比喻、引申意义或文化含义。如，"走后门"的字面意义是"从后门走"，而其比喻义是指用托人情、行贿等不正当手段，通过搞私人关系达到某种目的。"炒鱿鱼"本是一道菜，而其比喻义则是"解雇"，较为通俗的解释是，鱿鱼被炒后往往卷起来，有"滚"的意思，同"卷铺盖卷"。还有一种解释是来自广东的宴席，因为厨师做的第一道菜是"炒鱿鱼"，名曰"开厨"，谐音"开除"。当然，这也不无道理。"大锅饭"字面意思是用大锅做的饭，语出于1958年前后。那时，中国大兴共产风，很多人集体用餐，不管什么人，也不在乎劳动多少，一视同仁，一律管饱、管足。后来，多用以表示"集体主义""平均主义"，带有一定的贬义色彩，具有特定的文化含义。

惯用语多来自大众口语，贴近生活，具有通俗、简明、生动、诙谐等修辞功能，使用频率较高。例如，"韩国政坛地震　总理带头撂挑子欲演政治双簧？"①中的"撂挑子"，本义是把挑子扔在一边，比喻正在做的工作"甩手不干了"。再如：

① 妙手医生"一刀切"。

（李文慧《妙手医生"一刀切"——摘除"轮胎结肠" 剖出健康男婴》，《辽沈晚报》，2000年3月6日）

② 如今职称外语考试实行了全国统考。为了应付外语考试，相当多数的人是以影响本职工作为代价的。而许多人在学了多年外语之后，依然听不懂外语，读不懂外文书刊，往往在通过了职称外语考试之后，就把这块敲门砖丢弃了。

（曲静《外语应成为评职称的第一硬件吗》，《文摘报》，2000年5月18日）

"一刀切"的字面意思是一刀切掉，比喻"按统一的规定硬性处理"。例①利用的是本义，指中国医大二院给一名妊娠8个月的妇女做剖腹产手术后，利用同一刀口切除了产妇腹内已胀如汽车轮胎粗的乙状结肠。"敲门砖"本义是敲门用的砖块，比喻获取名利的最初手段。例②用以比喻获取职称的外语考试。上述惯用语的使用，使话语简洁、通俗，更贴近生活。

---

① 新华网，2003年10月12日。

惯用语形式比较固定，但有时也可以在其中插入其他成分。例如：

① 目前群众买车大都需先交3500元"购买""停车泊位证明"；每年验车时，许多人也要到交管部门指定的停车场交1700元"购"一张泊位证明才能年检。叶大年认为，这无疑为多收费、乱收费开了绿灯，为滋生腐败提供了土壤。

（《老百姓有权知道泊位费去向》，《生活时报》，2000年3月9日）

② 邓亚萍是去年九月来到诺丁汉大学的，在这里主要是学习语言。老师说一看她学习的劲头就知道她是个世界冠军。除了上课及单独辅导，学校还针对她的社会活动多，经常要在各种国际会议上用英语发言的需要特别给她开了很多小灶。

（高燕《邓亚萍在英国玩命学说话》，《文摘报》，2000年3月12日）

两例分别把"开绿灯""开小灶"分解使用，是为了适应语境需要。例①强调完成，例②突出数量。这说明，惯用语的结构不像成语那样固定，必要时可以灵活处理。有时候，还可以换用其中的个别成分。比如：

① 近日，北京西单商场、王府井百货大楼、上海宜民百货、广州南方大厦、深圳国际商场等50家国内著名商场加盟IT163网站，开张了全国第一家网上连锁商城。其口号是"足不出户，逛遍国内知名商场"。然而，有关专家却对这种传统商业纷纷进军电子商务的做法泼了一盆凉水，认为其惟一能得到的好处是弄点噱头做品牌，而开展电子商务，十有八九是"左手打右手"。

（孙海东《大商场进军电子商务一哄而起——专家说这是左手打右手》，《北京晚报》，2000年3月7日）

② 同时，由于俄罗斯新贵大亨们的发家史都有很多不可告人之处，因此，俄罗斯司法部门逮捕并调查霍多尔科夫斯基，也显然是在警告和霍多尔科夫斯基一样的大亨们：你们要小心行事，我们随时都能抓你们的"小辫子"。

（常青《俄首富对抗普京身陷囹圄 其被捕将引发"风暴"》，《新闻晨报》，2003年10月27日）

例①把"泼冷水"换用成了"泼凉水"，意思一样，仍然表示削弱或打击兴致、积极性等。例②把"抓小辫"灵活处理为"抓小辫子",与"抓小辫"同义。

惯用语具有通俗、简明、生动、诙谐的风格特征,因此适用于各种语体,尤其是口语语体和书面语体中的文艺语体、政论语体,有些交叉语体比如新闻报道中也经常使用,但公文语体和科技语体中较少使用。此外,惯用语的态度功能也比较明显,且多表示贬义。

二、成语及其修辞功能

除惯用语外,汉语词汇宝库中还有许多定型的词组,且多为四个音节(或四个字),如"提纲挈领""舍生取义""刻舟求剑"等等,人们通常称之为成语。成语形式较固定,一般不能改变词序或替换其中的某个成分。如"提纲挈领",一般不能说成"挈领提纲"或"提绳挈领"。"刻舟求剑"也不能说成"求剑刻舟"。但特殊情况下,成语也会被临时改变。比如,"人大代表评说'前腐后继'与预防职务犯罪"① 中的"前腐后继",就是化用了"前赴后继"。

成语的形成过程丰富多样。有的来源于神话、寓言。如,"精卫填海"出自《山海经》,是一个神话故事;"叶公好龙"取自汉朝刘向的《新序》,是一个寓言故事;"愚公移山""守株待兔"则分别出自《列子》和《韩非子》,也都是寓言故事。有的成语源自历史故事或传说,如"望梅止渴""完璧归赵""四面楚歌""东窗事发",就分别来自《世说新语》《史记》和明朝田汝成的《西湖游览志余》。还有的成语是来自诗文语句,如"兢兢业业"出自《诗经》,"学而不厌"出自《论语》,"老骥伏枥"出自曹操的《步出厦门行》。"狼子野心""众志成城""一干二净""千方百计""指手画脚"等,则来自口头俗语。

成语具有丰富多彩的历史文化来源,可以说,成语的历史也是民族文化的历史,其中蕴含了本民族文化的方方面面。因此,成语不但具有丰富的文化含义,同时也具有丰厚的修辞价值。比如"东窗事发"说的是:宋朝奸臣秦桧和他老婆王氏,曾在东窗下密谋杀害忠臣岳飞。秦桧死后,王氏叫方士招魂,看见秦桧在阴司受刑。秦桧对方士说:"可烦传语夫人,东窗事发矣。"后来,就用以代指罪行被揭露、案发了。再如"完璧归赵",据《史记》记载,秦昭王派人来骗赵王说,愿意拿

---

① 新华网,2003 年 3 月 15 日。

十五座城,换取赵国的一块叫"和氏璧"的宝玉。赵王就派蔺相如带宝玉到秦国。到了秦国,他说:"城入赵而璧留秦,城不入,臣请完璧归赵。"后来,蔺相如见秦王无诚意,就设计把宝玉赚回,送回了赵国。后来,就用"完璧归赵"比喻东西完好无损地归还原主。

上述分析说明,运用成语的过程,实际上也是民族文化的继承和发扬过程。有些成语除了字面意义之外,还隐含着典故。人们往往由此喻化、抽象或引申出某种含义,这可以看作是文化的延伸过程。成语的修辞功能,包括附加修辞功能,多产生于此。比如,"东窗事发"有贬义功能,"完璧归赵"则有褒义功能。例如:

事情要追溯到1993年4月,衡水中心支行诈骗案东窗事发。两名诈骗分子戴着外国某公司总裁、副总裁的头衔,化名为外籍华人梅直方、李卓明,开始时他们佯装不懂汉语。

……

法律意见书有理、有据,令英国高等法院不能不接受我方提出的要求。于是,这批被诈骗的信用证终于"完璧归赵"。

(《追索100亿美元信用证的背后》)

两名诈骗分子骗取银行信用证,被公安机关侦破,所以说是"东窗事发";而100亿美元信用证被完全追回,当然是"完璧归赵"了。前者贬,后者褒。

成语含义深刻,运用得当,可起到言简意赅、增强文势、丰富话语文化内涵的功效。在有些情况下,运用成语更具有表现力。比如,有一则新闻标题是"女郎投怀送抱 威廉满脸通红",① 显然,此处的"满脸通红"没有"面红耳赤"好。"满脸通红"是口语,与前面的"投怀送抱",无论从风格特征还是语法结构,都不相称。"面红耳赤"则是成语,不但含义比"满脸通红"丰富,且与"投怀送抱"的风格协调、语法结构对称,效果更好。再如:

但当他已具备了充分依据,他就以惊人的顽强毅力,来向哥德巴赫猜想挺进了。他废寝忘食,昼夜不舍,潜心思考,探测精蕴,进行了大量的运算。一心一意地搞数学,搞得他发呆了。

(徐迟《哥德巴赫猜想》)

---

① 人民网,2002年12月27日。

"废寝忘食"就是不睡觉、忘记了吃饭的意思，形容对事业执着。"一心一意"也是对某事十分执着的意思。作者用这两个成语，简洁地概括了陈景润刻苦钻研数学的精神。如果把两个成语换为同样意义的话，就会破坏原文的风格。此外，同"昼夜不舍""潜心思考""探测精蕴"等四字结构不协调，就会丧失原文简洁、明了、畅达的效果。

当然，成语固然具有言简意赅的修辞功效，如果不顾交际目的一味罗列，效果也不一定好。例如：

  一进病房，一个散发着焦味的黑黝黝的人便跃入苏静眼帘。目睹血肉模糊，体无完肤，面目全非，奄奄一息的梁强，苏静几乎要晕倒在地……

（魏泽、李大勇《痴爱无悔》）

梁强为救群众被烧成重伤，作者为了突出他当时的惨状，连用了四个成语。其实，这根本没有必要，只用"血肉模糊"和"奄奄一息"就足够了，因为"血肉模糊"中就包含了"体无完肤""面目全非"的意思。可见，盲目地堆砌成语，反而会影响修辞效果。

成语是在长期的社会语用过程中产生的，因此具有相对固定的结构。运用中，不宜更换其中的成分或生编硬造。当然，还应注意成语的附加修辞功能，如褒贬功能等；否则，就可能导致语误。比如：

  10月24日上午，在江西婺源县传来一则让人难以置信的消息，"飞机撞上拖拉机了"，这消息在婺源县城大径相传，人们奔走相告，却又不太相信，这怎么可能呢？

  （王德宝、王国红《江西婺源：飞机撞上拖拉机了》，人民网，2001年11月4日）

本例中，作者想用"不胫而走"，但不知为什么却用了"大径相传"，有生编硬造的嫌疑。此外，"奔走相告"多用于表达好消息。此处，"飞机撞上拖拉机了"无论如何都很难说是好消息，作者如此表达，有幸灾乐祸之嫌。再如：

  今天是国庆日，所以放假一天，爸爸妈妈特地带我们到动物园玩。

  按照惯例，我们早餐喜欢吃地瓜粥。今天因为地瓜卖完了，妈妈只好黔驴技穷地削些芋头来滥竽充数。没想到那些种在阳台的芋头很好吃，全家都贪得无厌地自食其果。

出门前，我那徐娘半老的妈妈打扮得花枝招展，鬼斧神工到一点也看不出是个糟糠之妻。头顶羽毛未丰的爸爸也赶紧洗心革面沐猴而冠，换上双管齐下的西装后英俊得惨绝人寰，鸡飞狗跳到让人退避三舍。东施效颦爱漂亮的妹妹更是穿上调整型内衣愚公移山，画虎类犬地打扮得艳光四射，趾高气昂地穿上新买的高跟鞋。

我们一丘之貉坐着素车白马，很快地到了动物园，不料参观的人多到豺狼当道草木皆兵，害我们一家骨肉分离。妻离子散的爸爸鞠躬尽瘁地到处广播，终于找到差点认贼作父的我和遇人不淑的妹妹，困兽犹斗中，我们螳臂当车力排众议推己及人地挤到猴子栅栏前，鱼目混珠拍了张强颜欢笑的全家福。……

不料结帐的时候，老板露出庐山真面目，居然要一饭千金，爸爸气得吴牛喘月，妈妈也委屈地牛衣对泣。

啊！这三生有幸的国庆日，就在爸爸对着钱包自惭形秽大义灭亲后，我们全家江郎才尽，一败涂地。

(《一篇必定令老师疯狂的国庆游记》，新华网，2003年10月6日)

这是网络上的一篇帖子，其中不乏故意，未必真实，但却能说明注意成语的附加修辞功能尤其是态度功能的重要性。其中有许多"误用"，除了"不了解"成语的本义之外，更多是因为"忽视"了成语的褒贬功能。比如，"黔驴技穷""滥竽充数""贪得无厌""自食其果""徐娘半老""羽毛未丰""沐猴而冠""惨绝人寰""鸡飞狗跳""东施效颦""画虎类犬""趾高气昂""一丘之貉""豺狼当道""认贼作父"等等，都不同程度地含有贬义，却被用在了作者及其家人身上，这不合适。当然，如果作者是故意如此用，那就是能动地利用了成语的态度功能，以达到幽默诙谐的效果。

三、谚语及其修辞功能

日常生活中，特别是在与农业生产、农村生活密切相关的交际领域中，经常用到一些熟语，比如"好树结好桃，好种出好苗""朝霞不出门，晚霞行千里""若要工夫深，铁杵磨成针""人误春一时，地误人一年"等等。这类熟语多来自百姓的日常生活，特别是与农业生产、农村生活密切相关的交际领域。因此，其中蕴含了一定的生产、生活道理。比如，"种瓜得瓜，种豆得豆"就是与农业生产密切相关的谚语。它从种子和果实之间的关系，揭示了事物发展的因果关系。"人往高处走，水往低处流"，通过水流的趋向，揭示了人生不断攀登的生活哲理。

因谚语多来自口语交际领域，特别是与乡村生活密切相关的生活领域，且蕴含了一定的哲理，因此其风格特征是朴实但不俗气，多数谚语都泛着乡土气息。比如，"白露早，寒露迟，秋分种麦正当时""燕子低飞蛇过道，大雨不久就来到""八月十五云遮月，正月十五雪打灯"，分别反映了农时、天气、时令方面的道理。有些谚语则通过与生产相关的现象，反映人们对生活的感悟。比如，"种了人家的地，荒了自家的田"蕴含的道理是：虽然帮助了他人，但却耽误了自己的工作。"三天打鱼，两天晒网"蕴含的道理是：工作、学习、劳动等没有恒心。"马有失蹄，人有失足"则蕴含了人人都有可能出现失误的道理。"众人拾柴火焰高""船到桥头自然直"则分别表明了人多力量大和顺应事物发展趋势的道理。"留得青山在，不怕没柴烧"，表达了保存实力，以待发展的哲理。"三个臭皮匠，顶一个诸葛亮"比喻人多智慧大。至于"龙生龙凤生凤，老鼠生儿专打洞"，则反映了家庭环境、身世对后代的影响力。"上梁不正下梁歪"则表明了上下级之间行为好坏的关系。当然，有些谚语与农业生活的关系不大，也是来自于日常生活，同样具有一定的哲理性，比如"常在河边走，哪有不湿鞋"，表示经常做同一件不好的事，必然被其所累，造成损失或犯错误。

由于谚语多蕴含了人们对生活的感悟和概括，因此具有一定的教育意义和劝说功能。加之谚语的口语来源和朴实的风格特征，它们多适用于日常交际领域，特别是农业生产领域以及与此相关的修辞领域，比如关于农业生产或农村生活的传播领域。此外，谚语中一般都包含具体的形象，大多数都具有比喻意义，因此形象功能很强。运用得当，可增加话语的形象性和口语风格特征，有的还可以起到一定的衔接和起兴作用。如：

① 1996年，石门基础设施会战年。吴奇修承诺——实现。他以真诚实干、加速发展、廉洁自律赢得民心。栽下梧桐树，引得凤凰归。吴奇修率班子一行亲赴新疆、广州、沈阳、重庆招商，动员游子回村创业。

（李彦春《吴奇修：一个北大高材生的村官选择》，《人民日报

海外版》，2002年12月18日）

②十年媳妇熬成婆，违反规划、未经验收的违建房竟然有了产权证。

（张晓宁《高房盖窗外 沈阳十户居民"穴居"十年》，新华网，2003年7月14日）

例①中，"栽下梧桐树，引得凤凰归"是谚语，意思是有了良好的条件才能吸引人才。例②中的"十年媳妇熬成婆"也是谚语，意思是时间长了，身份、地位就能获得改变。此处比喻违章建筑时间长了获得了合法的产权证。以上谚语的意义同上下文都没有信息上的必然联系，但离开了每一句谚语，上下文都将失去联系的中介。这两句谚语都起了一个大前提一样的起兴作用，比抽象说明生动、形象。

上述分析说明，谚语朴实、易懂、形象而含义深刻，所蕴含的哲理具有一定的普遍性，因此富有教育意义。它们较少适用于公文语体、科技语体。在一些庄重、正式的话语中，也很少使用。但是，在大众传播领域中，尤其是一些关涉农村题材的报道中，谚语的使用频率相对高一些。

四、格言及其修辞功能

比谚语典雅的修辞手段成品是格言。格言是高度凝炼而富有哲理的话语成品，是人们常用的名言、警句。它们或出自大众之口，或出自名人手笔，丰富了汉语的词语宝库。比如，"知识就是力量""谦受益，满招损""千里之行，始于足下"等等。

与谚语相比，两者相同的是都具有哲理性和教育功能；不同的是，格言有的来自大众，比如"世上无难事，只怕有心人""良药苦口利于病，忠言逆耳利于行""虚心使人进步，骄傲使人落后"。这部分与谚语具有统一性，只是格言的句式工整，更文雅，多出自名人著作或典籍。比如，"智者千虑，必有一失""知无不言，言无不尽""学如逆水行舟，不进则退""工欲善其事，必先利其器""岁寒然后知松柏之后凋也""言之无文，行而不远"等等。此外，格言多强调抽象的哲理，往往没有谚语形象、生动，因为谚语往往通过通俗的比喻说理。当然，有些格言也通过比喻说理，但表达方式比谚语更凝炼，比如"岁寒然后知松柏之后凋也"。这与谚语和格言的来源不一样有密切关系，前者多来自百姓之口，后者往往出自名人著作或典籍。

鉴于上述修辞功能，格言多适用于正式、雅致的交际领域。口语语体经常用，书面语体中的出现频率更高。适当运用格言，不但可以增强话语的说服力，使话语风格典雅，还可以使话语言简意赅、发人深省。例如：

> 宋朝末年，元军攻入南宋首都临安。南宋将领文天祥组织武装力量坚决抵抗，失败被俘后，元朝的将军劝他投降，他写了一首诗，其中有两句是："人生自古谁无死，留取丹心照汗青"。意思是人总是要死的，就看他怎么死法，是屈辱而死呢？还是为民族利益而死。他选取了后者，要把这片忠心记录在历史上。
>
> （吴晗《谈骨气》）

这段话中，作者为了论证一个人要有为国为民而献身的英雄气概，就引用了古代著名诗人的诗句加以说明，使论证更有说服力。诗句"人生自古谁无死，留取丹心照汗青"言简意赅，蕴藏了丰富的人生哲理，运用恰当，提高了话语的修辞效果。如果换用平常话语，则话语会有失简练、典雅和说服力。

五、歇后语及其修辞功能

人们在长期的生活实践中，还创造了许多通俗易懂、幽默风趣的特殊言语形式——歇后语。这也是人们喜闻乐用的一种修辞手段成品。它分为两类：一类是由喻意构成的，一类是由谐音构成的。比如，"小葱拌豆腐——一清（青）二白""孔夫子搬家——尽是输（书）""卖煎饼的赔本——贪（摊）大了"。其中的"清""输""贪"，分别是由"青""书"和"摊"谐音而来。另一类是由喻意形成，即由前半部分会意而出。比如，"骑驴看唱本——走着瞧""木匠吊线——睁一只眼，闭一只眼""豆腐掉到灰堆里——吹不得，打不得""铁公鸡——一毛不拔"。这几个歇后语的前后部分之间存在因果关系，后面的意思都是由前面的抽象、会意而出。比如，木匠吊线时的情态，自然是睁一只眼、闭一只眼，这用来比喻做事不讲原则，装糊涂，故意放纵他人。"豆腐掉到灰堆里"，自然是既吹不得，也打不得，比喻有些事情比较棘手，软硬都不行。

如果说"惯用语""成语""谚语""格言"等，分别具有通俗、文雅、朴实和富有哲理的风格特点,那么歇后语的修辞功能就是幽默、诙谐。因为无论是谐音歇后语,还是喻意歇后语,都含有前后两部分,前半部分多是一个比喻,后半部分是抽象出的结论或结果,类似于谜面和谜底。因此,歇后语既具有一定的趣味性,又具有哲理性。比如,"飞蛾扑火——自取灭亡""猪八戒照镜子——里外不是人""泥菩萨过江——自身难保""外甥打灯笼——照旧(舅)""十五只吊桶打水——七上八下""擀面杖吹火——一窍不通""哑巴吃黄连——有苦说不出""老鼠过街——人人喊打""周瑜打黄盖——一个愿打,一个愿挨""姜太公钓鱼——愿者上钩""狗拿耗子——多管闲事"等等。

  此外,歇后语多来自于大众口语,因此主要的风格特征是俚俗,比如,"旗杆顶上绑鸡毛——好大的胆(掸)子""打破砂锅——问(璺)到底""属老鼠的——放下爪就忘""秋后的蚂蚱——蹦跶不了几天了""狗咬吕洞宾——不识好歹""大水冲了龙王庙——一家人不识一家人""王八吃秤砣——铁了心""磨剪子的说睡语——快了""黄鼠狼给鸡拜年——没安好心""狗掀门帘——全凭一张嘴"等等。因此,歇后语多适用于非正式的日常言语交际领域或者是风格通俗的文艺作品。例如:

  在这条山沟里,像他这样的年纪都快要抱孙子了。可他还是庙前的旗杆——光棍一条。不能说他没有儿女之情,年轻时,他的野劲、浪劲是出了名的。

(高旭帆《岩鹰盘旋的山谷》)

  小说的作者用"庙前的旗杆——光棍一条"来介绍主人公,增加了话语的趣味,强化了小说通俗幽默的风格。如果改为"可他还是独身一个",意思没变,但缺少幽默。再如:

  地主家有个丧葬喜事,佃户全得去提垫子,烧纸扶人。这叫做拳头戴高帽——家人(假人)。要是丧事,大家还得戴孝。这还不算,更在童男童女背后,贴上佃户的名字,叫佃户跟到阴曹去伺候死人。

(杨朔《"阅微草堂"的真面目》)

  旧中国,地主欺负佃农,强迫佃农做各种事务,并把佃农叫做"家人"。作者对此非常愤慨,因此用了一个歇后语进行讽刺。如果改为直说，就会丧失讥讽效果。

此外，如果说成语、惯用语、谚语、格言等，都具有凝炼的特点，那么歇后语则恰恰相反，是故意兜圈子、绕弯子，使话语饶有趣味。所以，歇后语不宜用于正式、文雅的交际领域。科技语体、公文语体等，不宜使用歇后语。至于大众传播领域，比如报刊、网络、电视，则要看具体传播类型、传播内容等。政治传播、组织传播中，较少使用歇后语。而娱乐传播，使用歇后语的几率则比较高。

六、俗语及其修辞功能

在修辞交际领域中，还有一类熟语——俗语，顾名思义，就是俚俗的熟语，比如"一个巴掌拍不响""一个鼻孔出气""两个人穿一条裤子""人不知，鬼不觉""拆东墙补西墙""偷鸡不成蚀把米""三句话不离本行""无事不登三宝殿""狗嘴里吐不出象牙来""打肿脸充胖子""不费吹灰之力""不管三七二十一""三步并作两步""给你个棒槌就当针使""拿着鸡毛当令箭""站着说话不腰疼""不见棺材不落泪""吃不了兜着走"等等。这些熟语既不像谚语那样透着乡土气息，也不像格言那样富有哲理，与三字的惯用语和四个字的成语也不相同。但是它们又通过一些具体、形象的事物，比如"巴掌""鼻孔""裤子""鸡""三宝殿""狗嘴"以及相关的动作，或表达一种情状，或表达一种态度，能完成其他熟语难以承担的交际任务。因此，俗语具有较高的修辞价值，经常为人们所使用。比如：

  "现上轿现扎耳朵眼儿"这句老话又一次应验了。南部非洲的小国斯威士兰最高法院的法官3月1日判处6名罪犯死刑。但由于没有刽子手，死刑无法执行，政府不得不向社会急征刽子手。
  （《死刑恢复独缺"屠夫"——斯威士兰急征刽子手》，《新民晚报》，2000年3月6日）

"现上轿现扎耳朵眼儿"是句俗语，本义是古时候女子出嫁，打扮好了，临上轿才想起要扎耳朵眼儿，比喻事先准备不充分，到了火烧眉毛之时才采取措施，以至出现尴尬。该熟语所用的生活现象诙谐，因此往往适用于不太严肃的场合或用于调节交际气氛或话语的风格。

与谚语和格言的来源有些不同，俗语多产生于日常言语交际领域，出自百姓之口，且没有具体的交际领域之分。俗语的风格特征较之其他熟语类型,更为通俗。与歇后语相似,它们也具有幽默、诙谐功能,但并不像歇后语那样具有趣味性。歇后语是往繁丰里说,俗语则向简约里说。两者共通的是大都通过比喻表意,通过具体的意象达意传情,比如,"不到黄河不死心""撞到南墙不回头""杀鸡给猴看""跑了和尚跑不了庙""杀鸡焉用牛刀""有眼不识泰山""背靠大树好乘凉""搬起石头砸自己的脚""放长线钓大鱼""没有不透风的墙""无风不起浪""拔出萝卜带出泥""霸王硬上弓"等等,都简练而形象。此外,俗语也具有态度标示功能,且多数含贬义。比如"有眼不识泰山""搬起石头砸自己的脚""不见棺材不落泪"等等,都是贬义。

俗语由于来源广泛,因此也具有广泛的适应性。但因其俚俗风格特征,俗语多适用于比较随和或不太严肃的交际领域,用以调节话语风格,比如日常言语交际领域、文艺交际领域等等。俗语较少使用于科技语体、公文语体。但新闻传播中也时常使用俗语,比如"人怕出名猪怕壮,树王出名也遭殃"①。该报道说,美国蒙哥马利森林国家保护区内的一株近水红杉,因高367英尺半被称为树王后,游人增多,导致生存环境恶化,大树受连累。此处使用俗语"人怕出名猪怕壮",主要原因是新闻本身的不严肃性和作者对话语趣味性的追求。再如:

  来自相关银行的调查表明,1998年,由境外一人多次、每次几十万美元地汇入新疆某银行同一账户,汇入后即被三四人提走,后来在公安部门破获汕头外汇走私大案时才拔出萝卜带出"泥"来。

  (《21世纪经济报道:东突恐怖组织资金来源调查》,新华网,2003年2月22日)

本例也是新闻报道,说的是公安机关在破获外汇走私案时,连带挖掘出了"东突"恐怖分子的国外资金来源。作者没有如此直说,而是用"拔出萝卜带出泥"比喻,十分形象,且富有浓厚的生活气息,增加了话语的可读性。

俗语的结构一般也是固定的,但有时候也可作些许改变。比如"学车,'萝卜快了也要洗泥'",②"萝卜快了不洗泥"是一句俗语,意思

---

① 东行编译《人怕出名猪怕壮,树王出名也遭殃》,《上海译报》,2000年3月9日。
② 马龙生,人民网,2002年11月30日。

是某样东西、物品受欢迎、销售快或很抢手，因此出售者、消费者或参与者不在乎瑕疵。此处改变了它的固有格式，用肯定形式，切合表达需要。

七、熟语的附加修辞功能

与一般词语一样，熟语除标示理性意义的功能之外，也具有一些附加修辞功能。比如"抓小辫""吃老本""吹牛皮""出洋相""开小差""半吊子"等惯用语，"守株待兔""揠苗助长""刻舟求剑""阳奉阴违""口是心非""口蜜腹剑""狼子野心""狼心狗肺""不三不四"等成语，"擀面杖吹火——一窍不通""老鼠过街——人人喊打"等歇后语，多具有贬斥功能。而"坚持不懈""老骥伏枥""废寝忘食""众志成城""一心一意"等成语，"众人拾柴火焰高""三个臭皮匠，顶一个诸葛亮""若要工夫深，铁杵磨成针"等谚语，"知识就是力量""谦受益，满招损""千里之行，始于足下""世上无难事，只怕有心人""良药苦口利于病，忠言逆耳利于行"等格言，则具有褒扬功能。而"死猪不怕开水烫""两个人穿一条裤子"等俗语，则具有贬斥功能。

此外，熟语还具有一定的语体、风格标示功能。比如，惯用语、歇后语、谚语、俗语的口语特征明显，多适用于口语交际领域。而格言的书面语特征突出，在书面语中的使用频率比较高。至于成语，则不能一概而论，有的成语口语特征突出，但大部分成语则书面语特征明显，因此多适用于书面交际领域。此外，各种熟语的风格特征也不尽相同。成语、惯用语等可使话语简洁凝炼，格言可使话语文雅，歇后语则可使话语幽默诙谐。熟语的这些功能，可供人们调配话语风格。至于形象标示功能，绝大部分熟语都有，只是存在程度差异。

至于地域特点，惯用语、成语不明显。而谚语、歇后语、俗语则具有一定的地域特点。格言的地域特点不明显。另外，大部分熟语具有时代性，只是程度有差异。比如"大锅饭""铁饭碗"等惯用语，就是新中国成立后计划经济时代的产物。歇后语、格言也具有一定的时代性。在运用中，熟语的地域性、时代性差异，对修辞效果的影响不大。此外，熟语的角色标示功能不太明显。但是有些熟语的行业标示功能比较突出，比如谚语就与农业生产、农村生活的关系十分密切。

应该说，绝大部分熟语具有文化标示功能。学习和运用熟语时，还应特别注意汉语与其他民族语言中相同或相近熟语的附加修辞功能差异，特别是与韩国语和日语的差异。比如，汉语和韩国语中都有"愚公移山"这一成语，但所表示的意义及附加修辞功能却不完全相同。汉语的"愚公移山"，在古代是贬义的，但现在是褒义的。而韩国语中的"愚公移山"，却多表示"做事愚蠢"，含贬义。此外，还应注意不同语言中表达同样意思的熟语的不同。比如，同样表示"决一死战"，汉语用"破釜沉舟"或"背水一战"，而斯洛伐克语则说"把身后的桥烧掉"。汉语中说"树大招风"，日语中则说"桩子一旦突出就被打下去"。当然，不同语言间也有相同的地方，如汉语说"铁石心肠"，英语说"a heart of stone"，两者就都有"石头"。

根据上面的分析，我们把汉语各种熟语的附加修辞功能用图表的形式，表示如下。具有某种附加功能的，用"＋"表示；没有的用"－"表示，标示功能不明显的用"＊"。

名称	附加修辞功能										
	语体		风格	角色	态度		形象	行业	时代	地域	语域	文化
	书	口			褒	贬						
格言	＋	－	典雅	＊	＋	－	＋	＊	＋	－	＋	＋
成语	＋	＋	雅	＊	＋	＋	＋	＋	＋	＋	＋	＋
谚语	－	＋	朴实	＊	＋	＋	＋	＋	＋	＋	＋	＋
惯用语	－	＋	一般	＊	＋	＋	＋	＊	＋	－	＊	＋
歇后语	－	＋	幽默	＊	＊	＋	＋	＊	＋	＋	＋	＋
俗语	－	＋	俚俗	＊	＋	＋	＋	＊	＋	＋	＋	＋

从上述图表可以看出，各种熟语的风格特征不一。一般说，如果从典雅到通俗进行排序，就是格言→成语→谚语→惯用语→歇后语→俗语。这说明，不同种类熟语的风格特征实际上是一个连续体，并不是截然对立的。此外，这种排序也是相对的，因为即使一种熟语内容，也存在雅俗分化。比如，在成语中，那些出自历史典故的成语，要比来自口语的成语典雅。格言中也存在这种情况。最后想指出的是，对熟语的上述划分也是相对的，有些熟语的类属并不明显，具有交叉性，比如有的既可以划归谚语，也可以划归格言。

第六节　句式及其修辞功能

如上所述，除了上述的修辞手段之外，句式也是一种重要的修辞资源。常言说"一样话百样说"，"百样说"中也包括了句式的变化。其中蕴含的修辞原理是，修辞具有多种潜在的修辞方法可供选择。这不仅包括上述的词语，还包括句式。例如，有记者曾采访著名漫画家丁聪：

> 问：我听许多人说丁老之所以长寿是因为懒？
> 答：是，我吃肉，吃鱼就那么一点，得挑半天刺，得不偿失，不吃。吃水果得洗手削皮，不吃。运动要出汗，为了多活几年，花进去的本钱比多活几年要多得多，不练。
>
> （白岩松《答问之间的思索》，《今晚报》，2000年2月14日）

本例是对话，所以，言语者都采用了短句，而且句式富于变化。有些句子之间的逻辑信息，依靠语境省略了。比如，"我吃肉，吃鱼就那么一点，得挑半天刺，得不偿失，不吃"中，各句之间的逻辑关系是：我吃肉，不吃鱼，因为即使吃一点鱼，也得挑半天刺，所以花的时间长，但吃到的鱼却很少，得不偿失，因此我不吃鱼。再如，"吃水果得洗手削皮，不吃"，其语义关系也可以还原为：我不吃水果，因为吃水果得洗手削皮，太浪费时间，所以我不吃。后面的几句："运动要出汗，为了多活几年，花进去的本钱比多活几年要多得多，不练"，也可以说成："我不参加体育锻炼，因为运动要出汗，花进去的本钱比多活几年要多得多，为了多活几年，所以我不锻炼。"为什么作者不如此说呢？太啰嗦。与之形成对比的是记者的问话。"我听许多人说丁老之所以长寿是因为懒？"也可说成"丁老长寿是因为懒？"，也能完成交际任务。两相比照，后者是短句，更易理解。

说话、写文章，如同量体裁衣，肥瘦松紧，可随意整合。同样的材料，可做成不同的样式。同样的意思、同样的词语，可以组织成风格、效果不同的话语。句式在其中起了重要作用。再如：

> 我不明白，我们的教育主管部门对于创"世界一流"的兴趣那么大，相反，对于上述党和国家领导人以及人民大众昼夜为之"心急如火"的问题为什么却显得有些麻木不仁呢？——说"麻木不仁"或许"言重"了，那么，你们到底实行了多少切实可行的

得力措施了呢？现实状况究竟又改善了多少？失学率降下来没有？张艺谋的电影《一个都不能少》，如今，失学儿童，何止千百万？中小学的危房改善了多少？危房导致的事故不断，你们也无动于衷吗？……

（王克安《给创建"世界一流大学"泼一点冷水》，人民网，2004年1月2日）

本例前半部分用了陈述句，而后面则用了数个疑问句、反问句。为什么作者不都用陈述句呢？如果都用陈述句，也能表达。比如，"危房导致的事故不断，你们也无动于衷吗"也可以说成"危房导致的事故不断，你们恐怕不能无动于衷"。但是，如此一来，作者的反问语气削弱了。如果整段话都是一个语气，一个语调，未免乏味。陈述句和疑问句相间使用，可使语意、语调富于变化。再如：

大科学家牛顿有个传说是：他养了两只猫，一只大，一只小。他为便利猫的出入，在门上开了两个洞，一小，一大。他认为大猫不能进小洞，可不知道小猫能进大洞，开一个洞就够了。这故事是笑学者脱离生活实际，还是笑科学思想方法认死理，不灵活？

（金克木《大小猫洞》）

本例句子长短不一，松紧有异，句式多样。句内词序富于变化，文笔活泼。作者首先用总分句式起句，介绍牛顿养了大小两只猫，下句说他为猫开了小大两个洞。"一只大，一只小"与"一小，一大"，前后倒置，而且后面音节缩短，省略"只"。这是长短搭配，有松有紧。接下来的六句话，前三句用陈述句，后三句用设问句，启发读者思考，引起下文。叙述牛顿养猫，开猫洞，并加以评论，这是作者的意图。但同样是这一意图，同样是这些词语，也可以组织成另样的话语：

传说大科学家牛顿养了一大一小两只猫。为便利猫出入，他在门上开了一大一小两个洞。他认为大猫不能进小洞，可不知道小猫能进大洞，开一个洞就够了。不知道这故事是笑学者脱离生活实际，还是笑科学思想方法认死理不灵活。

前后两段话语对比，有何区别？显然，后者句式更加整齐、严紧，而且句子长度增加，严整缜密，但句式单调。除最后两句用了选择句式以外，其他都用了陈述句式。句子内部也缺少词序变化。此外，话语节奏的快慢也可进行调整。比如上面的话语也可调整为：

> 有个传说：大科学家牛顿养了两只猫，一大，一小。为便利猫出入，他在门上开了两个洞，一小，一大。大猫不能进小洞，小猫却能进大洞，开一个就够了。这是笑学者脱离实际，还是笑其认死理、不灵活？

前后三段话语比较，前者松紧结合，快慢有序，略显舒缓；最后一段则短句居多，节奏略快；中间一段一律用中长句，节奏居中。从字数也可以看出来，第一段98字，第二段94字，最后一段77字。上述实例说明，同样的意思，相近的词语，却可以选择不同的句式，编排多样的内部词序，组织出样式不一的话语，可取得迥然不同的修辞效果。

上述语例说明，汉语不仅有丰富的词汇手段，而且有丰富多彩的句式资源，如单句、复句，陈述句、祈使句、感叹句、疑问句，主动句、被动句，肯定句、否定句，常式句、变式句，长句、短句，整句、散句，紧句、松句，书面句、口语句，白话句、文言句，等等。这些句式形式不同，功能不一，可以组建不同的话语，可以塑造多种多样的风格，完成不同的交际任务。因此，了解它们的结构，掌握它们的功能，熟悉它们的用法及其适应语境，对话语组织具有重要意义。

一、句式的语气变化

按语气，汉语句式可划分为陈述句、疑问句、祈使句和感叹句四种。话语组织过程中，可以根据表达需要，选择不同语气的句式，以使话语更具效力。例如，唐代诗人王维有一首诗，叫《相思》：

> 红豆生南国，春来发几枝？
> 愿君多采撷，此物最相思！

"红豆生南国"就是说，南方有一种红豆树。这是陈述句。"春来发几枝"的意思是：春天来了，它长出几根新枝了呢？这是疑问句。"愿君多采撷"意即：请您多多采撷吧！这是祈使句。"此物最相思"显然是感叹句，意思是：它最使人相互思念啊！一首诗内，运用了四种语气不同的句子，使话语起伏有致，急缓错落，富有变化，读来耐人寻味。

上例说明，掌握不同语气的句式，对提高表达效果是很有帮助的。陈述句、疑问句、祈使句和感叹句，具有不同的结构、功能和适用语境。下面我们进行详细分析。

1. 陈述句及其修辞功能

顾名思义，陈述句主要是对事物、情况、情感等进行描述的句子。根据陈述句内部各成分之间的关系，陈述句可进一步划分，比如，肯定句、否定句、主动句、被动句等。这些我们在下面单独讨论。

陈述句是各种交际领域中运用最广泛、出现频率最高的句式。口语语体、书面语体及其各下位语体，都是如此。一般认为，陈述句的功能是"表述"，其实不然。陈述句划分的参照系是语气，相对的是疑问句、祈使句、感叹句。但陈述句的修辞功能，不仅是"表述"。比如，"宙斯盾舰奔海外，日自卫队越走越远"，[①] 这句话的语言意义是表述日本自卫队宙斯盾舰出兵海外，他们离日本本土越走越远。但其言语意义却是"随着日本自卫队宙斯盾舰的出兵海外，日本在背离其和平宪法的路上越走越远，在通往战争的路上越走越近"，原句中蕴含了警示和感叹。

实际上，陈述句还具有祈使功能。比如，"面对考验，我们只有继续保持和发扬艰苦奋斗的优良作风，以艰苦奋斗的政治本色凝聚人心，激励全党和全国人民奋发图强，不断开拓社会主义现代化建设的新局面，才能克服困难，战胜风险，从胜利走向更大的胜利。"[②] 这句话是一个条件复句，是陈述语气。但实际上，它完成的却是祈使任务——我们必须继续保持和发扬艰苦奋斗的优良作风，以艰苦奋斗的政治本色凝聚人心，激励全党和全国人民奋发图强，不断开拓社会主义现代化建设的新局面，克服困难，战胜风险，从胜利走向更大的胜利。

日常生活中，这种通过陈述句完成祈使任务的情况也很多。比如，客人觉得室内温度太高，需要降温，他可能会对主人说："今天天气很闷热。"句子语气是陈述，但意思却是提示主人开风扇或空调。显然，如果女朋友说："十月一是一个好日子。"这时，如果男朋友还停留在她对"十月一"的陈述层面上，很可能会错过她的结婚请求。如果对方说："这话我已经听过无数次了。"那可能意味着请她闭上嘴巴或者请她走开。同样，草坪标示牌上的"小草把绿色献给人类"，蕴含的则是"请勿践踏草坪"。

[①] 人民网，2002年12月19日。
[②] 新华社评论员《务必保持艰苦奋斗的作风》，新华网，2002年12月18日。

以上语例说明,无论是表达还是理解,我们既需要关注陈述句的陈述功能,还需要重视陈述句的祈使、感叹、警示等功能。也就是说,陈述句的语言意义是陈述的,但是言语意义或修辞动机等,可能是祈使的、感叹的或者疑问的。陈述句的这种修辞功能往往来自语境。有时,人们把陈述句的上述功能称之为"委婉""言外之意"。其实,是陈述句的言语意义或修辞者的动机。

2. 疑问句及其修辞功能

疑问句的主要功能是提出问题或表示疑问。当然,有些疑问句其功能并不在问,特别是日常会话中的疑问句,如"吃了吗""去哪儿""上班去呀"等等。这类句子的功能主要是打招呼,不必一概据实回答。听到此类句子,有些外国朋友往往误以为中国人喜欢打听别人的私事。实际上,问问题是一种交际方式,是说话者通过话语认知对方话语角色、缩小交际双方心理距离、引出共同话题的一种途径。

此外,有些疑问句还具有增加话语修辞效果的功能。一种是自问自答的设问句;另一种是明知故问的反问句。前者用于启发思考,导引下文。后者则意在加强肯定语气。两者都具有使语势富于变化、调节话语风格的功能。例如:

在农村长大的姑娘,谁不熟悉拣麦穗的事呢?
我要说的,却是几十年前拣麦穗的那段往事。
月残星疏的清晨,挎着一个空荡荡的篮子,顺着田埂上的小路走去拣麦穗的时候,她想的是什么呢?
在那夜雾腾起的黄昏,蹚着沾着露水的青草,挎着装满麦穗的篮子,走回破旧的窑洞的时候,她想的是什么呢?
唉,她能想什么呢?!

(张洁《拣麦穗》)

本例第一句显然是反问,因为作者明明知道在农村长大的姑娘都熟悉拣麦穗。不过,作者为什么不用陈述句呢?一是为了加强肯定语气,启发读者思考;二是以反问句开篇,不同凡响;三是与后面的相同句式——唉,她能想什么呢?!——遥相呼应。此外,本段话语中还有两个相同的设问句——她想的是什么呢?这两个设问句的反复,当然不是作者信口开河,而是精心安排的。拣麦穗的小姑娘想的是什么呢?听读者也许会以为作者慨然而答。殊不知,作者却以问起句,又以问作答,匠心独运，看似闲云流水，实则苦心经营。无疑而问，明知故问，以问应答，环环紧扣，语势跌宕起伏，抑扬有致。可见，疑问句一般，而用非一般。

疑问句类型不同，其适用领域和出现频率也不尽相同。日常言语交际中，疑问句最平常，且种类多样。书面语交际领域或大众传播领域中，因语体类型不同，疑问句的适用情况也不一样。实用语体或公文语体中，疑问句较少使用。比如，法律、法规、政府公告、条例、准则等等，几乎没有疑问句。而在政论语体中，则多用设问、反问，以调节话语的风格、气势。文艺语体也是如此。科技语体中疑问句的出现频率较低，尤其是设问句、反问句。新闻报道中，也时常出现问句，多在题目中，适用于不确定的新闻、综述或评论等。比如，《超市食品卫生隐患多 谁来保障超市食品卫生？》《"整"成金喜善？明星脸何以吃香？》《肝癌奇迹康复 神奇龙眼树长灵芝治好癌症？》《布莱尔遭遇"白玫瑰"？》《一场及时的输球，中国女乒技不如人还是心态不对？》《银行卡为何总被"卡"？》《现代女人最怕什么？怕没有外遇？！》《"脑死亡"新标准到底标准不标准？》等等，其中"新闻"的成分不多，主要是探索性的评论。作者之所以不用陈述句，有的是难以下确切的结论，有的是为了引起阅读兴趣。此外，标题中还偶尔使用反问句以增强肯定语气，比如《学生打老师：新闻岂能成"不闻"？》。[①] 这要比陈述句有力。不过，这已经不是新闻了，应属于论说文。

3. 祈使句及其修辞功能

祈使句多用于命令、请求、建议、警告等交际目的。其中用于完成命令、警告等交际任务的句子，对交际双方的角色关系要求较高，一般适用于交际双方在社会地位、行政级别等方面存在较大差别的情况，特别是管理领域，如上级单位对下级单位、上级对下级、长辈对晚辈、老师对学生等等。

祈使句在长期的运用过程中已形成了相对稳定的领域。处于这类领域中的交际者，往往习惯于使用和接受祈使句，比如行政、公安、军队等交际领域。在有些情况下，不能改变命令祈使句方式，比如行政管理等领域。有些情况，如果改变其修辞习惯，采用建议性祈使句或委婉的

---

① 人民网，2002年12月20日。

表达方式,就不能有效地完成交际任务。比如,有这样一件事:摄影师来部队给战士们拍照。"能不能朝左挪一点儿""再向右靠一靠""请都朝镜头看",摄影师不停地说,但队形仍没整好。为什么呢?因为战士们已经习惯了部队里的命令和口令。立正——!向左——转!向前一步走!立——定!向前——看!……这时,指挥官发出了命令。战士们随着指挥官的口令,不断变换动作、姿势。很快,摄影师满意地笑了。这说明,命令祈使句与现实生活中的某些交际领域具有对应关系。在这些交际领域中交际双方已经形成了使用和接受祈使句的惯性。

与之相反,在一般人际关系中使用命令祈使句,多不利于完成交际任务。日常生活中,如果要完成请求之类的交际任务,就需要用语气和缓的祈使表达式,必要时可加诸如"请""麻烦""劳驾""烦请""敬请"等词语。使用这类祈使句,往往比直接使用命令祈使句效果好。例如,"先生请留步"较之于"站住",更易于接受。再如,使用委婉祈使句,还可以体现一种社会语用文明。比如,现在许多公共交际领域中的命令祈使句已有所改观。原来公共场合的"禁止吸烟",换成了"请勿吸烟"或感叹句"吸烟有损健康"。草坪上,"严禁践踏草坪"也变成了"小草微微笑,行人旁边绕"之类的句子。这些话语语气温和,但不乏警示和教育作用。较之语气强硬的命令句,修辞效果要理想。

祈使句在政论语体、文艺语体中也常使用,不过它与日常生活中的祈使句的修辞功能不同。例如:

① 要以保障党员民主权利为基础,以完善党的代表大会制度和党的委员会制度为重点,从改革体制机制入手,建立健全充分反映党员和党组织意愿的党内民主制度。扩大在市、县进行党的代表大会常任制的试点。积极探索党的代表大会闭会期间发挥代表作用的途径和形式。按照集体领导、民主集中、个别酝酿、会议决定的原则,完善党委内部的议事和决策机制,进一步发挥党的委员会全体会议的作用。

(江泽民《全面建设小康社会,开创中国特色社会主义事业新局面》,人民网,2002年11月17日)

② 北国的山民,喜欢力大无穷的好汉,到喜欢得不行时,连捎带来的粗暴也只觉着解气。要不,请想想,柳丝飘拂般的抚摸,细雨滋润般的体贴,又怎么过草原、走沙漠、扑山梁?又怎么踢打

得开千里冰封和遍地赖着不走的霜雪？

(林斤澜《春风》)

例①是中国共产党第十六次全国代表大会报告中的一段话。其中大部分是祈使句，但因语境是党的全国代表大会，而且是报告，祈使句的信息和交际任务并不是瞬间可完成的，而是对中国共产党、全体中共党员和各级党组织提出的长期任务。因此，与日常言语交际中的祈使句相比，祈使语气已经弱化，大致相当于陈述语气。例②中的"请想想"也是祈使句，但它在话语中并非必需，如果去掉，并不影响话语的整体理性信息。但该句并非可有可无，它拉近了作者与听读者之间的距离。"请想想"就如同听读者在面前一样，把本属于时间间隔较大的话语理解者，拉到了眼前，富有现场感。

祈使句除了上述分布之外，在有些领域比如新闻传播领域，也偶然使用，这包括文章题目、书名等。例如，两台湾作者曾经撰写了一部书，名为《别闹了，登辉先生!》。① 显然，此书名采用祈使语气，不但具有明显的口语气息，而且体现了言语者的鲜明态度。较之于一般的陈述句、疑问句，更具有表现力。

4. 感叹句及其修辞功能

如果说陈述句重在事实，疑问句重在提问，祈使句重在请求、命令；那么，重在突出感情的，则是感叹句了。它适用于表达强烈的情感。例如茅盾《白杨礼赞》中开篇就说："白杨树实在是不平凡的，我赞美白杨树!"作者用感叹句开宗明义、大胆抒情，表达了对白杨树的赞美。如果采用陈述句或疑问句，比如"白杨树难道很平凡吗？我们应该不应该赞美白杨呢"，则十分平淡，不足以表达作者强烈的情感。

这说明，感叹句多适用于抒发情感的交际领域或交际场合。口语交际领域和书面语交际领域中，感叹句的使用频率都比较高。所不同的是，在具体下位语体中的分布有差异。比如，公文语体、科技语体或者说科技传播领域中，感叹句出现几率很小。比如，在人民法院的布告中，我们很难看到感叹句。至于政府工作报告，也多是在结尾部分才出现。然而，在政论语体和文艺语体或者说艺术传播领域中，感叹句则分布广、出现频率高。在这类交际领域中，感叹句的作用主要是抒发情

---

① 《〈别闹了，登辉先生!〉发表会上批李气氛浓烈》，人民网，2001年10月13日。

感,调控听读者的情绪。例如:

> 牛、羊对劫蚁来说不可谓不威武,巨蟒于劫蚁来说不可谓不庞然大物矣!但若丧失警觉竟可沦为劫蚁盘中之餐;劫蚁的个体,不可谓不形微区区,不可谓不渺小孱弱兮,然而万众一心,不畏庞然大物,不自菲弱小,却能叱咤森林,云游四方,所向无敌。
> 真是区区蝼蚁,可讴壮歌矣!
>
> (金马《蝼蚁壮歌》)

本文歌颂蝼蚁精诚团结、齐心协力。作者在对蝼蚁进行了一番描写以后,对蝼蚁的敬佩之情得以升华,因此情之所致,不得不采用感叹句来抒发这种情感,以打动读者。除此之外,感叹句还有一个重要的修辞功能,调节话语的风格、增强文气。这在抒情诗歌、散文中常见。例如:

> 每一个舞姿都充满了力量。每一个舞姿都呼呼作响。每一个舞姿都是光和影的匆匆变幻。每一个舞姿都使人颤栗在浓烈的艺术享受中,使人叹为观止。
> 好一个痛快了山河、蓬勃了想象力的安塞腰鼓!
> 愈捶愈烈!形体成了沉重而又纷飞的思绪!
> 愈捶愈烈!思绪中不存在任何隐秘!
> 愈捶愈烈!痛苦和欢乐,生活和梦幻,摆脱和追求,都在这舞姿和鼓点中,交织!旋转!凝聚!奔突!辐射!翻飞!升华!人,成了茫茫一片;声,成了茫茫一片……
>
> (刘成章《安塞腰鼓》)

安塞腰鼓闻名遐迩,打起来气势磅礴、雄浑有力,给人以气吞山河、排山倒海的感受。作者在对其进行了一番铺排描写后,赞叹之情迸发出来。一个个强劲有力的感叹句,把安塞腰鼓的声响形象和作者的情感,呈现得淋漓尽致,能给人如临其境的感受。

在其他语体类型或传播领域中,比如新闻、广告中,也出现感叹句。其修辞功能主要是抒发情感,以体现修辞者的态度,突出情感诉求。比如,"县级领导不配专职秘书,好!"[1] 就体现了作者强烈的赞成态度,要比"县级领导不配专职秘书值得称道"等陈述方式更能体现

---

[1] 人民网,2002年10月3日。

主观情态。不过，这种感叹句式在新闻标题中的出现几率很低，多适用于社会、娱乐、体育等新闻报道。

上述四种语气的句子，各具有不同的修辞功能和适用语境。陈述句可用于各种语体，具有较高的使用频率。祈使句、感叹句较少用于科技语体，疑问句、感叹句则较少出现在实用语体中。

二、句式的主被差异

法律术语中有"被告"和"原告"之分，它们不但代表了不同的法律主体，而且表明了不同的法律角色关系。句子中也存在这种主动和被动关系，分别被称为"主动句"和"被动句"，是按照句子内部主语和谓语之间的使动和被动语义关系区分的。其意义重在区分动作的发出者和接受者之间的语义关系。

从修辞角度看，主动句和被动句的功能差异首先在于，两者强调的部分不同。主动句强调使动者，被动句则强调动作的接受者。比如，"不顾禁令钓走'清洁工'，北京什刹海被钓脏了"，[①] 说的是什刹海的鱼被个别人钓走，导致水质恶化。前句是主动句，省略了主语。后句是被动句，作者把"北京什刹海"放在被陈述位置，起强调作用。如果补出使动者，说成"个别市民钓脏了北京什刹海"，句子的陈述重点就成了"个别市民"。因此，选择主动句还是被动句，可以调整修辞者要强调的信息点。

其次，适当选择主动句和被动句，可以协调句际组织关系，使话语更协调。例如：朱自清在《温州的踪迹·绿》中写道："那瀑布从上面冲下，仿佛已被扯成大小的几缕；不复是一幅整齐而平滑的布。"本例中，"瀑布"是三个句子的被陈述对象。在第一句中，它是动作的发出者。而第二句中，它却变成了受动者，第三句又恢复到使动者。作者在表述时，为了保持被陈述对象词序位置的一致性，第二句使用了被动句。这样，三句话首尾连贯。如果第二句不用被动句，比如说成"仿佛什么东西把瀑布扯成大小的几缕"，一是无法也不必补出使动者，二是这样会破坏被陈述对象的一致性，影响修辞效果。这是因为，人们在理解话语时，首先要确定被陈述的中心，如果后面句子的陈述中心无变化，则没有必要把陈述中心转移，改成主动句或被动句。再如，美国

---

① 人民网，2001年8月16日。

"9·11"事件后,世界经济遭受打击。因此,有人撰文"世界经济被飞机撞了一下腰",① 此处使用被动句,也是与全文中作者的陈述中心相一致的。如果改为"飞机撞了世界经济的腰一下",不但改变了陈述中心,而且导致理解不畅。这说明,主动句与被动句还具有保持话题一致的协调功能。

与此相反,在不该用被动句的地方使用了被动句,也不妥当。例如,"对面突然开来一辆车时,司机猛地往左边打轮,结果由于车速过快,车翻进了路边的水沟内,整个大巴的右半身被陷进淤泥内。"② 本例中,"淤泥"并非施事主体,没必要用被动句,如果说"整个大巴的右半身陷进淤泥内",则更明了。再如,"当时哭喊声、呻吟声乱成一团,每个人都被泥和血抹得面目全非","泥和血"也非施事主体,不如用主动句,比如"个个满身泥血,面目全非",效果更好。再如,"广东暂不修改《卫生条例》 吃野生动物仍被允许",③ 如果说"仍允许吃野生动物",更符合语用习惯。

当然,被动句除了句际衔接功能外,在语境中还具有特定的表意功能,特别是与主动句比较使用时,两者差异很大。例如:1999年《中华读书报》刊登了两篇文章,分别是《范用确实未被钱钟书会见》④ 和《范用确实未见钱钟书》。⑤ 后者是针对前者而写。两篇文章关涉的是钱钟书80寿辰时为"避寿"谢绝客人的事。虽然是同一个事实,但两篇文章的作者所用的句式却不同——一个被动,一个主动。表面看是句式问题,实则是面子问题。"范用确实未被钱钟书会见",用的是被动句,表面看是陈述事实,但在当事者看来却有被"拒见"的嫌疑。"范用确实未见钱钟书"是主动句,暗含的意思是"我没有求见",不存在被"拒见",是范用没有见钱钟书,而不是范用没有被钱钟书接见。因此,就不存在欲见而被拒见的尴尬了。

上例说明,主动句与被动句的使用,还存在一个深层的语义问题,尤其是由句式的施事与受事关系带来的利益及态度差异。有时候,主被

---

① 辛朝兴《世界经济被飞机撞了一下腰》,人民网,2001年9月26日。
② 侯毅君《33名北京游客海南遭车祸 一人生命垂危》,《北京青年报》,2003年2月4日。
③ 新华网,2004年1月8日。
④ 牟晓朋《中华读书报》,1999年9月15日。
⑤ 范用《中华读书报》,1999年10月13日。

动的选择，还会与它们的句际衔接功能相结合。例如，"1895年，清朝战败于日本，原属于中国领土的台湾岛及其所属的澎湖列岛和钓鱼岛一起被割让给日本，日本将钓鱼岛划归冲绳县管辖"，① 本例中的被陈述主体是"清朝"，因此作者表述"清朝"与日本之间的施受关系时，选择了文言文中的被动表达式。这种被动句式的选择，实际上与作者的立场不无关系，它是站在中方立场上的。如果改为"日本打败了清朝"，虽无不可，但不能很好地体现作者的附加态度。如此，还有利于同后面的句子衔接。

主动与被动的表现形式，除上述具有"被"字的形态之外，还有其他形式。比如"恐怖活动应当受到谴责"中，"恐怖活动"是受事主体，这也是被动句的一种形态。此外，"遭受""承受""接受"等，也可以表达被动关系。在实际的言语交际过程中，选择主动句还是被动句以及它们的具体形式，主要依据修辞动机、表达内容和语境。人们总是据此组织话语。

三、句式的肯否错综

无论是日常言语交际还是大众传播，语言运用中经常使用的句式还有两种——肯定句和否定句。这两种句式既有语气强弱的差异，也有意义或功能差异，表现形态也有区别。肯定句中没有表示否定意义的词语，否定句则不然。比如，"外交无小事""群众利益无小事"，就是否定形式。"外交都是大事""群众利益都是大事"则是肯定句。肯定句没有特别的词语，否定句则有一些表示否定意义的词语。比如"不""非""勿""未""无""没""没有"等等。一般说，具有否定词且否定谓语的为否定句。反之，则是肯定句。

此外，要区分肯定句、否定句与肯定、否定之间的差异，也就是语法否定句和语义否定句的差异。语法否定句是指语法形式是否定的，句子中有否定词且否定谓语或否定词本身就是谓语。语义否定句，多指语言形式不一定是否定的，但是意义或功能却是否定的，比如"他做一把手，难道天会塌下来吗"，意思是"天不会塌下来"，虽然句子形式是疑问，但意义、功能却是否定的。也就是说，句子的语法形式和意义、功能，两者未必一致。再如，"钱不是万能的，没钱是万万不能的"

---

① 《日本"租借"钓鱼岛，钓的什么鱼?》，人民网，2003年1月13日。

中，第一句是否定句，语义也是否定的；第二句的谓语是肯定形式，但主语和宾语部分都是否定的，整句话表达了肯定意义。所以说，肯定句、否定句与肯定、否定有差别。因为，一方面，句子中有许多有否定词而不否定谓语的情况；另一方面，除了具有否定词的句子外，还有其他形态的否定方式，比如反问句，也具有否定功能。因此，在实际运用中，应该注意选择适当的肯定和否定形式。

在言语交际中，之所以存在肯定句与否定句以及肯定和否定之分，是人们需要作出肯定或否定判断。这是肯定句和否定句以及肯定和否定存在的客观依据。此外，肯否两种方式具有不同的功能，尤其是在具体语境中，人们可根据表达需要，选择适当的方式。比如"害人之心不可有，防人之心不可无"，两句都是否定句，但是前者表达否定意义，后者却表达肯定意义，也就是说"要有防人之心"，但采用双重否定的形式更有力度。如果改为肯定方式"要与人为善，但需提防他人"，就失去了原句有无对立的表达效果。再如，"没有共产党，就没有新中国"较之"有了共产党，才有新中国"，语气要强，表意深刻。再如，"西部大开发不是'大开会'"，① 较之于说"西部大开发成了'大开会'"，所表达的意义要深刻。后者只是陈述了现象，前者则表达了对该现象的否定态度。

此外，通过否定加强肯定的形式，还有"双重否定"和"双否定"形式。这包括两种形态：一种是否定词否定同一对象，比如"善有善报，恶有恶报，不是不报，时候未到"，其中"不是不报"，采用双重否定且否定同一对象，语气加强，使结果更加肯定。另一种情况是，否定词语并非否定同一对象。比如"非礼勿视，非礼勿听，非礼勿言，非礼勿动"，② 虽然每句均含有两个否定词，但它们否定的成分不同，上述各句实际上分别相当于一个紧缩复句。"非礼勿视"，就相当于"如果不合乎礼，就不应该看"。这类双否定句，有加强肯定的作用，但没有双重否定语气强。

此外，句子中否定部分的差异也与修辞效果有密切关系。否定部分不同，意义和功能也不尽相同。比如，2002年9月11日新华网刊登一条新闻——"日本首相小泉纯一郎10日在纽约说，他不认为中国的发

---

① 沈峰《西部大开发不是"大开会"》，人民网，2003年8月25日。
② 《论语·颜渊》。

展是一种威胁。"这显然是一种英语句法,因为在英语中"我不认为"对应的往往是"I don't think",而不是在"I think"之后做否定。但是,在汉语中,却往往说:"他认为中国的发展不是一种威胁。"显然,两者的基本意思一样,但强调的重点不同。"他不认为中国的发展是一种威胁",否定的是自己的行为"认为",如果按照汉语的说法,否定的则是"认为"的内容自身——"中国的发展不是一种威胁"。前者包含了"中国的发展是一种威胁",后者则否定了"中国的发展是一种威胁"。显然,否定自己的行为要比否定判断间接,也就是说,前者较之后者委婉。这在跨文化修辞交际中应引起重视。

除上述功能之外,肯定句与否定句的交互使用,还可以调节句际衔接方式,使话语组织顺畅且富于变化。比如:

①西南联大有一位历史系的教授,——②听说是雷海宗先生,③他开的一门课因为讲授多年,④已经背得很熟,⑤上课前无需准备;⑥下课了,⑦讲到哪里算哪里,⑧他自己也不记得。

(汪曾祺《跑警报》)

本例有八个句子,①②③④⑥⑦是肯定句,⑤⑧是否定句。肯定句与否定句交叉使用。此外,作者根据表达需要,对各句子之间以及各句子内部的词序,做了精心安排。第一句用了"一位历史系的教授",第二句点出"雷海宗先生",第三句用代词"他"。第④⑤⑥⑦句,没有形式主语,都是承前省略。第⑧句,恢复主语"他"。这样安排,一方面节省了不少笔墨,另一方面句子形式富于变化。

肯定句与否定句适用领域广泛,语体分布几率不明显。日常言语交际中大量使用,文艺语体、科技语体、公文语体等,都大量使用上述两种句式。在大众传播领域中,大部分使用肯定句,也有时使用否定句。比如"大开发不等于大开荒,更不等于大开矿",[①] 使用的就都是否定句。但更多的情况是肯定否定交替使用。

四、句式的长短调整

在修辞过程中,还可根据需要对话语进行结构繁简的调整,可长可短,或长短结合。如要表达得完整、缜密,节省因句子增多而带来的信

---

① 李斌等《"大开发不等于大开荒"》,《北京晨报》,2000年3月7日。

息重复，就可把句子结构复杂化，适当增加各种修饰成分的长度，这样就构成一个长句了。例如：

> 毛泽东同志毕生最突出最伟大的贡献，就是领导我们党和人民找到了新民主主义革命的正确道路，完成了反帝反封建的任务，建立了中华人民共和国，确立了社会主义基本制度，并从中国实际出发探索社会主义建设的道路，为古老的中国赶上时代发展潮流、阔步走向繁荣昌盛创造了根本前提，奠定了坚实的理论和实践基础。
>
> （胡锦涛《在纪念毛泽东诞辰110周年座谈会的讲话》，人民网，2003年12月26日）

这是一个复杂的长句。"毛泽东同志毕生最突出最伟大的贡献"是句子的主语部分，"就是"是谓语部分，后面的部分是宾语部分。宾语中，以"领导""完成""建立""探索""创造""奠定"为动词的并列部分，是长句得以实现的条件和手段。它们实际上可以单独成句，比如说成："毛泽东同志领导我们党和人民找到了新民主主义革命的正确道路，完成了反帝反封建的任务，建立了中华人民共和国，确立了社会主义基本制度，并从中国实际出发探索社会主义建设的道路，为古老的中国赶上时代发展潮流、阔步走向繁荣昌盛创造了根本前提，奠定了坚实的理论和实践基础。这是毛泽东同志毕生最突出最伟大的贡献。"如此就变成了8个句子。但原文属于政论语体，不宜改用短句；用长句，不但逻辑性强，而且强化了话语的庄重风格。

长句结构复杂、词语多，信息载荷大，表意一般严密、精确，适于完成复杂的交际任务，但长句也有一些局限。由于长句结构复杂，信息量大，理解时间较长，因此不适于口语交际，多用于书面语交际或口语兼书面语的交叉领域。再如：

> 同志们！全面建设小康社会，开创中国特色社会主义事业新局面，就是要在中国共产党的坚强领导下，发展社会主义市场经济、社会主义民主政治和社会主义先进文化，不断促进社会主义物质文明、政治文明和精神文明的协调发展，推进中华民族的伟大复兴。
>
> （江泽民《全面建设小康社会，开创中国特色社会主义事业新局面》，人民网，2002年11月17日）

本例选自政治报告，既有口语特点，又有书面语特点。第一句呼告语突出了口语特征,第二句话则是书面语句,共有102个字,且结构复杂,主语包括两个"述宾"结构,宾语部分包含三个"述宾"结构,信息载荷大。因此,适用于严肃的政治领域。

此外,建构长句的难度也相对大。因此,长句比较适合于主要表达理性信息、逻辑性要求高的交际领域。比如,科学语体中的学术论文、理论性强的政论文以及法律条文等等。文艺语体和实用语体类的话语,一般不适合用长句。在新闻报道中,一般也不宜用长句子。如:

鼓楼区商业部门在认真学习其他地区举办周末夜市经验的基础上,经过多次研究,在山西路广场周围、山西路菜场附近、丁家桥、湖用路一带设立了三个服务中心,使群众在周末乘凉漫步之余,能够选购一些适销对路的商品。

(安源生《周末一条街夜市受欢迎》)

本例全句91字,有两个谓语动词、一个主谓宾结构、一个兼语结构以及三个复杂状语,而且各句子成分内部还含有更小的句子成分,可谓结构庞大、信息丰富。但实际上这个长句子并不适于理解,完全可以化为短句,比如"在认真学习其他地区举办周末夜市经验的基础上,鼓楼区商业部门多次研究为市民服务的措施。他们设立了三个服务中心,分别在山西路广场周围、山西路菜场附近、丁家桥、湖用路一带。如此,群众在周末乘凉漫步之余,就能够选购一些适销对路的商品"。这样,同样能完成原句的交际任务,但句式长短适中,没有臃肿之感。

以往的研究表明,最适于理解的句子是七个音节左右。因此,若要使话语组织得简洁、明快、有力,就应构建字数少、结构简单的短句。短句具有短小精悍、生动活泼的修辞功能,多适用于口语语体,如对话、讲演等。例如:

今天,这里有没有特务?你站出来!是好汉的站出来!你出来讲!凭什么要杀死李先生?(厉声,热烈的掌声)杀死了人,又不敢承认,还要诬蔑人,说什么"桃色事件",说什么共产党杀共产党,无耻啊!(热烈的掌声)这是某某集团的无耻,恰是李先生的光荣!李先生在昆明被暗杀,是李先生留给昆明的光荣!也是昆明人的光荣!(鼓掌)

(闻一多《最后一次的讲演》)

本例选自闻一多在追悼李公朴死难大会上的讲演。诗人的悲愤之情通过一系列简短有力的句子迸发出来,读来激昂慷慨,掷地有声。如果换用长句子,就难以达到上述效果。

短句由于句法结构简单,音节少,容易理解,具有较鲜明的口语色彩,无论是抒情还是叙事,都有通俗、自然、流畅的修辞效果。短句不但是表情达意的手段,同时也是话语风格协调的方法。再如:

　　有一次,我把鸭子赶回家。它们又推又挤,乱吵乱叫,不肯进窝。妈妈听见了,对我说:"鸭子叫:'懒姑娘,房里脏!'你有几天不锄粪了?"我回答:"六天。"果然,等我把鸭窝打扫干净,鸭子就排着队,一步一摇地走进去了。

(刘衡《妈妈教我放鸭子》)

这段话取自一篇农村生活的报道。描写鸭子及人物间的对话时,作者都采用了短句,读来生动活泼,明白流畅,亲切自然,节奏轻快,不但切合农村生活实际,也切合了相关读者的心理期望。

说话和写文章,大多是有话则长,无话则短。也有人说,为文如行云流水,行于所当行,止于所不可不止。这话有一定的道理,但也不全对。顺其自然,依具体语境而定是对的,但不等于信马由缰,无所约束,还应该有讲究。适当调整句子的长短,可以协调话语的节奏,就是讲究之一。例如:

　　凌雪是私立静贞女中初三的学生,圆脸,窄额头,短发,长着一双目光非常沉稳和善的眼睛,一个端正、秀美、光泽和神气的鼻子,一张总是带着笑意的、却又常常是闭得紧紧的嘴。

(王蒙《布礼》)

本段话语中,作者对句子节奏的安排,是长——短——长。开始用一个长句,语气略显舒缓,接着承前省略主语,连用三个短句——圆脸,窄额头,短发,节奏由慢而快,此后是三个长句。读来,长短相间,快慢有致。这是一种组织方法。当然,也可以改变叙述的对象,作进一步调整。比如:

　　①凌雪是初三的学生,在私立静贞女中,圆脸,窄额头,短发,目光非常沉稳和善,鼻子端正、秀美、神气而富有光泽,嘴巴总是带着笑意,却又常常紧闭。

②凌雪是私立静贞女中初三的学生,她圆脸、短发、窄额头,长着一双目光非常沉稳和善的眼睛,一个端正、秀美、光泽而神气的鼻子,一张总是带着笑意却又常常闭得紧紧的嘴。

这样调整以后效果如何?当然,个人语感不同,评价也不一样。但有一点是明确的,那就是各有长处。这说明,长短句各有自己的修辞功能和适用语境,既可完成同样的交际任务,也可以达到不同的风格目的。短句和长句的运用要切合语体要求、切合交际任务及话语信息的性质,同时也要照顾语境要求,特别是交际对象的角色特点。

五、句式的整散匹配

从修辞角度看,句式还有整散差异。所谓整句,就是字数或音节、结构相同或相近、语义相关的一组句子。比如,2001年9月4日,中央电视台《焦点访谈》播出了一则节目——《粮仓空了,良心没了》,揭露安徽某些地方的粮食公司私卖国家公粮、牟取私利的丑恶行径。编辑人员选择的是两个结构相同的句子,音节相等、结构相同。显然,这两个句子的意义具有因果关系,也可以说成"丧失良心把粮仓卖空",但是原句整齐的形式和一贯而下的语气没了。

整句,语音或字数相同或相近,结构相同或基本一致,因此具有视觉和听觉上的整齐效果,可构成语音和语法结构上的对称美,使语义层次分明,气势畅达。比如:

①天大变了。电线呜呜的。广告牌隆隆的。路灯蒙蒙的。耳边沙沙的。寒风驱赶着行人,大街一下子就变得空旷多了。交通民警也缩回到被素素看中可以作新房的亭子里去。

(王蒙《风筝飘带》)

②战士自有战士的性格:不怕污蔑,不怕恫吓;
一切无情的打击,只会使人腰杆挺直,青春焕发。
战士自有战士的抱负:永远改造,从零出发;
一切可耻的衰退,只能使人视若仇敌,踏成泥沙。
战士自有战士的胆识:不信流言,不受欺诈;
一切无稽的罪名,只会使人神志清醒,头脑发达。
战士自有战士的爱情:忠贞不渝,纯美如画;
一切额外的贪欲,只能使人感到厌烦,感到肉麻。

（郭小川《团泊洼的秋天》，《郭小川诗选》，人民文学出版社，1979年）

例①中，"电线呜呜的""广告牌隆隆的""路灯蒙蒙的""耳边沙沙的"都是主谓结构，而且后面都是叠音词，句子整齐。作者之所以这样构造句子，并不是随意的、盲目的。本段话是小说，描写的是1975年左右的事情。当时，中国仍处于"文革"时期，许多事黑白不分，是非颠倒。作者用排比结构的句子，把天气变化时电线、广告牌、路灯等事物的性状，串联在一起，重在给人以听觉、视觉等感觉叠加后的立体感受。这样，一方面突出了当时的天气变化，另一方面也暗示了当时政治形势的险恶。例②是诗人郭小川1975年诗作中的一部分。诗人通过一连串的整句，从战士特有的性格、抱负、胆识、爱情等方面，抒发了无产阶级战士的革命情怀。读来气势畅达，激情澎湃，具有强烈的感召力。

整句是相对的。在实际运用中，有比较严格的整句，比如对偶。也有相对松散的整句，比如排比，就不一定是严格的整句，而是大致相当的一组句子。比如：

为完成党在新世纪新阶段的这个奋斗目标，发展要有新思路，改革要有新突破，开放要有新局面，各项工作要有新举措。

（江泽民《全面建设小康社会，开创中国特色社会主义事业新局面》，人民网，2002年11月17日）

本例中，"发展要有新思路，改革要有新突破，开放要有新局面，各项工作要有新举措"，前三句音节和结构完全一致，最后一句则不同。这是相对整句，但这并不影响它们的整体修辞效果。不过，同样情况，如果是采用上下两句的形式出现，最好是形成对偶，否则语感不完整。比如"学杂费年年涨 教育支出节节高"，① 这是一则新闻调查的标题，作者采用的是上下句形式，且用了叠音词，但瘸腿，上句比下句少一字，因此读起来有欠缺。如果把上句改为"学杂费用年年涨"，就工整了。

整句一般是一组句子，但有些情况，可以是一组句子成分，这同排比一样。比如：

这就需要良好的投资环境：既需要改善交通运输、邮电通讯等

---

① 杨建军等，人民网，2003年3月10日。

硬环境,让人"进得去、住得下、走得出、联得上",更需要改善服务方面、廉政方面的软环境,让人干得顺心、干得开心、有利可图。

(刘根生《抓软环境,手不能软》,《瞭望》,2000年第16期)

本例中,"进得去、住得下、走得出、联得上"是兼语成分的一部分,它们看似句子成分,实际上是一种浓缩的紧句形式。四个成分,不但结构一致,而且语义密切相关,它们依然具有整句的修辞效果。

整句在人类交际或传播活动中具有重要作用。整句不但可以增加文势,调节话语的整体风格,同时还具有高度的概括力,易记易传,经常被用来概括政治理念、社会准则等。比如,"立党为公,执政为民""爱国守法、明礼诚信、团结友善、勤俭自强、敬业奉献",就分别概括了21世纪初中国的政治理念和公民道德建设准则,并产生了良好的社会效益。此外,整句还可以打破句群限制,起衔接语篇的功能。比如,在一篇题为"昨晚秋雨惊雷惹祸端"的新闻报道中,作者分别用了如下小标题:"模式口烟囱倒了""南苑电线着了""红莲有线断了""小红门电视烧了""双井摩托栽了"。[1] 这些小标题的结构都是地点名词加主谓结构,不但句子整齐,而且押韵,具有衔接语篇的作用。不过,如此组织句子,用以表达灾难,有幸灾乐祸之嫌。再如,有一篇"台湾各界人士强烈抗议当局在教科书中强加'台独史观'"的报道。作者在正文中也用了整句作为小标题——教授如是说、学生如是说、媒体如是说。[2] 这三个整句,不但强化了人们对台湾当局不得民心行为的抗议,同时也衔接了全文。

至于散句,则是一组音节或字数长短不一的句子。与整句相反,散句的特点在于长短、结构参差不齐。因此,无论是视觉还是听觉,都具有错综的修辞效果。这在各种交际领域中都有体现。如果说整句是一种刻意的修辞追求,那么,散句就是一种自然的状态。日常言语交际、文学创作、科技论文、新闻传播等各种交际领域,都是散句多于整句。即使存在微观上的整句,在宏观的语篇层次,也多是长短相间的。比如:

---

[1] 李玫、秦秀玲《昨晚秋雨惊雷惹祸端》,《北京晚报》,2003年9月23日。
[2] 朱华颖、张承志《台湾各界人士强烈抗议当局在教科书中强加"台独史观"》,《北京晚报》,2003年9月23日。

> 左边的园修复了，右边的园开放了。有客自海上来，有客自异乡来。塔更挺拔，桥更洗练，寺更幽凝，河更闹热，石径好吟诗，帆船应入画。而重重叠叠的假山，传至今天还要继续传下去的是你的匠心真情。是你的参差坎坷的魅力。
>
> （王蒙《苏州赋》）

本段话微观上句式整齐，比如"左边的园修复了"与"右边的园开放了"，是相对照的；"有客自海上来"与"有客自异乡来"，也是对称的。此外，"塔更挺拔，桥更洗练，寺更幽凝，河更闹热"，都是四个音节，主谓结构，整齐匀称，这些都是整句。但整段话却是整散错综的，读来急缓有致，束放交叠，有时如万丈瀑布奔流直下，有时如大江漫滩舒展平缓，效果独具。

无论从共时角度，还是从历时角度看，整散句的语体分布都是比较明显的。口语语体整散都有，但散句居多。而书面语体中的文艺语体、政论语体、公文语体，整句的出现频率比较高。比如，诗歌、散文等艺术话语，整句的出现频率最高。先秦的《诗经》、汉代的赋、魏晋的诗等，都是整句居多。到了唐朝，律诗盛行，可以说是整句运用的顶峰。从宋朝的"长短句"到现代的白话诗，则趋于散，或整散结合。至于一些实用交际领域，比如大众传播领域，也多是整散结合的。比如，新闻报道虽然多用散句，但也有不少整句，尤其是新闻标题。

六、句式的松紧处理

在修辞过程中，同样的信息可以通过不同的句子形式表达出来。有的采用一个复杂的句子，有的采用几个简短的句子。比如，鲁迅在《秋夜》中有几句话——"在我的后园，可以看见墙外有两株树，一株是枣树，还有一株也是枣树"。实际上，这几句话可以通过一句话表达出来："在我的后园，可以看见墙外有两株枣树。"两相比照，两者的理性信息没变化，但感性信息有差异。原句把信息点分散，具有强调作用；后者把信息浓缩，缺乏原句的强调力度。前者，往往被称之为松句；后者被称为紧句。

松句就是结构松散、信息分散的一组句子。而紧句，则是结构紧凑、信息集中的句子。显然，句式的松紧是相对于确定的信息与其表现形式之间的关系而言的。松句往往是一组句子，紧句一般是一个或两个句子。两者具有相对关系。再如，王蒙在《苏州赋》中写道："左边是园，右边是园。"显然，这两句话也可以合并为："左右（两边）都是园"，也能完成交际任务。但是，与原句比较，后者虽然紧凑、简练，但是信息浓缩，给人的印象不深。再如：

> 千叮万咛：要机智，要小心，要冷静，要大胆，要随机应变。总之要"眼观六路，耳听八方"。与歹徒巧周旋，确保孩子安全，同时不能暴露自己身份。
>
> （洪莉、宋雪菲摘编《天降大任》）

一歹徒携炸药窜入幼儿园，把几十名孩子作为人质，情况万分危急，公安干警王玉荣要只身入虎穴，擒拿歹徒。各级领导对王玉荣千叮咛万嘱咐，为了突出他们对王玉荣的提醒、关心和爱护，作者就连用了五个句子。这五句话本可以说成："要机智、小心、冷静、大胆、随机应变。"但作者却把它们化紧为松，旨在强调。

由上例可以看出，松句往往出现在艺术语体或政论语体中，其交际任务除了传达理性信息外，更主要的是传达感性信息，重在话语的形象性。松句，从话语形态上是多个句子，存在时间间隔，反映在理解过程中就会产生多个图像或镜头。而紧句，则呈现为一个画面或镜头。因此，采用松句，理解起来的视觉效果往往要优于紧句。所以，松句往往出现在传达形象效果的交际领域中。再如：

> 教学楼是不完整的，宿舍楼是不完整的，图书馆是不完整的，食堂是不完整的。经过日新月异的十年，整座校园都不是完整的，除去那座朝大门招手的巨型塑像。严格地说，它也不完整。塑像底座的正面是块精致的大理石，那位奢望"永远健康"的大人物的题词，被水泥十分粗糙地抹掉了。抹得太漫不经心了，简直像一个恶意的玩笑。
>
> （陈村《大学：风俗画》）

本例开始的四句话，本可以说成："教学楼、宿舍楼、图书馆、食堂都是不完整的。"但作者没有这么做，而是不厌其烦地"罗列"了四个"是不完整的"，意在突出经过十年"文革"后，大学的不完整性，给读者一个破烂不堪、残缺不全的印象。这是有意强调。读了整段话之后，我们才能全面体会松句的妙用。它实际上是文势递增、语意深化的前奏。它能促使读者联想到,在经历了一场绝无仅有的人为灾难之后,当时整个国家的破败景象。"大人物"题词的被抹掉,不仅仅是塑像的不完整,它所蕴含的也是当时人们心灵偶像的不完整,和当时国人心灵的不完整。而这些都是以四个松句为前奏的。

显然,这种松句除了加强视觉效果之外,还具有扩展话语、调节话语风格的功能。松句把信息点扩散,势必扩展话语,且容易形成整句,使话语风格趋于繁丰、明快。这是松句多适用于感性信息传播领域中的理据。相反,在一些重在传输理性信息,逻辑性很强的交际领域中,则多使用紧句。比如:

在举国上下深入学习贯彻中共十六大精神的热潮中,中国国民党革命委员会、中国民主同盟、中国民主建国会、中国民主促进会、中国农工民主党、中国致公党、九三学社、台湾民主自治同盟和中华全国工商业联合会最近分别召开了各自的代表大会。

过去的五年,是我国人民在邓小平理论伟大旗帜指引下,经受住各种困难和风险的考验,继续沿着中国特色社会主义道路前进,取得举世瞩目成就的五年,也是爱国统一战线不断巩固和发展的五年。

全面建设小康社会,加快推进社会主义现代化,在中国特色社会主义道路上实现中华民族的伟大复兴,必须紧紧依靠全党和全国人民的大团结。

(《团结合作,全面建设小康社会》,人民网,2002年12月21日)

上例节选自"人民日报社论"。其中采用的都是紧句,因此它们还可以进行松化处理。比如,第一段就可以变成:"中国国民党革命委员会召开了代表大会,中国民主同盟召开了代表大会,……";同样,第二段也可以变为:"过去的五年,是我国人民在邓小平理论伟大旗帜指引下的五年,是经受住各种困难和风险的考验的五年,……";第三段也可以化为:"全面建设小康社会必须紧紧依靠全党和全国人民的大团结,加快推进社会主义现代化必须紧紧依靠全党和全国人民的大团结,……"。如此,也可以完成交际任务,但十分啰嗦。因为这不是文艺语体的话语,而是政论话语,传达的主要是理性信息,而不是感性信息。

综上所述,松句和紧句,各有不同的修辞功能,它们有各自适用的语境。但多数情况下是松句和紧句搭配使用,这样有助于发挥各自的修辞功能。比如:

> 联大同学也有不跑警报的,据我所知,就有两人。一个是女同学,姓罗。一有警报,她就洗头。别人都走了,锅炉房的热水没人用,她可以敞开来洗,要多少水有多少水!另一个是一位广东同学,姓郑。他爱吃莲子。一有警报,他就用一个大漱口缸到锅炉火口上去煮莲子。警报解除了,他的莲子也烂了。
>
> (汪曾祺《跑警报》)

本段话语中,"联大同学也有不跑警报的,据我所知,就有两人。一个是女同学,姓罗"和"另一个是一位广东同学,姓郑"等句子,结构松散、短小,是松句。这些句子本可以压缩成:"据我所知,联大同学就有两人不跑警报。一个是姓罗的女同学"和"另一个是姓郑的广东同学"。那么,为什么作者不把这些句子浓缩成紧句呢?当然也是为了提高表达效果。因为化成短小的松句以后,读起来语气舒缓,容易理解。此外,这些松句可与下面的紧句交错,使文章节奏松紧有序。比如,"一有警报,她就洗头""别人都走了,锅炉房的热水没人用,她可以敞开来洗,要多少水有多少水""一有警报,他就用一个大漱口缸到锅炉火口上去煮莲子"等等,就是结构紧凑的句子。这些句子也是可以拆开来说的,比如,"一有警报,她就洗头"就可化为"每当警报拉响的时候,她就去洗头"。后面一句,也可以化为"因为别人都走了,所以锅炉房的热水就没人用了。因此,她可以敞开来洗。那时,水要多少,有多少"。而"一有警报,……煮莲子"则可化为"听到警报以后,他就拿一个大漱口缸,然后放到锅炉火口上,煮莲子"。这样一调整,原来紧凑的句子节奏就变得舒缓了。可见,话语组织可根据语境要求和交际目的适当安排,可紧可松,也可松紧有度。

以上分析说明,紧句和松句各有它们传输信息的特点,在视觉修辞效果和扩展话语、协调风格等方面有差异。此外,紧句和松句之间可以转换。当然,松紧句式的处理,是与交际性质、语体、语境密切相连的,离开了语体和语境,紧句和松句的转换就会盲目。

七、句式的雅俗分化

汉语句式除了语气、主被、肯否、长短、整散、松紧之分以外,还具有雅俗之分。如果说上述区分涉及语气、语义、结构等范畴,那么句子的雅俗之分,则主要是侧重交际方式和风格特征,具体指书面语句式和口语句式。

书面语句式是指常用于书面语中的句式。其特点是词语多，结构完整、复杂，且多是书面语词，多经过加工锤炼。书面语句除表意严密，能完成复杂的交际任务之外，还具有庄重、文雅的修辞功能。例如：

> 所有一百零九年（从1840年英美合作的鸦片战争算起）美帝国主义给予中国的"友谊"，特别是最近数年帮助蒋介石杀死几百万中国人这一项伟大的"友谊"，都是为着一个目的，就是"始终维持并且现在依然维持对华外交政策的各项基本原则，包括门户开放主义，尊重中国行政和领土的完整，以及反对任何外国控制中国等等"。
>
> （毛泽东《"友谊"，还是侵略？》）

本例是一个长句子，有133个字，且结构复杂，信息载荷大，具有严密的逻辑性，书面语特征明显。此外，书面语句多使用关联词，加工的痕迹明显。因此，书面语句具有正式、庄重的风格特征。

与书面语句式相对的是口语句式，即词语少且多是口语词，结构比较松散、简短，多省略成分的句子。与书面语句相比，口语句的逻辑性较弱，多停顿，因而具有通俗、易懂、活泼的风格特征，经常使用于口语交际领域。此外，因交际领域的语境特点，口语句的信息是提示性的，有许多省略，需要依靠语境补足。例如，汪曾祺的《七里茶坊》中有这样一段对话：

> "这都是好粪，不掺假。"
> "粪还掺假？"
> "掺！"
> "掺什么？土？"
> "哪能掺土！"
> "掺什么？"
> "酱渣子。"
> "酱渣子？"
> "酱渣子，味道、颜色跟大粪一个样，也是酸的。"
> "粪是酸的？"
> "发了酵！"

本例是口语对话，其口语句式特征明显。句子短小，且多省略，不完全句多。因为这是面对面的对话，许多信息是交际双方共享的，其中省略了许多成分，特别是起衔接作用的虚词。话语简洁，明了。这是说写者利用语境对话语优化组合的结果。如果说写者不利用语境进行省略，补出相关的句子成分，就导致累赘，造成信息冗余，影响交际效果。比如，上述话语调整为：

"这（些）都是好粪，不掺假。"
"（难道）粪还（能）掺假（吗）？"
"（当然能）掺（假啦）！"
"（粪中能）掺什么（假啊）？（其中能掺）土（吗）？"
"（粪中）哪能掺土（呢）！"
"（那么粪中到底能）掺什么（呢）？"
"（粪中能掺）酱渣子（啊）。"
"（粪中能掺）酱渣子（吗）？"
"（怎么不能呢？）（因为）酱渣子，味道（和）颜色跟大粪一个样，（酱渣子）也是酸的。"
"（难道）粪（的味道）是酸的（吗）？"
"（当然是酸的啦，）（因为粪）发了酵（啦）！"

　　如此调整，虽然仍不全面，还缺少说话者，也保留了某些口语特点，但已书卷气很浓，不是地道的口语。里面充斥冗余信息，读来累赘不堪，令人难以容忍。

　　不言而喻，书面语句式与口语句式的交际领域分布，分别对应口语领域和书面领域，但这并不意味着它们必须适用于各自对应的交际领域。实际上，上述两种句式由于具有风格功能差异，人们往往对其进行能动的利用，在书面语交际领域中适当运用口语句式，口语交际领域中也会适当运用书面语句式，以调节话语的风格。也就是说，书面语句式与口语句式，与它们的表现形式或者说物质载体没有必然联系；并不是以文字形态出现的，就是书面语句式；也不是以语音为表现形态的句子就是口语句式。比如：

　　　　扶沟县有这么一个技术员，他名叫刘凤理，是正规农业大学毕业的，过去很长时间说他走白专道路，批得够呛。实行责任制以来，他变成最吃得开的人了，到处去抢他。他到哪个队，哪个队的棉花就增产，而且一倍两倍地往上翻，社员很快就富起来了。

(穆青、周原《抢"财神"——河南农村见闻》)

这是一篇农村报道中的一段话,属于书面语交际领域。但因话语内容是关于农村的,所以作者在叙述过程中一律采用了带有乡土气息的口语句,读来亲切自然,通俗易懂。这与作者的修辞风格动机不无关系。其修辞目的就是要塑造一种通俗易懂、生动活泼的话语风格。如果采用书面语句式就是另一番样子了:

> 扶沟县有一个名为刘凤理的技术员,他毕业于正规农业大学,过去长时间内因"走白专道路",而受到严厉的批判。自从实行了责任制,刘凤理的农业技术找到了用武之地,广大农民纷纷请他去。凡是他所去过的队,棉花均会成倍增产。

如此也能完成交际任务,但两相比较,后者句子词语多,结构严整,书面语色彩浓,没有原文通俗。农业报道的对象主要是农民和农村工作者,因此,话语的风格特点应切合农村读者的心理。

八、句式的文白选择

汉语句式除了语气、长短、整散、松紧、雅俗的分化之外,还有文白之分。文白之分,指的是文言句式和白话句式的分化。语言在长期的运用过程中,随着时代的进展而演化,因而形成了历时变体体系,比如古代的文言文、古白话文、现代白话文,都是汉语的历时变体体系。所谓文言文句式和现代白话文句式,只是汉语历时变体体系的构成部分。这两种句式修辞功能不同。

文言句式是古代的书面语句式,其结构方式除了一些特有的外,与现代白话文句式或者说汉语普通话句式,大部分是相同的。两者的区别,除了结构方式之外,更重要的是词语差异。文言句式多使用古语词,特别是单音节词。因此,文言句式除了简练外,还具有文雅、庄重的风格功能,所以,现代人还时常使用。比如"当代愚公,奇哉!悲耶?"[①],其中后两句就是文言句式。再如:

> 早已洞悉美国退款要办学的梁诚事后立刻致函外务部,马上声告美国政府,请将此项赔款归回,以为广设学堂遣派游学之用,在

---

① 陈家兴《当代愚公,奇哉!悲耶?》,人民网,2003年9月19日。

美既喜得归款之义声,又乐观育才之盛举。

（唐纪明、姜慧《"庚子赔款"——翻翻清华大学的"陈年旧账"》）

本例中,"以为广设学堂遣派游学之用,在美既喜得归款之义声,又乐观育才之盛举"等句子,带有明显的文言色彩。用口语说出来,意思大致是：用它来开设许多学堂或者派遣留学的人,这样既能高兴地在美国得到使美国归还赔款的好名声,又能快乐地看到培育人才的盛举。两相比照,原文读来让人觉得文绉绉的,书卷色彩十分浓,有典雅的风格特征。

鉴于文言句式的上述修辞功能,现代人多用于书面的非大众交际领域,且出现频率比较低,使用者多为接受文言文教育的知识分子。例如：

用兄如面：久不晤言,伏想佳胜。贱恙承垂注,并惠赐良药,感刻之至。去年九月,弟患嗽喘,药物无效,因以痰培养化验,乃知中潜恶菌多年。遂五日打二十针消灭此菌,嗽喘即止。而他病交攻,牵缠至今。每月检查气管,皆罗音。药赐当珍藏,以备不时之需耳。草此报谢,即叩敬安。弟钟书敬上。

（范用《范用确实未见钱钟书》,《中华读书报》,1999年10月13日）

本例是钱钟书1988年写给上文作者的信,用的大都是典型的文言句式和文言词,因此简练、典雅,但一般公众理解有难度。因是私人交往,具有特定的交际对象,并无不妥。

但如果在大众传播领域中大量使用文言文,则不利于信息传播和公众交际。比如,1999年,长江源头——青海省格拉丹东雪山姜古迪如冰川脚下的沱沱河岸边,竖起了一块环保纪念碑。纪念碑碑文上写道："摩天滴露,润土发祥。姜古迪如冰川,乃陆仟叁百公里之源,海拔伍仟肆百米,壮乎高哉！"显然,这几句话运用的是文言句式。对此,社会评价不一。有人认为,在文言文从日常书面语中消失近百年的今天,代表12亿中华儿女"示警明志"的一块碑文却要用文言文来表达,实在让人难以理解。这种做法有悖于世纪初新文化运动和大众语运动的宗旨,是对白话文的作用和功能的怀疑。[1]

---

[1] 成宽《"长江源"碑文不该使用文言文》,《劳动报》,1999年7月7日。

但也有人认为，碑文中前八个字是形容词，望文生义无非是指高处流水，滋润华夏大地，"乃……之源"明白如话，无需翻译。惟有"壮乎高哉"显得文言色彩比较浓，不过，类似的文言字词如"壮哉""怪哉""美哉""呜乎哀哉""诚哉斯言"等至少在当今许多杂文、通讯中俯拾皆是。散文家柯灵说："文言——传统的中国文学……是祖宗留给我们的宝贵财产。其中有许多字和记号，都僵死、报废了，但有许多却保持了强大和永恒的生命力。有些微妙、深刻、复杂的思想感情，口语无能为力，用一个文言的字、词、成语就解决了。应该尽量利用这个仓库，使白话文变得更丰富，更有表现力。"①

显然，对该碑文的看法是褒贬不一，仁者见仁，智者见智。对此碑文应该辩证地分析。该碑文适用于一个特殊的语境，因此适当采用文言文，可起到简练、典雅的效果。但如果过度，就造成理解障碍。该碑文的交际对象是大众，其中有些词句一般公众不容易理解，不利于传播信息。此外，从宏观的语境看，现在绝大部分大众交际领域使用的是普通话，这也是国家的语文政策。因此，上述碑文还可以采用更恰当的表达方式。

文言文是汉语知识系统的一个组成部分，也是汉民族宝贵的文化遗产之一。因此，取其精华，服务现实，非常必要。这在大众修辞实践中也有很好的体现。有些新闻报道中就偶尔使用文言文句式。比如，"有谁能相信这就是当年在世界杯赛场上创造奇迹的马拉多纳？如今的马拉多纳足足有当年的他两个胖。马拉多纳尚能走否"。②"马拉多纳尚能走否"就是典型的文言句式，但此处不构成理解障碍，还具有调节话语风格的作用。作者通过文白句式的对比，使读者获得一份独特的风格差异体验。"马拉多纳尚能走否"用白话句式表达出来就是"马拉多纳还能不能走路呢"。司马迁的《史记》中有一篇《廉颇蔺相如列传》，其中有一句"廉颇老矣，尚能饭否"，本例是化用了这一句式。两相对比，文白句式之间有风格差异，有调侃、诙谐的效果，这正是作者所要追求的。

鉴于文言句式和白话句式的修辞功能差异，在现代大众传播领域中，适当利用文言句式，可起到特定的修辞效果，更好地完成交际任

---

① 孙建清《必要的文言》，《深圳商报》，1999年9月19日。
② 乔父《马拉多纳一"胖"惊人》，《文摘报》，2000年2月13日。

务。但两者毕竟属于不同的变体体系,因此使用过程中需注意语境要求和交际对象的角色特点,使用适度。此外,还应该保持语篇话语风格的一致性、和谐性,以防文白夹杂,不伦不类。

九、其他类型的句式

除上述句式之外,还有两种类型的句式。一种是由语序或句子成分安排形态决定的句式,比如正装句、倒装句、完全句、省略句等等。在政论语体、科学语体以及公文语体中,正装句、完全句多,倒装句、省略句少;而在口语语体和文艺语体中,则是变式句、倒装句、不完全句的出现频率比较高。这在汉语语法著作中讲得比较多,此处从简。

另一种是句式的语言差异,也就是句式的中外差异。汉语与其他语言的句式有些差异,比如和英语就不同。因此,在汉语与其他语言的转换中,就形成了一些具有外语特点的句式。比如"毕业后从事了5年房地产销售工作已到而立之年的她,准备另起炉灶,自己开公司",本例中的长定语就有英语句式的痕迹。其中的定语,在英语中可用定语从句的形式,但是汉语中没有定语从句,只好使用长定语。实际上,上述长定语完全可以用小句子代替,比如"毕业后,她从事了5年房地产销售工作,已到而立之年。此时,她准备另起炉灶,自己开公司"。从表达效果看,人们通常所说的欧化句式,不宜提倡,其修辞效果也不理想,不用或少用为好。

十、各种句式的杂糅

陈述句、祈使句、疑问句、感叹句,主动句、被动句,肯定句、否定句,长句、短句,整句、散句,松句、紧句,以及口语句、书面语句,文言句式、白话文句式,常规句式、非常规句式,母语句式、外语句式等等,分别是侧重句子的不同方面说的。实际上,上述句式在同一话语中,可能是重叠的、交叉的。这一方面是由句式的分类角度重叠造成的,另一方面是由交际需要决定的。在运用中,上述数种句子形式是互补的,并不矛盾。陈述句、祈使句、疑问句、感叹句,长句、短句,整句、散句,松句、紧句,口语句、书面语句,文言句式和现代白话句式等等,交替使用,错落有致,话语就会更富有变化,更富有表现力。例如:

话说回来。厂甸儿的魅力究竟在哪儿呢？除了别的因素，这雅俗共赏，老幼皆宜，富裕些的、清寒些的都可有所获，怕也起了相当作用。请想，一粒明珠，一方古砚，自非显贵莫得，非专家莫辨；可一碟儿糖豌豆，一盏走马儿灯，虽是平民童稚，也不难到手。人们可以掂量着自个儿的财力，依了个人的喜好，或快其颐朵，或饱其眼福，或遂其雅兴，何乐而不来？

（韩少华《忆厂甸儿》）

　　这里陈述句、疑问句、祈使句、感叹句、整句、散句、松句、紧句、口语句、书面语句等都有。其中，"话说回来""人们可以掂量着自个儿的财力"两句口语色彩浓。而"请想，……也不难到手"一组句子中，则既有口语句，也有书面语句。"请想"既是祈使句，又是口语句。"一粒明珠，一方古砚，自非显贵莫得，非专家莫辨；可一碟儿糖豌豆，一盏走马儿灯，虽是平民童稚，也不难到手"，上下两相对照，是整句；可每一分句，又都是短句、散句，而且书面色彩浓厚；"自非……莫……"文言色彩很浓，现代汉语则用"自然不是……就不能……"。上面这些多是陈述句，而"厂甸儿的魅力究竟在哪儿呢""何乐而不来"两句，前者是设问句，后者则是反问句兼有感叹语气，同时也是一个文言文句式。整段话语，各种句子错综交叉，抑扬顿挫，铺排有致，亦俗亦雅，雅俗共赏。这可以说是多种句子综合运用的典范。

　　综上所述，汉语中有着丰富多彩、功能各异的句式。这些句式为修辞提供了丰富的材料，是组织话语、完成交际任务的重要手段。了解、掌握这些汉语句式的修辞功能和适用语境，对正确有效地组织话语、提高修辞效果，无疑是十分重要的。

☞ 思考题

1. 结合生活中的修辞现象，谈谈语音的修辞功能。
2. 用实例说明词语的附加功能，应该如何避免由此引起的交际失误？
3. 你在生活中常用哪些熟语？
4. 谈谈句式长短、整散、松紧、雅俗的转换的方法。

练习题

以听觉、视觉、感觉等功能效果为依据，选择最合适的答案。

1. 诚挚地祝福你，福气_____，快乐_____，万事圆圆，微笑_____。祝你事业走上"红塔山"，爱情踏上"万宝路"，财源滚滚"大中华"。
   A. 许多 永远 灿烂　　B. 多多 连连 甜甜　　C. 很多 常常 圆满

2. 马：外界很多评论在提到这份审计清单的时候，用了"触目惊心"这样一个词，那么你在听取这份报告的时候，有没有这样的感觉？
   应：我也有，我感到很_____。
   A. 震动　　　　　　B. 震惊　　　　　　C. 惊讶

3. 电视台正在直播拉丁舞比赛，女解说员说道："我们看，他们_____饱满，舞姿优美。"
   A. 状态　　　　　　B. 精神　　　　　　C. 情绪

4. 美韩联合举行长达一个月左右的"秃鹫"联合军事训练，参加者包括驻韩美军、海外增援美军和韩国军队20万余人，训练内容包括空袭、登陆、渡河以及美军增援、参战等攻击性内容。《民主朝鲜》发表评论说，这完全是一次侵略北方战争的演习。评论警告说，如果"秃鹫"_____朝鲜，就会发生核战争，朝鲜民族无论南方和北方都将遭受核灾难。
   A. 飞向　　　　　　B. 开赴　　　　　　C. 扑向

5. 看到江泽民同志和战士亲切交谈，人们"_____"地一下聚拢过来。一个身着红色衣裙的小姑娘朝江泽民奔来，伸出了小手。江泽民高兴地握着小姑娘的手，连声说："你好！你好！"
   A. 迅速　　　　　　B. 倏　　　　　　　C. 哗

6. "你干嘛？再动我不客气了！"声音很大，半车厢的人都能听到，那男人也一愣，随即摆出一副"_____"的面孔。"侬当侬啥人啊！神经病！"还没说完，就听到"啪"地一下，女孩打了他一个耳光。
   A. 死猪不怕开水烫　　B. 不见棺材不落泪　　C. 破罐子破摔

7. 逐渐地，当初那些照顾田波的领导干部，由对其放纵变成惧怕，反过来要田波"照顾"。有人说，当时市长能办的事田波都能办得到，市长办不了的事，田波照样能_____。

   A. 搞掂　　　　　　B. 解决　　　　　　C. 办妥

8. 胡锦涛主持召开中共中央政治局常务委员会会议，会议指出，要本着"沉着应对、措施果断，依靠科学、有效防治，加强合作、完善机制"的总体要求，切实做好非典型肺炎防治工作。当务之急是采取果断措施，控制疫病蔓延。关键是要做到：_____，切断传播途径。

   A. 早报告、早发现、早隔离、早治疗
   B. 早发现、早报告、早隔离、早治疗
   C. 早报告、早隔离、早发现、早治疗

9. "_____"这句老话又一次应验了。南部非洲的小国斯威士兰最高法院的法官3月1日判处6名罪犯死刑。但由于没有刽子手，死刑无法执行，政府不得不向社会急征刽子手。

   A. 不到黄河不死心
   B. 现上轿现扎耳朵眼儿
   C. 跑了和尚跑不了庙

10. 好在"大学女教师"因为职业"工作体面、受人尊敬"，一直属于婚姻市场上的_____。

    A. 绩优股　　　　　B. 佼佼者　　　　　C. 潜力股

第三章 修辞方法

> 一样话百样说。在长期的社会实践中,汉民族总结出了一系列组织话语、提高修辞效果、有利于完成交际任务的方法,这些方法叫做修辞方法。这些方法有词语运用的方法、句子组织的方法、句际衔接的方法、句式调配的方法、辞格运用的方法、语体选择的方法以及风格调配的方法等等。按照风格功能,修辞方法可划分出朴实性方法、藻丽性方法、幽默性方法、庄重性方法、委婉性方法等等。有些修辞方法形式比较固定,修辞效果突出,通常叫做修辞格,简称辞格。辞格在言语交际等各种传播领域中具有特殊的作用,是提高表达效果、增强话语艺术性的有效手段。没有辞格,就没有动人的诗歌,就没有优美的散文,语言传播就会显得枯燥无味。

第一节 修辞方法及其分类

一、修辞方法的内涵

在长期的社会实践中,汉民族总结出了一系列组织话语、提高修辞效果、有利于完成交际任务的方法,通常称之为修辞方法。比如,2002年9月湖南双峰一煤矿发生瓦斯爆炸事故,有的媒体报道的题目是"湖南双峰一煤矿发生特大瓦斯爆炸,确认33人死亡",[①] 表达直白,听读者易懂。但有的媒体,却只说"湖南双峰一煤矿发生瓦斯突出事故"。显然,"瓦斯突出"是个专业术语,较之"瓦斯爆炸"委婉,没有"爆炸"给人的感觉强烈。这说明,在报道同样的新闻事件中,可以采用不同的修辞方法。有的委婉含蓄,有的直截了当;有的清晰,有的模糊。

---

① 新华网,2002年9月3日。

再如，乘飞机时用手机威胁飞机的安全。如何警示乘客呢？可以说："严禁乘飞机打手机！"也可以说成："乘飞机时，请勿使用手机！"前者语气严厉，后者则比较客气，但都比较直接。对此，一家广告公司的广告语是：乘飞机，打手机，天堂很快就到。广告者并没有说禁止什么，而是指出其中的危险，使乘客在委婉中体味乘飞机打手机的危害。以上这些都是修辞方法。再如：

我一生买书的经验是：

一、进大书店，不如进小书铺。进小书铺，不如逛书摊。逛书摊，不如偶然遇上。

（孙犁《野味读书》）

本例中，作者想表达买书的经验，这有多种方法。但作者采用各句首尾相连的形式，把数种买书的经验连接起来，读来脉络清晰、环环紧扣、层层递进，饶有趣味。这种方法通常称为顶真。再如：

日前，中国沈阳人才市场作出一项大胆而果断的举措：在原有的专职招聘的基础上，启动兼职人才市场。至此，兼职现象已经不再是一朵羞答答的"玫瑰"，而是堂而皇之地从地下"开"到了地上。

（鲁志峰《兼职：羞答答的"玫瑰"能否大方地开》，《中国劳动保障报》，2000年4月27日）

兼职现象由隐匿转为公开，如何表达呢？作者把两种状况分别比作了羞答答的玫瑰，从地下"开"到了地上，实现了人类活动现象到自然花卉之间的形象转换，使抽象的事物具体化，赋予灰色的现象以美感。人们通常把前半部分称为比喻，后半部分称为比拟。

修辞方法很多，有的重在清晰明白，有的重在含蓄委婉；有的可以诉诸视觉，有的重在表达声响效果，还有的可以给人以嗅觉效果，甚至于多种感觉效果的转换。比如：

经有关方面研究、批准，为亿万电视观众热切关注的99春节联欢晚会总导演人选终于尘埃落定，中央电视台破天荒头一次让五位"大厨"共同掌勺，连袂烹制99除夕年夜饭。这五位导演人选是《综艺大观》剧组的刘铁民、陈雨露、黄海涛、周晓东以及《文化视点》导演朱彤。

（《各路英豪汇集99春节晚会，五位"大厨"进入角色》）

春节文艺晚会是一种文艺活动，是供人们娱乐的，它所诉诸的是视觉、听觉。但作者却把文艺晚会的制作当作烹制年夜饭来描写，实现了话语理解过程中由视觉、听觉到味觉的转换，修辞效果新奇。这运用的是比拟。

上述话语组织的方法，有的形式比较固定，修辞效果突出。人们经过分析、研究归纳在一起，并给它们起了名称，习惯上称之为修辞格，简称辞格。这些话语组织的特殊方式，在言语交际中具有特殊的作用，是提高表达效果、增强话语艺术性的有效手段。可以说，没有辞格，就没有动人的诗歌，就没有优美的散文，言语交际就会显得枯燥无味。所以，学习修辞，不能不学辞格。

修辞方法或者说修辞技巧，尤其是修辞格，历来是人类修辞研究的一个重要方面，这在古典修辞学、传统修辞学中有充分的体现。20世纪初，我国现代修辞学开始建立，其研究重点就是修辞格。到了50年代，开始研究语言要素包括语音、词汇、句式的运用方法。直到80年代，修辞方法研究依然是我国修辞研究的重点。现在，人们仍然十分重视修辞方法特别是修辞格。目前，中小学的修辞教学，主要还是修辞格，这很有必要，但不全面，需要改善，应把修辞方法的教学扩展到一般的用词、炼句乃至谋篇以及其他修辞层次。

二、修辞方法的类别

1. 修辞单位或层次类别

汉语中的修辞方法多种多样，有词语运用的方法、句子组织的方法、句际衔接的方法、句式调配的方法、辞格运用的方法、语体选择的方法以及风格调配的方法，等等。这些我们在不同的章节中分别加以探讨。在本章中，我们重点探讨话语组织的一些特殊方法——修辞格。

2. 功能类别

除此之外，我们还可以按照修辞方法的其他功能进行分类，比如侧重于声响效果等听觉效果的修辞方法，侧重于视觉效果的修辞方法，侧重于嗅觉的修辞方法等等。比如，2003年1月3日和5日，中央电视台《焦点访谈》播出了"整顿市场，共建秩序"的系列节目。其中两个题目是："白笋黑心"和"红辣椒，黑心肠"。前者说的是湖北荆州某地个体作坊用硫磺、烧碱等加工竹笋的缺德事件，后者报道的是江西南昌市干货批发市场经营户用硫磺烘辣椒的现象。在此报道中，节目制作者利用词语的视觉形象效果，分别把"白笋"与"黑心"和"红辣椒"与"黑心肠"相对比，使假冒产品色彩鲜艳的外表与经营者污黑的道德品质相对照，给人以强烈的色彩感受。其运用的修辞方法的功能，就是诉诸视觉的。

如果按照风格功能特征划分，还可以划分出朴实性修辞方法、藻丽性修辞方法、幽默性修辞方法、庄重性修辞方法、委婉性修辞方法等等。比如，可以使话语生动形象的修辞方法，就包括比喻、比拟、夸张、移就以及其他一些用词用句的方法；具有幽默功能的包括借代、双关、比喻、比拟等等。即使在一般的用词层面，也可以看出修辞方法的功能类别。比如，2002 年 11 月 26 日，中央电视台《今日说法》节目播出了一则离婚故事。杭州一女士因丈夫有外遇，遂在自己的家里安装了摄像头偷拍证据，离婚成功。节目制作者名之为"剪爱"，不但切合节目内容，而且很幽默。英国作家夏绿蒂·勃朗特的著名小说叫《简爱》(*Jane Eyre*)，此处的题目则是"剪爱"，两者谐音成趣。小说表现的是真挚的爱情，而节目反映的则是爱情破裂，因此相映成趣。这说明，修辞方法还具有风格功能类属。

3. 修辞格类别

汉语中的辞格丰富多彩，大致可分为侧重形式的和侧重语义的两类。侧重话语形式的，包括听觉方面的语音或音响形式，也包括以视觉为主的文字形式。通常所说的语法结构形式，包含在上述两个方面中。例如"呕心沥血催桃李，鞠躬尽瘁铸师魂"，这两句话结构整齐，两两相对，给人的感觉是工整，具有听觉上的音乐美和视觉上的整齐美，这是对偶辞格。再如：

> ……对于他的死，我是很悲痛的。现在大家纪念他，可见他的精神感人之深。我们大家要学习他毫无自私自利之心的精神。从这点出发，就可以变为大有利于人民的人。一个人能力有大小，但只要有这点精神，就是一个高尚的人，一个纯粹的人，一个有道德的人，一个脱离了低级趣味的人，一个有益于人民的人。
>
> （毛泽东《纪念白求恩》）

本例中，毛泽东在谈到学习白求恩毫无自私自利的精神时，连用五个排比句，以突出这种精神的社会价值。"就是一个高尚的人，一个纯粹的人，一个有道德的人，一个脱离了低级趣味的人，一个有益于人民的人",逻辑性强,语义层层深入,形成连贯畅达的气势,升华了文章的主题。这种修辞方法叫做排比。这类修辞方法往往侧重话语的语音、文字以及句法结构等形式的方面,称为形式化的修辞方法。这类辞格包括对偶、排比、反复、顶真、回环等。

另一类侧重深化语义,如比喻、借代、比拟、夸张、双关和移就等。例如:

> 友谊的不可传递性,决定了它是一部孤本的书。我们可以和不同的人有不同的友谊,但我们不会和同一个人有不同的友谊。友谊是一条越掘越深的巷道,没有回头路可以走的,刻骨铭心的友谊也如仇恨一样,没齿难忘。
> 友情这棵树上只结一个果子,叫做信任。红苹果只留给灌溉果树的人品尝。别的人摘下来尝一口,很可能酸倒了牙。
> (毕淑敏《友情:这棵树上只有一个果子,叫做信任》)

"友谊的不可传递性,决定了它是一部孤本的书"和"友谊是一条越掘越深的巷道"两句,都是比喻。而"友情这棵树上只结一个果子,叫做信任。红苹果只留给灌溉果树的人品尝。别的人摘下来尝一口,很可能酸倒了牙",则是把"友情"比作了树,然后以此为基础,进一步描写,这是比拟。比喻和比拟,都是重在把要表达的意思形象化。因此,这类修辞格称为意义化修辞方法。

第二节 形式化修辞方法

一、两两相对法——对偶

1. 对偶的性质

汉语运用中还经常出现字数(或音节数)相等、句法结构相同或相似、语义相关、两两相对的言语格式,通常称为对偶或对仗。如果用在节庆中又称为对联、对子,如果出现在楼台亭阁的楹柱(框)上,则被称为楹联。例如:

> ① 恩比青天,广施甘露千株翠;
> 节犹黄菊,报得春风一寸丹。

② 指数函数，对数函数，三角函数，数数含辛茹苦；
　平行直线，交叉直线，异面直线，线线意切情真。
（万焕生《楹联大观，妙联敬师》，《中国老年报》，2001年9月5日）

上面两例都是歌颂教师的。例①是对偶兼比喻，作者从恩情和气节两个方面，高度评价和赞赏了燃烧自己照亮他人的人民教师，格调凝重，比喻贴切，寓意深长。其中，"恩"对"节"，"比"对"犹"，"青天"对"黄菊"，"广施甘露千株翠"对"报得春风一寸丹"。上下两句，不但语法结构相同，而且词语的词性也相同，且意义相关。例②则是颂赞数学教师的，联中巧妙嵌入数学名词，上下辉映，贴切自然，耐人寻味，歌颂了教师的含辛茹苦和真情奉献精神。上例表明，对偶中两句话或两段话的字数或音节数相等，句法结构相同或相似，对应的词语的词性多相同或相近，意思也是相近或相关的。

2. 对偶的类别

对偶按照上下联之间的格律、句法结构、语义等的不同要求，区分为工对（严式对偶）和宽对。工对上下联之间的格律、句法结构、语义等的要求比较高。比如，毛泽东的《送瘟神》（其二）中的"红雨随心翻作浪，青山着意化为桥；天连五岭银锄落，地动三河铁臂摇"，"红"对"青"，"随心"对"着意"，"翻作"对"化为"，"天连"对"地动"，"五岭"对"三河"，"银"对"铁"，"落"对"摇"，都十分工整。上述两两相对的词语大都属于同一范畴，比如"红""青"同属于颜色，"五岭""三河"同属于地理现象等。至于"雨"和"山"，"浪"和"桥"，"锄"和"臂"，虽然语义不属于微观上的同一范畴，但词性相同，也算工整。如果声律上符合平仄要求，则是更为严格的对仗。一般说，宽对则没有上面要求的那样严格，上下联相对的不一定同属"天文""时令""地理""颜色""植物""动物"等小类，而是相邻的事物相对，词性基本相同，结构相同或相近。

此外，对偶又可根据上下句之间的语义关系，分为正对、反对、串对三种。

（1）正对。正对是上下联各从一个方面说明同一事理，两者相互补充。例如，王勃的《滕王阁序》中的"落霞与孤鹜齐飞，秋水共长天一色"，就是分别从"落霞与孤鹜齐飞"和"秋水共长天一色"两个方面来突现鄱阳湖美景。至于顾宪成的"风声、雨声、读书声，声声入耳；家事、国事、天下事，事事关心"，则是从读书和关心国家大事两个方面，表达了作者远大的政治抱负。白居易《忆江南》中的"日出江花红胜火，春来江水绿如蓝"，也是正对的佳例。

（2）反对。反对的上下联是从矛盾对立的两个方面揭示事理。例如，俄使者与纪昀的对句："骑奇马，张长弓，琴瑟琵琶八大王，王王在上，单戈成战（俄使者）；伪为人，袭龙衣，魑魅魍魉四小鬼，鬼鬼犯边，合手即拿（纪昀）。"上联表现侵略者的嚣张气焰，后者则反映卫国者的从容镇定。上下相对，互为映衬。再如，"读书好，耕田好，学好便好；创业难，守业难，知难不难"，从读书、耕田的益处和创业、守业的艰难正反两个方面，说明了循序渐进和毅力在成就事业中的重要作用。其实，反对在日常生活领域中也比较多见，比如，"浪费好似河决口，节约犹如燕衔泥""病来如山倒，病去如抽丝"，这两例都是人们喜闻乐用的熟语，它们从相反相成的两个侧面，说明了深刻的生活哲理：浪费快，节约慢；得病容易，治病难。

（3）串对。串对也叫"流水对"，上下联之间具有因果、条件、目的等关系。串对对词性、句法的要求往往不那么严格。如：唐代白居易《赋得古原草送别》中的"野火烧不尽，春风吹又生"，上下联之间就具有顺承关系。李白《静夜思》中的"举头望明月，低头思故乡"则具有因果关系。再如，"提高课堂教学效率，减轻学生学习负担"和"深化企业改革，加速经济发展"，前者两句之间存在因果关系；后者两句之间则具有条件和目的关系，下句是上句的目的，上句是下句得以实现的条件。

3. 对偶的功能

（1）对偶的修辞功能。成功的对偶，不但具有听觉和视觉上的整齐美，而且言简意赅。对偶是一种整句形式，它能从视觉和听觉两个方面给人以整齐美，这在工对中体现得更为明显。此外，较之于散句，对偶能以最精练的话语形式，言简意赅地承载传递丰富的信息，因此容易记忆，易于传播。许多情况下，人们都乐于采用对偶的形式进行表达。比如：

一支粉笔两袖清风，三尺讲台四季晴雨，加上五脏六腑七嘴八舌九思十想，教必有方滴滴汗水诚滋桃李芳天下；

十卷诗赋九章勾股，八索文思七纬地理，连同六艺五经四书三字两雅一心，诲而不倦点点心血勤育英才泽神州。

（万焕生《楹联大观，妙联敬师》，《中国老年报》，2001年9月5日）

描写教师职业生涯或是表达师恩，可以写成万言长卷，但也可以浓缩成对偶，上例就是一个很好的体现。它既综括了教师的职业生涯，同时也表达了学生对老师的敬意和颂赞。上联从一到十，下联逆序从十到一，各用十个数字按序排列，对仗工整，用词考究，真实再现了教师生涯。与万言长卷相比，对偶形式显示了独特的艺术神韵和传播价值。

（2）对偶的文化功能。对偶不但是一种修辞方法，同时也是一种独特的民族文化。与其他语言相比，汉语在这方面具有得天独厚的优势。一方面，汉语多以单音节词和双音节词为主，且每个音节都有元音，没有复辅音；另一方面，汉语中的字都是一个音节，且成方块型；再次，汉语是有声调的语言，可以形成抑扬顿挫的韵律。因此，组成对偶不但具有视觉上的工整美，还可以形成听觉上的整齐美。所以，对于汉民族来说，对偶是一种具有独特民族语言魅力的文化。

首先，汉语中的对偶文化具有悠久的历史，书面的对偶可以追溯到我国的第一部诗歌总集《诗经》，甚至更早。此后，这种修辞方法逐渐完善，并被广泛应用于诗词歌赋以及其他交际领域。中国古典诗词中的对偶例子不胜枚举，有些甚至妇孺皆知、耳熟能详。例如，宋代陆游《游山西村》中的"山重水复疑无路，柳暗花明又一村"，以及近代龚自珍的"我劝天公重抖擞，不拘一格降人才"和鲁迅《自嘲》中的"横眉冷对千夫指，俯首甘为孺子牛"等等。这些句子之所以被广为传诵，与它们的对偶形式不无关系。

其次，对偶作为汉语文化的一个重要方面，不仅历史悠久，而且使用领域广泛。它不但是一种重要的文学形式，构成了我国诗歌特别是律诗和词的一个重要组成部分，而且还是节庆文化的重要方面。每逢春节或喜庆的日子，人们常用对偶的形式表达自己的愿望和祝福。过春节时，家家户户都把对子写在红纸上，贴到门窗上，以此来渲染节日气氛。如"江山千古秀，祖国万年青""爆竹声声辞旧岁，瑞雪飘飘兆丰年""福如东海长流水，寿比南山不老松"等等，都是人们常用的春联。这种习俗叫贴春联，虽过了千余年，至今仍延续不衰。此外，在其他庆典如婚丧嫁娶中，对偶也是不可缺少的。新婚之日，大门以及洞房的门面上都贴有对联，以示喜庆、祝福。有人过世，以对偶形式表示哀悼，称为挽联。比如：

① 举目伤心，此去焉知非幸事；
　　一寒彻骨，再来不作教书人。

② 如师如友如父如兄，忘形竟然到"你我"；
　　是假是真是梦是幻，伤心不敢觅"踪迹"。

③ 人间哀中国，破碎河山，又损伤《背影》作者；
　　地下逢一多，辛酸论话，应惆怅清华文坛。

④ 教书三十年，一面教，一面学，向时代学，向青年学，生能如斯，君诚健者；
　　生存五十载，愈艰苦，愈奋斗，与丑恶斗，与暴力斗，死而后已，我哭斯人！

（张守常《〈最完整的人格〉编后记》）

　　上面是悼念朱自清的四副挽联，分别出自邓以蛰、李广田、冯友兰和许德珩笔下。四挽联格调清新、含义隽永，富于创造力。朱自清病逝于1948年8月，时值国民党崩溃瓦解、新中国即将成立之际。通货恶性膨胀，物价奇昂。人民生活困苦，朱自清生活窘迫。邓以蛰的挽联既抒发了对朱自清贫寒而逝的慨叹，也讽刺了令人痛心的社会现实。"你我""踪迹"都是朱自清的文集名，李广田用其巧妙地构成了双关语，表达了对朱自清的深切悼念。《背影》是朱自清的散文名篇。"一多"指的是闻一多，他同朱自清原都是清华大学同仁。冯友兰的挽联以山河破碎、家国不幸为背景，慨叹了朱、闻二人逝去给清华文坛造成的损失。许德珩的一副挽联更是句句如诉，声声如泣，读来荡气回肠、惊心动魄。上述四联，都是悼念同一个人，但用语迥异，各具千秋，可称得上构思新颖、意蕴奇崛，是挽联中的佳例。

　　此外，对偶也是宗教文化和园林文化的一个重要组成部分。遍布祖国大江南北的广袤土地上，各种寺庙、园林，都少不了对偶。这些对偶往往被张贴或镌刻在名胜古迹的门柱、门框、廊柱上，成为文化景观的点睛之笔。例如，山东济南大明湖的"四面荷花三面柳，一城山色半城湖"，北京潭柘寺的"大肚能容，容天下难容之事；开口便笑，笑世间可笑之人"，前者恰切地表现了当地的秀丽景色，后者则反映了佛教人物的处世哲学，它们为这些名胜古迹增加了浓重的文化底蕴。

对偶多是两句，较简短，但有的也很长，其功能相当于语篇，如清朝孙髯为昆明大观楼写的对联，就有180个字：

　　五百里滇池，奔来眼底。披襟岸帻，喜茫茫空阔无边。看：东骧神骏，西翥灵仪，北走蜿蜒，南翔缟素。高人韵士，何妨选胜登临。趁蟹屿螺洲，梳裹就风鬟雾鬓。更苹天苇地，点缀些翠羽丹霞。莫辜负：四周香稻，万顷晴沙，九夏芙蓉，三春杨柳。

　　数千年往事，注到心头。把酒凌虚，叹滚滚英雄谁在？想：汉习楼船，唐标铁柱，宋挥玉斧，元跨革囊。伟烈丰功，费尽移山心力。尽珠帘画栋，卷不及暮雨朝云。便断碣残碑，都付与苍烟落照。只赢得：几杵疏钟，半江渔火，两行秋雁，一枕清霜。

（转引自张昆华《欲上高楼且泊舟》）

这副长联，上联描绘了滇池周围宏伟浩荡的美丽景色，下联抒写了云南数千年的社会历史烟云，表达了作者对世事兴衰的慨叹之情。这副楹联虽长，但不为最。邓小平旧居的一副楹联更长：

　　小事宏观，大事微观，成事纵横观，败事主客观，牢树英雄宇宙观。卓与壮哉！深谋善断，手理万机，争朝夕，筹议唯勤。忆往昔峥嵘岁月：旅法留苏，备尝艰险话长征；桂岭打狼，中原逐鹿，淮海缚龙，巴川捉鳖。为解放鸿基，屡建殊勋。抗群魔，杠重灾，竟落得抄家削籍，愁抱初衷勿悔；耿耿兮，积愤萦怀，笃行马列志弥坚。十年浩劫，几度沉浮，不减英雄本色。九州思治，回挽狂澜，净扫红羊甘受命。昭雪顺民情，错冤假案全甄；洗余污，消余悸，废虚拨乱，弘扬务实精神。无那鼙鼓乍喧，仰赖才通韬略，赫赫军威震障陲，还我全瓯。推贤荐智，古崇舜让尧禅；夺位抢班，近斥江欺林篡。高风亮节，彪炳千秋，举世尊称当代伟人。堂堂仪貌，秩秩德音，岱岳登峰天下小。

　　平时剑气，战时勇气，穷时傲骨气，达时豪迈气，素标俊彦凌霄气。多且好也！灼见真知，身兼数任，辨是非，指挥若定。看今辰锦绣河山：翔鸾集凤，犹记忧欢图永固；农渔包产，厂矿扩权，税盈同课，党政分工。对共和绪业，常抒构想。统一国，存两制，已会签复港收澳，喜传凤愿将酬；拳拳者，至诚置腹，早合台澍心更切。甘纪嘉猷，双番增值，倍钦俊彦襟灵。亿户脱贫，振兴华夏，紧催赤骥欲腾骧。律科孚众望，残陋陈规尽破；开自锢，启自封，肃弊纠偏，控占攻尖领域。漫谓特区刚辟，敬蒙计盖研桑，频频捷报拓琼岛，琢斯玉璞。革故鼎新，外引欧资美技；择优蕴粹，内联私贾公商。裕庶强邦，晖荣百族，环球盛赞亚洲奇迹。奕奕神功，皇皇正道，乾坤转斗泰阶平。

(岳林才《邓小平旧居两幅长联》)

这副长联共500个字。它"以精当的文字、流畅的笔触、典雅的格调、敬仰的激情，高度颂扬了邓小平同志的革命生涯和历史功绩"，基本上相当于一篇文章了。与文章不同的是，长联仍然保持了对偶的基本特性，可以分置于两侧楹柱，文章一般则不可以，这种长联因此成为一种文化景观。

此外，对偶因其整洁凝练的结构，深受人们喜爱。这种形式甚至传播到了一些使用汉字的国家，如韩国、日本等国家的寺院，就有用汉字书写的楹联。比如韩国顺天市曹溪山仙岩寺就有这样的楹联："闻钟声烦恼断，智慧长菩提生""离地狱出三界，愿成佛度众生"。这些楹联话语简洁，易记易诵，既显示了佛门静地的灵性，又表达了佛家弟子一心修炼、普度众生的宗教信仰。较之于零散的言语，对偶显示了超越国界的文化魅力。

(3) 对偶的文化修养功能。对偶不仅是一种修辞方法，同时也是公众言语修养的一个重要方面。古人往往把对对子作为语言素养和能力的集中体现，同时也作为检验一个人才华和智慧的重要途径。比如，解缙是明代的名学者，自幼聪颖好学，善于工对，但出身贫寒。据传，少时，解缙家对面住着一欺压百姓的乡绅。一年除夕，乡绅家张灯结彩，准备欢度除夕。解家却缺衣少食，冷冷清清。于是，解缙便以对方院内竹林为题作对联嘲讽："门外千杆竹，家内万卷书。"意在表达自己虽家境贫寒，但知识丰富，对门虽富却腹中空空。乡绅一看怒上心头，便命家人把竹子砍了。解缙见状，便在春联末尾各添一字："门外千杆竹短，家内万卷书长。"乡绅再看，盛怒之下把竹子连根刨了。于是，解缙又在春联底下各续一字："门外千杆竹短命，家内万卷书长存。"至此，乡绅望着解缙的春联，心痛白白毁了一片竹林，但村民却拍手称快。

解缙的名声传到曹尚书耳里，他于是命人把解缙叫来亲自考察。虽满堂官宦，但解缙面无惧色。曹尚书一方面想煞煞解缙的威风，同时也想借机显示自己博学，就对解缙说："你不是擅长对子吗？我念出上句，你对下句。答非所对，算输；间有停歇，算输。"他不等解缙应答，便抢先念道："小犊无知嫌路窄。"解缙领会曹尚书的用意，把胸脯一挺答道："大鹏有志恨天低。"曹尚书手指堂前狮子："石狮子头顶焚香炉，几时得了？"解缙紧答："泥判官手拿生死簿，何日勾销！"曹尚书又抬手指天："天作棋盘星作子，谁人能下？"解缙挥手指地："地为琵琶路为弦，哪个可弹！"

眼见事先苦心准备的难题被解，曹尚书暗暗着急。他改变主意，揭解缙的短。解缙的父母卖烧饼、磨豆腐，曹便笑道："你父母是做什么的？"解缙从容笑道："严父肩挑日月前街卖，慈母手推磨盘转乾坤。"曹尚书见状，又生一计。他见解缙身穿粗布绿袄，就戏弄道："出水蛤蟆穿绿袄。"说完，他得意地大笑，满堂官宦也跟着哄笑。解缙却镇定自若，他双眼斜视曹尚书的大红袍，从容答道："落汤螃蟹着红袍！"曹尚书一听，顿觉老脸无光。这时，有一官员上前帮腔："两猿断木深山中，小猴子也敢对锯（句）？"解缙出口就对："一马陷足污泥内，老畜牲怎能出蹄（题）！"该官员面红耳赤，狼狈不堪。

以上只是我国古代以对偶为戏斗才的例子之一。其实，这种重视对偶修养的例子还有很多。1932年，清华大学的入学国文考试中就有作对题，上联是"孙行者"，学生的对句有"胡适之""祖冲之""王引之"等。不过，随着时代的发展变化，这种对句竞才传统已逐渐消失，只是在较大的节庆电视节目中还偶然出现。当然，熟练地运用对偶只是人们语言素养的一个方面，如果过分夸大其作用，不利于公众整体语言素养的提高。

3. 对偶的运用

（1）运用对偶首先应注意其所适用的领域。对偶曾被广泛使用于许多交际领域，在古代，主要是文学作品特别是古典诗词，以及节庆或园林中的对联、楹联。但是在现代，对偶在文学作品中的应用频率已大大降低，除了节庆活动或园林古迹中运用外，其他领域只是偶尔使用，比如新闻标题。例如，"送温暖，献爱心"，这是2003年2月6日中央电视台《新闻联播》中的一条新闻。显然，这个题目前后两个词组音节相等，结构相同，属于对偶句，较之于散句，它概括凝练，富有节奏感。再如，"三羊开泰辞旧岁，九州欢腾闹新春"，① 这是 2003 年春节来临之际一篇报道的题目，它反映了羊年除夕南京夫子庙"火树银花不夜天"的节庆壮景。这篇报道结合羊年，利用对联的形式作为标题，既切合内容，又切合春节的语境要求。此外，广告领域也经常使用对偶句。

（2）对偶对言语格式要求严格，运用时既要注意上下联之间各成分词性和意义的相对性、相关性；同时也要注意，不要为了追求格式工整影响意思的表达。比如，上例中解缙的对句："严父肩挑日月前街卖，慈母手推磨盘转乾坤"，严格说不是工对，"严父"对"慈母"、"肩挑"对"手推"、"日月"对"磨盘"，都基本上相对，但是"前街卖"和"转乾坤"的结构就不同了。前者是方位名词加动词，后者是动词加名词。因此，算不得工对，但它符合语境要求且能成功地完成交际任务，也不失为好对子。如果一味追求工整，改为"乾坤转"，则因文害意了。

（3）此外，对偶也要讲究创新，避免拾人牙慧。否则，就有落入俗套之嫌。如下例：据报载，1985 年位于湖北省武汉市的黄鹤楼重建，向社会征集楹联，后来汉川县一位会计的两句楹联从五万副中被选中。这两句楹联是："鹤舞帆飞，两水浪开东海日；楼成景换，五洲客醉楚天春。"楼成后，此联大幅悬于黄鹤楼北门。后来某大学一教授发现此联同他 1981 年写的楹联相似，并到当地有关部门状告该会计剽窃并侵犯了他的著作权。该教授的楹联是："袅袅白云，不尽帆飞，三峡浪开东海日；翩翩黄鹤，天边霞涌，五洲客醉楚天春。"后来，该会计的楹联被撤去。1995 年 6 月，其遗孀又到当地法院状告那位教授并胜诉，楹联恢复原位。

不难发现，上两副楹联各从不同侧面展现了黄鹤楼的美丽景色，但两联又有相同之处，其中"浪开东海日"和"客醉楚天春"一字未变，并且都居句末。这大概是引发文墨官司的主因。虽然如此，前者能结合当时黄鹤楼重建的事实赋出前半句，应该说有创新。但据报道，清人汤用彬 1913 年的《过黄鹄矶》一诗中，已有"扬子流开东海日，长庚客

---

① 人民网，2003 年 2 月 1 日。

醉楚天春"的句子，① 因此很难说上述二人的楹联是完全创新。

我们再看下面的例子："年年中秋节相似，岁岁月饼不相同"，② 这是一则新闻题目。用的是对偶，仿照的是刘希夷的《代悲白头翁》中的"年年岁岁花相似，岁岁年年人不同"。尽管格式相似，但用于新闻标题，还是能出一些新意。再如，清末有一贪官经常借做寿之机搜刮民财，因此有人作联嘲讽他："大老爷做生，银也要，钱也要，红白兼收，何分南北；小百姓该死，麦未熟，稻未熟，青黄不接，有甚东西。"一知县上任伊始，即在县衙门口贴出一副对联："一不要钱，二不要命，三不要官，四不要名。"可他上任没几天便贪赃枉法，草菅人命。于是，有人在对联每句话后各添两字："一不要钱，嫌少；二不要命，嫌老；三不要官，嫌小；四不要名，嫌臭。"③ 以上对偶都具有创新性，不落俗套。

此外，对偶是从话语形式界定的一种修辞格，如果从其他方面看，对偶与其他修辞格有交叉兼用的情况。这包括比喻、双关、夸张、反复、回环等等。比如："月圆月缺，月缺月圆，年年岁岁，暮暮朝朝，黑夜尽头方见日。花开花落，花落花开，夏夏秋秋，暑暑凉凉，严冬过后始逢春。"这副对联中，前两句是不太严格的回环，整体看是比喻，尽管难以找到确定的本体。再如："鸟在笼中望孔明，欲张飞，无奈关羽；人于世上叹时迁，悲无用，毕竟送江。"本例是对偶，也是谐音双关。其中"孔明""张飞""关羽"和"时迁""无用""送江"的谐音分别是《三国演义》和《水浒传》中的人物，此处既可以按照一般词语理解为"明月""张开翅膀欲飞""关住羽翼"和"时时变迁""无所用""目送江水流逝"，也可以按两部小说中的专有名词来理解，这是对偶和双关的巧妙组合。

二、一贯而下法——排比

1. 排比及其修辞功能

说话或写文章时，为了强调和突出某种意思，或增强话语的气势，

---

① 刘蜀鄂、李先宏《发生在黄鹤楼上的全国首例楹联著作权纠纷——农妇胜了，教授败了》，《北京青年报》，1995 年 11 月 20 日。
② 《经济参考报》，1999 年 9 月 24 日。
③ 安广禄《讽贪妙联拾趣》《书市周报》，2000 年 1 月 10 日。

使情感抒发得充分、强烈，常采用结构相同或相似、语义相关的一组句子或句子成分。例如：

中国出了个毛泽东，这是中国共产党的骄傲，是中国人民的骄傲，是中华民族的骄傲。……
我们必须始终坚持一切为了群众、一切依靠群众，坚持立党为公、执政为民，不断实现好、维护好、发展好最广大人民的根本利益。……
（胡锦涛《在纪念毛泽东诞辰110周年座谈会的讲话》，人民网，2003年12月26日）

本例中，"这是中国共产党的骄傲，是中国人民的骄傲，是中华民族的骄傲"和"实现好、维护好、发展好"，分别由三个句子或句子成分组成，它们结构相同、语义相关、气势连贯，这种运用一组结构相同或相似、语义相关、气势连贯的话语以突现一定气势的修辞方法，叫做排比。排比一般由三个或三个以上的短语或句子构成。

排比句语势的强弱，不但取决于句子或句子成分的长短和结构，而且受制于话语信息中的情感成分和语气的强弱。如果排比成分较长，而情感不强，则排比的气势较弱，节奏较舒缓。如果排比成分较短，且情感充沛，排比则具有节奏急促、明快的效果。例如：

① 实现全面建设小康社会的各项目标，推动经济社会协调发展，必须坚持以科学的理论武装人、以正确的舆论引导人、以高尚的精神塑造人、以优秀的作品鼓舞人，大力发展社会主义文化，为改革开放和社会主义现代化建设提供坚强的思想保证和智力支持。
（胡锦涛《在纪念毛泽东诞辰110周年座谈会的讲话》，人民网，2003年12月26日）

② 胡锦涛指出，世界要和平，人民要合作，国家要发展，社会要进步，这是不可阻挡的时代潮流。不管国际风云如何变幻，中国将始终站在人类正义事业一边，同各国人民一道，共同推进人类和平与发展的崇高事业，创造世界和平繁荣的美好明天。我们坚信，人类发展的前景是光明的。
（兰红光《国家主席胡锦涛：创造世界和平繁荣的美好明天》，人民网，2004年1月1日）

上例分别选自政论和新年贺词。前者中"以科学的理论武装人、以正确的舆论引导人、以高尚的精神塑造人、以优秀的作品鼓舞人"是排比成分，因其处在句中，且话语的情感逻辑没有达到高潮，因此读起来节奏较舒缓。而后者则语势相对强，一方面是话语的情感信息逻辑所致，另一方面是四个主谓结构各五个音节；因此，读来节奏轻快、有力。再如：

①试想，如果偏偏神不散形也不散；偏偏采用大白话直截了当；偏偏"多情却似总无情"，"任是无情也动人"；偏偏笔势沉郁凝重，略带涩味；有何不可？岂必不佳？

（潘向黎《现状与超越片谈》）

②有谁目睹过西风残照，汉家陵阙？有谁目睹过古罗马斗技场的日落黄昏？有谁目睹过金字塔在暝色中隐去？……谁才能多少体味一点古与今，兴与衰，变与不变，依恋与超脱；虽然稊米之微，却也感受着历史的脉搏，虽然孤独地伫立，却有无形的脐带同整个的人类相联……

（邵燕祥《大峡谷去来》）

③"弄潮儿向涛头立"，散文家应当有勇气、有魄力到改革的第一线去，去感受，去思索，去振奋，去呐喊！

（潘向黎《现状与超越片谈》）

上面三个排比例，都是由单句构成的，但仔细品味，它们的效果却不同。例①用"偏偏"引导四个假设分句，列举了四种情况，语势如大江入平川，虽急但平。最后接连两个反问句，语势突然高扬，如平静的水面顿起波澜，促人猛醒。例②是描写美国大峡谷晚景的一段抒情文字。此处，作者似立于大峡谷口，轻声吟唱。三个疑问句，似问非问，连举三个国家的黄昏景色，笔调舒缓而深沉。例③则连用四个三字句，语势强劲，层层递增，如大声疾呼。这种意义和语势上层层递增或递减的排比句，通常称为层递。

2. 排比的运用

排比是人们经常使用的修辞方法。其出现的语体主要是书面语体中的文艺语体、政论语体。科技语体和公文语体中较少使用。口语语体中排比的出现频率也比较高。在大众传播领域中，尤其是政治传播领域和新闻传播领域中，排比的出现频率很高。排比并不是适合于所有的交际领域，在运用中要注意以下几个方面：

（1）要切合排比所适应的语境。排比一般适用于抒情或说理性话语，如诗歌、散文或政论、杂文等。在其他一些实用性传播领域中，比如通讯、报告文学、政府工作报告、演说甚至于广告中，也时常使用，但频率不高。排比较少出现于应用文体如新闻、消息、短讯以及科技文体中。例如：

① 在轻轻荡漾着的溪流两岸，满是高过马头的野花，红、黄、蓝、白、紫，五彩缤纷，像织不完的织锦那么绵延，像天边的彩霞那么耀眼，像高空的长虹那么绚烂。

（碧野《天山景物记》）

② ……各级领导干部都要牢固树立全心全意为人民服务、真心真意对人民负责的精神，坚持权为民所用、情为民所系、利为民所谋，从群众最现实、最关心、最直接的利益入手，为群众诚心诚意办实事、尽心竭力解难事、坚持不懈做好事。

（胡锦涛《在纪念毛泽东诞辰110周年座谈会的讲话》，人民网，2003年12月26日）

例①出自散文，例②出自政论。前者赞美天山五彩缤纷的鲜花，反映了作者对自然美景的热爱；后者表达一种执政理念，也蕴含了当政者的政治热情。上述两个排比句，运用得恰到好处，都是情理所致，有水到渠成之感，十分自然。

但是，在修辞过程中，如果违反了话语建构自身所具有的气势，即使用了结构相同或相似、语义相关的句子，也难以体现排比应有的气势，也难以取得它所应有的修辞效果。比如：

影响男人健康的原因有四个：男人有泪不轻弹，男人有话不爱说，男人有病不去看，男人有家不爱回。

（刘英丽、丁尘馨《中国新闻周刊关注"精英"男士：他们已不堪重负》，中国新闻网，2003年10月27日）

本例属于新闻报道，虽然四个句子结构相同，语义相关，但缺乏内在气势，从中很难体会话语的情感逻辑脉络，很难发现其"情之所致"之处，难说是排比，只能算作一般的整句形式。

(2) 排比句的数量要适当。排比句一般是以三个成分为佳，运用得好，能显示出排比结构本身的修辞功能。从话语理解心理看，三个成分容易造成一种依次递增的气势，语气可形成起伏。如果所抒之情或所论之理确实存在更多的余地，也应酌情取舍。反之，一味罗列，会扭曲排比所应具有的气势。例如：

　　　祝你在猴年：比鼠强，比牛牛，比虎猛，比兔乖，比龙尊，比蛇威，比马壮，比羊善，比鸡勤，比狗忠，比猪胖。最后祝你比猴还要精。
　　（《提醒：拜年短信，今晚您要早点发猴年最新短信》，新华网，2004年1月21日）

　　上例虽然具有多个结构相似、语义相关的成分，具有排比的形式特征，但读来却有冗长拖沓之感，且无法从结构上区分排比成分之间的起伏变化，语义上没有明显的层次性，难以突出排比所应有的功能。或者说，它并不是典型的排比，而只是运用了排比的形式。因此，运用排比，要重视结构上和语义上的内在气势。

　　(3) 注意排比与其他辞格的兼用。排比有时也同其他辞格一起使用，这主要是比喻。例如：

　　　所谓革命高潮快要到来的"快要"二字作何解释，这点是许多同志的共同的问题。马克思主义者不是算命先生，未来的发展和变化，只应该也只能说出个大的方向，不应该也不可能机械地规定时日。但我所说的中国革命高潮快要到来，决不是如有些人所谓"有到来之可能"那样完全没有行动意义的、可望而不可即的一种空的东西。它是站在海岸遥望海中已经看得见桅杆尖头了的一只航船，它是立于高山之巅远看东方已见光芒四射喷薄欲出的一轮朝日，它是躁动于母腹中的快要成熟了的一个婴儿。
　　　　　　　　　　　（毛泽东《星星之火，可以燎原》）

　　本例三个排比句，也是三个比喻。毛泽东把"革命高潮的快要到来"分别比作了"看得见桅杆尖头了的一只航船""已见光芒四射喷薄欲出的一轮朝日"和"躁动于母腹中的快要成熟了的一个婴儿"，既阐明了革命高潮即将出现的深刻道理，又体现了一个政治家对未来充满信心的豪迈气概，令人鼓舞，催人奋发。

三、一唱三叹法——反复

1. 反复及其类别

说话或写文章时，经常会有意识地重复某一话语，有时是词语，有时是句子，有时甚至是语段，这种修辞方法叫做反复。例如：

> 起来，不愿做奴隶的人们！
> 把我们的血肉，
> 筑成我们新的长城！
> 中华民族到了最危险的时候，
> 每个人被迫着发出最后的吼声。
> 起来！起来！起来！
> 我们万众一心，
> 冒着敌人的炮火前进！
> 冒着敌人的炮火前进！
> 前进！前进！进！
>
> （田汉《义勇军进行曲》）

本例是进行曲，也是中华人民共和国国歌的歌词。它发表于1935年中华民族遭受外敌侵略的危急关头。诗人为了加强话语的感召力，多次使用反复。"起来！起来！起来！……冒着敌人的炮火前进！冒着敌人的炮火前进！前进！前进！进！"声声如呐喊，字字如雷电，促人猛醒，催人奋发，有振聋发聩之效。取得这样的修辞效果，多赖于反复。如果删掉反复部分，话语的力度会顿然削弱。

反复有两种划分方法。根据反复的成分，可分为词语反复、句子反复和语段反复。此外，根据反复成分出现的位置，又可分为连续反复和间隔反复。因上述划分角度不同，在实际运用中存在交叉。如果把上述各种反复浑然一体地结合起来，效果会更好。比如"雨巷诗人"戴望舒的《雨巷》，就是这方面的代表：

> 撑着油纸伞，独自
> 彷徨在悠长，悠长
> 又寂寥的雨巷，
> 我希望逢着

一个丁香一样地
结着愁怨的姑娘。

她是有
丁香一样的颜色，
丁香一样的芬芳，
丁香一样的忧愁，
在雨中哀怨，
哀怨又彷徨；

她彷徨在这寂寥的雨巷，
撑着油纸伞
像我一样，
像我一样地
默默彳亍着，
冷漠，凄清，又惆怅。

她静默地走近
走近，又投出
太息一般的眼光，
她飘过
像梦一般地，
像梦一般地凄婉迷茫。

像梦中飘过
一枝丁香地，
我身旁飘过这女郎；
她静默地远了，远了，
到了颓圮的篱墙，
走尽这雨巷。

在雨的哀曲里，
消了她的颜色，
散了她的芬芳，
消散了，甚至她的
太息般的眼光，

丁香般的惆怅。

撑着油纸伞，独自
彷徨在悠长，悠长
又寂寥的雨巷，
我希望飘过
一个丁香一样地
结着愁怨的姑娘。

（戴望舒《雨巷》）

　　这首诗描写雨巷中撑着油纸伞的姑娘，表达了作者孤苦、凄清、惆怅的心情，和对可望而不可即的美好事物的追求。全诗和谐流畅的音调如清吟低唱、舒缓悠扬。诗人不仅精于构筑韵脚，还工于反复，他把各种反复手法巧妙地编织在一起，有浑然天成之感。首先，诗人把首尾两段稍作改变，构成间隔的反复乐章。其次，他于诗中多次使用词语连续反复，如"悠长，悠长""像我一样，像我一样地""远了，远了"等等。这使得诗句似断实连，韵律回旋荡漾。所以，此诗一出即被叶圣陶誉为开新诗音节之新纪元，也就不足为怪了。

　　此外，需要指出的是，反复不是重复，虽然重复在话语形态上与反复类似。在听觉或理解出现障碍时，听不清，没明白，都有必要重复说过的话。其修辞效果是通过机械的手段加强，而不像反复那样通过韵律来增强修辞效果。另外，还有两种修辞方法与反复类似。一种是拈连，比如"抓小偷抓出的官司"①"'脱口秀'脱出三大'名嘴'"，②分别反复使用了"抓"和"脱"，但是前后的两个"抓"和"脱"意义不同，后一个"抓"和"脱"是依靠前一个获得具体意义的，且第二个"抓"和"脱"与其后面的词语也往往不存在惯常的搭配关系。这与反复中反复成分的意义没有变化不同。

　　与反复相近的另一种修辞方法是复用。比如，"加油站加油建""OK眼镜不OK"③"岗位意识增强，博导也'考博'"④"残长城别

---

① 中央电视台《今日说法》，2001年5月21日。
② 人民网，2001年8月19日。
③ 周亮，中国眼科医生网，2001年6月5日。
④ 邵岭，《文汇报》，2000年5月8日。

'残'着开"①"'接吻区'外禁接吻"②"'形象工程'别败坏形象"③等等,在这些新闻标题中,不但后面的语用成分多重复了前面已出现的语素或词语,而且两者在语音或语义上具有某些联系,因此称为"复用",就是再次利用的意思。④ 复用具有反复的形态,但又有区别。复用中的前后两个成分的意义和词性并不一定相同,比如"加油站加油建"中,前一个"加油"是一个语素,后一个则是一个副词,两者的意义和词性都不相同,这不同于反复。

反复作为一种主要旨在提高话语韵律效果的修辞方法,多运用于文艺语体中,比如诗词歌赋、戏剧等等。有的影视作品也偶尔使用反复。比如,2001年有一部电影名就是《那山 那人 那狗》,显然,此处也可省为"山·人·狗",⑤ 但仔细体会,如此就没有了原名的连贯性。反复成分"那",实际上起了衔接、强调作用。再如,有一部电视剧叫《你家 我家 他家》,其中有一个反复语素"家"。上述两例实际上还具有排比的特征,因此具有一定的韵律和气势。其他领域反复的使用频率比较低,比如科技语体等。

2. 反复的修辞功能

反复的修辞功能表现在三个方面:

(1) 增强韵律。反复不是重复,其修辞功能重在突出话语的音乐美,使话语回环复沓,具有一唱三叹的音响效果。因此,反复多出现在诗歌等对韵律要求比较高的话语中。例如:

> 天上飘着些微云,
> 地上吹着些微风。
> 啊!
> 微风吹动了我头发,
> 叫我如何不想她?
> ......
> 月光恋爱着海洋,
> 海洋恋爱着月光。

---

① 汤一原,《北京日报》,2000年7月1日。
② 谢桥,《北京晨报》,2000年6月21日。
③ 谭剑等,《人民政协报》,2000年8月9日。
④ 陈汝东《也谈新闻标题中的复用方法》,《新闻与写作》,2002第4期。
⑤ 《〈那山 那人 那狗〉热映日本》,人民网,2001年10月12日。

啊!
这般蜜也似的银夜,
叫我如何不想她?
水面落花慢慢流,
水底鱼儿慢慢游。
啊!
燕子你说些什么话?
叫我如何不想她?
枯树在冷风里摇,
野火在暮色中烧。
啊!
西天还有些残霞,
叫我如何不想她?

(刘半农《情歌》)

本例是一首思恋祖国的诗,是刘半农留学欧洲时所写。作者于每小节的结尾,都用了"叫我如何不想她"。这样,一方面强化了诗的主题,使游子思乡的情结更加浓烈;另一方面,也增强了诗的音乐性。

(2) 深化语义。运用反复有时不仅是为了韵律的和谐,更重要的是强化所要表达的意思。当反复成分出现在诗句的开头和结尾时,更是如此。这些地方的连续反复时间间隔短,一般起强调作用,用以唤起听读者,语势一般由弱到强。比如,前面所举的《义勇军进行曲》中的"起来!起来!起来!……冒着敌人的炮火前进!冒着敌人的炮火前进!前进!前进!进",就具有层层深化、步步加强的修辞效果。再如:

向前向前向前!
我们的队伍向太阳,
脚踏着祖国的大地,
背负着民族的希望,
我们是一支不可战胜的力量。
……

(公木《八路军进行曲》)

这首歌词作于1939年秋。当时,中国人民的抗日战争正处于敌强我弱的形势下，它鼓舞了士气，激励了广大人民群众的抗日斗志。歌首三个"向前"，一个比一个强劲，充分体现一种排山倒海、无坚不摧的雄壮气势。如果删掉两个，这种功能将顿然消失。

（3）语篇衔接。有些反复不仅具有增强韵律和深化语义的功能，而且起一定的语段衔接或照应作用，特别是一些间隔反复。例如：

妹妹你是水——
你是清溪里的水。
　无愁地镇日流，
　率真地长是笑，
　自然地引我忘了归路了。

妹妹你是水——
你是温泉里的水。
　我底心儿他尽是爱游泳，
　我想捞回来，
　烫得我手心痛。

妹妹你是水——
你是荷塘里的水。
　借荷叶做船儿，
　借荷梗做篙儿，
　妹妹我要到荷花深处来！

（应修人《妹妹你是水》）

姑娘美如水。美如什么样的水呢？诗人三次反复，用"清溪""温泉""荷塘"再现了"妹妹"清纯活泼、温柔热烈且朴素淡雅的气质、风采。"妹妹你是水——你是……里的水"，显然不是简单的重复，而是整首诗衔接的有机部分。如果没有这些衔接成分，诗的主题将无法展现，各段话语也将失去附着。

反复成分如果分别出现在首尾时，其作用往往是衔接语篇使之遥相呼应或补足韵律。比如：

① 街上有春风，窗上有春风，春风能寄远吗？
　让千万里渺茫的云烟，让千万里遥遥的山水，隔绝了你我的馨颊，已经两度春风了。

……
但让云烟与山水隔绝了我们的馨颏,已经两度春风了,所以我要问:
春风能寄远吗?

(周为《三月》)

② 我第二次到仙岩的时候,我惊诧于梅雨潭的绿了。
梅雨潭是一个瀑布潭。……
……
我第二次到仙岩的时候,我不禁惊诧于梅雨潭的绿了。

(朱自清《绿》)

③ 昆明的冬天是温暖的。
眼下正是所谓寒冬时节吧。……
……
啊,昆明的冬天是温暖的。

(吴然《那只红嘴鸥》)

例①中,作者以"春风能寄远吗"开篇,在回忆、描绘了三月的美景后,又以此句作结,首尾呼应,既增强了全篇的整体性,又强化了欲借春风寄乡思的美好愿望,令人回味无穷。例②和例③则对反复成分稍加改动,分别作为文章的开头和结尾,正文叙述语篇核心信息,反复成分则照应全篇、综括全文、深化语义。

很多情况下,反复是同其他辞格兼用的,包括排比、比喻、比拟等等。上面有些例子,就是比喻兼反复,比如"妹妹你是水"。

3. 反复的运用

运用反复时要注意两方面:一是注意反复所出现的语体。反复多用于文艺语体的话语中,如诗歌、散文、歌词等。一般公文语体和科技语体中较少用反复。但是在一些兼有实用性和艺术性的话语中,也会出现反复。比如,在新闻传播领域中,也偶尔出现反复,如2003年1月18日新华网有一篇报道,题目是"盖帽!盖帽!盖帽",它强调了中国男子篮球运动员在美国职业篮球赛中的出色球技。二是注意反复出现的具体语境。反复多用于抒发强烈的情感,所以运用反复时必须是情之所致,不可违反话语内在的情感逻辑。这样,修辞效果才会好。例如:

周总理，我们的好总理，
你在哪里呵，你在哪里？
你可知道，我们想念你，
——你的人民想念你！

我们对着高山喊：
周总理——
山谷回音：
"他刚离去，他刚离去，
革命征途千万里，
他大步前进不停息！"
……

总理呵，我们的好总理！
你就在这里啊，就在这里。
——在这里，在这里，
在这里……
你永远和我们在一起，
——在一起，在一起
在一起……
你永远居住在太阳升起的地方，
你永远居住在人民心里，
你的人民世世代代想念你！
想念你呵，想念你
——想——念——你……

（柯岩《周总理，你在哪里?》）

  本诗作于周恩来总理逝世一周年之际，属悼念诗，很适于反复吟唱。诗人运用非凡的想象力，借助"高山""大地""森林"等雄奇形象，苦苦追问、孜孜求索逝去的亲人踪迹，一唱三叹、如泣如诉，长歌当哭，荡气回肠。全诗情感抒发自然流畅，反复的运用如水到渠成，层层深入，步步递增，合题、切境、入情，大有出神入化之功。

  如果没有真情，或从话语的内在逻辑顺序看，不适合出现反复咏唱，如用了反复，反而会弄巧成拙。比如有些电视广告，一个商品名称重复三遍，根本没有什么事理或情感基础，结果只能是令人生厌。

此外，运用反复也应注意创新，灵活使用各种反复，以取得更佳的修辞效果。例如：

> 我现在不知道应当感谢哪一路神灵：佛祖、上帝、安拉；由于一个万分偶然的机缘，我没有走上绝路，活下来了。活下来了，我不但没有感到特别高兴，反而时有悔愧之感在咬我的心。活下来了，也许还是有点好处的。这一生写作翻译的高潮，恰恰出现在这个期间。
>
> （季羡林《八十述怀》）

"文革"十年浩劫，作者幸免一死，感慨良多。一句"活下来了"，凝聚了作者对过去辛酸往事的慨叹。慨叹之不足，复沓一句"活下来了"。它一方面使上下文语义衔接紧密，另一方面又加深了读者对作者坎坷多桀命运的理解。如果把这半句删节，原文中悲壮苍凉的意蕴就会荡然无存。

四、首尾蝉联法——顶真

1. 顶真的形态

在言语交际中，尤其是阅读文学作品时，还会遇到下面的现象：

> ① 有个农村叫张家庄。张家庄有个张木匠。张木匠有个好老婆，外号叫个"小飞蛾"。小飞蛾生了个女儿叫"艾艾"，算到一九五〇年阴历正月十五元宵节，虚岁二十，周岁十九。
>
> （赵树理《登记》）

> ② 建设社会主义要靠科学，科学要靠人才，人才要靠教育。所以，建设社会主义，实现现代化，教育是根本。

例①前四句话首尾相接、前后承继。例②也是上一句的结尾作为下一句的开头。这种前后相继、环环相扣的修辞方法叫顶真。

2. 顶真的修辞功能

顶真使话语首尾蝉联，一方面，能揭示事物之间的辩证关系；另一方面，可使语气连贯，语音和谐流畅。例如：

王尔列到江南主持科考。江南举子刁难他，出一上句试其才能："江南千山千水千秀才。"王尔列应声答道："塞北一天一地一圣人。"
　　一个举子躬身问道："王大人学识如此渊博，敢问尊师大名？"
　　王尔列笑道："天下文章数三江，三江文章数吾乡，吾乡文章数吾弟，吾为吾弟改文章。"
　　举子们自愧不如。

　王尔列才识过人，他不直说无师自通，却巧卖关子，采用诗的格式并兼用顶真手法，不仅话语工整，而且韵脚和谐，语意缠绵、幽默风趣。

　顶真首尾蝉联，环环紧扣，耐人寻味，言语交际中人们经常使用，特别是政论、散文以及日常口语。再如：

　　① 谈到这儿，老人又慨叹说："这真是座活山啊。有山就有水，有水就有脉，有脉就有苗，难怪人家说下面埋着聚宝盆。"
　　　　　　　　　　　　　　　　　　　　　（杨朔《香山红叶》）

　　② 检查团来了怎么办？先住宾馆后管饭。管饭以后怎么办？坐着小车看一看。看完以后怎么办？换个地方再吃饭。吃饭以后怎么办？歌舞厅里转一转。转完以后怎么办？桑拿浴里涮一涮。涮完以后怎么办？找个小姐按一按。按完以后怎么办？麻将桌上搬一搬。搬完以后怎么办？拿着礼品说再见。再见以后怎么办？当地领导算一算。算完以后怎么办？老老实实公款办。
　　　　　　　　　　（汪金友《从一首顺口溜看一个检查团之所为》）

　例①中，"老人"把"山""水""脉""苗"之间的关系，用顶真手法衔接起来，话语连贯，事物之间的关系表现得自然活泼。如果改为"这真是座活山啊。山、水、脉、苗之间具有一脉相承的关系。难怪人家说下面埋着聚宝盆"，就缺少了口语色彩，显得文绉绉的，生气大减。例②是一首顺口溜，它采用首尾蝉联的顶真和反复手法，语音和谐，结构严整，深刻地揭示了检查团吃喝玩乐、腐化堕落的丑行，反映了百姓丰富的语言创造力。

　　3. 顶真的运用

　顶真因为其形式和表意上的特点，经常被用于阐述事物之间的逻辑关系。因此，口语语体和书面语体中的文艺语体、政论语体、科技语体乃至于公文语体中，都会出现顶真。例如：

① 大开发促大开放，大开放促大发展。

（刘根生《抓软环境，手不能软》，《瞭望》，2000年第16期）

② 对于"西部大开发带来大开放，大开放带来大发展"的提法，对于新闻媒介对"西部热"的推波助澜，极可能诱发数百万的"西部民工潮"，科技界委员们深感忧虑。

（李斌等《"大开发不等于大开荒"》，《北京晨报》，2000年3月7日）

以上两例都出自新闻报道，但源自口语。作者们都利用这种顶真的形式，形象地揭示了"大开发""大开放"与"大发展"之间的辩证关系。如果换用其他形式表达事物之间的关系，虽无不可，但不能通过话语形式体现。比如，说成"大开发与大开放、大发展之间具有互为因果和条件的关系，大开发与大开放是大发展的前提条件，大发展是大开发与大开放的目的"，如此不但繁琐，且缺乏艺术性。当然，鉴于顶真主要用于表达多种事物或现象之间的连锁关系，因此运用时要切实注意事物间的联系，不可片面追求形式。

五、回环往返法——回文

和顶真相类似的，还有一种叫回环的辞格，又叫回文。例如：

① 客上天然居，居然天上客。
② 僧游云隐寺，寺隐云游僧。

例①是一酒楼的楹联。"天然居"是酒楼的名字，意思是：客人到了天然居酒楼，畅饮其中就如同天上的仙客，形容酒楼优雅舒适，品位高。后一句正好是前一句的倒置，两句话正念反念都成句，读来饶有趣味。例②上句是说僧人云游到云隐寺，后句则把上句倒过来，意思是云隐寺里隐居着云游僧。也就是说，回环是把一个词组、一句话甚至是一段话，以语素、词或词组为单位颠倒顺序，构成具有连贯意义话语的一种修辞方法。所以，回环有两个要件，一是颠倒语序，二是颠倒语序后的话语依然可以理解，且与原文一起构成连贯的话语。

以上是回环的完美形式，即一句话完全颠倒顺序。有的回环则不是。例如"国运即北大运，北大运即国运"，① 这是不完全、不太严格的回环，因为后句是以词语为单位颠倒的。此外，还有一种是句子内部的回环。例如"雪映梅花梅映雪，莺宜柳絮柳宜莺""清水塘里塘水清，静泉山上山泉静""香山碧云寺云碧山香，黄山落叶松叶落山黄"，以上语例是回环与对偶的兼用形式。回环出现在句内，且只是颠倒一句话的前半部分作为后半句，这也具有一定的艺术韵味。再如，"年年岁岁花相似，岁岁年年人不同"，也是句中回环。

回环是一种古老的修辞方法，《老子》一书中就有回环形式，如"知者不言，言者不知""信言不美，美言不信""善者不辩，辩者不善"等等。后来，这种修辞方法逐渐由句中回环、语句回环发展到语段或语篇的回环，并逐渐演化成了一种诗、词、曲、赋的样式，分别叫做回文诗、回文词、回文曲、回文赋。三言的、五言的、七言的乃至于语段或篇章的都有。例如：

  白杨长映孤山碧，
  碧山孤映长杨白。
  春暮别伤人，
  人伤别暮春。

  雁归迷塞远，
  远塞迷归雁。
  楼倚独深愁，
  愁深独倚楼。

(明·王世贞《菩萨蛮·春暮》)

回文利用的是汉语的特点，具有一定的独特性。在古汉语中，因多是单音节词，所以构造回文形式的话语比较容易，因此古代产生了许多的回文作品。宋代桑世昌编的《回文类聚》和清代朱象贤的《回文类聚续编》中有许多这样的作品。其中，晋代苏伯玉的妻子作的《盘中诗》很具代表性：

---

① 李彦春《吴奇修：一个北大高材生的村官选择》，人民网，2002年12月18日。

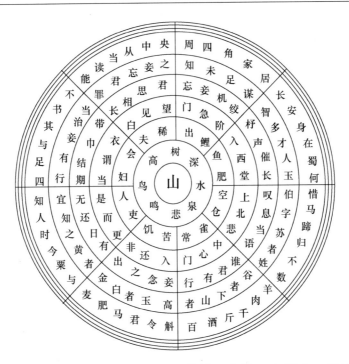

传说该诗作是妻子劝夫归家的。苏伯玉宦游巴山蜀水,留连忘返。其妻遂作此诗以劝之:

>山树高,鸟鸣悲。泉水深,鲤鱼肥。
>空仓雀,常苦饥。吏人妇,会夫稀。
>出门望,见白衣。谓当是,而更非。
>还入门,心中悲。北上堂,西入阶。
>急机绞,杼声催。长叹息,当语谁?
>君有行,妾念之。出有日,还无期。
>结巾带,长相思。君忘妾,未知之。
>妾忘君,罪当治。妾有行,宜知之。
>黄者金,白者玉。高者山,下者谷。
>姓者苏,字伯玉。人才多,智谋足。
>家居长安身在蜀,何惜马蹄归不数?
>羊肉千斤酒百斛,令君马肥麦与粟。
>今时人,知四足。与其书,不能读。
>当从中央周四角。

据传，苏伯玉解读妻子的"盘中诗"后，百感交集，遂收拾行囊，回归故里，与妻子团圆。除《盘中诗》外，前秦苏蕙——苏若兰作的《璇玑图》最为著名：

琴清流楚激弦商秦曲发声悲摧藏音和咏思惟空堂心忧增慕怀惨伤仁
芳廂东步阶西游王姿淑窕窈伯邵南周风兴自后妃荒经离所怀叹嗟智
兰休桃林阴翳桑怀归思广河女卫郑楚樊厉节中闱淫遐旷路伤中情怀
凋翔飞燕巢双鸟土迤逶路遐志咏歌长叹不能奋飞忘清帏房君无家德
茂流泉情水激扬思顾其人硕兴齐商双发歌我衮衣想华饰容朗镜明圣
熙长君思悲好仇旧蕤威粲翠荣曜流华观冶容为谁感英曜珠光纷葩虞
阳愁叹发容摧伤乡悲情我感伤情徵宫羽同声相追所多思感谁为荣唐
春方殊离仁君荣身苦惟艰生患多殷忧缠情将如何钦苍穹誓终笃志真
墙禽心滨均深身加怀忧是嬰藻文繁虎龙宁自感思岑形荧城荣明庭妙
面伯改汉物日我愁思何漫漫荣曜华雕旗孜孜伤情幽未犹倾苟难闱显
殊在者之品润乎兼苦艰是丁丽状观饰容侧君在时岩在炎在不受乱华
意诚惑步育浸集悴我生何冤充颜曜绣衣梦想劳形峻慎盛戒义消作重
感故昵飘施愈姎少章时桑诗端无终始诗仁颜贞寒嵯深兴后姬源人荣
故遗亲飘生思愆精徽盛翳风比平始璇情贤丧物岁峨虑渐孽班祸逸章
新旧闻离天罪辜神恨昭感兴作苏心玑明别改知识深微至嬖女因佞臣
霜废远微地积我遐微业孟鹿丽氏诗图显行华终凋渊察大赵婕所奸贤
水故离隔德怨因幽元倾宣鸣辞理兴义怨士容始松重远伐氏好恃凶惟
齐君殊乔贵其备旷悼思伤怀日往感年衰念是谘愆涯祸用飞辞姿害圣
洁子我木平根尝远叹永感悲思忧远劳情谁为独居经在昭燕辇极我配
志惟同谁均难苦离戚戚情哀慕岁殊叹时贱女怀叹网防丹实汉骄忠英
精新衾阴匀寻辛凤知我者谁世异浮奇倾鄙贱何如罗萌青生城盈贞皇
纯贞志一专所当麟沙流颓逝异浮沉华英翳曜潜阳林西昭景薄榆桑伦
望微精感通明神龙驰若然倏逝惟时殊白日西移光滋愚谗漫顽凶匹
谁云浮寄身轻飞昭亏不盈无倏必盛有衰无日不陂流蒙谦退休孝慈离
思辉光饰粲殊文德离忠体一违心意志殊愤激何施电疑危远家和雍飘
想群离散妾孤遗怀仪容仰俯荣华丽饰身将与谁为逝容节敦贞淑思浮
怀悲哀声殊乖分圣赀何情忧感惟哀志节上通神祇推持所贞记自恭江
所春伤应翔雁归皇辞成者作体下遗蕲菲采者无差生从是敬孝为基湘
亲刚柔有女为贱人房幽处己悯微身长路悲旷感士民梁山殊塞隔河津

此图是前秦才女苏若兰为情而作，共 841 字，纵横都是 29 字，纵横对齐，反复都成章句，可组成诗词无数。据传，原图为五彩织锦，莹心耀目，用五色字区别三、五、七言诗体，后来传抄者都用墨书，无法分辨其体，解读困难。据传唐代武则天就此图推求，得诗 200 余首。宋代高僧起宗，将其分解为十图，得诗 3752 首。明代康万民采用正读、反读、起头读、逐步退一字读、倒数逐步退一字读、横读、斜读、四角读、中间辐射读、角读、相向读、相反读等方法，得五言、六言、七言诗 4206 首。

据载，此图是苏若兰为劝丈夫安南将军窦滔回心转意而作。一说，因家庭矛盾纷争，窦滔与苏若兰恩断义绝；一说因窦滔戍守襄阳另有所爱而疏远苏若兰。苏若兰匠心独运，巧织回文锦，名曰《璇玑图》，遣人去襄阳送与窦滔。窦滔读后为若兰才情所动，幡然悔悟，主动迎若兰至任所，夫妇重归于好。《璇玑图》因此流传后世，成为回文史上一绝。《晋书·列女传》、清人笠翁的《合锦回文传》以及甘肃敦煌学学会秘书处编的《织尽相思无限泪——苏蕙巧织"回文旋玑图"的故事》都有记载。《合锦回文传》讲述的是因此图而起的小说故事。

回环重在话语形式的倒反，用得巧妙，可使话语新颖、有趣。运用不当，则会成为文字游戏，因此运用时应注意内容与形式和谐。回环除了作为一种特殊的文学形式之外，还可用于其他实用性的交际领域。新闻以及大众传播领域中，也经常使用。例如"我为人人，人人为我"，这是一种道德教化口号。

再如，"变'一刀切'为'切一刀'"，这是中央电视台 2001 年 8 月 10 日《新闻联播》播出的有关整顿市场秩序的新闻标题。再如"羊年祝福，祝福羊年"，[①] 这是 2003 年春节期间的一篇"人民时评"，在国泰民安的羊年到来之际，作者以这样的形式表达了对民众的祝福。这种有意味的形式，不仅起了强调语意的作用，同时也具有一定的韵律，较之于单句，表达效果要好。这些都是新闻传播领域中的回环语例。这类回环，多用在文章标题或者其他具有概括力的口号中。

类似的回环语例还有"好事办实，实事办好"[②]"越穷越生，越生

[①] 金海，人民网，2003 年 2 月 1 日。
[②] 程善光，人民网，2001 年 10 月 12 日。

越穷"①"越开垦越穷,越穷越开垦"② 等等,这些多是不严整的回环,语序不是绝对倒反,只是以词或词组为单位的倒反,但都能恰当、有效地反映事物之间的辩证关系,具有实际交际价值。

第三节 意义化修辞方法

一、形象生动法——比喻

1. 比喻的性质

修辞不仅在于使话语正确、明晰,有时还要使人感动,需要激发听读者的情感,促使他们联想、想象,以达到使人有如临其境、如闻其声、如尝其味等视觉、听觉、触觉和味觉等多方面的体验和感受。这就需把要表达的意思或要叙述的事物,同其他一些具体形象的事物等在话语中进行连接。例如:

> 长时间被一家机关借调,由于种种原因办不了正式调动手续,原单位早当我是"嫁出的闺女",现单位并未承认我是"过门媳妇",一颗心犹挂在树杈上,上下无着,惶恐不安,还得把苦衷深藏起来,以维护成熟男人的良好形象。
>
> (陈俊哲《羞见熟人》)

"嫁出的闺女"是什么意思?就是娘家——原单位以外的人。"当我是'嫁出的闺女'",就是不再被原单位当自家人来关心。"过门媳妇"就是自家人,而"并未承认我是'过门媳妇'",意思就是没有把"我"当自家人,也就得不到关心。得不到单位关心是什么滋味?作者说"一颗心犹挂在树杈上,上下无着,惶恐不安"。为什么作者不直说"原单位不关心""现单位也不关心"呢?为什么不直说"内心上下无着,惶恐不安"呢?目的显然是要把抽象的意思形象化,增加视觉效果,使听读者有较大的想象、体会的余地,这样传达的信息就更丰富,更形象。

再如,有一则《西北五省——拆掉篱笆墙,共创大市场》的新闻报道说:"与往昔各地竞相设卡封锁,自我困守形成鲜明对比的是,陕

---

① 杜登彬《西部不能忽视控制人口》,《中国经济时报》,2000年3月6日。
② 张瑞玲《南泥湾:50年前开荒50年后种树》,《北京晨报》,2000年9月16日。

西、甘肃、宁夏、新疆、青海西北五省区正携手拆掉篱笆墙，联合共创大市场。""篱笆墙"就是农村院落之间，用竹竿、竹片或高粱秆等物扎起来的栅栏墙，常用来阻挡动物或外人进入。当然，西北五省之间不可能有真的篱笆墙，这里指的是五省的经济封锁，尤其是政策条文。作者把这种相对抽象的政策条文，比作看得见的"篱笆墙"，给人的感觉就具体了，它很容易让人联想到屏障。

上例中的修辞方法就是比喻，也就是通常所说的打比方，古人称之为"譬"或"譬喻"。比喻是为了描写事物或说明道理，把具有相似点的事物互相作参照，同时组织在一段话语中以完成一定的交际任务的一种修辞方法。人们使用比喻的历史悠久，相关的文字资料可以追溯到上古时期。比如，《诗经·卫风·硕人》中的句子："手如柔荑，肤如凝脂，领如蝤蛴，齿如瓠犀。螓首蛾眉，巧笑倩兮，美目盼兮"，《论语·颜渊》中的"君子之德风；小人之德草；草上之风必偃"，这些都是古代的比喻。它们或说理或状物或抒情，都十分恰切地传递了预定的信息，使表达对象在听读者那里获得了形象地延伸。

2. 比喻的结构、类型

（1）比喻的结构。在传统的比喻理论中，比喻被切分为四个部分。被比的事物叫"本体"，用来作比的事物叫"喻体"，连接词叫"喻词"。常用的喻词有"如""像""是""宛如""仿佛"等等。此外，有些比喻在喻体之后还有个说明成分，如"像箭一般快"，"一般快"通常称为"喻解"。例如：

① 耸立在茫茫大漠深处的载人航天发射设施，像一尊尊无字的丰碑，记载着共和国发奋图强、天宇拓荒的历程，也凝聚着总装某特种安装总队官兵的心血与汗水，融入了他们的光荣与梦想。

（刘程、张希文《搭起"神五"飞天的云梯》，《人民日报》，2003年10月27日）

② 累了，真累了，我们就这样舒展放松地依偎平躺，就像小溪依偎高山，就像高山傍着小溪。

（叶文玲《无梦谷》）

这两例中，"载人航天发射设施""我们就这样舒展放松地依偎平躺"都是本体，"像"是喻词，"一尊尊无字的丰碑""小溪依偎高山"

"高山傍着小溪"都是喻体。以上是比喻结构成分的常规分布方式。在实际的运用中,比喻成分的次序还可根据交际需要适当调整,因此还有一些其他形态。例如:

> 他却毫无倦意。他那颀长健美的身躯,就如驰驱沙场的战马一样强壮;他那如大树一样稳实可靠的臂膀,刚才"托"着她长途跋涉,一路进山,连轻轻的颤栗都不曾有过!
>
> (叶文玲《无梦谷》)

本例第一个比喻,是按"本体""喻词""喻体""喻解"依次排列的。而第二个比喻的排列顺序则是"喻词""喻体""喻解""本体"。"本体""喻体""喻词"或"喻解"俱全的,通常叫做明喻。这类比喻常用"像""如""似""仿佛""犹如""宛如"等做喻词。

(2)比喻的类型。比喻的分类有许多种,常见的是明喻、暗喻、借喻。明喻、暗喻是按照比喻构成成分在话语层面的表现形态以及本体与喻体之间的关系划分的。两者是本体、喻体、喻词都出现,但喻词不同,其表达的本体和喻体之间的关系也不一样。明喻多用"像""如""似""仿佛""犹如""宛如"等,强调本体和喻体之间的相似关系。比如:

> ① 科学像一棵苹果树,你不知道它哪个地方能结出果实,但这是一个整体,你不能因为它未结果就把它砍掉!
>
> (《不重视科学的民族将是可悲的》)
>
> ② 月光为三人涂上一层灿烂庄严的银光,宛如三尊古老而又不朽的石像。
>
> (亚东《黑牡子》)

例①强调科学与苹果树之间的相似性。例②则强调月光下的三个人与石像之间的相似性。与明喻不同的是,暗喻通过"是""变成""成为""等于"等,突出"本体"与喻体之间的关系。例如:

> ① 全庆婚后日子过得很滋润,不称心的事就是一个被窝睡过三年了,媳妇还是个花骨朵,不见开怀。婆婆盼孙子心切,天天给观世音烧香,为全庆祈子。
>
> (李一信《三种故事》)

②历史岂是任人随意打扮的女孩子!

（姜鸣、刘申宁《〈甲午海将方伯谦〉是一部伪劣作品》）

③昨日上午，河南省周口市裕隆发电有限公司新家属院内突发大案，一歹徒身绑"炸药"、手持"枪支"穷凶极恶地闯进一居民家中索要钱财。不料，该歹徒被机警的主人反锁室内，成了瓮中之鳖。

（于扬《4小时智捉入室歹徒》，京报网，2003年7月24日）

这三例中，前两例都由"是"做喻词。"花骨朵"就是没有开的花朵，没开花也就没结果，也就是没生育。例①把没有生育的妇女比作了"花骨朵"，既委婉又形象。例②则用否定形式作比，喻指历史不能任人随意篡改。例③则用"成"作为喻词。显然，暗喻中本体与喻体之间的关系比用"像""如""似""仿佛""做"等喻词构成的明喻更为直接。再如：

①伴随着乐凯的孕育和诞生，虽有过那么多的不安与伤痛，那么多的议论与疑窦，但乐凯毕竟已成为民族感光工业的一艘"领航舰"，一艘"破冰船"!

（朱建华、温洪《冲出峡谷——中国胶卷之战备忘录》）

②学生不能只做学舌的鹦鹉，而应做有思想的雄鹰。
（何连弟《复旦名师陆谷孙评"江湖英语"Vs"庙堂英语"》，新华网，2003年9月27日）

例①中的"领航舰""破冰船"，意即"领先者"和"开拓者"。其中"成为"，较之于"像""宛如"等词语，能更直接地表达本体与喻体之间的关系。例②分别用"做"的否定和肯定两种形式，提出学生应有的追求，较之于用"像"，语气更强。

与明喻、暗喻不同的是，借喻省略本体、喻词，直接说出喻体，或颠倒它们的位置。整个比喻的结构和过程，需要读者联系具体的语境推导出来。如此，借喻较之明喻、暗喻简洁明了。例如："上海对交通拥堵下'猛药'，今冬明春将会明显改善"①"三、四级风掀起'黑锅

---

① 新华网，2002年12月24日。

盖',北京轻雾散去",① 其中的"猛药"和"黑锅盖",比的分别是"得力的措施"和"笼罩在城市上空的由污染物形成的黑色气体"。但是作者并没有在话语层面上展示什么像上述喻体,而是省略了整个比喻的过程,只把喻体呈现在话语层面。因此,其理解需要听读者根据语境补足。再如:

> 从年中开始,中国经济是否过热的争论此起彼伏。中国决策层巧妙地回避了对于过热问题的定论,强调不急踩刹车,也不再加油门,防止经济大起大落。
> (杨帆《新一届国家领导人施政二百天 港报细评五大亮点》,中国新闻网,2003年10月4日)

本例中只出现了"不急踩刹车,也不再加油门",作者并没有直接说出与之相似的事物。但是,通过上下文,我们可以推测出,它们分别比喻不采取抑制经济发展的紧急措施和加速经济发展的措施。这说明,借喻较之明喻和暗喻更隐含,听读者在理解过程中需要根据上下文和具体的语境,借助联想推知整个比喻的结构。因此,借喻较之明喻和暗喻更简洁。

有的借喻同时具有比喻和借代两种作用。比如,"近日,记者采访发现:一些正常渠道无法买到的车票,在票贩手中却能轻易买到,顾客不禁要问——车票如此难买,'黄牛'为什么这么'牛'。"②"黄牛"通常指倒卖物资、车票或卖外汇的人。显然,"黄牛"在获得该意义的过程中有一个喻化过程,但在实际运用中该过程已没必要出现,因此主要起替代作用。

除了上述类型之外,人们还对比喻进行了更为细致的划分。比如,属喻、引喻、曲喻、联喻、回喻、缩喻、逆喻、对喻、顶喻、疑喻、合喻、弱喻、等喻、强喻、较喻、讽喻、物喻、事喻、潜喻、反喻、互喻、博喻等等,都是比喻的变体形式。这些比喻类型的划分,其根据多在本体与喻体之间的关系、喻体的属性以及比喻在话语层面上的表现形态。

(3) 比喻的语言形态与思维属性。在传统的比喻分析中,比喻一

---

① 黄建华,人民网,2002年12月11日。
② 王彪《车票如此难买,"黄牛"为什么这么"牛"》,《江南时报》,2001年8月1日。

般被归结为一种修辞手法或者说修辞格。这种界定的基础是比喻在话语层面的表现形态。借喻往往是一个词语，明喻、暗喻则往往表现为一个或数个句子。至于其他形态的比喻，也很多。有的是一个语段，甚至是一个语篇。我们通常所说的寓言故事，就是一篇短文。

除了话语层面的比喻之外，我们还可以从语言层面找到比喻的一些凝固的形态。比如，在"潮流""暗箭""暗礁""包袱""扯皮"中，比喻过程被浓缩成了一个词或者一个词的义项。而在"蚕食""鲸吞""瓜分""席卷""囊括""龟裂""银白""雪白""火热""冰冷""火红"中，我们还可以看到比喻形成过程中的喻体和喻解。这些比喻过程也是可以还原的，比如，蚕食——食如蚕，鲸吞——吞如鲸，雪白——白如雪，火热——热如火，冰冷——冷如冰。或者把后面一个语素作为喻解，也是可以的。

此外，在其他词语或惯用语和成语中，也能看到比喻的影子。例如，"水蛇腰""八字脚""生物钟""食物链""方言岛""鸡冠花""蝴蝶兰""猫头鹰""泼冷水""走后门""抓小辫""开夜车""吃老本""吹牛皮""兄弟单位""姊妹艺术""车轱辘话""安步当车""安如泰山""抱头鼠窜""暴跳如雷"等等，实际上都蕴含了比喻的过程。

此外，有些成语原本就是讽喻的浓缩，比如"愚公移山""守株待兔"等等。在有些句子形态的熟语中也蕴含了比喻。比如，"不入虎穴，焉得虎子""冰冻三尺，非一日之寒""城门失火，殃及池鱼""按下葫芦浮起瓢""八竿子打不着""八九不离十""八字没一撇""搬起石头砸自己的脚""不到黄河不死心""车到山前必有路"等等，也都蕴含了喻化过程。人们在认知上述词语意义的过程中，仍然需要了解其喻化的轨迹；但在运用时，人们则只是把它们作为喻体，本体在话语中补足。

分析了上述凝固的比喻形态后，我们不仅要问，比喻究竟是什么？它是语言？显然不是。那么隐含在各种语言形态和话语形态背后的东西是什么呢？我们认为，比喻既是一种修辞方法，也是一种修辞过程中的思维方式。本体和喻体只是思维过程中的两个支点。各种比喻类型，包括词语、句子成分、句子、句组、语段、语篇，只不过是比喻思维过程在话语层面的不同表现形态。因此，我们有充分的理据说，比喻是一种思维模式。它既有思维的心理基础，也有话语的外在形态。

比喻作为一种思维方式甚至认知方式，在当代已经被广泛认可。在国外的隐喻研究中，有的人甚至把它作为"一种思考和生活的方式"。①所以，到目前为止，人们对比喻或隐喻的认知功能的阐发，已远远超越了修辞学的界限，达到了前所未有的高度，但也有夸大其辞的成分。在传统的比喻结构分析和定性中，立足点是比喻的形成过程和在话语层面的表现方式。这不够彻底，难以为比喻的本质提供一个合理的解释系统。把比喻归结为修辞过程中的一种思维方式或模式，能使之在本质上具有统一性。

比喻无处不在，一定程度上说，离开了比喻，我们的话语将会失去它所应有的灵气和色彩。英国著名修辞学家瑞查兹曾指出，比喻远不止是一个在话语中用于形成风格效果的辞格，它是促进理解的主要方法。它不仅是意义产生的方法，而且是交际者向听众提供借以引发出与特定符号相似的指称所需经验的一种方法。这是很有道理的。因此，认识比喻的结构，分析比喻的功能，对理解话语、建构话语、提高表达效果，无疑是十分重要的。这也是隐喻研究成为20世纪后半期多门学科研究热点和交叉点的原因之一。

3. 比喻的功能

（1）修辞功能。无论从何种层次探讨比喻，都不能改变比喻作为一种修辞方法的基本属性，所以，修辞功能是比喻的基本功能。这包括四个方面。

首先，比喻可使所描写的事物更加具体、形象，使阐述的道理更加清晰、明确。在运用语言传输信息的过程中，人类往往困于语言符号的抽象性。因此，为了完整地、形象地再现客观现实或自己的思想情感，使之在语言层面获得延伸，于是就借助于比喻。比如：

> 受国家的贴息计划额度对不同级别的学校实行差别待遇的影响，还有受商业银行总行下拨专项贷款数额的限制，在一些高校获得优先贷款的情况下，另一些高校就只能分到很小的一杯羹，或者根本就无羹可分；还有一些银行出于自身经营的考虑，对"三等"院校根本不考虑。济宁师专、滨州师专和枣庄师专到现在仍然没有找到合作银行。菏泽师专和菏泽医学专科学校在菏泽市政府的撮合

---

① ［英］泰伦斯·霍克斯《隐喻》，穆南译，北岳文艺出版社，1990年，第69页。

下,"傍"上了本市的四家国有银行,但"强扭的瓜不甜",至今只开花不结果。

(何勇《谁来维护"弱势高校"的权益》,人民网,2003年1月11日)

所谓"很小的一杯羹,或者根本就无羹可分",实际上是比喻银行贷款分额。而"强扭的瓜不甜,至今只开花不结果",则是比喻不情愿的结合,没有取得预期的效果。作者如此用比,无非是想把要表达的意思,赋予给其他形象。听读者借助想象,还原说写者的信息。比喻的这种功能在抽象信息的传输中是必不可少的。

其次,比喻可体现说写人的态度、情感。说写者对事物的态度,也可以通过比喻表现出来。如果用来打比方的事物是好的、积极的、健康的、伟大的,那么表明说话人对被比事物的态度是褒的。反之,则是贬的。当然,有的比喻所体现的态度不明显,也就是说,修辞者态度的体现,是通过喻体的价值体现的。通常说"有的人死得重于泰山,有的人死得轻于鸿毛",实际上是通过喻体"泰山"和"鸿毛"表达了两种价值。例如:

当我在夜深人静提笔写孙冶方同志事迹的时候,我从脑海里浮动的一系列形象中,最后选定了:雪山上的莲花。冶方同志的品格,多么像雪莲花啊!

(张天来《雪山上的莲花》)

雪莲花是高山上的耐寒植物,它不畏艰苦的生态环境,能顶着恶劣气候生长、开花。用它比喻人的品格,显然包含了作者对孙冶方的钦佩和赞美。再如:

"就是就是,主要是俞洪标,三天两头围着老古,这我是看到了的,如蝇逐臭。"

(刘美贤《阳光与阴影》)

"蝇"就是苍蝇,"臭"就是发臭的脏东西,"逐"就是追逐、跟随。说话人把"俞洪标围着老古",比作了苍蝇跟着脏臭的东西飞,其贬斥态度很明显。这也从一个方面说明,喻体选择中应该注意其中蕴含的褒贬等态度。否则,就可能导致语误。比如,有一则报道2002年世界小姐产生的报导称"2002'世界小姐'新鲜出炉"。① 显然，此处暗含了一个比喻。那么，他把"世界小姐"比作什么了呢? 作者说"新鲜出炉"，至于什么才"新鲜出炉"，这可能是钢铁产品或者是食品。我们说，"世界小姐"新产生与产品或食品，在"新鲜"方面具有统一性，但本质上却没有一致性。新鲜的产品或食品无论怎样好，在美感上是很难与美丽的小姐纳入到一个审美尺度上。因此，使用这种比喻，值得商榷。

再次，比喻可扩展话语，增加话语的感染力。人们运用比喻说理状物，也是一个组织话语的过程。比喻经人们长期使用已经定型，成为人们建构话语的一种固定格式。它在言语交际中具有扩展和建构话语的作用，运用得当，自然也增强了话语的感染力。例如：

① 微风过处，送来缕缕清香，仿佛远处高楼上渺茫的歌声似的。

（朱自清《荷塘月色》）

② 从未见过开得这样盛的藤萝，只见一片辉煌的淡紫色，像一条瀑布从空中垂下，不见其发端，也不见其终极，只是深深浅浅的紫，仿佛在流动，在欢笑，在不停地生长。

（宗璞《紫藤萝瀑布》，《福建文学》，1982年第7期）

上例，无论是写荷花的"清香"，还是写"紫藤萝"的紫色，都用了比喻。比喻使本可简写的话语扩展了。例①把荷塘里送来的"缕缕清香"比作"远处高楼上渺茫的歌声"，使味觉转化成了听觉，读来新颖别致，耐人寻味。因是微风，所以"缕缕清香"自然是时断时续，而渺茫的歌声也具有若有若无的感觉。两者对照，味觉与听觉相互转换，趣味盎然。例②则把藤萝"辉煌的淡紫色"比作了从空中垂下的"一条瀑布"，把静态的视觉效果转化成了动态的视觉、听觉效果。此外，有的比喻可连用，使话语构成一个语段甚至语篇，这在有些寓言故事和以比喻起兴的话语中，表现得尤其突出。例如：

① 羊群走路靠头羊，
陕北起了共产党。

---

① 《土耳其小姐戴上2002年世界小姐桂冠》，人民网，2002年12月8日。

> 领头的名叫刘志丹,
> 把红旗举到半天上。
> ……
> 太阳出来遍地红,
> 革命带来了好光景。

(李季《王贵与李香香》)

② 大河向东流,天上的星星参北斗。说走咱就走啊,你有我有全都有啊。

(赵季平《好汉歌》)

例①用"羊群走路靠头羊"的道理,来说明共产党领导农民闹革命;用"太阳出来遍地红",比喻共产党领导农民闹革命翻了身。本体和喻体之间不靠喻词连接,喻体起起兴作用。例②中的"大河向东流,天上的星星参北斗",都是喻指众望所归、人心所向的必然趋势,在整首歌词中有引起下文的作用。这种用法通常称为起兴。

最后,调节话语的风格。比喻还具有风格调节功能。一般说,比喻分布在各种人类交际领域中,这包括日常言语交际,也包括书面语交际。在文艺语体、政论语体中,比喻的种类多,且使用频率高;在科技语体中,比喻的使用频率稍低;在公文语体中,比喻的使用频率最低。

比喻在各种语体中都具有调节话语风格的作用。比如,1997年3月23日的《文摘报》上有一篇文章,题目是"'上帝'缘何不愿打消费官司"。其中的"上帝"本是借喻,此处起借代功能,代指"消费者",但较之于直说"消费者",要幽默得多。"上帝"本是指基督教中人们所信仰的神灵,是住在天堂的。作者把不食人间烟火的"上帝",与人间凡事打官司联系起来,很有意思,调节了话语的风格特征。再如,宗璞在《紫藤萝瀑布》中这样写道:

> 每一朵盛开的花像是一个张满了的小小的帆,帆下带着尖底的舱。船舱鼓鼓的,又像一个忍俊不禁的笑容,就要绽开似的。

本例中,盛开的花"像是一个张满了的小小的帆",这是一比。帆自然离不开船,船上往往有舱,所以,作者就势把花的底部比作了"尖底的舱",这是第二比。两比不足,再加一比——船舱鼓鼓的,又像一个忍俊不禁的笑容,就要绽开似的,此谓之第三比。整段话语在比中扩展,在比中升华,又在比中作结。话语的风格生动形象,呈现出繁丰、绚烂的风格特征,而不是平淡、谨严、简约。反之,如果不用比喻,则难以取得如此的风格效果。

比喻的风格功能,主要表现在可以使简约变得繁丰,使平淡变得绚烂,使直白变得委婉,使谨严变得疏放,使朴实变得藻丽。这不仅表现在文艺语体、政论语体中,即使在一些实用传播领域中,也十分有效。比如:

> 改革开放 20 多年来,中国一批富人聚集了相当数量的财富。但是,富人纳税的情况和他们手中掌握的财富的比例相差甚远。有相当一部分人一直在和税务局玩着"猫捉老鼠"的游戏。记得一位税务师曾经这样评价:"在我们的社会中,有不少有钱人是'常在河边走,永远不湿鞋'。"
>
> (《刘晓庆案吓出补税高潮 北京一月收到上亿补税》,新华网,2003 年 1 月 14 日)

本例是一则新闻中的分析部分。作者用"猫捉老鼠"比喻一部分人与税务局的行为关系,且灵活地运用谚语"常在河边走,哪有不湿鞋",以比喻不少人富了以后,逃税漏税,却总能侥幸逃避法律的追究。较之如此直白地说,上述化用显得生动形象,风格活泼而不呆滞。

这种方法即使在一些新闻标题中也经常使用。比如"海湾战争与'老鼠戏猫'"①"13 道'令箭'13 根'鸡毛'",② 就是两则新闻标题。前者把海湾战争之后伊拉克与美国在"禁飞区"中的争斗,比作了"老鼠戏猫"游戏。后者说的是,甘肃白银市小南沟煤矿矿主把有关部门发出的 13 次停产整顿令当成"鸡毛",结果导致瓦斯爆炸矿难。作者也是用比。较之不用比喻,这两例的风格特征都有差异,前者显得诙谐,后者暗含讽刺。至于文艺语体中依靠比喻调节话语风格特征的例子,更是比比皆是。赵树理在《小二黑结婚》中,曾用"像驴粪蛋上下了霜",来比喻三仙姑那涂了厚厚的一层脂粉的老脸。如此,那个惰性十足且喜欢打扮、爱老来俏的村妇形象,活脱脱地展现在了读者面前,较之于不用比喻,话语幽默风趣。

(2)比喻的语言建构功能。以上是比喻在修辞过程中的功能之一。

---

① 人民网,2002 年 12 月 16 日。
② 殷国安,人民网,2003 年 1 月 10 日。

此外，比喻还是语言体系建构的主要手段之一。这主要表现在以下几个方面。

首先，比喻是词语意义发展的主要途径之一。在词汇学中，一般把词的意义划分为基本义和转义两种。基本义是语言符号产生之初的意义或最基本的意义，转义是在基本义基础上演化而来的意义。比如，"日"的本义是太阳，"日出东方"中的"日"就是本义；而"夜以继日"中的"日"指"白天"，"明日"中的"日"指"一昼夜"，这两个义项都是由"太阳"演化而来，是转义。转义又分为引申义和比喻义。

所谓引申意义，就是在本义基础上进行推演产生的意义，比如上面的"白天""一昼夜"，就是"日"的引申义。比喻义就是在本义的基础上由喻化产生的新义。比如，"黄金"本义是"金子"，但"黄金时代""黄金搭档"中的"黄金"，却是"宝贵""最佳"的意思。这两个意思都与黄金的本义有相似性。再如，"黑暗"的本义是"没有光线或光线很弱"，但在"黑暗的社会"中，它的意义是比喻"腐败""没有正义"等。这些说明比喻是词义发展、演化的重要途径之一。

其次，比喻可以形成词语的义项甚至整个词义。比喻的词构建功能包括以下方式：一是形成新的义项。比如，"枪手"本义是指"古代持枪的兵"，后引申为射击手。但在"考场枪手"中，"枪手"比喻冒名替考者，即给别人当枪使。再如，"帽子"本义是"戴在头上御寒、遮光、防雨或起装饰作用的用品"，后比喻罪名或坏名义。二是构成词语的一个语素，建构新词。比如，"雪白""火红""火热""黑话""黑车""黑客""红卫兵""红色政权""鲸吞"等等中，"雪""火""黑""鲸"都是构词语素，它们促成了许多新词语。

第三，比喻也是熟语建构的主要方式。比喻不仅是词或词义的构造方式之一，同时也是一些熟语的建构方式。许多惯用语、成语、格言、谚语、歇后语甚至是俗语，都是以比喻为建构方式的。比如"擦屁股""唱反调""炒冷饭""白骨精""大锅饭""暴跳如雷""狼吞虎咽""冷若冰霜""白日做梦""百川归海""百孔千疮""板上钉钉""八九不离十""八字没一撇""这山望着那山高""一瓶子不满，半瓶子晃荡""搬起石头砸自己的脚"等等，都是建立在比喻基础上的。至于"时间就是生命""种瓜得瓜，种豆得豆""铁公鸡——一毛不拔"等等，还保留了比喻的基本形式。这些都说明了比喻在语言体系发展演化中的重要作用。

（3）比喻的认知功能。除了修辞功能和语言建构功能之外，比喻还具有认知功能。这种发现主要体现在国外语言哲学和修辞学对隐喻的研究中。在语言哲学家看来，"隐喻绝不是打扮事实的、怪异的'装饰'。它是一种体验事实的方式，它是一种思考和生活的方式，是对于真理的一种想象性的体现。"①"隐喻具有认知力，它给我们提供了一种认识世界的新方法。……透过隐喻，我们可以从另一种角度认识世界。"② 实际上，我国古代的比喻论中也有关于比喻认知功能的阐述。比如，刘向《说苑·善说》中有一段关于梁王与惠子的对话。惠子善用比喻，梁王对惠子说，先生论事的时候直说就可以了，不要用比喻。但惠子还是用了比喻。惠子说，有人不知道"弹"，就问"弹"什么样。有人说"弹就像弹"。惠子问是否明白了，梁王说没有。惠子说，假如有人说"弹之状如弓，而以竹为弦"，那您明白了吗？梁王说明白了。惠子总结说："夫说者，固以其所知谕其所不知而使人知之，今王曰'无譬'，则不可知矣。"意思是：所谓言说，就是用已知的来说明未知的，使他人明白，不用比喻就没办法使他人了解。用今天的观点看，就是比喻是认知的方式之一。

到目前为止，比喻或隐喻的认知功能研究，已成为许多学科关心的课题，包括语言学、修辞学、哲学、文学、心理学等。人们对比喻的认知功能的阐发已远远超越了传统修辞学，达到了前所未有的高度。有的甚至把隐喻看作是人类的一种生活方式，这未免有些过头。不过，比喻确实具有认知功能。我们认为，比喻的认知功能体现在三个方面：一是有助于修辞者对思维对象认识的深化；二是有助于话语理解者对认知对象理解的深化；三是有助于对真理的揭示。③

修辞者运用比喻思维建构话语，目的在于把其思维结果以话语的形态呈现给听读者，但由于语言与思维的异质性和语言的抽象性，修辞者受表达动机的驱使，必然作出使其思维结果的体现形态更为直观的努力。因此，比喻或隐喻思维就成为必然。修辞者借助以往的知识积淀，使要表达的信息与已知特别是交际对象已知的知识通过比喻关联。在此

---

① ［英］泰伦斯·霍克斯《隐喻》，穆南译，北岳文艺出版社，1990年，第69页。
② 杨信彰《隐喻的两种解释》，《外语与外语教学》，1998年第10期。
③ 陈汝东《认知修辞学》，广东教育出版社，2001年，第481页。

过程中，实际上蕴含了修辞者对自身思维对象认识的深化。比如：

> 在耶稣看来下述情形几乎是不可能的——一个富人竟然进入天国；那比一只骆驼穿过针眼还要难。财富使我们热心于这个世界而不关心来世，正像富人听到他获得一个好收成以后不久就开始考虑怎样享用和贮藏他的果实一样。
>
> （[德] 弗里德里希·包尔生《伦理学体系》，何怀宏、廖申白译，中国社会科学出版社，1988年，第69页）

作者在阐述"一个富人竟然进入天国"之难时，把其形象化为"一只骆驼穿过针眼"。这一过程中，作者实际上进行了一系列的思维过程。他需要从过去的知识积淀中，寻找与所要表达的意思相近的形象，并进行符号化。在这一认知过程中，不只是作者的原意被深化，信息量增加，而且为听读者理解认知提供了新的知识参照。因此可以说，在此过程中，比喻不仅使听读者获得了认知对象的意象，而且使修辞者加深了对所要表达的意象的认知。因为在联想过程中，修辞者从一个认知领域跨越到了其他认知领域，使本无联系的各种事物在思维中建构起了连接，加深了对事物的认识深度。这一点在说理比喻中更为明显。比如，在"君，舟也；民，水也；水能载舟亦能覆舟"中，统治者与被统治者之间的辩证关系被具体化。这种具体化带来的，不仅是君民辩证关系在说写者那里的深化，同时也是对听读者知识的丰富，也有助于对君民之间相互依赖、相互依存关系这一真理的深刻揭示。

综上所述，修辞者进行喻化思维和听读者进行比喻的解析时，都需要把不同领域中的事物进行认知比较，并把认知结果凝聚到话语层面或由话语还原到思维层面。其中都蕴含了对表达对象的一系列的感知、分析、加工过程。比喻是具有认知属性和认知功能的。但是，比喻的认知功能是有限的，它只存在于语言运用层面或者说修辞层面。如果把比喻的认知功能扩大到一切认识领域，就不切实际了。人们认为它不仅是一种重要的修辞方法，而且也是重要的思维手段和认知手段，是完全合乎实际的，但这种定位也应该以言语领域或者修辞领域为价值参照系。否则，如果离开了语言或言语，比喻或隐喻将失去载体，其认知功能也就无从谈起。

4. 比喻的理解

如上所述，比喻的建构过程中涉及一个认知过程。比喻的理解同样需要一个认知过程。这包括两个方面：一是对宏观语境的认知，即对社会、历史和文化等因素的认知。二是对微观语境的认知，即对现实言语交际场景或文本的上下文的认知。比如：

　　　　他本想能够凭借那三寸不烂之舌换些散碎银两，但没成想竟遇到了一只"铁公鸡"，听奉承话竟一毛不拔，不免令人失望。

（《拦路算命》）

　　什么是"铁公鸡"？它比喻什么？这就要联系汉语的文化语境和上下文来理解。"铁公鸡"，顾名思义，就是铁的公鸡。这实际上是中国人用来形容人吝啬的一个习惯比喻，通常以歇后语"铁公鸡——一毛不拔"的形式出现。此处，用以形容被拦的路人很"吝啬"，听了算命先生的奉承话，却分文没给。如果缺乏对汉语文化背景的充分认知，就很难理解"铁公鸡"的确切比喻意义。

　　比喻的理解，都是通过联系语境进行的。如果脱离了语境，就难以确定比喻的确切含义。这在诗歌等话语中尤其重要，特别是一些借喻。例如"吉林一粮仓硕鼠涉嫌犯罪金额 900 万元被判死缓"，[①] 这是一则新闻报道。如果不了解"硕鼠"比喻贪官，不了解文中的具体所指，很难确定"硕鼠"的含义。在我国，把不劳而获、剥削他人者比作硕鼠，可以追溯到《诗经》。此后，人们经常用此比喻贪官。再如：

　　　　呵，要不要再问园丁：
　　　　我们的花园里
　　　　会不会还有
　　　　杂草再生？
　　　　　梅花的枝条上，
　　　　　会不会有人
　　　　　暗中嫁接
　　　　　有毒的葛藤？……

（贺敬之《雷锋之歌》）

　　本例句句用比。"花园里会不会还有杂草再生"，喻指下一代中会不会产生不合格的接班人。"梅花的枝条上，会不会有人暗中嫁接有毒

[①] 董长征、张玉来，人民网，2003 年 12 月 20 日。

的葛藤",喻指会不会有人对革命队伍进行腐蚀。整段话都用了比喻,但却只出现了喻体,本体只能由读者根据语境补出。在该比喻的理解中,了解汉语中把少年儿童比作花朵,把教师比作园丁,把校园比作花园的惯例,是很重要的。否则,难以补足上述比喻的其他信息,也难以形成由园艺领域到教育领域的认知转换。

上述实例说明,比喻的理解离不开文化背景的认知,特别是汉民族的心理、观念的认知。用什么来做喻体,表达什么意思,大都与汉民族的历史、文化以及社会心理有关系。比如:

新过门的全庆媳妇长得那个俊俏,真把全村几百口子镇了。连老杜家的后人都说,他们的祖奶奶是百里难得挑一的大美人,可是跟全庆媳妇一比,那可就是狗尾巴花和牡丹插到一个花瓶里。

(李一信《三种故事》)

本例中,作者为了说明两个美女之间的差别,就分别用了"狗尾巴花"和"牡丹"两种花作比。"狗尾巴花"表达什么意思?"牡丹"又表达什么意思?这都要与汉民族的价值观念联系起来。把女子比作花是中国人的习惯,但什么花具有什么样的比喻意义,却不一样。"狗尾巴花"实际上不是什么花,而是一种草,极普通,无什么审美价值可言,所以用以比喻丑陋、庸俗的女子。而"牡丹"在中国人的心目中则是花中之王,富贵、高雅、娇美,常用来形容美丽、华贵的女子。这些比喻是富有民族特色的。与此形成对照的是,在韩国语中,表达女子丑陋,则不用"狗尾巴花",而是用南瓜花。不言而喻,在中国人的眼里,南瓜花虽然谈不上雍容华贵,但也没什么丑陋的。这种喻体意义的差异,当然是来自文化背景尤其是民族审美心理。

再如,曹雪芹的《红楼梦》中有一段这样描写林黛玉:"泪光点点,娇喘微微。娴静似娇花照水,行动如弱柳扶风。"意思是说,林黛玉多愁善感,弱不禁风,娴静雅致。她娴静时就像水中娇花的倒影,行动时就像微风拂柳,摇曳多姿。为什么要这么比?为什么一个女子娴静得像倒映在水中的娇花,动作如微风拂柳,才算美呢?带刺的玫瑰,挺拔的大树,不也很美吗?为什么不用它们来做比呢?除了本体和喻体之间是否具有相似性之外,这恐怕要追溯到中国古代的文化和古代汉民族的审美观念。中国古代提倡女子清守贞节,不出头露面,躲在闺阁绣楼里面,且要缠足。因此,杨柳细腰,樱桃小口,娴静文雅,便是那时候社会的理想女子形象。曹雪芹如此用比，也就不足为奇了。当然，现代社会中也不乏用莲花比喻女子"娴静""柔媚""纯美"的例子。如：

> 最是那一低头的温柔，
> 像一朵水莲花不胜凉风的娇羞，
> 道一声珍重，道一声珍重，
> 那一声珍重里有甜蜜的忧愁——
> 沙扬娜拉！

（徐志摩《沙扬娜拉》）

女子的温柔是一种感觉，一种情态，它在听读者心理上是抽象的。诗人把它具现为水莲花不胜凉风的娇羞，便使得感觉有了影像的视觉效果。女子温柔娇羞的样子具有视觉、听觉、感觉等综合效果。

此外，在比喻理解的微观语境认知中，还需要注意交际场中各种修辞者的角色、角色关系以及各种修辞者的角色心理。

5. 比喻的运用

用比喻，首先要注意本体和喻体之间的相似性和相关性。比喻的本质在于通过有相似点的事物的比照，以揭示事物的性质，增加话语的修辞效力。因此，一般情况下，只有本体与喻体具有相似性，才能构成比喻。例如：

> 我对着镜子再侧身一转，不仅倒吸一口冷气：天哪，瞧这小肚子，"岳麓山"哪！每到这时，我就羡慕起小国汤加的女人了，汤加人以肥为美，那里的女人是多么幸运啊，少女们甚至要催肥待嫁，不胖还不行呢。唉，可惜我不是汤加人，我们这里以瘦为美，瞧瞧时装杂志上那些排骨美人。

（戴露洁《减肥日记》）

"小肚子"鼓得很高，与"岳麓山"在高这一点上具有相似性。"美人"与"排骨"在瘦方面具有相似之处。所以，作者分别用"岳麓山"和"排骨"做喻体。再如：

> 新购进的皇冠牌轿车实在开得平稳，而坐车人古明的心却像颠簸在烂泥巴路上。

（刘美贤《阳光与阴影》）

烂泥巴路上的轿车，开起来自然是颠簸不已，这同坐车人不平静的内心在"动荡"这一点上具有共性，比得十分恰当。作者如此用比，使现实语境中平稳行驶的轿车与古明不平静的内心形成对照，具有反衬作用。

有时为了突出被比对象的许多特点，也可寻找多个喻体来作比，这叫做博喻。例如：

> 这《孩儿塔》的出世并非要和现在一般的诗人争一日之长，是有别一种意义在。这是东方的微光，是林中的响箭，是冬末的萌芽，是进军的第一步，是对于前驱者的爱的大纛，也是对于摧残者的憎的丰碑。
>
> （鲁迅《白莽作〈孩儿塔〉序》）

《孩儿塔》这部作品昭示了希望，促人惊醒，带来生机，具有进步性，而且充满了对追求真理与向往正义者的激励，蕴含了对暴虐者的憎恨和鞭鞑。因此，作者使用了多个与上述性质相似的事物——东方的微光、林中的响箭、冬末的萌芽、进军的第一步、爱的大纛、憎的丰碑，进行泛比，读来气势磅礴，回肠荡气。

正因为比喻在运用中重视本体与喻体之间的相似性，所以，如果所用比喻忽视了相似性，就可能导致比而不当。比如，"办公室的沸腾声戛然而止，所有的人像是被点金术点了一样，僵在了那里。"① 此处，作者是想表达办公室里人们突然呆住的样子，但作者却使用了一个比喻"点金术"，这有些不妥当。所谓被用"点金术"点了，那应该是变成金子了。这与人们突然呆立的样子并没有什么相似性，难以引起听读者对这种情景的体验。汉语中有"点石成金"的说法，但它并非形容此义，如果改用"定身法"，就切合表达需要了。再如：

> 二十二日早晨六时许，八一水库附近的七千五百余名群众全部被疏散，妥善安置。也正是这个时候，八一水库出水口大坝决堤，顷刻间，引水闸门倾斜，引水区西岸被拉开几十米的口子，水如脱缰野马般汹涌咆哮着下泄⋯⋯
>
> （刘新、杨东《水如脱缰野马般咆哮　新疆八一水库抢险见

---

① 文敬志《〈前沿故事〉错了几十处　"水哥"文字功夫有点"水"》，《京华时报》，2001年10月23日。

闻》，中新网，2004年1月23日）

　　本例描写的是新疆八一水库决堤时的情景。为了形容洪水奔涌的景象，记者把洪水比作了"脱缰野马"，十分形象，因为洪水奔涌的速度与野马奔跑有相似性。但是，洪水"咆哮"与野马很难说有相似性，野马只能是嘶鸣。如果说正文还说得过去，但是标题"水如脱缰野马般咆哮"就费解了。这些都是用比不当。当然，比喻中的相似性是相对的，并非客观上的绝对相似，许多情况下是修辞者的主观发现。只要听读者认可本体与喻体之间的相似关系连接，比喻就可以成立。

　　此外，使用比喻也要注意喻体的民族文化特点和功能，特别是不同的喻体所具有的褒贬功能。例如，"沙丘上一阵混乱，匪徒们都兔子似的缩到沙丘后面去了""解放军的机枪响了，敌人像乌龟一样躲进了碉堡里"这两例，因为是描写敌人的，所以用了"兔子""乌龟"做喻体。这两种动物，分别具有胆小怕事等特点，用作喻体时往往带有贬义。在修辞过程中，如果忽视了喻体的民族特点及其褒贬功能，可能导致比而不当。例如：

　　"火车快得简直成了'疯狂老鼠'。"一位孙姓男游客说，"我们一路提心吊胆，根本没法睡觉。一个躺在中铺的老大娘拽着床的吊带一夜不敢松手，很多孩子呕吐了。"在列车的高速行驶下，耽误的时间终于被"抢"了回来，仅比预定时间晚点25分钟。

　　（《火车成了"疯狂老鼠"》，《北京青年报》，2003年8月27日）

　　本例中，火车因晚点而加速行驶，导致乘客不满。于是有乘客把高速行驶的列车比作了"疯狂老鼠"。"疯狂老鼠"是一种游乐车，原本是借代，此处用作了比喻。乘坐过这种游乐车的有些体会，但是对那些不了解这一背景的人来说，很难理解。此外，其中的"疯狂老鼠"游乐车有"疯狂"的特点，与高速行驶的火车在速度方面有相同点。但是，在汉语的文化背景中，"老鼠"作为喻体时，往往比喻不劳而获、偷窃等，"老鼠"实际上是一个令人痛恨的形象，比如"老鼠过街人人喊打"。此处把高速行驶的火车比作"疯狂老鼠"，虽然能体现说话者的不满，但是否贴切，值得商榷。因此，在运用比喻中，应充分重视喻体的文化功能，特别是喻体的褒贬功能，否则就可能导致失误，影响交际效果。再如：

"就是就是，主要是俞洪标，三天两头围着老古，这我是看到了的，如蝇逐臭。""臭"字一出口，刘副市长立即察觉比喻失误，连忙更正："拉拢老干部。你看呢？"他侧过脸，问田新。

（刘美贤《阳光与阴影》）

原市二轻局党委书记兼局长俞洪标，因多罪并判，被处死刑。老干部所开会，讨论是否要给刚卸任的市委书记古明处分。有人认为古明认识深刻，不必给处分。刘副市长忙连声附和，但他把俞洪标围着古明，比作了苍蝇跟着臭东西飞。他是想贬俞洪标，把他比作苍蝇。但他没料到，这样作比，古明不言而喻也就成了臭东西。当着对方的面如此用比，不恰当，于是连忙改口加以弥补，但他的话已进了古明的耳朵，这就影响了交际效果。所以，用比喻时应充分考虑到喻体的褒贬功能。

人类在再现自身生活的过程中，都想极力使思想形象具有灵性，使意象在受众心灵中获得延伸，并成为对方的一部分。这靠平实话语难以实现。比喻就成为了人类达此目的的一种方法。它在人类的交际生活中起了重要作用。为此，把握比喻的性质、结构、功能以及使用方法，十分必要。

二、简洁幽默法——借代

1. 借代的性质

当代传媒中，有两个词语经常使用："白领"和"蓝领"，大家知道，此处的"白领""蓝领"并非"白色的衣领""蓝色的衣领"，而是指两种职业者或两个社会阶层。"白领"代指在公司工作的高级职员或阶层，"蓝领"指高级技术工人或阶层。因为他们的着装具有上述特点，故人们就用他们的衣着特点代替他们以及他们的阶层。这种修辞方法就是借代。

再如，"自古'英雄难过美人关'。如今，许多贪官也不爱江山爱美人，儿女情长，英雄气短，一个个成了石榴裙下的风流汉。"[①] "江山"和"石榴裙"都是借代。"江山"是地理的主要标志，代统治疆域，进而代指国家。"石榴裙"代指年轻女子，因为女子多穿色彩艳丽

---

① 刘云彬《甘当石榴裙下的风流汉 大贪官为了美人铤而走险》，新华网，2003年9月24日。

的裙子,尤其是像石榴花一样火红的裙子,为此用以代指穿裙子的女子。

2003年9月26日的京报网刊载了一条消息,题目是《事情小性子暴 捷达棍打小面包》。看了题目,读者也许会奇怪,"捷达"是小汽车,"小面包"也是小汽车。前者怎么会"棍打"后者呢?我们从下文中获知,原来是"一辆捷达车司机与行驶在其前边的小面包司机发生口角,结果捷达司机火气冲天,抄起一根垒球棒就对'面包'连人带车一顿打。"其中的"捷达"代指捷达车的司机,"小面包"代指开"小面包"的司机。为什么题目中作者不用"捷达车的司机",而省略为"捷达"呢?当然不是随意的。一是对有些人来说,"捷达"很熟悉,"捷达"就等于"捷达车",可以联想到开该车的司机;"小面包"就是"小面包车",也很容易联想到其司机。二是即使不知道这一点的人,在看了标题以后,也会产生疑问,引发看下去的兴趣,等往下文一看,就会明白其所指。

这种方法日常生活中很多。比如,在中国人的酒席上常会听到:"喝茅台还是孔府?"在日常谈话中,也常听到:"我昨天买了一辆富康,他买了一辆红旗。""吃国光还是红富士?"甚至在校园里也可听到:"你买的联想,还是康柏?"外国朋友听了,也许会莫名其妙。"茅台""孔府"都是地名,怎么能喝呢?"富康"是形容词,"红旗"是旗帜,怎么能买呢?怎么能说一辆呢?"国光""红富士"都是什么?"联想"是一种思维现象,"康柏"看似树木。有卖思维现象的吗?

原来,"茅台""孔府"都是指酒。"富康""红旗"都是小汽车。"国光""红富士"则是指苹果。"联想""康柏"指的是电脑。实际上,每个名词的后面还可以加上一个表示性属、类别的名称,但说话人把它们都省略了。这种不直说事物的正式名称或全部名称,而用与之相关的名称或特征、特点等代替的方法,叫借代辞格。

2. 借代的种类

言语交际中的借代现象多种多样,总括起来有以下几种:

(1)用事物的某些特征代替事物本体。在言语交际中,有时为了使话语具体、形象、有趣味,就借用所描述的事物的明显特征来代替该事物。比如,古代人用"孔方兄"代指钱,因为古时的铜钱中间有方型的孔,含有委婉、诙谐的意思。再如,2002年11月2日的《南方都市报》发表了一篇文章，题目是《从"大眼睛"遭遇反思报恩传统》。① 其中的"大眼睛"原来代指的是一个贫困学生。在有关希望工程的报道中，记者拍到了她那双渴望知识的眼睛。这双眼睛打动了千千万万人，并成了希望工程的"标志"。此后，"大眼睛"就代指该学生，并泛化为代指需要教育救助的学生。这是用人物的典型相貌特征代替人物。

除了人物自身的体貌特征可以作为借代之外，衣着特征也可以成为借代。比如，人们通常用"大盖帽"代指那些代表国家和政府维持社会秩序的执法者，这比说"警察"等形象。再如：

①"请问哪位是派出所的？"张秉和发问，目光扫视一圈后落在一穿警裤和翻毛领皮衣的人身上。

"我是。""警裤"斜楞着眼，打量着这两个穿便装的人。

"你是哪个派出所的？"

"陶然亭派出所，你们是哪儿的，要干什么？""警裤"忽然厉声反问。

（夏天《假警察现形记》）

② 红袖添香夜读书，或两个性格志趣融洽无间的男女文学家结成夫妻，时时在一起交流心得体会，这种境界确实令人心向往之。

（金梅《毛彦文缘何不嫁吴宓》，《中华读书报》，2000年2月23日）

例①和例②都是以人物的穿着特征代指人物。"警裤"代指穿警裤的人，"红袖"代指"红色的鲜艳服装"，进而代指穿鲜艳服装的女子，即读书者的妻子。这较之于直说"穿警裤的人"和"穿鲜艳服装的女子"，更为形象、鲜明。

（2）用专名代替一般。汉民族历史上或当代的一些著名人物，就常被用来作为借代，如"诸葛亮""华佗""雷锋"等等。比如"真正的智慧来自于群众，人民群众中有千万个诸葛亮"，"诸葛亮"代指足智多谋的人。再如：

---

① 人民网，2002年11月2日。

① 在共和国万紫千红的群英谱中，有一个普通而辉煌的名字——郭俊卿。这位女扮男装南征北战的现代花木兰，是中国人民解放军中惟一的女特等战斗英雄。

……

"现代花木兰"安卧在苍翠的常州市烈士陵园中，鲜花和芳草拥抱着她，她是大地的女儿。

（徐志耕《我国惟一女特等战斗英雄的坎坷生涯》）

② 昨日，中国民航飞行学院宣布，今年该校将在四川招收 4 名"空中花木兰"，她们毕业后将成为中国民航首批持科班文凭上岗的女飞行员。

（《全国民航首招女飞行员 年薪 10 万只选四川美女》，新华网，2003 年 1 月 16 日）

"花木兰"是我国古代的女英雄。上两例都用"花木兰"代指现代的杰出女性。前者用"现代花木兰"代指现代女英雄郭俊卿。后者用"空中花木兰"代指女飞行员。当然，除了民族英雄、模范人物外，有些反面人物，也会用来作为借代。

（3）以具体代抽象，用个体来代整体。修辞过程中，有时还会用具体的东西代指抽象的东西，用个体来代替整体。如：

① 我们所依靠的不过是小米加步枪，……但历史最后将证明，这小米加步枪比蒋介石的飞机加坦克还要强些。

（毛泽东《和美国记者安娜·路易斯·斯特朗的谈话》）

② 上述简单的道理，假如"公仆"连这个做官起码的 ABC 也闹不明白，那就很危险了。在一些官员眼里，钱是国家的，他就可以不切实际地铺开摊子搞"政绩工程"。钱是国家的，他们就可以毫无顾忌地挥霍。钱是国家的，他们就不会把群众的疾苦放在心上。

（《谁养活官?》）

例①中，"小米加步枪"代指艰苦的生活条件和落后的武器装备。它较之于直说，具有直观效果，容易引起听读者的联想。例②中，"上述道理"，指的是"政府工作人员本来就是靠纳税人养活的""国家不会凭空有钱物，国家的钱物都是纳税人——工人、农民、经商者等劳动者创造的"。那么,作者所说的"ABC"代指什么呢?当然,是上述道理。"ABC"是英语字母的前三个,此处用来代指最基本的、最浅显的知识。以具体事物代替抽象的事理,效果很好。

(4) 以产地、品牌代品名、具体商品或相关人员。例如,贵州省怀仁县茅台镇出产的茅台酒叫"茅台",天津生产的夏利轿车叫"夏利",上海生产的桑塔纳轿车叫"桑塔纳"。此外,还有的借代是用作者代其作品或者用品牌代替相关的人员,比如:

① 正在人艺小剧场上演的《仲夏夜之梦》,给莎士比亚穿上了中山装、老头鞋、白线袜和街上流行的连衣裙、牛仔裤,他在该剧中走着戏曲的台步,挥洒着现代舞的肢体动作,置身于现代都市的一角:霓虹灯、华丽而俗气的时装店——莎士比亚中国化了、现代化了,其实质是通俗化了。

(张云海《莎士比亚穿上中山装——关于〈仲夏夜之梦〉的"梦话"》)

② 广州消息,"健力宝"上门殴打"康师傅"事件有了新进展。经初步调查,两个企业的部分员工当天中午已在广州市白云区增槎路某货场产生纠纷并进行打斗,某企业的两名员工受伤入院,从而导致当天下午的斗殴事件。目前,纠集斗殴事件的鞠某等8名主要责任人已被广州市越秀区公安分局刑事拘留,对于此事件,健力宝、康师傅各执一词。

(《"健力宝"与"康师傅"殴斗事件:"健力宝"鞠某等8人被拘》,新华网,2003年7月19日)

显然,例①中的"莎士比亚"并不是莎士比亚本人,而是莎士比亚的戏剧及其戏剧中的人物。这种用法在生活中很多。比如,"读鲁迅"实际上是读鲁迅的作品。例②中的"健力宝"和"康师傅"分别是饮料和方便面的品名和公司名,但是此处并不是品名和公司,而是代指生产上述两种商品的企业及其员工。用品牌名称代替企业的员工,并赋予其动作特征,幽默风趣。

此外,还有一种兼有借喻和借代两种属性的现象。比如,1998年10月24日,《光明日报》登载了一篇文章,题为《"花蝴蝶"终于清白》。"花蝴蝶"指谁呢?原来,"花蝴蝶"指的是前世界女子第一"飞人"格·乔伊纳。"花蝴蝶"自然是乔伊纳的外号,因媒体广为宣传,大众知道，因此用外号代指本人，不仅形象、生动，而且幽默风趣。但最初的"花蝴蝶"与格·乔伊纳之间，并不具有替代关系，而是一种相似性关系，属于比喻。

3. 借代的修辞功能

1997 年 6 月 3 日，《中国青年报》刊登了一篇题为《"英雄"难斗"啄木鸟"》的文章。读者会奇怪，英雄为什么要与啄木鸟争斗呢？为什么英雄难斗啄木鸟呢？这种疑惑吸引读者往下读：

> 提及"英雄""永生"牌钢笔，五六十年代的年轻人对其充满了感情。那时，谁拥有了这样一枝笔，谁就被看成是高雅的"文化人"。即使是如今 20 出头的青年人也是握着"英雄""永生"长大的。然而你若问问现在的孩子用什么笔，他们张口就是"啄木鸟""斑马""派克"等，用国产笔，在他们看来是一种掉价儿的表现。

读了这段文章之后，我们明白了，原来"英雄"和"啄木鸟"分别代指中国和外国生产的笔。反过来想一想，如果作者把题目改为："英雄"牌钢笔难斗"啄木鸟"牌钢笔，虽然更易于听读者明白，但趣味性会大减，对读者的吸引力减弱。作者如此说的目的，就是故意制造悬念，吸引听读者。从这个例子，我们不难体会人们说话或写文章时，为什么有时不直说人或事物的名称，而要换一个说法了。那么，借代究竟有什么修辞功能呢？至少有以下三点。

（1）借代可使话语简洁。借代只说出要表现事物特征的名称，而不必说出全称，这样就足以起到指代作用。例如，在宴会上只说"喝茅台还是喝竹叶青"，在语境的提示下，就足以说明指的是两种酒，而不必说"喝茅台酒还是喝竹叶青酒"。大家共有的知识背景和具体语境中的事物，就足以表明说话人的动机，完成交际任务。再如，上面例子中，说"警裤"较之于说"穿警裤的那个人"，说"红袖"较之于说"穿着鲜艳服装的女子"，要简单明了得多。这样就可以提供主要信息，而省掉冗余信息。当然，有的借代成分要比原事物复杂，比如"杜康""柴米油盐酱醋茶""鸡毛蒜皮"较之它们代指的"酒""日用品""琐事"要复杂。此时，使用借代的目的是取借代的形象、具体功能。

（2）借代可使话语具体、生动、形象。有时候改换一种说法，不仅可使话语简洁，而且能使话语具体、生动、形象。如新闻标题"'九头鸟'斗败'九头鹰' 法院判停用九头鹰名称",① "九头鸟"和"九头鹰"分别指北京市九头鸟酒店管理有限责任公司和九头鹰地坛酒家有限公司。作者不直说两家公司的全称,而是采用借代的方法,目的是为了增强话语的形象性、生动性,原题目看上去能给人以局部的错觉——"九头鸟"与"九头鹰"两种鸟相斗,读起来有趣味。再如,战争中,往往说"抓舌头"。"舌头"是说话的主要发音器官,进而代指可用来询问情况的俘虏,因为俘虏提供情况需要说话。这比说"抓个询问情况的俘虏"形象、简洁。这样,能抓住并突出事物的本质及典型特征,为听读者提供了核心而具体的信息,话语效果因之提高。再如:

  尽管巴基斯坦警方发出了高额悬赏,仍未能抓获凶手。由于迟迟无法破案,包括拉合尔市警察副总监在内的一批警界高官纷纷丢掉了乌纱帽。
  (何宇、胡亦峰《杀人狂魔被判奇刑》,《北京晚报》,2000年3月17日)

  官职是一个抽象的概念,比如"局长""处长"等等。但"乌纱帽"却是一个有具体形状的实物,人们学习古代文化知识或者观看影视节目时,都能通过视觉感知到"乌纱帽"的形状特征以及与之相关联的官员或官职。因此,人们常把模糊的抽象概念通过事物的典型特征传达出来,用古代官员的特有衣饰代指官职,具体、直观。
  (3)借代可体现修辞者的情感、态度,使话语委婉、幽默、风趣。说话时,换一种说法,用借代有时是为了使话语幽默风趣,如前边例子中的"'英雄'难斗'啄木鸟'""警裤""乌纱帽"等,都增加了话语的趣味,使话语显得幽默风趣。这也是借代风格调节功能的一个方面。再如:

  想起当时的遭遇,崔坤菊频频落泪。她说,一名戴眼镜的男子审她,问她是否知道为何被带到这里。崔答不知道,并声明自己与秦是两口子。"眼镜"说:"不老实交代,就打死你!"
  (田文生《农妇惨遭警方拷打 合法夫妻被诬卖淫嫖娼》,人民网,2003年1月23日)

---

① 新华网,2003年12月20日。

眼镜不是人，当然不会说话。作者不直说"戴眼镜的男子"，其中难说没蕴含作者对警察滥用权利的不屑甚至贬斥态度。再如，鲁迅的《药》中，分别用"花白胡子""驼背""红眼睛"代替具有上述体貌特征的人物，其中就暗含了贬斥。借代的这种功能，往往来自于借代中借体的性质及其与本体之间的关系。

（4）借代的语言建构功能。借代既是一种修辞方法，同时也是一种词义的建构方法，它具有语言建构功能。如果我们仔细研究借代的具体情况，就会发现，借代实际上可以区分为两种类型：一种是临时性的。比如上面所举的"警裤""眼镜""花白胡子""驼背""红眼睛"等等，都是临时性借代。其中的代体与本体之间的结合只是暂时的，是与语境紧密联系的。离开了上述语境，"警裤""眼镜""花白胡子""驼背""红眼睛"，就不一定指代具有上述特征的人。也就是说，上述词语还没有一个指代本体的固定义项。

另一种是固定性的，即已经进入语言体系的固定借代。比如，"杜康""红包""茅台""乌纱帽""孔方兄""白领""蓝领""雷锋"等等。这些词语除了本义之外，已经包含了一个固定的义项。"杜康"代指"酒"，"红包"代指"礼金"，"茅台"代指"茅台酒"，"乌纱帽"代指官职，"孔方兄"代指货币，"白领""蓝领"分别代指高级职员和技术工人，"雷锋"代指助人为乐的人。这些义项的产生，都与修辞过程中的借代用法有关，是在语用过程中产生的，可以称之为借代义。这种借代义已经进入语言体系，它不因使用场合而改变。上述分析说明，借代在词语意义的形成过程中具有一定的作用，它是词义发展的一种重要途径。

此外，有些词语就是通过借代方法形成的，比如"江湖""江山"就分别代指社会、职业和政权。"人在江湖，身不由己"，此处的"江湖"就是社会或某个行当，特别是帮派社会。"打江山"就是"夺取政权"。

4. 借代的现代语言学阐释

瑞士语言学家索绪尔把语言符号区分为能指和所指。所谓能指，就是语言符号的音响形象；而所指，就是符号所对应的客观事物或现象，也就是词语的意义。比如，"人"的能指就是"rén"，它的所指就是"具有四肢和头脑，能制造工具并使用工具进行劳动的高等动物"。据此，我们可以来分析一下借代的符号构成。

一般情况下，词语符号在形成后，就拥有了一个固定的能指和所指。但是在实际的运用中，词语的所指会因语境而变化。一个词具有一个语言体系中的所指，同时会因语境产生另一个所指。多数情况下，词的语言体系的所指和语境中的所指是一致的。但也有不一致的情况，借代就是其中之一。在借代的两种类型中，固定性借代的语境所指已经被固化为词的一个义项，比如"杜康""红包""茅台""乌纱帽""雷锋"等。它们的借代义——"酒""礼金""茅台酒""官职""助人为乐的人"，已进入语言体系。而临时性借代则还没有。也就是说，临时性借代，是在语境的提示下，使能指与语言体系中的所指和语境中的所指建立联系。比如，用"眼镜"代指"戴眼镜的人"，就是在具体语境下，使能指"yǎnjìng"与固定所指"眼镜"和临时所指"戴眼镜的人"建立联系。语境消失，临时所指也消失。

正因为上述两种借代的符号构成情形不同，所以它们的修辞效果也不一样。人们在理解固定借代时，已不需要建立临时的能指与所指之间的联系，因为人们在习得这种词语符号时已经知道其借代意义，所以，新鲜感很弱。而临时性借代则不同，它需要话语理解者依靠语境建立词语符号能指与具体语境中所指的临时联系。因此，临时性借代能激发听读者产生新鲜感。

当然，词语符号具有两个所指的情况很多，比如，多义词、同音词以及比喻、双关等。与上述情况不同的是，借代只存在于词语层面。与借代相近的是双关。词语双关也是一个能指同时具有两个所指。与双关不同的是，借代的两个所指之间具有密切的联系，而双关的两个所指之间的关系则与借代不同。

借代多是依靠文化背景和上下文等语境因素实现的。借代的运用和理解，都需要语境信息。这包括两种情况，一种是没有进入语言体系的借代和已进入语言体系的借代。前者多依靠具体语境来解析，且语篇往往提供相关的语境信息。例如"'刘老根'的'林肯'卖了52万"，这是一则新闻标题。如果没有接触与该标题相关的信息，只看标题难以解析其中"刘老根"和"林肯"的具体含义。但是看了文章中的信息：电视剧《刘老根》中"刘老根"乘坐的加长林肯轿车，在17日上午举行的第三届长春汽博会第一场拍卖会上竞拍成功，成交价为52万元。[①]

[①] 齐海山、李雪梅《"刘老根"的"林肯"卖了52万》，京报网，2003年7月21日。

人们就能明白其中的"刘老根"是电视剧中的人物,"林肯"则是该电视剧中"刘老根"乘坐的轿车,而不是美国前总统。有的借代的语境信息直接体现在上下文中。比如,有一则新闻标题是"'小天鹅''小鸭'等被卖 名牌洗衣机缘何相继陷落"。① 显然,此处的"小天鹅""小鸭"并非飞禽,而是洗衣机品牌,因为从后面句子的信息,就可以推导出这一点。

有些文化背景信息和具体语境信息带有地方性。比如,在云南的石林地区,所有造访的男性游客都被称为"阿黑哥",所有的女性游客均被称为"阿诗玛"。这源于电影《阿诗玛》故事中的男女主人公"阿黑哥"和"阿诗玛"演化为普通的男性和女性。这是借代的地域性所致。如果不了解这一文化背景,就很难体会其中的含义。再如,如果不知道杜康酿酒的传说,不知道"红包"与礼金之间的关系,不知道中国贵州省怀仁县茅台镇出产颇负盛名的美酒,不知道中国人民八年抗日的艰苦历史,理解"杜康""红包""茅台""小米加步枪"就会有困难。同样,如果没有上下文,上面例子中的"耳朵眼""啄木鸟"等,就会令人费解。因此,使用借代时,要提供给听读者足够的语境信息,使之能依靠语境获取借代的特定含义。同时,我们也需要增加相应的文化背景知识,提高利用语境创造适切借代话语的能力。

三、生动活泼法——比拟

1. 比拟的性质

无论是日常言语交际领域,还是大众传播领域,我们都能看到类似这样的修辞现象:"科学家提出地球变暖新证——北极'流汗'格陵兰'减肥' 地球在变暖"②"文凭绊了远程教育一脚"③"地老天荒,总是你的朋友——读池莉散文新作《给你一轮新太阳》"④ 等等。显然,"流汗""减肥""绊一脚"等,一般是生物特别是人的行为现象,北极、格陵兰、文凭、天地都不是生物,因此不可能出现人的行为现象。

---

① 姜培峰《"小天鹅""小鸭"等被卖 名牌洗衣机缘何相继陷落》,《人民日报海外版》,2003年8月28日。
② 人民网,2002年11月2日。
③ 邓峻浩、黄霞《羊城晚报》,2000年4月22日。
④ 《中华读书周报》,2000年1月26日。

此外，生老病死是生物现象，大地并不具有这种生命特征。"荒"则是田地所有的现象，"天"是大气，也无所谓"荒芜"。这种修辞现象把不同事物所惯有的词语进行描写对象的变换，且能起到特定的修辞效果。这种修辞现象不仅出现在新闻传播领域，在文学艺术领域中也十分常见。再如，我国现代著名作家茅盾在《白杨礼赞》中这样写道：

> 它没有婆娑的姿态，没有屈曲盘旋的虬枝，也许你要说它不美丽，——如果美是专指"婆娑"或"横斜逸出"之类而言，那么白杨树算不得树中的好女子；但是它却是伟岸，正直，朴质，严肃，也不缺乏温和，更不用提它的坚强不屈与挺拔，它是树中的伟丈夫！

作家在这里是描写和赞美白杨树的，但他却使用了一些用来描写人的词语，如"姿态""女子""伟岸""正直""朴质""严肃""温和""坚强不屈""挺拔"和"伟丈夫"等等。经作家这样一写，站在我们面前的似乎不是一棵白杨树，而是一个具有高尚品德和美好身材的、有血有肉的人物形象。

综上所述，这种改变词语的习惯性适用对象和语境，把通常用于描写人的语词用于描写物，或用通常描写物的语词来描写人，实行人、物适用语词互换或物物适用语词互换的修辞方法，在修辞学上叫比拟。

2. 比拟的形态和类别

比拟的话语形态很丰富，有的体现在个别词语、句子层面，更多的是表现在语段或语篇层面。比如：

> 风说：忘记她吧！
> 我已用尘土，
> 把罪恶埋葬！
> 雨说：忘记她吧！
> 我已用泪水，
> 把耻辱洗光！

（雷抒雁《小草在歌唱——悼女共产党员张志新烈士》）

风、雨真的会说话吗？当然不会。那诗人为什么说"风说""雨说"呢？不言而喻，是为了生动、形象，诗人才把风雨人格化。如果只说"尘土已把罪恶埋葬，泪水已把耻辱洗光"，虽无不可，但却不能生动地再现恶人遭惩、烈士冤情昭雪后自然生物为之动容的鲜活景象。即使如此直言，依然是把"尘土"和"泪水"人格化了。作者利用比拟，构建了一个语段，使意象升华。

比拟一般分为两种，一种是拟人，即把物当人来写，比如上面的例子。另一种是拟物，即把人当作物或把一物当另一物来写。例如，下面是选自网络上的一则幽默：

> 男人，是上帝生产的一种让女人既恨、又爱的产品，可以给女士的生活提供一个舒适的环境和保障，是您居家过日子之最佳选择。
>
> 一、产品特点
>
> 男人外表粗犷、内心温存，体积适中，款式雅致，能与室内装饰融为一体。体内装配功能强大、结构紧凑，能承受巨大的生活负担和生活压力。其关键部分设计精妙、收缩自如，工作平稳、效率高、可重复使用、使用寿命长。
>
> 二、主要性能及参数
>
> 平均长度：170～180 cm，平均净重：60～80 kg。
>
> 使用环境：大于0°C、小于43°C。本产品通过了ISO9000认证，……中国最广大漂亮MM根本利益的忠实代表。
>
> 三、安装及使用
>
> 1. 本产品应安装在避免阳光直射之处（因为男人不用"小护士"、也不打伞遮阳），一般安装于温柔贤惠的美人身旁为佳。
>
> 2. 本产品的安装应远离轻浮的女孩；严禁上露乳沟、下露肚脐的女性在本产品面前晃悠……
>
> 3. 安装时用感情、理解、信赖做固定，后面用结婚证垫好并加固。
>
> 4. 安装以及使用时，注意保护男人的面子，如有损坏，应立即修复。
>
> ……
>
> 9. 本产品使用了绿色环保技术，可大限度地节约资源。包括：不洗澡、不洗衣服，晚上不刷牙、早晨不洗脸。
>
> 10. 请爱惜使用本产品，不得以任何理由强迫其逛街购物。
>
> ……

四、注意事项

1. 本产品使用范围应在国内，便于维护；2. 为保证本产品忠实地为您服务，请仔细阅读"男人使用说明书"；3. 凡用户在遵守产品说明书中所述的各项条件下，自销售之日起一年内，因制造质量、宣传失真引起的任何损坏，或者不能正常运行时，均由上帝负责免费调解，经调解无效的给予调换……

凡对本产品感兴趣之女士，请速拨打上帝的联系电话，或者通过传真、email 取得联系，预购从速！

（《男人使用说明书》，千龙网，2003 年 9 月 17 日）

显然，男人并不是商品，也不需要使用说明，更不能进行邮购。但是作者却把"男人"当作可以进行买卖、使用的商品加以描写。产品特点、性能及参数、安装、使用、注意事项等等一应俱全。如此，较之直言男人的各种特点，更能激发读者的想象力，且能取得幽默风趣的效果。这是拟物。

比喻与比拟比较接近。如果说比喻强调本体与喻体之间的相似性，那么比拟也同样强调人、物之间或物物之间的相似性。也就是说，在思维层次，两者具有共性，都使用喻化的思维方式。但两者在话语层次上的体现方式不同，比喻突出比的过程，比拟则把比在话语层面上直接延伸。可以说，比拟是比喻在描写层面上的延伸。因此，在实际的修辞过程中，两者往往连用或兼用。例如：

真的，假如妻子是一本书，我希望她是什么书呢？
……
她应该是一本百看不厌的书，纸墨莹洁，订装精致，封面设计美观大方。她要轻盈纤巧，便于携带，可以出入与共，形影不离。她要有哲理小品的深度、艺术画册的美感，概念丰富像词典，吐属优雅像诗集，好比儿童读物那样真挚、流行小说那样纯情……

（潘铭燊《杂感五题》）

本例把"妻子"首先比作了"书"，然后从书的印刷、装订、大小以及内涵等方面进行描写，读来含义深刻隽永，耐人寻味。这是比喻与比拟的连用。首句是一个完整的暗喻形态。但按照传统的分析，"纸墨莹洁，订装精致，封面设计美观大方。她要轻盈纤巧，便于携带，可以出入与共，形影不离……"，则难以划入比喻，其语言形态应是比拟，但这一部分却是前边喻化的延伸。这说明，比喻与比拟的思维方式是一样的，只是在话语形态有差异，可以看作是喻化思维在语言层面上的完整形态。再如：

> 送你一件外套，前面是平安，后面是幸福，吉祥是领子，如意是袖子，快乐是扣子，口袋里满是温暖，穿上吧，让它相伴你的每一天！

（马佳、王学锋《手机屏闪彩信到：最新猴年贺岁短信集锦》，《北京晚报》，2004年1月21日）

本例是贺年短信。新年祝福是抽象的，于是作者把抽象的祝福与具体的衣物相比照，并进一步描写，赋予它"外套"的特征，使抽象物具体化、形象化，话语显得活泼、动人。这是比拟与比喻的兼用。

3. 比拟的修辞功能

言语交际中，特别是文艺话语中，比拟是常用的修辞方法。如果离开了比拟，人们想要表达的思想情感，将难以得到艺术升华。这是因为比拟具有其他修辞方法所不具备的功能。这包括：

（1）增加情感信息。无论是把物当作人来写，还是把人当作物来说，运用比拟建构的话语较之平铺直叙的话语，其情感信息有显著增加。拟人是把物当作人来写，从说写者角度看，是把用于人的词语用来描写事物，其动机就是为了更有效地传达出作者的情感信息，表现说写者的爱憎。例如：

> ① 骆驼，你沙漠的船，
> 你是有生命的山！
> 在黑暗中，
> 你昂头天外，
> 导引着旅行者，
> 走向黎明的地平线。

（郭沫若《骆驼》）

> ② 看啊，这些荷叶，黑绿、浑圆、厚重，多少年来默默无言地居于人们强加给它们的"陪衬"地位，上催芙蓉赤，下助玉藕白。盛夏时候，它们从不与人争风，反而像把把团扇把阵阵清香送来。这是一种多么朴实无华的品格！它们又是无私的，久旱初雨就

像天降甘霖，可是这珍珠一样宝贵的水啊，它们一点一滴都不沾唇。

（郑伯琛《荷叶咏》）

例①是比喻与比拟的兼用。作者采用第二人称，把骆驼这种动物放在与人平等的地位上描写，其赞美之情溢于言表。例②是把荷叶人格化，通过对其行为、作风的描写，显露了作者的态度、情感，使情感抒发得酣畅淋漓。

（2）增加美感信息。比拟的实质就是把写人的词语和写物的词语互换，用写人的词语来描写事物，把描写事物的词语加在人身上，把一事物的词语移到别一事物身上。这样，词语的风格信息就会和其所描写的事物产生对照，在听读者心理上产生激荡，引发美感。例如：

这里春红已谢，没有赏花的人群，也没有蜂围蝶阵。有的就是这一树闪光的、盛开的藤萝。花朵儿一串挨着一串，一朵接着一朵，彼此推着挤着，好不活泼热闹！

"我在开花！"它们在笑。

"我在开花！"它们嚷嚷。

（宗璞《紫藤萝瀑布》，《福建文学》，1982年第7期）

花朵是没有人的言行的，作者赋予一簇静态的藤萝花人的言行举止，就使它们有了音容笑貌。读了这段话，浮现于我们眼前的，不再是静止不动、默无声息的植物，而是一群有说、有笑、活泼可爱的人物。这种修辞效果，正是比拟手法的美之所在。这种美来自于词语使用环境转换带来的风格信息转移。

（3）调节话语风格。除了上述修辞功能，比拟还具有风格调节功能。由于比拟重在传输情感和美感信息，因此其风格调节的主要趋向是疏放、蕴藉、繁丰、绚烂，而不是谨严、明快、简约和平实。比如，在上面的例子中，作者们之所以把骆驼、荷叶、紫藤萝人格化，其目的都是为了便于抒发作者的情感，通过形象使话语焕发出生命力，使听读者摆脱了由于单纯陈述带来的谨严、明快、简约和平实的感受。赋予紫藤萝言说的能力和话语，较之直言紫藤萝具有旺盛的生命力，要繁丰、绚烂。

比拟的上述风格功能，不仅表现在艺术话语建构中，即使在一些实用传播领域中，也是如此。比如，前文所举的"世界经济被飞机撞了一下腰",① 这则新闻是记者就9·11事件对有关经济专家的访谈。其中使用的是比拟的方法。作者把"世界经济"人格化，仿拟歌词"我被爱情撞了一下腰"。较之于直说"世界经济受到美国世贸大楼被撞影响"要形象、有趣。如果说原文具有疏放、蕴藉、繁丰、绚烂的风格倾向，那么直言的风格特征则倾向于平实、谨严、明快、简约。再如，"生死不明，战斧砍向萨达姆"，② 这是2003年3月美国袭击伊拉克时的一则新闻题目。其中，"战斧"是借代，指战斧式巡航导弹。作者以此为基础，利用"战斧"的本义，构成比拟。这属于拟物。较之说"战斧式巡航导弹射向萨达姆"生动形象，因为"战斧砍"能形成具体的砍杀形象。

4. 比拟的运用

正因为比拟具有上述修辞功能，所以它被广泛应用于许多交际领域。这不仅包括日常言语交际，也包括一些艺术交际领域，比如散文、小说、诗歌、童话、科普以及其他交际领域，也包括新的传播领域。例如：

① 两棵在夏天喧哗着聊了很久的树彼此看见对方的黄叶飘落秋风，它们沉静了片刻，互相道别说："明年夏天见！"

（周涛《诗趣》）

② 我正着手筹备公司生产月饼。用浪漫做皮；用温馨做馅；幸福做蛋黄；懂得品味的人不需要多，最好只有你一个！

（贾晓宏《诗歌、散文、小说之外，70字短信成为新文体？》，《北京晚报》，2002年9月24日）

例①是散文诗。作者把树人格化，使其具有人的情感、言语、友谊。诗句的修辞效果也在这种人格灵性中得到了升华，读来耐人寻味。例②是2002年中秋节最流行的手机短信之一。作者把对亲友的祝福，采用比拟的方法表现出来，赋予月饼以人性化的内容，读来新颖别致，独具风味。

与上述领域相反，在一些实用性交际领域中，比如公文语体、科技语体中，则较少甚至不出现比拟。比如，通知、布告、工作报告、工作

---

① 辛朝兴，《广州日报》，2001年9月26日。
② 《生死不明，战斧砍向萨达姆》，新华网，2003年3月21日。

总结、信函、学术论文等等，都很少使用比拟。在新闻报道中，情况比较复杂。有些严肃的政治新闻、科技新闻、灾难新闻等，较少使用比拟。而在社会新闻、娱乐新闻、体育新闻、财经新闻、新闻评论中，则时常使用比拟，其中包括新闻标题。比如，"'小黄鱼'一天蹦高两元"①"孩子比从前高了，'儿童线'也蹿高？"②"汽车加油站应该'计划生育'"③"美经济伤风世界感冒　中国能否独善其身"④等等，都运用了比拟，这增加了阅读的乐趣。

5. 比拟的理解

比拟的理解就是把比拟话语转换成一般话语，这需要把两个不同领域的知识关联起来，并根据语境进行转换。语境不同，比拟的理解难度也不同。一般领域中的比拟是很好理解的。比如，"'小黄鱼'一天蹦高两元"是说"小黄鱼"的价钱一天上涨两元。"孩子比从前高了，'儿童线'也蹿高？"指的是儿童线随着孩子的长高而提高。"汽车加油站应该'计划生育'"指的是汽车加油站建设应该有计划减少。显然，以上比拟的理解，需要两个方面的知识：一是语境知识，二是比拟知识。语境知识多来自日常积累和语篇自身的提示。比如，对"美经济伤风世界感冒　中国能否独善其身"的理解，需要知晓9·11事件，这由平时的知识积累或语篇自身提供的信息解决。此外，还需要知晓话语自身的修辞方法。"经济""世界"并非具体的人或其他动物，因此不存在"伤风"和"感冒"。此处运用的是比拟的修辞方法，是作者把两者人格化，把人所具有的一些生命现象，赋予了无生命的事物，把两个不同领域的知识通过联想、类比结合，得出"美国经济遭受挫折，世界经济受影响"的信息。

以上比拟大多属于实用交际领域，因此理解并不困难。但在一些艺术传播领域中，比拟的构成往往比较复杂。其理解也不容易，尤其是诗歌、散文中的比拟。例如：

　　种子一被罚站，就变成了树。
　　……

---

① 京报网，2002年12月20日。
② 人民网，2002年10月20日。
③ 洪流，《城市导报》，2000年3月11日。
④ 潘圆，人民网，2001年9月20日。

一棵树，浑身长满了翅膀，但却无法飞翔。

……

闪电的鞭子抽来，一棵树，咬住牙，惟有死死地顶住，才能摆脱陀螺的宿命。

一棵树，并不富有，即使有些落叶，那也是属于萧萧秋风的。虫呀蚁呀，都是些小偷，常常对它进行明目张胆的掠夺与窃取。

（大卫《风尘三叩——做一棵树是多么的不容易》，《散文》，2000年第1期）

本例是散文诗。作者运用比拟，把自然风物人格化，使人类行为世界与自然现象两个知识领域交叠，产生出奇特的意象。"种子生长成为树"是一个渐变的过程，并不存在人为的短暂措施，但作者却把人类行为"罚站"赋予这种缓慢的自然过程，使从"种子"到"树"的过程通过人与物的交流互动展现出来，给人以动态的、鲜活的气象。同理，"一棵树，浑身长满了翅膀，但却无法飞翔"，实施的则是植物"树"与动物"鸟"的比照。"树"对应"鸟"，"树枝""树叶"对应"翅膀"。听读者在上述两种事物的比照中获得新的意象，即"树"被赋予鸟的特征，但却不能飞翔，预示一种悲哀。此外，上述话语的最后两段的理解，也同样需要对语境和比拟方法的认知。

四、虚张声势法——夸张

1. 夸张及其修辞功能

人类在使用语言的过程中，总想使自己的思想、情感在传播中更好地延伸，因此就调动一切可能的手段，夸张就是其中之一。它通过语言意义与现实的严重背离再现现实，其目的不是为真实而真实，而是为真实而虚化。例如，毛泽东在《念奴娇·昆仑》一词中写道："横空出世，莽昆仑，阅尽人间春色。飞起玉龙三百万，搅得周天寒彻。夏日消融，江河横溢，人或为鱼鳖。千秋功罪，谁人曾与评说？而今我谓昆仑：不要这高，不要这多雪。安得倚天抽宝剑，把汝裁为三截？一截遗欧，一截赠美，一截还东国。太平世界，环球同此凉热。"该词意象雄奇、气魄宏大，表现了一代领袖气壮山河的英雄气概。这种意境的取得与其中所运用的修辞方法不无关系。除了比喻之外，还有夸张。所谓"飞起玉龙三百万，搅得周天寒彻"与"夏日消溶，江河横溢，人或为鱼鳖。……安得倚天抽宝剑，把汝裁为三截？一截遗欧，一截赠美，一截还东国"，都是建立在想象基础上的夸张。修辞过程中，这样的例子还很多。再如：

① 好，黄山松，我大声为你叫好，
　　谁有你挺的硬，扎的稳，站的高；
　　九千里雷霆，八千里风暴，
　　劈不歪，吹不动，轰不倒！

（张万舒《黄山松》）

② 30 年弹指过去，虽然云起云散，潮涨潮落，事非恩怨，感慨系之，但是伟人毛泽东、周恩来留在唐闻生心灵深处的始终是一段充满温馨的美好回忆，熠熠闪光……

（宗道一《唐闻生心中的毛泽东和周恩来》）

黄山松"硬""稳""高"到什么程度呢？作者没有直说，而是让读者通过"九千里雷霆，八千里风暴，劈不歪，吹不动，轰不倒"的话语自己去体会。黄山松真的如此吗？当然不是，作者只是极言黄山松的巍然雄姿。例②把 30 年说成是弹指，也是极言时间流失快。据有人考证，"弹指"是佛教中"计量时间"的一个量词，来自梵语。据佛教经文解释：一天一夜为 30 须臾，一须臾为 48 分钟。一须臾等于 20 罗预，一罗预为 2.4 分钟。一罗预等于 20 弹指，一弹指为 7.2 秒。比"弹指"更小的时间单位是"瞬"，一弹指等于 20 瞬，一瞬等于 20 刹那，我们常用的"一刹那"应该是 0.018 秒，比"弹指一挥"要短暂得多。① 30 年弹指过去，并非在 7.2 秒中过去，而是虚数，极言感觉上的短暂。这种修辞方法通常叫做夸张。

2. 夸张的类型

有的夸张是往大、多、快等程度高处说，这叫扩大夸张。例如：

　　梳妆来呵，梳妆来！
　　——黄河女儿头发白。
　　挽断"白发三千丈"，
　　愁杀黄河万年灾！

---

① 牛百夕《"弹指一挥间"是多长》，《文摘报》，1999 年 1 月 24 日。

登三门，向东海：
问我青春何时来？！

(贺敬之《三门峡——梳妆台》)

梳妆台是黄河三门峡下不远处的一块巨大岩石，我国在那儿建起了水电站。诗人为了颂赞这一宏伟工程的巨大作用，就说是挽断了黄河女儿的三千丈白发。头发再长，也没有三千丈，显然是作者故意往大里说。再如：

他轻轻挨到蜂包下，点燃了浸满桐油的火把。
岩蜂受了惊，嗡地飞出。黑压压一片，遮天蔽日。被火一烧，雨点般坠下来。

(高旭帆《岩鹰盘旋的山谷》)

岩蜂多是事实，但不至于把天和太阳都遮起来了，落下来也没有雨点一样地密，显然是作者往大里夸张。

有的是故意往小、细等程度低处说，叫缩小夸张。如：

① 以前他是队长，忙得也在情理，虽说是个顶细顶细的芝麻官，却不能和那些端着铁饭碗的官儿比……

(流水《麻绳曲》)

② 五岭逶迤腾细浪，
乌蒙磅礴走泥丸。

(毛泽东《七律·长征》)

官有大小。例①把一个人的官职比作芝麻，是极言这个人的官小。在中国形容一个人的官职小，常用"芝麻官"，如"县令"就是"七品芝麻官"。这既是比喻，又是夸张，是辞格的兼用。例②中，"五岭"是指绵延于江西、湖南、广东和广西之间的大庾岭、骑田岭、萌渚岭、都庞岭和越城岭，"乌蒙"是乌蒙山。把五岭说成是"细浪"，把乌蒙山看作"泥丸"，表现了中国工农红军在长征中的大无畏革命精神。

夸张常与比喻兼用，既有比喻，又有夸张，话语有两种辞格的功能。比如李白《秋浦歌》中所写的"白发三千丈，缘愁似个长"。"愁"像什么呢？"愁"到什么程度呢？愁得头发都白了，有三千丈之长，既形象，又生动。"愁"这种看不见摸不着的东西被具体化为可丈量、可记数的事物。再如：

>那天傍晚,我坐着一辆开了快七年的老得掉牙的面的,司机是个35岁的年轻人。一上车,他的话匣子就打开了,话如泄洪一样水珠四溅。

>（肖复兴《面的司机》）

本例中,作者说司机的话语"如泄洪一样水珠四溅",也是比喻兼夸张,极言面的司机话多、话猛。

3. 夸张的运用

夸张运用过程中应注意以下五个方面：

（1）注意夸张所适用的语体。夸张是人们常用的修辞方法,日常口语交际和书面语交际中都有,但夸张的使用也存在语体差异。在口语交际领域中,使用夸张应注意语境要求。一般说,夸张不宜用在比较严肃的实用领域,比如情况汇报、谋职面谈、述职报告等等。而在一般的聊天、交谈中,特别是需要幽默诙谐的气氛时,则经常使用夸张。在书面语体中,比如文艺语体、政论语体中经常使用夸张,但是科技语体中则很少使用。不过,新闻传播领域也偶尔会使用夸张。例如：

>在日前召开的北京市政协会议上,城市里如蜗牛般爬行的车辆长蛇队又成了各界人士慷慨陈辞的话题,民建北京市委报告里的两组数字格外引人注目。

>（王军《北京交通没有根本缓解　巨额投资受困"摊大饼"模式》,新华网,2003年1月25日）

本例是新闻报道,因此信息要求真实、准确。但作者在描述北京的交通状况时,适当使用了比喻性夸张,把行驶缓慢的车队比喻为"蜗牛般爬行"。当然,汽车的行驶速度再慢,也不至于真的如"蜗牛般爬行",但交通堵塞的状况给人的印象又确实如此。所以,此处的夸张是合理的、真实的。当然,并不是所有的新闻都需要夸张,否则就会丧失真实。

此外,在一些兼有实用性兼艺术性的领域,尤其需要把握语境对夸张的要求,比如广告、报告文学、写实小说等等。广告需要一定的艺术性,因此适当的夸张是必要的。比如,有一则化妆品的广告就是"今年二十,明年十八",这显然具有一定的夸张成分,但并不失真,因为使用了化妆品,给人年轻两岁的感觉是可能的。如果说成"今年二十,明年十一'",就违背了广告的艺术真实要求。同样,报告文学、写实小说中的夸张也有其特定的要求。

（2）夸张要适度。夸张不是吹牛皮,不能无目的地乱夸,夸张的程度要合理。鲁迅在《漫谈"漫画"》一文中曾说过："'燕山雪花大如席',是夸张,但燕山究竟有雪花,就含着一点诚实在里面,使我们立刻知道燕山原来有这么冷。如果说'广州雪花大如席',那可就要变成笑话了。"因此说,夸张不能随意地乱夸,不能不顾事物的现实基础。

如果背离现实性、可能性,就可能是乱夸,夸而不当。比如,我国20世纪50年代末到60年代初的一段时间,就曾出现过乱夸张的现象。这种现实生活中的"夸张",一度蔓延到了政治领域、新闻传播领域。当然,有的也反映到了文学艺术领域。如果说现实生活中的"夸张"是浮夸,那么新闻传播领域中的"夸张"就是撒谎了。即使在文学艺术领域,夸张缺乏现实基础,也属于乱夸。例如,"稻粒赛玉米,黄豆像地瓜,花生像山芋,山芋赶南瓜""树皮变棉花,稻草纺成纱;不用一亩田,造棉百万担"①等等,这些都是1958年"大跃进"时期的诗歌,其中所描写的现象就违背了事物的逻辑基础,是乱夸现象,这与吹牛没有什么两样。

（3）夸张的程度要适合人们的心理要求和习惯。汉语中的夸张是以汉民族的心理为基础的,他们有一套对夸张的特定看法。比如说一个人的脚大,中国人习惯说"他的鞋子像只船"。这是符合汉民族习惯的,容易为人所接受。而"他的脚太大,不得不拿提箱当鞋子穿",这就不符合汉语的习惯了,因为大家一般不这样说。再如：

联航从世界第二沦落为"破产户"有多方面的原因。其一,美国政府"见死不救"是"压到驼背上的最后一根稻草"。
（王如君《政府"见死不救" 美联航破产了》,人民网,2002年12月11日）

2002年美联航宣布破产。作者在文中用"美国政府'见死不救'是'压到驼背上的最后一根稻草'"来表达"美国政府的行为在美联航破产"中的作用。这可能是翻译过来的一个比喻兼夸张,对汉语作为母

---

① 戴智贤《山雨欲来风满楼——60年代前期的"大批判"》,河南人民出版社,1994年,第3页。

语的人来说，虽然也能理解大致的含义，但很难产生共鸣，因为缺乏文化和心理基础。

（4）夸张还要考虑到感情色彩。夸张也要考虑话语所体现的态度情感。该褒的就褒，该贬的就贬，否则也会导致夸而不当。如：

> 北京人心花怒放，醉意盎然。街头巷尾散着酒香，碰杯声、欢呼声、歌唱声把偌大的京城掀了个底朝天。

（顾保孜、杜修贤《红镜头》）

1976年，"四人帮"被打倒，北京人群情振奋、狂欢庆祝，作者说"把偌大的京城掀了个底朝天"，显然是用夸张的方法以形容当时群情高涨、气氛热烈的场面。但"把什么掀了个底朝天"往往用来表示不好的事情，有弄得乱七八糟的意思。此处是表达喜庆的事情，所以，这样夸张显得与作者的表达动机和现实不协调。

再如，2002年12月间，陕西咸阳国际机场有一架飞机不慎撞上了候机楼。有记者在报道中这样写道："这起'撞机事件'在当地引起巨大反响。'飞机撞楼'的消息像长了翅膀似的很快就传了出来，西安的各路媒体闻风而动，纷纷出击。"①飞机撞楼不是好事，但作者却说该消息"引起巨大反响""像长了翅膀似的很快就传了出来"，这显然是夸张。在作者看来，飞机撞候机楼似乎是件喜事，有幸灾乐祸的嫌疑。这与作者对夸张的情感把握不准有关。

（5）夸张要有新意，给人以新奇的感受。别人嚼过的馒头没滋味，修辞也一样，要讲究创新。夸张更要讲究新异性，能引起人们丰富的联想。例如，"好主任为了全厂职工的利益，每日必喝，每喝必醉，终于劳累过度，住进了医院。经化验，好主任血液中的酒精度高达85%。大夫给他做检查，好主任一口气呵出来，这位大夫竟然三天没醒过来。""好主任"嗜酒如命到什么程度呢？血液中的酒精度高达85%，呵出的气体能使人醉三天，这样的夸张新颖而富于启发性，听之让人捧腹。

4. 夸张的理解

夸张的理解首先要注意语境，特别是语体差异。实用语体中，夸张有客观现实作为比照，如果话语信息离客观现实太远，很容易判定夸张的属性。比如，如果有人说"东北的冬天地上到处都是耳朵"，与现实

---

① 华诚《西安咸阳机场惊险一幕：客机撞上新候机楼》，新华网，2002年12月8日。

一比照，很容易判定是夸张，形容东北冬天很冷。至于口语中的"你吓死我了"，也很容易判定是夸张，而不是事实。在艺术语体中，因为缺乏现实比照，有时会出现把艺术话语与实用话语混淆的情况。比如，杜甫《古柏行》中有这样的句子："霜皮溜雨四十围，黛色参天二千尺。"这是诗歌，属于文艺语体，意在突出古柏的高大，其中的数字是虚的，不能较真。但沈括在《梦溪笔谈》中却说："四十围乃是径七尺，无乃太细长乎？……此文章之病也。"显然，沈括混淆了艺术话语与生活话语之间的区别。

此外，还应注意那些实用性兼有艺术性的语体类型，比如广告。由于广告语除了传达理性信息之外，还需要传输感性信息，需要激发消费者的购买欲望，这要求广告具有一定的艺术性。但广告毕竟不是纯粹的艺术品，它的主要目的还在于传达真实的商业信息。所以，在广告话语的理解过程中，应挤压掉其中的水分，还原成实用话语。否则，就可能上当受骗。比如"鄂尔多斯羊绒衫温暖全世界"，显然，任何羊绒衫都不可能"温暖全世界"，温暖全世界的只有一个，那就是太阳。这是广告语夸张，意在突出该羊绒衫的保暖性。如果把广告词当真，可能会上当受骗。

五、含蓄委婉法——双关

1. 双关的含义

在修辞过程中，人们经常会遇到以下现象，比如"人类失去联想，世界将会怎样"。如果抛开具体的语境，它的意思是人类失去了"联想"这种思维活动，世界将会怎样。但是，作为生产计算机产品的联想集团的广告语，它就具有了另一种含义，即：人类如果失去了"联想"集团或联想计算机，世界将会怎样。

再如，毛泽东在《蝶恋花·答李淑一》写道："我失骄杨君失柳，杨柳轻飏直上重霄九。""杨""柳"本指杨树和柳树，此处字面上含有杨花和柳絮的意思，但实际指毛泽东的妻子杨开慧烈士和李淑一的爱人柳直荀烈士。作者借杨花柳絮飞飘上天，喻指杨、柳两位烈士的英魂永垂不朽。人们通常把这种在特定语境中使话语同时具有两重意思、表面一层意思、实际上还有一层意思的修辞方法，称为双关。

双关不但是一种修辞方法，而且是一种文化，特别是谐音双关。这在汉民族的语音崇拜文化中体现得更为充分。中国文化习俗中利用谐音的比比皆是。在春节文化中，人们通过许多动物名称的谐音，祈求福祉。比如，在剪纸以及年画中，"蝙蝠""鲤鱼"寓意"幸福"和"年年有余"。与之相反的是谐音忌讳文化，比如，川剧《秋江》里的老艄公问前来搭船的女尼贵姓，答曰："姓陈。"艄公忙令住口。因船行江中最怕的就是这个字——沉，"陈"与"沉"谐音，构成谐音联想，不吉利。因此，使船的人多忌讳"chén""fān"等音。这些语音迷信实际上与谐音双关十分密切。再如，在百姓的日常话语尤其是谚语、民谣中，也有时使用谐音双关。

谐音双关广泛使用于文学作品中，形成一种主要以谐音双关为主的双关文化。比如，南朝乐府民歌《子夜歌》中的"始欲识郎时，两心望如一。理丝入残机，何悟不成匹"，其中，"丝"谐音"思"，"匹"谐音"匹配"的"匹"。一层意思是指丝织不成匹，另一层是思恋心上人，但终不能成为夫妻。再如，南朝乐府民歌《西洲曲》中的"采莲南塘秋，莲花过人头。低头弄莲子，莲子青如水"。其中，"莲子"即"怜子"，就是"爱你"；"青如水"谐音"情如水"。《红楼梦》中的许多人物也被赋予了谐音意义。有人认为"曹雪芹"乃"藏血情"三字谐音，暗示康熙皇二子即太子的兴黜与蒙冤泣血宫禁的身世。"癞头和尚"谐音"将来头和盘托上"，"跛足道人"谐音"不足、不敢为外人道"，"甄仕隐"谐音"真事隐"，"贾雨村"谐音"假语村"。至于"元春""迎春""探春""惜春"，则是谐音"原应叹息"。[①] 这有一定的道理。上述语例表明，双关不仅是一种修辞方法，同时也是一种修辞文化。

2. 双关的种类

双关一般分为谐音双关和语义双关两种。

（1）谐音双关。谐音双关是利用语音相同或相近的词语来构成的双关。人们可以通过语音上的相似性，借助联想以理解真正的话语动机。上述语例中有一些就属于谐音双关。再如：

　　椭圆形会议桌的侧面，有一个人笑嘻嘻地提出了一个问题："喂，有两个项目，不知敢不敢做？一个是赌场，一个是妓院，没

[①]《"红学"研究又有惊人发现——张放认为贾宝玉是康熙皇太子》，《文摘报》，2000年3月19日。

有这两项，外国人是拢不住的！繁荣"娼"盛嘛！"

（霍达《未穿的红嫁衣》）

本例中，"娼"就是"娼妓"。此处，作者化用了成语"繁荣昌盛"，表面是社会繁荣昌盛，实质是把经济繁荣同"娼妓"联系起来。这当然是错误的。

在我国，谐音双关具有悠久的历史，古典诗歌及其他文学作品中十分常见。比如唐·李商隐《无题》中的"春蚕到死丝方尽，蜡炬成灰泪始干"，"丝方尽"谐音"思方尽"。再如，曹雪芹《红楼梦》中的"空对着，山中高士晶莹雪；终不忘，世外仙姝寂寞林"，"雪"指"薛宝钗"，"林"指"林黛玉"。这些语例谐音成趣，它们反映了古代汉民族优秀的双关艺术。

从语言符号的意义方面解释，谐音双关就是两个相同或相近的能指同时具有两个所指。通常情况下，两个能指对应的两个所指，一个所指是语言体系的，另一个是在语境中获得的。前者是稳定的，后者则是暂时的。听读者在理解过程中，往往首先接触到一个能指，解析出语言体系中的所指，既而联想到另一个能指，然后根据语境信息，再解析出另一个语境所指。比如上面语例中的"杨柳"，其语言体系中的所指分别是"杨树"和"柳树"，而在具体语境中的所指则分别是"杨开慧"和"柳直荀"。再如，"方舟1号、星光1号、龙芯1号正在结束中国信息产业'芯痛'的历史，①此处的"芯痛"谐音"心痛"，两者的发音相同，可以说两个能指听觉上相同，但文字形态不同。其所指分别是因缺乏计算机中央处理器——机芯不得不付出沉痛的专利费代价，同时也指因缺乏拥有自主知识产权的机芯而令人心痛。再如，"东南大学的一位教授说：'这里的'盲道'不帮'盲'，连正常人走起来都很费劲。'盲道不帮'盲'，显然违背了建设盲道的初衷。"② 本例中的"不帮盲"与"不帮忙"谐音，能指相同，但同时有两个所指：一个是指有些地方的"盲道"设计不合理或被挤占，起不到帮助盲人的作用；另一个是指"盲道"对他人"不帮忙"。

（2）语义双关。与语音双关不同，语义双关是联系语境因素尤其

---

① 吴涛《告别"芯痛"的历史 中国离世界芯有多远?》，人民网，2003年1月12日。
② 王方杰《从"盲道"不帮"盲"谈起》，人民网，2003年1月3日。

是会话场景中人物之间的多重角色关系和前后语义关系构成的。例如：

  吃过晚饭，廖山田好像突然想起了一件事。
  "嗨，还要到公社书记屋里去一趟呢。"他对父亲下命令般地说，"走，你带我去。"
  "明天去吧，天黑了。"老汉不想动。
  "明天公司有会，今夜还要赶黑进城呢。"
  "那，莲妹子带你去吧。"
  "你真有些老糊涂了。我就是去问问莲妹子的事的，当她面，人家好讲么？"
  老汉再也找不出理由了："那……碗还没洗。"
  "我洗碗。"杨玉莲自告奋勇，还堵了爷爷一句，"你怎么啦？天天不是我洗碗么？"
  老汉只好站了起来，看看要断黑的天色，走到屋里磨磨蹭蹭地转了好半天才摸出一只手电筒。出门时，他极不放心地看了看留在屋里的两个年轻人，不叮嘱不安心，叮嘱又不知怎么说好，隔了一阵，被廖山田催不过了，才说了声："那灶里的火，封牢了，莫燃起来烧了屋。乡里，比不得城里！"
  长辈和长辈的长辈一离去，屋里的光线都变得年轻了。……
  "干完了？"丁壮壮问道。
  杨玉莲甜甜地笑了一下，没有回答。
  "还有一件事没干吧？"
  杨玉莲那水汪汪的眼珠子转了一圈又定住了，询问般地看着丁壮壮。
  "灶里的火没封牢，当心烧了屋子。"
  杨玉莲嗔怪地瞪了他一眼："你懂爷爷的话？"
  "你懂吗？"
  "我懂又怎么样？"
  "不怎么样。反正我不会比你傻。"
（水运宪《雷暴》）

  本例中，"那灶里的火，封牢了，莫燃起来烧了屋。乡里，比不得城里"，这几句话有两层意思。其表面的语言意义是：要年轻人把那灶里的火封牢了，不要失火烧了屋子。乡里和城里不一样，容易着火。其实际的言语意义却是：警告两个年轻人把握好情感交流方式，不要出格。这是在乡下，不是在城里，不能那么开放。这是语义双关。"灶里的火"，既是指"灶膛里的火"，也是指"年轻人内心的情火"。"封牢了"，既是指封牢了灶膛里的火，也是指封牢了年轻人内心的情火。此处双关的构成，是利用了对话中潜在的人物角色关系。

还有些双关是靠具体语境或上下文构成的。这种双关多通过前后事物之间的联系连缀而成，通常称"指桑骂槐"。例如：

> 这里宝玉又说："不必烫暖了，我只爱喝冷的。"薛姨妈道："这可使不得：吃了冷酒，写字手打颤儿。"宝钗笑道："宝兄弟，亏你每日家杂学旁收的，难道就不知道酒性最热，要热吃下去，发散的就快；要冷吃下去，便凝结在内，拿五脏去暖他，岂不受害？从此还不快不要吃那冷的了。"宝玉听这话有情理，便放下冷酒，命人暖来方饮。
>
> 黛玉嗑着瓜子儿，只管抿着嘴儿笑。可巧黛玉的丫鬟雪雁走来给黛玉送小手炉儿，黛玉因含笑问他说："谁叫你送来的？难为他费心。哪里就冷死我了呢！"雪雁道："紫鹃姐姐怕姑娘冷，叫我送来的。"黛玉接了，抱在怀中，笑道："也亏了你倒听他的话！我平日和你说的，全当耳旁风，怎么他说了你就依，比圣旨还快呢！"宝玉听这话，知是黛玉借此奚落他，也无回复之词，只嘻嘻的笑两阵罢了。宝钗素知黛玉是如此惯了的，也不去睬他。
>
> （曹雪芹《红楼梦》）

贾宝玉听了薛宝钗的话，不吃冷酒，改吃热的。林黛玉在一旁听了，心里吃醋，但又不便直说，只好借丫鬟雪雁送小手炉的机会，指桑骂槐，责备埋怨贾宝玉。"也亏了你倒听他的话！我平日和你说的，全当耳旁风，怎么他说了你就依，比圣旨还快呢"，其中的"他"，表面是指紫鹃，实际是指薛宝钗。"你"表面是指雪雁，实际是指贾宝玉。"难为他费心"表面是说难为紫鹃费心，实指难为薛宝钗费心。"哪里就冷死我了呢"，表面看，这句话说的是：哪里就冷死林黛玉自己了呢！实际上是：哪里就冷死你贾宝玉了呢！这些双关语是通过吃冷酒和送手炉两件事之间的前后关系和会话中各种人物之间角色关系的映照而构成的，巧妙风趣，显示了林黛玉娴熟的言语技巧。

从语言符号的意义方面看，语义双关是一个能指同时具有两个所指，且这两个所指都是通过语境获得的。一般情况下，第一个所指依靠表面的语境信息获得,另一个通过潜在的语境信息获得。比如,上例中林黛玉话语的第一层所指或第一层意思,是通过与雪雁送小手炉的对话获得的;第二层所指或者说第二层意思,则是通过与对话场中潜在的人物关系以及刚刚发生的事情的映射获得的。这与谐音双关不同。

3. 双关的功能

同一话语,表面一层意思,内里又一层意思,使话语同时具有两种表达作用,这是双关的基本功能。双关因而可使话语含义深刻隽永,耐人寻味,艺术效果独具。这主要表现在以下几个方面:

(1) 完成直言无法完成的交际任务。双关还可适应特定的环境,达到特定的交际目的。有些交际场合下,由于政治背景和人际角色关系等要求,不便明言,借用双关可以完成特定的交际任务。例如:

> 我原来想事情可以平安过去的,现在眼看她被抓走了,眼看着让别人替我去牺牲?我得去!凭我这身板,赤手空拳也干个够本!我刚打算往下跳,只见她扭过身来,两眼直盯着被惊呆了的孩子,拉长了声音说:"孩子,好好地听妈妈的话啊!"
> 这是我听到她最后的一句话。
> 这句话使我想到刚才发生情况时她说的话,我用力抑制住了冲动。但是这句话也只有我明白,"听妈妈的话",妈妈,就是党啊!
> (王愿坚《党费》)

小说描写的是发生在中国 30 年代的一个故事。小说中的主人公黄新将要被国民党兵带走。这时,藏在阁楼上的"我",为了救黄新就要冲出来。黄新想制止"我"的行动,但面前就站着国民党兵,无法明说。于是,她就巧妙地利用了和孩子之间的母子关系以及党员与党组织的关系,一语双关。"孩子"就是党员,而"妈妈"就是共产党。"孩子,好好地听妈妈的话",实际上是要"我"听党组织的话,不要蛮干。这样,既表达了她对孩子的嘱咐,又制止了"我"的冲动,从而保护了同志。再如:

> 黄浦江上有座桥,
> 江桥腐朽已动摇。
> 江桥摇,
> 眼看要垮掉,

请指示，
　　是拆还是烧？

(《天安门革命诗抄·向总理请示》)

　　1976年江青、张春桥、姚文元等把持中国的部分高层政权时，为非作歹，妄图篡夺中央领导权。对此，人民非常痛恨，但迫于当时的政治形势，不便直接地揭露。因此，作者就利用了双关的修辞方法。其中，"江桥摇"的语言意义是"江上的桥摇摇欲坠"，而实际上是暗指江青、张春桥和姚文元。这用直白的话语是难以完成的。

　　（2）调节话语风格，使话语委婉、幽默、诙谐，增加美感。有些双关并不是不便于直言，而是直言难以取得委婉含蓄的修辞效果。比如，有一则笑话：

　　相传，清朝大官李鸿章有个远房亲戚，不学无术，却想通过科举，弄个一官半职。

　　这年他来参加考试。

　　可是试卷一到手，他就冒虚汗。连"破题"也不会作，写了半天也不知道写了什么。后来他想，我是中堂大人的亲戚，把这关系写上，监考官敢不录取！于是，他就在卷尾写道："我是中堂大人的亲戚。"可是"戚"字不会写，写成了"妻"。

　　那监考官为人正直，看到这张狗屁不通的卷子正要扔掉，却见上面有一行字。看后，他便在下面批道："因你是中堂大人的亲妻，所以我不敢娶。"

　　本例中，监考官将错就错，利用该考生的错误，巧妙地使用双关"我不敢娶"，实则是"我不敢取"，既调侃了该考生的不学无术，又达到了拒绝的目的，读来饶有趣味。

　　再如，据说古时候有一半吊子书生仰慕大文豪欧阳修，于是背起行囊前往拜访。巧得很，他路遇欧阳修，但不认识。欧阳修了解其目的后，就问其才学如何。于是，书生就与欧比试才学。书生见眼前有一枯树，遂大声吟道："门前一枯树，两股大丫杈。"春至苔为叶，冬来雪是花。"欧阳修随口回应。又到了一河边渡口，临上船，书生又诗兴大发："两人同登舟，去访欧阳修。"欧阳修随口嘲曰："修已知道你，你却不知修。"显然，欧阳修的最后两句用的是双关。"修"表面意思是欧阳修，实则是"羞耻"，讽刺对方不学无术。此处用双关，一方面是由于不便直言，另一方面也是受诗歌的特定格式所限。这种方式在诗歌中常见。

再如，电影《刘三姐》中有一首山歌："高山打鼓远闻声，三姐唱歌久闻名，二十七钱摆三注，九文九文又九文。""九文"的语言意义是"九文钱"，而它的谐音却是"久闻"，此处实际上是说刘三姐歌儿唱得好，人们早就听说了。这样一语双关，妙趣横生。

（3）除此而外，双关还具有语言体系的建构功能。汉语中的歇后语大多是通过谐音双关构成的。比如"孔夫子搬家——净是书（输）""小葱拌豆腐———青（清）二白"，"书""青"分别谐音"输"和"清"。这样的歇后语占了很大比例。

以上主要是双关的修辞功能，除此之外，双关还具有娱乐功能，可以说是人类寻求语言乐趣、生活乐趣的一个重要方面。这在艺术话语中显得尤为突出，它充分展示了人类运用语言的创造力，同时也反映了人类自娱自乐的文化追求。

4. 双关的运用

（1）双关运用中，首先应注意的是双关的语体要求。双关是人们言语交际中经常使用的一种修辞方法，主要分布在日常口语语体、艺术语体、政论语体中。在科技语体、公文语体中比较少见，比如科学论文、政策法规中，不允许出现双关。但是在新闻传播领域中，双关也时常出现。比如：

> 年终岁末，武汉地区的酒店和娱乐场所门前，大多数迎宾小姐仍身着旗袍和纱裙站在门外迎宾，让人感到真是美丽"冻"人。
> （刘学华《武汉酒店迎宾小姐喊冷》，《中国商报》，1999年12月9日）

"美丽冻人"是双关，谐音于"美丽动人"。再如，"从'跑部钱进'到'跑院前进'"，① 本例说的是人代会和政协会期间，各省负责人都要到国家各部委争取资金。因此，作者诙谐地称之为"跑部钱进"，谐音于"跑步前进"。

（2）注意语境要求。双关语多是依靠前后语境构成的，因此，双关的运用，都需要一定的文化背景知识和具体的语境知识。这是成功地运用双关的基础。

---

① 李己平，《中国青年报》，2000年3月9日。

例如，据说三国时，有一掌管军营粮饷的"军需官"杨宕，得了一场胸口胀闷的怪病，经许多医生诊治不愈，最后只好请神医华佗。经过望、闻、问、切，华佗给他开了两个药方。看罢第一个药方，杨宕大惊失色，额头冷汗直冒。看罢第二个药方，杨宕顿觉气火攻心，肝胆俱裂，大叫一声，口吐鲜血，往后便倒。家人见状，大哭不止。

为什么杨宕看了药方会如此呢？原来，第一剂药方上写着："二乌、过路黄、香附子、连翘、王不留行、法夏、毕拨、朱砂。"这八味药的头一个字上下连贯，谐音是："二过相（香）连，王法必（毕）诛（朱）。"第二剂药方上写着："常山、乳香、官桂、木香、益母草、附块。"每味药的头一个字连起来，谐音是："赏（常）汝（乳）棺（官）木一（益）付（附）！"这正好击中了杨宕的心病。杨宕自当上"军需官"后，平时克扣军饷，加之其叔父杨修获罪被杀，自知难混，遂想借押运军饷之际，大捞一把告老还乡，不想被华佗的药方点破。如此药方能不使这位贪官三魂出壳吗？不过，杨宕听到哭声，醒来后却觉心清气爽，胀闷全消了。因为体内的淤血积气，经这一惊吓，都吐出来了。这与其说是"药方"，不如说是"言方"，而且是一剂谐音双关的"言方"。这虽然是传说，不一定真实可信，但其中双关却是非常成功的。交际双方在构建与理解话语中，都十分恰当地利用了语境因素。尽管语意隐晦，但却能使对方理解。

（3）此外，还应注意具体语境中的人物角色关系。有些双关的构成是需要一定的人物角色关系做基础的。话语的双重意思也多是建立在多重角色关系基础上的。

例如，传说，清朝大学者纪晓岚侍郎，与尚书和珅、御史三人在一起吃酒。和珅有意调侃纪晓岚，就指着地上的一只狗说："是狼是狗？"纪晓岚明白和珅是在骂自己，就机智地说："上竖是狗，垂尾是狼。"这时御史大人马上说："噢，是狼是狗，我明白了。"纪晓岚听出御史是在骂他，就又说："还有区别，狼只吃肉，狗则不同，遇啥吃啥，遇屎吃屎。"

本例中，三个人物之间的对话十分巧妙，都是利用了各自官职名称的谐音，巧设双关，对话妙趣横生。"是狼是狗"一句，表面意思是问："这是狼还是狗？"实际上，"是狼"谐音"侍郎"，全句的意思就成了"侍郎是狗"。"上竖是狗，垂尾是狼"一句中，"上竖"谐音"尚书"，意思是"尚书是狗"。御史的话"噢，是狼是狗，我明白了"

中,"是狼"还是谐音"侍郎",全句的意思是:"噢,侍郎是狗,我明白了。"纪晓岚最后的话中,"遇屎"谐音"御史",意思是"御史吃屎"。这样,三人的对话都使用谐音双关,既使对方明白其真实含义,但又不至于伤了体面。实在是巧妙!这些双关是以该会话场景中人物之间的角色关系为基础的,离开了上述人物的角色关系,难以构成双关。

5. 双关的理解

与双关的建构一样,双关的理解同样需要注意语境、文化背景以及具体语境中的人物角色关系和事件的前因后果。前边所举的"我失骄杨君失柳,杨柳轻飏直上重霄九"中的双关,人们在理解时,除知道"杨""柳"分别指杨树和柳树之外,还要知道毛泽东的妻子杨开慧烈士和李淑一的爱人柳直荀烈士的事迹,才能理解词的真正含义。

但如果不清楚特定的语境、语境中的人物或事物之间的关系以及事件的前因后果,或者说语境知觉意识不够强,理解双关时,就会出现交际障碍或达不到交际目的。例如:

> 正说着,只见贾母房里的丫头找宝玉、林黛玉去吃饭。林黛玉也不叫宝玉,便起身拉了那丫头就走。那丫头说等着宝玉一块儿走。林黛玉道:"他不吃饭了,咱们走。我先走了。"说着,便出去了。宝玉道:"我今儿还跟着太太吃罢。"王夫人道:"罢,罢!我今儿吃斋,你正经吃你的去罢。"宝玉道:"我也跟着吃斋。"说着,便叫那丫头:"去罢。"自己先跑到桌子上坐了。王夫人向宝钗等笑道:"你们只管吃你们的,由他去罢。"宝钗因笑道:"你正经去罢。吃不吃,陪着林姑娘走一趟,他心里打紧的正不自在呢。"宝玉道:"理他呢,过一会子就好了。"
>
> ……
>
> 宝玉进来,只见地下一个丫头吹熨斗,炕上两个丫头打粉线,黛玉弯着腰拿着剪子裁什么呢。宝玉走进来笑道:"哦,这是作什么呢?才吃了饭,这么空着头,一会子又头疼了。"黛玉并不理,只管裁他的。有一个丫头说道:"那块绸子角儿还不好呢,再熨他一熨。"黛玉便把剪子一撂,说道:"理他呢,过一会子就好了。"宝玉听了,只是纳闷。

(曹雪芹、高鹗《红楼梦》)

贾宝玉因同薛宝钗说了句"理他呢,过一会子就好了",叫林黛玉听见了，得罪了她。饭后，当宝玉又来找黛玉时，黛玉就利用同丫鬟的话语角色关系，借宝玉的话来回敬他，一语双关。但由于语境起了变化，当时的会话场景已不存在，宝玉似乎并没有从这种角色关系中领悟到黛玉的言语动机。因为宝玉的语境知觉不够，他没能知觉到黛玉的话语就是他自己刚才说过的，没能知觉到黛玉和丫鬟的话语角色关系与他自己同黛玉的话语角色关系之间的一致性。从双关的运用看，黛玉没有掌握好利用多重话语角色的时间和场合，因此没有取得预期的效果。

此外，双关的理解还需要多方面的具体语境知识。比如，"祝你百事可乐！万事芬达！天天娃哈哈！月月乐百氏！年年高乐高！心情似雪碧！永远都醒目！"① 这是2002年中秋节时的手机短信。其中的"百事可乐""芬达""娃哈哈""乐百氏""高乐高""雪碧""醒目"，都是饮料品牌名称，但同时又可以利用谐音作为祝福的话语来理解。如果不了解上述社会知识，则很难解析其中的双关意义和韵味。

上述语例说明，双关的理解需要听话者充分调动自己所占有的语境知识、文化知识等，对会话场景中各种人物的特点及其之间的角色关系和事情的前因后果有一个较清晰、全面的了解，在修辞的动态过程中适时调整话语，准确把握说话人的动机、目的，以完成预期的交际任务。

六、新异感受法——移就

1. 移就的性质

在日常言语交际或阅读文学作品时，经常会遇到这样一些说法，比如"囊中羞涩""悲惨的皱纹""苍白的法律""黑色的星期五""寂寞的时光""悲痛欲绝的白花""痛苦的眼泪""羞愧的泪珠""灿烂的微笑""苦涩的心情""绿色的回忆"等等。"羞涩"常指人的表情，就是不好意思，难为情。"囊"就是口袋。用修饰人的词语来修饰本不该由它来修饰的词语，实际上是把人的感觉和所要提到的事物连在了一起。"囊中"为什么"羞涩"呢？因为口袋中钱少，主人感到"羞涩"，这才说"囊中""羞涩"。"羞涩"的不是"囊"，而是带"囊"的人。同样，"悲惨"的不是"皱纹"，而是人的命运、经历。"苍白"的不是

---

① 贾晓宏《诗歌、散文、小说之外　70字短信成为新文体?》，《北京晚报》，2002年9月24日。

"法律",而是执法的人。"苦涩"属于味觉,因为心情复杂,给人的感觉就像吃了"苦涩"的东西,所以把心理现象与味觉现象连接。上面这些把属于描摹甲事物性状的词语,用来修饰、描写乙事物的方法,通常叫移就。

"移就"并不是一个十分严格的学术范畴。其定义切入的角度是词语修饰关系的变换,即通常情况下没有修饰和描写关系的词语进行搭配,造成一种常规的错位。有人把移就区分为移情和移色两类。[①] 移情是把描写人的情感的词语用来修饰其他事物,比如"寂寞的时光""悲痛欲绝的白花""痛苦的眼泪"等。移色就是把描写色彩的词语用来修饰没有色彩的事物,比如"绿色的回忆""苍白的法律"等等。从修辞实践看,移就不只包括上述两类,还有其他方面的。比如"美丽的错误"就很难归入上述两类。此外,移就也不仅"是把人类的性状移属于非人的或无知的事物",[②] 还包括了把事物的性状移属于人的情况。比如,"灿烂"通常修饰和描写"阳光""星光"等,即具有这一属性的事物,但"灿烂的笑容"则是改变其原来的修饰对象,用于人类。

从上述语例可以看出,移就多数是就修饰词语的属性与被修饰对象的修饰关系而言的。但有些动宾关系的短语,也具有移就的性质,比如颐和园中谐趣园一亭子上的一条横批——饮绿。"饮"的对象通常是液体的可食物品,但"绿"是一种色彩,不能"饮"。作者把视觉的东西在词语层面转换成了味觉的东西,给人以酣畅淋漓的感受。这也是改变词语搭配关系的现象。这有点类似于比喻和比拟,因为作者暗含了把颜色比作饮品的过程。所以说,许多移就现象中具有比喻和比拟的影子。与比喻和比拟所不同的是,移就在语言层面上的表现形态是一种修饰关系的有意错位。从目前的研究看,移就只局限于短语层面。

2. 移就的修辞功能

(1) 实现各种感觉的转换。移就中有许多情况是把修辞主体的感觉赋予其他事物,因此,可以起到感觉转换的作用。比如,"饮绿"就是把视觉转换成味觉。这种感觉之间的转换,往往能提高语言的表现力。再如:

---

① 谭永祥《汉语修辞美学》,北京语言学院出版社,1992年,第363页。
② 陈望道《修辞学发凡》,上海教育出版社,1976年,第116页。

① "科普"一个沉重的话题。

(晓曹《"科普"一个沉重的话题》)

② 我国已进入高心理负荷时代,而且这种"灰色心理"越来越逼近孩子。

(倪均《大学新生心理问题多》)

"沉重"一般是指事物的重量。而话语的表现形式除了声音就是文字,有没有重量呢?当然没有。但是,例①又确实把"沉重"与"话题"连接在了一起,因此听读者要实行心理转换,把感觉"沉重"附着在听觉"话题"上,使抽象的东西富有重量感。心理是感觉,是抽象的,是无颜色可言的。但是,例②却把"灰色"和"心理"联系了起来,意思是说有的孩子心理不健康,患有抑郁症。"灰色"来自于抑郁心理影响下对世界的视觉印象,呈现灰色的是客观世界,而不是心理,但灰色又是由心理引起的;所以,作者用"灰色"来修饰"心理",如此就把感觉的东西诉诸于视觉了。

(2)产生新颖的感受。移就把语义上本无必然联系的词语搭配、连接起来,使事物间的联系糅合在一起,一方面可激发起人们的联想,另一方面可给人新颖的感受。用得好,能带来美感。例如:

当他一天一天长大了,我们发现媚媚的性格、行为、习惯也完全像个女孩时,才感觉当父母的犯了一个美丽的错误。

(阿梅文《独生子女》)

一个男孩的父母,从孩子小时候起就把他当作女孩子养。结果,该男孩逐渐习得了女性角色,成年后因此而犯罪。当这个男孩的父母认识到这一点时,已经晚了。"错误"是不美的,但它却蕴含了犯错人的美好希望。男孩的父母很想有一个漂亮的女儿,才把男孩当女孩养。他们的希望中寄予了对女孩美的希冀。所以说,是犯了一个美丽的错误。这种表面看似矛盾的修辞方法,又称为矛盾修辞法。

移就具有古老的传统。古代诗词中也常用这种方法,以提高修辞效果。例如,李白的《菩萨蛮》中就有这样的句子:"平林漠漠烟如织,寒山一带伤心碧。"此处描写的是山林晚景,但诗人却分别赋予山、绿色以"寒"和"伤心"的属性。而这两种属性在日常语言中并不属于山和绿色,而是属于人的感受。之所以有"寒山""伤心碧",是作品中主人公自身的情感转移所致。再如,白居易《长恨歌》中的"行宫见月伤心色,夜雨闻铃断肠声",其中,"伤心"的并非月色,"断肠"的也不是铃声,而是诗歌中的主人公。这种感觉上的转换,使听读者在理解中获得新异感受。

需要指出的是,如其他一些修辞方法的修辞效果一样,移就的修辞效果也与人们的使用状况和个性差异有一定关系。使用恰当的移就,能起到预期的修辞效果,但这也存在个性差异。有的人因已经熟知了一些经常使用的移就,因此其新鲜感较之于初次接触的人通常会弱。此外,一些移就已经成为习惯用法,其新异感已大大削弱。

3. 移就的运用和理解

移就是词语的一种超常搭配,具有超常的艺术魅力。它通常适用于诗歌、散文、报告文学等艺术性话语中。例如:

> 凌人古受氏,吴世夸雄姿。
> 寂寞富春水,英气方在斯。
>
> (唐·柳宗元《哭连州凌员司马》)

本例是诗歌,因此诗人把事物之间的一些复杂逻辑关系通过移就展现出来。显然,寂寞的当然是人,而不是富春水。但诗人因看到富春水,进而以此推断逝者的寂寞情感,由此生发出逝者面对富春水时的寂寞感慨。这才把这两种看似不相关的事物连在一起,但给人的感觉却是新异的。

移就的使用,首先应该关注语境特别是语体要求。其次,是注意移就中两个成分搭配之后的可理解性,至少应该使听读者在语境提示下,能把修辞者省略的相关联系通过联想、推理恢复,否则就可能导致理解障碍。比如"校园橙涩爱情　大一大二爱情的纯真年代",[①] 这是一则新闻报道的题目。其中,"橙涩爱情"是移就,因为"爱情"是无所谓视觉颜色和味觉的,人们赋予其色彩特征,只是一种情感在语言层面上的叠加。但是,什么是"橙涩"的"爱情"呢?是给人以"橙子涩味"感受的"爱情",还是像"橙子"的颜色且带有"涩味"的"爱情"呢?听读者很难体会。

如果说移就的建构,是把描述事物属性的词语进行描写对象的换

---

① 人民网,2002 年 11 月 25 日。

位；那么，移就的理解过程则需要听读者把这种换位中的各种逻辑关系解析出来，以便建立一种与客观实际相符的逻辑关系。例如：

又厚又重的黑
一圈圈紧缩的冷。
静。静得头空耳鸣，
鼠齿，把夜咬了个洞。

（王洪涛《进村第一夜》）

"黑"指的是夜色。色彩只能用浓淡等词语来描写，但作者却突发奇想，用描写感觉的词语"厚""重"修饰描写视觉的词语。"厚"主要是通过视觉感受的，"重"一般则是通过手、肩等部位来感觉体验的。所以，"厚""重"与"黑"没有现实的属性关联基础。作者在它们之间建立联系，是通过感觉转换实现的，因为夜色的"黑"给人的感觉就像是"厚""重"，"厚"突出难以突破，"重"强调心理压抑。如此，就使颜色具有了立体的实在感。同样，"冷"是感觉的结果，而"一圈圈"指的则是空间和体积。因此，"紧缩的"不是"冷"，而是遇冷以后的人，尤其是人的感受。这种关系是通过联想实现的。所以，移就的理解不但需要一定的语境知识作为依托，还需要掌握这种修辞方法的原理，了解其中的语义逻辑关系。

综上所述，我们在本章中主要讲述了一些修辞方法特别是十多种常用的修辞格。实际上，人类创造的修辞方法丰富多彩。其中，修辞格就多达数百种，目前依然在增加。限于篇幅，我们不可能面面俱到，讲授所有的修辞方法、修辞格。因此，大家在修辞实践中要继续扩大自己的修辞方法知识，逐渐掌握其他修辞格的结构和功能，丰富自己的修辞方法系统。

☞ **思考题**

1. 对偶的文化功能有哪些？
2. 谈谈比喻的民族特点。按照类别对汉语和其他语言的喻体进行对比分析，比如昆虫类喻体、植物类喻体等等。
3. 谈谈双关的构成与语境之间的关系。

练习题

一、根据所学过的修辞知识填空

1. 比喻的风格功能，主要表现在可以使简约变得繁丰，使平淡变得绚烂，使直白变得委婉，使谨严变得疏放，使朴实变得_____。

2. _____就是让话语同时具有两重意思，表面一层意思，实际上又有一层意思。从普通语言学角度分析，就是同样的语音形式，同时具有两个所指。一个所指是语言体系层面的，另一个则是言语层面的。

3. 说话或写文章时，为了强调和突出某种意思，或增强话语的气势，使情感抒发得充分、强烈，常采用结构相同或相似、语义相关的一组句子或句子成分。这种修辞方法叫做_____。

4. 所谓个体修辞，就是修辞者是社会个体实施的以自身利益为主要指向的修辞行为。个体修辞的功能最终虽然也会产生社会功能，但其出发点重在个人利益。公共修辞则是指社会个体或群体_____的修辞行为，其修辞动机在于公共意志表达，公共权力建构和公共政策制定。

5. 视觉修辞的内涵应包括以下三个方面：一是以语言文字为媒介以取得最佳视觉形象效果为目的的修辞行为。二是以图像为媒介，通过直接的图像建构主要是摄影、绘画和动态的连续图像建构实施的修辞行为，包括_____。三是以图像为主，语言文字、音乐等为辅助，共同构成的综合符号修辞行为。

二、阅读下面的话语，指出其中所用的修辞方法

1. 上一次是"蒜"你狠，这一次是"姜"你军。
   A. 比喻　　　　B. 借代　　　　C. 双关

2. 小店老板徐建说："你甭问我为什么，我先拿几支笔给你瞧瞧，你一眼就能看出哪是国产的。"说完，他把几支不同款式的圆珠笔放在柜台上。果然，"白天鹅"中的"丑小鸭"立刻就被笔者认出，那是一支样式呆板、花色简单的笔。
   A. 借喻　　　　B. 借代　　　　C. 比拟

3. 中国出了个毛泽东，这是中国共产党的骄傲，是中国人民的骄傲，是中华民族的骄傲。……我们必须始终坚持一切为了群众、一切依靠群众，坚持立党为公、执政为民，不断实现好、维护好、发展好最广大人民的根本利益。

   A. 对偶　　　　　　B. 排比　　　　　　C. 回环

4. 被救助者及其家人不但不以恩报德，反而诬赖救助者，并索要赔偿，这种黑白不分是非颠倒的案例，确实说明一些人在道德上"犯糊涂"，而道德一"犯糊涂"，良心就会"打盹"。这时候他的心里就会充满贪婪，恩将仇报，冤枉好人。

   A. 比喻　　　　　　B. 借代　　　　　　C. 比拟

5. 劳动和社会保障部新闻发言人胡晓义昨天在接受记者采访时说，他们正在考虑延长职工的法定退休年龄，以减轻"白色浪潮"对社会养老的压力。

   A. 夸张　　　　　　B. 借代　　　　　　C. 比喻

6. 1997年2月，惊悉邓小平逝世，薄一波十分悲痛，挥笔写下"一人千古，千古一人"的挽联，表达对这位20世纪的中国伟人的崇高敬意。

   A. 顶真　　　　　　B. 回环　　　　　　C. 对偶

第四章 修辞规律

> 人们在修辞过程中建构话语和理解话语，进行交际时所要遵循的规则，就叫做修辞规律。人们对修辞规律的探讨经历了一个不断深化的过程，从对修辞手段和修辞方法的结构和功能的探讨，到语言要素的修辞功能、修辞与语体之间的关系的揭示，到修辞与语境的关系以及修辞行为与修辞手段、修辞方法、修辞主体之间的辩证关系的研究，勾勒了人们对修辞规律认识深化的历程。"修辞应符合话语的结构和组织规律"是最基本的，是进行修辞交际的基本保证；"修辞应与言语动机、言语目的相一致"，则是控制修辞行为实施方向的。"修辞应切合语境"则是保证修辞行为效率的。上述三个方面组成了一个整体，共同控制着人们的修辞活动。

第一节 修辞规律及其研究

一、修辞规律的性质

1. 修辞规律的性质

修辞旨在把话语说得更好，写得更好，能取得预期的交际效果。但话语既不是可以随便说的，也不是可以随便写的。当然，更不是随便说写，就能说写得好的。比如"不料，此后食欲大增，体形开始发胖，她吃了十几种减肥药，都没有效果。到了后来根本无法控制，逐渐胖得不'人形了'"。[①] 显然，此处的"逐渐胖得不'人形了'"不

---

① 徐晶《四川胖小妹特殊"求助" 欲当成都第一人造美女》，新华网，2003年11月23日。

符合汉语的习惯,应该是"逐渐胖得没'人形了'",因为"不"多否定未完成的动作、状态,"没"则表示完成的、已有的动作结果或状态。

组织话语就好比驾驶汽车。汽车在马路上行驶,要遵守交通规则。在中国,车辆、行人一律靠右边走;交叉路口,红灯停,绿灯行,黄灯等一等。而在日本,车辆、行人则是一律靠左走。说话、写文章也一样,也要遵守一定的规则。比如,汉语中说"我吃饭",而在日语中则是"我饭吃"。汉语中说"上个月我乘火车去上海了",而英语中则说"I went to Shanghai by train last month(我去上海乘火车上个月)"。这说明,语言不同,话语组织的规则也不同。

再如,据报道,在美国,对黑人当然早就不能叫"黑鬼"了,而现在叫"黑人"也不那么合适,他们有一个新称号——美籍非洲人;对残疾人,不能说他们残疾,只能叫"能力欠缺者";对矮子(侏儒),要说"在高度上受到挑战的人";戴眼镜的人被称为"视力受侵害者";在工作场合,男士最好不要夸赞女士漂亮,因为搞不好就会被牵扯进"性骚扰"的官司。美国被认为是一个老百姓不过问政治的国家,但美国人也很忌讳犯"歧视"错误,据说有一本书,叫做《政治正确词典》,它会告诉人们有关词汇的用法,而避免犯"歧视"错误。

为什么在美国说话有如此多的忌讳呢?文化背景使然。美国是个多肤色人种的国家,由于历史的缘故,存在各种各样的种族歧视。但美国又是一个民主性、自由性、法制性很强的国家,因此,其言语交际中才有这么多的禁忌。这说明,社会文化背景在话语建构中具有重要作用。这也意味着,修辞还要考虑文化背景,与文化背景相一致。在英国要考虑英国的文化背景,在美国应考虑美国的文化背景,在中国就应考虑中国的文化背景。

以上分析表明,在语言传播中,无论是话语的组织建构,还是话语的理解、认知,都蕴含着一些需要遵循的规范或规则。这些在修辞过程中制约和控制着话语建构和话语理解,以保证传播得以进行并取得预期效果的规范系统,叫做修辞规律。修辞学就是要研究这些规律,并把这些规律揭示出来,告诉大家。学习修辞,就要学会这些规律,并自觉地按照这些规律进行交际。这样才能取得预期的传播效果,才能协调好人际关系,进行有效的思想意识协同和社会行为管理。

2. 修辞规律的层次性

修辞所关涉的层次是多方面的。因此，修辞规律也具有一定的层次性。从所关涉的层次看，修辞规律可以划分为总的规律或基本规律，即涉及修辞方方面面的规律。它是修辞学研究的集中概括，是各种修辞行为所普遍存在的规律。比如，修辞要切合修辞动机要求，要切合语境要求，就是统辖各种修辞行为的普遍规律。

此外，人类的修辞交际行为是十分广泛的，因此，在具体的修辞领域中，修辞的基本规律会呈现出不同的具体形态。比如，在日常口语修辞交际中，修辞的语境要求与书面语修辞中的语境要求是不同的，因此，口语修辞领域中的修辞规律，可以称之为口语修辞规律。此外，在新闻领域、文学领域、商业广告领域等，修辞的基本规律也会呈现出不同的特征。再如，跨文化修辞也具有自己的规律性，对其进行研究所得出的将是跨文化修辞规律。如果从人类的传播角度出发，对各种传播领域中的修辞活动进行研究，所获得的是传播修辞规律。这些都是具体修辞领域中的规律。

除此之外，修辞学还研究具体的修辞手段和修辞方法，由此得出的是修辞手段和修辞方法的结构规律。

二、修辞规律的作用

在修辞过程中，修辞规律起着控制和支配修辞者的修辞行为的作用。尽管各种修辞规律在修辞过程中的支配能力和作用不一样，但以下三个方面是共同的。

1. 控制着话语组织，使话语符合汉语的习惯

要想使话语能为对方所接受，并达到预期的交际目的，把话说对或者写对是最基本的。其中有一条修辞规律就是促使话语组织达到这一要求的，这就是——修辞要符合汉语内部的结构和组织规律。遵循这条规律，就能建构起正确的话语，就能正确地传递说话人的信息，对方就能明白说写者的意思。否则，就会导致误解。例如：

① 来中国以后，我还没有闹笑话的经验。这不是我说得好，而是我怕给别人添麻烦，总是小心翼翼。可是在十五天的期间之中，最难的问题是称呼问题。中国人的称呼比较复杂。比我年纪大

的人,我该怎么称呼呢?

②有一天我去语言大学找我姐姐。我坐公共汽车去。早上有上班的人太多,挤满乘客的公共汽车闷热得像个蒸气浴室。公共汽车里有两位男人喊大声,好像吵架了。一位男人起初他火冒三丈。我不知道他们吵架什么,我就下车了。

上两例有明显的错误和不妥当之处。例①中说"我还没有闹笑话的经验",其中"经验"一词就用得不准确。"经验"一般是指从事某事多次后所获得的知识或技能。"闹笑话"不能算作知识,而只能说是"经历"。此外,"可是在十五天的期间之中"不符合话语组织习惯,"期间"和"之中"重复,应删掉一个。另外,"最难的问题是称呼问题"中,两个"问题"也有重复,可删掉一个,并应补出主语"我"和谓语动词"发现"。

例②中也有些错误。"我坐公共汽车去"不能说明作者是表述过去的事,应改为"我是坐公共汽车去的"。"早上有上班的人太多"有两方面的错误。一是只说"早上",表达不明,从原文看,应是"那天早上";二是作者把"那天早上有上班的人"和"上班的人太多"混在了一起,可改为"那天早上上班的人很多"。"公共汽车里有两位男人喊大声,好像吵架了"也不符合汉语的组织习惯。

第一,"位"和"男人"用得不妥当。汉语中表示人的数量时,"位"带有尊敬、庄重的意思。比如在正式的宾馆或饭店,常听到服务员很有礼貌地说:"您两位,里边请!"如果说"你两个"或"您两个"都不妥当。此处,作者是说公共汽车上的两个陌生乘客,而且他们行为不当,没有必要使用"位",可用"个"。"男人"常用于和"女人"对比时,强调是普通的整体。此处,作者只是想表达吵架的是"男性",可只说"男的"。

第二,"喊大声"不通。作者是想说"两个男的在大声说话"。"大声"表示动作的性状,做状语时,一般要放在动词前面,放在后边不符合汉语的一般习惯。第三是"了"用得不妥当。"了"表示动作已经开始或完成。此处,作者想说明的是正在进行的动作,用"了"不妥,可改为"好像在吵架"。"一位男人起初他火冒三丈"中的"起初",可能是"开始";"一位男人"和"他"同时做主语,导致病句,可改为"一个男的开始火冒三丈"。"吵架什么"是语法错误,应为"为什么吵

架"。经过上述修改,这两段话变为:

③ 来中国以后,我还没有闹笑话的经历。这不是我说得好,而是我怕给别人添麻烦,总是小心翼翼。可是在十五天中,我发现最难的是称呼问题。中国人的称呼比较复杂。比我年龄大的人,我该怎么称呼呢?

④ 有一天我去语言大学找我姐姐。我是坐公共汽车去的。那天早上上班的人很多,挤满乘客的公共汽车闷热得像个蒸气浴室。公共汽车里有两个男的大声说话,好像在吵架。(过了一会儿),一个男的开始火冒三丈。我不知道他们为什么吵架,我就下车了。

上两例说明,违背了汉语的结构组织规律,就会影响信息正确、有效地传递,造成交际障碍。那么,是什么因素使我们能改正话语中的错误呢?这就是汉语的结构规律和组织规律。

2. 使话语适切、有效,更好地完成交际任务

汉语修辞规律的第二个作用是使话语适切、有效,也就是使话说得更好,使文章写得更好。许多汉语修辞规律能促使说写者的话语更有效地传递信息,更好地完成交际任务。

话语只正确没有语法错误是不够的,还要遵循其他一些相关的修辞规律,以确保话语的有效性。否则,就会影响交际效果。

1994年3月5日,上海《文汇报》刊登了一篇题为《杭州城店名"帝王化"》的文章。文章反映杭州城内许多商店、酒楼纷纷以"帝王""帝豪""帝都""皇城""太子""海皇"等为名。"望湖帝国""王朝酒家""皇宫饭店"等招牌比比皆是。这种炒封建旧名的现象在杭州引起热议。

大家知道,中国几千年的帝制王权曾压迫得广大劳动人民喘不过气来。而今中国的封建帝制已被废除半个多世纪,"皇帝"等一些标示封建统治的名词早已为人们所摈弃。杭州虽是历史名城,但满城重炒"帝王""贵族"等颓废名词,想借此来招徕顾客,吸引游人,实属下策。这些名称在语法方面并没有错误,也不违法,为什么会引起人们的反感和厌恶呢?原因就在于,店主只看到了这些名称的理性意义所标示的富贵和荣华,而忽视了汉民族对这些名词所特有的心理。人们看到这些名

称，所联想到的不只是这些名称所象征的高贵和气派，而且会联想到封建统治者的奢靡和腐败，而这些是与新中国的社会道德价值取向相悖的。

　　无独有偶。1995年10月16日《报刊文摘》载，郑州市场上有一种外地产的臭豆腐，包装上赫然写着"原为刘文彩享用"。商家的目的很清楚，是想以此"名人"招徕顾客。近年来随着对外开放，各地纷纷把历史典籍中沉睡多年的历史名人翻出来，以此来扩大本地影响，使产品畅销，如"孔府家酒""孔府宴酒""杜康酒"等等，不一而足。但打"死人"的招牌，也要看看他是什么人，有什么名声。稍有点历史知识的人就知道，刘文彩是解放前四川的一个恶霸地主，他横行乡里、鱼肉百姓。正如文章的作者所说："人们看到这等包装广告，首先想到的就不是这风味小菜如何美味可口，而是刘文彩这个土皇帝的水牢、收租院，想起当时农民的斑斑血泪、牛马生活，想起他残害无辜、欺男霸女的滔天罪行，想起庄园内灯红酒绿、荒淫无耻的糜烂生活，哪还有什么食欲和购买欲呢？"当然，顾客未必想这么多，但至少也不会因此而争相购买这路货色。

　　上述的例子，虽无什么违背汉语的结构组织规律的地方，但为什么修辞效果不好呢？原因在于两者都违背了话语组织的其他规律，忽视了修辞过程中人们的社会心理因素，违背了修辞应该同人们的社会心理相适应的规律。正是这一规律在控制着人们的话语组织活动，确保话语的适切性。

3. 有助于人们准确理解话语、欣赏话语，是人们评价话语修辞效果的依据

　　修辞规律还是人们评价话语的理论根据，可以帮助人们理解话语，欣赏话语。例如：

　　　　1946年1月11日，耿飚来到北京参加军调部工作。耿飚一来到北京饭店，就处在国民党特务的监视之中。他通过和特务打交道总结出一条经验：对特务不能单纯采取守势，一味躲避、退让、被动；有时也应采取攻势，化被动为主动。

　　　　有一次，耿飚发现一个姓王的特务有好几天不露面了，一问别的特务，说是在家打摆子（发疟疾）。耿飚就买了点奎宁，到那个姓王的特务住处去看他。

第四章 修辞规律

  姓王的特务见耿飚买了药送上门来，感动地说："我这工作不是人干的。病了没有人管我，你们共产党倒来照顾我。"
  耿飚顺着他的话茬说："你们的工作确实很辛苦，白天黑夜地守着我们，我们出去，你们还得跟着。"
  "我倒是不用出去盯梢，"特务解释道，"因为我们这个组是负责饭店里面的。"
  耿飚点点头："你们内外分工很明确。"
  "不但明确，而且分得很细，"特务说得高兴起来，"对你们这些长官，也都有专人负责。"
  耿飚似乎漫不经心地问："那么，对叶剑英呢？"
  "这个……"特务说，"那就不光是派人监视了。"
  耿飚一听话中有因，就套他一下："这我知道，你们还用别的办法。"
  "啊，你们也知道！"特务想，既然对方已经知道，就不必保密了，便干脆来了个竹筒倒豆子："听说是美国的新发明，叫窃听器。"
  耿飚回去后，立即告诉李克农。经过仔细检查，果然在会议室里找到了窃听器。

（蔡同华《耿飚趣事》）

  本例中，耿飚为了从敌人口中获取情报，主动出击。对话过程中，他准确地把握住了特务的心理，层层推进，步步不舍。开始时，他为了获得对方的好感，表示了对特务工作的"同情"，在用词方面就很富有艺术性。他用了"守着"，而不是带有敌意的"监视"；用了"跟着"，而不是"盯梢"。而特务则替耿飚说了出来，用了"盯梢"。此后又用了陈述句，表示对特务所说信息的认同，并没有立即用疑问句，因为如果用疑问句，容易引起对方警觉，反而不利于获取信息。而第四个回合，在不得不采用问句时，也只是个省略句："那么，对叶剑英呢？"显得很随便，漫不经心。试想，如果他用比较严肃的语气，用完全句："那么，你是如何（或采取什么手段）监视叶剑英的呢？"势必会使特务加以防范，闭上嘴巴。而最后，还是采用陈述句方式，透露给对方的信息是："我已经知道你们用的什么方法了"。"别的办法"，到底是什么办法呢？耿飚没直说，而是有意采用比较模糊的说法，留给对方一个错觉，让对方自己说出来。

从上面的分析我们可以看出，耿飚的话语组织完全是根据对方的心理变化来调整的，也就是遵循了话语组织要同对方心理相适应的规律。我们对其话语的修辞效果的分析、评价，正是据此进行的。

上面，我们从三个方面谈了修辞规律的作用。这当然不是问题的全部。修辞规律不同，它们的作用也不同。比如，还有的修辞规律是制约话语美不美的，因此，还应加以详细探讨。

三、修辞规律研究概述

修辞规律是修辞过程的重要组成部分，同时也是修辞学研究的重要内容和根本任务。我国修辞学对修辞规律的探讨、研究经历了一个漫长的过程。

我国古代没有现代意义上的修辞学，但是当时人们对修辞也提出了一些具有相当概括性的、类似于修辞原则的观点。比如，孔子所说的"辞达而已矣""文质彬彬"以及后世的"言随意迁""意辞相称"等等，都具有朴素的修辞规律性质。

20世纪上半叶，修辞研究的主要对象是修辞格，因此修辞规律研究的主要成果是修辞方法的结构和功能。对修辞基本规律的认识，也有进展。有代表性的是1932年陈望道在《修辞学发凡》中提出的"修辞以适应题旨情境为第一义，不应是仅仅语辞的修饰，更不应是离开情意的修饰"。[①] 在该书中，作者说的情境主要是"六何"——"何故（why）、何事（what）、何人（who）、何地（where）、何时（when）、何如（how）"。这较之前人的论述要具体系统。但作者谈到修辞技巧时说："技巧是临时的、贵在随机应变，应用什么方式应付当前的题旨和情境，大抵没有定规可以遵守，也不应受什么条规的约束。"这反映了当时对修辞规律认识的局限。60年代初期提出了"语言环境"概念，并把使用语言的规律作为修辞学的研究对象。[②] 1963年，张弓在《现代

[①] 陈望道《修辞学发凡》，上海教育出版社，1976年，第11页。
[②] 王德春《语言学的新对象和新学科——言语和修辞学》，《文汇报》，1962年3月1日。

汉语修辞学》中提出了"结合现实语境，注意修辞效果"的观点。① 此处，明确指出了修辞与语境、修辞效果之间的关系。1964年，"言语环境"范畴被提出，言语环境分析被认为是"建立修辞学的基础"。② 这一主张在80年代初深化为"语境学是修辞学的基础"。③ 经过20世纪70年代的停顿后，到80年代，修辞与语体之间关系的规律成为修辞研究的重点之一。1989年，王德春、陈晨总结出三大言语规律："与言语环境相适应的规律""选择语言成分组成话语的规律""与言语目的和交际任务相适应的规律"。④ 这种总结区分了修辞所关涉的三个不同层次：修辞与语境的关系，修辞与语言手段的关系和修辞与言语目的、言语任务的关系。90年代初期，刘焕辉在《修辞学纲要》一书中指出，修辞的基本原则为：（一）明确目的，看清对象；（二）适应环境，注意场合；（三）前后连贯，关照上下文。⑤ 较之以前的研究，此种提法强调了"修辞目的"和"交际对象"在修辞过程中的重要性。此后，随着语境研究的深入，修辞与语境相切合的规律得到了更为详尽的阐释。⑥ 到90年代末期，随着社会学、心理学以及社会心理学方法的引入，人们开始从辖制修辞交际过程的社会心理因素系统揭示制约修辞交际的社会心理机制和原则，取得了较大的进展。修辞行为与其所关涉的社会心理因素系统的共变关系规律获得了比较详尽的阐释。⑦ 21世纪初，随着修辞观的演化和研究的深入，人们对修辞交际过程以及修辞行为过程中的认知规律进行探讨。⑧ 修辞必须与言语动机、言语目的相一致，必须符合话语的结构组织规律、必须切合修辞所关涉的其他社会心理因素等规律的揭示，大大增强了修辞交际活动的可操作性。

---

① 张弓《现代汉语修辞学》，河北教育出版社，1993年，第2页。
② 王德春《使用语言的环境》，《学术研究》，1964年第5期；王德春《修辞学探索》，北京出版社，1983年，第31页。
③ 王德春《语境学是修辞学的基础》，《〈修辞学发凡〉与中国修辞学》，复旦大学语言研究室编，复旦大学出版社，1983年，第239页。
④ 王德春、陈晨《现代修辞学》，江西教育出版社，1989年，第28-32页。
⑤ 刘焕辉《修辞学纲要》，百花洲文艺出版社，1991年，第50-68页。
⑥ 如：寸镇东《语境与修辞》，贵州人民出版社，1996年；冯广艺《语境适应论》，湖北教育出版社，1999年；等等。
⑦ 陈汝东《论修辞的社会心理原则》，《北京大学学报》，1997年第5期；《社会心理修辞学导论》，北京大学出版社，1999年。
⑧ 陈汝东《认知修辞学》，广东教育出版社，2001年。

总之,我国现代修辞学对修辞规律的探讨,是一个不断深化的过程。这种认识深化的脉络是与现代修辞学研究对象的不断发展密切相关的。从对修辞手段和修辞方法的结构和功能的探讨,到语言要素的修辞功能、修辞与语体之间的关系的揭示,到修辞与语境的关系以及修辞行为与修辞手段、修辞方法、修辞主体之间的辩证关系的研究,勾勒了人们对修辞规律认识深化的历程。修辞规律研究的深化,推动了修辞学理论的发展,也对公众的修辞实践起了积极的指导作用。

四、修辞规律

在借鉴以往研究成果的基础上,我们认为,如果把修辞作为人类的言语交际行为或者说符号行为,修辞的基本规律必然涉及修辞主体、修辞动机、修辞行为、修辞手段、修辞方法、言语环境等要素之间的关系,这些要素之间的共变关系,就是修辞的规律所在。这大致可以综括为以下三个方面。

1. 修辞应符合话语的结构和组织规律

这条规律解决的主要是话语的正确性、准确性和适切性问题。它包括三个方面:首先,话语要符合汉语的结构规律;其次,话语要符合汉语的语体规范;再次,话语要符合风格要求,保持话语风格的一致性、统一性。前者主要是关于汉语的语言结构规律的,后两个方面则是关于汉语的话语组织规律的。

(1) 话语要符合汉语的结构规律。我们学的是汉语,说话写文章都要用汉语。若要用得好,合乎汉语的结构规律是首要的。这包括话语要合乎汉语的语音规范、语法规范和语义规范三方面。

修辞过程中,保证发音或书写准确是很重要的,否则,就会影响交际效果。这在少数民族或外国人的汉语学习中、各大方言区的人学习普通话的过程中都有。有的方言区,"孩子""鞋子"不分,"南京""兰京"不辨,因此容易造成误解。外国人学习汉语的过程也有类似的问题。例如,有一次,我问一位日本朋友:"你喜欢喝什么酒?"他说:"我喜欢喝 píqiú。"我听了一愣。他见我没说话,就又说:"是青岛 píqiú。"这下儿我明白了,他是说他喜欢喝"青岛啤酒",而不是"皮球"。还有一次,我问一位68岁的日本朋友喜欢什么中国小吃,他很高兴地说："我喜欢吃húndàn。"我当时一惊，就又问："什么húndàn？"一旁的几位日本女同学也异口同声地说："是中国húndàn，我们也喜欢吃húndàn。"她们同时用手比划了一下儿。我明白了，他们是喜欢吃"馄饨"，而不是喜欢吃"浑蛋"。上例说明，发音准确非常重要。当然，书写准确也很重要。

组织话语，除了发音、书写准确之外，当然还要符合汉语的语法习惯，不犯语法错误。如果想表达"我明天上午乘公共汽车去天安门"，而说成"我去天安门乘公共汽车明天"，那就不符合汉语的语法规范了。想表达"去学校"而说成"学校去"，想表达"做作业"却说成"作业做"，都是违反汉语语法规范的。当然，除此之外还应该使话语合乎汉语的语用习惯。比如，见面时的"吃了吗""去哪儿"，分别时的"一路顺风""多多保重"等等，都是中国人在问候和告别时的一些语用习惯，而在其他民族语言中就不一定这么说了。

（2）话语要符合汉语的语体规范。语体是人们在长期的语用过程中形成的言语功能变体体系。它对人们的言语行为也有一定的制约作用。比如，写诗歌就不能像写通知一样，日常谈话和做学术报告也不一样，它们所用的词语、句式、修辞方法、风格以及语篇格式，都有差别。所以，话语也要符合汉语的语体规范。

（3）话语要符合风格要求，保持话语风格的一致性、统一性。话语都有一定的特点，这些特点的综合就是话语的风格，比如，有的通俗，有的典雅，有的华丽，有的朴实。在修辞过程中，话语不但要切合语体的特点，同时还要保持整体风格的一致性、统一性，便于更好地完成交际任务。

2. 修辞应与言语动机、言语目的相一致

本条关涉的是说（写）者自身的心理因素同修辞行为的关系。无论说话，还是写文章，都有一个动机，有一个目的，就是为什么说，为什么写，要达到什么目的。这是说（写）话人的主观因素。比如说，熟人见面时，要说"你好""吃了吗"等等，目的就是要打招呼，表示说话人要同对方沟通。那么，所说的话就要依这个动机、目的来组织，否则就会导致语误。如果目的是互相打招呼，而说出来的是"市场上的苹果三元钱一斤"，那就不是打招呼了。

再如，有一则幽默故事叫做"沉痛的哀悼"。故事发生在苏格兰的一个墓地，下面是一块墓碑的墓志铭："这里长眠的是亥米西·麦克泰维面。其悲痛的妻子正继承他的兴旺事业——蔬菜水果商店，商店在第十一号高速公路，每日营业到晚八点。"大家看了这段碑文也许会哑然失笑。为什么呢？因为它文不对题。墓志铭一般是记述死者的情况和表达生者对死者的哀悼的。那么，说写者的动机、目的也应该是这样。表面看，这则幽默中写碑文的人实现了做广告的动机，但却没有达到悼念死者的目的，它违背了"修辞要与言语动机、言语目的相一致"这一规律，因而引人发笑。

3. 修辞应切合语境

语境是修辞得以进行的基础，语境不但给修辞交际双方提供了一个相互理解的确定的符号系统，也为修辞行为的效果奠定了基础。此处所说的语境，既包括了现实的语境，也包括了潜在的和虚拟的语境。修辞要切合语境，其内涵就是修辞行为的实施，包括了话语的组织建构，也包括话语的理解反馈，要充分考虑和利用各种语境因素，使修辞交际切合各种语境要求，尤其是交际任务的要求，最大限度地完成交际任务，取得预期的修辞效果。

这条规律的核心是组织话语、话语理解与言语环境的关系，也就是关于修辞同说写者周围的语境，如对象、场合、时间、文化背景等等的关系。人类生活过程中，无论是说话，还是写文章，都要考虑语境，以便使话语适应交际对象的特点以及交际双方的角色和角色关系。比如一个年轻人要向过往行人问路，如果他遇到一位年纪较大的人，就应首先凭他的仪表判断其身份，然后确定称呼；如果难以断定对方的身份，可称呼其"老同志"或"先生"等。如果遇到一位年轻女性，就应该称呼她"小姐"。如果遇到一位小学生，就该称"小朋友"或"小同学"。这样，话语才能适切，对方才容易接受。为什么呢？修辞要适应语境，这是修辞规律，大家都应遵守。如果不遵守，就会影响交际。如果在路上遇到一位男性老同志，称他"老头""老家伙""喂"；遇到一位老年女性，称她"小姐""女士"，不管同他们的关系如何，不管是否认识，不考虑他们的国籍、民族，话语就不易为对方所接受，有时还会引发争执。

修辞与语境相切合是一条基本的修辞原理，其理据在于任何修辞行为都离不开语境因素系统的制约。修辞者应该充分地认知各种语境因素，并适当地利用各种语境因素。而在各种复杂的语境因素中，修辞主体的社会因素、心理因素和社会心理因素是最关键的。如果忽视了这些方面，则可能导致修辞失误。

再如，据传，在一个大型工程的典礼仪式上，莅临现场的重要领导人站在较高的台子上，而仪式的主持者和剪彩地点都在低一级的平台上。于是，主持人就说，请某某领导人"下台剪彩"。这本来是符合实际的，因为领导人如果要剪彩，确实要下台，即从较高的台阶上走下来。但结果却是，该领导人并没有"下台"剪彩，致使现场出现尴尬。为什么呢？问题出在"下台"上。联系现实语境，此处的"下台"是"走下台阶"的意思，但"下台"的语言意义却是"卸去公职或交出政权"，听起来不吉利，它可能预示当事领导丢掉乌纱帽。这与汉民族浓重的语言迷信思想不无关系。所以，该领导人没有"下台"剪彩。如果不直接说"下台剪彩"，而是"剪彩"，就没有问题了，因为要剪彩，必须下台阶。

造成上述结果的主要原因有两个方面：一是主持者没有充分考虑当事者的心理因素，特别是其语言迷信思想，没有想到"下台剪彩"的其他含义。另一方面，从话语理解来说，就是当事者的语言迷信思想太重。当事的领导者过多地考虑了语言所蕴含的不吉祥意义，没有客观地理解和对待主持者的真实言语动机。这说明了"修辞应切合语境"规律在修辞过程中的重要作用。语境总是在不断变化的。所谓切合语境，不是消极的适应，而是能动的利用，许多情况下还需要营造有利于交际的语境因素，利用其中的积极因素，避免其中的消极因素。

上面这三条规律所起的作用不同，起作用的方式和方面也不同。"修辞应符合话语的结构和组织规律"是最基本的，是进行修辞交际的基本保证；"修辞应与言语动机、言语目的相一致"，则是控制修辞行为实施方向的；"修辞应切合语境"则是保证修辞行为效率的。上述三个方面组成了一个整体，共同控制着人们的修辞活动。

第二节　修辞应符合汉语的结构规律

无论是口语交际，还是书面语交际，若要话语准确、有效地传递信息，完成预期的交际任务，话语符合汉语的语言结构规律是一个重要的前提。这一规律包括以下三个方面。

一、话语应符合汉语的语音和文字规范

言语交际中，使话语符合汉语的语音和文字规范是一个最基本的方面，也是正确运用汉语的一项基本功。话语合乎语音和文字规范包括以下四个方面。

1. 词语的音要说准、读准

汉语是有声调的语言。准确把握汉语的声调，是学习和运用汉语的一个难点。初学者，尤其是那些以印欧语系各语言为母语的人，掌握正确的声调就更重要，特别是一些同音词、近音词，使用时更应多注意。

汉语的同音、近音成分较多。例如"这件事情我搞反了"和"这件事我搞烦了"，其中"反（fǎn）"和"烦（fán）"就比较相近，说（读）错了就会造成误解。其他如"传播""船舶"，"筒子""桶子""童子"，"那里""哪里"，"气氛""气愤"，"格式""各式"，"国歌""国格"，"煤气""没气""霉气"，"从容""从戎"，"美貌""眉毛""没毛"，"大学""大雪""大靴"，"纸张""执掌"，"幽默""油墨"等等，都是声音相同或相近的词语，在运用中往往会出错。例如，"Tā qù yīyuàn le（他去一院了）"，其中，"一院"很容易和"医院"相混，前者是第一个院子，后者则是医疗单位。

2. 语流音变要准确

词语单读、单说时，不大会出错。在说话过程中就不同了，很容易出错。因为语流中词语受前后音、说话速度以及外部环境的影响，与单说相比，会发生一些变化。有的人往往不注意说话过程中词语重音、轻声以及三声变调等变化，常常出错。听话人常要求重说，有时是要说话人写出来，看了汉字才明白。在播音主持等领域，语流音变的准确性要求比较高。这也是播音员、主持人整体素质的一个重要方面。因为上述职业者往往出现在电视、广播中，他们的发音对全民具有示范作用。

3. 语气要准确

所谓语气，就是说话时声音的高低强弱。同一句话，用不同的语气说出来，意思会不一样，效果也不同。因此，言语交际时应准确把握说话语气，使其适于完成交际任务。

此外，语音停顿也要适当。一方面，语速要适中，并注意根据言语环境随时调整语速；另一方面，适时停顿，以免发生误解。书面语中也是如此。例如，有一则笑话说，一个父亲要求上小学的儿子每天写日记，晚上他回家要检查。一天晚上，他发现儿子的日记上写着："今天来了一位叔叔，叔叔吻了我妈妈也吻了我。"看罢，他怒气冲天，立刻喊来儿子，问到底怎么回事。儿子一读，他父亲才松了一口气，原来是："今天来了一位叔叔，叔叔吻了我，妈妈也吻了我。"一个标点之差，意思大相径庭。可见，适时停顿也是很重要的信息传递手段。

4. 书写要准确

在口语交际中，发音要准确；而在书面交际中，书写就要准确了。否则，就可能导致误解，造成纠纷，影响社会合作。例如，有则《"生日快乐"变成"产日愉快"》的报道说：6月9日，是某大学学生阎某女朋友的生日，阎某在南京某邮电支局给在广州工作的女友发了一封生日贺电。因邮局值班人员工作疏忽，电报内容"生日快乐"变成了"产日愉快"。女方接到电报后十分扫兴，两人为此发生了口角。阎某到邮局查询，经过仔细核对是工作人员失误所致。阎某十分气愤，要求邮局赔偿精神损失费，但邮局不答应。为此，阎某欲向法院起诉邮局。

发报员工作疏忽，混淆"生"与"产"，使"生日快乐"变成"产日愉快"。尽管"快乐"与"愉快"区别不大，"生日"与"产日"的理性意义也相近，但却不好听，令人不快。一时疏忽造成一字之差，一字之差导致信息误解，信息误解引发朋友纠纷，使人际关系恶化。当事人要起诉邮政局也在情理之中。可见，书写准确在信息传输中是非常重要的。

再如，据报道，一患者原来在一家外企工作，有一次他肚子痛，经医生诊断为急性胃炎。在医生问诊一栏里，医生把"肚"字的竖笔拉得过长，看起来俨然就是一个"肝"字。过了3天，他到公司上班时，主管的经理就告诉他，老板已经决定辞退他了。至于什么原因，主管经理并未说明。过了几天，同事却莫名其妙地问他："你的肝病好了没有？"后来那个同事才告诉他："老板是看到病历上写着肝痛，怀疑你有肝病才辞退你的。"显然，这样的情况在医院中并不鲜见。据记者调查，医生的"狂草"现象非常普遍，"九成患者认不清病历"。① 据此，国家相关部门已经明确规定，医生的病历书写必须规范。这有助于改变医务界的不良书写现象。

文字是记录语言的符号系统，是书面语交际的载体。如果文字错误，则必然影响信息的交流。因此，严格遵守汉字的规范系统，使用规范的汉字书写，是取得理想的修辞效果的重要保证。所谓书写规范，应该包括两方面：一是要遵守国家规定的用字规范，使用规范的简化字；二是要把规范字书写准确。这对于消除误解，促进社会信息的准确交流，无疑是十分重要的。目前这方面存在的问题主要有：一是滥用繁体字；二是人际交往和文字出版物中存在大量错别字；三是网络交际系统中的不规范用字，比如使用数字、字母等代替规范的汉字以及汉字和外文掺杂等。

二、话语应符合汉语的语法规范

无论说话还是写文章，合乎语法规范，是保证话语正确的前提。日常交际之所以能正常进行，其基本条件就是大家基本上遵守汉语的语法规范，在一般口语或书面语中较少出现违反语法规范的现象，正式的书面语传播更是如此，因为绝大多数文章都经过修改。在本族语的口语交际中，即使偶尔出现违反语法的现象，比如缺少语法成分、搭配不当等等，也不至于影响正常交际。违反语法规范的现象多出现在外语或第二语言的学习中。比如，留学生使用汉语过程中，由于母语干扰，就会不同程度地发生这样那样的错误。这些错误语例，有助于我们认识遵守语法规范的重要性。例如：

　　我觉得，生命的意义，除了往自己目标前进，做个光明磊落的人外，要把自己所受到的恩惠，回馈出来，造福需要的人。

本例可以说是一个"大句子"，其中包含着几个小句子。"我觉得"后边的成分应该是"觉得"的宾语。这个宾语实际上是几个句子。但仔细分析，其中错误不少。"生命的意义"是宾语部分的"小主语"，但与后边"除了往自己目标前进"等成分脱节。因为"意义"是不能

---

① 蔡民《肚痛写肝痛　患者遭辞工》，《信息时报》，2002年8月21日。

"往自己目标前进的"。后边又说"做个光明磊落的人外",是"意义""做个光明磊落的人"吗?讲不通。问题在哪里?原来,"生命的意义"后边缺少一个动词"在于"。"自己目标"中间少一个"的"。"意义"不能"做个光明磊落的人",其错误属于主语、谓语搭配不当,应改为"活得光明磊落"。"除……之外"后边缺少一个表示递进关系的连接词"还"。"受到"和"恩惠"搭配不当,"恩惠"应该说"接受"。"恩惠"和"回馈"搭配不当。"需要的人"中,"需要"后边缺少一个宾语成分,应改为"需要帮助的人"。这样,我们可把这段话调整为:

我觉得,生命的意义在于,除了朝自己的目标前进,活得光明磊落外,还要把自己所接受的恩惠回报给别人,造福需要帮助的人。

两相比照,调整后的话语传递信息的效果好。再如:"那天早晨,秋高气爽,真是个出游踏青的好日子。我们勺园的一团人,在留办老师的带领下乘着旅行车,沿着宛如羊肠般弯曲的小路往香山出发。"本例中,"往香山出发"不对。"出发"前如果有"地点",可说"从……出发"。"往"后边加"地点"时,一般用"进发"。"出发"只表示动作的开始,不带有延续性,而"进发"则带有延续性。此外,"一团人"和"旅行车",分别改为"一群人"和"旅游车"更好。在初学者的话语中,这类语法错误还很多。再如:

① 人们在日常生活当中随随时时可以听到许多许多的音乐。
② 我喜欢古典音乐,特别巴赫、莫扎特、贝多芬的歌曲。
③ 我还想带随身听欣赏有希望、有明天、有感动的我的歌。

"随时"是一个表示时间的副词,它不能重叠成"随随时时"。形容词"许多"一般重叠为"许许多多"。例①把"随时"重叠为"随随时时",把"许多"重叠为"许多许多"是不合语法规范的。例②中,"特别"是副词,与后边的名词搭配不当,漏掉了一个谓语动词"是"。此外,前边说"音乐",后边说"歌曲",不一致。例③中的"有明天"和"有感动"与后边的成分搭配不当。因此,上面三个句子可分别改为:

④ 人们在日常生活当中随时可以听到许许多多的音乐。
⑤ 我喜欢古典音乐,特别是巴赫、莫扎特和贝多芬的。
⑥ 我还想带随身听,欣赏充满希望、令人鼓舞的歌。

由上面的语例可以看出，修辞过程中使话语符合汉语的语法规范是十分必要的，它是话语正确传递信息的基本保证。但是，合乎语法规范并不等于死守语法规范。修辞的目的是最好地完成交际任务，取得最理想的交际效果。因此，在实际的修辞过程中，有时是故意违反语法规范的。例如，现代汉语中一般情况下副词是不修饰名词的，很少说"不桌子""非常天空"等等。但20世纪末期后，副词修饰名词的现象逐渐增多，并且成为一种修辞方法。比如：

在一位68岁老人眼里，冠军、奖金已变得不是那么激情，子女的身体却是老人家时刻挂念的，而这种挂念从四年前就开始了，而且越来越强烈。

（傅力《泪光捧杯中引出的一段"家"话》，《北京晚报》，2002年8月3日）

本例中的"那么"是副词，"激情"是名词。"那么激情"听起来别扭，因为一般说"那么富有激情"。表面看缺少动词，有语病，但实际上是一种时髦的用法。因为生活中这样的用法已不鲜见，再如"非常男女""很男人""很女人"等等。

此外，也有形容词带宾语的情况。比如，"正当美、英等国采取严密保安措施防范'基地'组织发动新的袭击之际，情报指出，拉登密谋策动一连串恐怖行动，炸毁沙特阿拉伯的全球最大炼油厂，企图瘫痪沙特、美国甚至全世界经济。"[①] 其中的"瘫痪"是个不及物动词，此处用作了及物动词，这类似于古汉语中的使动用法。虽然不合语法习惯，但不至于导致交际障碍。

修辞交际中合乎语法规范是必要的，但过分强调了语法规范的作用，而忽视了在此以上的修辞问题，则得不偿失。因为人们的修辞目的是为了交际，而不仅仅是为了使话语合乎语法规范。因此，无论是在修辞实践中，还是在国民语文教育乃至于外语教育中，不应过分强调语言规范，而应更重视语言运用。否则，其结果就是学生说出的话尽管没有语法错误，但修辞效果却不理想。我们国家的外语教育中也存在同样的问题。

[①] 《"基地"密谋炸毁沙特的全球最大炼油厂》，人民网，2003年2月15日。

三、话语应符合汉语的语义规范

说话、写文章,不但要遵守汉语的语法习惯,而且还要符合汉语的语义组合规则和表达习惯。有的话合语法,但在语义上却讲不通。如上例中的"有明天","有"是动词,"明天"是名词,两者搭配没有语法错误,因为汉语中的及物动词是可以带名词宾语的。而"有明天"修饰"歌",就不妥当了。为什么呢?不符合汉语的语义结构规律。有些虽然看上去符合汉语的语义组合习惯,但不符合惯常的表达方法。

再如"美军新闻官表示,向在伊拉克新闻大楼被炸中遇难的新闻记者及其家属表示哀悼",显然,"向遇难的记者表示哀悼"语法、语义都没有问题,但是"向遇难者家属表示哀悼",在意义上就值得推敲了。显然不能哀悼遇难者家属,只能哀悼遇难者。确切的说法应该是"向遇难者家属表示慰问"。再如,"约旦对新闻记者被袭击事件反应很激烈"① 中,也存在语义搭配不当。人们往往说"战斗""态度""言辞"等"激烈",不说"反应激烈",与"反应"搭配的往往是"强烈"。再如"同学们走进了鼓楼,走进了历史人物的身边",② "同学们走进了鼓楼"是通的,但是"走进了历史人物的身边",语义上就不通了,可以说成"走到了历史人物的身边"。

话语组织中不合语义规范的情况,在外国留学生的写作中时常出现:

> 有一天,我得了感冒了,身体不舒服。回家来的路上碰见了一个同学。他说:"哥哥,你的脸真奇怪,回去好好休息吧!"

本例中,"我得了感冒了"语法上没有错误,但啰嗦,只说"我感冒了"就可以。"回家来的路上碰见了一位同学"一句中,"来的"和"了"都多余。下面的"哥哥"不适当。汉语中同胞兄弟中,年幼的称年长的为"哥哥";而非同胞关系,一般统称"兄弟"或叫"老兄""兄长"。"你的脸色真奇怪"应改为"你脸色不正常"或"你脸色不太好"。因此,这段话可调整为:

> 有一天,我感冒了,不舒服。回家路上碰见一个同学。他说:"兄弟,你脸色不太好,回去好好休息吧!"

---

① 2003 年 4 月 9 日下午四点,中央电视台新闻报道。
② 中央电视台"同一片蓝天"节目,2003 年 4 月 12 日上午 10:30。

上面的例子有没有违反语法规范？当然没有。听读者能明白吗？也没问题。但为什么不妥当呢？因为通常人们表达同样的意思时，很少这么说。这样的情况还很多。再如：

  我刚学六个月汉语的时候的事了。我坐在最右边，因为反光，看不见黑板了，所以跟老师说："老师，我不能看黑板。"

  本例中，首句成分不全且啰嗦，可以改为一个时间状语。"看不见黑板了"中的"了"，表示事情发生了变化，原先看得见，现在看不见了。但此处作者只是想说明，坐在最右边看不见黑板，因此不必用"了"。坐在最右边，显然不是不能看黑板，而是看不清黑板上的字。因此，上边一段话应改为：

  我刚学了六个月汉语的时候，坐在最右边，因为反光看不清黑板上的字，所以跟老师说："老师，我看不清黑板上的字。"

  从上面的语例可以看出，无论是说话还是写文章，话语不但要语音准确，合乎汉语的语法规则，而且要合乎汉语的语义组合规范，在语义上讲得通，符合汉语通常的表达习惯。话语正确是话语组织的第一步，也是我们学习汉语、运用汉语的基本要求，只有在此基础上，才谈得上话语的准确、适切和恰切。

  需要指出的是，修辞符合汉语的语义搭配规范是一项基本要求，而且具有一定的语体要求。在口语语体以及书面语体中的公文语体、科技语体乃至于政论语体、文艺语体的大部分话语建构中，这项要求是需要遵守的。但在文艺语体特别是诗歌话语的建构过程中，词语之间的意义搭配往往不符合一般惯例或客观现实逻辑，比如我们上面所讲过的一些修辞方法，特别是比拟、移就等等。

第三节 修辞应符合语体规范

  修辞要符合汉语的语言结构组织规律，一方面是指要符合汉语的语言结构规律，另一方面，就是要符合汉语的话语组织规律，主要是语体规范。

一、语体及其成因

1. 语体

  汉语交际中，言语环境不同，说话的方式就不一样。词语、句式以及语篇的构成，都各有特点。首先，口语就用口语的方式，书面语就用书面语的方式。日常交际如此，其他交际或传播领域也是如此。"有开水吗？请来一杯！"这是口语，如果说成："兹因天气炎热、酷暑难当，鄙人口干舌燥，亟需沸水若干，尚祈照发为荷，以解燃眉之急！不胜感激之至"，则不伦不类，影响正常交际。"有盐吗？来二斤"是口语，如果说成"有氯化钠吗？来一千克"，则混淆了口语语体和科技语体的差异。"晚上六点半，电影院门口见"，是日常口语；但"月上柳梢头，人约黄昏后"，则是诗歌。两者一般不能混淆。再如：

① 谁知这高兴劲持续太短了。没想到挨了耀邦同志一顿"刮"："哥哥你搞些么子名堂？德安在农村呆得好好的，你把他搞出去做么子？"

老人始而不解，待听完弟弟的话后，也升起了一股火："我没搞么子呀，是别个给帮的忙。人家的崽当得干部，我的崽为什么就当不得？他多少也是个中学生呀！"

"当干部可以，但要基层推荐选拔呀！"

"他们不推荐，不选拔又怎么搞？"

"那就当农民。"

"当农民就当农民，就你厉害。算了，我走，我不住你这儿了。"

（曹建平编《中南海珍闻录》，团结出版社，1993年）

② 南国的秋是女性的，妩媚的，西风扫不尽黄花，薄霜蚀不落瑟叶。空气中仍延续着夏日缠绵的余温，湖面上仍残留着如昔妙曼的歌舞。南国的秋是淡妆的秋娘，是秋娘脸上似情思、似忧思的两汪秋水。

北国的秋是雄性的，阳刚的。寒山脱翠，草木挣衣，该卸妆则卸妆，该裸露则裸露。落叶在树林根部堆积、发酵，照例酿造出舒心的醇酒。酱红的泥土把肌肉化作匀净的犁纹，依旧保持健美表演的雅兴。

（毛志成《京华秋韵》）

例①是日常谈话，例②是散文。一个是口语，一个是书面语。两例在词语、句式、辞格等方面各有特点。例①用了许多方言词，如"刮""呆""搞""么子""崽"等。这些口语词有力地表现了人物的特点。

例②有很大不同，用词比较文雅，多是书面语，尤其是文学词语，如"南国""妩媚""蚀""瑟""缠绵""残留""秋水"等等，并且运用了比喻、拟人等辞格，读起来庄重、雅致、绚丽。

上两例在修辞方面的特点，不是偶然的，也不是唯一的，而是带有普遍性的。它们实际上代表了两种不同的言语表达体式，即口语语体和书面语体。这种言语交际的功能变体体系，不仅体现在语音、词汇层面，也体现在句式、修辞方法方面。人们把全民共同语在长期的语用过程中形成的言语功能变体体系叫做语体。

日常修辞过程中，我们很少注意到语体的存在，因为大家已经熟知了这种惯常的变体体系。只有当人们违背了语体规范时，这种语体规范对修辞的制约才显现出来。例如，2001年，某大学举办学术论坛，开幕式上有一个博士生代表学生发言。该生的发言激昂慷慨，用诗一般的语言、近似于朗诵的语气，抒发了对母校和该论坛的赞美之情。结果，引得会场上笑声不断。为什么呢？应该说该生的发言充满激情，用语华丽，充分地表达了他对该论坛以及母校的深切情感。但他所采用的语体、修辞方式、方法以及讲话的语气、语调，与当时的环境不切合，过于艺术化了。会场上是实用性很强的语境，其艺术气氛并不突出，而且其修辞行为的目的应该重在传达理性信息，而不是感性信息，因此应该选择实用语体。修辞手段、修辞方法的选择，应该切合实用语体，而非艺术语体。这说明了语体的存在与其对修辞行为、修辞效果的制约作用。

2. 语体的成因

语体不是任意规定的，而是人们在长期的语用过程中形成的，具有一定的约定俗成性。各种语体主要是由交际领域和交际方式、言语动机以及交际目的等因素决定的。口语语体就是人们在口语交际时使用语言材料（或修辞）的一系列特点的综合。书面语体就是人们在书面语交际时使用语言材料（或修辞）的一系列特点的综合。为什么口语语体和书面语体会出现不同的修辞特点呢？这是由它们各自的交际特性决定的。

口语交际中，交际双方一般是通过语音直接传送信息，大多数情况下面对面，因此其信息传输的方式、方法与书面语交际有很大不同。语音、语调、语气、停顿、语速以及体态、动作、面部表情等，都可起信息辅助作用。在书面语交际中，则没有这些辅助表达手段。此外，口语交际的现场环境，对修辞者有很大制约。修辞者的内部言语活动时间相对较短,话语在头脑内部的调整时间容许度不大。因此,修辞者在词语选择、句式调整以及语段构建等方面,表现出一些特点,如词语通俗易懂、句子简短等,这样便于听者理解。而书面语交际通常是通过文字进行的,因此,修辞者对修辞手段、修辞方法的选择调整,具有较大余地。修辞者可以雕词琢句,可以对话语提炼加工。读者也可以慢慢咀嚼品味。因此,书面语多用书面语词,句子比较长。久而久之,就形成了不同的言语表达体式,也就是口语语体和书面语体。

虽然语体是由语境和交际方式等因素所决定的,具有一定的规范性。但这并不等于说,凡是口说的就属于口语语体,凡是书写的就属于书面语体。例如:

> 好多人都是子路那种人,离了婚后,谈起他原来的那个事情,他就热泪满面的。你说让他回去,他也不可能再回去了,但是那种创伤,那种说不清的复杂东西吧,带来好多,一生也是很苦的。凡是离过婚的,没有一个人后半生过得特别的无忧无虑的,不可能。就是再狠心的人,再心硬的人,他也不可能的,不可能的。人皮肤上碰伤以后,它不容易留下疤的,但是人的心上给划了,痛苦啊,他都不是很轻松地能过去的,像在玻璃上划,不留痕迹地,那不可能的。

(戴佩良《爱过才知道》,《网络文摘》,1999年2月5日)

本例选自已发表的文章,其体现形式是书面的,也经过了一定的加工处理,但这并不等于它就属于书面语体。其主要特征还是口语,属于口语语体。其中用了"的""啊"等口语色彩突出的词语,且有比较多的口语句式,句际关系比较松散,缺乏书面语的凝练。再如,朗诵诗歌、散文,宣读学术论文等,也并不意味着所说的话语属于口语语体。

此外,语体具有一定的规范,不同语体之间具有一定的区别性特征,但这并不意味着人们在修辞过程中,只能死守各种语体规范,不能变通。恰恰相反,修辞手段和修辞方法的语体功能,为人们提供了更大的语用空间。人们可以能动地选择不同的语体,以适应各自的修辞需要。例如:

> 村里那个小女子在那个傍黑天跌跌撞撞奔到她面前,转颜失色地说:"婆,婆,我路遥叔殁了!电视上刚报的!"她根本不相信。怎么可能?儿子好好的咋就能殁了呢?谁也没给她说过儿子有啥病

症呀！她巴望是小女子听错了，可小女子却说没听错，电视上还有路遥叔的像，她顿时觉得像天塌地陷一般，两眼一黑，栽倒在炕上。

（白描《路遥身后被遗忘的母亲》，《英才》，1998年6月号）

本例虽然是书面语，应该选择书面语体，但因为描写的是陕北农村妇女之间的言行，所以，作者就选择了许多本属于口语语体的修辞手段和修辞方法。比如"傍黑天""殁""报""咋""啥""巴望"等词语，都是陕西方言。"我路遥叔殁了！电视上刚报的"等句子，也带有陕北口语特色。这些口语化的词语、句式，带有浓重的乡土气息，有力地表现了人物的性格特点。如果换用书面语体的修辞手段和修辞方法，比如前者分别换用"黄昏""逝世""报道""为何""什么""希望"等词语，后者换用"我路遥叔叔逝世了！是电视上刚刚报道的"，这样，书面语色彩就浓了，那浓浓的乡土气息就会消失，人物形象就会黯然失色。这种对不同语体的能动运用现象，通常叫做语体交叉或语体渗透。

二、语体研究溯源

1. 语体问题的来源

语体研究可以追溯到1909年瑞士语言学家巴利（Charles Bally，1865—1947）的《法语语体学》。我国的语体研究是从苏联传入的。苏联的语言学家在20世纪二三十年代就强调从功能角度研究语言，研究语言在不同的社会交际环境和言语形式中的使用情况。50年代开展了修辞学问题大讨论，语体成为研究重点之一。他们一致的看法是：语体就是语言因交际环境不同而形成的不同体式，是标准语的功能类别，所以称为"功能风格"。与之相关的研究称之为功能修辞学。当时，涌现了一批研究功能修辞学的专家，比如维诺格拉多夫、科任娜等等，其中，已被介绍到国内的科任娜的《俄语功能修辞学》影响较大。我国目前的语体分类沿用的依然主要是苏联的先两分后四分的方法。

英美的语体研究兴起于20世纪中叶。1958年美国出版了《语言中的语体》。1964年，M. A. K. Halliday提出了语域（register）的概念，其含义大致相当于语体。这方面研究与汉语不同的是，它更注重语言的变体，其中也包括了语言的功能变体，尤其是风格变体。国外有的语体研究与汉语中的言语风格研究相近，比如，马丁·钟斯（Martin Joos）的五只钟（The Five Clocks）理论。其所说的冷冻体、正式体、商洽体、随意体、亲切体，既是语体范畴，也是一种风格范畴。与之相应，国内的英语语体研究也有较大发展，比如侯维瑞编著的《英语语体》、① 程雨民编著的《英语语体学》等等。这种研究多与文体研究交织在一起，且与国外的研究比较接近，重在语言功能变体，这从有些语体定义中就可以看出来，比如，"语体（style 或 linguistic style）是指同一语言品种（标准语、方言、社会方言等）的使用者在不同的场合中所典型地使用的该语言品种的变体。"②

我国的语体研究始于20世纪中叶。1956—1962年全国语言科学规划中指出："语体研究这项研究对语言实践有着重大的指导意义，必须逐步展开。"50年代，语体一词出现在中国语言学界；但在此以前，"语体"是同"语体文"联系在一起的，此中的"语体"不是语言学范畴。我国的语体研究是在苏联有关语言学理论的影响下开展起来的。我国古代的文体论和风格论比较发达，但唯独没有语体学。因此，对语体意义的理解就产生了混乱。开始时，常常同文体、风格等混在一起，这与外语的翻译不无关系。

在英语、俄语、法语中，"语体"与"文体""风格"是同一个词。英语为 style，法语为 style，俄语是 СТNЛ6，都有"风格"的意思。"语体学"与"风格学"也是同一个词，英语是 stylistics，法语是 stylistique，俄语是 СТИЛИСТИКа。因此，我国的语体研究开始时，往往把"语体""文体""风格"混在一起。比如，1957年出版的林裕文的《词汇、语法、修辞》一书指出："由于交际的目的、内容、范围不同，在运用民族语言时也会产生一些特点，这种特点的综合而形成的风格类型，叫做'语体'，语体不是文章的体裁，也不能把语体看作特殊的独立的语言。"③

1959年，高名凯在《语言风格学的内容和任务》一文中指出，语言风格"是在某种社会交际的场合中，为着达到特殊的交际目的，完成特殊的交际任务，表达特殊的交际内容而运用的特殊的语言手段所形成的言语气氛或格调及其表达手段"。"风格是全民共同语在历史的发展过程中，由于交际功能上的不同（包括交际场合、交际目的、交际任务

---

① 上海外语教育出版社，1988年。
② 程雨民《英语语体学》，上海外语教育出版社，1989年，第1页。
③ 林裕文《词汇、语法、修辞》，新知识出版社，1957年。

的不同),而产生的变体或变形,这种变体或变形既是运用语言(在特殊的交际场合运用语言),进行特殊交际时所具备的言语格调或气氛及其表达手段。"① 1960年,周迟明在《汉语修辞》一书中指出:"每一种不同的语言风格都有它区别于其他各种语言风格的一些典型的共同特点。这些共同特点的综合,就形成为每一种语言风格所独具的风格类型。这些不同的风格类型,就叫做'语体。'"② 这同林裕文的语体观是一脉相承的。当然,语体与文体、风格是不同的。

2. 语体不同于文体

文体是文章学中的一个概念,它指的是文章的体裁、体式,比如诗歌、散文、小说、杂文、通讯、报告文学、论文等等,都是不同的文章体裁。在语体研究初期,人们对语体的定义往往与文体联系在一起。例如,"语体又称'文体'。以语言交际功能为依据而建立的语言风格类型。是适应不同交际目的、内容、范围的需要所形成的;具体表现为由有意地选择词语、句式、语音手段、修辞格等表达手段而形成的语言特点系列。"③ 这种语体定义就把文体与语体混在了一起。

但后来的研究逐渐把语体与文体区分了开来,因为文体并不等于语体。首先,文体主要局限于书面语,而语体则不仅包括书面语,而且包括口语。此外,语体的外延要比文体宽泛。比如,小说、诗歌、散文、报告文学,虽然属于不同的文体,但同属于文艺语体。这在修辞实践中表现得更为突出。比如,同样的修辞动机,不但可以通过不同的文体表现出来,也可以用同样的语体表现出来。

比如,杜牧有《清明》一诗:"清明时节雨纷纷,路上行人欲断魂。借问酒家何处有,牧童遥指杏花村。"这首诗歌也可以如此处理:"清明时节雨,纷纷路上行人,欲断魂。借问酒家何处?有牧童,遥指杏花村。"如此以来,诗就变成"小令"了。如果写成:

> 清明前后,天一直下着小雨,我走在淅沥的雨中,心中泛起淡淡的哀愁。于是,想找一家酒店小憩。这时,一个牧童赶着牛走

---

① 高名凯《语言风格学的内容和任务》,《语言学论丛》第四辑,上海教育出版社,1960年。
② 周迟明《汉语修辞》,山东人民出版社,1960年。
③ 张涤华、胡裕树、张斌、林祥楣主编《汉语语法修辞词典》,安徽教育出版社,1988年,第510页。

来。"小朋友,哪儿有酒家?"我走上前去问。牧童看了看我,用手指了指远处的村庄:"一直往前走,就是杏花村了,那儿有酒店。"牧童赶着牲口走了,我也朝着远处的村庄走去。

这样,诗歌又变成了散文。如果改为以下体裁,就变成了短剧:

[清明时节]

[雨纷纷][路上]

行人:(欲断魂)借问酒家何处有?

牧童:(遥指)杏花村。

以上说明,同样的修辞动机,可以通过不同的文章体裁表现出来,但并不一定改变其语体类型。以上体裁形式多样,但都属于文艺语体。语体与文体虽然不同,但却具有一定的关系。因为语体往往可以借助现有的文体进行归类,比如,以上的问题可以归入文艺语体。其他语体归类也同样会使用文体。

3. 语体不同于语言风格

语体是全民语言的功能变体体系,它不同于风格。风格是事物各种特点的综合。语言风格是语言及其运用的各种特点的综合,它包括语言的民族风格、语体风格、表现风格、时代风格、地域风格、个人言语风格等等。

以往的研究中,人们往往把语体同风格混在一起。比如,有些语体的定义就是如此:"语体,言语的功能变体,又名功能风格。人们在不同的社会活动领域内进行交际时,由于不同的言语环境所形成的一系列使用全民语言材料特点的综合。"[①] 人们之所以把语体与风格相混,原因有两个方面:一是对语体、风格的本质认识不清,界定和研究中出现了交叉。比如,语言风格也往往被界定为运用语言的各种特点的综合。体现在研究中,也是如此。比如,西方语体研究中的"高雅体""通俗体""中间体"以及马丁·钟斯的五只钟等,实际上都是风格分类。二是语体本身也具有风格特点。比如,口语语体的风格特点是多使用口语词、口语句式,比较通俗、活泼,但不太严谨,逻辑性与书面语相比较弱。但是书面语体则不同,它多使用书面语词和句式,比较精练、严

---

① 王德春主编《修辞学词典》,浙江教育出版社,1987年,第202页。

密。至于书面语中的各分支语体,它们的风格特征也不尽相同。与一般话语的风格不同的是,语体风格是不同语体类型的特点的综合。所以说,语体不同于风格。语体与语体风格也是不同的概念,尽管它们有密切联系。语体就好比工人、农民、教师等各种社会角色类别,而语体风格就好比工人、农民、教师各自的特点。一个是本体,一个是本体的特征综合。

4. 语体的本质

随着我国修辞学研究的深入,人们现在已经把"语体"完全与"文体""风格"等概念区分开来。比如,"语体,又称言语的体式,它是在言语环境作用下的言语功能变体,在特定言语环境中表现出来的使用语言材料的特点的体系。"① "语体就是一定语境类型中形成的、运用与语境相适应的语言手段,以特定方式反映客体的言语功能变体。"② 其他还有一些相类似的语体定义。

以上分析说明,人们已经加深了对语体本质的认识。语体是一种客观实在,语体是全民语言使用的功能变体体系,它客观地存在于言语交际中,它不以人的主观感觉为转移。语体所对应的客观实在是全民语言在运用中产生的功能体系,是一系列语言要素的总和。它既不是不同的语言体系,也不是同一语言的地域方言或社会方言,语体是同一语言品种(民族共同语)因交际领域不同而形成的功能变体体系。

三、汉语的语体规范体系

1. 语体的规范特征

语体是人们在长期的语用过程中形成的言语功能变体体系。所以,语体不是空的,它是由一系列修辞特点构成的。除了所适用的交际领域、交际任务、修辞主体等之外,语体的修辞特点主要表现在修辞手段和修辞方法方面。

(1) 词语。各语体的区别性特征首先表现在词语方面。汉语中的词语,在长期的运用中形成了不同的语体分化。例如,"爸爸""妈妈""生日""眼睛""样子""难过"等多用于口语语体,而"父亲""母

---

① 王德春、陈晨《现代修辞学》,江西教育出版社,1989年,第73页。
② 王德春、陈瑞端《语体学》,广西教育出版社,2000年,第6页。

亲""诞辰""眸子""秋水""姿态""悲伤"等，则多用于书面语体。再如，"吃饭"——"用餐"，"信"——"札""函"，"好看"——"美丽"，"唾沫"——"唾液"，"骂"——"诅咒"，"笑话"——"嘲笑"，"害羞"——"羞涩"等等，前者多用于口语语体，后者则多用于书面语体。

（2）句式。语体差异不仅表现在词语方面，而且表现在句式方面。口语语体和书面语体在句式方面的差异，就比较明显。口语语体中多用短句、散句，这样易于听众接受，好理解。而书面语体则不同，其句子的长度要比口语语体中的句子长，整句较多。例如：

① 甲：哎呀！你不是那谁吗？
　　乙：你是……
　　甲：怎么？几年不见，不认识我了？
　　乙：瞧你说的！忘了谁也忘不了你呀！最近好吗？
　　甲：什么好不好的！混日子呗！你呢？
　　乙：还可以。

（话剧小品《路遇》）

② 时间对小孩来说，是那样像老人，慢吞吞地难熬；
　　时间对老人来说，是那样像顽童，转眼就不见了，怎么也抓不住；
　　时间对那些伟大的男人来说，是女人；可以占有，可以利用它无形的躯体延续自己短暂的生存，所有伟大的男人都曾使时间怀孕，从而在历史上复印出自己的影像。

（周涛《时间漫笔》）

这两例，一是选自对话，一是选自散文。前者是口语，后者是书面语。两相比照，其句式特点是很明显的。口语例共 13 句，53 个字，每句话平均约 4 个字。句子长短不齐，多为散句。与之对照，书面语例共 10 句，110 个字，每句话平均 11 个字，而且句子相对整齐，采用了排比句式。这是仔细加工的结果。两例比照，两种语体的句式特征差异明显。

（3）修辞方法。语体差异还表现在修辞方法上，特别是修辞格的使用方面。口语语体中虽然可以出现各种辞格，但其频率与书面语体还是有差别的。与书面语体中的文艺语体相比，口语中的修辞方法，特别是修辞格的使用频率相对低。而书面语体的四个下位语体中，修辞方法的使用也有很大差异。文艺语体几乎可以使用各种辞格，而科技语体和公文语体，几乎排斥所有的艺术化修辞方法。政论语体介于上述两种情况之间。例如：

  故乡的夏夜是美丽的。当夕阳最后一抹水红的霞光隐去，黛蓝的雁荡山后，升起一弯金红的新月，如同湛蓝的盆子里，放上了半片橙黄的柑橘，十分诱人。远处的小河像条金色的缎带，蜿蜒穿过墨绿的稻田，河上亮起点点渔火，几只鱼鹰停立在小船边，像黑色的剪影，这一切在薄暮中朦胧交叠，幻化成扑朔迷离的梦境。

（范茂震《老家的萤火》）

  不言而喻，本例属于书面语体中的文艺语体。为什么呢？仅从修辞格方面就可以看出来。短短的一段话，连用了三个比喻，其频率之高，是科技语体、公文语体以及政论语体等所没有的。

  词语、句式、辞格等是语体规范确立的基本要素，是语体差异的载体。当然，构成语体差异的要素还不止这些。比如，语言之外的文字、体态语甚至其他符号的修辞方式等，在语体的构成中也具有重要作用。此外，修辞主体、语境、言语动机等等同样是语体差异的重要体现因素。

2. 汉语的语体类型

  目前，汉语语体的划分方法有很多种，影响较大的是由苏联传入的先两分后四分的方法，即先分为口语语体和书面语体，然后把书面语体再分为四个下位语体：文艺语体、政论语体、科技语体和公文语体。当然，自20世纪80年代以后，人们又提出了一些其他语体分类方法和语体类别。比如，首先把语体区分为"谈话语体"和"书卷语体"，然后把"书卷语体"区分为"艺术语体"和"实用语体"，再把"实用语体"区分为"政论语体""科学语体""事务语体""报道语体"，就是一种新的语体分类。[①]

  我们认为，语体可以从不同的角度区分。比如，从交际方式可以区分出口语语体、书面语体、声像语体。按传播信息的性质，可以区分为实用语体、艺术语体。按照交际领域，则可以区分出文艺语体、科技语体、公文语体、政论语体、新闻语体、广告语体等等。上述语体的划分也不是绝对的。有些具有相对独立的区别性特征，比如口语语体和书面

[①] 王德春、陈瑞端《语体学》，广西教育出版社，2000年，第47页。

语体、实用语体和艺术语体，有些则具有交叉性特征，比如政论语体、新闻语体、广告语体等。

3. 各类语体的特征

（1）文艺语体。文艺语体，主要是由艺术类话语比如小说、散文、诗歌、戏剧、歌词、曲艺以及报告文学等的特点构成的。特别是诗歌，它可以说是文艺语体最典型的形式。文艺语体属于艺术交际领域，其话语的交际功能是重在给人以感受和体验，通过话语激发听读者的想象力、联想力，以达到教育、娱乐和审美等交际目的。因此，广泛使用艺术性修辞手段和修辞方法，传递感性信息，就成了文艺语体类话语的区别性特征。文艺语体大量运用文学性词语，讲究语音的和谐、句式的工整，广泛运用多种修辞方法，特别是修辞格。比如：

① 泱泱神州，悠悠青史，中国美酒之先河，源远流长。酒，这颗"净"、"洁"的太阳，普照华夏漫漫历史，熏陶中华古老文化。

② 我来锦绣川水库小住，就想和大自然亲近亲近，安安静静地和大自然谈谈心，通通气，让锦绣川水库之水、之风、之灵气，一洗我心底沉积之污泥浊秽。

上两例选自散文作品，具有典型的文艺语体特征。例①中，"泱泱神州""悠悠青史"句式工整，语音和谐。接下来，连用两个比喻，形象生动，给人以充分的想象与联想的空间。例②中，"小住""之水""之风""之灵气"，庄重、文雅。"和大自然亲近亲近，安安静静地和大自然谈谈心，通通气"用的是拟人手法。作者把大自然比作了有情感、通人性的人物，自然较之平铺直叙来得感人。这些都显示了文艺语体类话语的修辞特征。

文艺语体与其他语体的不同还有广泛使用各类词语，比如普通话词语、方言词语、古语词以及熟语等。此外，文艺语体还大量使用各种句式，特别是文言句式。这在杂文中体现得十分明显。例如：

喜鹊是树巢之禽，却不巢于大林。村头路尾之孤树片林，往往最喜栖居。或谓如今人心大坏，惟我独尊，鸡鸭鱼肉吃腻，又垂涎山珍野味，鸟兽避之惟恐不及，恨不能钻进地缝中去。喜鹊为何能独逃网罟，敢冒不韪呢？此中深意，欲辩忘言。天道人情，修炼之深，非鹊莫属也。

> 从前故乡无鹊,偶尔串门邻村,见村头树梢一只半只,看见你便喳喳地叫,主人便笑嘻嘻地迎出,自然对其非常地好感和稀罕。后来各村渐渐树多,喜鹊登枝,渐有替代麻雀之势。……
>
> 吾常质诸乡人:在诸多与人过从甚密的鸟兽之中,喜鹊到底是益鸟还是害虫?乡人答曰:喜鹊叫声单调,偶学婉转而不像,其鸣不及百灵;喜食死食腐肉,垃圾中间觅食,干净不及燕子;四——六月农家孵鸡,鹊雏正好出壳,便攫小鸡饲之。鹰鹞来时公鸡尚能报警,鹊与之朝夕相处,不以为戒,抱完鸡雏也不理睬,故抓鸡又胜过鹰鹞……
>
> (郭雨桥《鹊巢的选择》,《中华散文》,2000年第4期)

本例是杂文,属于散文的一种,是文艺语体。因此,其中使用了许多文言词、文言句式。比如"禽""巢""林""栖居""坏""欲""辩""忘""言"等等,虽然有的也出现在现代汉语的普通话中,但多已双音节化。这些词语的运用有助于提高话语的典雅程度,取得讽刺效果。此外,诸如"避之惟恐不及""敢冒不韪""非鹊莫属也""吾常质诸乡人"等等,也是文言句式,很少用在尤其是集中用在其他语体中。这说明了文艺语体与其他语体在使用修辞手段、修辞方法方面的差异。

(2)科技语体。科技语体,主要是由科学论文以及科技书籍的话语的修辞特点构成,它归属于科学技术领域。其话语的主要交际功能是传播科学知识信息。因此,准确、明晰就成了科技语体类话语的基本特征。准确、明晰才能科学、严谨地传输知识信息。比如:

> 我国的生态环境对11亿人口来说并不优越,根据国家统计局的正式统计资料,山地、高原占全国土地面积近60%,加上丘陵地就高达70%,平原面积只占12%,耕地面积只占10%,林地面积只占12%,可利用的草原面积占23.4%。就人均面积占世界人均水平来说,耕地为1/4,草原为1/3,淡水为1/4,林地为1/9。我国国土虽横跨寒温热三带,但高地居多,海拔500米以上的占全部国土面积76%,其中1/3以上超过2000米。我国居住在500米以上人口占全国人口20%以上,这比国外都高。以上说明我国人口的生活条件相当严峻。
>
> (《谈谈人口与生态环境的辩证关系》)

本例属于社会科学论文。其中,词语的意义大多是单义的,而且有许多具体数字，从中找不到比喻、夸张、对偶、拟人等艺术化的修辞方法。这说明，明晰、准确是科技语体的首要特点。这只是社会科学论文，至于自然科学论文，其语体特征就更明显了。比如，物理、化学、生物、数学等领域，其话语中的科学术语更多。其明晰性、准确性要求更高，语体特征也更突出。

（3）公文语体。公文语体主要适用于事务性言语交际领域，比如各种社会组织的信函、条例、工作报告、政策、法律条文、纪律守则、公告、命令、说明、通知以及其他党政机关、组织的公文等话语类型。公文语体类话语的交际任务，也是重在传输理性信息，因此，同样不需要带有感性色彩的修辞手段和修辞方法。例如：

一、确定最低工资标准应考虑的因素

确定最低工资标准一般考虑城镇居民生活费用支出、职工个人缴纳社会保险费、住房公积金、职工平均工资、失业率、经济发展水平等因素。可用公式表示为：

$M = f(C、S、A、U、E、a)$

M 最低工资标准；C 城镇居民人均生活费用；S 职工个人缴纳社会保险费、住房公积金；A 职工平均工资；U 失业率；E 经济发展水平；a 调整因素。

二、确定最低工资标准的通用方法

1. 比重法即根据城镇居民家计调查资料，确定一定比例的最低人均收入户为贫困户，统计出贫困户的人均生活费用支出水平，乘以每一就业者的赡养系数，再加上一个调整数。

2. 恩格尔系数法即根据国家营养学会提供的年度标准食物谱及标准食物摄取量，结合标准食物的市场价格，计算出最低食物支出标准，除以恩格尔系数，得出最低生活费用标准，再乘以每一就业者的赡养系数，再加上一个调整数。

（《最低工资标准测算方法》《我国3月1日起实施最低工资规定（全文和测算方法）》，人民网，2004年2月6日）

2003年12月30日，中华人民共和国劳动和社会保障部颁布了《最低工资规定》法令。以上是与该法令同时实施的《最低工资标准测算方法》。本例是法律条文，属于公文语体。本例中，除使用了一系列术语和公式外，其他修辞手段都平实无华，没有任何艺术色彩。从词语

到句子,都是以明晰、准确为原则的。读者从中获取的都是理性信息。再如:

>请勿把相机直接对准太阳或其他强烈光源,否则您的视力可能受损。
>
>使用闪光灯时,请与人或动物的眼睛保持距离。距离太近时,面对强烈光源可能对视力造成伤害。请特别注意使用闪光灯时,要与婴儿保持一米以上的距离。
>
>……
>
>请勿让器材接触到水或其他液体,或把器材浸入水或其他液体之中。请勿让液体进入器材内部。本机并无防水功能。如果外壳沾到液体或盐水,请用软布把外壳擦干。如果水或其他异物进入相机内部,请立即关闭相机,并取出电池或拔掉插在插座上的电源线。继续使用本机可能导致起火或触电。请立即与本公司的相机经销商或客户服务中心联系。

本例是一则数码相机使用说明,也属于公文语体。其主要的修辞动机是传输理性信息,而不是感性信息,因此,作者所使用的修辞手段都是平实性的,没有艺术化的。听读者理解话语时,也不需要想象和联想,因为话语的意义基本是单一的,不会出现歧义。这是由公文语体的属性决定的。

(4)政论语体。介于文艺语体和科技语体、公文语体之间的是政论语体。政论语体类话语的交际目的多在于论说、明理。因此,严密的逻辑性和生动的鼓舞性就构成了政论语体话语的修辞特征。虽然既不像文艺语体那样富于感性色彩,也不像科技语体、公文语体那样地严密、明晰,但它又确实不同程度地兼有上述两种语体的基本特征。实际上,政论语体类话语大致包括两部分:一部分是论证,另一部分是说理。前者重在摆事实,后者重在讲道理。所以,摆事实时,话语要求确实、明晰;讲道理时,则需要逻辑严密、生动形象。因此,政论语体类话语中,虽然有比喻、排比、夸张、对偶等艺术性修辞方法,但出现频率却远远低于文艺语体,不至于同诗歌类话语相混。例如:

>这样的乱评比,当然谈不上什么客观性、公正性。然而,这无数的"第一",却常常"大有来头",有来自各行业协会的,也有社团组织的,企业虽说苦不堪言,却也无可奈何。参加吧,少则一

二万元,多则几十万元;不参加吧,人家来头大,得罪不起,再说别家都榜上有名,就自己没有,难免遭人误解,所以不管花多少钱,总之都得上。混乱之中,曾有国家质量监督抽查判为不合格的产品,也居然被评为"名牌产品"的荒唐之事发生。如此这般,"说你行就行,不行也行;说你不行就不行,行也不行",日甚一日,屡禁不止,市场岂不乱套?公平又从何说起?

(文凡《乱评比可休矣》)

本例选自政论文,原文旨在批评各种乱评比。在用词方面,作者选用了不少口语化的词语,如"大有来头""吧""再说"等。句式方面也是,如"参加吧,少则一二万元,多则几十万元;不参加吧,人家来头大,得罪不起"等等。此外,还运用了几句顺口溜。因此,口语色彩较浓。同时,作者又选用了具有书面语色彩的词语,如题目中的"可休矣",还有正文中的"客观性""公正性""苦不堪言""日甚一日""屡禁不止"等等。这些增加了话语风格的杂糅性。句式除了具有口语色彩外,还富于变化。前面多用陈述句,后面则运用了两个反问句。所不同的是,这种变化没有文艺语体那么丰富、绚丽,但又不像科技语体、公文语体那样单调。因此说,政论语体既不完全同于文艺语体,也不完全同于科技语体,但又同时不同程度地带有上述两类语体的特征。

从上面的简要分析可以看出,书面语体的四种下位语体,实际上只有文艺语体和科技语体的对立性修辞特点最为明显。科技语体和公文语体比较接近。上述四种分支语体,可以说只有两种相对独立的语体——文艺语体和科技语体,其余可看作上述两种语体不同程度的中间体。当然,我们对上述语体特点的描述是相对的。实际上,各种语体的话语之间,都有不同程度的交叉和渗透,因此存在一些交叉语体。比如"广告语体",就兼具有口语语体、书面语体的特征,同时还具有公文语体和文艺语体的特征。再如,科普语体就兼具有科技语体和文艺语体的特征。但语体之间的交叉渗透,并不意味着各种语体缺乏基本的言语规范。

四、修辞应切合语体规范

1. **修辞与语体的辩证关系**

修辞与语体的关系是辩证的。一方面,人们在长期的修辞过程中,造就了各种语体规范，使话语组织有一定的规矩可依；另一方面，这些语体规范又反过来对人们的修辞行为起一定的约束作用。在修辞过程中，人们都会自觉或不自觉地遵守各种语体规范，从选词组句到句际衔接、辞格运用以及语篇安排，都遵照语体规范进行，有时是积极主动地运用语体规范的修辞价值，以提高话语的适切性、有效性。

在修辞过程中，如果不是有意识地故意违反语体规范，以造成特定的修辞效果，那么通常情况下违反语体规范，一般可能会造成言语失当，影响交际。比如，在口语交际中，就应选用口语语体的修辞手段和修辞方法，而不宜多用书面语体的修辞手段和修辞方法。否则，就会出现言语失当，话语显得不伦不类。比如，会议通知属于公文语体，因此大多使用平实的修辞手段，很少会出现艺术性修辞方法。如果给教师发一个会议通知："各位老师：本周五下午4：30在学院会议室召开全院教师会议，请准时参加。院办。"如此，简单明了，时间、地点、发通知者都很清楚。这符合公文语体的要求，也很容易达到交际目的。

但是如果通知发成以下情况，效果就难说了：

各位人类灵魂的工程师们，各位为人民的教育事业鞠躬尽瘁的教师朋友们：在这春光明媚的日子里，院领导每时每刻都惦记着大家。为了确保大家对国家大事的了解，为了你们对学院事务信息的把握，为了你们的教学和科研更上一层楼，在周末来临之际，在夕阳西下之时，在你们即将结束一天工作的4点30分，我们将在那窗明几净而又富丽堂皇的学院会议室里，召开全院教师会议。难道你们会拒绝这样的盛情之邀吗？不能，不能，绝对不能。请你们暂时放下手中的工作吧，我们在期待着你们的光临！

辛勤为你们服务而又任劳任怨的学院办公室
公元21世纪三年阳春三月三日

这样合适不合适？恐怕会成为笑柄。为什么呢？因为话语运用的是文艺语体，太浪漫，太富有激情了。这明显已经不是在发通知，而是在写抒情诗或者散文。其中运用了许多艺术化的修辞手段和修辞方法，比如"灵魂""春光明媚""鞠躬尽瘁""窗明几净""富丽堂皇""任劳任怨"，还有排比句、感叹句、反问句、反复等。这些都不适于公文语体。因此，上述话语传输的主要是感性信息，而不是理性信息，违反了语体规范，不能取得预期的交际效果。

实际上，这种修辞失误在有些交际领域中是存在的，只是程度不同。比如，有的电视台的天气预报就过于艺术化，不符合语体规范。而在外语学习和运用中，这种失误是经常的，因为初学者往往并不清楚所学语言的语体规范。中国人学习英语如此，外国人学习汉语也是如此。比如有的外国朋友写文章时，就夹杂了过多的口语成分，显得不协调，因为他们开始学习的主要是口语语体。例如：

> 在韩国时也听说过中国面积大。但没有直接感受，所以想象不出有多大。刚到北京的那几天，我到处逛游，才深深地感到北京之大。光北京有这么大，包括三十多个省、直辖市的全国就更为辽阔。

上面这段话，尽管有些语法错误，但意思基本表达清楚了，可是读后总有一种不协调的感觉，既不像正式的书面语，又不是纯正的口语。说它是书面语，其中又较多地使用了口语语体的修辞手段和修辞方法，比如"也""听说过""逛游""光""大""直接"等等，口语色彩很浓。说它是口语，有些词语的书面语色彩又很浓，如"之""辽阔"等。因此说不协调。本例是文章，因此应该用书面语体。做一番调整，效果就不一样了：

> 在韩国时也曾耳闻中国幅员辽阔，但那只是道听途说，没有亲眼目睹，缺乏亲身体验，因此，难以想象中国之大。来北京后，才真正体会到了"耳听为虚，眼见为实"的含义。初到北京的几天，我到处游览了一番，这才深切地感到了北京之大。仅北京就如此广大，全中国有三十多个省、自治区和直辖市，其面积之广阔可想而知。

同原文对照，书面色彩就浓多了。原文之所以显得不协调，就在于作者没有遵守书面语体的修辞规范，把口语语体和书面语体混在了一起。

从上面的分析可以看出，语体规范对人们的修辞活动是具有一定的制约作用的。话语是否符合语体规范，是人们评价话语修辞效果的一个基本标准。所以，遵守语体规范是修辞的基本要求，也是取得理想的交际效果的基本保证。当然，遵守语体规范不是死守语体教条。在实际的修辞过程中，人们还可以能动地利用各种语体之间的风格差异，交叉使用各种语体的修辞手段、修辞方法，同样可以取得理想的交际效果。

2. 修辞要切合语体规范

使话语符合语体规范，就是要按照各种语体对交际领域、语境类型、交际任务以及修辞手段和修辞方法的具体要求，组织具有各种语体特点的话语。日常交际用口语体，文学创作用文艺语体，出布告用公文语体，写评论用政论语体，说什么像什么，写什么像什么。这包括以下三个方面。

（1）词语要符合语体规范。修辞过程中，遵守语体规范，首先要从选择词语开始。而要做到词语合乎所选择的语体规范，就必须清楚词语的语体功能差异。比如，脑袋——头——头部；腚——屁股——臀部；肚子——腹部；爹——爸爸——父亲；老婆——爱人——妻子——配偶；天——天空——苍天——苍穹；食堂——饭厅——餐厅；我——本人——吾——鄙人；你——尔——阁下；吓得慌——害怕——恐惧；恣——高兴——喜悦；不带劲——难堪——尴尬；个——位；颠——跑——奔驰；喘气——呼吸；寻思——想——思考；吃饭——用餐——就餐；看——读——阅览；玩——旅游；看——瞻仰；很——颇；的——之；等等，这些词语理性意义差别不大，但它们所适用的语体却不一样。前面的多用于口语领域，中间的一般是通用的，而后者则多用于书面语体。

在运用中，就应注意它们的区别，使其各就各位。比如，"吃饭""用餐"和"就餐"，日常口语中应该用"吃饭"，比较正式的场合应该用"用餐"，而在书面语中则应该用"就餐"，如果反其道而行之就不妥当了。再如，平时在比较随便的日常口语中，尤其是方言中，人们常说"腚"，在普通话中则常用"屁股"，但在医学文献中则很少出现"屁股"，而是用"臀部"。这样，词语与交际目的、交际领域以及言语风格就相协调，否则，就可能不协调。

学习外语的人在使用外语写作时，因掌握的词语变体有限，往往把握不准词语的语体分化，区分不开口语体词语和书面语体词语之间的差别，常常是口语词和书面语词混用。特别是初学者，因为学习的多为口语，所以作文时口语词语就用得多。这样，就会影响文章的修辞效果。例如：

> 我的故乡在日本的千叶县。那地方气候温暖。还是风景美丽的地方。最好的季节是春天。四月上旬，杏花准备开放时，樱花树头上被红色的小珠挤得满满的。盛开时，树上没有叶子，全是一团团

星星一样的白色小花。

本例应该是散文，属于书面语体中的文艺语体。因此，选择词语时就应该尽可能地运用文艺语体色彩较浓的词语，而不宜过多运用口语词。但作者在这段话中，却用了许多口语体的词语，如"那地方""开放""树头上""挤""满满的""全是""一团团"等等。因此，口语色彩很浓，书面语色彩则显得不足，读起来像大白话，缺乏文采。如果调整一下，效果就不同了：

> 我的故乡在日本的千叶县。那里气候温暖，风景优美。春天是千叶最美好的季节。每年四月上旬，杏花含苞待放时，樱花枝头就已布满了红色的珍珠。不久，樱花盛开了，一朵朵，一层层，一树树，洁白如雪，到处是花的海洋。

这样一修改，清淡无味的口语词删除了，增加了许多富有感染力的艺术词语，并调整了句子的组合，修辞效果大不一样。

随着词汇量的增加，外语学习者作文中书面语词的数量会不断增加，但仍然会出现口语语体和书面语体混杂的情况。一篇作文中，时而一句大白话，时而一句文学语言，文白夹杂，显得不伦不类。再如：

> 这是我在上五十五中的时候的事情。我们学校组织了一次游览内蒙古的活动。我也去了。这次内蒙古的游览使我更进一步了解到中国少数民族的风俗习惯。
>
> 那时候是夏天，但蒙古草原，特别凉爽。蔚蓝的天空上，有一片片白云，像羊毛一样，让人感觉到伸手就能抓到。一望无际的草原上铺着绿色的地毯。到处可以看到羊群和马群悠闲地站在草原上吃草。空中回荡着牧民们美丽的歌声。

不难看出，这段话语中的文学词语已明显增加，如"凉爽""蔚蓝""白云""一望无际""回荡""美丽"等等。此外，作者还使用了比喻。但仍有不少口语词，而且句式多是口语化的，因此读起来给人的感觉是风格不协调，既像口语语体又像书面语体，但又都不完整。本例是散文，属文艺语体，因此宜多采用文艺语体的修辞手段。据此，我们把本段作一调整：

> 中学时期，我有幸参加了学校组织的一次内蒙旅行。草原民俗风情给我留下了深刻印象。

夏天的内蒙草原凉爽宜人。蔚蓝的天空上点缀着朵朵白云,一望无际的草原就像一块巨大的绿色地毯。悠闲的羊群、马群,随处可见。牧歌在空中回荡,那么嘹亮,那么悠长。

经过调整,文学词语增加了,句子的结构方式也改变了,形成了一种典雅的风格,切合了书面语的言语规范。

当然,语体只是相对的。许多话语既带有口语色彩,又带有书面语色彩,只是略有侧重。此外,个人说话或写文章的风格不一样,修辞手段的选择也各有特点,加之语境方面的影响,话语组织具有较大的灵活性。

(2) 句式也要合乎语体规范。修辞过程中,不仅要使词语符合语体要求,句式也应符合各种语体规范。这样,才能符合话语组织的语体要求。组织什么语体的话语,就像什么语体的话语。说话像话,写文章像文章,写诗像诗,写散文像散文。比如:

① 风一样柔韧的皮鞭
　　追逐骠悍的八月
　　年复一年
　　　　草原和一代人的年龄
　　在颠簸的马背上
　　　　渐渐稳重了
　　当黑葡萄似的眼神
　　　　开始成熟的时候
　　草原在深情的凝视中
　　　　将得到片刻的宁静
　　然后走进交织着神秘的
　　　　红柳丛
　　走进热烈的焰火
　　　　重新点燃的情歌

　　　这时:那纵马驰骋的激情
　　已让严厉的鞭梢羞涩地垂下
　　　却又鼓动起了
　　　　那些有如心潮般
　　　　　奔涌不息的红裙

(张子选《姑娘追》)

② 当代语言学的奠基人索绪尔严格区分语言和言语、共时和历时，把语言学和研究对象限定为"同质的"、共时的、自足的系统。他强调"语言是一个系统"，并且"只知道自己固有的秩序"，"它的任何部分都可以而且应该从它们共时的连带关系方面去加以考虑"。索绪尔的理论纯化了语言学的研究对象，开辟了一条使语言学具有几乎可以跟自然科学媲美的精密性的发展道路，使语言学成了一门现代意义的科学。

(《汉语学习》)

上面两例，例①是诗歌，例②是学术论文，分别属于文艺语体和科技语体。因此，两例不仅用词不同，而且句式也不一样。例①句式最明显的特点是分行竖排，一句话可因韵律节奏的需要切成数行。其次，句际衔接标志不明显。话语的理解，完全靠读者的联想。比如，第一句的主要信息是"皮鞭追逐八月"，而第二句主要信息则是"草原和一代人的年龄稳重了"。两句之间缺乏明显的、紧密的承接，跳跃性比较大，读者需要通过联想才能把两者组合起来。而例②则不同，句子不需要分行排列，且句子特别长，内部结构比较复杂，句际之间具有明显的衔接标志，如"或者""而""并""从而"等。因此，话语的意义衔接紧密，具有很强的逻辑性，一般不需要联想和推理。

为什么会出现如此大的区别呢？语体规范使然。这正是人们自觉遵守各种语体句式要求的结果，这样就能生成作者所期望的话语。否则，如果混淆了语体间的句式规范，就可能会出现混乱。写诗不像诗，写散文不像散文，写科学论文不像科学论文。

句式与语体规范之间的对应关系，除了类别之外，还主要是使用频率。比如，口语语体涵盖了许多交际领域，日常谈话、演讲、主持等等都是。这些交际领域与文艺语体有本质的区别，句式运用也具有特定的要求。日常谈话，什么句式都用，陈述句、祈使句、疑问句、感叹句都有，但主要以陈述句、祈使句、疑问句为多。但是在警察执法的过程中，在法庭审判中，在军队的口令中，就不同了，带有质问性质的疑问句和祈使句的出现频率，则明显要高于其他领域，但是感叹句则明显低于其他领域。同理，在新闻报道中，陈述句的出现频率则远远高出祈使句、疑问句和感叹句。

总之，语体不同，句式也不同。大家在修辞过程中要多注意各种语体的句式特点，减少和避免失误。口语交际中，多使用短句、省略句、变式句，少使用关联词，注意各种句式的交替运用。书面语交际要针对各种分支语体的句式要求，因文制宜。

（3）修辞方法也要合乎语体规范。修辞方法要合乎语体规范，辞格运用同样要合乎语体规范，使话语切合其语体要求，提高话语的可接受性。

谈到修辞方法时，我们曾分析过辞格的语体分布。辞格在各语体中的使用情况是有差异的。书面语体中的文艺语体和政论语体，几乎可以包容所有的辞格类型。但科技语体和公文语体则对各种辞格的出现有严格的限制。比如，在科技语体中的科技论文中，特别是物理、化学等自然科学论文中，几乎不允许使用比喻、拟人、夸张、对偶等艺术性修辞方法，因为如果使用了上述艺术性修辞方法，客观上必然会增加科学论文的感性色彩，一定程度上会破坏科学论文的严谨性、逻辑性。反之，文艺语体中的诗歌、散文、小说等艺术性话语，如果剔除了各种艺术性修辞方法，那也是不可想象的。

此外，不同辞格在各种语体中的出现频率也不一样。比如，比喻可以用于大多数语体，无论是口语语体、书面语体，还是文艺语体、政论语体，都可以用比喻，只是使用频率不一样。但在科技语体中的自然科学论文中，比喻的出现率则很低，几乎等于零。这种辞格与语体之间的对应关系，对话语组织具有很强的制约作用。因此，从话语组织角度看，修辞过程中应注意这种辞格的语体分布规律，主动使辞格的运用合乎各种话语的语体要求，以提高话语的修辞效果。

修辞切合语体规范，一定程度上意味着修辞行为应切合语言风格规范，尤其是语体风格、言语风格规范和表现风格规范。在同一修辞行为或者话语中，应保持风格上的协调、一致。这一点我们将在下文讲解。

3. 修辞切合语体规范的辩证性

此外，需要指出的是，修辞切合语体要求只是一般要求。有时候，为了达到特殊的交际目的，人们也会能动地利用语体规范之间的差异，获得特殊的修辞效果。例如，下面是网络上的一则幽默，它可以充分地说明语体转换的特有修辞功能：

> 女人，是上帝生产的一种让男人既爱、又恨的产品，可以给男人的生活提供一个舒适的靠山和保障，是您居家过日子之最佳选择。

一、产品特点

女人外表温柔、内心细腻,体积娇小,款式雅致,能与室内装饰天衣无缝。体内装配功能强大、结构紧凑……其关键部分设计精妙、含吞自如,工作平稳、安全系数高、可周期使用、使用寿命长。

二、主要性能及参数

平均长度:155~180 cm;平均净重:40~60 kg;使用环境:大于0℃、小于37℃。本产品通过了ISO9002认证,是中国先进——性生产力的代表、中国先进——性文化的代表、中国最广大ssgg的利益花费的忠实代表。

三、安装及使用

1. 本产品应安装在避免阳光直射之处(因为女人怕晒,晒黑了不好看),一般安装于高大威猛的猛男身旁为佳;2. 本产品的安装应远离变态的性饥渴;严禁没有洗澡、衣冠不整的男生在本产品面前晃悠;……7. 上帝造人的时候,给本产品安装了"视觉挑选程序"、"钱包与外表并存程序",因此,不得以以貌取人为理由对本产品进行性别歧视。……

四、注意事项

1. 本产品使用范围应在国内,便于维护;2. 为保证本产品忠实地为您服务,请仔细阅读"女人使用说明书";3. 凡用户在遵守产品说明书中所述的各项条件下,自销售之日起一年内,因制造质量、宣传失真引起的任何损坏,或者不能正常运行时,均由上帝负责免费调解,经调解无效的给予调换;4. 如果用户不按照说明书中规定的条件使用,或因外界条件、不可抗力因素等造成的损坏,上帝也可负责修理,但用户要付出一定的代价;5. 由于本产品故障而引起的其他经济损失,上帝不负赔偿责任,重要用户应准备适量的备用产品,以备应急使用。

凡对本产品感兴趣之男士,请速拨打上帝的联系电话,或者通过传真、email取得联系,欲购从速!

(《女人的使用说明书》,《汉网·都市生活》,2003年6月5日)

产品说明书一般是用作真正的物质商品的,女人并非商品。但是作者却把女人当作商品,并以此为基础,进行特点描述。这属于比拟中的拟物。从语体角度看,作者是采用了语体转换的方法。本来,此处可以使用文艺语体中的散文形式或政论语体中的杂文形式,但作者却使用了公文语体中的说明文形式来表达,给人以新异的感受,幽默风趣。这是语体活用的一种形式。除此之外,还有语体的渗透和交叉。

五、语体的渗透与交叉

语体之间的规范差异是相对的,在实际的交际或传播中,人们会能动地利用各种语体之间的语体要素差异,改变话语的风格特征和表达效果。一方面,在交际或传播中,不同语体之间存在语体要素的渗透,比如书面语体中使用具有明显口语特征的词语、句式,这也包括了语体要素的使用频率差异;另一方面,现实存在一些交叉领域,比如科普、新闻等,属于交叉语体。

1. 语体的渗透与交叉

(1) 语体要素的渗透。在言语交际中,人们能动地把具有某一语体明显特征的语体要素运用于另一语体,以取得预期修辞效果的现象,称之为语体要素的渗透。

例如,"拨号上网价格越降越'邪乎'",[①] 这是京报网上一篇报道的标题。新闻报道属于实用语体,它以叙述新闻事实为主要动机,因此其修辞手段、修辞方法相对平实,一般使用书面语。但是这篇报道却使用了方言词"邪乎",大致相当于普通话的"超乎寻常""令人难以置信"。同样的意思,上述标题也可用"拨号上网降价力度不同寻常",但两者的修辞效果不同。京报网的主要读者群是市民,其风格特征与中央媒体不同,它倾向于通俗、活泼、风趣,适合市民的阅读口味。原标题使用方言词"邪乎",其通俗的风格适合交际对象的心理要求,而"拨号上网降价力度不同寻常"则严肃有余、活泼不足。

以上是词语的渗透问题。在实际的修辞交际中,句式以及其他修辞手段也可以适当渗透。例如"节后头一天咱离婚?长假过后离婚官司骤然增多",本例也是新闻报道。新闻报道的侧重点显然是客观事实,因此多适用陈述句,一般不用疑问句。但是,在实际的修辞过程中,一些新闻标题常常使用疑问句,以此来调节话语的语气,吸引读者注意。本

---

① 京报网,2002 年 12 月 31 日。

例中只用后半句就可以了,前半句"节后头一天咱离婚?"意在吸引读者注意力。再如,"为什么法院第一天开门,来离婚的人就这么多呢?朝阳法院立案庭庭长曹志刚介绍说,不少来办手续的夫妻属于冲动型的。由于年轻夫妻很容易因老人过年讲的一些老理儿及生活琐事发生分歧,有的甚至因为节日期间拜年的一条短信就能引起轩然大波。夫妻有了矛盾不能冷静处理,便很容易在冲动之下作出离婚的选择。不过,这类夫妻往往能经过法院的调解言归于好。"[①] 显然,此处的疑问句也不是传输理性信息的,主要调节话语风格。如果直接引用法官的话语来说明,也是可以的。

语体要素的渗透是一种积极能动的修辞行为,它不同于语体要素的乱用或混用。语体要素渗透的修辞目的往往是为了调节话语的风格,提高话语的可接受性。从纯粹的形式看,有些情况下,如果语体要素的渗透达到一定程度,不但会形成话语风格的转变和杂糅,也会导致话语语体类型的变化。

(2)语体的交叉。语体交叉是在一些交叉性交际领域中,同时使用两种不同语体的修辞手段、修辞方法,使语体呈现出双重或多重语体特征的修辞现象。语体交叉是以存在相对独立的语体类型为视点的,实际上语体交叉存在两种情况:一种是由修辞动机引发的语体要素大量融合,形成语体交叉。比如:

  从西三环到北京西站这一段路,被司机视为行车畏途。根据记者观察,这段交通要道的"堵",非为管理不力,也怨不得乘客增多,根子在于站前交通规划设计得极不合理。一个每天吐纳数万人乃至数十万人的大型火车站,其进站通道竟设计为仅容一车通过,再加上行人与车辆交通混行,这样的设计不堵车才怪。

  ……

  人体的脑梗塞缘于身体机理不畅,交通规划设计中的"脑梗塞",也显现出一些地方和部门现行的道路交通规划设计机制的"内理不调"。交通规划设计建设应立足"以人为本",转变设计观念,引进市场机制,使道路交通建设真正成为经济建设的"先行官",而不是"绊脚石"。

[①] 新华网,2003年2月9日。

（赵鹏《交通"肠梗阻"是规划"脑梗塞"》，《京华时报》，2003年9月19日）

本例选自报纸，属于新闻调查，是实用语体。但是其中的修辞手段、修辞方法，却具有政论语体、文艺语体乃至口语语体的特征。比如，题目用的就是比喻"肠梗阻""脑梗塞"，文末也用了比喻，既是为了说理，也是为了增加形象性。此外，还有一些文言和口语成分，比如"这段交通要道的'堵'，非为管理不力，也怨不得乘客增多，根子在于站前交通规划设计得极不合理。……这样的设计不堵车才怪。"其中，"非为"的风格特征就是典雅，如果改为"不是因为"就通俗了。而"怨不得""根子""才怪"则具有明显的口语特征。所有这些，都是由作者的修辞动机所决定的，作者所追求的就是一种杂糅的风格。因为文章是刊登在市民报纸上的，它需要切合读者层次的欣赏习惯和审美情趣。

二是由交际领域、语境类型和交际任务存在复合属性导致的语体交叉。比如：

当那连绵的雨雪将要来临的时候，卷云聚集着，天空渐渐出现一层薄云，仿佛蒙上了白色的绸幕。这种云叫卷层云。卷层云慢慢地向前推进，天气就要转阴。接着，云越来越低，越来越厚，隔着云看太阳和月亮，就像隔了一层毛玻璃，朦胧不清。这时的卷层云得改名换姓，该叫它高层云了。

（《看云识天气》，选自中学语文课本）

这段话选自科普文章，它所叙述的是有关云的气象知识。其中有不少科技术语，如"卷层云""转阴""高层云"。这些是科技语体的语体要素。此外，其中也运用了比喻、拟人以及一些描写性的词语，还有口语词和句式，如"这时的卷层云得改名换姓，该叫它高层云了"等。这段话综合了科技、文艺、口语等语体的语体要素，且使用在新的语境中，其交际对象是中学生。其修辞动机不但要传递科技信息，而且还要使话语生动形象，力图达到身临其境的视觉效果。其风格追求，有谨严，也有疏放；有平实，也有绚烂。因此，这段话语具有交叉语体的特征。

2. 交叉语体

语体渗透、交叉的结果，就是形成许多交叉语体，比如科技政论、文艺政论、新闻、科普、广告、演讲等等。此外，有些分支语体的下位语体也存在交叉语体现象。比如，书信一般划归为公文语体，其语体特点倾向于平实、庄重、谨严，尤其是一些正式的公函更是如此，其中很少文艺语体的修辞方法。但是，情书和公开信就不同了。它们不但传输理性信息，同时也传递情感信息，因此有时大量使用文艺语体的修辞方法，且具有文艺语体和公文语体的双重特点。例如：

来吧，系上黄绸带，传递爱心，祝福北京！
——致北京市民的公开信

"非典"这场突如其来的灾难，扰乱了我们平静的生活，威胁着我们每一个人的健康和生命。

全世界注视着中国，全中国注目着北京。

同在一片蓝天下的北京的父老乡亲、兄弟姐妹正在面对一个共同的敌人，我们正经历一场没有硝烟的战争。保卫北京，保卫改革开放的成果，保卫新北京新奥运的形象，更要捍卫一个民族、一个城市在灾难面前的尊严，捍卫我们每一个人的健康和生命！

但是，这场特殊的战争不允许我们手拉手、肩并肩，勇敢团结地站在一起，我们需要用一种什么样的方式，来表达我们的心声？

来吧，请系上一条黄绸带！让吉祥的黄绸带给正遭受疾病折磨的亲人带去平安，尽管我们不能日夜守候，但是我们可以24小时祝福。

来吧，请系上一条黄绸带！向那些顾全大局接受隔离的市民传递我们的安慰和鼓励。

来吧，请系上一条黄绸带！向那些勇敢无畏的白衣天使表达我们的感激和敬意！

来吧，请系上一条黄绸带！向每一个北京市民传递我们的爱心和信心，让我们共同承受，让我们共同经历。

亲手做一条小小的黄绸带，系在你的胸前，并把它送给你的家人和朋友，让爱和胜利的信心在北京传递。

让全世界、全中国看看坚韧仁爱的北京老百姓，我们要用成千上万的黄绸带传递一个众志成城的声音：

热爱生命！祝福北京！

爱北京的北京市民
二〇〇三年五月一日
（人民网，2003年5月3日）

本例是 2003 年 5 月北京"非典"时期的一封公开信,其目的在于呼吁北京市民系上黄绸带,团结一心,共同迎战非典,祝福北京。其中蕴含了呼吁、号召的动机,因此,作者使用了文艺语体的语体要素,比如设问句、感叹句、祈使句等句式以及排比、反复等修辞方法,使话语呈现出文艺语体的风格特征,属于交叉语体。

（1）新闻语体。新闻有许多种话语类型。有的是通过口语表达的播音新闻。播音员的言语行为,虽然是通过口语传播的,但又不同于日常口语,比日常口语正式、严谨、富有逻辑性,但又不同于书面语。因此,播音新闻是一种交叉性的语体。当然,因广播、电视媒体的不同以及播音员的差异,上述交叉语体的风格特征也有很大差异。比如,中国中央电视台和香港凤凰卫视的新闻播音风格就显著不同。前者强调了正式、庄重、典雅,后者则追求日常口语化、随意、平和、疏放。

此外,网络媒体和传统的平面媒体,话语的语体和风格特征也不尽相同。即使在传统的平面新闻媒体中,不同类型的报纸,话语风格也不同。《人民日报》等中央媒体和各级党报,政治倾向明显,风格多倾向于谨严、庄重、典雅,而一般的晚报等市民报纸,则突出平实、通俗、活泼、幽默等特征。而上述风格特征的追求,则需要通过修辞手段和修辞方法来实现。比如：

① 为纪念北京建都 850 周年,中国北京国际美术双年展今天在中华世纪坛隆重开幕。中共中央政治局委员、北京市委书记刘淇,全国人大常委会副委员长傅铁山,国务委员陈至立和数百名中外美术家出席开幕式并观看了展览。此前,刘淇还出席了在宣武区滨河公园举行的北京建都纪念阙揭幕仪式。

首届北京国际美术双年展展览汇集了 40 多个国家的 600 余件作品。双年展为弘扬中华民族优秀传统文化、扩大国际文化艺术交流搭建了桥梁,为首都实施"人文奥运"增添绚丽的色彩。双年展期间还将在中国美术馆、北京炎黄艺术馆等地同时举办"齐白石特展"、"日本高山辰雄特展"、"韩国美术特展"、"法国秋季沙龙百年庆典特展"。

北京是世界历史文化名城。公元 1153 年,当时的金王朝迁都燕京,并将其改称中都,由此拉开了北京作为都城的历史大幕,距今已整整 850 年。

北京建都纪念阙坐落在滨河公园内金中都大安殿遗址上，与今年初重建的蓟城纪念柱遥相辉映。阙是古代宫殿、祠庙和陵墓前的专用建筑物，具有装饰和象征的作用。建都纪念阙高12米，整体造型由一个斗拱和四条分别朝向东南西北方向的青铜座龙构成。著名历史地理学家侯仁之先生撰写的《北京建都记》镌刻在纪念阙的基座上。

（赖仁琼《北京开展系列活动纪念建都850周年　建都纪念阙落成——中国北京国际美术双年展开幕》，《人民日报》，2003年9月21日）

②……
中外艺术家联手捧上美术"大餐"

为期一个月的国际美术双年展上，将分别在中华世纪坛和中国美术馆隆重推出600件作品。

本届双年展是国内举办的规格最高、规模最大的美术展，也是世界上首个在首都举行的双年展。

由中国文联、北京市政府、中国美协联合主办的首届《北京双年展》主题是"创新：当代性与地域性"，一方面是来自世界各国各地区的丰富多彩的艺术形式，另一方面是来自中国本土独具个性的艺术作品，相互借鉴、交相辉映，为观众奉献出了一道丰盛的美术"大餐"。

（丁肇文、光炜《纪念北京建都850周年　北京建都纪念活动隆重启动》，《北京晚报》，2003年9月20日）

2003年9月20日，北京举行了纪念建都850周年系列活动，以上分别是《人民日报》和《北京晚报》的报道。两条新闻的事实的部分都类似于实用语体，但描写部分则倾向于文艺语体，因此具有交叉语体特征。两条新闻，除了报道角度有些许差异之外，两者的风格也存在差异。例①倾向于谨严、庄重，这与媒体的性质有关。例②则突出了生动活泼，其中省略号部分基本与《人民日报》相同，但后面用了比喻"中外艺术家联手捧上美术'大餐'"，这是由晚报的性质决定的。

此外，新闻文体和新闻性质差异，也会导致语体交叉。比如，"消息""短讯"就属于纯粹的实用语体。而新闻特写、新闻调查等，则具有实用语体和艺术语体的双重特征。有的还具有科技语体的特征。

比如：

> 现代教育既要向学生传输科学文化知识，同时也要培养学生养成良好的个人性格，成为德、智、体、美、劳全面发展的新学子。调查中，在让老师们用一些词语评价大学生的性格时，老师们比较多地选用了自信（38.79%）、进取（33.62%）、热情（31.03%）、活泼（29.31%）、盲从（25.86%）、草率（18.96%）等表征当代大学生性格的语言。从这一调查结果可以看出，在老师们的眼中，当代大学生的个人性格积极方面胜过消极方面，他们自信胜过自卑，进取胜过保守，热情胜过冷漠，活泼胜过拘谨，大方胜过孤僻，这是老师们予以肯定的。但老师们同时也认为，一些消极性格在当代大学生身上也是存在的，表现为盲从胜于理智，草率胜于稳重，自大胜于谦虚，显然这是大学生个人性格中不足的一面。从发展的眼光看，大学生个人性格中不足的方面，有的属于不成熟性的外在表现，随着年龄的变化会有所好转，如盲从和草率等；但有些则反映了其自身素质上的弱点，还需要在以后的实践中加以克服，如自大等。
>
> （王绍玉等《"老师眼中"的当代大学生：直面挑战，刻苦学习》，新华网，2003年9月20日）

上例选自《跨越转折——当代大学生价值取向报告》，因此具有科技语体的特征，里面有许多精确的数据和术语。但因刊登在新闻媒体上，且具有论说性质，所以，话语也呈现出政论语体的特征，比如使用了两组整句。这从一个方面说明了新闻的信息性质对语体交叉的影响。

（2）广告语体。此外，广告语体也是一种介乎于实用和艺术两种语体之间的交叉语体。广告一般是传递商品以及商家等信息的，它需要真实、客观、具体，具有实用语体的特征；但广告同时要吸引消费者，话语要有感染力，因此，它一定程度上具有艺术语体的特征。比如：

珠江绿洲家园　　CBD 水岸公园社区

15万 m^2 岭南风情，"叠水瀑布"、"河畔物语"、"生态之源"、"小桥绿洲"等14个主题景观小品，掩映在玲珑花界里；

天空中、树林里、水岸边数不清的飞鸟、游鱼……

完美演绎着诗情画意般的生活。踏进社区，呼吸温润空气，幸福的味道分外香甜。

对生活的要求再多也不过分！
150000 m² 岭南风格园林
即将开放，
亲身体验健康新鲜生活。
TEL：……
均价：5600 元/建筑平方米（精装版）
……
（《北京青年报》，2003 年 9 月 11 日）

以上是一则房产广告。其中有诗一般的语句和形式，具有文艺语体的特征，也有实用信息，比如电话、价格以及后面的地理位置等等，都属于实用语体的要素。因此说，广告是艺术语体与实用语体的交叉。

随着语体研究的发展，人们对语体的认识也不断加深。目前语体研究中有一种倾向，就是过度细分语体，动辄建立一种新的语体。如此，必然导致语体种类的泛滥，一个微观交际领域就可能成为一种语体。这一定程度上违背了科学研究的原则，也不利于指导公众的修辞实践。实际上，语体类别的建立是相对的，是抽象概括的结果。我们谈语体渗透和语体交叉，是建立在对交际领域、修辞行为和话语类型化的基础上的，为此，对语体类型体系的建构应辩证地看。

第四节　修辞应切合风格要求

一、语言风格

1. 风格

风格是事物各种表现特点的综合。风格体现在语言及其运用中就是语言风格。语言风格是语言及其运用特点的综合，是人们对上述特点的抽象、归纳、总结的类型。语言风格既是话语建构的范畴，也是话语理解及欣赏的范畴。

2. 语言风格

语言风格实际上包括了两个方面：一个是语言风格，即语言体系特点的综合,这可以概括为语言的民族风格,比如汉语的风格、英语的风格等等。另一个是言语风格,即人们语言运用特点的综合,或者说言语的格调。言语风格,又可以根据不同的方面分别概括为语体风格、地域风格、表现风格、个人风格和时代风格。这说明,语言风格的分类具有多重标准。语言风格和言语风格的区分也是相对的。语言的民族风格实际上也包含了运用的成分,其存在的对立面是其他民族语言。言语风格则可以局限于民族语言内部。

3. 语言风格要素

既然风格是事物各种特点的综合,那么它必然有其对应的事物和特点。这就是构成风格的基本成分,叫做风格要素。语言风格的要素就是语言及其使用的各种要素。比如,语言的民族风格要素就是语言的构成特点,比如语音、词汇、语法、语义等等。言语风格要素实际上是语言运用及其相关的各种因素。

语体风格要素指语体的各种构成成分,包括语境、修辞主体、修辞手段以及相关的交际领域、修辞方式、修辞动机、信息性质等等。言语的表现风格、个人风格、时代风格等也是如此。比如,"《天方夜谭》宫殿重现 萨达姆总统府令美兵犯晕",① 本例中所有的词语和句式都是风格要素,但风格特征明显的只有"犯晕"。"犯晕"属于方言,带有明显的口语特色,意思相当于"惊叹",但是两者的风格效果迥然不同,前者通俗、诙谐,后者庄重、严肃。该方言词的运用调节了标题的风格特征,是典型的风格要素。

二、语言风格的类型

1. 民族风格

语言的民族风格,指的是不同语言及其运用特点的综合。比如,有声调、元音占优势、缺少形态变化且重语序等等,就是汉语语言体系的风格特点。这些体现在运用中就会呈现出语音和谐、抑扬顿挫、组合方式灵活多样等特点。与其他语言,比如英语、法语、日语相比,具有明显不同。这些不同语言品种表现出的综合特点,往往称之为语言的民族风格。

---

① 新华网,2003年4月12日。

2. 地域风格

语言的地域风格，指的是全民语言的地域变体的综合特点。比如，现代汉语有七大方言，各地方言呈现出不同的特点。北方方言、吴方言、粤方言、客家方言、闽方言、湘方言、赣方言，都具有自己的风格特点。再如，英语也有地域差异，英国英语、美国英语各有其风格特点。上述这些都属于一种语言的地域变体的特点，是语言的地域风格。

3. 语体风格

语体风格是同一语言的不同语体所表现出的特点的综合。比如，口语语体的粗疏、通俗等特点，书面语体的精练、庄重等特点。书面语体的各下位语体，包括文艺语体、政论语体、科技语体等也呈现出不同的风格特点。这些都属于书面语体的风格。

4. 时代风格

所谓言语的时代风格，就是人们语言运用时代特点的概括，是同一语言品种时代变体的特点。比如，近代汉语和现代汉语不同，即使现代汉语，文革时期的语用特点和改革开放后的语用特点也不同，这属于言语的时代风格。

5. 个人风格

除了上述语言风格外，还有语言的个人风格，即社会个体使用语言的特点。这包括了普通人的个人言语风格、政治家的言语风格，也包括了作家等文学艺术家的言语风格，等等。我们平时所说的鲁迅的风格、老舍的风格、赵树理的风格，指的多是这些作家作品的言语风格。个人言语风格在文艺修辞批评中具有重要作用。

6. 表现风格

（1）表现风格及其基本范畴。言语的表现风格，是人们对话语特点的抽象概括，是人们对修辞行为及话语效果评价的类型，比如平实、简洁、繁丰、藻丽等等，都是表现风格的基本范畴。

我国的风格研究历史悠久，在古代基本上归在文论中，主要是作家作品风格及文学流派风格研究。比如，豪放派、婉约派，既是风格类型，也是文学流派类型。表现风格分类较早且影响较大的，有魏曹丕《典论·论文》中提出的四类八体："奏议宜雅，书论宜理，铭诔尚实，诗赋欲丽。"此处所说的，既是文体的风格类型，也是话语的表现风格类型。此外，南朝刘勰的《文心雕龙·体性》中所归纳概括的八种风格范畴也很典型：典雅、远奥、精约、显附、繁缛、壮丽、新奇、轻靡。

到了现代，语言风格研究逐渐成为修辞学的一个重要方面。目前已成为修辞学的一个分支学科——语言风格学或言语风格学。1932年，陈望道在《修辞学发凡》中把表现风格范畴概括为四对："简约——繁丰""刚健——柔婉""平淡——绚烂""谨严——疏放"。20世纪90年代以后，人们提出了进一步的分类，比如"豪放——柔婉""简约——繁丰""蕴藉——明快""藻丽——朴实"①"幽默与庄重"。② 当然，上述范畴难以全面概括表现风格，还有继续探索的必要。

言语表现风格范畴，不但是修辞学的基本概念，同时也是风格学、文艺学的重要概念。文学批评中的风格赏析，离不开上述基本范畴。因此说，修辞赏析和修辞批评与文艺批评具有统一性，言语风格学应建立完整、系统的风格范畴，服务于修辞批评和文艺批评。

（2）表现风格范畴的相对性、交叉性。话语的表现风格实际上很难用一个或数个范畴简单概括，各范畴之间也存在交叉和兼容。一般情况下，一段话或一篇文章的风格，需要通过多个风格范畴来概括。具体到语言的个人风格也是如此，很难用一个风格范畴来概括。比如：

> 温泉明艳赛西湖，荔香十里柳千树。从化处处茂林修竹，鸟语花香，苍松翠柏，水秀山明，不管谁一到这里，困顿尽消，生气倍增，诚疗养圣地也。人们历来称道"洛阳三月花如锦"，这里却是一年四季花长开。
>
> （曹靖华《从化温泉散记》，《中国散文鉴赏文库》（当代卷），百花文艺出版社，1993年，第37页）

这一段话用词华丽、典雅，句式整齐，比如"温泉明艳赛西湖，荔香十里柳千树""茂林修竹，鸟语花香，苍松翠柏，水秀山明""困顿尽消，生气倍增"等等，因此其表现风格特征可以概括为藻丽、繁丰、典雅，而不是简约、平淡、通俗。

---

① 黎运汉《汉语风格探索》，商务印书馆，1990年。
② 黎运汉《汉语风格学》，广东教育出版社，2000年。

上例进一步表明，话语表现风格的各范畴中有些是对立的、不兼容的，但很多是兼容的、交叉的。比如，通俗与典雅、婉约与豪放一般是对立的，而简约、刚健、谨严则是兼容的、交叉的。导致上述情况的原因有二：一方面，人们对风格范畴的抽象，存在标准上的交叉；另一方面，话语的表现风格实际上是多种多样的，不同的风格特征之间存在临近、交叉甚至杂糅现象。

三、语言风格与修辞的关系

既然语言风格是语言及其运用的各种特点的综合，那么，实际上也是人们的修辞行为及话语综合特点的表现，因为绝大部分的语用行为都是修辞行为，修辞者都具有一定的风格动机和追求，无论是有意识的，还是无意识的。这既包括了语言的民族风格、语体风格，也包括了其他言语风格。

首先，语言存在的基础是运用，语言是在运用中产生、发展、变化的。因此，语言风格中也蕴含了修辞的成分。这也包括了同一种语言的时代风格、地域风格等等，比如古汉语的风格、现代汉语的风格，文革时期的汉语风格、当代汉语的风格，普通话的风格、方言的风格等等。英语和汉语的风格，也无非是英语和汉语及其修辞的结果。

其次，语言中蕴含了风格要素。比如，词语的风格标示功能，就是语言成分的有机组成部分。此外，其他修辞手段，包括熟语、句式以及修辞方法，也具有风格功能。在修辞过程中，人们选择词语、熟语、句式以及修辞方法的过程，实际上也是风格的塑造过程，其中蕴含了对修辞手段、修辞方法风格功能的判断和取舍。因此，修辞与风格是密切相关的。

再次，语体作为语言交际领域的功能类型，实际上也是人们长期使用语言的结果，或者说是修辞行为的结果。因此，语体风格也是人们在长期的修辞过程中塑造的。同时，语体风格又反作用于人们的修辞行为，对其起一定的制约和推动作用。

最后，至于言语风格，无论是个人言语风格，还是表现风格，也同样离不开修辞。这些风格的塑造，是修辞行为的直接表现，是修辞者积极能动地选择各种修辞手段、修辞方法建构话语的结果。

综上所述，可以说，语言风格是修辞的结果或表现，决定语言风格的主观因素是修辞群体或个体及其修辞动机和修辞特点，决定语言风格的客观因素是语境和修辞手段、修辞方法的风格功能。

四、修辞应切合风格要求

1. 风格对修辞的制约作用

修辞与风格的关系是辩证的。一方面，修辞促成并决定语言风格；另一方面，语言风格反映修辞特点，同时又对修辞行为起一定的制约作用。这表现在以下方面。

首先，修辞受制于语言的民族风格。比如，使用英语修辞的人必然受制于英语的结构规律和组织规律；使用汉语修辞，同样也会受制于汉语的民族风格。其次，修辞受制于语体风格。在实际的修辞过程中，语体规范制约修辞行为，这也意味着语体风格制约修辞行为。再次，人们的修辞行为都处于一定的时代背景中，必然受语言的时代风格的影响。因此，修辞应考虑所处语境的时代风格。第四，修辞同样离不开个人言语风格的影响。一旦一个人的言语风格趋于稳定，那么该言语风格就对其修辞行为具有约束作用。比如，有的人性格豪爽，其话语风格也呈现出豪放特点。这种个人言语风格特征，既反映了该修辞者的个性特点，也制约了其修辞行为。第五，修辞也受话语表现风格的影响。修辞者的话语表现风格取向一旦确定，这将意味着在同一修辞行为或者话语中应保持风格上的一致性、统一性。最后，修辞行为同样也受制于语言的地域风格。

综上所述，修辞行为与语言风格的关系是相互影响、相互制约的，是辩证的、统一的。修辞应切合风格要求。

2. 修辞切合风格要求的含义

修辞应切合风格要求，也是修辞的规律之一，其具体内容包括两个方面：

（1）在修辞过程中，话语建构应切合语言风格规范和要求。这主要包括语言的民族风格、语体风格、时代风格、表现风格等。比如：

宋美龄女士亲属：
　　惊闻宋美龄女士仙逝，深表哀悼！
　　宋女士一生历经世事沧桑。半个多世纪前，民族危亡存续之时，投身全民抗战。晚年萦怀两岸关系，期望国家统一、民族昌盛。鹤驾已西，鸾音不再，令人憾惋。

谨向亲属表达诚挚慰问!

汪道涵
二〇〇三年十月二十五日（完）

（《海峡两岸关系协会会长汪道涵电唁宋美龄逝世》，新华网，2003年10月25日）

上例是一则唁电，属于公文语体。它不仅切合汉语的民族风格，而且符合公文语体要求，符合唁电的话语组织格式。话语庄重、正式、严谨、典雅、简洁，而不是诙谐、随意、疏放、通俗，表现风格具有统一性。因此，修辞效果理想。

（2）话语建构中应保持风格特别是话语整体表现风格的一致性、统一性。比如，如果采用了谨严风格，就应该在修辞过程中保持话语风格特征的统一性，防止出现风格冲突，避免话语内部风格不协调。例如：

记：毛主席的头发难理吗？

周：好理，也难理。毛主席的形象已经深入人心了，我接手给他理发的时候，基本的发型也是不能改的，他的头发有个特点，右边多左边少，理发就要给左右理均匀了，再用热毛巾压一下就好了。

但给一般人理，你还能让他的头侧一下仰一下什么的，给毛主席理，谁敢让他转头？他老人家又高大，胡子多，特别是主席痣上的胡子难刮，而且刮胡子都得抬着胳膊刮，也不好让他躺下来刮，所以难点在这儿，一般人也不理解。

（丘剑华　王瑾《聆听毛泽东保健哲学　与其生前"管家"卫士对话》，《南方日报》，2003年11月22日）

本例是新闻采访。作者采用的是对话式。因此，其话语风格朴实、通俗、平易，而不是藻丽、谨严、典雅。这不但切合语体风格要求，而且符合表现风格和个人风格要求。因为被采访者是一个理发师傅，不是专家、学者，因此风格特征是通俗、随意。此外，因采用的是谈话方式，所以要用口语语体。作者在整段对话中都保持了上述方面的一致性、统一性，所以，读来风格和谐。

但是当交际任务、修辞动机已经确定，话语的表现风格也已基本形成时，如果话语的表现风格出现摇摆、不一致，就势必导致风格冲突。比如，前半部分话语典雅，后半部分话语通俗，就会导致风格不一致。

就如着装一样，上身是西装、领带，下身是短裤、拖鞋，不伦不类。或者反之，也同样导致话语整体风格不协调。例如：

> 比喻又称为比，打比方，譬和譬喻，它是通过两类不同事物的相似点，用乙事物来比甲事物的一种修辞方法。其中，甲乙两类事物本质不同而又有相似之处。
>
> ……
>
> 比喻之为文也，大哉！其博大精深，又岂小子所能明辨之，略举十例，仅窥其一斑而已。呜呼哀哉！

本例选自一篇题为《比喻的结构》的论文。该文在论述了比喻的结构之后，忽然在文末用文言大发感慨。显然，这些文言句式及其风格与前文截然不同，形成冲突，全文风格不协调，因此应该调整。这说明，一旦修辞者的动机或交际任务确定，尤其是话语的风格动机确定，就要求修辞者保持其一致性。如果是杂糅的风格，话语的整体风格也应保持统一性。

3. 修辞切合风格要求的辩证性

修辞任务一旦确定，相应的语体也应确定，因此话语的风格也会相应确定。但是，这并不意味着交际任务与风格之间是一一对应的。相反，许多情况下是不对应的。完成同样的交际任务，可以采取不同的语体或表现风格。

比如，同样是报道，北京市人大会议提出解决交通拥堵问题的措施，媒体不同，记者不同，话语风格也不尽一样。《北京娱乐信报》的记者以"北京十大措施应对交通拥堵　高收费限私车促公交"为题，分别给各项措施冠以"措施一　给公交车设置专用封闭车道""措施二　引导和限制私车使用""措施五　加强城市次干道和支路建设"等小题目，分条叙述。《北京晨报》的记者，则以"几大措施将解北京交通难题　北京交通发展新思路"为题，在正文中也是分列小题目："公交：'巡洋舰'明年上路　公交专用道全封闭；道路：次干道要吃'小灶'　郊区公路建设加快；高速：再建两条京津公路　收费方式百姓听证；停车：鼓励进城换公交　私车可以免费停。"[①] 两相比照，风格不一。前者据实陈述，使用的都是平实的词语，也没有采用修辞格，话语平实、谨严；后者则使

---

① 《北京应对交通拥堵：高收费限私车促公交》，新华网，2003年9月24日。

用了比喻"巡洋舰"、吃"小灶",而且采用了总分式叙述方式,用"公交""道路""高速""停车"等分别作为数个方面的提示语,因此,话语的风格倾向藻丽、疏放、活泼。显然,后者风格灵活多变,可读性强。这说明,修辞与风格之间的关系是辩证的。

再如,在有些具有双重属性的交际领域中,同样可以利用交叉领域的特点,采用交叉语体,完成交际任务。比如,在一篇题为"2003年汽车降价四部曲"的商业新闻报道中,作者就没有单独采用实用语体,而是能动地利用了实用语体和艺术语体的交叉形式:

今年年初的时候,当新雅阁、红旗明仕和长安铃木掀起了第一波降价风暴,从此成都乃至整个中国的车市就好比打开了一个潘多拉的魔盒。从1月到11月几乎所有的市面车型全线降价,有的甚至连跌不止,几乎每星期都有一款车型举起降价大旗。现在,让我们再次回眸今年在中国、在成都上演的汽车降价大片。

第一部:《新老刀客》
放映时间:2003年1月
领衔主演:红旗明仕、长安铃木、神龙富康、广本新雅阁
上座效果:★★★★★
……

第二部:《南北少侠》
放映时间:2003年3月至6月
领衔主演:三厢赛欧、帕萨特、夏利
上座效果:★★★★
……

第三部:《三剑客重出江湖》
放映时间:2003年7月至10月
领衔主演:捷达、桑塔纳、富康
上座效果:★★★
……

第四部:《最后的疯狂》
放映时间:2003年11月
领衔主演:高尔、嘉年华、POLO
上座效果:★★★

……

（杨晓龙《2003年汽车降价四部曲》，《华西都市报》，2003年12月1日）

本例中，作者在介绍轿车降价情况时，采用的基本是实用语体的修辞手段和修辞方法，但是在各小标题部分，则采用了艺术语体的修辞手段和修辞方法。作者首先以"降价风暴""打开了一个潘多拉的魔盒""举起降价大旗""降价大片"作比，然后把轿车降价与相关的电影片名进行同构，利用的是比拟。因此，话语的整体风格不仅有平实、谨严，而且有藻丽、繁丰和疏放，具有诙谐、幽默的艺术效果。这是能动利用修辞与风格辩证关系的例证。

此外，修辞切合风格要求，并不是死守一种风格，而是根据修辞任务要求，灵活多样地调动各种风格要素，服务于交际目的。比如，幽默既是一种风格，同时也是一种修辞目的。在建构话语的过程中，可能需要有意识地使话语风格不协调，从而达到幽默的效果。比如：

敬爱的老师：
　　昨夜雨急风骤，风云异色，天气突变。
　　因吾尚在梦中，猝不及防，不幸受凉！
　　鸡鸣之时，吾方发现。不想为时已晚矣！
　　病毒入肌体，吾痛苦万分！
　　亦悔昨夜临睡之际，不听室友之劝，多加棉被一条，以至此晨之窘境。
　　吾痛，吾悔！无他，惟恸哭尔！室友无不为之动容！
　　本想学业之成就为吾一生之追求！又怎可为逃避病痛而荒辍学业乎！遂释然而往校。但行至半途，冷风迎面吹，痛楚再袭人。吾泪、涕俱下。
　　已到生不如死之境。哪得力气再往之。不得已，而借友人之臂，返之！
　　由此上述，为吾未到校之缘由。
　　吾师应懂，吾未到校，乃吾迫不得已之。非不为也，而不能也。
　　吾亦懂，吾未到校，吾师失一佳徒之痛苦。
　　无吾，汝课索然无味哉！
　　汝苦，吾亦苦！！

但，病痛不饶人，敬请谅之！

如有幸再见吾师之面，再听吾师之课，吾宁当负荆请罪，自辱其身！

呜呼哀哉！哀哉痛矣！

学生×××敬上

(《中文系的请假条，绝!》，新华网《新华论坛》，2003年10月7日)

本例是一则幽默。显然，作者制造幽默的方法之一，就是通过话语与语体、风格的冲突。请假条属于公文语体，因此，一般不需要艺术化的修辞手段、修辞方法，而且也不宜使用文言词语和文言句式。请假条的风格要求是朴实、庄重、谨严，而不是藻丽、随意、疏放。但是，作者却故意使用一些艺术化的修辞手段、修辞方法，造成话语风格冲突，从而达到幽默的目的，因为作者的修辞动机并非实用，而是取乐，制造幽默。所以，作者可以故意违反语体要求和风格要求，这是由修辞动机、交际任务决定的。

第五节　修辞应切合言语动机

一、言语动机

1. 言语动机

无论是说话还是写文章，人们的心里都有一个动因，就是为什么说、为什么写，都有一个目的或要达到的目标。比如，你想到一个朋友那里去，或者告诉他什么消息，或者请他帮忙。这些交际任务就要通过话语来完成。这时，你说话的动机就是告诉你朋友消息或请他帮忙，目的就是要他知道你要告诉他的事或使他帮助你。再如，你要写一篇新闻报道，这时，你就要考虑写什么，要达到什么目的，是陈述、批评还是赞扬、警示，然后再考虑如何去写。促使人们去说或写的心理因素就是言语动机或修辞动机，而通过说或写要达到的预期目标，就是言语目的或修辞目的。

我们在听话或读文章的时候，最后总要想一想，说写者话语的含义是什么，中心意思是什么，他要达到一个什么目的。这时我们要做的，就是通过理解对方的话语，把握对方的言语动机和言语目的，由此推断相关的其他信息，以便据此确定适当的反馈信息，并建构适切的反馈话语或采取其他行动。

2. 言语动机与话语意义之间的关系

话语的意义属于语言层面，而言语动机属于言语者或者修辞者的心理层面，两者性质不同。一般情况下，话语的意义会直接反映言语动机，比如日常实用性言语交际领域、新闻报道领域、科技领域等，话语的意义与言语动机基本一致。但在艺术交际领域或其他一些特殊言语交际领域，话语的意义与言语动机并非一一对应。比如，如果是在自己家："我饿了，开饭吧！"话语的意义与言语动机是一一对应的。但是，如果是在做客，则可能是："唉，今天出来得太早了，早饭也没有来得及吃。"此时的动机"我饿了，开饭吧"则是通过陈述出发时间和没有吃饭的事实表达出来的。话语理解时，需要根据语境进行推理，才能把握言语动机。

再如，在一次新当选政府领导人举行的记者招待会上，一外国记者问是否会给予过去一位在1989年政治风波中犯错误的领导人以自由或安排相应的工作。新当选的政府领导人，并没有直接回答是还是否，而是说当年政府采取了正确的果断措施，稳定了社会秩序，中国的持续发展，需要稳定的社会环境。显然，回答者话语的意义与其动机并非直接一一对应，而是有一段距离。这时根据话语意义推断出的言语动机，就是：不行。由此看出，无论是话语建构还是话语理解，言语动机与话语意义之间具有密切关系，但并非直接对应。

二、言语动机和目的在修辞过程中的作用

言语动机和言语目的，在修辞过程中有两个作用：一制约话语信息，二制约话语形式或修辞方法。例如，毛泽东的《蝶恋花·答李淑一》一词中，曾有"我失骄杨君失柳"一句。但毛岸青在《滚烫的回忆》一文中记载，毛泽东在转录这首词送给他们时，却写成了"我失杨花君失柳"，并说："称'杨花'也很贴切。"为什么呢？因为作者的言语动机不一样。称"骄杨"表达了毛泽东对妻子杨开慧烈士的赞美，称"杨花"则表达了他对杨开慧烈士的亲近、爱慕和怀念之情。毛泽东这样修改，也是因为交际对象不同。前者是李淑一，后者是自己的子

女。由此可见，言语动机对话语信息及话语形式的制约作用。

言语交际中，人们说什么、写什么，一定程度上是由言语动机和言语目的决定的。话语提供多少信息量，以什么样的修辞方式提供，都取决于言语动机和言语目的。因此，修辞过程中，明确说写的动机、目的，对于建构适切的话语，提高其修辞效果，是十分重要的。比如：

> 在杭州疗养时，老人望着拍岸的西湖水，思绪翻腾，于是又拿起了笔。那双手抖得简直无法下笔。每划出一横一竖一撇一捺一点，都很吃力。10篇《代跋》，可以说是他用心用血写出来的。
> （赵兰英《巴金——期盼着梦想成为现实》）

本例在描写巴金撰写文稿的情景时，只需要说"每写一个字，都很吃力"，就能把主要信息传达出来，但作者却用了"每划出一横一竖一撇一捺一点，都很吃力"，看似啰嗦，实则不然。作者的动机显然是意在强化巴金写字困难的程度，这不是闲笔。言语动机对修辞方法的制约作用，由此可见一斑。

言语交际中，如果动机不明确，话语形式与言语动机不协调，话语意义不能充分反映言语动机，就有可能导致话语建构失误。例如，一群大学毕业生想开发具有中国民族特色的饮料，于是就投资开发了一种名叫"奥德赛"的冰茶。他们在电视上打出的广告语是"到异地去寻求别样的人们——奥德赛"，在地铁车站中的广告语则是"每天看月亮，有利健康——奥德赛"。产品投放市场后，销售不佳，处境困难。究其原因是多方面的，广告话语修辞失误，话语不能充分传达言语动机，也是其中一个重要原因。成功的广告是沟通商家和消费者之间的桥梁。产品质量再好，如果消费者不了解，也是白搭。这家企业的广告语如何呢？不言而喻，效果很不理想。

首先，产品的名称就有问题。既然这群大学毕业生认为"中国饮料要想从洋饮料中突围出来，就必须靠中国老百姓天天喝的中国茶"，却不知为什么起了一个中国老百姓不怎么熟悉的名字——奥德赛冰茶。"奥德赛"是古希腊《荷马史诗》中所描述的一个民族英雄。但中国的大多数老百姓中，知道"奥德赛"的恐怕不多。他们熟知的是屈原、岳飞、林则徐等民族英雄。但不知为什么，企业者守着自己的民族英雄不用，却非要舍近求远，从外国，而且是从历史久远的古希腊请来一位，这就难怪中国的老百姓不买账了。

此外，什么是"到异地去寻求别样的人们——奥德赛"？观众看了电视后，恐怕莫名其妙。什么叫"每天看月亮，有利健康——奥德赛"？人们知道日光浴能促进人体健康，没听说"每天看月亮有利健康"的。至于是有利于消费者的健康，还是有利于"奥德赛"的健康，就更令人难以琢磨了。

无独有偶，有一段时间，北京的巴士电视广告上也有一则广告语：现在流行第五季。尽管画面上也有饮料瓶子的形象，但从话语中人们很难解析出是推销饮料的，也不清楚产品的类属，只能去猜。问题也出在话语意义与言语动机不符。与之相反，有一则广告是关于冰茶的，广告词是"旭日升冰茶，冰茶旭日升"。两相比照，后者不但名称蕴含了"企业产品如旭日东升一样兴旺发达"的意思，而且运用了回环辞格，能给人一定的艺术感受，修辞效果就好多了。

给商品起名称，构建广告话语，做广告，其主要言语动机无非是要使消费者了解商家以及产品或相关服务，更容易接受他们的产品或服务，更多地购买其产品或接受服务。而消费者所关心的也无非是产品功能、效用或服务的质量、价格等因素，至于名称是否具有诗情画意，是否具有丰富的文化内涵以及异国情调，并不是最重要的。否则，消费者就不用看广告了，朗诵诗歌要比看广告更能获取艺术享受。前例中，该企业的广告话语与其言语动机风马牛不相及，搞得消费者不知所云，晕头转向，其广告效益也就显而易见了。

再如，1997年11月2日的《文摘报》上，有一篇题为《无磷洗衣粉难以走向市场》的文章，说的是一位科研人员发明了一种无磷洗衣粉，能减少环境污染。发明者给这种产品起了个名字叫"科花"，意思是"希望这朵'科技之花'花开世界"。但产品投放市场后，销路却没打开。为什么呢？原因当然是多方面的，不过产品的名称不当，也是重要原因之一。为什么名称会不妥当呢？其中一个重要的原因就是，这位研究人员不十分清楚商品命名的动机、目的。"科花"，顾名思义，就是科技之花，很富有诗意。但这与商品命名的动机、目的，却相去甚远。因为给产品起名字，就是要消费者知道、了解产品的性质、属性、作用以及特点。而消费者识认产品，也主要是看所要买的商品的名称类别，而不仅是欣赏名称的艺术性。这位科研人员在命名过程中，突出了品名中的其他信息，而缩小了商品的类别信息，导致消费者不知所云。加之"'科花'的包装上，'科花'字样很大，洗衣粉字样却很小"，因此"产品试销时,农民们还以为卖的是淀粉"。此外,"科花"这名字有点专业化,不上口,不易记,也影响了交际效果。

上面的语例表明,言语动机、言语目的在修辞过程中,不仅控制话语的信息量,而且制约着话语的修辞方法。因此,修辞过程中,既要明确言语动机和言语目的,同时也要选择适当的话语形式、修辞方法,使两者相切合,以取得最理想的修辞效果。

三、修辞应切合言语动机、言语目的

既然言语动机、言语目的在修辞过程中具有如此重要的作用,那么正确处理好言语动机、言语目的与修辞行为的关系,促使两者切合、一致、和谐,对于提高话语的修辞效果,完成交际任务,就具有重要意义。这也是一条重要的修辞规律。它包括以下两个方面。

1. 话语建构要与言语动机、言语目的相一致

(1) 话语信息要切合言语动机、言语目的。言语行为是言语动机的外化,因此,在修辞过程中,使话语与动机一致,是完成交际任务的基本前提。如果话语信息与言语动机不一致甚至背离,就难以达到交际目的。

比如,有一则幽默故事说,一艳妇想与老公离婚,就去找律师说:"我老公对我不忠。"律师问:"有根据吗?"妇人答道:"我认为,他不是我孩子的父亲。"[①] 显然,该妇女的言语动机是指责丈夫不忠,想离婚。但她的话语信息,却是她的丈夫不是她孩子的父亲。既然自己孩子的父亲不是自己的丈夫,想必是另有其人了。到底谁不忠呢?该妇人已不打自招了。因此,她没有达到交际目的。

上面是幽默故事,未必真实。但下面的却是生活中经常有的:在公共汽车上,甲不小心踩了乙的脚。乙恼怒地说:"没长眼吗?你踩我脚了。"对方一听火了:"废话,我看见了还能踩你脚吗?"这时第三者发话了:"吵什么?不就是踩了一下嘛,有什么大惊小怪的,忍一下不就得了嘛。你也是的,踩了别人的脚,还自觉有理,道个歉不就得了吗?"这时争吵的双方不再吵了,但却同心协力把矛头转向了第三者。乙说:"说得真轻巧,没踩你的脚吧?站着说话不腰疼,踩踩你的试试。"甲也不客气:"管你什么事,道不道歉是我的事。真是狗拿耗子——多管

---

① 《离婚》,人民网《讽刺与幽默》,2000年6月16日。

闲事。你一边儿歇着去吧!"第三者一听,也火了:"真是好心做了驴肝肺,给你们劝架倒劝出不是来了。吵吵吵,吵吧,使劲吵!"于是,三方爆发了一场新的争吵。

踩别人的脚或被踩一下,这在公共汽车上本是一件很平常的事。但为什么会酿成一场纠纷呢?除了人的整体素质以外,从修辞角度,特别是从言语动机、言语目的与话语组织角度看,交际者违反了言语动机、言语目的与话语相一致的规律是主要原因。本来,被踩者的言语动机,也并不是想与对方吵架,而只是想提醒对方把脚挪开,或没有听到对方道歉而心理不平衡。但其话语与言语动机却不一致,叫人听了,会析出责备、嘲讽对方的动机。如果把话语说成:"唉,您踩我脚了吧?"此时,对方析出的信息会是对方在提醒我移开脚或表示歉意。也许,对方会表示歉意,说声"对不起"。而实际上,甲的话语动机也并不一定是要与乙吵架,但其话语却与动机相反,成了反唇相讥,话语信息多余。作为劝架的第三者,其言语动机本应是抚慰、劝阻双方,但其话语信息却与其言语动机和目的不相适应,提供了过量的信息。如果他只是说:"别吵了,双方相互谅解嘛,不要伤了和气。"争吵双方都比较容易接受。此时,各种矛盾也就会冰消瓦解。

本例说明,修辞过程中应保持话语信息量与言语动机、言语目的的适切性。话语所提供的信息,既不能多,也不能少。常言说"话多有失",多了,导致信息冗余,说的人很累,听读者也觉得浪费时间,有时还容易引起纠纷。再如:

> 这些年在教育工作中暴露了一些问题。我们对中小学生一直进行共产主义教育,而在文明举止方面却做得不够,在中小学没有形成良好文明习惯。上大学后,随着约束减少,学生相对来讲变得更加散漫。对大学生来讲,不能说过去的教育毫无作用,但应该讲它过于偏重理想化的东西,而没有很好地与现实结合。我们提出文明修身,从小事做起,提高自身素质。如果不这样,上大学后还不从自身做起,那么走上社会就会很麻烦,这是一个大的思路。

读了这段话语后,最明显的一种感觉就是不顺畅。原因在哪里?信息冗余,句子中有许多成分没必要出现。但是如果调整为"这些年教育工作暴露了一些问题。中小学生一直接受共产主义教育,但他们举止尚不够文明,没有养成良好的文明习惯。上大学后,由于约束减少,他们变得更加散漫。过去的教育不是毫无作用,只是过于理想化,没有同现实很好地结合。我们提出文明修身,就是要求同学们从现在做起,从小事做起,提高自身素质。否则,将来走上社会就会遇到麻烦。这是一个大思路",效果就不一样了。调整后,原文基本信息没变,但字数却由原来的 180 个字减少到 147 个字,删除了 33 个字,约占原总字数的 18.3%。原文中"在……中""我们""对大学生来讲""应该讲"等成分,影响了有效信息的传递。此外,句子结构不合理,缺少句子成分等也是原文不顺畅的原因。

信息冗余固然不好。同样,信息量不足也不利于实现言语动机、达到言语目的。例如,有个幽默故事说:

在竞选前的群众大会上,当政治家演讲的时候,接到一个条子,上面写着两个字:傻瓜!

"亲爱的同胞们!"政治家镇静地说,"我经常收到人们忘记署名的信,但现在我生平第一次接到一封有署名、但没一点内容的信!"

写纸条的人显然是在说政治家是傻瓜。那位政治家自然也明白这一点,但他却佯装不懂,巧妙地反戈一击,用原话回敬了写纸条的人。纸条上的话语为什么会被政治家利用了呢?原因就在于,写纸条的人没有提供充分的信息。因为"傻瓜"可以加上任何语境或上下文。如果作者使用相对完整的句子,比如"你真是个傻瓜",句子信息相对完整,政治家也就无机可乘了。

总之,人类交际的许多误解,多与话语信息与言语动机之间的不对称有关。人们在修辞交际过程中,话语一经传输,其结果往往取决于话语的理解者。经常出现的误解不外乎两种:一种是话语信息小于言语动机,即信息不足,造成词不达意;另一种是话语信息大于言语动机的情况,即信息冗余。

再如,1999 年 9 月 13 日,《齐鲁晚报》头版头条刊登了一篇报道:《这里的公务员不坐公车》。文章说,1992 年高新区建立 6 年来,平均每年购车 11 部,年购车经费高达 183 万元,1998 年底车辆总数达 67 部,开发区平均 4 人一部车。不断增加的公车以及驾驶员工资、保险费等使财政负担日益加重,加油修车等"黑洞"现象防不胜防。以 1998 年为例,各种花费就在 250 万元以上,占到当年财政收入的 4%。此外,各科室都买了车,工作人员养成了没车不出门的习气。一些专车闲着不能用,下班后"业务"却奇忙,有的车一晚能赶几个酒场。正是"上班围着轮子转,下班围着盘子转"。对此,该单位进行了公车改革。公车改革后仍留下7部车,管委会发放给公务员的交通补贴标准是:正处每月1800元,年均20000元;副处每月1200元,年均1.4万元;正科每月600元;副科每月500元;普通人员每月300元。

显然,作者是想表扬该单位,但文章刊出后的效果却恰恰相反。读者从中看到的,是该单位过去对国家资财的严重浪费和相关的腐败行为以及改革后相关工作人员的优厚待遇。作者的动机是褒扬,但话语的信息却相反。这说明,在修辞过程中,修辞者应切实把握言语动机与话语信息之间的匹配关系。

(2)话语形式也要切合言语动机、言语目的。如果根据言语动机确定了相应的话语信息,还需要选择恰当的修辞方法,组织成适当的话语形式。这也是修辞的艺术性所在。因为同样的信息,如果修辞方法不当,也无法完成交际任务。比如,有一则幽默故事说:

在一次军事演习中,一位指挥官的吉普车陷入了污泥中。指挥官看见附近躺着几个人,就对他们说:"请帮忙推一把。""对不起,先生,"其中一位回答道,"按规定,我们已经被打死了,不能再参加任何活动。"

指挥官听了,转向他的司机:"到那儿拉几具尸体来垫在车轮下,我们好把车子开出来。"

士兵们全都跳了起来。

指挥官的言语动机是要躺在地上的士兵帮他推车子。第一次,他的话语可以说是充分地表达了这一动机和目的,提供的信息量与其言语动机,不能说不适切,但那些士兵并没有帮他的忙。指挥官改变了言语方式,不是向士兵们提出要求,而是要他的司机去拉"死尸"垫车子。这种间接的修辞方法,却使士兵们跳了起来,因而达到了交际目的。这说明,修辞过程中,话语的信息量适切并不一定能达到交际目的,完成交际任务。修辞者在提供适切的信息量的同时,还要选择恰当的修辞方法。有时需要直接的表达方式,有时需要委婉的表达方式,这要根据具体语境中交际对象的特点决定。

但是,如果选择合适的修辞方法,则更有利于达到交际目的。比如,目前一些公共场合的警示语悄悄发生了变化,原来的一些语气严厉的命令句逐渐被一些温馨的语句代替。比如,"请勿吸烟"替代了"严禁吸烟","践踏会使小草枯萎""小草微微笑,行人路边绕"替代了"严禁践踏草坪","从静悄悄开始"替代了"严禁喧哗"。① 不言而喻,改善后的警示语,更具有可接受性,更有利于完成交际任务。

再如,据说唐朝时,有一个参加科举考试的人,名叫朱庆馀。考试前,他欲打探水部郎中张籍的态度,并希望他向主考官举荐,就给他写了一首诗:"洞房昨夜停红烛,待晓堂前拜舅姑。妆罢低声问夫婿:画眉深浅入时无?"② 这首诗的意思是:昨夜洞房里点着红色的蜡烛,新娘在一旁等待天亮了去拜见公公婆婆。她打扮好了,就悄声问丈夫:我的装束合乎时宜吗?眉毛画得浓淡是否合乎时尚啊?表面看,这是一首情意缠绵的新婚情诗,但实际却不然。作者用的实际是比喻和双关的手法。朱庆馀把自己比作新娘,把张籍比作新郎,把主考官比作公婆,以此来含蓄地探询张籍对他此次应考的看法。"画眉深浅入时无"的语言意义是询问新娘的装扮是否合乎时尚,而其修辞功能却是在探询他的诗文是否合乎时宜,试探对方对他才学的看法。

张籍看了朱庆馀的诗后,就回赠了他一首诗:"越女新妆出镜心,自知明艳更沉吟。齐纨未足时人贵,一曲菱歌敌万金。"③ 这首诗的表面意思大致是,一个梳妆打扮好的越州采菱姑娘,出现在镜湖的湖心,边采菱边唱歌,湖水映出她俊美的面容。她知道自己很俊美,但却不自信地沉吟起来。那些身着齐地出产的丝绸做的艳丽服装的女子,并不值得时人称道,而越女的一曲采菱歌,却是千金难买的。而这首诗的修辞功能却是在称赞朱庆馀才华出众,诗文难得,不必为考试担心。"一曲菱歌敌万金",是喻指朱庆馀的诗诗意清纯,十分难得。

上述两位诗人在唱和中,一字未提他们真正的言语动机,但双方却巧妙地传达了各自的信息,达到了交流目的,恰到好处地完成了交际任务。为什么呢?原因就在于,他们很好地把握住了言语动机与修辞方式之间的和谐关系,巧用比喻、双关手法,使话语含蓄而不隐晦,明白而不直露。反之,如果朱庆馀直说:"张大人,您看我的才学如何?能考中吗?希望您推荐一下。"这样虽然能充分地表达他的言语动机,但未

---

① 《校园警示语越来越温馨》,京报网,2003 年 4 月 4 日。
② 朱庆馀《闺意献张水部》。
③ 张籍《酬朱庆馀》。

必能达到交际目的。一方面,当时举子要求名人举荐,必得有诗文,以便对方了解其才学;另一方面,直接表达方式直露,效果不如诗文好。朱庆馀把两方面巧妙地结合起来,十分恰当。当然,交际双方之所以能够巧用比喻、双关,离不开当时的社会文化背景信息。唐朝时,科举考试采用考荐结合的方式,应试举子有向名人行卷的风气。因此,张籍看到朱庆馀的诗,不可能理解为一首纯粹的闺阁情诗。

上述语例说明,修辞过程中,交际者不仅要提供适当的信息量,而且还要选择恰切的修辞手段、修辞方法,使言语动机、言语目的与修辞方法和谐一致,以便最大限度地完成交际任务。此外,还要注意利用一些非语言的修辞手段,如表情、姿势、动作等,使之与话语相辅相成,相得益彰,进一步提高话语的修辞效果。

2. 话语理解也要切合言语动机、言语目的

交际是双向的,话语建构与话语理解是辩证统一的。只有充分、准确地理解对方的话语,才能确定话语建构的动机,才能确定所要提供的适度的信息量,才能选择适当的修辞方式。如果不能准确地理解对方的话语信息,把握不住对方的言语动机,说写者言语动机的确定以及修辞方式的选择将是盲目的。这在口语交际中尤其重要。例如:

我在水果店里听见朋友唉声叹气,我就把水果放下,询问怎么回事。

"我刚才碰到旧邻居钟太太,"她哭丧着脸说,"我问她丈夫可好,却不知她丈夫已于上星期去世了。她说:'他不在了。'我还以为他出门旅行去了,我说……"

那句话好像卡在她喉咙里。

"你说了什么?"我追问,"你说的可是'不在的好'?"

"比这还糟。我说的是:'你为什么没跟他一起去?'"

本例中,"我"的朋友唉声叹气,显然是说错了话。为什么她的话语建构失误呢?不言而喻,她没有准确把握对方话语的信息。"他不在了",其语言意义是"他不在这个地方了",比如"出差""旅游""上班"等等。但在一定语境中,它的修辞功能是"他死了",是一种委婉语。此处,因自己的丈夫去世不久,钟太太伤感于谈到丈夫的死,所以,她用了委婉语。而"我的朋友"对此没有知觉,理解失误,因而导致失言。其实,如果"我的朋友"稍加注意,她就会发现对方说

"他不在了"时,语气、语调应该与平常是有所区别的。但她忽视了这一点,理解时没有从话语的形式中准确地析出说话者的言语动机。

言语交际中,许多情况下,说写者往往把话语形式与言语动机分离,采用间接的表达方式。此时,更应注意话语的语言意义与修辞意义以及言语动机之间的统一关系。唯有如此,才能准确把握对方的言语动机和言语目的。例如:

> 我们乘坐的汽车行驶在高速公路上,司机俨然一副赛车手姿态,以 150 公里的时速在大小车辆间飞窜,令乘客担心极了。
> "亲爱的,"一个外貌敦厚的乘客对他的太太眨了眨眼睛说,"奇怪呐!昨天晚上我梦见了我去世的祖父,他站在一座桥上对我招手。"
> 他太太若无其事地说:"哦!那你最近可要小心点了!"
> 司机以狐疑的眼神从反光镜里望了他们一眼,然后,车速渐渐慢了下来。终于,我们平安地到达了目的地。

本例中,那位司机开始玩命地飞驶,很危险,但他后来为什么把车速减慢了呢?显然是两位乘客的对话起了作用。但两位乘客并没有直接说:"你开得太快了,十分危险,应该慢一点。"没有直接表达他们想让司机减速的动机,而是采用了间接的方式。"他"通过说梦见去世的祖父站在一座桥上对他招手,暗示出要发生不吉祥的事。而司机联系语境信息,特别是自己的车速,从中推导出了乘客的言语动机——车太快了,危险!从而减慢了车速。

言语动机、言语目的,是修辞交际的重要因素。修辞交际过程中,保持话语信息、话语形式与言语动机的统一关系,建构恰切的话语;或根据语境,准确理解话语,析出话语中的核心信息,使之与说写者的言语动机相一致,既是一条重要的修辞原则,也是一种修辞交际能力。它对提高言语交际效率,促进人际合作,具有重要作用。

第六节 修辞应切合语境

一、语境及其构成

1. 语境及其研究

作为一种言语交际行为,修辞是离不开一定的人及其所处的社会文化环境的。不论是口语交际,还是书面语交际,都是在一定的社会环境和人际关系的网络中进行的。大到国家、民族文化环境,小至具体场合,都会对人们的言语交际行为产生一定的影响。人们通常把修辞交际行为实施的环境及其相关因素叫做言语环境,简称语境。

"语境"一词,一般认为是人类学家马林诺夫斯基首次提出的。在我国修辞学中,较早地提到"语境"的是张弓1963年出版的《现代汉语修辞学》。在谈到修辞的定义时,张弓指出:"修辞是为了有效地表达意旨,交流思想而适应现实语境,利用民族语言各因素以美化语言。"① 此后,1964年,王德春提出"言语环境"范畴,并把分析言语环境作为建立修辞学的基础。② 经过20世纪70年代的停顿后,到80年代,人们逐渐认识到"语境是修辞学的基础"。③ 进入20世纪90年代后,语境研究纳入修辞规律研究并成为主线,比如提出了"与言语环境相适应的规律"。④ 此后,随着语境研究的深入,提出并建立了语境学,⑤ 语境因素的揭示也更加全面、细致、深入。⑥ 20世纪90年代末期,一些修辞学分支学科的建立及其对修辞规律的分析,也是围绕修辞行为与语境系统各种因素之间的共变关系展开的,比如社会心理修辞学、认知修辞学等等。

以上分析说明了语境在修辞及其研究中的重要作用。随着修辞研究的深入,语境不仅已经成为揭示修辞规律的重要途径,也成了其他学科的一个重要概念,比如文艺美学、哲学、传播学等等。

2. 语境的构成

言语环境主要指影响人们修辞交际行为的因素,并不是所有的环境因素。据此,人们通常把语境分为语内语境和语外语境。

---

① 张弓《现代汉语修辞学》,河北教育出版社,1993年,第1页。
② 王德春《使用语言的环境》,《学术研究》,1964年第5期;王德春《修辞学探索》,北京出版社,1983年,第31页。
③ 王德春《语境学是修辞学的基础》,《修辞学发展与中国修辞学》,复旦大学语言研究室编,复旦大学出版社,1983年,第239页。
④ 王德春、陈晨《现代修辞学》,江西教育出版社,1989年,第28页。
⑤ 王德春、陈晨《现代修辞学》,江西教育出版社,1989年,第39-72页;王占馥《语境学导论》,内蒙古大学出版社,1993年;王占馥《汉语语境学概论》,南方出版社,1998年。
⑥ 这方面的著述主要有西槙光正编的《语境研究论文集》,北京语言学院出版社,1992年;王建华等的《现代汉语语境研究》,浙江大学出版社,2002年;等等。

所谓语内语境指话语内部的各种因素，又称上下文，主要指话语内部的信息结构和形式，如话语的前后顺序、内部衔接等问题。语内语境主要解决句子内部结构的调整、句际间的衔接等问题。例如：

> 十一届三中全会后，农村发生了巨大变化，李成兰一家人的吃饭问题有了保障。但随着孩子们年龄的增大，读书所需的书、学费也就越来越多。于是，她一分一分地积攒学费。

这段话共有四句，它们之间的顺序为什么是这样呢？第三句为什么在中间呢？这就是由它们的信息关系决定的，也就是由话语的内部结构关系决定的。话语内部的结构关系就是语内语境。此处，第三句话中，后半句只说"读书所需的书、学费也就越来越多"，至于"谁"读书所需的书、学费也就越来越多，没有在本半句内出现。为什么呢？因为前半句已经出现了"孩子们"，后面半句是承前省略。这是根据句子内部的微观环境来安排、调整句子的结构。另外，第一句、第二句同第三句的衔接处，用了转折连词"但"，而第三句和第四句的连接处则用了一个顺承连词"于是"，为什么呢？原因也是由话语内部句子之间的信息关系决定的，前后句之间具有因果关系。因此说，话语内部的环境对话语的组织与调整具有很大的制约作用。

语外语境就是指话语以外的，对组织建构话语、理解话语起制约作用的因素。语外环境因素主要包括两个方面：一方面是修辞主体的社会因素、心理因素，通常称为主观语境因素，比如修辞动机、社会角色、角色关系、个性心理、道德修养、文化水平等等。另一方面是修辞主体所处的社会文化环境，通常称为客观语境因素。比如，社会文化背景、社会政治背景、社会心理、民族心理、种族心理、宗教心理等等。

总之，语境因素可以划分为三个层次：话语层次、修辞主体层次、社会文化层次。这三个层次的因素在人们的修辞交际行为中起着不同的作用。下面我们将对此作详细探讨。

二、修辞与语境的辩证关系

言语交际中经常会遇到这样的问题。一位中国男子问一美国女子的年龄或其他个人信息，往往会遭到拒绝，对方不愉快，是犯忌。而在中国人之间，询问同样的问题，结果会不同。即使对方不愿回答，但至少不会反感。为什么呢？交际对象的社会文化背景不同，尤其是双方的社会心理不同。欧美人一般忌讳他人询问年龄或其他个人信息，也不询问别人此类问题。而在中国的文化背景中，此类问题多不是忌讳，一般情况下会被认为是正常交谈的一部分。

这说明，在修辞过程中，话语的组织建构要因交际对象的具体情况而变化，也就是说，语境因素制约着话语的组织和建构。文化背景、社会习俗制约着话语建构行为，其他微观语境因素也制约着话语的组织，如交际对象的性别、年龄以及心理等等。交际双方的社会角色、角色关系不同，其修辞方式、方法也不一样。修辞会因交际对象的变化而频频调整。

话语建构如此，话语理解也是一样。首先，话语理解受民族文化背景的制约。比如汉语中说一个人盼望亲人的到来，常用"望穿秋水"来形容。要准确地理解这个成语，就要同汉语的文化背景联系起来。汉民族在比喻人的眼睛，尤其是女子的眼睛时，往往用"秋水"。因为秋水也就是秋天之水，澄澈而幽深，借以形容女子眼睛清澈而富有深情。因此，理解话语意义时要联系话语的民族文化背景。不了解汉民族的文化、历史和社会，理解汉语就往往会出现偏误。

比如，有一位韩国同学，他和三个日本朋友常在一起，关系处得很好。有一个美国朋友就和他开玩笑说："你们真是'四人帮'啊！"这位韩国同学听了后，觉得这位美国朋友说得很对。于是，就回答说："对，我们就是四人帮。"在他看来，他们确实是由四个人组成的"帮"。但实际上，那位美国朋友的意思和那位韩国同学所理解的却大相径庭。

一方面，"帮"在表示人时，多含贬义。汉语中常说"不要拉帮结派，要团结"。这同汉民族的文化传统有密切关系。汉民族的根本精神传统之一就是"和"，"天人合一""家庭和睦"等思想，就是这种民族精神的体现。在汉民族生活的各种领域中，这种精神都有所反映。如中国的外交政策"和平共处五项基本原则"，其核心就是"和"。汉民族在处理人际关系时，也是主张"和为贵"，存小异，求大同，反对分裂，反对拉帮结派，所以，以"帮"喻人时常含贬义。

另一方面，"四人帮"具有特定的历史背景和文化含义。它指中国当代历史上的四个人物：江青、张春桥、姚文元和王洪文。这四个人以前都是中国政治舞台上的重要人物，他们在文化大革命期间拉帮结派，在共产党内制造分裂，企图搞乱国家夺取政权。1976年，这伙人的阴谋被粉碎，他们被依法逮捕。这四个人被中国人视为罪人。因此，这位美国朋友说他们几个人是"四人帮",虽然是开玩笑,但仍含贬义。那位韩国同学因为不了解"四人帮"这一词语的文化内涵,所以他认为那位美国朋友说得很对。再如:

> 按理说,我属于"八九点钟的太阳",应该浪漫时髦起来。即使不去欣赏"阳春白雪"之类的交响乐曲,也应该热衷于轻音乐舞曲,至少也要热恋于流行歌曲。但我却对那种让外地人称之为"台上人挣死了,台下人震死了"的不够艺术、不够科学的秦腔恋恋不舍,一往情深!

(师耕深《秦腔情》)

这段话中,有一个比喻——"我属于'八九点钟的太阳'"。"八九点钟的太阳"是什么意思?为什么作者说他属于"八九点钟的太阳"?如果不了解这句话的历史背景,就难以准确理解这句话的含义。这个词组出自毛泽东的《在莫斯科会见我国留学生和实习生时的谈话》,原文是:"你们青年人朝气蓬勃,正在兴旺时期,好像早晨八九点钟的太阳。希望寄托在你们身上。"后来,毛泽东的这次谈话被谱成了一首歌,文化大革命时期广为传唱。后来,人们在说到年轻人时,常常引用这段话。"文革"结束后,人们不但已经改变了20世纪六七十年代那种对毛泽东语录的崇拜,而且觉得那时人们说话必须背毛主席语录的做法,十分可笑。因此,80年代以后,人们还常引证当年的毛主席语录,但主要是为了调节气氛。

此外,中国人常把一天中太阳运行的状况比作人的一生。早晨的太阳喻指青少年,中午的太阳喻指中年,而夕阳则喻指老年。在这段话中,作者说自己属于"八九点钟的太阳",实际上是说他正年轻,像早晨八九点钟的太阳一样富有朝气,但也含有几分幽默在里边,因为了解中国那段历史的人,读到这样的语句时,不免联想到那个滑稽的年代。在理解上面这段话语时,读者如果不了解这句话的历史渊源,将很难准确把握它的真正含义。

其次,话语理解还要联系具体的语境,包括时间、地点、场合以及交际对象的心理和话语推进的程度。大家在生活中可能遇到这种情况,当你兴高采烈地去告诉朋友一个好消息时,他可能很冷淡,只是敷衍地说"知道了"。这时就要结合对方的心理因素进行理解了。他或是身体不舒服,或是正遇上不顺心的事,心情不好。话语理解也要考虑这些语境因素。如果不了解交际发生的背景或交际双方的具体情况，就往往容易造成误解。而离开了具体的言语环境，话语的意义也就无从确定了。比如，同是"你好"，但在不同的语境中，它的意思却不一样。只有联系具体语境，才能确定它的具体意义。两个熟人见面时说"你好"，那是友好的问候。而当两人发生争执时说"你好"，一般会是反语，讽刺对方。而《红楼梦》中林黛玉奄奄一息时说的"宝玉，你好……"，则含义更丰富。

综上所述，语境和修辞存在一种互动关系。语境制约着说写者的话语组织、建构，同时也制约着听读者对话语的理解。因此，在修辞过程中，修辞行为要和各种语境因素相一致。说写者必须根据语境来建构话语和调节话语。听读者也必须根据语境来理解话语，根据语境的变化来完善对话语信息的准确把握。反过来，人们的话语又反作用于各种语境因素，促使各种语境因素发生转变。比如，修辞行为不但会促使交际双方的角色和角色关系以及角色特征发生变化，而且会导致社会环境变化。在修辞过程中，话语同各种语境因素相一致是一条基本修辞规律。它包括两个方面：一是话语组织要保持和语境统一，并时时根据语境变化来调节话语；二是话语理解也要保持同语境一致，因语境的变化而变化。因此，充分把握修辞与语境之间的辩证关系，对把握修辞规律、提高修辞效率具有重要意义。

三、修辞应切合社会文化背景

社会文化背景是一个比较笼统的说法，其中应该包括历史、文化、习俗等各个方面。下面我们分别加以分析。

1. 修辞要充分考虑历史因素

人类的交际行为都是在一定的社会环境中发生的。因此，话语不但与语境中的交际者有密切关系，而且与特定的历史文化有关。交际双方的话语建构和话语理解，一定程度上依赖于交际双方的历史。历史有时候会成为交际双方进行合作的积极因素，但有时也会成为交际障碍。有些与历史相关的话题会成为彼此交往的共同心理基础，有些则会成为交往的禁忌。比如，在中日两国的交往中，20世纪上半叶日本的侵华历史，往往成为双方的敏感话题。而在中美两国的交往中，台湾问题也是敏感的话题。这是国际政治交往中修辞与历史的关系。

即使在一般的社会生活中，也有一些修辞行为是与历史密切相关的。比如商业传播尤其是广告中的有些修辞行为就需要考虑历史因素，否则，就可能引发社会冲突。比如，2003年9月初，为了缓解学校食堂压力，迎接2500名新生9月18日入校，北京航空航天大学第五食堂决定在9月18日开张营业。9月12日，五食堂挂出了有"918就要发"字样的横幅，希望能吸引学生前来就餐。结果，14日中午，一些学生发现这条横幅，觉得此宣传十分不当，希望食堂方面摘下横幅并作出书面解释。食堂个别员工态度强硬，拒绝此要求，学生们强烈不满。14日下午，食堂方面终于将横幅摘了下来。一名学生的说法颇能代表大家观点："'9·18'是国耻日，这是每个中国人都应该牢记的日子，可他们却想'918就要发'，在感情上，我们难以接受。"17日晚上，五食堂在校园网上对此公开道歉。道歉书中称："'918就要发'的横幅措辞不当，内容与食堂服务于广大师生的宗旨不符。对由此带来的负面影响，我们表示诚恳道歉。"同时表示："近期暂缓开业，进行内部整改，并及时召开座谈会，将整改情况向师生汇报。"①

显然，北航食堂挂"918就要发"横幅，本身也是一种修辞行为，起广告作用，目的是吸引新同学前往就餐。修辞者利用的是汉民族期盼吉祥的语音迷信思想。但是，修辞者忽视了9·18的历史含义。当年日本军国主义者在9月18日发动侵华战争，在中国烧杀掳掠、无恶不作，给中国人民造成了巨大的心灵伤害。许多中国人对此依然记忆犹新。北航食堂的做法无意中冒犯了大学生的民族情感，因此造成冲突。

以上实例说明，修辞过程中，不但修辞者需要考虑历史因素，交际对象也十分看重历史因素。修辞效果的产生也往往与社会历史有关。再如，据报道，2003年9月16日至9月18日，珠海市珠海国际会议中心大酒店，发生了数百名日本买春客狂欢的事件。报道中称："日本买春客在我们国耻日里来寻欢，竟然受到我们酒店数百名小姐的招待，其恶劣程度实在令人发指！"日本买春客称："我们就是来玩中国姑娘的！"此外，"日本嫖客还想在酒店挂国旗"。②

---

① 《北航食堂挂"918就要发"横幅 激起学生强烈抗议》，《京华时报》，2003年9月19日。

② 项仙君、林炜《珠海：国耻日竟来了日本"买春团"》，《中国青年报》，2003年9月26日；郑志刚、海涛《国耻日珠海来了日本"买春团" 目击者怒揭丑剧》，《郑州晚报》，2003年9月27日。

事件经媒体披露后，国人震怒，举国上下一片谴责声。广东省公安厅于27日宣布，公安机关已依法责令该大酒店停业整顿，并抓获了部分涉案嫌疑人员。"内地各大门户网站以及境外一些中文网站的聊天室几乎被网友们对该事件的评论'挤爆'，记者也接到大量读者对此表示'震怒'和全国各地新闻媒体希望我们提供采访线索的来电。"① 有网友评论说："当今世界局势，虽然不再敢有人给予我们明目张胆的武力侵略和战争威胁，但我们面临的经济侵略、文化侵略一刻也没有停止过。……日本人公然组织'买春团'，便是对正直、善良国人的传统观念的冲击和挑衅……日本人的行为，表达的是对我们中华民族传统文化的轻蔑，甚至是凌辱。"② 中国外交部发言人在答记者问时说："这是一起性质极为恶劣的违法案件。中方有关部门正在对案件进行调查，并将依法作出严肃处理。"③ 此后，当事酒店被查封，相关责任人受到法律制裁。

在此事件中，当事者固然应受到谴责。但是，为什么此事会引起如此强烈的社会反响呢？如果是本国人的上述不法行为被披露后，是否也会产生同样的效果呢？大概不会。上述报道实际上也是一种修辞行为。它之所以产生如此强烈的社会反响，主要跟20世纪上半叶的日本侵华历史尤其是我们的民族心理密切相关。这说明，社会历史因素不但制约着修辞者的修辞行为，同时也影响交际对象的话语理解行为以及相关的修辞效果。

这类例子在生活中也不鲜见。再如，据江苏南通《江海晚报》报道，2001年9月18日上午，有三个孕妇在中南医院做了剖腹产手术。她们做手术的原因是"9·18"这个日子"大吉大利"，因其谐音"就要发"。她们想为自己即将出生的孩子求个吉祥，待产的一个女士说："9月18日很吉利，而且这一天阴历也是双数。"显然，这些妇女是受了语音迷信的影响。她们的行为也情有可原，但她们同样忽视了"9·18"作为"国耻日"的历史。中国人对这一日子是刻骨铭心的。显然，上述孕妇可能没有想到这一层或者是忽视了这层含义，因此遭到了舆论的谴责。舆论认为："孩子哪日出生是没错的，你就是二月二出生也成不了龙，七月十五

---

① 项仙君、林炜《"珠海买春事件"公安厅长亲查　嫌疑人被抓》，《中国青年报》，2003年9月28日。
② 郭之纯《日本"买春团"带给我们的心理凌辱》，人民网，2003年9月27日。
③ 《外交部：日本人在华嫖娼违法　中方将依法处理》，人民网，2003年9月28日。

出生也变不成鬼。讨个口彩，图个吉利未尝不可，可是又犯得着为了个'吉利'的谐音去提前剖腹吗？更何况，剖腹还在'国耻日'这一天？我们能记住那一天'吉利'，就记不住我们民族的灾难和耻辱这一天？'9·18'这一天，整个东三省和内蒙古东四盟都沉浸在悲哀和仇恨的氛围之中，有许多70岁以上老人，这一天都拒绝进食，可是在南通市竟然还有人要讨这个'吉利日'。""如果为了自己'讨吉利'，把'国耻日'也忘却了，那么这'国耻'就真的延续了。"① 也许，当事者未必如评论者所认为的是忘了"国耻"，但她们至少应该有这方面的意识，不应该因追求语音吉祥，而忽视了民族历史。

此外，历史因素在跨文化交际中同样不可忽视。有些国际争端往往与忽视或故意利用历史因素有关。例如，2003年7月2日，担任欧盟轮值主席的意大利总理贝卢斯科尼，在欧洲议会讲演后即兴回答问题。德国议员马丁·舒尔茨指责意大利政府通过给予国家5位最高领导人在职期间享受刑事豁免权的法案，使得他们免遭受贿罪的起诉。作为政府总理，贝卢斯科尼理所当然成为这项法案的受益人之一，意大利米兰一家法庭于6月30日中止了有关他受贿案件的审判。面对舒尔茨的指责，贝卢斯科尼回敬说："意大利正在拍摄一部反映纳粹集中营的影片，我会推荐你出演一个（纳粹）小头目。"此语一出，四座哗然。议员格雷厄姆·沃森说，贝卢斯科尼的话"使得欧盟主席国的尊严蒙羞，冒犯了整个欧洲"。舒尔茨则认为，贝卢斯科尼的话表明，他并不适合代表整个欧洲的形象。议会议长帕特·考克斯以及舒尔茨都要求贝卢斯科尼对"纳粹"的说法当场道歉，但得到的答复却是"这是一个富有讽刺意味的笑话"。为此，考克斯说："对于冒犯一个值得尊重的（议会）成员、我的同事舒尔茨一事，我深表遗憾。"随后，他表示暂停会议讨论。②

此后，意大利政坛认为贝卢斯科尼应该道歉。德国总理施罗德3日要求意大利总理贝卢斯科尼正式道歉。③ 德意两国发生外交危机。7月3日，德国总理施罗德在与贝卢斯科尼通电话后，在总理府对记者们说，贝卢斯科尼对于他的"用词选择和比较表示歉意"。施罗德随之宣布德

---

① 阮直《忘"国耻"找"吉利"》，《法制日报》，2001年10月29日。
② 欣华《意总理乱讲话 "打断"欧洲议会》，《北京晚报》，2003年7月3日。
③ 徐蕊《意总理出言不慎掀波澜 施罗德要求正式道歉》，新华网，2003年7月3日。《意总理出言不逊羞于见人 施罗德怒斥要求道歉》，新华网，2003年7月3日。

国与意大利之间的外交危机结束。①

本例中，交际双方的冲突源自意大利总理贝卢斯科尼对德国议员舒尔茨的讽刺。问题的核心并不是讽刺本身，而是其话语信息关涉一个与德国历史乃至世界历史密切相关的话题——纳粹。贝卢斯科尼说，要推荐舒尔茨出演反映纳粹集中营影片中的一个（纳粹）小头目，无疑是在说舒尔茨像纳粹分子。这不但是德国很敏感的历史问题，也很容易触动欧洲乃至其他国家人民的痛处。人们很难忘记那场德国纳粹给世界带来的灾难。"纳粹"本身就含有贬义，加之德国历史乃至世界历史的原因，贝卢斯科尼的失言导致德意外交危机也是情理之中的事。这也说明了历史因素在跨文化修辞中的重要作用。

2. 修辞要切合文化习俗

在修辞过程中，无论是话语建构，还是话语理解，还都需要充分考虑各国、各民族的文化习俗。也就是说，修辞交际双方，要根据修辞语境的文化、习俗建构和理解话语。

不同的民族、不同的国家，都有自己特定的文化传统，有自己的文化习俗以及相应的心理。这些都会不同程度地反映到言语交际中来。例如，1997年8月14日，《文摘报》上转载了一篇文章，题为《美国房地产广告禁忌多》。文章报道，在美国做房地产广告有许多禁忌，像"白人社区""基督教社区"等绝对不可使用。因为早在1986年，美国联邦政府就颁布了公平住宅法，禁止含有种族、肤色、宗教、性别和国籍歧视的广告。此外，"单身贵族的天堂""空巢族的理想住宅"和"老人住宅"等也不能用，因为1988年美国国会修正了公平住宅法，加入了保障有小孩的家庭和残疾人免于受歧视等规定。如今，"主管阶层的住家""热爱运动者的选择"和"环境幽静""景色绝佳"等词语也犯忌。因为大部分公司主管都是白人，所以使用"主管"有种族歧视的味道。而鼓励"热爱运动者"购买，则有排斥残疾人之嫌。"环境幽静"被解释为没有小孩，意味着不欢迎有小孩的家庭。"景色绝佳"则被认为是歧视盲人，盲人失明看不到景观。由于一些广告者不注意话语的文化功能，所以导致了许多由此引起的纠纷。比如，俄勒冈州1991年曾发生过150起房地产广告的控告案。这些实例说明了社会文化在修

---

① 《意总理道歉 施罗德宣布德意两国外交危机结束》，人民网，2003年7月4日。

辞过程中的制约作用，修辞应该充分考虑交际对象的文化因素。

同理，在中国人的交际中，修辞者建构话语时则要充分考虑汉民族以及其他各民族的文化习俗，尤其是一些同修辞活动密切相关的文化习俗。在选词择句以及使用辞格或者理解相关的话语时，要顾及各民族这方面的传统，比如生活习俗、宗教习俗等等。否则，就可能导致误解。比如，中国沿海地区使船的人最忌讳翻船。因此，与"fān"意义或语音相同或相近的词语也成了忌语，比如"帆""番""藩""幡""蕃"以及"沉""滚"等等。如果不了解这种习俗，就很容易犯忌，引发人际冲突。比如，1949年春天，中国人民解放军准备渡江战役。因为国民党军队撤离前，把当地江边的民船大部分都带走或沉入江中了。于是，解放军只好向临近湖区的老乡借船。但因不懂使船人忌讳"翻""沉""滚"以及相关的同音词，在与当地渔民交往中就没有避讳上述词语，给老乡送的锦旗中就有"一帆风顺"，结果惹得老乡不高兴，借船受阻。后来，了解了上述生活忌讳后，解放军调整了话语策略，才顺利地征到了当地百姓的船。① 渔民的这种忌讳在一般社会生活中也存在，比如在宴席上，如果鱼被吃完一面后，通常说"把它正过来"或"调个个儿"，很少说"翻过来"，因为"翻过来"往往被与"翻船"联系起来，"翻船"常被用于比喻事业遭到挫折或失败。有些开车的也有类似的忌讳，比如忌讳"坏了"等等。商店下班、歇业等，不说"关门"，而说"打烊"。因为"关门"含有"倒闭""破产"的意思。

修辞也与宗教习俗有关。比如，在佛教中，信徒出于对神灵的敬畏，在用词上也有所反映，"买佛龛"（供奉佛像的小阁子，多是木头做的）往往用"请"，而不说"买"。因为佛界是净地，视金钱为世间浊物，故而说"请"，不说"买"。至于对寺庙捐钱，也不直说"钱"，而代之以"功德"。捐钱多的，就说"功德高"。伊斯兰教中，忌讳"猪肉"，对此一般说"大肉"等。其他宗教中也有类似的忌讳习俗。

除此之外，修辞也与其他习俗密切相关，比如迎来送往、婚丧嫁娶以及节日等等。比如，中国人分别时，往往说"一路顺风""一路平安""多保重"等等。但如果祝福乘坐飞机的人，往往说"一路平安"，忌讳"一路顺风"，据说后者不吉利。对新婚的人，往往祝福对方"夫妻恩爱""白头偕老""百年好合"等，但忌讳说"分""离"等。分

---

① 教育电视1台《纪录片欣赏》节目，2003年9月25日晚。

吃梨子，就更忌讳了，因为谐音"分离"。给老人祝寿时，常说"祝您健康长寿""祝您寿比南山、福如东海"。给小孩过生日则常说"祝孩子长命百岁"等等。逢年过节，则道声"恭喜发财""万事如意""万事大吉""大吉大利"等等。在中国人眼里，财富、健康、长寿、幸福、做官等都是美好的愿望，这些在日常谈话中都有不同反映。过节时吉祥语最多。这首先表现在春联上，如"四季如春""六畜兴旺""年年有余""五谷丰登""春色满园""前程似锦"等等。口语中就更多了。春节时大家见面多说"新年好""春节愉快"。国家领导人在电视上发表讲话时，也常说："给全国人民拜年，祝全国人民春节愉快、合家欢乐、万事如意！"在春节期间，多忌讳一些不吉利的话题，比如"死亡""灾祸"。很多人都忌讳不吉利的话，像"倒霉""坏""烂""死"等容易引起人们对不好事情联想的话语，一般不说。如果遇到非涉及不可的情况时，也都采用另一种说法。有些生活小事，也往往换个说法。比如，馒头蒸裂了，就说"笑"了。饺子下烂了，就说"下过了""下挣了"。这些说明，即使在同一文化背景下，也需要了解本民族的文化习俗以及亚文化群体之间的言语习俗。

四、修辞应切合民族心理

在修辞过程中，除了要切合历史、文化之外，还需要充分考虑交际双方尤其是交际对象的民族心理。所谓民族心理，就是一个民族的共同心理特点和共同趋势，比如伦理观念、审美心理以及其他民族心理因素。民族心理统辖了一个民族群体的行为倾向，其中也包括修辞行为倾向。

1. 修辞要切合伦理观念

伦理或道德是依靠社会舆论、内心信念和社会习俗来维持的人类行为规范系统。伦理观念或道德观念，就是人们对上述规范系统的认识、情感、态度，是人类意识的一个重要方面，也是影响和制约人类行为的重要因素之一，修辞也不例外。人们修辞行为的特点，不同程度地带有伦理道德的印记。比如，汉民族的伦理观念很强，人与人之间的交往很注重伦理关系，比如长幼关系、血缘关系、行政关系等等。在言语方面，也十分重视权势的大小、身份的贵贱、职位的高低、等级的上下、辈分的差异。这主要体现在称呼方面。

一般情况下，在正式场合，人们习惯于接受被称官职、职位、职称等，如"李局长""赵教授""陈老师"等等。人们一般乐于被尊称为长辈，如"爷爷""奶奶""伯伯""老兄""老李"等等。在乡村邻里，大多以血缘关系相称，即使没有血缘关系，也往往用血缘关系称谓。即使在乡间问路，人们也常说"老大爷""老大娘""大姐""兄弟"等等，为的是易为对方接受。与此相应的是使用尊称。说话时，多尊称对方，在称呼上"贬低"自己。比如，称呼对方为"老兄"，称呼自己则为"小弟"。称呼对方为"先生""足下""阁下""您"，自称则为"在下""卑职"等等。交际中，有时为了显示对对方的尊敬，即使对方年龄比自己小得多，也往往尊称对方为"兄"。称呼对方的亲属也是如此。称他人的父亲、母亲、妻子、儿子、女儿，分别为"令尊""令堂""尊夫人""令郎"（公子）"令爱"（千金）等等。此外，对他人还喜欢用"老"，比如"老王""老同志""老同学""老乡"等等。"老"有"长""尊"等含义，有时候，即使对方年龄不大，也用"老"。当然，这多用于男性。

与之相反，人们不习惯于被直呼其名，尤其是姓名全称。姓名全称，多用于正式场合，尤其是在大众传播中，比如公事活动等等。在一般人际交往中，平辈人之间尤其是年轻人之间，比如同学、同事，往往姓名全称。上级对下级、长辈对晚辈、老师对学生，多姓名全称。反之，则不符合社会伦理规范。在其他许多场合，也不宜姓名全称，否则，会引起对方不快。此外，在行政关系中，对官员一般都称官职，尤其是正职。即使对方是副职，也有意识地把"副"字省掉，以显示说话人对对方的尊敬，给对方好感。这些都是由言语交际中的社会心理所决定的。当然，在一些严肃的正式交往中，则正副分明。

伦理观念对修辞的制约作用古已有之。比如，重礼制，男女有别，尊卑有序，是中国悠久的道德传统。这在古人的言语规范中有突出的体现。在古代，天子的配偶叫"后"，诸侯的配偶叫"夫人"，大夫的配偶叫"孺人"，士的配偶叫"妇人"，而庶人的配偶才叫"妻"。"死"也有等级分化。天子死了叫"崩"，意思是如同山崩了。诸侯死了叫"薨"，大夫死了叫"卒"，士死了叫"不禄"，庶人死了才说"死"。由此可见，即使是词语的等级分化，也是讲究忌讳的。"崩""薨""卒""不禄"，都是"死"的委婉语。而只有庶人死了，才明明白白地叫"死"。这是中国古代伦理观念影响语言变体分化的实例，也是当时的道德观念影响人们修辞行为的具体表现。此外，古代"男女授受不亲"的道德观念，也对人们修辞行为的性别分化具有重要影响。所谓"男女授受不亲"，就是男女间交往不宜太亲近，转义是男女有别。这当然是古代的传统。现代由于受西方道德观念的影响，虽然有很大的变化，但在一般情况下，男女之间的交往还是受传统道德的影响。因此，男的尤其是陌生男子，一再称赞姑娘漂亮，常被认为是不怀好意，对方也会提高戒备。如今，中国古代的这种礼制大部分逐渐消亡了，但生活中还有许多残留的东西，也就是现代中国人的"礼"。因此，修辞交际中还要充分考虑中国人的这种伦理道德观念。

2. 修辞要切合其他民族心理

除上述的伦理观念之外，还有一些其他民族心理，比如审美心理、价值观念等等。比如，中国人在待人接物方面，普遍的心理是"谦受益，满招损"。生活中常常会遇到这样的情况，一个人在做报告或讲演时，常说："本人才疏学浅，对这方面的研究还不深入，在这里谈一点浅见，抛砖引玉，请各位专家学者多多赐教。"说话人之所以这样说，是为了使大家更容易接受，给人一种谦虚的感觉，更适合中国人的话语接受心理。如果不这样说，而是说："本人才高八斗，学富五车，对这方面颇有研究，在这里谈一番高见，抛玉引砖，请大家认真学习"，那就违反了中国人的话语接受心理，给人的印象是高傲、不谦虚，就会引起听众的反感。如果不了解中国人的这种心理，就难以理解中国人日常交际中的许多客气话，交际中就可能出现误解。这些都说明了汉民族与西方一些民族的心理差异。西方人，尤其是欧美人十分强调自信，具有很强的自我表现意识，在言语方面，喜欢直爽，遇到别人的赞誉、夸奖，不讲客套，只需说声"谢谢"就可以了。而中国人则强调集体，不主张突出、表现个人，尤其是直接地通过言语来表现。注意这些，对提高修辞效果是很有帮助的，尤其是在跨文化交际中。

除上述方面以外，汉民族期盼吉祥的心理以及由此产生的语音和数字崇拜及忌讳也值得重视。在汉语的运用过程中，人们有一种图吉祥的心理。这不仅表现在话语的意义方面，而且表现在语音方面，特别是那些与吉祥话语相同或相近的语音，更受人们的青睐。例如，过春节时，门上往往贴一个倒立的"福"字，谐音"福到（倒）了"。结婚时，婚家常发给客人"红枣""花生""桂圆""栗子"等作为礼物，寓意

"早生贵子"。这种对吉祥语音的崇拜，有时甚至发展到迷信的程度。

1998年6月13日，《中国经济时报》上有一篇题为《发菜吞吃蒙西草原》的报道。文章说，我国荒漠地区有一种伴随在旱生牧草根部生长的野生植物"发菜"，因其形状酷似人的头发，为此被称为"头发菜"。因为"发菜"谐音"发财"，这使得好讨彩头的中国人尤其是广东人大为钟爱，在那里每斤售价数百元。因此，甘肃、宁夏等地一些农民为发财致富，便疯狂挖掘。因为"发菜"生长在牧草根部，搂取一丛"发菜"，便搂死一丛牧草，严重破坏了内蒙古西部地区的草场。这可以说是语音迷信的一个典型事例。

无独有偶，据2001年2月5日的《中国妇女报》报道，在贵州，每年春节，贵阳市民总爱到市内的森林公园——黔灵公园爬山，并顺便拾点干柴回家，讨个"拾财（拾柴）"的口彩。但山林中落地枯枝有限，一些市民便攀折树枝，还有"爱大财"的人专折粗壮树枝，甚至将小树折断拿回家。这不仅给黔灵公园的管理人员带来了许多麻烦，也破坏了生态环境。显然，依靠"拾柴"是"拾"不到"财"的，只能破坏生态环境。这也是语音迷信在作怪。2003年7月，北京市公安局大兴分局在夏季治安攻势中，成功捣毁一个"百家乐"特大赌场。警方在现场发现"赌桌上放着一盆生姜，折叠刀插在生姜上，赌徒们称这叫'稳坐江山'"。① 其中利用的也是谐音，也属于语音迷信。

除上述的语音迷信外，还有一种数字语音迷信。在语用中，人们赋予一些数字以特殊的含义。人们认为有些数字是吉祥的，有些数字则是不吉祥的。比如，西方人一般认为13是不吉利的。汉民族的这种数字崇拜甚至迷信心理尤为突出。例如，一些电话号码、汽车牌照号码，因受语音迷信的影响，就被赋予了巨大的经济价值。例如，2003年8月18日下午，成都市电信局公开拍卖了100个特别电话号码，其中"88888888"拍出了233万元的天价。② 为什么呢？因为"8"谐音"发"，即发财、发达的意思。

数字本身并无贵贱差别，只因它们同汉语中某些词的发音相同或相近，因而有了商业价值，如"8"与"发"，"9"与"久"，"5"与

---

① 《北京午夜捣毁特大赌场　现场查获赌资60余万》，《北京青年报》，2003年7月16日。
② 周俏春《成都电话号码"88888888"拍出233万元天价》，新华网，2003年8月18日。

"吾"、"1"与"要"等等。这些数字的音切合了中国人的迷信心理，成了大吉大利、大富大贵的代名词。再如：

> "138"段的号码均需交纳选号费400～600元。"137""130"段的选号费根据"吉祥"程度的不同，收费100～500元不等。选带"4"的号码不仅不要钱，还可以"倒找"50元。
>
> （刘严《手机标价有玄机》）

本例是商场中手机型号的标价问题。从中我们可以看出，商家和顾客都把手机的号码与是否"吉祥"挂上了钩。带"1""8""9"等"吉祥"数字的价位高，商家可以赚钱，而"4"这个"不吉祥"的号码则赔钱。因为"4"与"死"音近，所以顾客不愿要，商家只好倒赔钱。据说，有个人装了一部电话，因号码中有"1414"，所以不久就把电话撤了，因为"1414"谐音"要死要死"，很不吉利。当然，这没有道理。如果按照音乐简谱来读，"4"不也是"发"吗？

中国人的数字语音迷信，可以说具有丰厚的民族文化传统。从古代的帝王，到如今的百姓，都或多或少地存有这种思想。中国古代的一些皇家建筑，多以"9"为基本组成单位。比如，北京的天坛等建筑的台阶、廊柱以及层数，大都蕴含了"9"或者"9"的倍数，取义"天长地久"，利用的还是谐音。这与其说是一种迷信，不如说是一种文化，一种把语言运用和实际生活紧密结合起来的特殊文化。这种文化带有很强的大众性，关涉到公众日常生活的各个领域。老百姓出门远行、结婚、盖房，甚至于出门乘车，都要看看所选的日子或所乘车子的号码是否吉祥。有的人远远看到出租车来了，本想搭乘，可等车子开近了，看清楚了号码是"4"，他们就不想招手了。而当看到带有"8"字的车号时，本不想打车，却要打车了。

比如，1998年7月14日的《新民晚报》上，有一篇题为《打"的"竟挑车牌号——数字迷信增多让人忧》的文章。作者在文中写道：

> 前几天，坐上一辆出租汽车，司机向我抱怨车子的牌号不好，末两位数是14，有时有人已经招手了，等看清牌号后却又转身而去。无独有偶，我又坐上一辆牌号为6688的出租汽车，司机承认，号码好的车生意似乎要好做一点，特别是一些年轻人，本来并不准备打的，看到这个号码，就招手上车了，为的是图个吉利。

当然，车牌号与车祸等不吉利的事，是没有必然联系的。但由于长期的文化积淀，人们在心理上构筑了一条数字与吉凶的链条。这种数字与心理的联系，又是不可能完全被消除的。它在实际生活中仍有一定的影响力。因此，大家在学习和生活中要结合具体的言语活动，加深对那些同汉民族特定心理密切相关的汉语语音的理解。再如：

今年上海市普通高校招生考试期间，不少市民给出租汽车公司调度中心打电话预约叫车时，都不约而同地"关照"调度员，无论如何不要调派车牌号末尾是 4 或 6 数字的车辆，生怕这两个数字给参加高考学生带来晦气。这些市民认为，沪语中的 4 与"输"、"死"近义，6 和"落（榜）"谐音。高考第一天，某公司一辆出租汽车按预约准时来到位于大渡河路上一位考生家门口等候，当学生家长一眼瞥见这辆车车牌号码尾数为 44 时，甩下一句"阿拉勿要了"，拉上女儿扭头就走。

这种令人啼笑皆非的现象，给出租汽车公司的调派工作增加了不必要的麻烦。

（张欣平《沪上高考约车有忌讳》，《新民晚报》，1999 年 7 月 10 日）

本例也是数字语音迷信的一个例证。其实，这种数字迷信在别的国家也有。比如，在韩国的电梯里，就常常看到"F"（英语"fourth"的第一个字母），而很少看到"4"。楼房中的"4"层，也常被"5"取代，比如"516"房间，实际上是"416"房间。因为在韩国语中，"4"与"死"谐音，不吉利。

当然，也不是所有的人都有这种数字迷信思想。比如，虽然有些西方人认为"13"不吉利，但也有的人不以为然。据 1997 年第 10 期的《读者》介绍，加拿大的安大略省皮克灵市 53 岁的妇女多尼兰就对这个数字情有独钟，因为这个数字导引着数不尽的好运接踵而来。她与丈夫在 13 日坠入爱河，妹妹和女儿的生日也都是 13，她的汽车牌号、门牌号，也都有 13。再如：

菲德尔·卡斯特罗生于 1926 年 8 月 13 日。许多人视为不祥的数字 13 却成了他的幸运数，甚至，连 13 的累加也成了他的幸运数。在组织了对圣地亚哥市蒙卡达兵营的果敢攻打后，他的名字开始为整个古巴，甚至古巴以外的地区知晓。对于那些用猎枪武装起来的年轻人而言，这次攻打是一次失败，但对年轻的律师卡斯特罗而言，这次攻打却是将他导向权力顶峰的阶梯的第一级台阶。他从这第一级台阶走到最高一级台阶总共只花了几年时间。攻打是在1953年7月26日拂晓开始进行的，卡斯特罗当年26岁。甚至，卡斯特罗戒烟的日子也与13有关：8月13日。

（陈贵星编译《卡斯特罗死里逃生传奇》，《文摘报》，1999年7月22日）

卡斯特罗是古巴的最高领导人，而古巴又靠近美国，但它是社会主义国家，其意识形态与西方不完全一样，因此对待数字的看法也不一样，在西方看来不吉利的数字13，在卡斯特罗的眼里却是吉祥的象征。可见，这方面的迷信、崇拜、忌讳并不是绝对的。

不仅民间很重视话语的忌讳，过去的帝王之家，也十分重视话语忌讳。中国最后一个皇帝宣统，举行登基大典时刚三岁。当时，宣统皇帝在接受群臣朝贺时，"大声痛哭，不肯升座，频言我不愿居此，我欲回家"。旁边的大臣担心小皇帝啼哭有伤身体，于是急急忙忙同御前大臣肃亲王商议，结果"草草成礼，拜跪未毕，侍阉即负之而去，且云'完了''回去罢'"。当时，有的大臣就觉得不吉祥。清朝灭亡后，有人就说"果应'完了''回家'之语"。"完了""回家"本是指典礼结束。但人们在心理上，往往把它与王朝的兴亡联系在一起，会意为皇帝退位，回家了。这当然带有一定的迷信色彩。一个王朝的覆灭，并不是一句话造成的。但从语言运用角度看，"完了""回去罢"的话语效果，是与人们期盼吉祥的心理相背的。

再如，山东荣成有一处观海的景点，名为"成山头"，又叫"天尽头"。据说，它是我国大陆海岸线的最东端。相传秦始皇东巡时曾到过此地，但在回都城的路上死了。后人遂加以演绎，认为"天尽头"就是"天子的尽头"，会意为"到了绝处"。于是，后来人们遂认为此处"妨大官"。据说，当代去过那儿的高官都丢了乌纱帽。这当然也是话语迷信。

忌讳实际上是人们的一种心理。不说忌语而说委婉语，是为了照顾听话人的心理，使话语效果更好。如中国的女性尤其是年轻女性，多忌言与性有关的话语。谈到这方面的事物时，多采用委婉的说法。"乳罩"叫"胸罩"，"月经"说成"来好事""倒霉""例假"等等。有关性方面的疾病，别人问时，就说成"妇科病"。遇到特指时，往往说"那地方""那个部位"等等。妇女怀孕也有许多委婉的说法，如"有了""双身""身怀六甲""身子不方便"等等。至于"有什么了""为什么身子不方便"，当然是不言而喻了。"快生孩子了"，则说成"快做妈妈了"。这些说法都是女性特有的心理所致。因此，两性之间的交际，需充分考虑女性的心理特点。当然，这种委婉语不止中国有，外国也有。

忌讳是中国人自古以来就有的，有些忌语是同社会、政治有关的。封建社会中帝王的用语就是神圣不可犯的。比如帝王的姓名一般人是不能说的，否则就是犯讳，是要杀头的。与之同音的字也不能说，要换一种说法。帝王自称的词语是百姓不能用的，如"朕""寡人""孤"等，这些都是帝王的自称专用语。官员在帝王面前自称时，要说"臣""老奴""老臣"等等。百姓对官员自称时，要说"小民""贱民"等。在古代，连地方长官的姓名也是不能说的。熟语"只许州官放火，不许百姓点灯"，说的就是犯讳的事。

生活中懂不懂忌语，用不用委婉语，与修辞者的修养、身份、性别等因素有关。一般老百姓与知识层次较高的人不同，女性与男性不同，儿童与成年人不同，年轻人与老年人也不一样。因此，修辞过程中，要注意交际对象之间的差异。一般来说，委婉语的使用频率是与年龄、知识层次、社会地位等因素成正比的。

五、修辞应切合社会政治背景

政治不仅对人们的社会生活有很大的影响，而且对人们的修辞活动也有很大的制约作用。各个国家的政治制度不同，人们的政治观念也存在差异。中国的政治同样有其自身的特点，它对人们的话语也有很大影响。例如，文化大革命中曾经有一段时间，人们在日常言语交际中，必须经常背毛主席语录，无论是吃饭、做事，开口讲实际内容之前，首先要说"伟大领袖毛主席教导我们说……"等等。这是受当时的政治形势的影响。社会政治除了制约话语的形式之外，也影响话语的内容。例如：

> 凡到我革命照相馆照相，拍革命照片的革命同志，进我革命门，问革命话，须先呼革命口号。如革命同志不呼革命口号，则革命职工坚决以革命态度不予照相。致革命敬礼。
>
> （赵丰《"忠"字下的阴影》）

这是"文化大革命"中一家照相馆的"顾客须知",其中句句有"革命",一共 11 个。今天看,至少有 9 个是多余的。实际上,这则"顾客须知"完全可以缩略成:"凡到我照相馆照相、拍照片的同志,进门问话,须先呼革命口号。如不呼革命口号,则坚决不予照相。致敬礼。"这样可以完成同样的交际任务。但在"文革"期间,却不能这样写。当时的政治形势迫使人们不自觉地突出"革命性"。那些今天看来冗余的信息,在当时来说,却是必需的。这充分说明了社会政治对公众修辞行为的影响。因此,修辞交际中应适当考虑并能动地利用政治因素。

社会政治对话语的影响由来已久。封建社会的"文字狱",可说是社会政治对公众话语干预的例证。如,清朝时曾有一个书生,有一天,他正在看书,突然刮来一阵风,把他的书吹开了。该书生兴之所致,随口吟道:"清风不识字,何得乱翻书。"说者无心,听者有意。结果,他被官府抓去,遭了杀身之祸。因为"清风"的"清"和"清朝"的"清"是一个字,这就犯讳了。他的诗被认为是讽刺皇帝不识字。这种事看上去虽然荒唐,但在现实中却是存在的。所以,修辞应考虑政治影响,今天看来仍然具有现实意义。

此外,中国特殊的国情,使得某些话语带有特殊的意义,组织话语时也要给予充分的考虑。例如,由于中国实行的是社会主义,人们受政治的影响,用语中曾一度不说"失业",而说"待业"或者"下岗",不说"通货膨胀",而叫"物价上涨"。工厂倒闭,不说"倒闭",而说"破产"。社会贫富不均,不说"两极分化",而说"收入有差距"。这些用语在大众传播媒介,尤其是党报上是比较明显的。这些都反映了社会政治对话语的影响。

话语同社会政治背景相一致具有特殊的意义。了解这一点,不仅对话语组织有帮助,而且对话语理解有帮助。这一原理不仅在同一文化交际中有重要的传播价值,在跨文化交际中同样具有重要的传播价值。比如,据说,在文革时期,外国商人来中国参加广交会,口袋中装着一本毛主席语录,口中还不断赞颂文化大革命的成就,商业谈判做得异常顺利。显然,那时的外国人就是利用了中国人的政治心理。

六、修辞应切合社会心理

人们的修辞行为除了受上述因素制约之外,还受社会心理的影响。比如,20 世纪新中国建立以来,关于身体胖或使身体不胖的说法,就经历了一个变化过程。五六十年代,如果说某人胖,对方心理感觉挺美;80年代,说某人胖,对方还能和颜悦色;90年代以后,如果说某人胖,对方不是不高兴,就是有些忧虑了,因为许多人已经在减肥了。最近几年,人们在表达削减体重的说法,也有不少变化,最初用"减肥",后来用"瘦身",如今则更多地选择"健美"。

  为什么呢?社会心理变化使然。新中国建国之初,人民生活水平比较低,温饱是个大问题。因此,熟人见面,多以对方胖瘦作为寒暄的一部分。说对方胖了,意味着对方的生活水平高,因此听者往往有一种幸福感。身体胖很难与不美联系在一起。80年代,人们基本解决了温饱问题,身体胖,意味着各方面生活富足,心情舒畅。90年代,大部分人进入小康,肥胖不再是生活富足的代名词,而是意味着饮食失衡,生活习惯不良,身体不美,不健康。"肥胖"容易使人联想到身材臃肿、心血管病、动脉硬化、血脂高等。"肥胖"已经成为一个社会问题,人们逐渐惧怕"肥胖"。因此,最近几年,人们为了适应这种心理需要,避免心理上的不良反应,就选择委婉的说法,有意识地避开"肥"字,"瘦身""健美"成为减轻心理压力的一种修辞手段。这种修辞方法也扩展到了大众传播领域中,比如"十届全国人大一次会议10日通过国务院机构改革方案。这意味着中国政府进行了从'瘦身'到'健美'的自我转变"。上述修辞方法演化历程的深层原因,是社会心理的变迁,尤其是公众审美心理等的变迁。

  上述实例说明,修辞需要切合并能动地利用社会心理。所谓社会心理,就是指公众或某些社会群体、组织、阶层共有的心理趋势,如"政治心理""审美心理""社会态度""道德观念"以及其他社会价值观念等等。社会心理属于社会意识系统,它与个性心理相对,个性心理是就社会个体而言,而社会心理则是就社会群体而言的,大到一个民族、一个社会,小至一个阶层、一个群体,都有一定共同的心理趋向。社会心理与个性心理既有联系,又有区别。共同点在于,两者都是人类的心理范畴。差异在于,一个归属于社会群体,一个从属于社会个体。实际上,心理既是个体的,也是社会的,个性心理同样带有社会性。在"心理"前面加上"社会",并非要抹杀个性心理的社会性。社会心理是个性心理的社会化,是许多个性心理的共势;个性心理则是社会心理在个体层面的具体化,它是社会心理借以存在和运作的载体。

  如果说民族心理对修辞行为的影响是宏观的,那么社会心理对修辞的影响就是微观的。社会是由不同的阶层、团体、组织构成的。社会阶层不同,其心理倾向也有差异。修辞交际行为也呈现出一些特点。工人、农民、军人、警察、教师、官员等等,既是不同的社会职业群体,也是不同的社会阶层。他们的言语各有特点,其中一个重要的因素就是其社会心理。因此,修辞实践中就应考虑不同社会群体、社会阶层的言语行为特点以及规范和特定的心理特点。这是提高修辞效果、促进社会合作的重要前提。比如,2000年北京两所大学合并,其中一所大学的领导在一次内部会上就告诫职工对外要讲两校合并是强强联合,不是谁吞并了谁。显然,这位领导这样说,就是考虑到了交际对象群体的心理。

再如,20世纪80年代以来,在大众言语交际中,对女性称呼"小姐"比较普遍,这是与当时人们的话语接受心理分不开的。对外开放以来,中国经济发展很快,人们的生活水平提高了,因此,对衣着、体貌更加讲究的人也越来越多,女性希望年轻漂亮的心理也越来越强。因此,"小姐"这个标志身份高贵、气质高雅的称呼,适应了当时年轻女性的心理需求。其实,这个词曾经在50年代至70年代的公众交际中一度几近消失,因为那时社会崇尚的是普通劳动者的朴实无华。当然,现在"小姐"一词也不是适用于所有的女性,对五六十岁的年长女性称小姐,还是不合适的。她们会认为说话人以为她们不稳重、不成熟,爱"老来俏"。这是与中国人重辈分、资格、等级,以及讲究伦理秩序的传统观念分不开的。当然,也有人不喜欢被称为"小姐",因为社会上有"三陪小姐"现象。而在大学校园里,和女同学谈话时,一般应使用"女同学""女生""女孩""男生""男孩",避免使用"女人""男人"等词语。因为,在他们看来,前者听上去比较单纯,后者则比较世俗,甚至污浊。

这说明社会心理并非一成不变,它也是有时代性的。比如,在我国当代社会中,不同历史时期人们的社会心理就呈现出不同的特点,新中国建立以来大众传播领域中的公众称呼变化,就是一个很好的例证。20世纪50年代至80年代初,"同志"一统天下。80年代中期以后,"师傅""老师""先生""小姐""夫人"等等形成互补态势。其中一个主要的原因就是社会政治心理的演化。即使夫妻称呼,也经历了一个演化过程。20世纪50年代至80年代初,大陆的一般场合,都称"爱人",正式场合也较少称呼"夫人",但此后就不同了。"夫人""太太""先生""老公",逐渐进入交际领域,与"爱人"形成互补。

以上分析说明，修辞不仅要考虑社会文化、民族心理、社会政治，而且要考虑社会心理。这不仅在同一文化背景的修辞交际中具有重要的实践价值，而且在跨文化修辞中具有重要的实践价值。修辞交际中为了保证话语的有效性，修辞效果更理想，有必要了解修辞同人们的社会心理之间的关系，这包括价值观念、思维方式、审美心理、道德观念、宗教信仰等等。如果忽视了社会心理差异，就容易导致言语失误，影响人际关系。在汉民族内部的言语交际中，如果忽视了社会心理，同样会导致交际失误。

七、修辞应切合社会角色

修辞行为与语境之间的辩证关系，还体现在修辞行为与修辞主体的角色以及角色心理和角色关系方面。修辞行为要切合修辞者自身的角色言语规范，同时也要切合交际双方的角色关系以及交际对象的个性心理特点。这一点在日常修辞实践中体现得十分明显。日常生活中，我们经常发现，同是处于一个会话场景中，但每个人的话语却表现出不同的特点。即使是面对同一个交际对象，这个人这样说，而那个人则那样说，并且会具有不同的修辞效果。是什么因素在整个会话中起了决定性的作用呢？它又是如何来控制人们的话语建构的呢？这就是说话者的话语角色和角色关系。

社会是一个有机系统。人与人之间是按一定的关系结合在一起的。每个人在社会中都有其相对固定的位置，或者是"儿子"，或者是"父亲"，或者是"领导"，或者是"群众"。这些不同的位置就叫做"角色"。社会角色是由一定的社会功能或社会关系所决定的社会成员类别，它是社会组织的基本单位。比如，男人、女人、中国人、外国人、汉族人、维吾尔族人、工人、农民、军人、领导、群众、校长、教师、年轻人、老年人、父亲、母亲、儿子等等，都是社会角色的类别。社会角色不是个人认定的，它是人类长期社会化的结果。社会角色不一样，其社会作用也就不同，体现在言语交际中，言语的特点、要求也就不同。同一个人，作为"父亲"对"儿子"讲话、作为"儿子"对"母亲"讲话与作为"丈夫"对"妻子"讲话，言语方式会显著不同。一个汉语老师，他与中国学生谈话和与外国学生谈话、与本科生谈话和与研究生谈话、与男同学谈话和与女同学谈话，在词语的选择、句子的组织、话语信息以及语速、语气等方面，也都不尽相同。也就是说，角色、角色关系不同，言语交际中的修辞方式就有差异。

话语角色及角色关系与话语之间的这种对应关系经过长期的社会化，就形成了与各种话语角色相对应的言语规范。从修辞角度看，许多话语是有角色特征的。比如，祝贺生日的话语的角色分化，对老人是"祝您健康长寿"，对小孩是"祝你长命百岁"，对一般人是"祝你生日快乐"。反过来，对儿童说"祝您健康长寿"，对老人说"祝你长命百岁"，都不妥当。许多词语也具有角色分化。"传达指示"用于上级对下级，"上报情况""请予审批"则适用于下级对上级。这些都说明了话语的角色功能分化。

上述实例说明，修辞活动中，说写者要根据自己的角色和交际对象的角色及其角色关系来组织和调整话语。男、女、老、少、尊、卑、贵、贱，都应在话语中有所体现，使其各得其所。否则，如果忽视了交际对象的话语角色差异及其心理差异，就可能导致交际障碍，有时甚至酿成事故，引起社会纠纷。例如：

> 1998年9月10日，山东省梁山县农民李某在发动拖拉机时，被反冲回来的摇把击中腹部，当时虽然疼痛，但皮肤表面没有红肿及破损。5天后，他才感到腹痛。近日他到省城某医院就诊时，大夫问他有没有外伤史，他当时还以为"外伤史"就是什么地方破了，也没敢多问，就说没有，于是大夫没有作出正确诊断。最近他又感到腹痛、心慌、气短，来到济南军区总医院，大夫也问他有没有外伤史，他仍然回答没有。在大夫的追问下，他才说出被摇把打过。经拍片检查，结果是脾破裂，腹腔里全是血水，如不及时做手术，将有生命危险。
>
> （王霞《医生出语太"专"，农民不懂造成误诊》）

"外伤史"是医学术语，老农自然难懂。第一个医生显然没有估计到这一点，他忽视了"老农民"这一角色文化水平低、理解力差的特点，因此出现误诊。与之相反，老农第二次就诊的大夫却不然，他充分考虑到了老农的角色特点，并详细询问了症状，因而避免了交际误解，挽救了老农的生命。

实际上，在特定的交际领域中有许多专业术语。它们不为大众熟知，但大众又经常会进入这样的交际领域。这时，专业人员就更需要考虑交际对象的角色特点，以避免误会。比如，在医院中医生经常使用

"昏迷""意识障碍""神志"等专业术语。当他们遇到来自农村或文化水平比较低的病人时,就需要注意病人是否真正清楚这些词语的含义。因为这类患者往往因惧怕大夫等心理因素,不敢仔细问大夫,因而会造成交际障碍。所以,医生对病人应尽量使用通俗易懂的语言,以提高修辞效果。

再如,据说有这样一个故事:文化大革命时期,有一位文化水平不高的公社书记得了病,托在当地插队的知识青年的关系,住进了省立医院。一次,来给他打针的女护士见他是个乡下人,就显得有些不耐烦。"打殿部。"护士说。其实,她是想说"打臀部",但把"臀"错念成了"殿"。书记一听"垫布",于是就把上衣脱下来垫在了屁股下面。护士一看,很生气,知道对方没明白她的意思。于是就说:"脱衣服。"书记一看护士的脸色不对头,更加紧张,赶快把裤子全脱了下来。护士一看,又羞又气,骂了一句:"畜生!"公社书记一听,心想:"不愧是省立医院,打针还问出身。"于是,忙回答:"贫农,贫农,祖祖辈辈都是贫农!"护士一听,哭笑不得。于是,就换了一个大针头,狠劲地朝书记的屁股上扎了进去。书记疼得直咧嘴,出了门,心里说:"亏了是贫农,如果是地主,还不知道要扎多深呢!"

本例中,为什么护士和农村公社书记之间出现交际障碍呢?重要的原因之一,就是护士忽视了交际对象的角色特点。那位公社书记文化水平本来不高,他大概只知道"屁股",而不知道什么是"臀部",更何况护士念错的"殿部"了。其实,如果女护士开始时直接说"打屁股",就不会导致误解了。可她不好意思。正是由于不好意思,护士才委婉地说"脱衣服",而没有明说"脱裤子"。如果她考虑到农村公社书记的角色特点,把话说得简单明白,也就不会闹出笑话了。本例再次说明了修辞时重视话语角色的重要意义。

遵守各种社会角色的言语行为规范,是社会秩序化的必然要求。社会生活秩序的正常运作,很大程度上是因为大部分社会个体自觉地履行自身的话语角色规范。当然,也存在大量违背言语行为角色规范的现象。此时,社会就会对这种现象作出评价,进行调整。例如:

"管好老公方显巾帼风采,相夫教子尽显女性温柔";愿你和梦中情人红尘做伴","有钱能使鬼推磨"……这些出自杭州一些小学生毕业赠言册的"惊人之语",令许多家长和老师担忧、不解。

一位姓潘的家长说，一些同学在给他儿子的留言册上多次祝福他和"她"，而那个"她"好像专有所指。他惊讶地逼问儿子是不是在谈恋爱，没想到儿子比他还要惊讶，说老爸你也太"背"了，同学们都喜欢写这种话，你怎么当真了？

（吴栋梁、熊晓燕《小学生毕业赠言惊诧人》，《钱江晚报》，1999年7月8日）

本例中，小学生的毕业赠言显然不符合少年儿童的社会角色期望。为什么会出现上述现象呢？一方面小学生的人生观、价值观尚未形成，缺乏足够的是非判断力；另一方面是受周围社会大环境的影响。因此，社会舆论呼吁家长、教师应积极引导、帮助孩子树立健康的生活理想和人生观。媒体的报道实际上就是在对小学生有悖其角色规范的行为进行评价、调控。可以说，话语角色规范与社会个体的言语行为之间的关系，大致相当于价值规律与商品价格之间的关系。话语角色规范总是在干预社会个体的言语行为使其符合社会期望。

话语角色有多种，如血缘角色（指从血缘关系划分的角色，如父亲、儿子、姐姐等等）、性别角色（指性别差异构成的角色，如男性角色、女性角色）、年龄角色（如老年人、青年人、儿童等）、行业角色（如大夫、教师、司机等）、民族角色（汉族人、蒙古族人、维吾尔族人等等）、国别角色（如中国人、日本人、美国人等）、人种角色（比如黄种人、白种人、黑种人等）、宗教角色（佛教信奉者、伊斯兰教信奉者、基督教信奉者等）。这些角色构成了影响修辞行为的一个潜在的动态系统。它们以各种各样的方式方法制约、影响、规范着人们的言语行为，维持社会生活的正常进行。

社会角色与言语行为规范之间的关系原理，在各种社会交际领域中都具有重要的实践价值。人际交往、大众传播、文学创作等等都需要上述原理的指导。比如，在一次大学运动会上，主持人在介绍与会领导之前说："大家一定要热烈鼓掌欢迎。"结果会场上的掌声稀落，远比预期的少。相反，如果他不强调"一定"，效果会好些。因为该主持人的话语中注入了太多的强迫信息，体现了言语者的权势，给受众以较大的心理压力，产生反感和抵触情绪。相反，如果主持人弱化他的角色权势，以平等的角色出现，说"请大家鼓掌欢迎"，则不会产生抵触情绪。

第四章 修辞规律

上述原理在大众传播领域中的实践价值也十分突出。例如，有一年的三夏大忙时节，中央电视台的天气预报开始时，播音员加了一句"农民朋友辛苦了"。结果，许多农民就打电话给他说，听到这话他们很感动，在屏幕上听到这样的话十分难得。但有时候，在天气晴朗的时候，当播音员说明天是一个好天气，全国大部分地区天气晴朗。结果，许多人就打来电话说，这种天气根本不是什么好天气。因为，他们那里干旱十分严重。晴天对他们来说，根本不是什么好天气。① 这说明，大众传播面对多种社会角色主体，他们的心理需求具有很大差异，因此话语的建构应满足不同行业、不同职业、不同层次的受众的心理需求，照顾到不同受众的角色心理。

这一点在节日问候语中体现得也十分明显。比如，春节时中央电视台的节目主持人往往说："我们在这里祝全国的电视观众生活幸福！"国家领导人则说："祝全国人民节日愉快！阖家团圆！生活幸福！"而农村的地方官员则往往说："祝全县的父老乡亲，节日愉快！"为什么呢？社会角色、角色关系使然。中央电视台的节目主持人面对的是观众。国家领导人与交际对象之间是政治关系，因此不用"电视观众"。农村的地方官员称"父老乡亲"，是为了切合乡村的习俗，提高话语的可接受性，如果用"电视观众"或"观众朋友"则不合适。

上述实例说明，修辞过程中，一方面要使话语切合交际双方的言语角色规范，同时更要切合交际对象的角色心理。此外，修辞行为与话语角色、角色关系之间的对应关系原理，实际上包括两个方面：一是话语建构，一是话语理解。因为在实际的交际过程中，话语建构和话语理解是有机统一的两个方面。人们的话语理解行为实际上也是建立在社会角色与言语行为规范之间的关系原理基础上的。

例如，据报道，某省的电视节目中曾出现过这样的镜头：主持人把几个几岁的小朋友一律扮成女孩，要求所谓的嘉宾们分辨一下哪些是男孩，哪些是女孩。小朋友们皆浓妆艳抹，一名嘉宾竟然称赞他们说："好性感！"主持人为了帮助嘉宾们提高分辨率，又动员孩子们"抛几个媚眼"。②

儿童一向被喻为祖国的花朵，他们是天真无邪的，但他们的心灵却

---

① 中央电视台2002年7月5日晚报道。
② 康伟《别让"性感"戕害纯真》，《中国艺术报》，2000年1月21日。

遭受了某些成年人的戏谑。这种践踏童真的行为值得反思。从修辞角度分析，导致上述不良现象发生的直接原因是言语者漠视了交际对象的角色特点。孩子们是纯真的，他们当然不明白"性感"与"媚眼"之类词语的含义，但言说者是成人，他们应该懂得这类词语的适用对象和语境。但他们却漠视了这一点，因此招致了舆论的谴责。为什么媒体的主持人及嘉宾的话语受到舆论的质疑和批评呢？因为公众在评价他们的话语时，所依据的依然是社会角色与言语行为规范之间的对应关系原理。

　　社会角色与言语行为规范之间的关系原理，不但在同一文化的交际中具有重要的实践价值，而且在跨文化交际中具有重要意义。在跨文化交际中，应实行角色心理转换，由各自的民族心理转向对方的民族心理，从双方的民族心理出发，去观察事物，分析事物，表达事物，逐渐适应各种角色和角色关系的言语要求。这是取得理想修辞效果的重要保证。

　　综上所述，修辞是一个复杂的动态交际系统。它不仅关涉到社会环境，而且涉及交际主体的各种社会因素和心理因素。因此，根据各种语境因素，适当地调节话语，使话语适合各种语境因素的需要，正是修辞的艺术性所在。需要指出的是，修辞切合语境要求，并非一味地消极适应，而是积极应对。鉴于修辞行为与语境因素之间的互动关系，修辞过程中，修辞者不但可以积极利用语境因素，而且还可以能动地调动各种语境因素甚至创设语境，利用话语或其他条件，使语境适应修辞需要。

☞ 思考题

1. 结合日常修辞现象，谈谈什么是修辞规律、你知道哪些修辞规律。
2. 谈谈文体、语体、风格之间的关系。
3. 语言的表现风格有哪些？
4. 采用不同文体、语体、风格写一篇同一主题的文章，看看它们有什么不同。
5. 谈谈修辞的社会心理规律。

📖 练习题

填空

1. 这些在修辞过程中制约和控制着话语建构和话语理解，以保证传播得以进行并取得预期效果的＿＿＿＿＿＿＿＿＿＿，叫做修辞规律。

2. 修辞规律的作用体现于以下三个方面：①控制着话语组织，使话语符合汉语的习惯；②＿＿＿＿＿＿＿＿＿＿＿＿＿；③有助于人们准确理解话语、欣赏话语，是人们评价话语的修辞效果的依据。

3. 修辞规律包括三条：第一，修辞应符合话语的结构和组织规律。第二，修辞应与言语动机、言语目的相一致。第三，＿＿＿＿＿＿＿＿＿＿＿＿＿＿＿＿＿＿＿＿。

4. 我国现代修辞学对修辞规律的探讨，是一个不断深化的过程。从对修辞手段和修辞方法的结构和功能的探讨，到语言要素的修辞功能、修辞与语体之间的关系的揭示，到＿＿＿＿＿＿＿＿＿＿的关系以及修辞行为与修辞手段、修辞方法、修辞主体之间的辩证关系的研究，勾勒了人们对修辞规律认识深化的历程。

5. 话语要符合汉语的结构规律三个方面：①话语应符合汉语的语音和文字规范；②话语应符合汉语的语法规范；③＿＿＿＿＿＿＿＿＿＿＿＿＿＿＿＿。

6. 修辞要符合汉语的语言结构组织规律，一方面是指要符合汉语的语言结构规律，另一方面，就是要符合汉语的话语组织规律，主要是＿＿＿＿＿＿＿＿＿＿＿＿＿＿＿＿＿＿。

7. 人们把全民共同语在长期的语用过程中形成的言语功能变体体系，叫＿＿＿＿＿＿＿＿＿＿＿＿＿。

8. 语体可以从不同的角度区分。比如，从交际方式可以区分出口语语体、书面语体、声像语体。按传播信息的性质，可以区分为＿＿＿＿＿＿＿＿＿＿＿＿＿＿、艺术语体。

9. 口语语体和书面语语体的区别，主要是由＿＿＿＿＿＿＿决定的。而书面语语体的四个下位语体，则主要是按＿＿＿＿＿＿＿＿＿和交际目的来区分的。

10. 语言风格实际上包括了两个方面：一个是语言风格，即语言体系特点的综合。另一个是言语风格，即人们＿＿＿＿＿＿＿的综合，或者说言语的格调。

11. 语言风格按照民族语言特点、地域特点、语体特点、时代特点、个人特点、话语特点等可以划分为：_____、_____、_____、_____、_____、_____。

12. 言语表现风格的主要对立范畴包括：_____——繁丰；刚健（豪放）——_____；平淡——_____；谨严——_____；藻丽——_____；蕴藉（含蓄）——_____；幽默——_____等。

13. 修辞应切合风格要求，也是修辞的规律之一，其具体内容包括两个方面：（1）在修辞过程中，话语建构应切合语言风格规范和要求。这主要包括语言的民族风格、语体风格、时代风格、表现风格等。（2）_____。

14. 人们通常把修辞交际行为实施的环境及其相关因素，叫做_____，简称语境。

15. 国家修辞，就是以国家为修辞主体，以建构国家形象、_____、提升国家国际地位、协调国际关系、解决国际争端为目的的修辞行为和现象。国家修辞研究涉及国家修辞能力、国家修辞手段、国家修辞策略和修辞方法等。

第五章　话语建构

> 正确、准确、适切、恰切，是话语组织建构的四项原则，它们使话语走向真、善、美。注意辨别词语的理性意义、附加意义，艺术化地运用寻常词语，不但能使我们的话语准确、切当，而且富有宏大的气象，展现出蓬勃的智慧和奔放的豪情。遵循话语信息内在的逻辑性、保持话语信息量的适度性与形式上的完美统一，是句际组合的原则。在语词的舞台上，应能灵活地调配句式，使之语气错综、肯否交替、长短相间、整散结合、松紧有序，以达到雅俗共赏、宜庄宜谐、抑扬顿挫、快慢有致，把握辞格的单用、连用和兼用方法，就可在话语的沙场上运筹帷幄、决胜千里。

第一节　修辞原则研究

一、修辞原则研究的历史与现状

选词择句研究是传统修辞学的重要组成部分，其核心是修辞在微观文本层面的各种原则，也就是修辞的微观原则。这方面目前依然众说纷纭，其中有代表性的是"准确、鲜明、生动"说。它源于1958年毛泽东同志在《工作方法六十条》（草案）第37条中提出的"准确性、鲜明性、生动性"[1]。其他还有"明晰、确切、简练"说[2]，"确切、简明、生动"说[3]，"准确、连贯、简练、生动"说[4]，"得体、适度、协

---

[1] 中共中央文献研究室编《建国以来毛泽东文稿》第七册，中央文献出版社，1992年，第61页。
[2] 张志公《修辞概要》，上海教育出版社，1982年。
[3] 刘焕辉《修辞学纲要》（修订本），百花洲文艺出版社，1997年。
[4] 《现代汉语（修辞）》（油印稿），北京大学中文系现代汉语教研室，1987年。

调"说①,等等。此外,又有人从宏观角度提出了"得体"说,并从微观、宏观、偏离等角度对"得体"原则给予了诠释。②

二、修辞原则研究的局限性

上述研究成果对指导修辞实践无疑是有帮助的,但也存在不少问题。这突出表现在以下四个方面。

1. 缺乏统一性

因提出的背景、目的不同,所以上述观点缺乏统一性。"准确性、鲜明性、生动性"是针对文风问题提出的,因此把其作为文风标准未尝不可,但作为修辞原则则不全面。"明晰、确切、简练"说,主要是针对"选词"层次的。"确切、简明、生动"说和"准确、连贯、简练、生动"说则是针对所有的修辞层次的。因此说,上述概念缺乏一致性,这给修辞者增加了操作难度。

2. 没有明确各项原则的具体内涵及其所关涉的修辞要素

"准确""鲜明""生动""明晰"等概念,看似意义明确,但在实际修辞操作中往往难以把握。因为上述诸说多没有明确它们关涉的是语言因素、话语信息还是语境因素。此外,各种要求内部缺乏系统性,比如"准确、鲜明、生动"说,"准确"最初指的是"概念、判断和推理问题","鲜明""生动"则既包括逻辑问题,也包括词章问题,因此从中看不出系统性。

3. 没有区分上述概念之间的层次关系

"准确""鲜明""生动""简练"等,作为传统意义上的修辞范畴,其提出的修辞理据带有很大的随意性,其概念之间的层次性不明显或者说难以区分。有的虽然作了区分,但缺乏科学性,比如"准确""鲜明""生动"的排序就带有很大的随意性,它们不能同时涵盖所有的话语类型,即使作为一类话语的操作要求,也难以区分主次。至于"得体说",则是以一统之,操作性模糊。

4. 没有明确区分上述概念与各种语体之间的对应关系

话语是有语体之分的,不同语体类型的话语,其风格要求也不一

---

① 寸镇东《语境与修辞》,贵州人民出版社,1996年,第315-316页。
② 王希杰《修辞学通论》,南京大学出版社,1996年,第342页。

样。因此，笼而统之地一概要求"准确""鲜明""生动"等，是不科学的。比如，实用性话语如说明书、布告、公函等等要求"准确""简练"甚至"鲜明"是对的，但要求"生动"则不可取。相反，艺术性话语，如诗歌、散文、小说等等，要求"生动"是当然的，但如果要求"准确""鲜明"，就不一定合适了。因此，有必要详细阐释各种概念层次与各语体之间的对应关系。

三、修辞原则研究分析

在修辞原则研究中，有一种提法，即"最高原则得体说"。这种观点的问题在于：一方面，"得体"是否是所有修辞行为的动机和目的；另一方面，在许多情况下，同样的修辞行为评价者不同，是否"得体"也存在分歧。有些情况下，在修辞者看来是得体的，但在交际对象或者公众看来则不得体。比如，前文所说的"墓碑广告"就是如此。从逝者妻子的角度看，那则"墓志铭"可能是得体的，但是从逝者或公众的角度看，就未必得体。因此，"得体"实际上并不能概括为所有修辞行为的最高原则。

此外，从科学研究的一般原则看，对事物规律的揭示，总是朝着详尽、细致、缜密的方向发展，如果对规律的揭示和概括越来越混沌，越来越模糊，是违背学术发展的一般原则的。修辞原则、修辞规律研究的历史也是如此。从古人的"言随意迁""意辞相称"到"修辞要适应题旨情境""修辞要适应语境""修辞要适应各种社会心理因素"等的发展轨迹看，修辞原则、修辞规律研究的发展趋势更为具体、明确、全面。由此观之，"得体说"似乎又从学术研究范畴回到了日常语言范畴，缺乏学理上的说服力。

当然，也不排除"得体"在许多修辞领域中的重要性。比如，一般日常人际交往中，话语得体，与语境、与交际双方的话语角色、社会角色关系相切合，对提高话语的可接受性，无疑是很重要的。但在各种交际领域中，也有许多修辞目的并不是为了"得体"。比如，商业谈判、外交、论辩等领域中，修辞者的话语往往不是为了得体，即在他人或交际对象看来并不得体，但修辞者依然坚持。事实上，这种情况在生活中是很多的。

尽管各家说法不乏道理，但也有一定的局限性。许多情况下或者说大多数修辞交际任务不是为了得体，而是为了完成交际任务，也就是使修辞行为有效。比如，王实甫《西厢记》中张生与红娘的一段对话：

> 张生：小娘子莫非莺莺小姐的侍妾么？
> 红娘：我便是，何劳先生动问？
> 张生：小生姓张，名珙，字君瑞，本贯西洛人也，年方二十三岁，正月十七日子时建生，并不曾娶妻……
> 红娘：谁问你来？

本例中，张生在与红娘对话时，如果从得体的角度看，张生与红娘的话语都不得体。在第一轮对话中，张生询问红娘是否是莺莺的丫鬟，其话语没有不得体之处，话语的信息量与修辞方法符合交际双方的角色关系，但是话语效果并不理想。红娘虽然回应了张生的问话，但却显得不耐烦。从红娘的角色扮演看，她的话语就不一定得体。从语用学的合作原则角度分析，就是违反了合作原则。但红娘的修辞行为违反合作原则是建立在她的修辞动机基础上的，因为她并没有把"得体"或者说"合作"作为自己修辞行为的原则和标准。在第二轮对话中，张生的话语也不得体。如果说张生只是为了达到彼此之间的认识目的，他的话说到"小生姓张，名珙，字君瑞，本贯西洛人也"，就足够了。其后面话语的信息量，明显不切合交际双方的角色关系，特别是交际对象的心理与当时的交际规则。在当时的社会条件下，一个未婚年轻男性向一个未婚年轻女性介绍自己的生辰八字以及婚姻状况是不得体的。因此，他得到的回报就是"谁问你来"。但从交际动机来说，张生实际上已经达到了交际目的——即让对方知晓他的上述信息，并诱导红娘向莺莺传达。也就是，张生的修辞动机并不是为了得体，而是为了完成特定的交际任务。当然，在第二轮对话，红娘的话语也违反了"得体"或者说"合作"原则，因为她拒绝了张生的自我介绍。

上述分析说明，"得体"只是修辞或者说语言运用的一个基本层次，它在某些交际领域中或者完成特定的交际任务时，可以视为"最高原则"。比如，日常言语交际中，不关涉利害关系的一般交谈，特别是许多一般话语角色的扮演中，得体是最主要的修辞原则。但这一原则，并不能涵盖所有的交际领域，不能看作完成所有交际任务的最高原则，也就是说，得体不具有最高修辞原则的统辖力。

第二节　话语建构的原则

话语建构，除了要遵循宏观的修辞规律以外，微观上，还要遵守一定的修辞原则。这包括正确、准确、适切和恰切四个方面。

一、正确

所谓正确，就是话语要符合汉语的语言结构规律。这一原则所涉及的是话语建构与语言结构规则之间的关系。话语正确，包括三个方面：一是语音和文字正确；二是语法正确；三是语义正确。

1. 语音和文字正确

语音正确，包括两方面要求：一是发音要正确；二是语气、语调要正确。这在口语交际中尤为重要。如果发音不对，就可能导致误解，有时甚至会引发冲突。比如，有一位留学生对她的中国朋友说："昨晚上我丢了 yǎnjīng。"对方听了，一时莫名其妙，接着笑着说："恐怕是 yǎnjìng 吧？"显然，这位同学是把"眼睛"与"眼镜"的发音搞混了。这是由发音不正确引起的交际障碍。

汉语是有声调的语言，声调在汉语中具有区别意义的作用。如"问"（wèn）和"吻"（wěn）就不一样，前者是去声，后者是上声。如果把"问"发成了"吻"，就会导致交际障碍，有时还会引发冲突。比如，有一位初学汉语的外国朋友来北京后想去王府井新华书店，但不知如何走。这时走过来一位姑娘，他就赶忙迎上去，很客气地说："小姐，请 wěn（吻）一下……"他话刚出口，对方就气愤地说："什么？你这个流氓！"说完，忿忿地走了。他的汉语水平还不高，没听懂对方的话，不明白对方为何发怒。过了一会儿，又过来一位小姐。他就又问道："请 wěn（吻）一下，小姐，新华……"话没说完，对方就朝他一瞪眼："什么？"他以为自己没说清楚，于是就大声重复道："小姐，请 wěn（吻）一下……"这回，小姐听清了。于是，她毫不客气地给了他一个大嘴巴。其实，这位外国朋友没什么恶意，也不是诚心想占姑娘的便宜，问题主要是他把"问"和"吻"的声调搞混了，意思也就变了，造成了交际冲突。

汉语中音同或音近的词语很多，应特别注意，以免出错。再如"报纸"和"包子",有的外国朋友搞不准其中"报"和"包"的声调,区分不开后面音节中的"zh"和"z"。于是,在买"包子"时,售货员就拿来了"报纸"。所以,发音正确在言语交际中是十分重要的,如果不注意就会闹笑话。这在一些地域方言中表现得比较突出。比如,在广东话中,"请问""叶总""梁总""姓吕""吕总""多多关照",就往往被说成"亲吻""孽种""良种""姓驴""驴种""多多欢笑"。如果不注意,"和尚"会念成"活象"。

  有一个幽默故事说,几个人出差睡不着闲聊。闲谈中,一名四十出头的老总自谦地对一名不足三十五岁的老总说:"你是花(跨)世纪干部,还是可以大有作为的;不像我,已经咽过稀屎(年过四十)了,精力远不如从前了……"① 显然,说话者的发音不准确,听之令人喷饭。再如,据传,夏季在某地的宴席上,主人请客人吃西瓜。西瓜切得有大片的,有小片的,很新鲜,且是从江门运来的。于是,主人就说:"吃,吃,吃!吃了大便,吃小便。这是刚从肛门拉来的,很新鲜,吃完了,再去拉。"本来该主人是说:"吃,吃,吃,吃!吃了大片,吃小片。这是刚从江门拉来的,很新鲜,吃完了,再去拉。"但因其话语带方音,区分不开"p"和"b"、"jiāng"和"gāng",因此闹出笑话。

  此外,汉字也容易导致人们出现发音错误。比如,许多汉字是形声字,有些形声字的声旁能准确地表达整字的读音,但有些则不能,只是相近而已。此外,加之语言文字的不断发展变化,字的读音也在长期的使用过程中有许多变异。比如,"酗酒"就很容易发成"xiōngjiǔ","谥号"容易发成"yìhào"。

  值得一提的还有,在言语交际中,特别是在跨文化口语交际中,应注意汉语语音和其他民族语言中音同或音近的现象。有些外语词的发音与汉语特别相近,有时意思也特别接近,常会导致误解。比如,汉语中的"汽车"和韩国语中的"机车"(火车)的发音极为接近,因此,当中国人说"汽车"时,韩国朋友常以为指的是"火车"。这些现象应特别注意。

  语气和语调也要正确,特别是在口语交际中,这更为重要。同一句话,语气、语调不同,表达的意思也不一样。比如"你好",如果很平静地用陈述语气说出来,一般表达交际双方很平常的人际关系,只是一

---

① 孙振军《"方言"的笑话》,人民网,2001年10月4日。

般的打招呼；但如果充满激情地、用强烈的感叹语气说出来，往往表达交际双方深厚的感情，常用于多年后不期而遇的老朋友或互相敬慕而初次谋面的朋友之间；如果用沉重凝滞的语气和升调说出来，则通常是反语，具有讽刺意味。因此，把握好适当的语气语调，对提高话语的交际效果具有重要作用。此外，在书面语交际中，就应该书写正确了。要使用规范而且正确的汉字，这样才能有效地传递话语信息。

2. 语法正确

语法正确，就是要使话语合乎汉语的语法规则，这是话语建构的基本要求，是保证话语信息能顺利传输的重要条件。否则，就会导致理解障碍。例如，"大部分人都有不满对自己的性格，所以很多人要改正，不过这是不容易的事。"表达"不满"的对象，如果是用介词"对"引导，往往放在谓语动词的前面；而用介词"于"引导，则宜放在谓语动词之后。本例中，"对自己的性格"放在句尾，不符合汉语的语法规范，应该说成："大部分人不满意自己的性格，所以很多人要完善，不过这不容易。"再如，"今天我偶然读到了在报纸上的一篇故事"，"在报纸上"是地点状语，不应放在谓语动词之后，应该说成"今天我偶然在报纸上读到了一篇故事"。这样，就不存在不合乎语法的问题了，表达效果也提高了。

上述分析表明，遵守语法规范是修辞最起码的要求。那如何才能做到语法正确呢？很显然，那就是要搞清汉语的语法规律，熟悉其语法习惯。当然，遵守语法规范也不是僵死的教条。实际上，修辞更大程度上讲究能动地利用各种语法手段，有时还会突破语法束缚进行创新。比如，"'雨燕'换翼 俄升级空军飞行表演队飞机"中，[①]"升级空军飞行表演队飞机"不合语法规范，因为"升级"是个不及物动词。此处，把它活用作及物动词，但并不影响表达效果。这种情况多出现在一些实用传播领域中，尤其是新闻、广告等的标题。如"'新东北'较劲'双三角'？"[②]中的"较劲"是一个不及物动词，此处用作了及物动词，但这并不影响意义的准确表达，反而显得简洁。这在一些特定语境中比较常见。

[①] 人民网，2002年12月13日。
[②] 《"新东北"较劲"双三角"？》，人民网，2003年9月24日。

3. 语义正确

话语建构，只做到发音（或书写）正确，合乎语法规则，还不全面。有时候，发音或书写都没问题。但读起来、听起来仍觉得不顺畅，比如"我们到青岛站，从站口一出来，我就闻到了那爽快的海味"，"爽快"有两个意思：一是"舒适、痛快"，用以表达人的感觉，如"洗个澡，身上爽快多了"；二是"直爽"，用以表达人的性格，比如"这人很爽快"。"海味"就是海产品。"海产品"是无所谓"爽快""不爽快"的，"爽快"的是人的感觉和性格。但"爽快"是个形容词，它可以修饰名词。因此，本例不属于语法问题，而是语义问题。实际上，作者想表达的是"我就闻到了那清爽的海的气息"。再如，"人的性格有好多种，如乐观、悲观、外向、内向等等"。本例说的是人的性格，"乐观""悲观"是人的态度或情绪，不属于性格范畴，不能与"外向""内向"等表示性格特征的范畴并列。这也是语义搭配不当。

通过上面的分析可以看出，只做到发音（或书写）正确、合乎语法还不够，语义上也要讲得通。这包含两层意思：一是话语中词语组合起来，可以按汉语语义组合的习惯进行理解；二是话语组合起来，符合客观事物的实际。再如：

> 电视对历史事件的现场直播空前地冲击着观众的视听。直播的实现不仅消除了人们对于环境的不确定性，而且一次次让人们成为历史事件的即时见证人，成为人类突发灾难或幸福时刻的共同体验者。

本例中，"电视对历史事件的现场直播""直播的实现……一次次让人们成为历史事件的即时见证人"，均不合逻辑。"电视现场直播"的只能是正在发生的事情，"历史事件"不能被"现场直播"。"电视直播"也不能"让人们成为历史事件的即时见证人"，只能成为被直播事件的见证人。显然，作者忽视了"历史事件"与"现实事件"的区别。

但是语义组合符合惯常的语义组合习惯和客观事物的组织逻辑，并不是绝对的，而是有条件的。在多数交际领域中，尤其是实用性言语交际中，话语的语义组合应该合乎惯常的语义组合习惯和客观事物的逻辑。但在艺术性话语，比如诗歌等话语以及具有特殊动机的话语组合中，语义组合可能是违反语义组合习惯或客观逻辑的。比如，我们通常可以说"读书""读报纸"等，读的对象多是文字性的。但在歌词中，却

可以说"读你的脸""读你千遍也不厌倦,读你的感觉像春天"。再如:

> 地理书上读你。读你
> 如读故乡那条蓝幽幽的小溪
> 祖母的蒲扇下读你。读你
> 如读萤火虫一闪一闪的灯谜
> 梦境的矮檐下读你。读你
> 如读母亲倚门唤儿的亲昵
> 线装的唐诗里读你。读你
> 如读李白将进酒的豪气
> 黄河,黄河啊
> 我是你穿红兜肚的孩子
>
> (周所周《念黄河》,《诗刊》,1987年第3期)

人是可以读的吗?黄河也是可以读的吗?人的脸上有文字吗?黄河是文字书吗?当然都不是。可为什么要说"读你的脸""读你"呢?这就是艺术性话语组合。但这种组合并不是一点理据也没有,"读"的语义中有"用眼睛看的"成分,而人的脸部表情同样是可以用眼睛看或者观察的,因此,"读你"等组合仍然具有一定的语义组合理据。但这种理据是隐含的,需要联想和推理,具有一定的特殊韵味。所以,在艺术类话语的组合与理解中,应注意这一点。

二、准确

修辞和研究修辞显然是两码事,但又有共同的目的,那就是提高交际效果。前者属于修辞实践,后者属于研究,这和写新闻与研究新闻同样的道理,其方法很多,比较就是其中之一。例如,2003年7月17日下午,新华网网站主页有一个标题是"美军一架C-130运输机在巴格达机场险遭导弹袭击",点击后发现里面的标题却是"一美军运输机在巴格达机场遭到地对空导弹袭击",具体内容如下:

> 新华网消息,美国军方发言人说,一架美军C-130运输机16日上午在伊拉克的巴格达机场降落时遭到一枚地对空导弹袭击,但导弹没有命中目标。
>
> (新华网,2003年7月17日)

显然，事实上，不是"美军一架 C-130 运输机在巴格达机场险遭导弹袭击"，而是"美军一架 C-130 运输机在巴格达机场险被导弹击中"。遭到袭击是事实，但并没有被击中。也许是撰写稿件的记者犯困，忽视了"险遭导弹袭击"和"险被导弹击中"之间的差异。不过，新华网的编辑就比较谨慎了，他们意识到最初的新闻标题不准确，所以就把后面的标题改了。

上例说明，话语建构，不仅要求话语符合语言规范，而且要表达准确。许多言语交际领域对此有很高的要求。如果话语表达不准，轻则导致交际障碍，重则酿成大祸。例如：

> 湖南省湘潭市岳塘区个体中医刘松岳，给一位儿童病人开药方时，误将处方中的一味药"马钱子"0.5 克，开成了 5 克，致使患者服药四十分后中毒死亡。中医刘松岳被当地检察院查处。
>
> （田赛霞、张跃龙《处方少个"0"，送掉病人命》）

"0.5"与"5"，相差只是一个"0"和一个小数点，但具体到药物，就不仅是"0"和小数点的问题了，它关系人命。由此可见，话语信息准确在言语交际中的重要性。

话语信息准确，在实用性话语中至关重要。差之毫厘，谬以千里，哪怕只是一个标点之差。再如：

> 某容器厂与某物资公司签订一份钢瓶购销合同，由容器厂向物资公司供应 1000 只钢瓶，并送至物资公司仓库，结算方式是汇票或现金。当谈到"货到付款"一条时，双方都觉得不太妥当。于是，双方约定改为"货到全付款"。合同生效后，容器厂向物资公司送去第一批钢瓶 500 只。当容器厂提出付款时，双方在付款一条发生争议。容器厂认为"货到，全付款"，而对方则认为是"货到全，付款"。无奈，双方最后诉诸法院。法院判决，合同关键条款不清，导致歧义，双方均有责任，故合同终止。
>
> （何玲龙、沈建华《少一个标点引起一场纠纷》）

本例中，交际双方纠纷的焦点只是一个标点，正所谓一点之差引发纠纷。话语信息表达准确在实际生活中的重要性，由此可见一斑。

要表意准确，首先要搞清所要表达的意思，对所要表达的事物或意思有个清晰的了解。比如，近年来在各新闻媒体或司法领域中，经常看到人们使用"犯罪嫌疑人"一词,意思是"有犯罪嫌疑但尚没有被正式定罪的人"。而以前此种情况,往往一律称"罪犯"或"犯罪分子",即使以后被证明无罪,被抓获时也称"犯罪分子"。两者相比,自然是"犯罪嫌疑人"更准确。因为对方只是被怀疑有罪,但还没有通过司法程序证明其有罪;尽管有时证据确凿,比如被当场抓获的小偷,对方确实是"犯罪分子",但在没有经过法庭审讯定罪之前,办案人员或新闻媒介自行认定其为"罪犯"或"犯罪分子",是不妥当的。那只是个人行为,而不是法律行为。更何况多数情况下,没有经过司法程序,不能证明对方有罪。这也包括司法机关或办案人员出现失误的情况。由此看来,"犯罪嫌疑人"与"罪犯""犯罪分子"之间,不仅是词语意义的差异,与此紧密相关的是"有罪"与"无罪"之间的本质差异。这一词语的出现,说明人们对所要表达的事物有了更为深刻的认识。

其次,用词用语要准确,避免歧义。如果只清楚所要表达的意思,而用词用语不当,也容易出现表意不准确的现象,有时还会引发纠纷。例如,有这样一件事,据报道,1997年9月15日,原告张某骑自行车被被告王某驾驶小货车撞伤。经调解,被告需赔原告医疗费、误工费、护理费、伙食补助费、交通费共计6700元,分三个月付清。1998年6月18日,被告到原告家还款,被告在原欠条下方写有"还欠款伍仟柒佰元整"的字样,未签名。后原告向被告再催款时,被告称已还原告欠款5700元,尚欠1000元。后来,济南市天桥区法院经审理认为,原告提供被告欠款的欠条证据有歧义,被告在原欠条上写的"还欠款伍仟柒佰元整"的"还"字是多音字,究竟是"还(huán)"还是"还(hái)",原告提供不出充分的证据,法院无法认定,据此驳回原告请求。宣判后,原告不服表示上诉。

"还"有两个读音,一个是"huán",意思是"归还";另一个是"hái",意思是"现象继续存在或动作继续进行",相当于"仍然"。这样,"还欠款伍仟柒佰元整"就出现了歧义。如果是读"huán",这句话的意思就是:归还了欠款伍仟柒佰元整;如果是读"hái",这句话的意思就是:仍然欠伍仟柒佰元整的款。显然,两者的意思大相径庭,因此产生了纠纷。如果被告归还贷款时,原告注意到"还"的多音异义性,可能就不至于出现这种纠纷了。由此也可以看出话语准确性的重要价值。

正确不等于准确,只有表达准确,才能使话语充分地传达出说话人的意思,以便使听读者准确地把握说话人的动机、目的。否则,就容易导致交际障碍。例如,"因为中国处在一个经济发展的快速成长期,急需大量优秀的人才投入到各行各业中去,尤其是大批优秀的技术和管理人才。但是18个亿和更多的投入之后,我们却发现,原来我们是在为别人做嫁衣。一流的人才,尤其是一流的技术和管理人才大量地流失,而且是急不可耐。"本例有数处表达不准确,有的是语法错误,有的是词不达意。第一句应该说"因为中国处在一个经济快速发展期,各行各业急需大量优秀人才"。最后一句"一流的人才,尤其是一流的技术和管理人才大量地流失,而且是急不可耐",则是用词不当,表达不准,应调整为"一流的人才,尤其是一流的技术和管理人才大量流失,而且势不可挡,因为这些人才急不可耐地往国外跑"。

  语言的抽象性以及容易引发歧义的一些语言单位,也往往被有些人利用,作为欺骗世人、牟取私利的手段,由此引发了一些社会纠纷。例如,2002年9月,有媒体报道,上海大世界基尼斯总部被北京的"高空飞人"张迪告上法庭。原告认为,上海大世界基尼斯总部认定张迪为"飞行器高空蹦极第一人"的行为涉嫌欺诈,因为英国吉尼斯总部负责人对中国媒体发表意见说:"我们吉尼斯和大世界基尼斯总部没有任何关系,双方的合作已于1997年终止。"此外,该负责人还声明,申报吉尼斯世界纪录不交任何费用。① 英国的"吉尼斯"(Guinness)与上海大世界的"基尼斯",只有一字之差。显然,上海大世界的基尼斯总部很难说不知道上述区别,但却依然故意使用相似的名称,有误导公众之嫌。这种利用语音、语义上的相似性,故意造成表达不准确的现象,实际上关涉一个言语道德问题。因为这种修辞不准确的情况是由修辞者故意造成的。这类现象,在有些实用传播或大众传播领域中也不同程度地存在。

  当然,也有的媒体是知错就改的。比如,2002年12月16日的《北京青年报》刊登两则更正:一是该报连载的《高级检察官方工办案纪实》一文标题中误将"检察官"写成"检查官"。二是该报刊登的《外贸总额要破6000亿美元》一文中,第二段提到"作为经济中心城市的上海……今年出口将首次超过3000亿美元",实际应为"300亿美元"。显然,"检察官"与"检查官"含义迥然不同。前者是司法领域中的专有名词,后者则是非专有名词,可以理解为从事"检查"任务

---

① 刘燕晨《"高空飞人"状告上海基尼斯——一字之差上海基尼斯惹了大麻烦?》,京报网,2002年9月20日。

的官员。更正二中，原文一下扩大了十倍，增加了 2700 亿。这些从反面说明了修辞过程中准确的重要社会价值。

三、适切

话语建构不仅要正确、准确，而且要适切。所谓适切，就是话语要切合语境，同交际对象的社会因素、心理因素以及社会心理因素相适应，同交际的时间、地点、场合、文化背景，以及上下文相适应，能取得预期的交际效果。适切是话语建构的第三个层次，其目标是修辞效果要好。正确、准确不一定好，不一定能取得最佳的修辞效果。我们看下面一则幽默故事：

> 1848 年，大英帝国的维多利亚女王和她的表哥阿尔伯特公爵结了婚。与女王同岁的阿尔伯特，比较喜欢读书，不大爱社交，对政治也不太关心。
> 有一次，女王敲门找阿尔伯特。
> "谁？"里面问道。
> "英国女王。"女王回答道。
> 门没有开。敲了好几次后，女王突然感觉到了什么，又敲了几下，用温和的语气说："我是你的妻子，阿尔伯特。"
> 这时，门开了。
> （"1995 年笑不笑由您"台历）

女王的第一次回答有没有错？没有，是正确的。她的话准确不准确？准确。她确实是英国女王。但为什么阿尔伯特不给她开门呢？原因就在于她的话不适切，不切合交际双方的话语角色关系，不切合对方的话语接受心理。女王和阿尔伯特之间有多种角色关系——血缘关系：一个是表妹，一个是表哥；臣民关系：一个是女王，一个是公爵；夫妻关系：一个是妻子，一个是丈夫。交际时，说话者要在这些角色关系中，选取一个最合适的，这就要根据语境来取舍。这里的交际场合是阿尔伯特的个人住所，而阿尔伯特本人不喜欢交际，不关心政治。所以，女王建构话语的立足点，应该是妻子身份，而不应是女王身份。正因如此，女王第一次的话语才不适切，没有达到交际目的。女王的第二次话语成功了，也就在于她转变了说话时的身份，使用了"妻子"这个适切的词语，修辞效果就十分理想。可见，话语建构只达到正确、准确还不够，还要适切。

适切的重要内涵之一，就是要切合交际对象的各种社会和心理因素，使话语信息符合交际对象的心理需要，以达到交际目的。例如：

> 几个来自不同国家的商人正在一艘航行的商船上聚会。这时商船突然撞上了礁石，海水涌进了船内，船体开始下沉。"快去！告诉那些伙伴穿上救生衣赶快跳海。"船长大声对大副嚷道。
>
> 七分钟过去了，大副垂头丧气地回来向船长报告："我说尽了好话，可那些家伙死活也不肯跳海。""来，你代管一下。"船长吩咐道："我能让他们照我的话去做。"
>
> 不一会儿，船长带着满意的神情回来了。"他们全都跳下去了。"船长说道。
>
> "你用了什么法子?"大副惊奇地问道。
>
> "我首先告诉英国人跳海是一项运动，他一听完就跳了下去，然后我对法国人说这是一件很时髦的事，对德国人说这是命令，对意大利人说这是禁止干的。"
>
> "那么……你又是怎样使美国人跳下海的呢?"大副继续问道。
>
> "这很简单，"船长轻松地说道，"我告诉他说我们已经为他保过险了!"

这虽是一则杜撰的幽默故事，但它却说明了一个建构适切话语的道理：即话语要切合交际对象的社会和心理因素。船长的话语为什么能使各国商人跳海逃生呢？原因就在于他的话语切合了各国商人的民族角色特征，特别是心理特点，因此达到了交际目的。

在修辞过程中，如果忽视了话语与交际对象的心理因素的关系，就可能导致交际失误。比如，有一次在一家高级饭店里，一位服务小姐对正在就餐的客人说："请你把那个脏盘子递给我！"客人一听"脏盘子"马上说："怎么是脏盘子呢？"小姐听后忙向客人道歉。为什么客人不满意服务员的话语呢？显然，她的话语不合适。虽然客人用过的盘子盛了剩余物，但也不宜说成是"脏盘子"。因为客人正在用餐，听到"脏"字自然会影响食欲。她如果说成"用过的盘子"或者"那个盘子"，就不会影响交际了。服务小姐言语失误的原因就在于，她忽视了话语与客人心理的关系。

总之，适切关涉的不仅是话语与交际对象、言语环境的关系，而且是修辞行为与社会规范之间的关系。因此，话语切合的不仅是交际对象、时间、地点、场合，还有社会文化背景、民族心理以及其他社会心理和交际对象的个性心理等。实际生活中的许多言语交际失误，都可以从这一角度得到解释。

四、恰切

恰切是话语建构的更高层次，它关涉的是话语与交际任务之间的关系问题。恰切旨在使话语完成交际任务的效率，达到最佳程度。无论是话语建构的正确性要求，还是准确性、适切性要求，最终都要服从于话语的恰切性要求。如，话语准确与否，也要服从于话语的恰切性要求，而不是为了准确而准确。

例如，据报道，1997年11月8日，中国长江三峡大坝围堰合拢之际，李鹏总理前往视察，他在看望电视转播人员时，对负责解说的专家提出了要求。他说，解说要通俗，让老百姓听得懂，不要满口工程技术名词。谈到移民数字时，他说，移民一百万，零头不要。"三峡工程"移民的具体数字，当然不是正好一百万，一个不多，一个不少。但有关人员在解说时，就不一定非要那么精确。因为他所面对的是全国的广大电视观众。对他们来说，只需要一个大致的数字就可以了，不需要更准确的信息，准确了反而影响交际效果。

话语恰切是一个整体要求。它所关涉的是话语建构的各个层面。它不仅关涉到选词、造句、句际衔接、段落安排等话语建构的内部诸方面，而且关涉到话语建构的外部诸方面，如社会文化背景等宏观语境，以及交际双方的话语角色关系、时间、地点等微观语境因素。话语建构与上述因素的关系都要恰到好处，这样才能最大限度地完成交际任务。否则，就会影响话语的效果，就会影响交际任务的完成。例如：

> 在火车上我度过了两天两夜，先到广州，在那里住了一天。广州人很讲究吃的东西。我以前听说过这样的一句话："凡是四条腿的东西，除了桌子和椅子以外都能吃；凡是在天上飞的东西，除了飞机以外都能吃。"这显然是夸张的说法，但是我到广州的自由市场时，才感觉到了这句话的分量。广州的自由市场简直像动物园似的，有狗，有猫，有蛇，有鹿，有猴子，还有娃娃鱼。我看到这些，觉得有点害怕，决定晚饭不吃广东菜了。

本例语句较通顺，但不够简洁。问题出在哪里呢？用词择句不够恰切。话语与信息尚没有达到最佳的组合境界。"在火车上我度过了两天两夜，先到广州，在那里住了一天"，就不够简练。前半句改为"我坐了两昼夜火车"就简洁了。"广州人很讲究吃的东西"，就不如"广州人很讲究吃"或"广州人很讲究吃的"简洁。"我以前听说过这样的一句话"，其中"过这样的一句话"是多余的，直接说"我以前听说"就可以了，因为后边的引文自然是"话"了。"以前"不能省，因下文有"到广州的自由市场时，才感觉到了这句话的分量"。此外，"凡是四条腿的东西，除了桌子和椅子以外都能吃；凡是在天上飞的东西，除了飞机以外都能吃"两句话中，"东西""以外"冗余，"和"可改为顿号，"在"多余。下句"这显然是夸张的说法"中，"的说法"多余。"但是我到广州的自由市场时，才感觉到了这句话的分量"中，"但是"可略为"但"，后边应加一个"等"和"了"，补顺语气；"时"多余；"才"后增加"真正"，表示强调；"感觉"略为"感"，"这句话"可省为"这话"。全句改为："但等到了广州的自由市场，我才真正感到了这话的分量。"下句中，"似的"多余；动物名称间要用顿号，略掉几个"有"。最后两句中，"我"可移后；略掉"觉得"，因为"害怕"自然是"觉得"。为了加强语义，"害怕"可改为"毛骨悚然"。这样，整段话可调整为：

  我坐了两昼夜火车，先到了广州，在那里住了一天。广州人很讲究吃的。我以前听说："凡是四条腿的，除了桌子、椅子都能吃；凡是天上飞的，除了飞机都能吃。"这显然是夸张。但等到了广州的自由市场，我才真正感到了这话的分量。广州的自由市场简直像动物园，有狗、猫、蛇、鹿、猴子，还有娃娃鱼。看到这些，我有点毛骨悚然，决定晚饭不吃广东菜了。

  经过调整，整段话意思没变，但更精练，更顺畅了。原话语167字，调整后成了136字，减少了31个字，但如此却能更好地完成交际任务。

  当然，在有些话语中，做到正确、准确、适切，本身就是有效的。只是它们所适应的言语交际领域或语体不同，达到的有效程度不同。恰切，要达到语言形式和话语信息的完美结合，无过、无不及、恰到好处。它是话语有效性的最高要求。因此，话语建构要在上述三项要求的基础上进一步提高。

正确、准确、适切和恰切，关涉到了修辞过程中话语与语言规范、表达内容、语境、交际任务等各种因素之间的关系。它们涵盖了修辞过程中话语建构的不同方面和不同层次。它们在话语建构的各个层次和各个言语交际领域中，起着不同的作用。正确是话语建构的基本层次，它涵盖所有的言语交际领域。准确是话语建构的第二层次，它所涵盖的主要是一些实用性言语交际领域，如科技领域以及一些日常生活交际领域等。适切是话语建构的第三个层次，它主要涉及话语与语境因素的关系。在日常言语交际领域中，适切显得更为重要。恰切是话语建构的综合性要求，它关涉到话语建构的各个层面和各种言语交际领域。它既是话语建构努力的最高目标，也是话语建构的最高要求，属于话语建构的美学层次。

五、四项原则划分的理据

我们提出修辞的四个微观原则，是基于两方面原因：一是修辞过程中话语建构所关涉的各种因素以及它们之间的关系；二是修辞过程中话语修辞效果功能发生的实际情况及其层次性。以往修辞学对修辞微观原则划分的一个重要哲学基础就是：话语是由形式和内容组成的。因此，修辞过程中话语的功能、效果及其层次，也必然会建立在这一基础上。"准确""鲜明""生动""简练"等划分方法，就是以此为理据的。显然，这种专注于话语内部形式和内容的层次划分是比较狭隘的。它们无法从根本上解决话语与修辞主体、交际任务及语境的关系。

上述四个微观原则提出的理论基础，是"修辞是一种言语交际行为"。话语建构作为言语交际行为的一个重要组成部分，其关涉的就不仅是话语的语言形式与修辞主体所要表达的信息之间的单纯关系，而是一个以交际行为为轴心的，包括语言、修辞主体、话语信息、言语环境、交际任务等的复杂系统。对话语建构与上述因素之间关系的切分，必然产生出上述四个层次。此外，修辞的理论指向就是提高或最大限度地发挥话语的功能效果。从这一要求出发，话语建构也必然会出现话语与上述诸因素之间关系的评价层次。而上述四个层次，正是话语与语言规范、话语信息、修辞主体、语境和交际任务之间关系的评价结果。

六、四项原则的辩证关系

正确、准确、适切和恰切，关涉到了修辞过程中话语与语言规范、话语信息、修辞主体、语境、交际任务等各种因素之间的关系。它们涵盖了修辞过程中话语建构的不同方面和不同层次。它们之间的关系可以从以下几方面来阐释。

1. 从动态发生时序看，话语建构是依次按照"正确——准确——适切——恰切"四个层次进行的

不仅人类语言习得或学习的渐次过程如此，人类运用语言的共时过程也是如此。人们通过言语习得或学习的，首先是每一种语言的语言结构体系，其次才是话语建构的准确性、适切性、恰切性。这种由低到高的过程，也体现在具体的修辞过程中。实际上，一蹴而就而尽善尽美的修辞行为是不多见的，人们多是通过多次实施、评价、调适才完成一项修辞行为。这不仅包括外在的修辞过程，也包括大脑内部的修辞过程。

2. 从话语的功能发生角度看，上述四个层次之间也是以"正确——准确——适切——恰切"为先后顺序的

话语理解者，首先确认的是话语与语言结构规律之间的关系，这是理解的基础；其次是话语与修辞者所要表达的信息之间的关系，进而是话语的适切度与恰切度。当然，对话语接受者来说，后两者是最为重要的。因为话语的适切度与恰切度涉及的是话语接受者与修辞者之间的关系问题，是修辞行为的本质所在。此外，话语接受者对话语修辞效果的评价，也是以此为顺序的。不过，话语评价的轻重次序则是"恰切——适切——准确——正确"。

3. 话语建构的四个层次与各类语体之间的对应关系

上述层次在各种言语交际领域中起着不同的作用。正确是话语建构的基本层次，它涵盖所有的言语交际领域。准确是话语建构的第二层次，它所涵盖的主要是一些实用性言语交际领域，如科技领域以及一些日常生活交际领域等。适切是话语建构的第三个层次，它主要涉及话语与交际对象及各种语境因素的关系。在日常言语交际领域中，适切显得更为重要。恰切是话语建构的综合性要求，它关涉到话语建构的各个层面和各种言语交际领域。它既是话语建构努力的最高目标，也是话语建构的最高要求。

4. 从哲学角度看，话语建构的四个层次分别涉及修辞交际行为的三个不同理论范畴：真、善、美

正确主要关涉话语与语言规范的关系，准确关涉的主要是话语与所

要表达的信息之间的关系，特别是话语与客观事实或所要描述的事物之间的关系。这两个层次基本上属于"真"的层次。适切关涉的主要是修辞行为与交际对象以及社会环境之间的关系，主要属于伦理层次，即"善"的层次。恰切是一个综合性要求，涉及修辞行为的方方面面，强调的是话语与语言规范、话语信息、修辞主体、言语环境之间的完美统一性，因此它属于话语"美"的层次。当然，上述四个层次与真、善、美之间的对应性不是绝对的、单一的，而是交叉的、重叠的。因此，应该辩证地理解和把握。

修辞的宏观原则可以概括为两个方面：一是修辞与语言的内部结构规律和组织规律相切合，二是修辞与语境因素尤其是修辞交际双方的社会心理因素相切合。[①] 这两项原则属于修辞规律层次，它们在话语建构层面还可以化为一些具体要求，上述四项微观原则实际上就是话语建构的四项具体要求，也是话语建构的四个层次。区分话语建构的上述四个层次，不仅可以从理论上消除传统层次划分的弊端，为话语建构提供一个具体的理性参照系，而且对修辞交际实践及修辞教学具有指导意义。首先，上述原则可以指导修辞者的话语建构，使其明确话语建构与语言规范、话语信息、交际对象及语境之间的关系，话语建构具有更明确的行为指向。这不仅有助于本民族内部成员的修辞交际，而且有助于外国人学习和使用汉语。其次，上述原则可指导修辞教学。区分上述四个层次，可使对话语的修辞分析、评价更具可操作性，避免修辞教学中对所有修辞现象都以切合或不切合语境来概括的弊病，使话语修辞分析及评价具体、系统，有说服力。

当然，话语建构是一个复杂多变的系统。上述四项微观原则难以解决话语建构的所有问题。比如上述四项原则在词语选择、句际组合、语篇建构以及各种交际领域中的具体操作等问题，就有待于进一步探讨。

第三节　词语选择

要建构适切的话语，掌握丰富的词语，并明辨它们之间的意义差异，是十分重要的。因此，在词语选择过程中，要注意以下三方面的问题。

---

① 陈汝东《论修辞的社会心理原则》，《北京大学学报》（哲社版），1997年第1期。

一、区分词语的理性意义

电视剧《彭真》中有一个镜头：工作人员拿来法律草案，彭真只把"搜集证据"改成了"收集证据"，一字之差，意义相去甚远。"搜集"含有"搜查"的意思，强调了行为实施的主观性、强制性，"证据"未必是客观存在的。"收集证据"则没有上述含义，暗含了证据存在的客观性。一"搜"一"收"对于执法人员和被执法者来说，意义非同小可。这是由词语的理性意义决定的。

汉语中表达同一义项，有很多的词语变体。比如，表达"用眼睛看"这一功能项的词语就很多，如：看、瞧、瞟、张、望、瞥、盯、瞪、瞅、观等。这些词语虽然理性意义中都有"用眼睛看"的意思，但却不完全一样。例如：

> 正在院子里看书的小明，不时地朝大门外瞅。妈妈走过来说："看书要聚精会神，不能东张西望，心不在焉。眼睛要盯住书本。"这时，大胖抱着足球从门缝里探进半个脑袋，正好被小明的妈妈瞥见，她狠狠地瞪了他一眼。大胖哪敢正眼瞧，一溜烟跑了。

"看书"是正眼"读"；而"瞅"则是不十分认真、不十分在意地用眼看，因此"看书"不能说成"瞅书"。"东张西望"是不断变换方向地看；"盯"是集中注意力看；"瞥"是非正眼看，有不在意的意思；而"瞪"则是用力睁大眼睛"看"，常用于发怒或不满时的"看"。所以，上述词语不宜调换位置。

正确区分词语的理性意义差异，对提高话语的正确、准确、适切以及恰切的程度，十分重要。有时，一字之别，效果迥异。例如，1997年6月3日的《中国青年报》刊登了一篇题为《"英雄"难斗"啄木鸟"》的文章，说的是"英雄"等品牌的国产钢笔，与"啄木鸟"等品牌的外国进口笔争夺市场的新闻。同年6月8日的《文摘报》在转载时，把文章的题目改成了《文具市场："英雄"苦斗"啄木鸟"》。同是表达一件事，只因转载者把关键词改变了一个字，文章的主旨与效果就大不一样。"难斗"和"苦斗"仅一字之差，前者意在"难"，后者意在"苦"。"难斗"意味着斗不过，说话者看待胜负的态度已分明；而"苦斗"则没有表明胜负，而是强调了奋斗者坚韧不拔的精神。两者所表达的情感态度不一样。

修辞过程中，如果不注意区分词语的理性意义，就可能导致用词不当，甚至错误。例如：

> 马俊仁无缘亚运会的消息传出后，对马家军神奇战绩颇为敬重的香港体育人士普通感到震惊。据悉，香港方面前段时间已与马俊仁本人有过直接接触。
> （晓孟《香港力邀马家军加盟，马俊仁"很为难"》）

"普通"的意思就是"平常的"或"一般的"，如"普通人""普通劳动者"等等。本例中，作者说"香港体育人士普通感到震惊"，显然不妥当。因为作者想表达的是"感到震惊"的人的范围，想突出的是该事件在香港体育人士中引起震惊反应的广度。而"普通"的理性意义却与作者的本意相反，只是"一般的"或"平常的"，所以说是词不达意。从语法角度看，"普通"是形容词，它一般不用作副词来修饰动词、表达施动者的范围。如果换用"普遍"就不同了，"普遍"的理性意义是"存在的面很广泛""具有共同性的"，可以表示范围，如"普遍真理""普遍提高全民的文化水平"等等。本例说成"香港体育人士普遍感到震惊"，语法、语义都很顺畅。可见，导致作者用词不当的原因，主要是没有把握好这两个词语的理性意义。

上述语例说明，修辞过程中注意分辨词语间理性意义的细微差别，对提高话语的表达效果，是十分重要的。这包括以下几个方面：

1. 注意近义词之间意义的细微差异

有些词语语素相同，因此意义有一定联系，这些词语通常被称为近义词，运用中要注意区别。例如，"风格"和"风度"，都可用来形容人们待人接物的总体特点，但"风格"多侧重内在的精神，指"气度""作风"；而"风度"则多用来指外在的举止姿态。两者不能混用。下面的例子就不妥当：

> ① 李先生穿着讲究，谈吐文雅，始终保持潇洒的风格。
> ② 小王心地善良，待人和气，常助人为乐，风度高尚。

这两例中的"风格"与"风度"，显然是用反了，应调换。再如"发觉"和"发现"，"发觉"是动词，意思是"开始知道（隐藏的或以前没有注意到的事）"，如"火扑灭了以后，他才发觉自己受伤了"。而"发现"则有两个义项：①经过研究、探索等，看到或找到前人没有看到的事物或规律，如"发现了新的行星"；②发觉，如"近来我发现他情绪不正常"。"发觉"多是指感官上觉察到，而"发现"则多指认识方面。此外，从关涉的对象看，"发现"比"发觉"范围广，如"发现新问题""发现新情况""发现新规律"。这些不宜改为"发觉"。但"发觉"可用"发现"代替，如"他发觉情况不妙，拔腿就跑"，也可以说成"他发现情况不妙，拔腿就跑"。再者，"发现"可以名物化，如"科学发现""这一发现""新发现"等等。这些就不能说成"科学发觉""这一发觉"或"新发觉"。再看下面的语例："来中国以后，我发觉'不客气'比'不谢'用得多。"显然，本例中的"发觉"用得不妥当。说话者发现"'不客气'比'不谢'用得多"，显然不是一时之举，而是通过观察逐步认识到的，因此用"发现"更合适。

　　与"发觉""发现"相近的，还有"察觉"。"察觉"通常解释为"发觉，看出来"。但"察觉"常指感官方面更细微的发现，例如"张峰佯装不知，神色尽力保持平静，但对方还是察觉到了他表情的细微变化"。因此，对宏观现象就不宜用"察觉"了。下面的例子就混淆了"察觉"和"发现"的不同："到了北京以后，我察觉北京没有交通秩序。""交通秩序"是实在的宏观现象，不存在细微的隐蔽性，用"察觉"未免语重了；改用"发现"，效果会更好。

　　有些词语之间的语义差别很细微，有时可换用，而有时却不可以换用，例如"展示"和"展现"。"展示"是"清楚地摆出来或明显地表现出来"，重在强调"出示"。它所适用的对象，既可以用具体的动作展现在眼前，也可以通过语言揭示出来，或通过画面显示出来。例如：

　　　　① 商品展览会上，厂家向人们展示了各自的最新产品。
　　　　② 这幅画向人们展示了三十年代旧上海贫民窟的破败景象。

　　"展现"除重在表达"出现"的景象外，也具有通过艺术手段"展示"事物内涵的意思。在这一点上，两者可通用。例如：

　　　　　与《黑色的大丽菊》形成三部曲的最后一部《洛杉矶的秘密》更是惊心动魄，它展现了一个腐朽透顶的世界，把一座大都市描写成所有罪恶的聚集地，令那些本想去美国西海岸度假的读者心生恐惧。

　　　　　　　　　　　　　　　　　　　（轮子《阴暗造就的作家》）

本例中的"展现"就可以换成"展示",但在表示"出现"的意思时,两者却不能换用。例如"车子驶出山口,展现在人们面前的是一望无际的大草原",此处就不宜换成"展示"。

2. 注意词语意义的轻重

词语的理性意义还有程度差异。比如,一电视台报道某餐馆卫生差时说:"餐馆的地面上,苍蝇尸体随处可见。"显然,其中的"尸体"用重了,"尸体"通常用于人,给人的联想是"死亡"以及由此产生的其他感觉。此处说"死苍蝇"比较合适。与此相关的词语还有"残骸""尸骸"。这两个词也过于正式。

再如,2003年5月17日,媒体上有一则报道:"朝鲜货船在上海海域遇难 40名遇险船员获救。"① 显然,读了该报道,我们的第一感觉是船沉了。但该报道中的事实却是:朝鲜籍货船因发生碰撞事故,货船严重倾斜,40名船员被迫弃船逃生。不言而喻,货船只是"严重倾斜"。通常可以说人遇难,相关的有海难、空难、矿难等。一般说,"遇难"多指人因灾难而死亡。"遇难"虽然有时也用在大型交通工具,如航天器、车船等方面,但多指已经完全毁坏。该货船只是"严重倾斜",船员也都获救,因此用词与事实不符,有耸人听闻之嫌。用"遇险"比较合适。

2003年3月11日,新华网发表了一篇文章,题目是"'两高'报道解读:勒令莫再'吃了原告吃被告'"。但后来,在标题目录中,该文却改成了"严禁吃了原告吃被告"。为什么呢?显然,原来的题目前后矛盾,且过于"温柔"。因为"勒令"是强制性的命令,但是"莫再"却是劝戒,远没有"严禁吃了原告吃被告"严肃。原文是解读第十届全国人民代表大会最高法院和最高检察院报告,"吃了原告吃被告"是报告中提到的司法腐败现象,对此不能劝戒,只能禁止。这说明,在修辞过程中应该注意词语的意义轻重。

在修辞过程中,注意词语意义的轻重,是因为有些近义词在词义的程度方面存在差异。如果不注意词语表意的轻重,可能会导致用词不当。再如:

1976年9月,毛主席逝世后,副主编葛洛打电话向郭老约稿,

---

① 林红梅《朝鲜货船在上海海域遇难 40名遇险船员获救》,新华网,2003年5月17日。

并嘱郭老的秘书把诗稿交给我，急等用。郭老写的是两首七律，其中有一首起句是"伟大领袖比爷亲"。我和王秘书商量："这首不好用，您给郭老带回吧。"王秘书问为什么？我说：这里的"爷"字不会是北京人说的"爷们"的"爷"，郭老比主席还大一岁，似乎不大合适。尽管王秘书面有难色，还是把那首诗带回去了。被我退走的那一首后发表在《人民文学》上，起句改为"伟大领袖万民亲"。

（刘章《我给郭沫若退稿》）

"郭老比主席还大一岁"，他把毛主席比作"爷"，尽管不完全是从他个人与主席的关系角度来建构话语的，但读者理解诗句时，却不能排除作者与毛主席的年龄关系。这也正是"我"认为郭沫若原来的诗句中的"爷"不合适的原因。此外，从意义角度分析，"伟大领袖比爷亲"，意在强调与"伟大领袖"的亲密程度；而"伟大领袖万民亲"，则强调了领袖与万民之间的关系，重在"亲"的广度。诗人最终对诗句作了修改，说明他注意到了上述差异。

此外，词语的语义轻重，有时候还体现在附加功能方面。比如，"花卉爱好者""花迷""花痴"，"学生""学人""学者""学霸"，等等，这些词语的意义层层加重，随之增加的还有词语的褒贬态度。

3. 注意词语所适用的对象

有些词语的理性意义差异表现在所适用的对象上，例如"领略""领教"和"领会"。"领略"适用于"风味""风光"，如"此次苏州之行，我充分领略了秀丽的江南风光"。"领教"多适用于"手段""技艺"等等，如"请弹奏一曲，让大家领教领教""王教官果然出手不凡，领教，领教"。"领会"则多适用于"意思""精神""意图""主旨"等等，如"充分领会中央文件精神""领会了领导的意图"等等。再如"接见""接受""接纳"，"接见"常适用于"来宾""来访者"等人物，"接受"常适用于"意见""建议""批评""任务""礼物"等，"接纳"则常用于"成员""会员"，如"理事会接纳他为新会员"等。

上述词语，一般具有共同的语素或构词成分，理性意义中有相同的一面，但其适用对象却存在差异，往往形成互补，修辞过程中应注意区别。注意词语所适用的对象，从语言结构角度看，就是注意词语之间的语法关系、语义关系。比如"引咎辞职是否应该建立'制度化'"[①] 中,"建立制度化"不符合汉语的语义搭配习惯,可以说"应该制度化""实现制度化"。

此外,还有些名词在表示单称与统称、个体与集体等方面存在意义差异,例如"书——书籍""树——树木""桌子——家具"等。这些词语运用时也会出错。比如,"我昨天买了三本书籍"就是混淆了单称名词与集体名词之间的差别,因此也应注意这类词语的语义差异。当前的电视新闻中,很多都混淆了概念的属种关系,比如"80多种鱼类""一千多种鸟类""人们往往使用打出拼音后出现的第一个词汇"等等。

二、注意词语的附加修辞功能

除了注意区分词语的理性意义之外,还应注意词语的附加意义或附加修辞功能,这包括以下八个方面。

1. 注意词语的语体功能差异

修辞过程中,词语的选择,除了应注意上述的理性意义差异之外,还应注意附加意义或功能的差异。语体差异就是其中之一。例如,有一则新闻标题是"'攥着现金不再放心'传统理财思维被改变",[②] 此处,表达该意义的还有"存""拿""握""捏"等等,作者为什么没有用呢?一方面,因为该报道是反映普通百姓生活的,所以,用词应贴近百姓。"攥"是百姓口头使用频率很高的口语词,它较之"存"生活气息浓。另一方面,"攥"的"形象",较之"存""拿""握""捏",更能体现百姓对自己血汗钱的珍惜,用得好。

上例说明,修辞过程中应注意词语的语体功能差异,这是选择适当词语的一个重要步骤。再如,"害怕""恐惧"都具有"因受惊吓而心理紧张"的意思,但两者的适用范围却有差异。前者一般适用于口语,而后者则多用于书面语。比如,可以说"晚上,我一个人走过那片坟地时,害怕极了"。如果说成"恐惧极了",就过于正式。但是在书面语中则宜用后者。例如:

与《黑色的大丽菊》形成三部曲的最后一部《洛杉矶的秘密》

[①] 人民网,2003年5月14日。
[②] 新华网,2003年5月16日。

更是惊心动魄,它展现了一个腐朽透顶的世界,把一座大都市描写成所有罪恶的聚集地,令那些本想去美国西海岸度假的读者心生恐惧。

(轮子《阴暗造就的作家》)

本例是书面语,用了"恐惧",如果用"害怕"就不合适,因"害怕"的风格特征是通俗,用在此处风格不协调。再看"颤栗""颤抖""发抖""哆嗦"等的语体差异:

但过去的经历有时使他像鬼魂附身似的颤栗。当他重新面对母亲被杀案那份编号为 Z-483-362、标有"尚未查明"字样的卷宗时,又感受到了那种颤栗。

(轮子《阴暗造就的作家》)

"颤栗""颤抖""发抖""哆嗦"都有"身体抖动"的意思,但它们的适用语体略有差别。前三个多适用于书面语体,后一个多适用于口语语体。本例属于书面语,因此作者用了"颤栗",如果换为"哆嗦",就会与原文的整体风格不一致。再如:

12月29日。主治医师的脸骤然阴郁起来,做病程记录的手颤抖着:"病人颅内压升高,产生剧烈疼痛,伴有喷射性呕吐。"

(刘一达《"网"上绝唱》)

本例中"骤然""阴郁""颅内""剧烈""疼痛"等语词表明,这段话属于书面语,因此作者选用了"颤抖"一词;反之,如果改为"哆嗦",就不如用"颤抖"合适。

当然,上述几个词语除语体功能不一样之外,意义上还有细微的差异。"颤栗"多是指由于惊吓而发抖,而"颤抖""哆嗦""发抖"则没有明显的标志。它们可以是由于惊吓所致,也可以是由于疾病、寒冷等所致。

词语的语体差异是区别词语用法的重要依据。遵守词语所应归属的语体规范,本是使词语适切的重要条件。但这不等于说,所有的词语必须适应其语体要求,不可改变。相反,有时因表达需要,临时改变词语的语体类属和适用范围,会造成特有的修辞效应。

词语的语体分化,是全民语言适应不同交际领域需要的表现。正因全民语言有了词语上的语体分化,才使得修辞具有更大的选择余地,使人们能更好地完成交际任务。词语的语体分化和特定的风格功能与语用领域往往是对应的。但是，人们在修辞过程中，往往是能动地运用，并不一定固守词语的语体规范。因此，在大众传播领域或日常交际领域中，词语的语体特征往往作为上好的风格作料。

比如，"昨天，一个重达 260 吨的钢铁'巨无霸'开始从天津港码头出发运往北京，这也是本市有史以来大件运输中遇到的最重的'家伙'。"① 本例是一则新闻，作者为了增加话语的口语色彩，就使用了口语特征明显的"家伙"一词。实际上，此处也可以换用"货物""设备""物体"等等，但都没有该词的风格功能明显。

再如，有一篇报道名为"何时彻底搞定'车匪'"。报道称："俄罗斯军方已多次宣布，俄在车臣的'大规模反恐怖军事行动已经结束'，车臣战事进入'扫尾阶段'，但与此同时，车臣战场上双方鏖战依旧，枪炮声反而愈响愈烈。人们心中暗存疑惑：车臣战争何时可以画上句号？"② 此处的"搞定""扫尾"都是口语词，其风格特征是通俗、时髦。实际上它们的意义分别是"解决"和"接近尾声"。作者使用"搞定""扫尾"，是为了追求通俗，贴近受众的心理需要。

上例说明，词语的语体功能，在许多情况下可以能动利用。运用得好，能收到好的交际效果。这要根据语境要求而定。否则，如果不顾语境要求和公众的心理需要，一味追求词语的语体风格差异，效果未必理想，比如近年来电影名称、文学书名、歌曲名称的俚俗化。有些影视剧制作者，把许多口语词以及句式用在电影名称中，比如《站直了别趴下》《一个都不能少》《没事偷着乐》《有话好好说》等等。作为艺术作品，上述名称俚俗通俗有余，雅致不足，虽然迎合了某一层次的观众需要，但很难说做到了艺术作品应有的雅致，难以与一些经典片名媲美，比如《南征北战》《魂断蓝桥》《廊桥遗梦》等等。

2. 注意词语的态度标示功能

语言表达中，修辞者对所叙述的对象会表现出不同的态度。这些态度可以通过词语的褒贬功能体现出来；因此，话语建构中有必要把握好词语的褒贬功能。例如，在有的城铁的服务规范中原来有对"盲"

---

① 《260 吨大家伙进京　高速路关闭 2 小时》，《北京日报》，2002 年 9 月 21 日。
② 《人民日报》，2000 年 3 月 9 日。

"聋""哑""弱智"等弱势群体的特殊服务条款，但是后来"弱智"改成了"智障"。为什么要如此改呢？因为"弱智"除了包含"智力低"之外，还含有贬低的意思，且该词有时被用作詈语，因此有必要改动。这种改动主要是为了消除语言歧视。从词语的修辞功能看，就是注意了词语的态度标示功能。

实际上，在同义词语的各种变体中，表示褒贬态度也存在程度差异。比如，表达喜欢跳舞的人，可以用"舞蹈爱好者""舞客""舞迷""舞狂""舞痴""舞棍"。不难发现，其中"舞迷""舞狂""舞痴"，虽然表达的程度逐渐增强，但贬斥态度并不明显。但"舞棍"就不同了，它带有明显的贬义。因为其中有一个语素"棍"，表示"无赖""坏人"，比如"赌棍""淫棍""党棍""恶棍"等等。由此观之，"舞棍"实际上指称那些舞风不正的人。所以，在实际运用中，应区别上述词语的褒贬差异。比如，有一篇"舞痴乎舞棍乎"① 的文章，描写一交谊舞老者，始用"舞棍"以示贬斥，后发现舞者品质可嘉，于是改称"舞痴"，以体现表达者的中性态度。

语言体系中词语的态度功能一般是确定的，在运用中，如果修辞者的态度与词语所应具有的态度功能一致，则不会出现语误，但是如果修辞者的态度与词语所固有的态度功能不一致，则可能会导致失误，形成交际障碍。

比如，据报道，有一本书描写世纪贼王张子强的罪恶人生道路，但该书却名为《贼王风采》，结果引起读者的不满。为什么呢？显然，与作者所用词语的态度功能有关。"风采"形容人的美好仪表举止，是褒义词。因此，作者把书名为"贼王风采"，显然是表示了对"贼王"的褒扬、赞赏态度。这不仅自相矛盾，也与公众心理相抵触。因此，有的读者就有了这样的评价：张子强是一个杀人越货无恶不作的江洋大盗，有何"风采"可言？谁会想闻其"风采"？编者将这顶高帽子送给贼王，实属不伦不类。② 这样的评价有道理。

再如，美国人豪尔·普里斯蒂在赢得第 7 届夏季奥运会 10 米高台跳水比赛的铜牌后，顺手从奥运会主赛场的旗杆上偷走了一面五环会旗。2000 年悉尼奥运会举办之际，103 岁的普里斯蒂决定把那面旗帜归

---

① 《舞痴乎舞棍乎》，《生活时报》，2000 年 9 月 22 日。
② 何兴《书也要"正名"》，《中华读书报》，2000 年 1 月 5 日。

还给国际奥委会。于是，有的中国媒体就以《百岁"奥运老贼"现身悉尼》为题进行了报道："9月11日，103岁的"奥运老贼"终于在悉尼现身了。"① 本例中，当事人偷走了五环会旗，并非为了金钱，很难说是严格意义上的偷盗行为。该文作者用"老贼"一词，也并非真心欲贬斥当事人，而是想以此达到诙谐效果。但事实上，该报道给人的感受恐怕不是诙谐，而是不严肃。因为"老贼"蕴含明显的贬斥意味，作者在大众媒体上把该词用于一位百岁老人，值得商榷。

此外，在利用词语的态度功能时，还应注意同一语境的制约作用。在同一语境中，表达相反的态度，不宜使用具有相同态度功能的同一个词语，否则，容易引起歧解。比如，有一则新闻题目是"广告要宣扬健康文化"，但在正文中却写道："近日，CCTV-1黄金时段有两则令人不舒服的广告：一则大概是某酒店的广告，一美女在爱不释手地抚摸豪华的洗手池，广告词是'黄金洗手间'。另一则是某品牌手机广告，大概是为了突出该手机的短信、聊天等功能，描述一对素不相识的男女，通过手机短信，顷刻间少女进入少男的怀抱。手机屏幕上自豪而又阴险地显示出：'搞定！'这两则广告，前者宣扬奢华，后者宣扬'泡妞''网恋'，都是不健康文化。"② 显然，作者对所陈述的事实持反对态度，因此在正文中用了"宣扬"，但在标题中作者对自己的主张是持肯定态度，同样也用了"宣扬"。虽然"宣扬"的语言意义中褒贬不明显，但多数情况下是用作贬义。标题用"宣传""传播"比较好。

词语的褒贬功能不是一成不变的。人们在运用过程中会改变词语的适用场合，褒词贬用或贬词褒用，以达到特殊的交际目的。例如，"上课"一般意义上是没有贬义的，但是由于该词的语用领域惯性，它暗含了一定的角色关系，一般是老师给学生上课。上课者与被上课者之间存在权势与非权势差异。但是在"五贪官给八百官员'上课'"③ 中，"上课"却是褒词贬用了。因为贪官是反面角色、非权势角色，是没有资格给政府官员上课的，作者如此用，意在突出"反面教材"的作用——"现身说纪说法"。如果换用了别的表达方式，效果就不一样了。再如：

---

① 《百岁"奥运老贼"现身悉尼》，《文摘报》，2000年9月21日。
② 滢阳《广告要宣扬健康文化》，人民网，2002年10月2日。
③ 《北京晨报》，2002年9月20日。

蓦地，女儿插嘴道："大姑，你还回外国吗？"姐姐说："回啊。""那你帮我找找那个花蝴蝶风筝好吗？"姐姐不解地看着我们。我和妻子相视一笑，给大家讲了春天放风筝的故事。大家惊异这孩子竟然会对那只远去的风筝如此"耿耿于怀"。

（吴一平《风筝》）

爸爸、妈妈给女儿买了一只花蝴蝶风筝，放飞时不小心风筝脱线远去，女儿哭闹不止。她问花蝴蝶风筝飞哪儿去了，妈妈哄骗她说飞到外国去了。时间过去很久了，小姑娘依然记得花蝴蝶风筝。这本无可厚非，但作者却说是"耿耿于怀"。"耿耿于怀"一般是指把他人的不满等记恨在心、念念不忘。此处，显然是贬词褒用，以强化小姑娘对花蝴蝶风筝的怀恋之情，有一定的幽默情味。

词语的态度标示功能，不仅仅体现在褒贬方面，有些是难以用褒或者贬来概括的。比如，表示"女性"的词语很多："女人""女的""女子""妇女""女流""女性""女生""女孩""女儿""女郎""女士""巾帼"等等。但是，这些词语除了表示"女性"的理性意义之外，给人的感性态度却有很大差异。"女的""女人""妇女""女性""女生""女孩""女儿"感情态度基本上是中性的，"女子""女士""巾帼"则具有不同程度的褒扬、尊敬态度。"女流"则含有轻微的贬义。从给人的感受看，"女人""妇女""女士"多指已婚的，因此给人一种稳重、成熟之感；"女生""女孩""女儿"多指未婚女性，因此给人以清灵之感；"女子"也能给人这种感受；"女流"则给人以轻微的污浊之感。因此，上述词语在实际的语用过程中的交际价值不同。例如：

① 由于科技手段的发达，在家里办公已经不是什么新鲜的事了。让工作丰富化、乐趣化、个性化和自由化，是许多的现代知识女性的追求。

（陈洁《在家上班的女性》，《北京经济报》，1999年7月18日）

② 熟悉卡罗琳的人都认为她是一个心地善良的女子，为人处世也相当周到得体，因此许多媒体都将她与小肯尼迪的母亲杰奎琳相提并论。

（杨磊《小肯尼迪驾机失踪》，《文摘报》，1999年7月22日）

③ 窄小的公路两边低矮的平房连成了片，简陋的砖木结构里面七成的居民是外地人。浓妆艳抹的外地女人在当街招揽客人，胆大包天的外地男人在气割来路不明的变压器，成群结队的拾荒者以乡音来划分各自的势力范围。

（宋国强、屈遐《京城垃圾王》，《北京纪事》，2000年第2期）

例①报道的是现代女性办公方面的变化，作者持肯定和赞扬态度，因此使用"女性"，给人的感觉是既庄重、正式，又清新、靓丽。如果使用"女人""妇女"，则没有这样的效果。例②卡罗琳是前美国总统肯尼迪的儿子小肯尼迪的妻子，作者称她时用了"女子"，一定程度上蕴含了清灵、褒扬、喜爱。例③中，作者因对所描写的人物稍有贬斥态度，加之其年龄因素，因此使用了"女人"，以突出其性别差异，这与下文的"男人"对称。

由上面的语例可以看出，词语运用过程中，也可根据语境要求和表达需要，改变词语的褒贬功能，褒贬换用，可起到独特的修辞效果。此外，随着时间的推移，词语的褒贬功能也会发生变化。在修辞实践中，对此也应注意。

3. 注意词语的地域标示功能差异

如前所述，词语除了上述附加功能之外，还具有地域特点。在修辞过程中，还应注意表达同一意思的方言变体，以使话语的风格富有变化。例如，在"品牌得先弄准买房人的需求"① 中，"弄准"的意思是"把握""搞清楚"。作者不用后两者，意在突出话语的口语特点和地域特点。再如：

一出和平门，顶打眼的是路旁的两溜暖棚。里头精雅得很，展销着国画、书法、挑山、横披、册页，都有。……面对这些别具风格的爱物儿，无论童叟，谁不神往呢？至于"面人儿汤"当场献艺，在半个核桃壳里捏的《十八罗汉斗悟空》，"葡萄常"亮出的绝活——那颤着枝儿、甩着蔓儿、挂着白霜儿的"玫瑰香"、"马奶子"，就更为人们所惊叹了。

（韩少华《忆厂甸儿》）

---

① 李雯《房地产建品牌 百姓购房要品牌还是要价格?》，新华网，2002年9月20日。

本例中,"顶""打眼""溜""暖棚""里头"等词语,以及"那颤着枝儿""甩着蔓儿""挂着白霜儿"中的儿化音节,都属于北京方言,带有浓厚的京城气息,读来京味十足。这与作者是北京人,且描写的是北京的地方风物十分相称。如果换用意思相近的普通话词语——"非常""引人注目""排""里面"等,删除儿化音节,原文所特有的地方色彩将顿然消失。

当然,运用方言词语,要适应话语的语体、风格要求。如果过多地使用方言词语,一定程度上有悖于汉语的用词规范。在选择词语时,应尽可能使用规范的词语,避免不适当地运用方言词语。比如,有"收款处""收款台""出租车",就没有必要非用"收银台""的士"等不可。

此外,也要注意一些华语国家和地区的词语变体与普通话词语之间的差异。比如:

① 由于方言词部分较普通话中相应的词而言都更形象、生动,所以任用也能提高修辞效果。

② 我卸下书包,也不开收音机,拿起了会记,就在我专用的椅子上,看看有谁又在会记中添了笑话和留言。

③ "鼓动"是中性词,指"用语言文字等激受人们的情绪,使他们行动起来"。

例①中的"任用"与普通话中的"任用",显然不是一个意思。普通话中,"任用"的适用对象往往是人,如"任用贤人""干部任用得当"等等。而此处的"任用",实际上应改为"运用"。例②中的"会记"也不是普通话词语。普通话中有"会计""会议记录"等词语,而没有"会记"。此处的"会记",大致相当于普通话中的"班级日志"或"留言簿"。例③中的"激受"在普通话中也找不到,可改为"激发"。

此外,"明简易懂""语简意长""语译""字译"等与普通话也不一样。它们大致相当于普通话的"简明易懂""言简意赅""意译""直译"。这些词语多出现在新加坡华语中。另外,"冲凉""胶擦""塑胶袋""巴士""沙爹"等,多是马来西亚等国家的华语词语。它们大致相当于普通话的"洗澡""橡皮擦""塑料袋""公共汽车"和"烤肉串"。至于"狂牛症""网际网路""数位相机""行动电话""桌球""计程车""化妆室",则是台湾的地域变体,分别相当于大陆普通话的"疯牛病""互联网""数码相机""手机""乒乓球""出租车"和"卫生间"。

这些词语与普通话词语存在意义差异,有些在普通话中找不到对应词。如果使用,可能会导致交际障碍,因此不宜与普通话混用。由于长期的地域隔膜,有些国家的华语形成了一些特有词语变体以及一些不同的表达方法。中国人与来自上述国家和地区的人交往时,往往因此产生误会。为了保证顺利地交际,提高话语的修辞效果,词语选择以及话语建构过程中,应适当注意上述差异。

方言词语的使用要适度,符合国家相关语言文字法规、政策要求。比如,在大众传播领域中,不宜过多使用方言土语。但是,目前在有些大众传播领域中,也存在一些乱用、滥用方言的情况,比如影视剧中人物语言的方言化现象,个别地方的方言优越感现象等。在这些场合过多采用方言,一方面与国家的语言文字法规相抵触;另一方面,也影响交际效果,有时还会导致误解甚至社会纠纷。比如,据报道,北京某超市的一份特卖广告上写着"成长快乐果味型/含钙型28.9元/组送精美礼品1份",旁边配的画面是两瓶不同类型的该产品。顾客看到广告后,认为"广告上所说的一组显然是指这两瓶不同型号的产品",于是就喜滋滋地拿着一"组""成长快乐"来到收款台。

但工作人员却告诉顾客,货款为57.8元。工作人员解释说,"组"字是上海人的用法,在上海的方言里,"一组"的意思就是"一个"。① 显然,此处,商家有故意用方言误导消费者的嫌疑,它不但涉及一个方言词的运用问题,还涉及一个修辞道德问题。

4. 注意词语的语域标示功能

词语的语域功能也具有一定的修辞价值。因此,在各种言语交际或传播领域中也需注意。比如,有些修辞行为中对词语的语域功能运用得就十分成功。比如有些外来词,"巧克力""可口可乐""汰渍(洗衣粉)""奔驰"等,无论是语音还是语义,结合得都不错;但是也有一些比较生硬,有的甚至重新炒作已有比较成功翻译的词语。比如,本来已有"饼干""激光""青霉素",但是又炒作新名词"克力架""镭射""盘尼西林"。"巧克力饼"的翻译很好,却又翻个花样叫"巧克力

---

① 肖名焰《广告宣传方言捣乱》,《北京晚报》,2002年11月23日。

派"。还有的把"出口又回销"的词翻译错了,比如把"Mencius(孟子)"译成"门修斯",还有的把"和、比、的"写成了"&、Vs、de",夹杂在汉语中,有点不伦不类。再如"破解东北难题 振兴东北五大'攻略'",其中的"攻略"来自日语,其他人未必清楚它的具体意思,但作者还是拿来用了,原因恐怕是为了猎奇。

利用词语的语域功能,源自对社会公众心理的价值判断,因为有些词语看上去具有异域情调,正因如此,在一些营销领域中才被大量使用。比如,房地产的命名就是一个重要方面,如橘郡、康城、雪梨澳乡、蓝堡、米兰天空、空间·蒙太奇、宽HOUSE、左岸工社、UHN国际村、住邦2000、九台2000等等。上述名称中有的可以理解,但也有的让人不知所云,或许房地产商的动机就是让人不明白。相比之下,富贵园、顺心居、天赐良园、花样年华、风林绿洲、碧海蓝天、碧水云天、东方银座、世纪·财星、紫荆豪庭等具有民族特色的名称,则更容易让人接受。①

类似的现象在其他行业中也有。比如,"梦特娇""诺贝尔""帕萨特""帝佗"等等,人们就很难把它们与具体的商品对应起来。实际上,上述名称与"诺贝尔""帕萨特"的本义并没有关系,它们是佛山市一些陶瓷企业的商标。有的甚至想用"萨达姆"来注册陶瓷产品商标。② 当然,这种起怪名的急功近利行为,并不能为企业带来长久的良好效益,可能适得其反,令消费者望而却步。这说明,有些修辞者在适当地运用词语的语域功能方面,存在认识上的误区。事实说明,并不是名称越朦胧越好。追求名称的时尚,也应该充分考虑民族心理、社会心理,也应该遵循修辞规律。

5. 注意词语的行业标示功能

如前所述,行业术语渗透到其他传播领域中时,与普通的词语相比,具有一种特殊的修辞效果。比如"节日里收礼不是受贿? '节日腐败'的病理切片",③"病理切片"是医学术语,本义是对发生病变的机体组织进行切片解剖分析,此处用以比喻对"节日腐败"的表现形式、产生原因等进行详尽的分析。较之于直说,使用上述医学术语,具

---

① 《北京楼盘名称分类》,《北京青年报》,2002年11月28日。
② 《瓷砖要叫"萨达姆"?》,《北京青年报》,2002年10月23日。
③ 《检察日报》,2004年1月20日。

有直观的视觉效果。从语体角度看,是一种语体要素的渗透现象。如果有系统地使用,可以形成比喻。比如:

> 最近看到几个贪官的"自白书",觉得很是好笑。因为他们交代的贪污"程序"和我学车的原理如出一辙。
>
> 在学车的人中,我属于"车感"较差类,尤其是学加减档时,对离合器、油门、刹车三者的先后次序总是搞混,不是该踩油门时踩了刹车,导致车熄了火趴在那儿一动不动;要不就是该踩刹车时踩了油门,使车如脱缰的野马直飞出去;还有一次左脚踩刹车,让学友们给嗤笑了半天。这怎么得了?驾校的朱金燕教练于是教我一"五字诀":踩(离合器)、摘(档)、轰(油门)、踩(离合器)、挂(档),让我死记硬背并多次练习,这才好像有了点起色。
>
> 贪官们也是这样逐渐走向"祭坛"的:掌握了一定的权力,可谓之"踩";这时还有一定的畏惧,要时不时地"摘"档,别太招人耳目;但蛰伏一段时间内发现无甚反响,便故态复萌,并变本加厉,"轰"向顶峰;又"踩"上一个更高的台阶,从而有了更大的恣肆的舞台;最后愈加"挂"档无碍矣。
>
> (何由《贪官成贪官:"踩摘轰踩挂"》,《工人日报》,2001年11月14日)

本例中作者把汽车驾驶中的一套术语——"踩摘轰踩挂",拿来与贪官贪污的"程序"进行比照,给人以形象、深刻的印象。这段话整体是比喻,微观上是采用了一些行业术语。因上述驾驶术语并不难懂,加之作者的详细解释,读者可以比较容易地把握话语的意义。

多数社会方言词语变体特别是专业术语的使用范围有限,一般需要一定可理解的基础,这包括术语的普及程度和移用中提供足够的语境信息。适量使用,可取得特定的修辞效果。如果不充分考虑交际对象,在公众言语交际中过多使用专业术语,可能导致交际障碍。比如,在许多药品说明书中,就充斥着许多专业术语,公众理解起来比较吃力。此时,就需要减少专业术语,或者替换成一般的词语。比如,"法莫替丁""适用于消化性溃疡、应激性溃疡等"就需要换为"用于胃酸过多、烧心"。[①] 如此,便于公众理解。

---

① 陈会扬《非处方药将统一"口径",让说明书通俗易懂》,《健康报》,2000年4月25日。

6. 注意词语的形象功能差异

在修辞过程中，还应根据表达需要，适当选择那些具有形象修辞功能的词语，以提高表达效果。例如，有一则新闻标题是"新年车市一片跳水声　降幅最高5万"。① 作者想表达汽车市场普遍降价，但没有用直白的方式表达"降价声"，而是用了"跳水声"。显然，作者用的是比喻，因此具有声响效果，这比直言形象。再如：

① 加尔文没有言语，脸上却不易察觉地抽搐了一下。她的脸虽被岁月镂上条条皱纹，却闪耀着智慧和经验的光辉。

（[美]艾萨克·阿西莫夫《机器人入梦》）

② 我热切地望着他的手，那双手满是茧子，沾着新鲜的泥土。我又望着他的脸，他的眼角刻着很深的皱纹，不必多问他的身世，猜得出他是个曾经忧患的中年人。

（杨朔《茶花赋》）

表达人的脸上有皱纹，可以用"长""有"，但上两例的作者却没有用这两个词，而是用了"镂"和"刻"。它们的修辞效果有差异吗？当然有。差异在哪里呢？差异就在于前后词语的形象性不一样。"长"与"有"只表现脸上皱纹的出现和存在，而"镂"与"刻"，则很容易使人联想到用刀或凿雕刻或镂凿坚硬的金属或石头的动作，以及由此所构造的鲜明轮廓。这是"镂"和"刻"本义中所蕴含的形象成分。此外，表达此类意思还常用"爬"，如"随着岁月的流失，皱纹慢慢爬上了她的额头"。"爬"也具有同样的形象效果，只是它所表现的不是皱纹的深刻与岁月的无情，而是赋予皱纹以生命力，用以表现人生岁月的沧桑。再如：

从这点来说，跑警报是颇为罗漫蒂克的。有恋爱，就有三角，有失恋。跑警报的"对儿"并非总是固定的，有时一方被另一方"甩"了，两人"吹"了，"对儿"就要重新组合。

（汪曾祺《跑警报》）

恋爱双方解除关系或关系破裂，双方分手，该如何表达呢？作者说"有时一方被另一方'甩'了，两人'吹'了"。什么是"甩"？当然，

---

① 京报网，2003年1月15日。

只有实际的物品才可以被"甩",比如"甩掉背上的包裹""甩掉手上的泥巴"等等。而人在谈恋爱时,是不可以被"甩"的,但作者又确实把人比作了"可甩的东西",这样比较形象。如果换成"摆脱",效果就逊色多了。可"吹"的是什么?人们往往和"油灯"联系起来。"油灯"一吹的结果,往往是灭。"灯灭了"也就完了,人们常常说"人死如灯灭"。灯灭了,一团漆黑,灯下的人当然也就散了。恋爱的男女双方"吹了",也就是散了。一个"甩"字,一个"吹"字,简洁明了,富于动感。再如:

> 那婆娘哭着告饶。宋江喝道:"你这泼妇!我好意救你下山,念你是个命官的恭人,你如何反将冤报?今日擒来,有何理说?"燕顺跳起身来便道:"这等淫妇,问他则甚!"拔出腰刀,一刀挥为两段。
> （施耐庵、罗贯中《水浒传》）

"挥"就是"斩"。表达同样意思的词语,还有"砍""剁"等等。但作者用"挥",而不用后面的词语,有什么讲究吗?当然有。"斩""砍""剁",都表示直接用刀把人等切割。其中"斩"就是"砍"的意思,如"斩草除根",但其中暗含有从中间"砍",且有迅速的意思,较之"砍""剁"略显文雅。而"砍"和"剁"则没有这样的意思,"剁"是从上往下"砍",常带有"使其碎"的含义。此外,"砍""剁",给人的感觉比较费力。而"挥"则仅表示手臂舞动,给人的感觉是轻快、迅捷。作者用"挥",意在突出燕顺动作的迅速、利落,以反衬他对恩将仇报的"淫妇"的愤恨。

修辞的艺术性就在于把各种无形的、抽象的事物,通过语言符号诉诸人们的各种感觉。因此,注意词语所蕴含的动作性、形象性,使之各得其所,也是增加话语艺术性的有效手段。

7. 注意词语的时代标示功能

除上述方面外,用词过程中还应注意词语的时代功能,也就是注意词语的时代变体及其特有的修辞功能。这主要是古语词和现代白话词语的功能差异。现代汉语的词语自不必说,但古语词的运用则需要注意。

古语词的功能中有积极的一面,也有消极的一面,那就是陈旧。比如"皇家""帝豪""太子"等等,因其所标示的事物都是封建社会的,它们与当代人的社会价值观念不一致,因此人们很少正面使用。比如,据邓琼琼、张建伟的《中国院士诞生记》报道,建国后在实行科学院院士制度时，毛泽东主席曾经问郭沫若用什么名称。郭沫若说："是否可以叫'翰林'?"这个建议没有被采纳。"翰林"是唐代以来封建帝王的御用文官，尽管郭沫若想推陈出新，欲赋予其新的内涵，但该词太陈旧了，难以起死回生。这说明，运用古语词时，应注意到其局限性，因为词语的意义在很大程度上是历史和时代所赋予的，它一旦成为现实，就在人们的心理上建立起了固定的联系，再想改变其连接项很难。这也正是一些古语词陈旧的原因。但是，20世纪80年代中期以来，一些商家就曾用这类词语为自己的建筑物、商业及娱乐场所命名，结果引起了公众的强烈不满。政府部门也进行了干预，有的已被取缔。

古语词在当代的修辞功能主要是简洁、文雅，可以调节话语的风格。比如，"一些中小学生在教师家中吃、住、学，'包师'现象弊耶利耶?"[①] 用现代白话说出来就是："'包师'现象是有弊呢？还是有利呢？"两相比照，显然文言词语更为简洁、文雅。但是，利用古语词应注意语境。比如，在一些庄重的场合或者是以古代历史人物为内容的古装戏中，适当使用古语词或文言词，有助于提高修辞效果，但过犹不及。有的古装戏里的人物满口"之乎者也"，古人看不懂，今人不明白，效果不佳。

此外，在一些实用性交际领域用古语词时，也应特别注意。比如，据报道，北京市一退休教师因酷爱研究历史，于是就到派出所要把名字改成"奥古辜耶"。"奥"是深奥，"古"是古代，"辜"是辜负的意思，"耶"是语气词。当事人认为，现代人已经改变了好多古人习俗，改这个名字是表示纪念。在遭到派出所拒绝后，他以行政违法为由将当地公安分局告上了法庭，后改名要求得到批准。[②] 公民有更改姓名的权利，但如果名字晦涩难懂，也影响交际效果，不宜提倡。中国人多，容易重名，许多人于是就用不少古代的生僻字作为名字，结果造成了不少交际障碍。

8. 注意词语的文化标示功能

在词语选择过程中，还应注意词语的文化功能或文化含义，特别是那些容易引起文化冲突的词语。例如，2001年10月，世贸大楼遭受恐

---

① 周其俊，《文汇报》，2000年1月7日。
② 杨文学、易珍春《公民改名遭拒 状告警方违法》，《京华时报》，2002年12月6日。

怖袭击后,美国对阿富汗采取了反恐行动,行动代号原来为"无限正义行动",但由于担心引起穆斯林的抗议,五角大楼决定寻找另外一个能够真正代表此次行动的名字。因为在伊斯兰教中,只有真主安拉可以主张"无限正义"。所以,为了避免冒犯穆斯林,美国军方几易行动代号,最终定为"持久自由"。① 词语的这种文化含义差异,即使在同一文化背景下,也需要注意。比如,在我国的穆斯林社区中,就应该注意避免使用引发冲突的词语。比如,"猪肉"等就应采用委婉的说法,避免引起纠纷。

此外,还应注意汉语与其他语言中词语形式相同,而文化含义不同的词语,如"爱人""男朋友""女朋友"等等。汉语中"爱人"一般用于夫妻之间,比如"他是我爱人",意思是"他是我丈夫"。而"爱人"在日语和韩国语甚至英语中,却是"情人"的意思。汉语中的"男朋友""女朋友",主要是指"恋人",而韩国语则指"男性的朋友"或"女性的朋友",没有"恋人"的含义。

在修辞过程中,如果不了解上述区别,就容易造成误解。比如,有一位韩国留学生在中国读高中时,与她的一位女同学无话不谈。有一次,她就问中国女同学:"你有没有爱人?"对方一听,脸色马上变了。而她却觉得没什么,因为这在韩国是很平常的事。于是,她就又问:"你有爱人吗?"这回对方生气地说:"真可气!你怎么看我了?"然后转身就走了。两位好朋友不欢而散。

这种误解就是由于说话者不了解上述词语在两种语言中的意义差异造成的。这位留学生是想问对方有没有男朋友,但她却用了汉语中的"爱人"一词。对她来说,"爱人"就意味着是"异性朋友"或"情人",而对那位中国女中学生来说,"爱人"则意味着"丈夫"。中国的女中学生不会有丈夫,这是常识。如果询问这类问题,就暗含了对被询问者"作风"的怀疑,是很不礼貌的,产生误解也就很自然了。

还有的外国朋友,初到中国认识了不少中国的异性朋友,然后在向其他人介绍时,往往不加区分地说:"这是我的男朋友×××"或"这是我的女朋友×××"。这对说话者来说很正常,但被介绍者却往往是"不好意思"。"男朋友""女朋友"对说者来说,意思是"男的朋友"

---

① 《美军修改行动代号——"无限正义"改为"持久自由"》,《文摘报》,2001年10月10日。

或"女的朋友",而对被介绍者来说意思却是"恋人"。这就引发了误解。此外,有的初来中国的韩国女大学生在与中国大学生的交往中,对年长的男生往往直接称呼"哥哥",听起来很亲切,但仔细分析,也不合乎汉语的一般习惯,因为对方实际上没有真正把握"哥哥"的语用环境和文化含义。汉语中,一般是同胞兄弟姐妹之间对年长的男性直呼"哥哥"。如果非同胞兄弟姐妹关系,对年长的男性,特别是青年男子直呼"哥哥",则往往意味着交际双方是特殊关系,特别是"恋人"关系。

再如,我们经常会听到韩国同学说:"这本词典是我的先辈给我的","这是我的先辈同学"。乍一听,会觉得莫名其妙。因为汉语中"先辈"除了指称行辈在前的人之外,往往指称"已去世的令人钦佩、值得学习的人",比如"继承革命先辈的遗志"。所以,如果把仍然在世的人说成"先辈",往往会引起误解。而韩国语中的"先辈",却是指称辈分、职位中的居先者,比如同学中的高年级学长、同等职位的职员中的先到者等等,而且读音(Shenbe)也同汉语接近,所以容易导致误用。

此外,汉字还被借用到其他语言如日语和韩国语中,作为文字符号。日语或韩国语的文字中有一些与汉语书面形式相同的词语,如"手纸""料理""食堂"等等。这些词语虽然与汉语文字符号相同,但意思却不一样。比如"手纸",在汉语中意思为"解手时使用的纸",而在日语中则是"信"。"料理"在汉语中是"办理""处理"的意思,而在日语中则是"饭菜""烹饪""饭馆"的意思。在韩国语中,"食堂"不仅指称单位的"食堂",而且还包括"饭店""饭馆"等。这与汉语是不同的,因此修辞过程中应特别注意。

以上我们讨论了修辞过程中应注意词语的理性意义和附加意义。如此,是为了论述上的方便。在实际的修辞过程中,上述两个方面是相互联系的。在选用词语的过程中,两个方面都需要考虑。生活中有许多社会冲突就是因忽视上述方面引发的。例如,据报道,2003年9月,北京西城法院审理了影片《射雕英雄传》原导演王瑞状告制片人张纪中一案。法庭上,原告律师要求张纪中明确回答是否说了"开除"一词,张纪中称是记者把"开了"写成了"开除"。于是,王瑞将《中国文艺家》杂志和撰写《激情燃烧着我的爱,我幸福死了》一文的记者追加为被告。① 原来，2002年8月，《中国文艺家》杂志刊登了一篇题为《激情燃烧着我的爱，我幸福死了——张纪中访谈录》的文章。文中写道："张纪中说：'……王瑞让我给开除了，弄了个香港导演，后期他也不管了，后期全是我在那儿做的，剪接、配音、动效、音乐、合成。'"②

显然，官司的起因实际上是一个用词问题，关键在于"开了"和"开除"的区别。被告陈述说，他原话为"开了"，而记者的文章中则是"开除"。两者虽然理性意义中都有"辞退不用"的意思，但有很大差异。"开除"是正式用语，多用于违反纪律、破坏规章制度的行为，带有处分的性质。而"开了"多用于口语，可以只是"解聘""辞退"，并不一定是纪律处分。两者的风格功能不一样，前者严肃、正式，后者随意、通俗。导致上述纠纷的原因是多方面的，但没能重视上述两个词语的理性意义和附加功能差异则是主要的。"开除"较之"开了"，更容易对原告的声誉造成不良影响。这说明，无论是话语建构，还是话语理解，都需要重视词语的理性意义和附加功能。本例中，如果理解者根据说写者所处的原始语境来理解，大概也不会引发社会冲突。

三、寻常词语的艺术化

修辞手段和修辞方法无所谓好坏，贵在如何使用。看似平常的词语，用得切合语境，同样可以取得超常的修辞效果。下面我们来谈一谈寻常词语的几种用法。

1. 平中见奇

生活中有些修辞现象，所用的词语很平常，但效果却不平常。比如，说某人饮酒过量，不说"喝多了"，而说"喝高了"，效果不一样。"喝多了"，重在强调所饮的酒量；"喝高了"，则强调饮酒过量之后的感觉。这种用词方法可说是平中见奇。再如，杨朔的散文《雪浪花》中曾有这样一段描写：

> 几个年轻的姑娘赤着脚，提着裙子，嘻嘻哈哈追着浪花玩。想必是初次认识海，一只海鸥，两片贝壳，她们也感到新奇有趣。奇

---

① 杨昌平《"开了"和"开除"有无区别？——〈射雕〉官司陷入文字游戏》，《北京晚报》，2003年9月24日。
② 解玺璋《激情燃烧着我的爱，我幸福死了——张纪中访谈录》，《中国文艺家》，2002年8月号，第14期。

形怪状的礁石自然逃不出她们好奇的眼睛，你听她们议论起来了：礁石硬得跟铁差不多，怎么会变成这样子？是天生的，还是錾子凿的，还是怎的？

"是叫浪花咬的。"一个欢乐的声音从背后插进来。说话的人是个上年纪的渔民，从刚拢岸的渔船跨下来，脱下黄油布衣裤，从从容容踩到礁石上。

这段话中，有两个词用得独具神韵。一个是"逃"。"逃"本义是指人或动物因受惊吓或遇到危险等快速离去的动作，而礁石是不会动的，它没有生命怎么会"逃"呢？此处，作者从礁石角度，用了一个"逃"字，赋予本处于静止状态的物体以生命的活力，从侧面突现了初次来海边的姑娘们对大海的一切都感到新奇有趣而又眼光敏锐的神态。另一个是"咬"字。大海边，海水的不断冲击，使岸边的礁石变得千姿百态。用于表达此意的词语不少，如"冲击""撞击""侵蚀"等等。但老渔民在回答姑娘们的问题时，却用了一个"咬"，而且说是叫浪花"咬"的，读来感受超凡脱俗，独具神韵。不用"海水""海浪"，而代之以"浪花"，就已显示了这位久居海边、以海为家的渔民那深厚的生活积累。而一个"咬"字，则使本已独具魅力的话语锦上添花。"浪花"本非花，但她却给人以美丽温馨的感觉。那凝聚自然界许多秀色的温柔"浪花"，去"咬"那坚硬如铁的礁石，说是"咬"，但却给人以"亲吻"的意蕴。一个"咬"字，使我们禁不住对那历尽沧桑、横亘千古的柔与刚的较量，慨叹不已。世上无难事，只怕有心人。以一己之芳心玉骨，抗金石之尖利，虽千古而未悔，终使礁石变得千疮百孔。这正是渔民对浪花壮丽人生的赞美，也是渔民自身人生观的写照。虽是平常的一个字，但它却凝聚了渔夫对生活、对语言的提炼，也展现了散文家高超的修辞技巧。作者平中见奇，使寻常词语获得了不同寻常的艺术效果。再如：

有一天，我在家听到打门，开门看见老王直僵僵地镶嵌在门框里。往常他坐在蹬三轮的座上，或抱着冰伛着身子进我家来，不显得那么高。也许他平时不那么瘦；也不那么直僵僵的。他面色死灰，两只眼上都结着一层翳。分不清哪一只瞎、哪一只不瞎。

（杨绛《老王》）

蹬三轮车的老王在大病一场后，来到作者家，"直僵僵地镶嵌在门框里"。作者看到的是怎样一个枯槁的生命啊!一个"镶嵌",把老王这个孤苦伶仃、贫病交加的形象,刻画得入木三分。它使本具生命力的活人,变成了无生命的相片。从这一点看,作者的用词对人物来说,真是太残酷了。

上述几例所用的词语,原本没有什么独到之处,但作者们的匠心却使平凡变得非凡。由此可见,同样的意思并不意味着一定用同样的表达方式。在众多的修辞手段、修辞方法中,选择并创造最恰切的,正是寻常词语艺术化的真谛所在。

寻常词语艺术化的方法很多。不同词语之间的移用或比喻,也是寻常词语艺术化的手段之一。例如:

> 以数字论"英雄"已成为苏南的过去。锡山市提出要挤去经济中的"泡沫",江阴市重在看经济运行的质量。
> (郑正恕《挤去"泡沫"——苏南告别"花架子"》)

以往,苏南一些地方"节庆经济"搞得轰轰烈烈,但经济效益却没有相应的增长。这实际上是在搞"花架子"。作者把这种经济形式称之为经济"泡沫",形象而令人深思。"泡沫"表面五光十色,但不能持久,也没有实际价值,与这种经济花架子十分相似,喻之得体。

有时还可以巧妙地利用普通成语组成谐音双关,也能使话语妙趣横生。例如,我国的社会福利制度中曾存在两种运作方式。一种是国家实行统一的行政补贴,这种补贴在计划经济体制下是统一的,不反映在职工的工资收入中,这叫做"暗补"。实行市场经济以后,这种暗补明朗化,直接体现在职工的工资收入中,谓之"明补"。有位作者写文章来讨论这一问题,把题目拟为《弃"暗"投"明"》和《弃"暗"投"明"路不平》,读来饶有趣味。"弃暗投明"本义是"摆脱黑暗,奔向光明",比喻政治上脱离反动势力,投向进步力量,而此处的实际意思是"变暗补为明补",一语双关,耐人寻味。

成语的结构一般是固定的,但这不等于说成语是一成不变的。相反,有时也可以调换成语中的某个成分,加以巧妙利用。例如:

> 二战期间,残杀犹太人的纳粹分子,有的逃到异国他乡,隐姓埋名,半个世纪之后,被人发现,仍然要将其缉拿归案。有的国家的领导人在任期间犯下罪行,下野多年之后,仍然要被追究,被审判。只有"既往也咎",才会使不法之徒提心吊胆,惶惶不可终

日,也才会使想违法乱纪的人不敢心存侥幸,以身试法。

(傅文远《既往也咎》)

"既往不咎"意为"对过去的错误乃至罪行不再追究"。但作者为了论证"在现阶段,为了整肃纲纪,严明法制,长治久安,不宜滥用'既往不咎'",于是就化用了这个成语,利用人们已经熟知的成语知识,巧换一字,既简练又准确。

2. 同义避复

修辞手段、修辞方法的选择,往往是与人们的审美心理密切相关的。在修辞过程中,有时候追求修辞手段的一致性,以达到整齐美,比如排比、反复等修辞方法。但有时候,却不追求话语的一致性,而是追求变化性,使本可以相同的话语富有变化。

比如,在体育转播中表达同样是获得第一名时,解说者就会有意识地换用功能相同的词语,比如"夺冠""摘金""折桂""夺魁""获得第一名""摘取桂冠""夺得金牌""获得金牌""拔得头筹""获得第一""技压群芳"等等。为什么不用同样的词语呢?并非是因为词语的风格功能差异,而是为了避免重复,达到用词活泼,富于变化。其实这种用法,古已有之。比如"千方百计""千门万户""铜墙铁壁""千年万载"等成语中,前后的"千"与"百","门"与"户","铜"与"铁","墙"与"壁","年"与"载",都可以取一而连用,但人们没有如此做,意在避复。这种方法有的也称之为"互文",但其与互文又有些不同。互文往往为前后两句,避复则不一定。再比如,"草铺横野六七里,笛弄晚风三四声""数百年不见太阳光,亿万年难瞻明月影""常如三十夜,却似五更时",① 上述话语中的"六七"与"三四","数百年"与"亿万年","不见"与"难瞻","常如"与"却似",实际上如果取其一而连用,也并非不可以。但是作者却故意错开,使之不同,道理是一样的。

其实,避复是以话语接受心理为基础的。在人类的审美心理中,既有追求整齐美的成分,也有希望错综美的需要,因此无论是句式还是词语,既追求工整,又追求错综;因此,往往是同中求异,异中求同,整中有散,散中含整,整散结合,相得益彰。这在实用语体中,也有充分

---

① 施耐庵、罗贯中《水浒传》,江苏古籍出版社,1994年,第8、11页。

体现。例如,"土客机坠毁 72 人遇难 美客机事故 21 人丧生",① 这是一则新闻标题,其中前者用了"遇难",后者用了"丧生",同中求异。其实,此处都可以用中性词语"死亡",但是作者用了两个意义相同的词语。其目的有两个:其一,两者功能有些许差异,前者能表露一点哀伤,后者则突出了态度的平淡;其二,是为了避免用词重复、单调。

同义避复在人类交际中被广泛运用。日常言语交际中有,文艺创作中有,大众传播中也有。在新闻报道中,有些关于会议的报道,在叙述会议内容时,就常用这种方法。例如,"新华社北京 12 月 12 日电 中共中央政治局常务委员会今天召开会议……会议指出,党中央、国务院一贯高度重视困难群众的生产生活问题,近年来为解决这方面问题采取了一系列重大措施。……会议强调,各级领导干部一定要牢记党的全心全意为人民服务的宗旨,进一步转变作风,……会议要求,……会议决定,由中共中央办公厅、国务院办公厅就切实安排好 2003 年元旦、春节期间的群众生活专门下发通知,并在近期内派出检查组到有关地方和部门对中央精神的落实情况进行重点督促检查。"② 其中的"指出""要求""强调""决定",既是内容的需要,也是有意识地运用同义避复。

表达相同或相近的意思时,选择不同的词语,使词语富于变化,也是增加话语艺术性的一种重要方法。再如:

① 江苏省六合县最近对 12 家"排头兵"企业进行税收抽查,结果发现竟有 11 家存在多少不等的偷税问题。有的对出售本企业生产下脚料的收入需纳税不懂,有的对销售罚没物资、抵债物资要交税不知,更有的对把自己生产的产品作为福利发给职工也要交税糊里糊涂。

(《"排头兵"企业纳税意识淡薄》,《文摘报》,1999 年 10 月 17 日)

② 余全华牺牲 9 年后,又一名砚山县公安局的缉毒警官陈建军也献出了年仅 25 岁的生命。他是在第 23 次孤胆入毒穴与群魔枪战时"光荣"的。

(万静华《〈中华之剑〉英雄今安在》)

---

① 人民网,2003 年 1 月 9 日。
② 《中共中央政治局常务委员会召开会议,研究进一步解决好困难群众生产生活问题的工作》,人民网,2002 年 12 月 12 日。

例①中，作者在叙述企业的纳税知识时，分别使用了"不懂""不知""糊里糊涂"三种表达方法。虽然它们的语言意义不一样，但在此处它们的功能却是一样的，完全可以用一种说法。作者之所以这样做，目的就是为了使话语形式富有变化，避免单调乏味。再看例②，表达"死"的词语和方法很多，因此表达时不一定局限于一个词语。该例是叙述缉毒警官的"死"，所以作者第一次选取了"牺牲"，第二次选用了词组"献出了年仅25岁的生命"，第三次择取了委婉词语"光荣"。这三种表达方法有一个共同点，都采用了褒义词。作者这样用，目的也是为了避免用词单调乏味。如果单用其中的一个，也不是不可以，但效果就不同了。再如：

③ 于是，一种使命感油然而生。她并不拥有血气方刚的年龄优势，更无缉毒的专业水平，连起码的公安业务知识都是一片白纸。

（万静华《〈中华之剑〉英雄今安在》）

④ 世有百行百业，人有三教九流，但人却没有三六九等之分，而只有品行和潜能的差别。从工有从工的乐趣，务农有务农的品味，做小本买卖的，那慷慨激昂的吆喝声，不也充满了生命的活力和向往？

（周建设、蔡晓建《平民的享乐哲学》）

例③中，三处表示否定的意思，作者选取了不同的词语。表达"年龄优势"时用了"不"，表达"缉毒的专业水平"时用了"无"，表达"起码的公安知识"时却用了比喻。"一片白纸"喻指什么也没有。连接词分别用了"并""更""连"，既具有层层递进的效果，又使衔接富有变化。例④中，"从""务""做"都表达从事某种职业，有的可以换用。"从工"也可以说成"做工"，"务农"可以说成"从事农业劳动"。作者为了避复，选用了不同的词语，话语组织显得很灵活。实际上，这种用词方法在日常语言中是常见的，如"经商""从文""治学""务农""当兵"等。这些词语的第一个语素，都有"从事"的意思，之所以出现这些词语变体，原因多在于避复，使话语生动活泼。

上述实例说明，同义避复既是表意的需要，也是修辞审美的需要。在一些修辞要求比较高的交际领域或话语类型中，如果不注意同义避复，则会略输文采。例如，"人渣肆虐问苍天人权何在；暖巢顿碎哭冤魂胞情犹在",① 本例是一中国留学生在休斯敦被害后亲友写的挽联。其中，上下两句的末尾，都用了"在"，有重复。后者如果改为"存"，就好多了。

3. 正反对举

2003年4月10日晚，中央电视台《焦点访谈》节目报道，湖南省浏阳市洞阳乡政府私刻公章仁横村村民组的印章，用于出让该村土地。报道的题目是《假印章，真麻烦》，作者把"假"和"真"相对而用，具有明显的对比作用。其中的"真"，一方面具有"真实的"意思；另一方面，还具有"实在"或"很"的意思，也就是"很麻烦"。与其他相关的表达方式比较，该题目使用反义词，构成了两两相对的句子，效果独到。

不言而喻，同义词、近义词为人们的表达提供了较多的选择余地。反义词也具有同样的修辞潜能。人们在修辞过程中，常常把反义词对举使用。这也是一种寻常词语艺术化的方法。再如：

① 《十万年薪觅总经理》引发应聘热中的冷思考
（龚炜斌《〈十万年薪觅总经理〉引发应聘热中的冷思考》）

② 旅游投诉热线"凉"了
（潘洪其《旅游投诉热线"凉"了》，人民网，2001年10月6日）

③ "国米"缘何不敌"洋米"
（段羡菊《"国米"缘何不敌"洋米"》）

④ 个体煤场红红火火，
国有煤场冷冷清清。

（《文摘报》）

⑤ "黑色"高考酝酿"红色"商机
（从玉华《"黑色"高考酝酿"红色"商机》，《中国青年报》，2000年6月23日）

十万年薪招聘总经理，很有诱惑力，因此应聘者踊跃，但是不是所有的应聘者都动机纯正，都具有高水平的管理才能呢？作者进行了冷静

---

① 张南《又一中国女生在美国遭枪杀》，《北京青年报》，1999年12月15日。

的剖析。所以，例①中作者把题目写成了"应聘热中的冷思考"。一热一冷，冷热对照，颇具韵味。例②亦然。旅游投诉热线，本意是方便游客投诉，名为"热线"以突出其抢手；但因服务质量到位，"热线"变"凉"，较之于说游客投诉明显减少生动。例③中作者把"国米"与"洋米"对用，揭示了不同事物的性质差异，较之于用诸如"本国米""外国米"给人的印象更深刻。例④则用了"红红火火"和"冷冷清清"一对反义词，深刻地揭示了个体和国营两种煤场截然相反的场面。例⑤则是把"黑色"和"红色"两种对立的色彩并举而用。再如：

① 柳明不知不觉中迷上了电子网。虽然课业紧张，但他每天都要在网上泡两三个小时。网中内容五花八门，深沉的，肤浅的，高雅的，低俗的，不一而足。

（曾晓文《网人》）

② 对因产业结构变化而下岗的人员实行有组织的再培训、再就业，以新工种换旧工种，实施"新饭碗"变"旧饭碗"滚动式的衔接体制，以确保绝大多数下岗人员都有重新就业的机会，而不是简单地砸破铁饭碗。

（李玲玲《新加坡安置下岗人员的措施》）

例①中，作者为了叙述电子网中五花八门的内容，就把"深沉——肤浅""高雅——低俗"两组反义词对举使用，使读者获得了正反两方面的完整印象。例②中，作者使"新""旧"对立，两相对照，易懂易记。

正反对举如果连用，除可加强表意功能外，还具有使话语形式整齐的功能。例如：

在政治、经济、社会生活中，谈刮风，无论是打比喻也好，或是习惯说法也好，总会给人"松一阵、紧一阵，强一阵、弱一阵"的感觉，效果自然不怎么好。

（李济泰《反奢节俭莫"刮风"》）

本例中"松一阵、紧一阵，强一阵、弱一阵"，不仅突出了"刮风"给人的不同感觉，而且形式工整，给人以韵律上的美感。

4. 语音和谐

以上所述的修辞方法，多侧重于视觉形式。此外，还有一些寻常词语艺术化的方法是突出听觉效果的。比如，沈永宝在《给书起名的学问》一文中谈到：钱玄同先生立志从44岁起，每11年出一本集子。他44岁时出的那本集子叫《四四自思辞》，55岁时出的叫《五五吾悟书》，66岁时出的叫《六六碌碌录》，77岁时出的叫《七七戚戚集》。本例中，每个书名中都有叠音词和双声词，读来语音和谐，显示了作者的幽默、风趣和机智。上述词语本没有什么特别之处，其独到的听觉效果是作者根据语境协调的。

利用词语的声响和谐效果的方法，还有一种是运用"同音词"。这种方法在大众传播中使用频率比较高，因为它可以增加读者的阅读兴趣。例如：

① 为啥要搞"观赏"农业？落脚点当然还是在"官赏"上。对某些下级来说，上级赏识的事，何乐而不为呢？

（郭涛《不要搞"官赏"农业》）

② 对那些把验收变"宴收"的检查验收团，有关部门也不妨对其检查一下，让其把吃下去的"吐"出来，并给以曝光。只有这样，才能刹住验收变"宴收"的歪风。

（唐塔生《莫使验收成"宴收"》）

③ 随着市场经济体制的建立，公共关系越来越受到社会各界的重视。

然而，令人忧虑的是，近年来有些地方和单位的"公关"变成了"攻官"。比如，某项业务按规定应由甲企业办，但由于负有责任的官被乙企业"攻"下，乙企业也可堂而皇之地插手此项业务。

（《莫使"公关"变"攻官"》）

④ "严禁"不仅包括制定严格的禁令，使之有法可依，更需要令出法随，做到执法必严，违法必究。否则，"严禁"便只能止于口头、流于形式，成为"言禁"。

（宋法宏《莫让"严禁"成"言禁"》，《中国纪检监察报》，2001年2月14日）

⑤ 三是个别地方为公示而公示，把"公示"视为一种干部任

用的"公式"，成了一种应付上级、糊弄群众的形式，引起人民群众的强烈不满。

（龚志斌《谨防"公示"变"公式"》，人民网，2001年11月14日）

考察团到农村考察农业生产情况。到了农村却发现，一些地方的基层干部为了应付检查、迎合上级，不顾实际条件和效益，在沿路种植了专供领导"走马观花"的农作物。例①称之为"官赏"农业。到年终岁末有的达标验收团，到基层名曰下基层，实则是借此游山玩水、吃喝玩乐。例②称之为"宴收"。此外，近年来，有些地方和单位，则把搞公共关系变成了拉拢收买政府官员。例③称之为"攻官"。说起"公款大吃大喝""向企业伸手""在公务活动中收受礼金"等不良倾向，不少领导干部慷慨陈辞，往往言必称"严禁"，但过后便被当作"耳边风"。这无疑只是口头上的"严禁"，因此，例④把此种现象戏称为"言禁"，讽刺之意溢于言表。同理，例⑤"公示"与"公式"语音相同，作者巧妙地利用了这一点。

上述语例利用"观赏"与"官赏"、"验收"与"宴收"、"公关"与"攻官"、"严禁"与"言禁"、"公示"与"公式"的谐音关系进行仿词，一语双关，读来妙趣横生，具有很强的讽刺效果。这种修辞现象还有很多。再如，邪教"法轮功"表面上鼓吹"真善忍"，但却鼓动其信徒自焚以求圆满，致使许多人妻离子散。于是，人们称之为"真残忍"和"真杀人"。"真残忍""真杀人"与"真善忍"，语音相似，但意义却截然相反，两相比较，法轮功本质昭然若揭。再如"岂可变种树为'种数'?"①"'学历'非'学力'"②"龙胆泻肝丸治病还是致病"③"'警世'还是'惊世'"④"两个'良子'商标结'梁子'"⑤"莫使'星闻'变'腥闻'"⑥"从偶像到呕像的××"⑦ 等等，都是利用同音仿词。

---

① 王慧敏《人民时评：岂可变种树为"种数"?》，人民网，2002年3月24日。
② 文志传《"学历"非"学力"》，人民网，2001年12月8日。
③ 朱玉、张建平，《北京青年报》，2003年2月24日。
④ 乔世华《"警世"还是"惊世"》，《光明日报》，2001年5月9日。
⑤ 程婕《两个"良子"商标结"梁子"》，《北京青年报》，2003年7月31日。
⑥ 黄团元《大众话题：莫使"星闻"变"腥闻"》，《工人日报》，2003年8月25日。
⑦ 人民网，2003年9月14日。

词语语音上的协调包括两方面：一是话语结尾音节的和谐；二是句子内部音节结构上的和谐。前者多用在语篇中，后者则多用在语段中。比如：

① 您，是一面旗帜，
本世纪的晴空，
因您而分外澄澈、灿烂。

您，是一把号角，
共和国的步伐，
因您而豪迈、矫健。

您，是一个奇迹，
山坳上的中国，
因您而挺直了腰杆。

您，是中国人民的儿子，
伟大的深情，
源自一个伟大的信念。
……

（晓颂《永远的丰碑》）

② 有的验收团下去以后，只是坐在会议室里看看材料评优劣，听听汇报论长短，数字大小论英雄，招待好坏定过关。往往是听完汇报就会餐，一顿酒饭吃半天，晚上还有舞来跳，走时带上土特产。于是，绿化达标有天窗在"宴收"中达标了，普九教育有失学儿童也在宴收中合格了。

（唐塔生《莫使验收成"宴收"》）

③ 我希望今后朋友们都能到我这个"小家"光临小憩，喝上一杯咖啡，倾吐一腔情感，获得一份慰籍，增添一股重新振作的勇气……时时刻刻等待您的光临！

（刘一达《"网"上绝唱》）

例①中四段话语结尾的词语——"灿烂""矫健""腰杆""信念"，后面的一个音节中都含有韵母"an"，读来音节和谐。例②中的"长短""过关""会餐""半天""特产"等词语，结尾音节也都有

"an"，同样具有音节和谐的修辞效果。这属于话语结尾音节的和谐，其目的是压韵，起语篇衔接功能。例③则旨在构造话语内部的语音和谐。其中，"喝上一杯咖啡""倾吐一腔情感""获得一份慰籍"和"增添一股重新振作的勇气"，四个分句的结构相同，动词成分中"倾吐""获得""增添"都是双音节词，唯独"喝"是一个单音节词，为了结构上的整齐匀称，作者在"喝"后加了一个"上"字。其实，只用"喝"意思也十分明了。"上"在意义方面不起作用，而只是起补足音节的作用。此外，前三个分句的音节数相等，而第四个分句增加了"重新振作的"五个音节，使整段话在音节上得到延展，语气得到加强。如果颠倒上述语序，效果就不一样了。

第四节　句际组合

一、句子建构

词语选择固然重要，但它只是话语建构的一个基本步骤。若要完成一定的交际任务，特别是想提高话语的修辞效果，还需把词语建构成结构合理的句子。因此，修辞过程中应适当注意以下三个问题。

1. 安排合理的语序

同样的交际任务可以通过不同的修辞手段、修辞方法来完成。选择不同的语序，就是完成同样交际任务的修辞方法之一。修辞手段相同，语序不同，话语意义、修辞功能、修辞效果也不一样。比如，传说曾国藩在与太平军的作战中，屡次失利，于是上奏皇帝说"臣屡战屡败"，但这句话后被改成了"臣屡败屡战"。虽然只是细微的词序变化，但表达效果迥异。前者突出了屡战的结果屡败，暗含了指挥不利、作战无能；后者则不一样，它突出了虽败犹战、不屈不挠的斗志。这种修辞效果的取得，所依靠的主要是语序。

汉语中有许多修辞方法是依靠语序。语序不一样，效果也不同。比如，"让饱经风霜的身心歇歇　老人再婚夕阳红几度"，[①] 后半句也可以说成"老人再婚夕阳几度红"。前者突出"几度"，后者突出"红"。再

[①] 周润健、房淑清，2003年9月27日。

如，"北京'绿卡'下周一发放",① 也可以说成"下周一北京发放'绿卡'"。作者没有如此说，是为了突出"北京绿卡"。"莫斯科地铁辉煌不再"② 也可以说成"莫斯科地铁不再辉煌"。后者为常用说法，前者变化语序作为题目，意在给人以新颖的感受。同样，"老年人精神健康不容忽视"③ 作为题目，较之"不容忽视老年人精神健康"，更为有力。再如，"每晚都在写文章 在美国当终身教授不容易"④ 也可以说成"在美国当终身教授不容易 每晚都在写文章"，但是两种语序强调的信息点不同，原句突出了"每晚都在写文章"，后者则强调了"在美国当终身教授不容易"。

当然，在有些情况下，虽然语序的变化不关意义，但语感不同。比如，在"王凯双眼紧闭，满脸痛苦的表情，一只手不断抽搐"⑤ 中，"满脸痛苦的表情"就不如"满脸表情痛苦"更直接，或者改为"表情痛苦"，因为"表情痛苦"暗含了脸部，其他部位不可能出现表情。再如：

① 那一夜，她就驾着这辆北京吉普，满街满市兜风转。② 第二天，再开着车旋风般进法院。③ 那院长一见，大乐：④ "留下了，你！"

（洪莉、宋雪菲摘编《天降大任》）

这段话的句子语序灵活多变，活泼自然。句①把时间状语"那一夜"提前，然后在句中断句，句子结构平衡。句②也是把时间状语"第二天"提前，同时省略主语，保持句际之间的平衡。句③在中间停顿，突出谓语中心成分"大乐"。句④属口语，主语"你"在后，既合乎日常口语习惯，又与整段话语的句子结构形成反差，增加了变化。如果改变语序写成："她那一夜就驾着这辆北京吉普满街满市兜风转。她第二天再开着车旋风般进法院。那院长一见大乐：'你留下了！'"则句子形式缺乏变化，给人以沉闷、冗长、呆板的感觉，效果不佳。

上述语例说明，修辞不是选择了合适的词语，就一定能组织成恰当

---

① 袁祖君，《北京青年报》，2003年6月28日。
② 丁永明译，《文摘报》，2000年6月1日。
③ 邵岭，《文汇报》，2000年5月26日。
④ 刘亚伟，人民网，2003年2月14日。
⑤ 马晋勇《北京昌平个别城管野蛮执法 一对夫妇被打伤》，人民网，2002年9月23日。

的句子，还应使句子内部语序合理，且富有变化，切合语境需要。

2. 保持句内结构平衡

话语建构就如楼房设计、挑桶担担，也要讲究平衡性。既要讲究句子内部的韵律，也要讲究句子结构的韵律，尽量在完成信息交流的基础上，使其语序结构合乎韵律。这就需要调整句子内部的结构，使之保持平衡。例如：

① 我现在不知道应当感谢哪一路神灵：佛祖、上帝、安拉；
② 由于一个万分偶然的机缘，我没有走上绝路，活下来了。

（季羡林《八十述怀》）

本例中，作者对句子内部语序的安排，十分注意平衡性。句①为了突出三路神灵，就把它们放在了句子后面。整个句子被分成前后两部分，前后平衡。如果说成"我现在不知道感谢佛祖、上帝还是安拉"，就把作者想要突出的重心掩盖了。句②状语成分较长，作者把其提前，中间一顿，一句三分，避免了头轻脚重。假如说成"我由于一个万分偶然的机缘没有走上绝路活下来了"，句子就拉长了，结构也复杂了，无论是句内的平衡性，还是信息表达效果，都不理想。

平时，人们在修辞过程中，往往看重句子结构的完整性，不注意句子内部结构的平衡性和变化性，建构的话语多结构单一，缺少变化，效果不佳。比如：

《实话实说》是一项具有代表性的成功的电视谈话节目，它是在我国政治宽松、思想解放的背景下，是在人们参与社会公共事务的热情空前高涨、日益紧张的生活节奏和飞速变化的社会现实促使人们沟通需要下发展起来的，是综艺型的谈话节目，钟情于真情实感和真知灼见。

这段话问题比较多。除了语法问题和句子过长外，句子结构的平衡性也不理想，影响了表达效果，因此可进行如下调整：

《实话实说》是一个成功的电视谈话节目，很有代表性。新时期，我国政治环境宽松，人们思想解放，参与公共事务的热情空前高涨。此外，生活节奏加快，社会变化迅速，人们迫切需要沟通。这些促成了该节目的产生和发展。作为综艺型谈话节目，《实话实说》钟情于真情实感和真知灼见。

调整后，句子长度缩短，结构富于变化，平衡性好，逻辑性强，便于读者接受。再如，"相声作为一个古老的曲艺种类，曾经在20世纪辉煌一时，但是随着小品、外国喜剧片等的出现和广播、电视、网络的兴起和大众文化的日益普及，从80年代末期开始相声开始走下坡路，进入21世纪更是遭遇到发展的困境。"本例也存在同样的问题。因此可以调整为："作为古老曲艺的一种，相声在20世纪曾辉煌一时。从80年代末期开始，随着小品的出现、外国喜剧片的引进，以及广播、电视、网络的不断发展和大众文化的日益普及，相声开始走下坡路。进入21世纪，相声陷入发展困境。"如此，句子长度缩短，句内结构均衡，表达效果提高。

此外，有时为了句子韵律上的稳定性，有些标题也会调整内部的词序。例如，"谜：不是木乃伊，死后十年却'不朽'"，① 这是一则新闻标题，作者把"谜"放在句首，起强调作用。如果说成"不是木乃伊，死后十年却'不朽'，是个谜"，则显得啰嗦。再如，"群众？领导？镜头该对准谁？"，② 作为题目，本例采用了三个疑问句。如果写成"镜头该对准群众还是领导？"也可以，只是缺少变化。再如，"上大学 靠自己？靠募捐？"，③ 作者采用选择疑问句，句子结构富于变化，能激发读者思考，效果比较好。

3. 注意适时断句

语流中的停顿会影响到话语意义，也会影响话语的修辞效果。比如，有这么一个故事：有个人到朋友家做客，不受欢迎。主人出门时，巧妙地下了逐客令，给客人留了一张字条："下雨天留客天留我不留。"意思显然是：下雨天，天留客，天留，我不留。客人见了，也明白主人是赶他走，但他灵机一动，为之加了标点：下雨天，留客天，留我不？留！

这样一点，句子的结构韵律变了，意思也全变了。当然，这有点像文字游戏。不过，在实际的言语交际过程中适时停顿、断句，确实会影响到话语信息的传达。再如，"无鸡鸭也可无鱼肉也可蔬菜一碟足矣！"可以处理为："无鸡，鸭也可！无鱼，肉也可！蔬菜一碟，足矣！"还可处理为："无鸡鸭，也可！无鱼肉，也可！蔬菜一碟足矣！"停顿处

---

① 新华网，2003年4月10日。
② 人民网，2001年11月23日。
③ 人民网，2001年10月13日。

理不同,话语意义也不同。再如,"女人如果没有了男人就恐慌了",可以处理为多种形式:① 女人如果没有了男人,就恐慌了;②女人,如果没有了男人,就恐慌了;③女人如果没有了,男人就恐慌了。断句与意义、功能之间的关系,由此可见一斑。

此外,言语交际中,有些人有时会故意运用停顿,制造模糊信息,迷惑听读者。这时就需要特别注意。比如,有一则幽默故事说,从前有一个媒婆为一个青年介绍对象。她对男方说:"那姑娘,脚不大……周正……一脸的麻子没有……笑脸,不大会说话。"男方听了,以为这姑娘不错:脚不大,但周正;脸上没有麻子;笑脸,说明待人和气;不大会说话,说明羞涩淳朴。于是,就同意了。可等到举行完婚礼,揭开红盖头,这才发现:那新娘脚残、一脸的麻子,表情呆滞,说话口吃,整个儿一个废人。找到媒婆,媒婆却口齿清楚地重述了当时的话:脚不大周正,一脸的麻子,没有笑脸,不大会说话。一点不错,那姑娘确实如她说的一模一样。男方只好自认倒霉。当然,这只是一则幽默故事,未必是真。但它说明了一个道理,那就是语流中的停顿会影响话语信息。

适时停顿、断句,不仅可以有效地突出信息核心,有利于听读者理解,同时也有利于协调话语的韵律,塑造不同的话语风格。例如:

> 夜间,从如丝的纤云里从浓重的柳影里,或者,从夜移默飞之处,从柔蓝一片的天空,我看星。
>
> (阿垅《星》)

这句话很长,其中有一个时间状语和三个地点状语。作者共停顿了5次,大大方便了阅读,也突出了每个短语的信息核心。如果中间没有停顿,或者改为"我夜间从如丝的纤云里从浓重的柳影里或者从夜移默飞之处从柔蓝一片的天空看星",仍然是一句话,但读起来就很费劲了。再如:

> 一有警报,别无他法,大家就都往郊外跑,叫做"跑警报"。"跑"和"警报"联在一起,构成一个语词,细想一下,是有些奇特的,因为所跑的并不是警报。这不像"跑马"、"跑生意"那样通顺。但是大家就这么叫了,谁都懂,而且觉得很合适。也有叫"逃警报"或"躲警报"的,都不如"跑警报"准确。"躲",太消极;"逃"又太狼狈。唯有这个"跑"字于紧张中透出从容,最有风度,也最能表达丰富生动的内容。
>
> (汪曾祺《跑警报》)

这段话共 144 个字，句中有 21 次停顿，平均每 6.8 个字一停顿。句内停顿就有 5 次，如"'跑'和'警报'联在一起，构成一个语词，细想一下，是有些奇特的，因为所跑的并不是警报"。句中增加停顿 3 次，而且嵌进一个插入语。这样就使本来冗长的句子变得短小了，读来轻松自然，节奏轻快。如果省却句内停顿，并对语序和个别词语做些许调整，改为：

一有警报，大家别无他法就都往郊外跑，叫做"跑警报"。细想一下，"跑"和"警报"联在一起构成一个语词是有些奇特的，因为所跑的并不是警报。这不像"跑马"、"跑生意"那样通顺，但是大家就这么叫了，而且谁都懂并觉得很合适。如果叫"逃警报"或"躲警报"就都不如"跑警报"准确。"躲"太消极，"逃"又太狼狈。唯有这个"跑"字于紧张中透出从容，最有风度，也最能表达丰富生动的内容。

这样，整段话语变为 145 字，停顿 15 次，平均约 9.7 个字一停顿，读起来就比较费劲，话语的风格也显得拖沓、冗繁，叫人感到沉闷。

适时断句包括句际之间的停顿，也包括句子内部的停顿。增加句内停顿的方法大致有以下数种：

（1）把状语提前。例如：

① 抗战期间，昆明有过多少次警报，日本飞机来过多少次，无法统计。

（汪曾祺《跑警报》）

② 白天，它这样淘气地陪伴我；天色入暮，它就在父母的再三呼唤声中，飞向笼子，扭动滚圆的身子，挤开那些绿叶钻进去。

（冯骥才《珍珠鸟》）

（2）使并列、连带或复指成分顿开。例如：

① 联大的学生，以及住在昆明的人，对跑警报太有经验了，从来不仓皇失措。

（汪曾祺《跑警报》）

② 朋友，你到过天山吗？

（碧野《天山景物记》）

（3）主谓语之间停顿。例如：

① 这雪峰、绿林、繁花围绕着的天山千里牧场，虽然给人一种低平的感觉，但位置却在海拔两三千公尺以上。

（碧野《天山景物记》）

② 我能够说的，只有母亲的痛苦。

（徐懋庸《母亲》）

（4）定语移后停顿。例如：

① 倒退二三十年，我这个在寿命上胸无大志的人，偶尔也想到耄耋之年的情况：手拄拐杖，白须飘胸，步履维艰，老态龙钟。

（季羡林《八十述怀》）

② 九月的果园像一个生过孩子的少妇，宁静、幸福，而慵懒。

（汪曾祺《葡萄月令》）

（5）转折处停顿。例如：

① 然而，那是一条路，一头通向县城，一头通向远远近近的村屯，我能叫出豆店、马落坡……一串村落的名字。

（邵燕祥《断梦编年》）

② 不过，尽管花草自己会奋斗，我若置之不理，任其自生自灭，它们大多数还是会死了的。

（老舍《养花》）

当然，句子内部的停顿还有其他情况，这要根据信息表达的需要进行取舍。此外，还应遵守句子内部信息的平衡性，既不应出现信息冗余，也不应出现信息缺漏。

二、句际组合的原则

宏观上，无论是词语选择、句子建构，还是句际衔接，都要同言语动机、言语目的相一致；但微观上，句际间的组合也有其内在的规律可循。这包括以下三个方面。

1. 句际组合要遵循话语信息内在的逻辑性

语篇总是要完成一定的交际任务的。语篇内句际之间必定要组成一个相对完整的信息整体。因此，在句际组合中，话语应该遵循自身的逻辑顺序，句际组合也应保持语义上的统一性。否则，就可能导致信息混乱，语义不畅，影响理解。例如：

> SARS疫情信息的通透，使原来民间原本沸沸扬扬的围绕SARS病例数的猜测都逐渐消失。因为媒体早先发布的消息被国际舆论和民间传言指出有不实，比较起这种受到质疑的报道，民众倾向于信任外电报道或者信任民间传言，以致民间对非典事件的种种传言盛行，比较普遍的是20日前流传SARS病例数远多于政府公布的数据，这种流言导致了公众对政府信任度下降。

这段话的基本信息结构是：先前发布的SARS疫情信息——社会反应——疫情信息公开——社会反应。但是，作者所建构的话语却没有遵循上述信息的逻辑结构，而是按照"疫情信息公开——社会反应——先前发布的SARS疫情信息——社会反应"组织话语，并以此为依据组织句子。因此，读来不顺畅，十分拗口，可调整如下：

> 媒体早先发布了SARS疫情信息，但受到广泛质疑，国际舆论和民间普遍认为不真实。20日前，民众普遍认为SARS病例数远远多于政府公布的数字，他们更倾向于信任外电报道。此后，民间传言盛行，政府信度下降。SARS疫情信息公开后，民间沸沸扬扬的传言和猜测逐渐消失。

如此，不但理顺了话语的信息逻辑结构，而且删除了冗余信息，调整了部分句子的内部结构，改善了句际衔接方式，所以读起来很顺畅。经过调整，不仅句子内部结构变了，句际之间的组合顺序也变了。再如：

> 电视画面上总是有颇具亲和力的新闻主持人，告知你这个世界究竟怎样了，他带你同步参与事件的进程，激发你的价值与情感，画面是那样触手可及，就像一位虚拟的亲近的朋友，同你、同这世界悲欢与共。

这段话语读来拗口，除了语法问题外，主要是话语组合有违背事物逻辑的地方。整段话语的被陈述对象是"新闻主持人"，中间却出现了"画面是那样触手可及"，打断了话语的叙述线索。此外，个别地方语义组合也不合逻辑。主持人怎样带观众同步参与新闻事件的进程呢？主

持人可以激发听众的情感,但如何激发观众的价值呢?电视新闻主持人也并非虚拟,而是实在的。所以,整段话语应调整为:

> 电视上总有热情的新闻主持人。他告知你这个世界的现状,带你同步见证事件的进程,激发你的情感。他就像一位好朋友,同你与这世界悲欢与共。

如此,话语信息逻辑严密,句际衔接顺畅,读来轻松自然,容易理解。这些语例表明,句际之间的衔接,有必要遵循话语信息内在的逻辑性。

2. 句际组合还要保持话语信息量的适度性

话语是一个信息自足系统,一旦交际任务确定,话语信息就被赋予了一定的量,超则冗余,少则不足。因此,修辞过程中,无论是句内的词语组合,还是句际衔接,都要保持话语自身信息量的适度性,既不能冗余,也不能残缺。这样就需要做好两方面的工作。

(1) 避免冗余信息。句际组合中,要善于利用上下文和语境中的已知信息,充分利用听读者的联想和推理能力,避免冗余信息。比如,"英军草菅人命打死活人 美军大开杀戒四人丧生",[①] 本例中,作者为使句子工整,增加了词语"打死活人",结果造成信息冗余。显然,不存在"打死死人"的情况,且"草菅人命"中包含了杀人的信息。实际上,此处用"英军草菅人命 美军大开杀戒",就很好了。

在话语建构过程中,这种信息冗余的现象还很多。再如,"海淀图书城就坐落于海淀区中关村北大附近。那里是个书店林立的地方,每天都挤满了成百上千的人,来这个知识的宝库探索。"这段话语意不顺,信息冗余。第一句表达海淀图书城的位置,用了"海淀区""中关村""北大"三个事物做标志,啰嗦。"海淀图书城"自然在海淀区,句首已经提供了这一信息,没有必要再重复,而且没有必要用三种事物做标志,只用一个典型的就可以了。第二句"那里是个……的地方","地方"多余。图书城肯定是个地方,不会是一段时间。如果用"城内",则既保持了意义上的统一性,又保持了上下两句形式上的和谐。此外,"每天都挤满了成百上千的人"一句,显然是蒙前省略了主语"那里"。但最后一句则无法在形式上蒙前省略主语"成百上千的人",因为"成百上千的人"在上

---

① 人民网,2004年1月5日。

句中是宾语。这样,最后一句就出现了主语残缺,造成语意不顺畅。如果把上面的话语调整为"海淀图书城就坐落在北大附近。城内书店林立,每天都有成百上千人来这个知识宝库探索",就没有上述问题了。整段话句际衔接紧密,没有冗余信息。本例说明,话语句际组合过程中,应充分利用语境信息,减少冗余信息,提高话语效果。

(2)要防止信息缺漏。话语建构过程中,信息冗余不好;信息缺漏也会使句际衔接脱节,影响交际效果。例如:

年初往往是房地产销售的淡季,但今年北京楼市却一反常态,销售出现非常规火爆。

(张晓莉《一月份京城楼盘日卖房400套 央产房交易突破600套》,《北京晨报》,2004年2月26日)

本例中有的句子不完整,"销售出现非常规火爆"中缺少成分,虽然不影响理解,但不连贯,影响了交际效果,应调整为"销售出现非常火爆的局面"或"销售非常火爆"。

话语是一个整体。话语一旦形成,它自身就构成了一个自足自控的系统,其内部信息具有相互承接、相互映射、相互补充的能力。因此,在话语建构过程中,要适时根据话语自身的信息资源,进行优化组合,避免或删除冗余信息,补足缺漏信息,使话语自身更紧凑、更简洁、更精练。再如:

蹑脚摸索,漆黑不见门壁。摸索着突然踢了椅子一下,轰隆砰然的炸响惊得自己晕眩了刹那。屏息听听,暗寂中流响着母亲女儿的细微鼾声——心中松了一下。

摸至椅子坐下,先静静停了一停。

读书么?没有一个读的方向。

写么?不。

清冷四合。肌肤上滑着一丝触觉,清晰而神秘。我突然觉察到今夜的心境,浮凸微明的窗棂上星光如霜粉。

(张承志《静夜功课》)

本例是散文,作者叙写自己夜深人静时的动作和思想,但整段话语只有一个"我",其余可利用语境和读者的联想补出的被省略了。此外,句际衔接成分也多略去了。比如中间三行,完全可以补出为:

（我）摸至椅子坐下（以后），先静静（地）停了一停。（这时我在思忖，该干什么呢?）（我该）读书么？（但是我又感到）没有一个读的方向。（那么，）写（作）么？（我又觉得）不（能）。

这样，原话语就由 27 个字增至 58 个字，主要信息没变，徒然增加了一倍的字。与原文两相对照，修辞效果差异不言而喻。

上例表明，话语是一个有机整体，其内部信息可以相互映衬，相互补足，可以利用听读者的语境知觉进行优化组合。当然，话语内部信息的优化组合不是随意的，而是受修辞规律制约的。话语建构过程中，话语形式的繁简，还要与言语动机、言语目的相一致。

3. 句际组合要保持形式上的完美统一

内容和形式是统一的。句际间不仅要保持话语信息自身的逻辑性和信息量的适度性，同时还要保持话语信息与话语形式的完美统一性。不论是说话还是写文章，不仅要把信息传达给对方，而且要采用适当的形式传达给对方。话语是否通顺、适切乃至恰切，修辞效果是否理想，句际形式上的协调具有重要作用。因此，句际组合中应注意以下两个方面。

(1) 保持句际结构形式上的统一性、对称性。保持句际结构形式上的统一性、对称性，是保持句际衔接完美和谐的一个重要条件。这样才能使结构整齐，语气完整、畅达。例如：

① 也许是女孩子的体力较不济吧，② 我们只走到山腰，③ 便开始觉得累了，④ 同时肚子又不争气地咕噜咕噜叫了起来。⑤ 于是，我们便在道旁的一张石凳上坐了下来，⑥ 一边休息并一边填饱肚子，⑦ 一边聊着勺园的趣事。

这段话句际间信息联系较紧密，但读起来仍不顺畅。问题在哪里呢？句际衔接形式不协调。第二句和第三句是有标志衔接，"只""便"两个衔接成分不协调，改为"刚""便"就顺畅了。第四句的衔接成分"同时"没必要；句内衔接成分"又"，不如"也"更恰当。因为本句改变了陈述对象，是"肚子""不争气"，而不是"我们"，故用"也"更恰当。第六句和第七句用"一边……一边"衔接很恰当，但第六句中又用"并一边"连接两个并列成分，不妥当。通观前后句，它破坏了两句中并列成分的对称性，故"休息"可调到上句。此外，"填饱肚子"指"吃东西",此处用结果代替具体动作,和后边句子的内部结构不相称。因此,这两句可调整为"一边吃东西,一边聊勺园的趣事"。删掉句内的冗余成分,并调换个别词语,整段话可调整为:

> 也许女孩子体力不济,我们刚爬到山腰,便累了,肚子也不争气地咕噜咕噜叫了起来。于是,我们便在路旁的一张石凳上坐下来休息,一边吃东西,一边聊勺园的趣事。

经过调整,整段话语不仅形式上对称,而且句际之间的衔接也自然顺畅了。这说明,句际形式的协调,首先要使话语内部的结构形式具有统一性。该对称的对称,该协调的协调。上例中,"我们只走到山腰,便开始觉得累了",为什么内部结构不协调呢?原因就在于"只"与"便"缺乏一致性,只有改为"刚……便……"才完整、对称。"一边休息并一边填饱肚子,一边聊着勺园的趣事"中,前后两句有三个以"一边"引导的词组,不符合"一边……一边……"这种前后并列的结构格式。即使删除"一边休息","一边填饱肚子"与后句中"一边聊着勺园的趣事"在结构上也不协调。动词"填"后边是一个补语成分"饱",而"聊"后边是一个动态助词"着",两者不一致。而改为"一边吃东西,一边聊勺园的趣事",其内部结构就协调了。

(2) 句际衔接要富于变化,避免单调划一。汉语句际衔接的形式大致可分为两种。一种是有标志的衔接,即通过一定的词语,把句子衔接到一起。例如:

> ① 也许,俄罗斯人懂得,人和大自然紧密相联,② 因此,他们热爱生命,③ 热爱绿色,④ 热爱大自然。
>
> (杨力平《俄罗斯的绿色》)

本段话语中,句际之间是通过词语衔接的。句①中,"也许"承接上文。句②中,"因此"衔接句①和句②。②、③、④句通过相同的词语"热爱"衔接。这是有标志的句际衔接。

有标志衔接,既可以用实词,也可以用虚词,特别是一些表示条件、假设、因果等关系的关联词语。比如:

> 没有一个人将小草叫做"大力士",但是它的力量之大,的确是世界无比,这种力,是一般人看不见的生命力,只要生命存在,这种力就要显现,上面的石块,丝毫不足以阻挡,因为它是一种

"长期抗战"的力,有弹性,能屈能伸的力,有韧性,不达目的不止的力。

(夏衍《野草》)

如果没有天上的雨水呀,海棠花儿不会自己开。只要哥哥你耐心地等待哟,你心上的人儿就会跑过来哟嗬咿!

(海默《敖包相会》)

上述语例,是分别通过关联词"但是""的确""只要……就……""因为""如果……不……"等衔接的。句际之间的语意联系,通过关联词得到强化。

汉语的话语建构,许多是无形衔接,即依靠话语信息内在的逻辑性,利用听读者的想象力和联想力,省却必要的连接词,把话语建构得天衣无缝。例如:

俄罗斯远东地区的夏天的确很美很美:青青的芳草,盛开的鲜花,遮天蔽日的参天古树,掩映其中的典型俄式小木屋,给人留下一种古朴的美感。

(杨力平《俄罗斯的绿色》)

本例描写俄罗斯远东地区的夏日景色。整段话语共两句,句际之间没有衔接词语,只是靠事物之间的内在联系相互衔接,简洁、凝练。

汉语话语建构中的一个重要特点,是所谓的"意合"。与印欧语系的语言相比,汉语句际之间的衔接不刻意追求形式上的完整性。许多情况下是无形衔接。话语的整体意义,主要靠理解者根据上下文,利用联想、想象获得。这在古代话语,特别是诗词歌曲中,尤为突出。例如:

枯藤老树昏鸦,
小桥流水人家,
古道西风瘦马。
夕阳西下,
断肠人在天涯。

(马致远《天净沙·秋思》)

本段话语中,句内以及句际之间没有关联词。作者只是把表示不同事物的词语,简单地排列在一起。话语的意蕴完全靠读者去联想、想象。话语的前三句,每三个词语为一组,分别构成三幅看似独立的图景,但其中却都蕴含着一个悲凉的主题。整段话语中,各个词语所标志的事物状态,由高及低,由近及远,由静及动,由次及主,由外到内,远近高低分层推进,主次分明立体延伸。景色的描写与心理的衬托相得益彰。这与其说是听觉基础上的心理联想,倒不如说是视觉的重构。随着视线的移动,自然景物的排列组合过程中逐渐渗透出萧条秋色里人物内心世界的悲凉。这种简单的三三事物组合,成了"秋"的千古绝唱。"意合"在修辞过程中的独特效果由此可见一斑。

话语建构过程中,句际之间的组合方式要灵活多样,既使用有标志的衔接,也运用无标志的衔接。两者因境而宜,相互交替,使话语建构形式灵活多变。例如:

……① 那里装的是什么仙露琼浆? ② 我凑上去, ③ 想摘一朵。

① 但是我没有摘。② 我没有摘花的习惯。③ 我只是伫立凝望, ④ 觉得这一条紫藤萝瀑布不只在我眼前, ⑤ 也在我心上缓缓流过。⑥ 流着流着, ⑦ 它带走了这些时一直压在我心上的关于生死的疑惑, ⑧ 关于疾病的痛楚。我浸在这繁密的花朵的光辉中, ⑨ 别的一切暂时都不存在, ⑩ 有的只是精神的宁静和生的喜悦。

(宗璞《紫藤萝瀑布》)

第一段话共三句。①②句之间,靠语意衔接,②③句之间,通过空缺主语"我"构成语意衔接。第二段中,转折连词"但是"承接上段。①②③句通过"我"来衔接。第四句省略衔接成分"我"。④⑤句通过关联词语"不只……也……"衔接。⑤⑥句通过"流"衔接。句⑦用代词"它"复现"紫藤萝瀑布",起照应作用。⑦⑧两句通过"关于"衔接。⑧⑨句之间以及⑨⑩两句和最后一句之间,属无形衔接。整段话语,有标志衔接与无标志衔接交替使用,相得益彰,整段话语浑然一体。

三、句式匹配的方法

选择词语,组成句子,构造语段时,除了遵循词语选择、句际建构的原则之外,还需要考虑各种句式的匹配,使之协调扩展,以适合听读者的理解及欣赏要求。这包括以下九个方面。

1. 语气错综

句式的语气类型，往往对应着一定的交际功能。陈述句一般完成叙述任务，祈使句一般完成要求或命令任务，疑问句用于提问，感叹则用以抒发情感。但上述关系并非一一对应、没有变化。比如，生活中有许多用陈述句完成祈使任务的例子。比如，2002年末，北京市公安局进行节日期间禁止燃放爆竹的宣传，其宣传口号是通过老大夫说出："爆竹一声响，亲人两行泪。"① 这是一个陈述句，但其完成的却是祈使任务。较之于命令祈使句"严禁燃放鞭炮"，语气舒缓、诚恳，突出亲情，比较容易为市民所接受。再如，"离开，不走！还是换人！崔永元去留还说不清"②"开砸，作秀？促销！"，③ 上述两个题目同样可以用陈述句表达，但作者分别采用了疑问、感叹等句式，较之单用陈述句活泼得多。这是句式语气错综的一种简单形式。

所谓句式的语气错综，就是根据修辞需要，适当调整所运用句式的语气类型，使之更好地服务于交际需要。这在大众传播领域中具有重要的修辞价值。它不但可以调节题目自身的风格特点、提高传播效果，而且可以调节整个媒体视觉平面的风格特点。比如：

① 2003届毕业生的"天时"不好：赶上自己是首届扩招生，就业招聘的紧要关头，又遇上了"非典"。所幸的是，"人和"大吉！大学毕业生的就业问题，可说是今年全年的热点话题之一，牵动了所有人的目光。迎着瑟瑟的寒风，即将走出校门的2004届毕业生加入求职的人海，再次搅动就业市场的热流。今年毕业生就业形势是福？是祸？哪些人才职场受宠？呈现出什么新特点？在此让我们一一扫描。

（宋丽云《福兮？祸兮？2004年大学生就业形势扫描》，人民网，2003年11月19日）

② 我是行人我怕谁？反正你不敢撞。很流氓是吧，生气你别开车呀，看你开车我还来气呢。

不知从何时起，自行车和行人在与汽车争取道路使用权时就有

---

① 《北京禁放宣传别出心裁：卡通警察走上招贴画》，新华网，2002年12月25日。
② 新华网，2002年9月6日。
③ 《北京晚报》，2002年12月18日。

了这样类似流氓心态的心理优势。这也许同我们缺少汽车文化有关。在过去,汽车是权贵的象征,人们在对汽车保有一种敬畏心理的同时自然难有亲近感。随着汽车的大量增加和行人对道路使用权利的逐渐丧失,人们难免心态失衡,下意识中自然不把保护汽车使用者权利的一些交通法规放在眼里。

(《北京交通 市长头痛 百姓心烦》,人民网,2003年9月24日)

上例都是新闻稿中的一部分。两例均使用了不同语气的句子,话语语气错综,显得生动活泼。例①以陈述句开头,既而是感叹句、陈述句、连续的设问句和祈使句。例②中,作者在中间引述了一段行人的话语,其中有反问句、祈使句,也有感叹句。后面的一段则是分析,全部用陈述句。这种不同语气句子的错综使用,使文章富有生活气息。

句式语气类型的交叉使用,在电子媒体尤其是网络中被广泛应用,大大提高了媒体的平面视觉效果。比如,2003年10月17日人民网各栏目的文章标题:"人民日报社论:伟大祖国的荣耀神五大事记""独家报道:载人航天工程总设计师王永志访谈""准权力组织的前世今生麻将让中国女性更美丽?""诺贝尔奖得主缘何惊喜如梦""贺我国首次载人航天飞行圆满成功""对北京交通问题的几个建议""促销丑行可休也""10万斤粮食拼图,要表达什么?""视点:一次里程碑式的会议!""碰撞:缓解拥堵拿自行车开刀?""争鸣:教育平等权是平均主义?""布什与美媒体巨头之间的恩怨""谁将成为2004年央视广告'标王'?""疲劳时吃点啥""想年轻十岁这样吃""酸奶真能减肥?"等等,这些标题句式多样,使网络媒体的版面风格多姿多彩,有助于提高读者的阅读兴趣。

2. 肯否交替

如前所述,肯定句、否定句各有独到的修辞功能,一般各负其责。但在实际运用中,却是两者兼有,有时是交替使用。比如,"有毒'无公害蔬菜'进京""蔬菜有无农药,市民真假难辨",① 本例把"有毒"和"无公害"对立并举,给人鲜明的对比。再如:

---

① 《有毒"无公害蔬菜"进京》,《京华时报》,2003年8月25日。

按国家规定，即便普通蔬菜也绝对不允许在生产过程中使用高毒违禁农药，而无公害蔬菜对产地环境以及蔬菜生产过程和质量等都有更严格的要求，更加不允许在生产中使用高毒高残留农药。

　　然而，在张北县，不但菜农们大量使用高毒违禁农药，而且还有许多乡村都在公开向菜农销售违禁高毒农药。

　　……

　　此外，打过高毒农药的蔬菜，很少被虫咬，菜的外观好看，因此卖得快。菜农还告诉记者，这些菜，他们自己一般都不吃，而且选菜有学问。

　　没有虫眼的菜，种菜的自己一般不吃，因为没有虫眼的菜一般都打过农药。但北京、天津的城里人却只吃不带虫眼的菜，但这些菜含的农药量大，用的肥料量也大。

　　　　　　（《有毒"无公害蔬菜"进京》，《京华时报》，2003年8月25日）

　　本例把国家规定和菜农们的行为、蔬菜的外观与农药之间的关系，分别用否定——肯定、肯定——否定表现出来，两两对比，形象鲜明。比如"没有虫眼的菜，种菜的自己一般不吃"，也可以表达为"有虫眼的菜，种菜的自己才吃"，但信息没有原句的突出。这进一步说明了肯定句、否定句交替使用的修辞效果。再如：

　　　　闯过了千山万壑的大渡河却在这里被这条山谷箍住了。它恼怒地撞击着伟岸的大山，大山纹丝不动。无奈，它只可咆哮着向东流去。

　　　　　　　　　　　　　　　　　（高旭帆《岩鹰盘旋的山谷》）

　　这段话中，作者说明的主要对象是"大渡河"，因此，第一句话用了被动句，第二句则用了主动句。如果第一句改为"这条山谷在这里箍住了闯过了千山万壑的大渡河"，则同下一句的衔接不顺畅。前面两句是肯定句，第三句是否定句，后面一句又是肯定句。肯定、否定交叉运用，话语显得活泼多变。

　　3. 长短相间

　　句子的长短，一般说受两方面因素的影响：一是语体。政论语体、科技语体和公文语体的话语，句子相对较长。口语语体、文艺语体的话语，句子相对较短。决定长句的第二个原因是个人风格。有的人喜欢用长句，有的人喜欢用短句，有的人喜欢长短句相间。比如：

第五章　话语建构

《开罗宣言》不但为日本军国主义敲响了丧钟，确立了战后亚太地区的政治版图，而且为长期抗击日本帝国主义殖民统治的中华儿女收复因 1895 年日本强加于中国的不平等《马关条约》而割去的台湾、澎湖列岛等带来了希望，特别是为百年来饱受屈辱的中国人民所梦寐以求，建立统一独立、富强康乐的中国奠定了国际法基础。

（刘文宗《〈开罗宣言〉确立了一个中国原则不可动摇的国际法基础》，人民网，2003 年 11 月 28 日）

该复句 132 个字（不含标点），是个比较长的句子，其长的原因主要是由其所属的政论语体特点和表达内容决定的。当然，这与作者的语言风格也不无关系。

在修辞过程中，为了达到预期的交际目的，修辞者往往在适合内容表达需要的前提下，尽量考虑听读者的理解需要，能动地调配句子的长短，便于理解者接受；同时，也考虑话语的风格需要，避免句子过长或过短。句子过长，不便于理解；过短，则显得零碎。因此，最好是长短相间，合理搭配。例如：

小草偷偷地从土里钻出来，嫩嫩的，绿绿的。园子里，田野里，瞧去，一大片一大片满是的。坐着，躺着，打两个滚，踢几脚球，赛几趟跑，捉几回迷藏。风轻悄悄的，草软绵绵的。

（朱自清《春》）

这段话各句子之间长短相间，整散结合，富于变化，读起来抑扬顿挫，节奏感很强。开头一句 11 个音节，接着两个三音节，一长两短；接下来，连续两个三音节词组，然后用一个双音节一顿，又以 9 个音节作结。其实，这个 9 个音节的句子中，也可以分别在"一大片"之后停顿，可作者没有这样做。如果停顿，就会连续出现 3 个三音节的词组。这样，既与上面的句子节奏雷同，略显急促，欠舒缓；同时又与后面短促的句子节奏重复，因而缺少变化。"坐着，躺着，……"各句，音节结构分别是 2、2、4、4、4、5，由短而长，依次递增，节奏也由短促变得舒缓，合乎语感习惯。如果变为 2、2、5、4、4、4 或 2、2、4、4、5、4，音节节奏则显得凌乱。最后两句各 5 个音节，语法结构相同，而且都用了叠音词组，整齐匀称，韵律自然。整段话语句子节奏安排匠心独运，读来如行云流水，飘逸自然。

不过,在实际的语用过程中难免出现过长的句子。如此,须做必要的调配,把长句化短。具体方法有:调整语序,把导致句子过长的修饰成分、并列成分化为短句;利用标点符号断句;等等。例如:

① 我们家是1961年搬进去的,在这之前,后院七间房子里清一色地住着五位"老姑娘",她们都是德高望重的经验丰富的老教师。那时她们差不多都是五六十的人,她们的未婚都有一个或美丽或悲哀或动人或痛苦的但都是很长很长的故事。

(童庆炳《梦萦魂绕四合院》,《散文》,2000年第1期)

② 在旧中国这样的半殖民地半封建的东方大国,毛泽东同志等中国共产党的缔造者面对着农民占人口的绝大多数,分散的小农经济、小生产广泛存在,又遭受着西方列强侵略和压迫的特殊国情,中国革命的条件与马克思、恩格斯、列宁所分析的西方资本主义国家进行无产阶级革命的条件极为不同,要真正运用马克思列宁主义来指导中国革命,必须紧密结合当时的中国国情和时代条件,寻找适合中国实际的革命道路和革命方略,并作出科学的理论概括。

(胡锦涛《在纪念毛泽东诞辰110周年座谈会的讲话》,人民网,2003年12月26日)

上两例有些句子过长,或是作者故意或是习惯使然,均可根据上述方法做相应的调整。比如,例①可调整为:"1961年,我们家搬进去之前,后院七间房子里住着五位清一色的'老姑娘'。她们都是五六十岁的老教师,德高望重,经验丰富。她们的未婚都有一个很长很长的故事:或美丽动人,或悲哀痛苦。"例②中的句子也很长,不容易理解。因此,可调整为:"旧中国是一个半殖民地半封建的东方大国,农民占人口的绝大多数,分散的小农经济、小生产广泛存在,又遭受着西方列强的侵略和压迫。中国革命的条件与马克思、恩格斯、列宁所分析的西方资本主义国家进行无产阶级革命的条件极为不同。面对这些特殊国情,毛泽东同志等中国共产党的缔造者,要真正运用马克思列宁主义来指导中国革命,必须紧密结合当时的中国国情和时代条件,寻找适合中国实际的革命道路和革命方略,并作出科学的理论概括。"句子长度缩短,话语的节奏、风格,也有所变化,便于读者理解。原文采用长句是由政论语体的特点决定的,其优点是严谨、逻辑性强。

以上主要是定语成分过长的例子，还有的是状语过长。此时，同样需要把状语调整为小句子。例如：

> 我一边晨练，一边和赵老师拉起了家常。当赵老师得知我的父亲是演奏员，母亲是唱河南坠子的演员，我从小也是跟着父母走南闯北，饱尝戏人之苦的经历后，一下子就跟我亲近了，她好像从我身上看到自己生活的轨迹。
> （肖默《赵丽蓉、巩汉林：戏里戏外"母子"情》，《文摘报》，1999年10月31日）

本例中的"当赵老师得知我的父亲是演奏员，母亲是唱河南坠子的演员，我从小也是跟着父母走南闯北，饱尝戏人之苦的经历后"是个状语成分，可调整为句子："我父母都是演员，父亲是演奏员，母亲唱河南坠子。我从小也是跟着父母走南闯北，饱尝戏人之苦。当赵老师得知我的经历后……"如此，长状语就变成了短句，读起来比较顺畅。

话语建构过程中，根据表达需要控制句子的长短，实际上是调控了话语扩展的节奏和速度。长短交错，可使话语节奏富于变化，时而如长江大河奔流而下，时而如潺潺小溪缓缓而行。这样，就使得话语节奏快慢有致，富有韵律感，具有很强的可读性。这在抒情和说理性话语中更为常见。再如：

> 山高爽朗，湖边清净，日里披满阳光，夜里缀满星辰，牧民们的蒙古包随着羊群环湖周游，他们的羊群一年年繁殖，他们恋爱、生育，他们弹琴歌唱自己幸福的生活。
> （碧野《天山景物记》）

本例前边四句整齐、简短，后面四句不断扩展加长，同时反复主要陈述对象。这样，短长结合，整散相继，话语的节奏急缓相错，有力地抒发了作者对天山草原景色和牧民幸福生活的赞美之情。

4. 整散结合

话语句际组合的整散，无非是求整、求散、整散结合三种情况。求散是无需费心的，因为人们说或写的话语，自然而然就是散的。而求整和整散结合，则要费功夫。比如：

> 十三年来，我们思想统一，目标明确，工作扎实，取得了重大的历史性成就。二〇〇一年，我国国内生产总值达到九万五千九百

三十三亿元，比一九八九年增长近两倍，年均增长百分之九点三，经济总量已居世界第六位。人民生活总体上实现了由温饱到小康的历史性跨越。人们公认，这十三年是我国综合国力大幅度跃升、人民得到实惠最多的时期，是我国社会长期保持安定团结、政通人和的时期，是我国国际影响显著扩大、民族凝聚力极大增强的时期。我们党和我国人民作出的艰辛努力和取得的伟大成就举世瞩目，必将载入中华民族伟大复兴的光辉史册。

各级党委既要充分认识反腐败斗争的紧迫性，又要充分认识其长期性，坚定信心，扎实工作，旗帜鲜明、毫不动摇地把反腐败斗争深入进行下去。进一步抓好领导干部廉洁自律、查处大案要案、纠正部门和行业不正之风的工作。坚持标本兼治、综合治理的方针，逐步加大治本的力度。加强教育，发展民主，健全法制，强化监督，创新体制，把反腐败寓于各项重要政策措施之中，从源头上预防和解决腐败问题。

（江泽民《全面建设小康社会，开创中国特色社会主义事业新局面》，人民网，2002年11月17日）

本例中，有些句子是整的，比如"思想统一，目标明确，工作扎实""这十三年是我国综合国力大幅度跃升、人民得到实惠最多的时期，是我国社会长期保持安定团结、政通人和的时期，是我国国际影响显著扩大、民族凝聚力极大增强的时期"就是排比句。"加强教育，发展民主，健全法制，强化监督，创新体制"也是整句。这些句式的运用，是有意识、有目的的，是经过精心地加工处理的。

整句建构的方法，基本可以概括为两种。一种是对举，即从相对或相反两方面造句。例如：

① 作为老师最大的心愿就是桃李满天下，学生们都能用所学到的知识报效国家。作为母亲最大的心愿就是自己的儿女能成为正直的人，平安地走完一生。

（喻家卿《师恩似母，试问浪子归期》）

② 记不清是哪个诗人说的："爱回忆的是父亲，爱幻想的是孩子。"

（吕铁人《心灵深处流淌出的微笑》）

上述两段话语的建构，都运用了两相对照的手法，使所陈述的两个方面并列而出，以给人留下深刻的印象。例①以"老师"和"母亲"作比照，构造出两组结构相近的句子。例②则把"爱回忆"和"爱幻想"相对照，形成整句。这样，话语信息突出，话语形式整洁，容易理解，容易记忆。

生活中，许多情况下，整句较之散句更具有表现力，因而为人们所喜闻乐用。用对举法构造整句，也特别受人们青睐。例如：

周恩来来到毛泽东办公室，谈了有关"五反"中出现的问题后，周恩来分析说："我看对私人工商户要分类排排队，区别对待，发现问题，确定重点。"

"具体地说呢？"显然毛泽东对此十分关注。

"对基本守法户，以思想教育和思想改造为主，指出他们的错误所在，要求他们以后不再重犯，一般不予追究，并采取团结和保护的政策，打消他们的顾虑，减轻他们的思想负担，鼓励和支持他们照常营业。对问题不大的违法半违法户，除令其补税一年，退回侵吞盗窃的财产外，宣布免予罚款，并尽快作出结论。这样，可以安定绝大多数的资本家，使罪大恶极的少数资本家陷于孤立。"

毛泽东说："我大致算了一下，有五种类型。这样吧，关于处理违法工商户的五条基本原则，由我来起草，你们再做补充。"

周恩来一走，毛泽东就写下了在"五反"运动中对工商户处理的基本原则：过去从宽，今后从严（例如补税一般只补1951年的）；多数从宽，少数从严；坦白从宽，抗拒从严；工业从宽，商业从严；普通商业从宽，投机商业从严。毛泽东还将过去所定的划分私人工商户的四种类型改为五类，即守法的、基本守法的、半守法和半违法的、严重违法和完全违法的。这个指示由党中央在3月5日发出。

（《中南海"打老虎"——领袖们关注的"三反"、"五反"运动》）

上例是1952年"五反"运动中的一件事。该例中，周恩来的话语和毛泽东的话语两相比照，不难发现，前者主要是散句，而后者则十分概括。五组意义相反相对的句子，形式整齐，易记易诵，简单明了。

上述方法在媒体尤其是网络媒体的新闻题目编排中也常用。比如

"麦钟桥昆玉河拉出'绝户网'""小街桥护城河铺上'绿地毯'""清河桥大货车布下'蜜蜂阵'",① 这些是排列在一起的网络新闻标题,句式整齐,目的是强化网页的视觉效果。

构造整句的方法之二就是铺排,即把同一类内容的句子,用相同的句式衔接起来,构成排比句。比如:

微笑的魔影,漂亮的魔影,惶恐的魔影,我咒诅你们:你们灭绝!你们销亡!你们是拦路的荆棘!你们是伙伴的牵累!你们灭绝,你们销亡,永远不存一丝儿痕迹,永远不存一丝儿痕迹于这地土!

(叶圣陶《五月卅一日急雨中》)

1925年5月30日,帝国主义反动派在上海枪杀手无寸铁的中国示威群众,激起全中国人的愤怒。作者也愤而提笔,一方面痛斥反动派的法西斯暴行,另一方面也对那些麻木不仁、袖手旁观的国民痛心疾首。这段话语运用排比和反复手法,铺排渲染,愤恨之情如火山迸发、江河决堤,读来气势畅达、痛快淋漓。再如:

爱逐臭争利,锱铢必较的,请到长街闹市去;爱轻嘴薄舌,争是论非的,请到茶馆酒楼去;爱锣鼓钲镗,管弦嗷嘈的,请到歌台剧院去;爱宁静淡泊,沉思默想的,深深的小巷在欢迎你!

(柯灵《巷》)

本例把四种生活追求铺排并列。四组句子,无论是音节长短,还是语法结构,都十分相近,因而句际组合整齐匀称,很富有韵律感。

值得注意的是,上述方法不仅用在文艺语体中,也用在其他交际或传播领域中。政治传播领域,就经常使用上述方法构造整句,以提高修辞效果。比如,"党中央、国务院关于开发西部首先要恢复生态环境、建设山川秀美的大西北的指导思想十分正确,'退耕还林(草)、封山绿化、以粮代赈、个体承包'的16字方针切实可行"中,就用了整句"退耕还林(草)、封山绿化、以粮代赈、个体承包",读来琅琅上口,易记易诵,较之用散句修辞效果好,容易传播。

求整是修辞的特殊要求,而求散则不是什么特殊要求。实际上,人们建构话语的过程中,自然而然地就会构造出长短不齐的句子。即使是

---

① 《北京青年报》,2003年8月24日。

十分讲究的话语，也难免会出现整散错落。例如：

> 的确，人生是太丰富，太辽阔、太神奇、太多变了。它像一座冰山，谁也看不到它的山脚；它是渺茫的太空，有望不见的苍穹；它是一条彩虹，一个梦，色彩斑斓，变换不定，难以把握。
>
> （《无尽的内涵，永恒的主题》）

本段话语的中心含义，无非是描写人生的色彩斑斓和变幻莫测。尽管作者在各分句中不断使用整齐的排比结构，但从话语整体看，仍然是整散结合。事实上，要做到绝对的整齐划一，既不可能，也没必要。

综上所述，话语组合微观上可整可散，但从宏观上说，话语建构的极致却是整散结合、错落有致。这样，一方面可协调话语的韵律，另一方面也可以调配话语的风格特点。例如：

> 不必说碧绿的菜畦，光滑的石井栏，高大的皂荚树，紫红的桑椹；也不必说鸣蝉在树叶里长吟，肥胖的黄蜂伏在菜花上，轻捷的叫天子（云雀）忽然从草间直窜向云霄里去了。单是周围的短短的泥墙根一带，就有无限趣味。油蛉在这里低唱，蟋蟀们在这里弹琴。翻开断砖来，有时会遇见蜈蚣；还有斑蝥，倘若用手指按住它的脊梁，便会啪的一声，从后窍喷出一阵烟雾⋯⋯
>
> （鲁迅《从百草原到三味书屋》）

本例中，"碧绿的菜畦，光滑的石井栏，高大的皂荚树，紫红的桑椹"和"油蛉在这里低唱，蟋蟀们在这里弹琴"，属于整句。但从整个语段看，话语仍然是整散结合的。正是这种整散错落的话语结构，才使得话语节奏抑扬顿挫，生动活泼。再如：

> 在这一条十分漫长的路上，我走过阳关大道，也走过独木小桥。路旁有深山大泽，也有平坡宜人；有杏花春雨，也有塞北秋风；有山重水复，也有柳暗花明；有迷途知返，也有绝处逢生。路太长了，时间太久了，影子太多了，回忆太重了。我真正感觉到，我负担不了，也忍受不了，我想摆脱掉这一切，还我一个自由自在身。
>
> （季羡林《八十述怀》）

本例中，作者从人生的顺利与挫折两方面，构造了五组结构整齐的句子，继而连用四个排比句。这样，整段话语由散而整，整散相继，不仅使语意深化扩展，而且使话语的节奏急缓错落，快慢有致，自然畅达。

5. 松紧有序

松紧也是话语句际组合中应注意的问题之一。松紧不仅可以使话语意义的表达富有弹性，而且可以调节话语的风格特色。例如：

> 桃树、杏树、梨树，你不让我，我不让你，都开满了花赶趟儿。红的像火，粉的像霞，白的像雪。花里带着甜味儿；闭了眼，树上仿佛已经满是桃儿、杏儿、梨儿。花下成千成百的蜜蜂嗡嗡地闹着，大小的蝴蝶飞来飞去。野花遍地是：杂样儿，有名字的，没名字的，散在草丛里像眼睛，像星星，还眨呀眨的。
>
> （朱自清《春》）

本例中，作者把紧句和松句协调匹配，使话语的句子结构，松紧结合，错落相间，节奏富于变化。实际上，有些句子本是可以用紧句的，但作者却用了松句。例如，"桃树、杏树、梨树，你不让我，我不让你"就可以说成"桃树、杏树、梨树，互不相让"。而"红的像火，粉的像霞，白的像雪"则可以说成"红的、粉的、白的，分别像火，像霞，像雪"。作者之所以采用松句，显然不是偶然为之，而是有意识地构造一种松紧协调的风格。这样，话语就更富有可接受性。再如：

> 五月中下旬，果树开花了。果园，美极了。梨树开花了，苹果树开花了，葡萄也开花了。
>
> （汪曾祺《葡萄月令》）

本例中，前两句中间即使不停顿，句子也不长。作者作停顿处理，目的是为了调节话语的松紧关系，协调话语的节奏。最后三句更为明显，它们也可以紧缩为一句话："梨树、苹果树和葡萄都先后开花了。"如果这样，句义没有变化，但整段话语的结构和节奏韵律就变了。再如：

> 秦淮河里的船，比北京万生园，颐和园的船好，比西湖的船好，比扬州瘦西湖的船也好。这几处的船不是觉着笨，就是觉着简陋，局促；都不能引起乘客们的情韵，如秦淮河的船一样。
>
> （朱自清《桨声灯影里的秦淮河》）

本段话语的前半部分本可以紧缩为:"秦淮河里的船比北京万生园和颐和园的船以及西湖的船甚至于扬州瘦西湖的船都好。"这样,话语的结构紧凑了,但句子却被拉长了,不免有冗长的感觉,读来费劲,效果不好。作者分而治之,化紧为松,使话语节奏富于变化,读来轻松自然。

话语句际组合的松紧调配,有时还可以作为强化语意的有效手段。这在一些抒情性话语中经常出现。比如:

①我敬仰昆仑,我爱慕昆仑。
《水经注》云:"川渎则洪河洋洋,发源昆仑,九流分逝……"

(刘白羽《昆仑礼赞》)

② 街上有春风,窗上有春风,春风能寄远吗?
让千万里渺茫的云烟,让千万里遥遥的山水,隔绝了你我的馨颏,已经两度春风了。

(周为《三月》)

例①中,"我敬仰昆仑,我爱慕昆仑"两个句子,本是可以用紧句的。如果说成"我敬仰、爱慕昆仑",句义并没有改变。例②中,"街上有春风,窗上有春风"和"让千万里渺茫的云烟,让千万里遥遥的山水,隔绝了你我的馨颏"几句话,也可以用紧句,完全可以分别说成:"街上、窗上有春风"和"让千万里渺茫的云烟和遥遥的山水,隔绝了你我的馨颏",句子的基本意思也没有多大改变。但作者们却都用了松句。这当然不是画蛇添足,而是有目的、有意识地要强化语意,协调话语的韵律。

上述是微观上求松的语例,其基本方法就是把可集中表达的信息分散,化成两个或数个句子。从视觉效果看,就是把集中在一个镜头中的数个图像,做分镜头处理,以达到强化目的。再如:

几乎都知道,哲学家金岳霖,因为爱恋林徽因而终身不娶,从青年到晚年,几乎是"逐林而居",梁家住在哪儿,他也前院后院的住在哪儿。
若金爱着林而不作任何表示,只是住在林家旁边,这也就奇了。若金向林有所表示而林无动于衷,这也就奇了。若梁思成知道金爱着林而不闻不问，这也就奇了。金梁林的学生，都把这种感情神圣化了，说是纤尘不染。这就有点匪夷所思了。可惜都不是。神仙也得享有人间烟火，才成其为神仙。且看梁思成续弦妻子林洙的记载。

（韩石山《林情徐爱有多深——从史料看林徽因与徐志摩的爱情》，《中华读书报》，2000年5月31日）

本例中含有"这也就奇了"的三组句子，实际上是可以用紧句表达的。比如说成："若金爱着林而不作任何表示，只是住在林家旁边；若金向林有所表示而林无动于衷；若梁思成知道金爱着林而不闻不问。这也就奇了。"但作者没有如此处理，他把上述信息分化，用反复的形式构造了三组句子，目的是为了强调。

在修辞过程中，宏观上语篇的建构都是有松有紧，松紧结合的。那么，如何才能做到松紧有序、恰到好处呢？这就需要根据交际目的，根据话语的语体类型，根据话语的风格要求，根据松紧句式的变换方法，进行适当调配了。比如：

昆明的冬天是温暖的。

眼下正是所谓寒冬时节吧。可是，天空高蓝、柔亮，云朵又轻又软。路畔的小草，有的枯黄了，但有细嫩的根芽在萌生。一些树落了叶，但也有许多树保持着葱茏的绿色，而且绿得很鲜，很嫩，叶片儿很干净。吸一口轻芬干爽的空气，甜津津的，叫人鼻孔发痒。看一看吧，山茶花开着，杜鹃花开着，玉兰花开着，月季花开着，连叶子花也开着！花丛中不时飞起的蝴蝶、蜜蜂，搅乱了丝丝阳光……

（吴然《那只红嘴鸥》）

本例中，"天空高蓝、柔亮，云朵又轻又软"两句话，第一句是紧句，第二句则是松句。它们也可以说成："天空又高蓝又柔亮，云朵轻软"或"天空高蓝柔亮，云朵轻软"。作者没有这样匹配，恐怕是因为后者的句际结构，前松后紧，或前后都紧，都不适合话语推进的整体节奏韵律。后面几句话"看一看吧，山茶花开着，杜鹃花开着，玉兰花开着，月季花开着，连叶子花也开着"，也可以调整为紧句"看一看吧，山茶花、杜鹃花、玉兰花和月季花以及叶子花都开着"。而作者之所以要化紧为松，目的也就在于使整段话语松紧有序、急缓错落，更利于阅读理解，以达到更好的视觉效果。

6. 雅俗共赏

日常交往或写作过程中，我们经常要处理话语风格的雅俗问题。有时候要把话或文章说得或写得文雅，有时候要说得或写得通俗，有时候两者兼而有之，雅俗共赏。那么，如何才能使话语的风格变化随心所欲呢？这就需要把握话语风格雅俗处理的方法，需要把握书面语句式与口语句式的使用和匹配。例如：

> 贾平凹说，自己只会写作，别的啥也不懂，"咱知道，咱除了写作以外吧，也干不了别的啥东西。我就是把作品写完，你愿意干啥干啥去，与我无关了，我把稿子交给你，你把稿费交给我，这就完了。有人说，你每一本书出来，大家都觉得好像你有商业头脑，卖点都特别好，我说，那你不知道，我只会写作，要是我自己会炒作的话，那起码我自己来改电视，改电影，你看我从来不涉及这些东西。好多书为什么能卖出去，主要也是沾了《废都》当时的光了。《废都》之后，有人愿意进这个东西。"……
>
> "这个肯定有，你故事可以编，细节啊，感觉啊，感情啊，它不是能编的，它不是能虚构来的。那种设身处地，是你自己亲自感觉来的。"
>
> （戴佩良《爱过才知道》，《网络文摘》，1999年2月5日）

本例语句短小，通俗易懂。作者是如何达到这一风格目标的呢？显然是大量使用口语句式，当然也包括使用口语词。如果想使话语风格文雅，那就适当使用书面语句式，也包括文言文句式。例如：

> 吾师陆谷孙曾言，学外语学到能用它来吵架与谈恋爱，才算到家。于此境界，吾辈实不能至，然心向往之。但聆先生之训后，小子退而窃思，又觉得能以外文来与外国人吵架固须精通外文，须精通外文才能与外国人谈恋爱倒是未必。我们见过多少人，外语还说不上几句，就和同样不会说中文的外国人结了婚；等到和外国丈夫或妻子把外语练熟了，倒要离婚了。有人说，结婚不是出于理解而是误解，照此说来，语言不通反而更佳。
>
> （谈瀛洲《学会语言的益处》，光明网，2000年3月15日）

本例中，前面的话语文雅，后面的话语通俗，因为前面多使用文言词语和文言句式,后面使用的则主要是白话文句式。比如,"吾师""曾言""于此境界""吾辈实不能至""然心向往之""但聆先生之训""小子退而窃思"等等,多含有文言词语或多由文言词语构成句子,因此显得雅致。但问题是,话语的前后风格不一致,一定程度上影响了表达效果。

话语句式的雅俗匹配,在各种交际领域中都具有重要的传播价值。比如,在大众传播中,就经常通过口语句式和书面语句式以及文言句式来调控新闻标题的话语风格。例如,"来吧,系上黄绸带,传递爱心,祝福北京!——致北京市民的公开信"①"北约明确拒绝向伊派兵请求 美国又碰了一鼻子灰"②"河南农民:沙斯算啥"③"河南漯河:非典时期,'省长也不中……'",④ 在这些新闻标题中,有的使用了祈使句、感叹句,有的使用了俗语,有的使用了方言词语,因此都不同程度地呈现出通俗的风格特征。而"福兮?祸兮?2004年大学生就业形势扫描"⑤则使用了文言句式,其风格特征是文雅。当然,这些文言句式多是公众熟知的,因此不存在理解障碍。此外,这些文言句式的运用切合语境。如果不顾语境要求而一味追求文雅,盲目套用文言句式,效果也未必理想。比如"有一个美丽的地方之纳西故事",这是一部纪录影片的名称。该题用了类似文言的句式,看似典雅,实则啰嗦,远没有"美丽的纳西"简洁明了。

7. 宜庄宜谐

句式匹配中,还应注意庄重和诙谐风格的塑造。这与上述的文雅、通俗有一定的交叉,但也有不同。这也关涉到句式的调配,同样与口语句式、书面语句式、现代白话文句式和文言句式的调配密切相关。一般说,口语交际和书面语交际,大都应采取各自相应的句式。但如果把上述句式进行合理的匹配,可构造出不同的话语风格。特别是在书面语交际中,适当杂糅以口语句式,会使话语呈现出庄重、文雅与朴素、自然相交融的风格特征。例如:

---

① 人民网,2003年5月3日。
② 新华网,2003年7月17日。
③ 早报网,2003年5月1日。
④ 人民网,2003年5月16日。
⑤ 宋丽云,人民网,2003年11月19日。

下过大雨,你来看看葡萄园吧,那叫好看!白的像白玛瑙,红的像红宝石,紫的像紫水晶,黑的像黑玉。一串一串,饱满、磁棒、挺括,璀璨琳琅。你就把《说文解字》里的玉字偏旁的字都搬了来吧,那也不够用呀!

　　可是你得快来!明天,对不起,你全看不到了。我们要喷波尔多液了。一喷波尔多液,它们的晶莹鲜艳全都没有了,它们蒙上一层蓝兮兮、白糊糊的东西,成了磨砂玻璃。我们不得不这样干。葡萄是吃的,不是看的。我们得保护它。

(汪曾祺《葡萄月令》)

　　本例所表达的是葡萄的栽培、管理。作者通过描写葡萄的栽培、管理过程,表达了他对劳动的热爱和对农村生活的颂赞,别有一番生活情趣。作者没有全部采用书面语句式,而是使用了许多切合日常生活的口语句,比如"下过大雨,你来看看葡萄园吧,那才好看""一串一串,饱满、磁棒、挺括""那也不够用呀""可是你得快来!明天,对不起,你全看不到了""葡萄是吃的,不是看的。我们得保护它",等等。这样,话语少了几分庄重、典雅,却多了些许通俗、朴实、自然的情味。读来让人觉得,那不是在写散文,不是板着面孔说教,而是一位老农在同读者唠嗑,字里行间洋溢着作者对葡萄的钟爱和从事农业劳动的欢欣。

　　当然,书面语句式与口语句式之间的匹配、掺杂比例,应在适合话语内容、题材、语境以及交际目的的前提下综合考虑,而不是随心所欲,不顾修辞效果。这样才能保持话语句式匹配与话语整体风格的一致。例如:

　　苏州的刺绣,沉静的创造。苏州的菜肴,明亮的喜悦。苏州的歌曲,不设防的温柔。苏州的园林,恬美的诗情。苏州的街道,宁静的幻梦。而苏州的企业和企业家,温雅的外表下包含着洋溢的聪明生气。这一切都是怎么发生怎么留存的?她怎么样经历了那大起大落大轰大嗡多灾多难的时代!

(王蒙《苏州赋》)

　　所谓"赋",自然是应大事铺排,极尽铺张扬厉之功。我们从本例的句式选择、构造,可以看出作者"秉赋而作"的良苦用心。前面五组句子整齐匀称,且都省略了谓语动词,是典型的书面语句铺排。最后一句,"大起大落大轰大嗡多灾多难"一个繁杂的修饰成分,更显示了精于雕琢的赋陈特色。如果掺杂进口语句,就会很不协调,既不利于提高话语的修辞效果,也是话语目的和语体要求所不允许的。

此外,也可以根据表达需要,把现代汉语句式和文言句式进行调配,以提高话语的风格功效。比如:

掘笋功事,非专家不办。大抵冬霜既降,而绿竹尚"秀色可餐"——这说来,自然是好吃的民族了——土地坚实异常;冬笋则必裂地而出。据说是人间春意,先发于地。竹根得春气之先,便茁新芽,是即为笋……

吃笋之余,有感如右,非为怀旧,藉以自惕云耳。

(王任叔《说笋之类》)

《说笋之类》是作者为反击日本学者以笋侮辱中国文化而作的,文中不乏辛辣嘲侃之笔。为此,作者把白话句子和文言句子杂糅使用,比如"掘笋功事,非专家不办""竹根得春气之先,便茁新芽,是即为笋""吃笋之余,有感如右,非为怀旧,藉以自惕云耳"等等。读来瘦硬凌厉,不无诙谐幽默、嬉笑嘲讽、鞭辟入里的修辞功效。如果不间以文言句子,一律采用现代口语句子,话语就会顿失讥讽功能。比如,如果最后一段改为:"吃过笋,就有了上面的感想,不是为了怀念过去,只是为了自我提醒罢了",就会与话语的整体风格相左,不协调,缺乏力度,效果不好。

8. 抑扬顿挫

句式的调整搭配,还需注意语气的起伏,使之抑扬顿挫,错落有致,富有变化。如果一段话下来,都是一个语调,都是一种语气,或陈述,或祈使,或疑问,或感叹,则单调乏味,即使句子富于长短变化,也难逃单调的弊端。例如:

在贾家的客厅有一条幅:

自古学画卖钱,我当然开价。去年每幅字千元、每张画千五;今年人老笔亦老,米价涨,字画价也涨,一、字,斗方千元、对联千元、中堂千五;二、匾额,一字五百;三、画,斗方千五、条幅千五、中堂两千。官也罢,民也罢;男也罢、女也罢,认钱不认官,看人不看性。一手交钱,一手拿货。对谁都好,对你会更好,

> 你舍不得钱，我舍不得墨，对谁也好，对我尤其好。生人、熟人都是客，成交不成交，请喝茶。
>
> ——平凹九六年润格告示
>
> （戴佩良《爱过才知道》，《网络文摘》，1999年2月5日）

本例虽然句式较短，节奏富于变化，但大多为陈述句，偶尔间有祈使句，切合语体要求，能完成交际任务，但语气缺乏变化。当然，这是由话语语体类型和交际任务决定的。如果稍作调整，掺入疑问、感叹等句式，那话语就会呈现出不同的风格特点：

> 自古学画卖钱，我不能不开价。去年每幅字千元、每张画千五；今年人老笔亦老，米价涨，字画价涨不涨？涨！一、字，斗方千元、对联千元、中堂呢？千五！二、匾额，一字五百；三、画，斗方千五、条幅千五、中堂两千。无论是官也罢，民也罢，男也罢，女也罢，我都是认钱不认官，只看人不看性。一手交钱，一手拿货。对谁不好呢？对你会更好。你舍得钱，我难道还舍不得墨？你好，我好，大家都好啊！生人、熟人都是客，成交不成交，您先请喝茶！

如此调整，目的只是为了说明句式调整与话语韵律之间的关系，可能与原文的语体类型、交际任务不完全一致。不过，上述语例能充分表明，话语声响效果的抑扬顿挫，不但需要句子长短的调配，而且需要不同语气句式的合理搭配。

9. 快慢有致

话语建构中，各种句式的选择调配，还应注意韵律节奏，尽量使话语节奏急缓协调、快慢有致。这可以通过句子的长短、整散、松紧以及书面语和口语等句子类别来调节。比如，李清照的《声声慢》：

> 寻寻觅觅，冷冷清清，凄凄惨惨戚戚。乍暖还寒时候，最难将息。三杯两盏淡酒，怎敌他晚来风急？雁过也，正伤心，却是旧时相识。
>
> 满地黄花堆积，憔悴损，如今有谁堪摘？守著窗儿独自，怎生得黑！梧桐更兼细雨，到黄昏、点点滴滴。这次第，怎一个愁字了得！

不难看出，词之所以具有很强的艺术魅力，其中除了韵脚的和谐之外，很大程度上取决于其话语句际组合的长短匹配。这一点在现代诗歌话语中，也表现得很突出。例如：

> 最是那一低头的温柔，
> 　　像一朵水莲花不胜凉风的娇羞，
> 道一声珍重，道一声珍重，
> 　　那一声珍重里有蜜甜的忧愁——
> 沙扬娜拉！

（徐志摩《沙扬娜拉》）

上两首作品之所以为词和诗，除内容具有词和诗的意蕴外，很大程度上归功于作者有意识地把句子进行切分，分行排列，使之长短参差，因而形成诗和词的格式和韵律。如果不进行分行排列和句子的长短匹配，诗词的韵味将大减。

句子的长短匹配，不止是抒情散文和诗歌很重要的修辞方法，在一般性话语中也是重要的修辞手段，它能使话语形成独特的风格特征。例如：

> 过不两天，就下葡萄了。
> 一串一串剪下来，把病果、瘪果去掉，妥妥地放在果筐里。果筐满了，盖上盖，要一个棒小伙子跳上去蹦两下、用麻筋缝的筐盖。——新下的果子，不怕压，它很结实，压不坏。倒怕是装不紧，逛里逛当的。那，来回一晃悠，全得烂！

（汪曾祺《葡萄月令》）

这是一篇介绍葡萄种植的散文。作者在整篇话语中，有意使用短小的口语短句，并且适时停顿，因而构造了一种朴实、简洁、清新飘逸的话语风格，读来抑扬顿挫、亲切自然、清新流畅。如果删除停顿，补出衔接成分，化短为长，就显得冗长拖沓了。比如改成：

> 过不两天就下葡萄了。
> （先把）一串一串（果子）剪下来（后），（再）把病果、瘪果去掉，妥妥地（把它们）放在果筐里。（等）果筐（装）满了（后），盖上（果筐）盖，（然后）要一个棒小伙子跳上去蹦两下用麻筋缝的筐盖。——（因为是）新下的果子，（所以它）不怕压，（正因为）它很结实，（所以）压不坏。倒怕是（果子）装不紧，（因而在果筐里）逛里逛当的。那（样），（如果果子）来回一晃

悠，(果子)全得烂！

调整后，句子的平均长度增加了，句际之间的长短变化不明显，因而也就失去了原有的简洁、清新、多变的风格特点。再如：

> 雨是最寻常的，一下就是三两天。可别恼。看，像牛毛、像花针、像细丝，密密地斜织着，人家屋顶上全笼着一层薄烟。树叶儿都绿得发亮，小草儿也青得逼你的眼。傍晚时候，上灯了，一点点黄晕的光，烘托出一片安静而和平的夜。在乡下，小路上、石桥边，有撑起伞慢慢走着的人；地里还有工作的农民，披着蓑戴着笠。他们的房屋，稀稀疏疏的，在雨里静默着。
>
> （朱自清《春》）

本例中，作者通过各种句式调节手段，协调了整段话语的节奏韵律。话语开头，句子稍长，但继而采用了口语式的祈使句，并采用了三个排比句，使句子由散而整，且多为三个音节。这样，句子之间的节奏就略显短促。接下来，从"密密地斜织着"到"小草也青得逼你的眼"，句子稍微变长，但接着出现了4个音节、3个音节的短语，句子变短，随即又拉长。这样，长短、整散交互出现，使得整段话语的节奏跌宕起伏、回环错落，变化多端。如果用数字表示这段话语的句际音节结构，就是：6、7——3——1、3、3、3、6、12——8、10——4、3、7、12——3、3、3、10、9、6——5、5、6。从中不难看出句子的节奏变化。

当然，句子的长短、整散、句际节奏的快慢都是与话语的内容以及作者的风格乃至审美追求密不可分的。有的人十分讲究话语推进的节奏韵律，有的人则任其自然。比如：

> 八点五十分，满船人，都在仰头观望。我也跑到甲板上来，看到万仞高峰之巅，有一细石耸立如一人对江而望，那就是充满神奇飘渺传说的美女峰了。据说一个渔人在江中打鱼，突遇狂风暴雨，船覆灭顶，他的妻子抱着小孩从峰顶眺望，盼他回来，一天一天，一月一月，他终未回来，而她却依然不顾晨昏，不顾风雨，站在那儿等候着他——至今还在那儿等着他呢。
>
> （刘白羽《长江三日》）

本例，句子有长有短，有整有散，比如"一天一天，一月一月"

"不顾晨昏,不顾风雨"。从整体上看,错落有致,节奏富于变化。这是作者选择调配的结果。再如:

　　丹,是成熟的颜色,是果实的颜色,是收获者的颜色,又是孕育着新的生命的颜色。
　　撒种,发芽,吐叶,开花,结实。
　　孕育,诞生,长大,挫折,成熟。
　　天地万物,人间万事,无一不是贯穿这个共同的过程。而且,自然与人世,处处相通。

（袁鹰《枫叶如丹》）

　　自然界的植物的生长发育与人类的繁衍生息自然有一定的共性。但如何在话语中把两者组合起来,却是修辞问题。本例的作者把两种事物发展的五个步骤并举排列,形成整齐的对偶语句,节奏整齐,与上下文形成错综。整段话语整散交错,抑扬起伏,节奏鲜明。作者显然是煞费了一番功夫。

　　句际之间的节奏安排,也可以通过句子内部有意识的停顿来实现。例如:

　　葡萄抽条,丝毫不知节制,它简直是瞎长!几天功夫,就抽出好长的一节的新条。这样长法还行呀,还结不结果呀?因此,过几天就得给它打一次条。葡萄打条,也用不着什么技巧,是个人就能干,拿起树剪,劈劈啪啪,把新抽出来的一截都给它铰了就得了。一铰,一地的长着新叶的条。

（汪曾祺《葡萄月令》）

　　本例中,着点处本是可以不停顿的,但作者却有意识地作了停顿。此外,"这样长法还行呀,还结不结果呀"两句,作者选择了口语反问句式。其实,此处完全可以用陈述句代替,比如:"这样长法影响结果,是不行的。"但这样,句式就缺少变化了。最后一句,也可以用松句,比如:"这样一铰,地上就落满了长着新叶的条。"但作者没有这样做,而是用了紧句。如此,话语不仅简洁,而且节奏明快。

　　由上面的分析可见,句际组合中可以利用长短、整散、松紧以及句内停顿等多种句子构造方法,来调整话语的节奏,使话语节奏快慢有致,更适合听读者的理解需要,取得更好的修辞效果。

第五节　修辞格运用

一、修辞格运用的原则

修辞格是人类交际的重要手段，是话语建构的重要方法。可以说，如果没有修辞格，人类的语言艺术将黯然失色。但修辞格的使用也并非越多越好，其运用也应遵循一定的原则。这包括以下三个方面。

1. 修辞格运用应符合表达需要

尽管辞格具有特殊的修辞功能，但并不是所有的情况都要使用辞格。辞格往往是根据表达需要而出现的。例如：

> 秋风像一把柔韧的梳子，梳理着静静的团泊洼；
> 秋光如同发亮的汗珠，飘飘扬扬地在平滩上挥洒。
> 高粱好似一队队的"红领巾"，悄悄地把周围的道路观察；
> 向日葵摇头微笑着，望不尽太阳起处的红色天涯。
> 矮小而年高的垂柳，用苍绿的叶子抚摸着快熟的庄稼；
> 密集的芦苇，细心地护卫着脚下偷偷开放的野花。
> （郭小川《团泊洼的秋天》，《郭小川诗选》，人民文学出版社，1979年）

本例是诗歌，因此适合采用文艺语体的修辞方法。所以，作者在诗歌的开头就连续采用了比喻、比拟，来描写团泊洼秋天的景色，以团泊洼秋天的景色衬托1975年中国政治斗争的激烈和政治形势的严峻。这符合诗人的创作动机，也符合语体要求。

符合表达需要，就是要切合语境要求，符合交际双方之间的心理需要。如果违反了交际要求，就会用而不当。例如：

> 据《销售与管理》出版人、本本公司总经理张永兵介绍，公司目前正筹备出版发行营销财经类图书刊物，准备使用"果子狸"作为该系列丛书的商标。张永兵称，营销的最高境界就像传播病毒一样，让客户替你做营销。这种病毒策略可以以最低的成本实现信息短时间内的爆炸式传播。目前已经锁定的SARS病毒传染源中，果子狸是主要载体；而即将推出的果子狸系列图书，就是要

成为这些具有病毒魔力营销观点、著述的载体,为数千万营销人服务。

(萧冷《营销类杂志抢注果子狸商标 称营销就像传播病毒》,新华网,2004年1月15日)

本例中,当事人称"营销的最高境界就像传播病毒一样,让客户替你做营销",并称之为"病毒策略""爆炸式传播",是运用了比喻和夸张。虽然本体和喻体之间具有某种相似性,但喻体中的"病毒"以及相关的 SARS 病毒、果子狸,却很容易使人联想到 2003 年可怕的非典疫情。夸张中的"爆炸式传播",也容易引发不良联想。因此,尽管说话人可能认为其修辞方法很恰当,但听读者会觉得其修辞方法令人毛骨悚然。这种比喻和夸张是否妥当,值得商榷。

修辞格的使用范围关涉人类生活的各种交际领域,因此,恰当地使用修辞格,需要考虑各种交际领域的语境要求,尤其是修辞动机的需要和所传播信息性质的要求。比如,一般实用传播领域和艺术传播领域中所要传播的信息性质就有不同,前者侧重于理性信息,后者则侧重于情感信息。实用传播领域中,修辞格的出现种类少、频率低,艺术传播中修辞格的出现种类多、频率高。

2. 修辞格运用要切合语体规范

修辞离不开辞格,但并不是所有语体都适合用辞格,也不是所有的辞格都适用于所有的语体。这是因为:一方面,各种语体对辞格的种类和频率有一定的要求;另一方面,不同的辞格也各有其所适应的语体规范。

首先,口语语体和书面语体对辞格的要求就有差别。口语语体和书面语体中,虽然都使用大量辞格,但所用种类和频率却不尽一样。总的来说,辞格在口语语体中出现频率相对低,而在书面语体中出现频率则较高。如比喻、拟人、反复、对偶、排比、顶真等辞格,在书面语体,特别是文艺语体中的出现频率,远远高出一般的口语语体。例如:

> 我家阳台上,全让五颜六色的花卉,占据了:金盏花、月季花浓艳欲滴,鲜美得让人不忍离去;凌霄花、蔷薇花稳重矜持,永远不疲倦地盛开着;而三色堇又别有风韵,像一个彩蝶在飞舞;那栽于阳台角隅的葡萄藤看来最"老实",它色彩虽不夺目,但最知职守,盘绕婀娜,只知撑开一朵绿云……当然这些都是我妻子的杰作。

(乔忠芳《天涯的鸽子》)

这是一篇散文中的一段。作者采用了夸张（"浓艳欲滴"）、拟人（"稳重矜持，永远不疲倦地盛开着""葡萄藤看来最'老实'"）、比喻（"而三色堇又别有风韵，像一个彩蝶在飞舞""只知撑开一朵绿云"）等辞格。日常口语交际领域中，就较少出现辞格这样密集的话语。

当然，有些辞格在口语体中的出现频率也比较高，如比喻、夸张、借代、双关、排比、反语等；但对偶、顶真、回环、移就等辞格的出现频率就相对较低了。

其次，书面语体各种分支语体中，各种辞格的分布也不一样。文艺语体中，诗歌、散文、小说等类型的话语中辞格出现频率最高，种类也最多。例如：

> 我是一条小河，
> 我无心由你的身边绕过——
> 你无心把你彩霞般的影儿
> 投入了我软软的柔波。
>
> （冯至《我是一条小河》）

本例中，诗人慧心独具通篇用比。他把多情的男子比作微波荡漾的小河，把靓丽的姑娘比作彩霞。人、河本不相融，但诗人却把人影和水波巧妙相连，诗意萌生，耐人寻味。显然，这种整段话语从头至尾都用辞格的现象，是其他语体类型所不能的。

与之相反，辞格在科技语体和公文语体中的出现率则很低。公文语体几乎没有比喻、拟人、夸张等辞格，至于反问、双关、对偶等则更少。科技语体中的科普文章，有时会出现比喻、拟人辞格。政论语体中比喻、排比、双关、对偶、反复等辞格经常出现。例如：

> 普京说：中国有句古话："前人栽树，后人乘凉。"我们两国种下的友谊树苗已经长成参天大树，年轻一代应该在已有成绩的基础上，作出自己的努力，造福于两国人民。
>
> （杨国强、倪四义、张言《江泽民主席陪同普京总统在北京大学发表演讲》，人民网，2002年12月3日）

这段话属政论语体。"前人栽树，后人乘凉""我们两国种下的友谊树苗已经长成参天大树"，都是比喻。前者喻化中俄两国老一代奠定的友谊基础，惠及年轻一代；后者比喻中俄友好成绩卓著。两者把道理阐述得具体、生动、形象，富有立体感。

除上述方面外，还应注意一些交叉语体修辞格的使用特点。比如，新闻就是一种交叉语体，可以看作实用语体和艺术语体的交叉。在新闻报道中，除了实用语体的修辞手段、修辞方法之外，有时候也使用一些修辞格。例如，"学校在这时所扮演的角色就是'裁判员'、'领航员'和'舵手'，而非'运动员'、'水手'或'桨手'。……在每项活动中各职能部门围绕工作确定配合和指挥关系，学院只是指导部门，掌舵而不是亲自划桨。"① 这是一条关于新时期大学学生工作的新闻报道，作者为了表达大学"以人为本、尊重学生"的管理理念，就使用比喻，把学生工作者与学生的关系比作"裁判员"与"运动员"、"领航员"与"水手"、"舵手"和"桨手"，增强了说理的形象效果。

总之，辞格虽然具有增强话语表现力的特殊功能，但它们所适用的语体是有条件的。因此，运用辞格要注意符合各种语体的要求，符合各种辞格所适用的语体类型。这是保证辞格运用适切的重要条件。

3. 修辞格运用应符合民族习惯

汉语辞格运用中，还应注意其民族特点。如，汉语喻体多具有特定的文化含义，因此，在运用中，一方面要注意汉语在喻体选择方面的习惯，另一方面，要注意特定的事物所表示的文化含义。这样才能使比喻更贴切。否则，就可能出现语误。比如：

① 我到语言学院碰见一位法国女人。这位女人真是漂亮，好像桃花的样子。她的眼睛好像蓝蓝的天空一样。她的唇好像樱花。

② 我和姐姐就这样舒展放松地依偎平躺，就像小溪依偎高山，就像高山傍着小溪。

③ 勺园犹如一个微型的联合国支部，汇集了来自世界各角落的外交使节。虽然大家平时都呆在房里，足不出户。但课余时间一到，整座宿舍楼便沸腾了。留学生们如地鼠般地窜门子，穿梭于不同友人的房间。

上述语例选自留学生的作业，稍有删改。这些语例仍然有一些不通

---

① 钱玥《学生越来越难管　学校应该怎么办——"我们掌舵，但不划桨"》，《人民日报海外版》，2003年11月27日。

顺的地方，暂且不管。我们重点分析一下由于喻体选用造成的不当。例①用了三个比喻，用"桃花"比喻法国女子的漂亮，用"蓝蓝的天空"比喻她的眼睛，用"樱花"比喻她的嘴唇。说法国人的眼睛如碧蓝的天空，中国人也常这么说，没问题。但用"桃花"比喻法国女子，就未必妥当。中国人多用"桃花"来比喻本民族女子娇艳且白皙中透红的面容，通常说"面若桃花"，因为桃花多是粉红色的。但用"桃花"比喻法国女子，就未必贴切，因为至少缺乏民族心理共鸣的基础。这位同学虽知晓汉语中多用"桃花"比喻女子的美丽，但还没有真正理解其民族内涵。"桃花"用来形容汉民族女子的娇美，能在汉民族听读者心理上产生共鸣，而用以形容西方女子的娇美时，则未必能激起美感，可能会觉得不协调。此外，汉民族多以女子的嘴娇小为美，古代常以"樱桃"喻之，而以"樱花"比喻女子嘴小，在汉语中比较少见。用"樱花"比喻法国女子的嘴唇，似乎更不多。

汉语中常用"藤树"关系和"山水"关系比喻男女之间的爱情，如台湾民歌中就有"绿水长绕着青山转"的句子。但例②中却用"溪""山"之间的关系，比喻姐妹之间的感情，显然没有领会汉语这种喻体的适用对象，未必妥当。

北大勺园居住着来自许多国家的留学生。例③把勺园比作一个联合国支部比较贴切，但作者把留学生们之间频繁的来往比作"地鼠般地窜门子"，就不妥当了。汉语中有"老鼠过街——人人喊打"的说法。"老鼠"常用来比喻那些不劳而获、好吃懒做的人，还用以比喻贪官污吏。早在《诗经》中，就有"硕鼠硕鼠，勿食我黍"的诗句。"地老鼠"在汉语中也含贬义。此处用"地鼠"来比喻留学生，是不妥当的，一是感情态度用反了，二是引不起美感。再如：

④ 九月一日是我来中国的第一天。从东京上飞机的时候，我就像一条要跟主人一起外出的小狗。我不停地问妈妈"怎么上飞机"、"为什么大家都戴一样的帽子"。

⑤ 一早醒来，抬头往窗外一望，是个风和日丽的早晨，天空像一块刚被洗刷过的白板一样地清洁，万里无云。

⑥ 伴着湖畔的垂柳徐行，偶来秋风，杨柳随风摇曳，仿佛一排脸带笑容的窈窕闺女，羞羞答答地低着头，细语盈盈，娇喘息息。

例④的作者为了表达随母亲来华时的欢快心情，就把自己比作了"一条将要跟主人外出的小狗"。我们在上文已经讲过，"狗"在汉语中多含有贬义，常用来比喻跟在别人（尤其是坏人）后面摇尾乞怜、专帮主人做坏事的人。儿语中虽有时用来比喻"可爱的小孩"，但在较正式的场合，尤其是书面语中，则多用于贬义。所以，例④的作者把自己比作"小狗"，虽然形象，但听来仍然含有贬义。

天空晴朗时，颜色一般是碧蓝色的。例⑤的作者把晴朗的天空比作"一块刚被洗过的白板"，在天空晴朗无云这点上，本体和喻体具有相似性，但仅说明这一点是不够的。此外，用"白板"做喻体，难以描绘出天空的真实色彩，且喻体普通，缺少美感。

例⑥把依依垂柳比作羞涩的女子，可说十分生动形象。不过，"窈窕闺女"一说不妥当。"窈窕"常与"淑女"搭配，《诗经》中就有"窈窕淑女，君子好逑"的诗句。而"闺女"属于日常口语，非文学用语，且多用来喻指男子腼腆，如"这小伙子憨厚朴实，人前少语，遇到陌生人更是低头不语，像个农村大闺女"。本例属散文，前边已用"窈窕"，后面若改用"淑女"或"女子"，效果才好。

上例说明，造成比喻运用失误的原因，多在于没有很好地把握汉语比喻的民族特点，没有很好地掌握汉民族各个言语领域中所惯用的喻体及其所蕴含的文化含义。这也说明，汉语各言语领域中所常用的喻体及其含义，应该是汉语比喻学习的一个重点。外国人学习汉语修辞如此，本族语的人学习汉语修辞，也同样需要注意这一点。

此外，在汉语同其他语言的翻译过程中，也应注意辞格的民族文化特点，否则也容易引起误解。例如，1999年3月25日的《文摘报》上有这样一篇题为《"走狗"是如此可爱》的文摘：

> 当年，我国曾发表一项重要声明，题目是"打倒美帝国主义及其一切走狗"。其中的"走狗"一词，在当时出版的所有英文刊物中一律译为"running dogs"（跑着的狗）。这个声明是对外宣传的指导性材料，所以我在接待西方旅行者时经常进行宣讲。尽管我很卖力气，可在外国人中却没什么反应，这使我大为不解。
>
> 一次，英国访华团中的一位年轻的太太很严肃地问我："过去美帝国主义在中国做过不少坏事，你们反对，我很理解。但是，为什么要把它同跑着的狗连在一起呢？一只跑着的狗看起来多么可

爱，多么生动啊！"她的话还没说完，所有的英国人都哈哈大笑起来，有的人还装着狗的样子，口中叫着："我就是跑着的狗，我就是跑着的狗！"

（王连义《中外风情谭》）

本例中，为什么外国人对"running dogs"没有什么反应呢？为什么英国人反而认为跑着的狗看起来非常可爱、非常生动呢？显然，他们对"running dogs"这个词语的理解和中国人对"走狗"的理解迥然不同。在中国人看来，"打倒美帝国主义及其一切走狗"是把"美帝国主义"的追随者比作了"走狗"，含明显的贬斥态度。但是，在外国人特别是西方人看来则完全不同，"dogs"和"running dogs"在他们眼里不但没有贬义，反而是褒义的。翻译者如此翻译，显然是不妥当的，他忽视了"狗""走狗"和"dogs""running dogs"这些喻体在两种文化中截然相反的文化功能。本例说明，在进行汉语与其他语言的互译过程中，注意不同语言中各种喻体的文化功能差异也是十分重要的。

二、修辞格运用的方法

修辞格运用的方法多种多样，可以做不同角度的分析、研究。比如，可以从修辞格的运用过程分析，从修辞格的使用频率分析，等等。我们此处选择从修辞格使用种类的情况来论述，把修辞格使用的方法区分为单用、连用、兼用等几种情况。

1. 修辞格的单用

辞格单用，就是在话语中只用一种辞格。它是辞格运用的基本形式。例如：

> 如果我能把心托在掌上
> 像红红的草莓
> 　托在厚厚的绿叶上
> 那么，你就会一目了然
> 你就会说
> 　哦，多么可爱的红润

（雷抒雁《掌上的心》）

本例，作者把"心托在掌上"比作"红红的草莓托在厚厚的绿叶

上",是用了比喻这一种辞格,属辞格单用。再如:

> 各种事物都有它的极致。虎啸深山,鱼游潭底,驼走大漠,雁排长空,这就是它们的极致。
>
> (孙犁《黄鹂》)

本例中,作者为了增加文章的气势,后半部分用了四个结构整齐的排比成分。这是单用排比。

上述修辞格的单用现象,各种传播领域中都有。再如:"今日大邱庄:团泊洼畔的一颗明珠"① "歌华涨价碰翻多米诺牌 垄断监管问题露端倪"② "有时路口已经堵上了还硬往里挤,结果就成了越乱越堵、越堵越乱,形成恶性循环"③ 等等,其中的"团泊洼畔的一颗明珠""歌华涨价碰翻多米诺牌""越乱越堵、越堵越乱",分别单独使用了比喻和回环两种修辞格。

2. 修辞格的连用

在修辞交际或传播过程中,有时候为了完成复杂的任务,需要连续使用修辞格。这就是修辞格的连用现象。修辞格的连用有两种情况:一是一种辞格连续使用。如:

> ① 婚姻是一部书,它的封面是圣经,内容却是账簿。
>
> (潘铭燊《杂感五题》)
>
> ② 送你一个中秋月饼,第一层是体贴,第二层是关怀,第三层是浪漫,第四层是温馨,中间的夹层是甜蜜;天天都有一个好心情。
>
> (戴菁菁《中秋短信添"新段子"》,京报网,2002年9月22日)

例①首先把"婚姻"比作了"书",然后进一步作比,使语意深化,读来更富有层次性。例②把祝福比作月饼,然后再继续使用比喻,层层递进,也是比喻的连用。再如:

---

① 傲腾《今日大邱庄:团泊洼畔的一颗明珠》,人民网,2003年10月6日。
② 人民网,2003年7月13日。
③ 闫峥《全市道路90%以上饱和 交管局提出治堵对策》,《北京娱乐信报》,2003年9月12日。

③ 一天，不甘寂寞的夫人终于按捺不住了，冲进书房，大发娇嗔说："天啊！特拉顿先生，你怎么可以整天抱着那些发霉的书呢？我真希望我是一本书，那么我便可以得到你多些垂青了。"特拉顿听了，眼睛从书脊边缘望出去，悠然说道："亲爱的夫人，假如你是一本书，那么就做一本年鉴吧——这样我可以每年更换一次。"

(潘铭燊《杂感五题》)

本例中，特拉顿夫妇分别使用了比喻，使对话幽默风趣。其中，特拉顿连用了两个比喻，使语意得到进一步深化。

辞格连用的另一种形式是，把不同辞格组织在同一段话语中。例如：

① 望着媚手里那枚贫穷中的爱情信物，突然间那些用金钱膨胀起来的兴奋和骄傲，如一朵朵五彩缤纷的肥皂泡，被风吹得漫天飞舞，在落地时又一个个地破碎了，只有那枚青草戒指和上面的那朵米兰花在我眼前真实地存在。

(窦登咏《青草戒指》)

② 我觉得我并不害怕死亡。每一个人都得死亡，人当然理论上都行的，但具体上就有很多悲哀。人之所以是人，就是有感情的东西在里面。你一块儿煤炭呀，燃烧尽，一堆灰就完了，你不要燃烧，没燃透，还叫别人捡煤渣滓。我觉得死是生最大的一个内容。你活着就是为了死。

(戴佩良《爱过才知道》,《网络文摘》,1999 年 2 月 5 日)

例①中，作者首先把"用金钱膨胀起来的兴奋和骄傲"比作"一朵朵五彩缤纷的肥皂泡"，然后把其作为肥皂泡来描写。这是比喻和比拟连用。例②中，作者把自己比作"一块儿煤炭"，是比喻。然后，以此为基础进一步描写，属于比拟。作者把比喻和比拟连续使用，是为了把道理说得更形象。

3. 修辞格的兼用

辞格的兼用，就是在同一段话语中，同时使用两种甚至多种辞格。例如：

此刻我明白了体验痛苦也是生命的一种过程，生命就是从起点到终点的连线，起点和终点早已设定，我们能够做的并不是把这根生命线延长，而是让它变得更宽、更有色彩、更有光泽。

（林夕《永不消失的地平线》）

本例把生命过程比作了一条连线，进而进行描写，最后连用以"更"引导的排比成分，使语意层层递进。后面是比拟与排比兼用。

导致修辞格兼用的原因有两个方面：一个方面是修辞格定义的角度有交叉；另一个方面是缘于修辞动机。例如：

近日，已设立10年之久的山东教育部留学服务中心海外学历鉴定处，前所未有地火爆，前来联系学历认证的"海龟"们排起长队。目前至少80%以上的前来认证学历当属"真金"。……而近来一些假文凭事件，让众多用人单位开始对"洋文凭"有了三分怀疑，遂要求"海龟"们再出示一份国内鉴定说明。

（侯江《串烧"海龟"还是"野龟"》，《北京晚报》，2002年7月17日）

本例的题目和中文中都有"海龟"一词，如果不了解语境，很难理解其含义。实际上，此处的"海龟"原本是"海归"，意思是海外归来的留学人员。近年来，因为发生了一些海外留学回国人员用假学历蒙骗国人的事件，所以，海外回国留学人员的信誉有所降低。本文作者就利用了谐音双关和借喻两种修辞格，讽指海外留学回国人员。这两种修辞格的使用，既是修辞动机需要，也是和双关、比喻的交叉分不开的。

在修辞过程中，如果交际任务十分复杂，也可以把连用和兼用结合起来。例如：

普天同庆，庆得自然，庆庆庆，当当庆，当庆当庆当当庆；
举国若狂，狂到极点，狂狂狂，且且狂，且狂且狂且且狂。

本例从整体形式看，是对偶，但其中还蕴含了其他修辞方法。比如"普天同庆，庆得自然"和"举国若狂，狂到极点"，上下句之间分别有一个衔接成分"庆"和"狂"，这属于顶真。至于"庆庆庆，当当庆，当庆当庆当当庆"和"狂狂狂，且且狂，且狂且狂且且狂"，则包含了反复和排比。此外，它们既分别具有实在意义"庆祝""庆贺"和"狂欢"之意，同时也分别是对两种打击乐器的音响及节奏的模拟。因此，"庆庆庆，当当庆，当庆当庆当当庆"和"狂狂狂，且且狂，且狂且狂且且狂"还运用了双关手法。本例巧妙地把对偶、顶真、反复、排比和双关五种修辞方法,连缀在同一话语中,使话语形式与语意达到了完美的结合,具有视觉、听觉上的双重效果。

修辞格之所以能够兼用和连用,一方面取决于人类运用修辞方法的创造性、创新性能力,另一方面,是因为修辞格的划分上的交叉性。这包括语言形式和意义的统一性,也包括了修辞格之间的可重叠性。

三、修辞格的创新

语言是不断发展变化的,人类的修辞手段、修辞方法同样是与时俱进、不断创新的。一方面,在修辞交际过程中,人类不断创造新的修辞手段、修辞方法;另一方面,对原有的修辞方法的使用不断创新。具体到修辞格的创新,也包含两层含义:一是创造新的辞格,二是辞格运用要不断求新。比如,有人曾说,第一个把姑娘比作鲜花的人是一个天才,第二个把姑娘比作鲜花的人是一个庸才,第三个把姑娘比作鲜花的则是一个蠢材。当然,这话有点过头。但它至少说明了一个道理,那就是修辞格的运用应不断推陈出新,不断给人以新鲜的感受和启迪。这是由人们的审美追求指向所决定的。

比如,比喻是人们经常使用的修辞格,比喻的结构和语言形态基本是稳定的,但是采取什么样的喻体构成比喻,则是可以不断创新的。例如,有一次钱钟书访美,买了一只烟斗,回来送给一位朋友:"我不吸烟,这就好比古时的太监为皇上选妃子,合用与否我就不知道了。"自己不吸烟,自然不知道烟斗是否好用。拿什么作比呢?"太监为皇上选妃子",钱先生比得超凡脱俗、幽默风趣。与钱钟书相比,林语堂的风趣比喻也不逊色。一次台湾大学请了林先生等几位名人演讲。前面的人滔滔不绝,冗长枯燥。轮到林先生了,他一上台便说:"绅士的讲演,应当是像女人的裙子,越短越好。"一下子逗得满堂大笑。这可说是比喻运用的创新。再如:

> 春节到了,送你一个饺子。平安皮儿包着如意馅,用真情煮熟。吃一口快乐,两口幸福,三口顺利,然后喝全家健康汤。回味是温馨,余香是祝福。
>
> 祝身体康佳赛蒙牛,美女飘柔多联想,生活富康乐百氏,事业捷达步步高,财源强生腾新浪,股票长虹冒紫光。
>
> (马佳、王学锋《手机屏闪彩信到:最新猴年贺岁短信集锦》,

《北京晚报》，2004年1月21日）

　　本例是春节贺年短信。第一条运用的是比拟，作者把自己的祝福和过年的特色食品饺子构成类比，使抽象化为具体，能调动读者的想象力，契合春节的氛围，新颖别致。第二条运用的是双关。其中的"康佳""蒙牛""飘柔""联想""富康""乐百氏""捷达""步步高""强生""新浪""长虹""紫光"，分别是彩电、牛奶、化妆品、电脑、汽车、饮料、电话、股票、网络等产品或公司的名称，同时也可以作为一般的词语来理解。读者在获取一般贺年信息的同时，又能体会一种谐音双关的乐趣，反映了作者的修辞创造力。再如：

　　　　我以为司机一定会大怒，把我们抛在公路上。没想到在蠓的逻辑面前，他真的把收音机关了，虽然脸色黑得好似被微波炉烘烤过度的虾饼。

　　　　　　　　　　　　　　　　　　（毕淑敏《芒果女人》）

　　人不高兴，多表现在脸色上，一般说"脸就像阴天"。而作者却一反常规，把服务态度不好而又受到顾客驳斥的出租汽车司机的脸，比作了"被微波炉烘烤过度的虾饼"，既表现了司机理屈词穷而又怒不可遏的难看神态，也映照出了作者的贬斥态度，比得新颖。

　　言语交际是复杂多变的，何时何地表达何种意思，是难以规范的。因此，辞格运用中，应因时因地因境而动，出奇制胜，不落俗套。再如：

　　　　分手的时候，蠓说，有些中国人入了外国籍以后，标榜自己是个"香蕉人"，意思是自己除了外皮是黄色的，内心已变得雪白。而我是一个"芒果人"。
　　　　我说"芒果人"，好新鲜。怎么讲？
　　　　蠓说，芒果皮是黄的，瓤也是黄的。我永远爱我的祖国。

　　　　　　　　　　　　　　　　　　（毕淑敏《芒果女人》）

　　把加入外国籍的中国人比作"香蕉人"，已经很形象了，意在表示肤色是黄的，没变，而思想、作风、态度、观念等内在已经西化，变成了外国人。但这位主人公却把自己比作"芒果人"，不仅作者觉得"好新鲜"，我们也认为很新颖。比作"芒果人"，一方面意思与"香蕉人"不一样，另一方面形式也有变化，意境高雅。它生动深刻地表达了一位

海外华人对自己祖国的深深热爱。这就是比喻的创新。再如:

> 朦不慌不忙地说,菜谱上是有价钱不假,可你那是根据大厨师的手艺定的单,现在换了二厨,他的手艺的确不如大厨,你就不能按照原来的定价收费。因为你付给大厨的工钱和付给二厨的工钱是不一样的。既然你按他们的手艺论价,为什么到了我这里就行不通了呢?
> 话被朦这样掰开揉碎一说,理就是很分明的事了。于是,朦达到了目的。
>
> (毕淑敏《芒果女人》)

话是说的,不可掰,也不可揉。但作者却用了"话被朦这样掰开揉碎一说",把本无形的东西变成了可视可摸的东西,使其具有了可折断、可揉皱的属性,真是一语惊人。如果改为"话被朦条分缕析、清楚透彻地一说",也能表达同样的意思,但给人的艺术感受却是不同的。这是对拟物手法的创新使用。

有人说,修辞学是美辞学,这话有一定的道理。修辞不仅要合乎语言文字规范,而且要合乎社会文化习俗,同时也要在更高的美学层次上创新。这是修辞的最高境界。辞格作为艺术修辞,创新是其根本属性,也是修辞格的生命力所在。因此,辞格运用应该超凡脱俗,不落窠臼,应追新求异。再如:

> 从夜里零时想,自己已是不折不扣的八十老翁了。然而这老景却真如古人诗中所说的"青霭入看无",我看不到什么老景。看一看自己的身体,平平常常,同过去一样。看一看周围的环境,平平常常,同过去一样。金色的朝阳从窗子里流了进来。平平常常,同过去一样。楼前的白杨,确实粗了一点,但看上去也是平平常常,同过去一样。时令正是冬天,叶子落尽了;但是我相信,它们正蜷缩在土里,做着春天的梦。水塘里的荷花只剩下残叶,"留得残荷听雨声",现在雨没有了,下面只有白皑皑的残雪。我相信,荷花们也蜷缩在淤泥中,做着春天的梦。总之,我还是我,依然故我;周围的一切也依然是过去的一切……
> 我是不是也在做着春天的梦呢?我想,是的。……
>
> (季羡林《八十述怀》)

人生七十古来稀。八十岁的作者夜不能寐,抚今追昔,感慨万端。在有感于自己的"古稀"岁月之后,作者笔锋一转,却叙写起对自身及周围环境的感觉来了。文势如江水奔流,猛蛇回头。连续两句"平平常常,同过去一样"之后,突嵌一句"金色的朝阳从窗子里流了进来",使完成又一个"看一看"起句的排比句的拟测掏空。在读者惊诧作者的"失误"时,紧连一个复沓,使本已空悬的意念落实。旋即,语势转缓,细写白杨,继而补进一句,"看上去也是平平常常,同过去一样",最终完成一个跌宕起伏的语意层。别以为此时作者会使读者沉浸在"平平常常"一如既往的遐思中,他又把读者的视线引向了室外,叙说起冬荷残雪,在读者注意力集结于"荷花们的春梦"时,作者又吟诵起了"依然故我"。在读者欣赏他"平平常常,同过去一样"的人生体验时,领略一代大师"平平淡淡即是真"的娓娓叙谈时,作者又在畅想他老骥伏枥、暮年不已的春梦了。正是"看似寻常最奇崛,诚如容易却艰辛"。作者在平淡的内容、质朴的体验中,蕴藏了惊心动魄的修辞魅力。可谓之,风云乍起,跌宕起伏,变幻莫测。这是对反复的巧用。

修辞格运用的创新,除了单个修辞格的创新之外,还包括修辞格综合运用的创新。例如,汪曾祺在《跑警报》一文中写道:"这些防空洞不仅表面光洁,有的还用碎石子或破瓷片嵌出图案,缀成对联。对联大都有新意。我至今记得两副,一副是:人生几何,恋爱三角;一副是:见机而作,入土为安。对联的嵌缀者的闲情逸致是很可叫人佩服的。前一副也许是有感而发!后一副却是纪实。"

本例中,两副对联十分有趣。第一副对联,表面意思是"人生如几何(数学术语),恋爱如三角(数学术语)";另一层意思则是"人生能活多少年呢?恋爱却遇上了三角(即三人构成的恋爱关系)"。联系当时的情况,更觉有意思。抗日战争时期,昆明西南联合大学的师生,经常要躲避日军飞机的空袭。当时,"跑警报是谈恋爱的机会。联大同学跑警报时,成双作对的很多。空袭警报一响,男的就在新校舍的路边等着,有时还提着一袋点心吃食,……从这点来说,跑警报是颇为罗漫蒂克的。有恋爱,就有三角,有失恋。跑警报的'对儿'并非总是固定的,有时一方被另一方'甩'了,两人'吹'了,'对儿'就要重新组合。写(姑且叫做'写'吧)那副对联的,大概就是一位被'甩'的男同学。不过也不一定"。所以,作者说"上举的前一副对联或许是一种泛泛的感慨，但也是有现实意义的"。第二副对联中，所谓"见机而作，入土而安"，表面意思是：见机行事，到死为止，反映的是一种人生哲学；而实际的意思却是：见了敌人的飞机再行动，下到山沟、地洞中就安全了。作者的话可为证："很多人听到紧急警报还不动，因为紧急警报后日本飞机也不定准来，常常是折飞到别处去了。要一直等到看见飞机的影子了，这才一骨碌站起来，下沟，进洞。"此处两副对联，可谓之妙而可言，其中既有对偶、比喻，又是双关，是多种修辞格的兼用创新。

当然，修辞格运用的创新是相对的，因为话语都是具体的、历史的。修辞格运用的创新也是一样。上述语例在当时看来是新异的，现在看来就不一定具有新异性了。这与人们话语理解的感受有关。此外，所谓新异性，也存在话语接受者的个性差异，尤其是个人语感的差异。因此，修辞格的创新，既要追求时代的新异性，也需要追求个性的新异性。

☞ 思考题

1. 修辞的微观原则有哪些？它们之间的关系如何？
2. 结合实例，谈谈什么是寻常词语的艺术化。
3. 谈谈句式匹配的原则和方法。
4. 什么是修辞格的连用和兼用？

📖 练习题

一、根据所学的理论知识填空

1. 1958年毛泽东同志在《工作方法六十条》（草案）第三十七条中提出的关于文风问题的三项要求是：准确性、_____、生动性。

2. 话语组织，除了要遵循宏观的修辞规律以外，微观上，还要遵守一定的原则。这包括：正确、准确、适切和_____。

3. 所谓正确，就是话语要符合汉语的_____。这一原则所涉及的是话语建构与语言结构规则之间的关系。它涉及语音、语法和语义三个方面。

4. 所谓适切，就是话语要_____，同交际对象的社会因素、心理因素以及社会心理因素相适应，同交际的时间、地点、场合、文化背景以及上下文相适应，能取得预期的交际效果。适切是话语建构的第三个层次，其目标是修辞效果要好。

5. 恰切是话语建构的更高层次，它关涉的是话语与_____之间的关系问题。恰切旨在使话语完成交际任务的效率，达到最佳程度。无论是话语建构的正确性要求，还是准确性、适切性要求，最终都要服从于话语的恰切性要求。

6. 选择词语除了注意区分词语的理性意义之外，还应注意词语的附加意义或附加修辞功能。这包括以下几个方面：①注意词语的语体功能差异；②_____；③注意词语的地域标示功能差异；④注意词语的语域标示功能；⑤注意词语的行业标示功能；等等。

7. 修辞过程中的句子组织应适当注意以下三个问题：①安排合理的语序；②_____；③注意适时断句。

8. 句际组合的原则包括三个方面：①句际组合要遵循话语信息内在的逻辑性；②_____；③句际组合要保持形式上的完美统一。

9. 话语研究的发展方向，就是在现有的研究基础上进行学科之间的整合，自觉进行学科发展规划，建立新兴交叉学学科——话语学的理论体系，即以_____为研究对象的新兴交叉学科。

10. 国家话语能力，是各种国家话语主体_____、扮演国家话语角色的能力。从话语主体看，国家话语能力，应该包括国家领导人、政府官员、国家媒体以及国民在各种国家话语领域中的能力。

二、选择合适的答案填空

1. 小沈阳在北京台春晚小品《我要当明星》里，脱口而出"赵本山是我 2006 年_____师傅"，引来不少笑声。
   A. 新拜的　　　　B. 新收的　　　　C. 新认的

2. 据法新社消息，尽管美军已经顺利进入伊拉克首都巴格达市内，但是，伊拉克采取种种隐蔽_____向美军发动突然袭击的事件却接连发生。

A. 战争 B. 战术 C. 战略

3. 还听说，新中国成立前，燕大、清华每年都举行一场足球赛。为了给自己鼓气，燕大学生喊出的口号是"一脚蹬翻气象台"（现在很不显眼，当时是清华园里的高层建筑）。清华学生则对一联——"＿＿＿＿＿＿＿"。

A. 双脚踹倒博雅塔 B. 双足踢倒博雅塔 C. 双手填平未名湖

4. 社区的防治工作要实行分类指导，对非典病人和疑似病人要做到"早发现、早报告、早诊断、早治疗"；对与病人有密切接触的人员及受污染的地方和物品做到"＿＿＿＿＿＿＿＿"，对健康人群做到"早预防、勤检测、少流动"。

A. 早调查、常监测、快隔离
B. 早调查、快隔离、常监测
C. 常监测、快隔离、早调查

5. 当天，沙漠地区猛烈的沙暴也暂时阻止了步三师继续前进，数千作战车辆被迫"原地休息"。目前，美军已向伊拉克境内投放 2000 枚精确制导＿＿＿＿＿＿。

A. 武装 B. 武器 C. 炸弹

6. 有人说，当全社会都在勇敢地和非典战斗的时候，作为有"天之骄子"之称的大学生，不该选择＿＿＿＿＿＿，应有社会责任感。也有人认为，对还在成长中的学生要有耐心与宽容，面对疫情，社会阅历不深的大学生有些惊慌失措可以理解。

A. 逃窜 B. 逃跑 C. 逃离

7. 十届全国人大一次会议 10 日通过国务院机构改革方案。这意味着中国政府进行了从＿＿＿＿＿＿＿＿的自我转变。

A. "瘦身"到"健美"
B. "减肥"到"健美"
C. "减肥"到"瘦身"

8. ＿＿＿＿＿＿＿老人是中华民族的传统美德之一，它在当代社会依然具有重要的现实意义。

A. 抚养 B. 赡养 C. 收养

9. 1998年，东南亚发生金融危机。对此，中国政府采取了积极的财政政策，发行国债，加强基础建设，拉动内需，收到了良好的_____。

   A. 结果　　　　　B. 效果　　　　　C. 后果

10. 杨茂贤被捕，其兄果敢民族民主同盟军总司令杨茂良_____，立即派出3批亡命徒秘密潜入中国境内执行"双熊行动"：如劫狱成功赏100万美元，如暗杀韩苏杨成功则赏120万元人民币。

    A. 勃然大怒　　　B. 恼羞成怒

11. 由于科技手段的发达，在家里办公已经不是什么新鲜的事了。让工作丰富化、乐趣化、个性化和自由化，是许多的现代知识_____的追求。

    A. 女人　　　　　B. 女子　　　　　C. 女性

12. 我热切地望着他的手，那双手满是茧子，沾着新鲜的泥土。我又望着他的脸，他的眼角_____着很深的皱纹，不必多问他的身世，猜得出他是个曾经忧患的中年人。

    A. 长　　　　　　B. 有　　　　　　C. 刻

13. 从这点来说，跑警报是颇为罗漫蒂克的。有恋爱，就有三角，有失恋。跑警报的"对儿"并非总是固定的，有时一方被另一方"_____"了，两人"_____"了，"对儿"就要重新组合。

    A. 抛弃　甩　　　B. 散　吹　　　　C. 甩　吹

14. 那婆娘哭着告饶。宋江喝道："你这泼妇！我好意救你下山，念你是个命官的恭人，你如何反将冤报？今日擒来，有何理说？"燕顺跳起身来便道："这等淫妇，问他则甚！"拔出腰刀，一刀_____为两段。

    A. 斩　　　　　　B. 挥　　　　　　C. 砍

15. 有一天，我在家听到打门，开门看见老王直僵僵地_____在门框里。往常他坐在蹬三轮的座上，或抱着冰倚着身子进我家来，不显得那么高。也许他平时不那么瘦，也不那么直僵僵的。他面色死灰，两只眼上都结着一层翳……

    A. 镶嵌　　　　　B. 贴　　　　　　C. 立

16. 本月下旬就是农历大年。这些天，一些地方的报纸、电视突然少了地方领导的"身影"。新闻圈内，时政记者忙里偷闲，总编辑们为缺少"头条"犯了愁。"日理万机"的地方领导们并未"失踪"，他们"_____"去了北京。

A. 拜年　　　　　B. 进贡　　　　　C. 行贿

第六章　话语理解

> 话语理解，就是听读者根据一定的语境对说写者的话语进行解读，析出话语的语言意义、言语意义、言语动机以及修辞者的其他信息和语境信息，进而进行评价和反馈的行为和过程。话语理解的主要内容包括话语意义、言语动机、社会角色、个性心理、社会心理等。语言意义是话语离开一定语境时的意义或者说字面意思，即组成话语的语言单位所具有的社会约定俗成的固有意义的集合。言语意义是话语在特定语境中的意义。听读者不仅要理解话语的语言意义，更要理解话语的言语意义，由话语的言语意义到言说者的动机、态度以及其他社会心理因素。话语理解应遵循言境统一、言实统一、言人统一、言行统一和言德统一的原则，不能断章取义、望文生义甚至故意歪曲。

第一节　话语理解及其修辞价值

一、话语理解

1. 话语理解

话语理解就是理解话语。话语理解是修辞行为的有机组成部分，也是修辞交际过程的一个组成部分。听读者根据一定的语境对说写者的话语进行解读，从而析出话语的语言意义、言语意义、言语动机以及修辞者的其他信息和语境信息，进而进行评价和反馈的行为和过程，这就是话语理解。在话语理解过程中，交际双方根据已有的知识、经验以及对各种语境信息的知觉、判断、推理，解析、评价、整合话语以及相关信息。话语理解涵盖所有言语交际领域或其他传播领域的所有话语类型以及其他符号类型，既包括口语，也包括书面语，还包括文字、图像以及修辞者的体态动作等等。

随着修辞研究范围的扩大,有些修辞指的并不是话语,而是包括话语在内的图像或其他符号,此时的话语理解实际上是符号的理解。这在大众传播中表现得十分明显。比如,影视、摄影以及网络中的图文,都是综合符号系统。因此,传播文本的理解,就是对各种符号的综合理解,但无论如何变幻、组合,话语理解依然是修辞过程中最主要的。

2. 话语理解的本质

话语理解的本质就是听读者对话语以及相关信息进行加工、处理。需要指出的是:话语理解的本质并非只是一般意义上的对话语意义的解析,它包括对话语意义的解析,同时也包括对与话语意义密切相关的其他信息的解析。

比如,在一部电影的新闻发布会上,一位记者问:"张艺谋,《英雄》这部片子除了打架、风景和大明星以外你还有什么?"张艺谋很客气地回答:"我希望你不要用打架这个词,因为那是对这个行业的不尊重。我们在座的有最优秀的武术导演、最优秀的武打演员,你不应该用打架这样一个贬义词。"该记者听后,嘴一撇,一脸的不屑。

此后,张艺谋谈到对此的感受时说:"我觉得很丢人很丢人……我能很清楚地感觉到他当时的某种敌意。更有甚者,在我回答他问题的时候,他竟开始打手机,一副旁若无人的样子……我认为这是个很诬蔑人的问题。我不是拍武打片出身的,可有人是,而且他们为此干了一辈子,那是他们的事业,你用'打架'这个词,是故意还是不明白?再者,要么你就听我把话说完,要么,你就干脆别提这个问题。这是一个常识性的礼貌问题。"①

本例中,交际双方的冲突过程中蕴含了一个话语理解过程。一方面,交际双方的话语理解不仅只是话语意义的理解,而且是修辞交际双方社会、心理信息的理解。显然,张艺谋不但理解了话语的语言意义,而且理解了言语意义。"武打"和"打架"理性意义有差异。"武打"是影视领域中的术语,指表演中的武术搏斗。"打架"指"徒手格斗""打斗"。虽然两个词语都包含了"打斗"的意义,但是前者是指艺术表演,后者是生活中的真实打斗。此外,两者的附加意义不同。"武打"是专业术

---

① 郑叶《张艺谋终于怒了 用"打架"形容武戏是成心吗》,新华网,2002年12月18日。

语,"打架"是日常用语。"武打"在表演艺术中没有贬义,也不含道德评价。但"打架"则蕴含了道德评价,是一种不好的行为。记者此处用"打架"替代"武打",含有贬义,是对影片《英雄》的贬低。张艺谋显然从话语尤其是用词中析出了记者的动机、态度和素质等信息。也就是说,话语理解从话语层面,扩展到了修辞者的社会心理信息层面。另一方面,交际双方理解的,不仅是语言符号,还有其他符号,包括体态动作,尤其是面部表情,因为张艺谋看到了记者的撇嘴、一脸不屑、打手机、旁若无人的样子等体态动作。这些信息与修辞者的言语行为是统一的,也是修辞行为的一部分,也是传播符号的一部分。

我们强调理解话语以及相关信息,而不仅仅是话语意义,原因之一是"话语意义"的说法具有某些局限性。一方面,"意义"属于语言或言语(或话语)层面,属于语言学和符号学范畴。而在修辞交际中,人们所关注的却并非只是语言或言语层面,其重心在修辞者的各种信息,比如动机、态度、情绪、情感、角色等等,以及相关的语境信息,比如社会政治、社会心理等等。语言或言语只是获取修辞者上述信息的中介。另一方面,所谓语言(或话语)的意义,其实有些不确切。语言符号本身并没有"意义",所谓的"意义"只是与特定的语音或文字相联系的记忆、经验等等,它们存储于人脑之中。比如,"春天"这两个字或"chūntiān"这两个音节中,并没有"意义",所谓的"意义"是存储于我们大脑中的与"春天"或"chūntiān"所对应的记忆信息,以及由此而引起的各种心理反应。离开了人脑,无所谓"意义"。所以,话语理解不能仅仅局限于对语言意义、言语意义等的认知,还应深入到对修辞交际双方的社会因素、心理因素以及各种语境因素的认知层次。

上述分析表明,话语理解的实质就是交际对象或者说听读者对话语或其他符号以及与话语或其他符号相关的信息进行感知、知觉、类比、联想、推理、判断、评价的综合处理过程。

二、话语理解的修辞价值

1. 话语理解是修辞交际的一个重要组成部分

一旦我们把修辞作为人类的一种言语交际行为,那就意味着,修辞是一个由说写者和听读者构成的交际系统。修辞包括了话语的建构和话语理解两个双向过程。话语建构,是信息的编码、传输;话语理解是话语解构，是话语及其相关信息的接收、解析。上述两方面构成了完整的交际系统。如果缺少话语理解，听读者将接收不到信息，社会信息的流动与交换就会中断。实际上，说写行为与听读行为是统一的。在现实社会生活中，人类交际秩序的维护和交际行为的正常进行，以及交际秩序的混乱和许多社会冲突，与人类的话语理解密切相关。我们看下面的例子。

据报道，2003 年 7 月，媒体刊发了演员刘威致某歌手的公开信《××，shut up!》，信中表达了刘威对该歌手贬低演员职业的极度愤慨。刘威非常气愤地对记者说，这名歌手在其 6 月 25 日的新专辑发布会上接受记者采访时说，某些演员说角色难演完全是在装，作为"戏子"就应该什么都能演。"戏子"一词令刘威十分愤怒，他激动地表示，如果他与该歌手"狭路相逢"，绝不会轻饶了他，甚至不惜以"武力"解决。

刘威在信中写到："××也是演员吧？不知他是否认可这个称呼？因为他以为演员是'戏子'。如果我把他也叫做演员不知是不是污蔑了他，可我以为是抬举了阁下。不懂装懂害己害人，让一个根本不懂表演为何物的去演戏或评论表演，害了他也脏了这'殿堂'。""××放话：'你是个戏子你就应该能演，有人说某个角色有难度，是装的（大意，但绝不止如此。在他的个人专辑发布会上，不说自己的事，非要说说别的，好像不如此就会卖得少吧），何必装呢？'"①

原来，文中的歌手叫雪村。据报道，他向媒体表示，在发布会现场他说的是自己，他很清楚这个词是贬义词，正因为如此，他才把这个词用在自己身上。雪村表示自己的宗旨就是"源于人民，低于人民"，所以他才用贬低自己的方式来抬高人民。至于"戏子"之说在当今是否恰当，雪村认为他靠创作、表演来谋生，其实和擦皮鞋、卖糖葫芦的人一样，都是一种行当，而这个行当就可以称之为"戏子"，雪村表示自己一直这么认为，而且早已说顺了嘴，今后他依旧会这么说。对刘威的愤慨甚至"喊打"之声，雪村笑着表示："我不怕被打，我相信刘威不会真的这么做，我很感谢他的提醒，既然他不这么认为，我以后只把这个称呼用在自己身上，但我不打算公开致歉或解释什么，即使日后见到刘威我也不会解释什么的，因为如果那样，岂不是变成我乱炒新闻了，

---

① 王菲《刘威公开信怒斥某歌手：演员不是戏子》，《北京娱乐信报》，2003 年 7 月 4 日。

所以完全没有必要。"最后,雪村幽默地说:"一定要把下面的话加进文章:祝刘威在未来的表演生涯里继续创造一个又一个新高潮!"① 此后,当刘威得知雪村的答复后表示,他不想再对此事深究,但他强调他是不能对此类事情保持沉默的。刘威同时表示,"说过就完了",不到万不得已他不会再对此事进行深究。②

  本例中,交际双方冲突的形成与化解,都与话语建构有关。当事者忽视了话语建构与社会心理尤其是社会道德之间的辩证关系,才导致了冲突。因为"戏子"一词是新中国成立以前对"艺人"的称呼,它标示了那个时代对演艺人员的贬低态度。正如刘威所说:"我记得解放前对艺人才有'下九流''戏子'之说。解放了,我们叫'文艺工作者',有各个艺术门类的艺术家,在表演领域,有'表演艺术家'。共产党使我们翻了身,那你××又有何权力称演员为'戏子'呢?诋毁演员的权力又是谁给你的呢?如果不带污蔑,你也应算是'艺人'吧?⋯⋯"③ 显然,雪村当时的话语,尤其是对演员称呼"戏子",不符合新中国的伦理要求。他的话令许多演员不快,有不妥之处。但是,雪村在当时语境下的话语信息,是否如刘威所理解的那样呢?雪村的言语动机是否是有意识地"诋毁""污蔑"其他演员呢?这需要结合当时的语境以及雪村真实的言语动机来理解。从后来的报道看,雪村当时的话语只是自贬,是说顺了嘴,属于无心之过,并非如刘威所理解的那样。刘威在信中表示:"艺术家讲良心。就算你不是什么家,人也要讲点儿知恩图报吧,不能用锅里的饭填饱了肚子回过头来骂锅脏吧!能独树一帜是本事,靠诋毁他人造新闻就不够仗义了。听人劝吃饱饭:把工夫用在正事儿上,学会尊重他人,你可以不懂表演艺术,但表演是艺术,表演也有难易之分,也有好与不好之别。不管你说书还是唱歌,可能你那个活儿你干得最好,如果再有干这类活儿的你也得让人家吃饭不是?演员就是演员,不是'戏子'。以后你再演戏你也是演员,别人也不会拿你当戏子。所以:保重!自重!学会尊重。"④ 这些信息是否与

---

  ① 翟佳《〈刘威公开信怒斥某歌手〉续 雪村:戏子是说我自己》,《北京娱乐信报》,2003年7月5日。
  ② 王菲《雪村"戏子"事件追踪 刘威表示不再深究此事》,《北京娱乐信报》,2003年7月8日。
  ③ 王菲《刘威公开信怒斥某歌手:演员不是戏子》,《北京娱乐信报》,2003年7月4日。
  ④ 王菲《刘威公开信怒斥某歌手:演员不是戏子》,《北京娱乐信报》,2003年7月4日。

刘威在理解他人话语时产生信息增殖有关呢?答案是肯定的。上例说明,人际交往离不开准确的话语理解行为,它是修辞交际的重要组成部分。

2. 话语理解是话语反馈以及其他行为反馈的必要条件

话语理解的重要性还体现在,它是听读者进行话语反馈及其他行为反馈的必要条件。话语的功能发生、听读者的话语反馈以及与之相应的行为,都是建立在适时而准确的话语理解基础上的。离开了话语理解,修辞者就难以从交际对象的话语中获得信息。人类交际秩序的维护以及日常言语交际的正常进行,实际上也是建立在准确的话语理解基础上的。

准确理解话语意义、把握言语动机,是作出及时反馈的重要条件,具有重要的社会价值。如果不理解或没完全理解交际对象的话语信息,就无法保证交际双方信息的顺利传输,就有可能造成交际障碍,甚至引发人际冲突。我们看下面的例子。

> 有一个小伙子匆匆跑进一家药铺,气喘吁吁地问:"大夫,有、有没有专治打、打嗝的灵药?"老大夫从没听说过有这种药,但他天生长着一副热心肠,所以想了想,突然举起右手,"啪"地一声,顿时,小伙子脸上出现了五个手指印。小伙子一下子跳了起来:"你打我干什么?"老大夫神秘地笑一笑,说:"瞧,这是专治打嗝的灵药,你不是不打嗝了吗。"
>
> 小伙子愣了一会儿,才反应过来,大声喊道:"错啦,我是为我爹寻药来的。"
>
> (《打错了》,《青年文摘》,1997年第10期)

小伙子为其父寻药,却挨了老大夫的一记耳光。问题出在哪里呢?一方面,小伙子提供的话语信息不全面;另一方面,老大夫话语认知失误。他仅凭小伙子的简短话语就贸然断定是小伙子本人打嗝,而忽视了其真实动机,因此出错就难免了。

此外,准确理解话语意义、把握言语动机,也是其他行为反馈的重要条件。在言语交际中,如果不能准确理解话语意义,并作出及时的反馈,可能会影响其他行为的实施,有时还会造成严重的社会后果。比如,1977年发生在加纳利群岛 Los Rodeos 机场的空难就是一个典型的例子。

1977年3月27日下午五点,在非洲北缘西班牙属地——加纳利群岛的 Los Rodeos 机场,荷兰航空与泛美航空的两架 B747 班机在跑道上相撞,造成583人死亡。当时,该国际机场大雾弥漫,细雨绵绵。一架荷兰航空公司的波音747飞机正在滑跑起飞,突然前方与跑道交叉的滑行道上滑出泛美航空公司的飞机,结果两架巨型飞机相撞,酿成惨祸。导致这起航空史上最大空难的原因,有天气因素,但机场塔台与机长之间的沟通问题,特别是话语理解问题,也是一个重要因素。当时两架航机的状况是,荷兰航空的飞机依照塔台指示已滑行到跑道头,泛美航空的飞机则正依据塔台的指示仍然在跑道上滑行。下面是他们之间的对话:

荷兰航空:We are now at take off!(我们正等候起飞!)
塔　　台:OK……Standby for take off……We will call you!
　　　　　(好的……原地等候起飞……我再呼你!)
泛美航空:We are still taxiing down the runway!
　　　　　(我们还在跑道上滑行!)

在上述交际过程中,塔台最重要的指示"Standby for take off"被泛美航空所打断,造成"Standby for take off……We will call you"与"We are still taxiing down the runway"等在同一航管波道中一齐发射,导致荷兰航空只听清楚塔台的"OK…",后面的指示则只是一段杂音,因此导致该机驾驶员误解塔台指示,继续执行其起飞动作。30～37秒后惨剧发生![1]

机场塔台与机组人员的言语交际十分专业。它对话语信息表达、理解的准确性要求非常高,必须是百分之百的准确。其信息的正误关涉的不仅是交际双方自身的安全,还有乘客的生命安全。理解有误,就可能导致惨祸。本例中,造成交际失误的原因,首先是塔台的调度没有确认自己的信息是否准确地传达给了荷兰航空,其次是荷兰航空的机长只听到了塔台指挥的一部分信息,没有全面、客观、准确地理解塔台调度的话语信息,且没有核实、确认,最终导致行为决策错误,酿成悲剧。当然,泛美航空驾驶员也有一定的责任,其话语打断了塔台与荷兰航空之

---

[1] 郝东方《专家解读"飞行杀手"及"黑色10分钟"》,《大众科技报》(电子版),2003年11月2日;"真实50分"节目,中国教育电视台,2004年5月27日晚。

间的交流。本例说明了话语理解之于其他行为决策的重要价值。

上面的语例说明，在言语交际过程中，无论是话语反馈还是相关行为的控制，准确地理解话语以及相关信息都是必要的。适时准确地把握话语的意义，析出言语者的动机，是实施言语控制以及采取相应行为的重要途径。生活中，许多误解、纠纷，大多是由于话语理解不准造成的。当然，在导致人际冲突的原因中，不但包括了对语言意义、言语意义的误解，也包括了对修辞者的言语动机以及其他社会心理信息的理解和认知。因此，消除误解、减少人际冲突的策略之一，就是正确适时地把握交际对象的话语以及相关信息。

三、话语理解研究的修辞学意义

上述实例说明，说写行为与话语理解是有机统一的两个方面，它们在修辞过程中缺一不可。人际交往的成败，不但与话语建构密切相关，同时也与话语理解密不可分。人们只有全面、系统、准确地把握他人的话语信息和言语动机以及其他社会心理信息，才能作出适切的话语反馈，才能减少或避免人际冲突，维护良好的社会交际秩序。这也从另一个方面说明，话语理解应该纳入修辞研究的范围，应该成为修辞学理论的一个重要组成部分。

以往，修辞学只侧重话语表达或者说话语建构，较少关注话语理解。这是由修辞观决定的。因为在传统的修辞观念中，修辞就是把话说好或把文章写好，至于如何理解，那不是修辞学所应该关心的。因此，修辞研究的重点是表达的规律，而不是话语理解的规律。修辞学的理论指向也只是如何表达好，而不是如何理解好。但是，事实上，修辞学的主要功能之一就是如何把话语理解好，尽管传统的修辞研究并不探讨如何理解话语。人们学习修辞手段、修辞方法、修辞规律，事实上也是学习如何理解话语，因为人们在听话或看书的时候，正是按照所了解的修辞知识来理解话语的，但这与修辞学研究话语理解还有一定的距离。现在，我们把话语理解作为修辞学的研究对象之一，作为修辞学理论体系的一个重要组成部分，是修辞学研究的必然趋势，也是修辞学学术立意的自觉。

第二节 话语理解的内容

一、话语意义

1. 语言意义

话语理解的内容之一，就是话语的意义和话语中蕴含的其他相关信息，其中最基本的就是语言意义和言语意义。语言意义是话语脱离一定语境时的意义，即组成话语的语言单位所具有的社会约定俗成的固有意义的集合，也就是我们通常所说的字面意思。

2. 言语意义

言语意义是话语在特定语境中的意义。比如，"米阿仑是生活在美国大都市里的数字农民，自己有块田地耕耘。"[①] 本例中话语的语言意义，就是话语离开具体语境的意义。其中的"农民"就是指生活在乡村以农业劳动为生的人。"田地"和"耕耘"也分别是"可耕种的土地"和"耕种"的意思。而其言语意义就是联系具体语境，与现实进行比较所析出的意义。上例的下文是："田地里有软件，是主粮；有历史文化、政治经济学，还有数字音乐，是蔬菜瓜果和副食。偷闲的时候致志于未解之谜，自以为是解开的谜大都被看作是新问题而不是答案。"[②] 至此，我们可以解析出，上述话语中的"农民"，并不是指种田人，而是指网民。"田地"也不是可耕种的土地，而是计算机、网络。后文中的"主粮""蔬菜瓜果和副食"的语言意义，就是它们的本义，而言语意义则是"软件""历史文化""政治经济学""音乐"。整段话语的语言意义也不是描述一个农民的生活，而是叙述一个网民的生活。作者用的是比喻和比拟。

3. 语言意义与言语意义的关系

话语的语言意义和言语意义之间的关系，是辩证统一的。任何话语都具有上述两重意义。其存在状态是，有时候两者是重合的，等值的，

---

① 廖玒、郭亚飞《年终策划：2003年人民网发稿最多的20名评论作者》，人民网，2003年12月14日。
② 廖玒、郭亚飞《年终策划：2003年人民网发稿最多的20名评论作者》，人民网，2003年12月14日。

比如"知识就是力量""科技是第一生产力",其语言意义和言语意义是基本一致的。这多出现在实用语体中。生活中也有大量的语言意义与言语意义不一致的情况。比如,"牛群'上套',官员可否做广告?"① 前半句的语言意义是"牛群带上了套"。"牛群"可以理解成"一群牛","上套",就是戴上套子。但是,联系具体的语境,上述话语的言语意义就是,相声演员牛群做了挂职副县长后,成为一家安全套公司的形象大使,头像被印在这种安全套的包装盒上。这种语言意义与言语意义不重合、不一致的情况,多出现在一些生活话语和艺术话语中,比如口语语体、文艺语体等等的话语。

语言意义和言语意义的修辞功能也不相同。在修辞交际过程中,听读者不仅要理解话语的语言意义,更要理解话语的言语意义。后者更为重要。可以说,话语的修辞功能主要体现在话语的言语意义上。话语的言语意义是推知话语其他信息的主要途径,也是交际对象所关注的重点,尤其是当话语的语言意义与言语意义背离时。例如"不要脸",其语言意义是"不要脸面,不知羞耻",可是在"丰子恺画画'不要脸'"② 中,就不能这样理解了。这句话的语言意义是"丰子恺画画不知羞耻",其言语意义则是"丰子恺画画不画脸"。在理解话语过程中,人们首先析出的往往是话语的语言意义。所以,当丰子恺看到报纸上的这一消息时,"大吃一惊:自己向来与人无争,为何有人要如此中伤于自己?"③ 实际上,表达"丰子恺作画,人物没有眼睛、鼻子,但仍然惟妙惟肖,很有意味",才是作者的动机所在。可是作者为什么不直说呢?显然是故意增加话语的艺术性,使话语更有吸引力。

4. 言外之意

除语言意义和言语意义之外,人们通常还认为话语具有言外之意。实际上,所谓言外之意多是话语理解者认知到的言语意义或话语以外的其他信息,比如修辞者的心理信息、语境信息等等。比如,"德国著名的博览会城汉诺威向中国的IT企业抛出橄榄枝",④ 其言语意义是"德

---

① 人民网,2003年2月17日。
② 《丰子恺画画"不要脸"》,《文摘报》,1999年4月8日。
③ 《丰子恺画画"不要脸"》,《文摘报》,1999年4月8日。
④ 罗艳、徐爱武《德国汉诺威向中国企业抛出橄榄枝》,《北京晚报》,2003年12月13日。

国著名的博览会城汉诺威向中国的 IT 企业做出友好表示，表现出合作意向"。这往往被看作是话语的言外之意。这些意义是话语理解者通过话语、联想、推理、认识获得的，所以被称作言外之意。

5. 客体信息和主体信息

通过话语可以解析出话语的信息，这与话语的意义基本相当。这可以概括为两个方面，一个是由话语的语言意义、言语意义所传输的信息，这多是话语中所蕴含的被陈述对象的信息，也就是话语中所体现的修辞主体对于客体的认识。此外，通过话语，还可以析出一些语境信息，比如时间、场合、社会政治状况、社会心理等等。上述信息，我们不妨称之为"客体信息"。

除此之外，话语中还蕴含了修辞主体的信息，主要包括修辞者的社会角色、言语动机、态度、情感、需要以及性格特点、审美观念、道德观念等等。这些信息是有关修辞者的，所以我们不妨称之为"主体信息"。理解话语，不仅要认知话语中的客体信息，还要认知话语中的主体信息。

因为交际领域和交际目的不同，话语理解的侧重点也不尽相同。有些交际领域或传播领域中，理解话语的意义，理解客观信息是重点。比如，实用语体的话语就是如此。因为上述类型的修辞动机主要是传达理性信息。而在日常言语交际或文学艺术领域中，则需要侧重主体信息，因为这些交际领域的目的，大多是为了传输情感信息。

二、言语动机

话语只是交际的媒介或信息的载体，话语的最终目的是为了解决交际双方或多方的关系问题。通过话语传输信息只是修辞交际主体行为的一种延伸方式。因此，理解话语的意义固然重要，但它往往并不是修辞交际的终极，如果要达到交际目的，还需要由话语的意义推导出修辞者的动机，也就是修辞行为实施的动因。

在言语交际中，交际主体的话语信息核心是言语动机，而不仅仅是话语的意义。尽管话语的意义在言语交际中占有重要地位，但言语动机对言语交际双方来说更加重要，因为言语动机决定修辞行为及修辞者的其他行为倾向。所以，话语理解的重点应该放在言语动机上，而不应该仅仅停留在话语意义层面，特别是当话语意义与言语动机不一致时，把握言语动机尤其重要。例如：

考　官：你有男朋友吗？
应聘者：有。
考　官：他很有钱吗？
应聘者：是的，他有一家自己的公司。
考　官：对不起，你男朋友的公司都不用你，我们就更不能用你了。
应聘者：可是，他的公司里没有适合我的职位呀。
考　官：那你是学什么专业的？
应聘者：秘书。
考　官：对不起，我们还是不能用你。漂亮姑娘会影响我们经理工作。
应聘者：可是，我并不漂亮呀？
考　官：那就更不行了。如果你长得不漂亮，经理不会对你有兴趣的。

（佚名《"吐血"面试官》，新华网，2003年3月3日）

本例中，考官似乎不讲道理，但是应聘者的回答也存在策略问题，这与她的话语理解不无关系。当被问及个人状况时，应聘者显然是只理解了考官的话语意义，并不清楚其真正动机。考官询问应聘者个人情况的动机，在于想知道其工作能力和是否适合招聘岗位。如果把握了这一点，应聘者可能会调整修辞策略。比如，第一个问题，她可能回答："我有男朋友，但任何人都不会影响我对工作的热情。"第二个问题，她可能回答："我的追求是工作和事业。"至于"漂亮姑娘会影响我们经理工作"，她完全可以回答："我会使他明白如何抵御诱惑。"如此，即使不能说服考官，至少不会把话语的主动权让给对方。上例可能只是幽默故事，未必真实，但它至少说明，人们构造话语的意义，有时不仅仅在于传输话语意义，更重要的是传输言语动机。所以，理解话语，应该拨开话语的意义，透视其修辞动机。如此，才能作出适时恰当的话语反馈或实施其他相关行为。

三、社会角色

在实际的言语交际中，人们理解话语时，不仅只着眼于话语的意义和言语动机，还会关注对言语者的认知甚至于评价。孔子曾经说过："不知命，无以为君子也；不知礼，无以立也。不知言，无以知人也。"① 所谓"不知言，无以知人也"，大意就是不懂得话语就无从了解他人。而要了解他人，首先就要学会认知言语者的社会角色。从修辞角度看，就是通过话语认知判断修辞者的社会角色。

通过话语解析修辞者的社会角色，既包括修辞者的民族角色、国别角色、性别角色、年龄角色、行政角色、血缘角色和职业角色，也包括更为具体的角色类别，比如男人、女人、中国人、外国人、汉族人、维吾尔族人、工人、农民、军人、领导、群众、校长、教师、年轻人、老年人、父亲、母亲、儿子、北京人、上海人等等。

比如："你说你们家老爷子也怪不容易的，千顷地一根苗，还巴望着你能出息，平地扣饼呢。你不但一点长进没有，还成天让老爷子吃挂落儿，给老爷子折腾得五脊六兽的，跟着你转磨磨。一数落儿你几句，你就蹬鼻子上脸，长行市了你，嫌老爷子絮叨儿，车轱辘话来回说。现在踏实了吧？那点家底全让你攮秃噜了吧？蹦子儿没有看你还能鼓捣出什么花花肠子来。"从这段话语所传输的信息，我们可以推知，说话的是北京上了年纪的人，且生活在街道或农村，没有受过良好的教育，很可能为男性。因为话语使用的是北京方言，且很多俚俗语，比较絮叨。

通过话语可以判断修辞者的社会角色的理论基础，是在长期的社会化过程中，各种社会角色形成了相对稳定的言语规范和言语特点。这不但表现在话语的信息性质方面，也表现在其修辞特点方面。比如，大多数社会个体的话语都会或多或少地带有自己的行业角色特征，而且常常是不自觉的。比如，教师、学生、工人、农民、战士等等，都会不自觉地使用其职业领域的一些术语，话题也多带有职业特征。而男性和女性也各有明显的修辞特点。这些言语行为规范又反作用于人们的修辞行为，使之带有相应的角色特征。因此，人们通过话语可以认知修辞者的角色以及交际双方的角色关系。而对修辞者与交际对象的角色及其角色关系的认知，又可促进人们对话语意义的理解。这正是通过话语理解修辞者的话语角色的理论依据。

当然，通过话语理解修辞者的话语角色是有局限性的。在一些特定

---

① 《论语·尧曰》。

第六章　话语理解

的交际领域中，由于语境提示，人们往往根据话语与角色的对应关系的思维惯性来推断修辞者的话语角色，因此会出现话语角色认知失误。例如，据报道，有几个到某地出差的人，去一家中档的酒店用餐，刚一落座，菜还没上来，就有一位漂亮小姐走上前来问："先生喝什么啤酒？"他们以为是服务人员，还没等他们说出想喝的啤酒品牌，小姐就推荐说："'百威'怎么样？还是冰过的。"几位客人以为"百威"啤酒是当地产品，就随便说了一句："可以。"可当酒足饭饱买单时，他们才发现啤酒价钱高得惊人。原来，为他们服务的"百威"小姐，并非酒店服务员，而是专门推销"百威"的"啤酒小姐"。①

本例中，作者及其同事之所以会上当，原因就在于他们对"啤酒小姐"的社会角色认识不清。"啤酒小姐"的话语与其所处的语境，使消费者在话语与话语角色对应原理的认知惯性促动下，误以为"啤酒小姐"就是酒店服务员。因此，等接受了"啤酒小姐"的"服务"以后，才知上当受骗。"啤酒小姐"的话语带有一定的欺骗性，她们身处酒店，说着同样的服务性话语，提供着一般服务员所应当提供的信息，一般顾客很难识别其真实角色。这当然是有悖于一般社会公德的。本例说明了通过话语理解话语角色的局限性，也同时说明了话语理解与语境结合的辩证性。

四、个性心理

通过话语，不但可以把握修辞者的动机、社会角色，还可以了解其个性心理特点。因为话语往往还蕴含了修辞者的其他个性心理信息，比如性格、气质、情感、情绪、态度、审美心理、道德观念、价值观念等等。所以，人们通过话语还可以知觉、判断出修辞者的上述个性信息。例如，"日扬言对朝先下手　朝警告联合军演将导致核战"，②通过本例，我们可以推知作者对待日本和朝鲜的立场态度。其中作者对日本的态度是贬的，而对朝鲜的态度则是褒的。因为作者对两者分别使用了"扬言"和"警告"。再如，"刘涌案提审完毕　亲属乘豪华车队招摇过市"，③通过话语可以推断作者对待刘涌亲属的亲属态度是贬斥，因为

---

① 夏志琼《"啤酒小姐""热情"有诈》，《市场报》，1998年12月2日。
② 李东风《日扬言对朝先下手　朝警告联合军演将导致核战》，人民网，2003年9月19日。
③ 新华网，2003年12月20日。

作者使用了"招摇过市"。

个性心理是一个内涵复杂的概念，除了情感、态度、性格、气质等外，还包括个性心理观念，比如道德观念、法制观念、审美观念、价值观念等等。比如，有记者曾经就"捡到50万，你会怎么办"做了一次社会调查。有的人回答："天上没有掉馅饼的事，我将交给警察。"有的回答："如果真捡到一张50万元存款单的话，我会交给警察。不过，如果捡到的是50万元现金，我会考虑考虑，搭辆出租车将钱拉走。"有的回答："如果我碰见这样的事，肯定不捡，因为这很可能是圈套。另外，金额数目太大，即便不是圈套，捡了也会给自己带来许多麻烦。"还有的回答："拾到50万元后，我肯定要返还失主。首先我会通过社会组织寻找失主，核定无疑后，一定会亲自把钱交给失主，然后再提醒他，以后要保管好自己的财务。"① 上述回答分别出自乞丐、店老板、机关干部和法律工作者。他们的回答，既体现了一定的社会角色特点，同时也反映了各自的道德观念和法制观念。

通过话语能认知修辞者的个性心理信息，其理论依据是话语一定程度上是人的心理的符号载体，是人的心理的晴雨表。一个人的心理状况大多能从其话语中窥测出来。说话时兴高采烈、词采飞扬，多是情绪激动；说话吞吞吐吐，多是有难言之隐；讲话语无伦次、颠三倒四，黑白不分，大概需要去看心理医生了。对此，古人说得很精辟："将叛者其辞惭，中心疑者其辞枝，吉人之辞寡，躁人之辞多，诬善之人其辞游，失其守者其辞屈。"②这段话的意思是：将要反叛的人，其说话时神色一定有愧色；心中有疑惑的人，其言辞一定混乱不清；贤美有修养的人，其言辞真善简括；心地浮躁的人，其言辞多而繁杂；诬害善良的人，其言辞游移虚浮；有失操守的人，其言辞多含混曲折。当然，这段话也可以倒过来理解为：其辞惭者将叛，其辞枝者中心疑，辞寡之人吉，辞多之人躁，辞游之人诬善，其辞屈者失其守。这实际上是通过话语理解言语者心理信息的一种方法。《孟子·公孙丑》中说："何谓知言？曰：诐辞知其所蔽，淫辞知其所陷，邪辞知其所离，遁辞知其所穷。"意思也是如何通过话语理解言语者的个性心理。正所谓："言者心声。言有

---

① 《拾金不昧50万存单引来7000万投资》，《郑州晚报》，2003年11月6日。
② 《周易·系辞下》。

是非，故听而别之，则人之是非亦知也。"①

通过话语理解言语者的个性心理具有重要的修辞价值。交际中，修辞者很大程度上是通过话语理解分析、判定交际对象的心理变化且实现有效的修辞控制的。而且这种认知是动态的、连续的，特别是在口语交际中，交际双方更是十分注意通过话语随时捕捉彼此的心理变化，以此来调整各自的话语。比如，在谈判桌上，说话者语气的微小变化就能表现出其态度，如能及时捕捉到，就可适时有效地调整修辞策略，控制话语进程。在日常生活中，人们也大多在自觉或不自觉地通过话语理解他人的个性心理，并对其作出评价，进而依据所认知的结果调整自己的言行。

此外，通过话语理解言语者的个性心理信息，也是一个长期的社会化过程，因为言语者的瞬时心理因素是可以在共时状态下一次性知觉到的，但对于一些稳定性心理因素，比如性格、道德观念、审美观念等，则通常需要一个较长的历时过程。因此，生活中要把个性心理认知的共时性和历时性结合起来，对各种交际对象的个性心理实施全面动态地把握，据此适时调整自己的言语行为。这样才能提高言语交际的效率，促进人际合作。比如，有的人听到风就是雨，善于道听途说、信口雌黄。如果通过话语理解到这种人的个性心理，那么在同其交际中，就应据此适当地组织话语信息、选择修辞手段。有的人口无遮拦，什么都说，不注意对话语信息的选择，也不注意修辞手段的效果；通过话语理解到这种人的个性特点，同其交际时也可据此适当调整话语信息及修辞方式，以避免受到伤害或引发其他不良后果。

五、社会心理

如前所述，修辞者在建构话语时，都会受到社会心理的影响。因此，人们在理解话语时，也会自觉不自觉地析出修辞者话语中所浸润的社会心理成分，如社会态度、道德观念、审美观念以及其他社会价值观念等等。

例如，有一篇新闻报道称，武汉某大学六名女大学生为了缴电费靠"拾荒"拾出了一个"寝室基金"，成为江城大学校园最新的热门话题。有的同学赞成，有些同学嘲笑，只有老师在支持她们。在校园网上看到她们的事迹后，一些教授表示支持这六名女生的做法！"她们做的是一件

---

① 刘宝楠《论语正义》，上海古籍出版社，1993年。

很有意义的事情，不叫'拾荒'，应该是'资源回收'，每一个人都应该养成自觉回收废物并加以利用的习惯，这样才可以节约资源，保护环境。"①

本例中，表达六名学生的行为，可以用"拣垃圾""拾废品""拾荒""资源回收"。它们所表达的客观事实基本一样。但是，其附加修辞功能却不同。"拣垃圾""拾废品"属于直言，"拾荒""资源回收"则是婉言。在具体语境中，上述词语的选择实际上能体现修辞者的不同社会态度或情感。上例就是一个很好的说明。记者用了"拾荒"，教授用了"资源回收"。前者基本属于中性，后者则是褒扬。记者的职业道德要求他客观地叙述新闻事实，尽可能淡化主观态度，因此使用了"拾荒"。有的教授称之为"资源回收"，则表明他们的肯定、赞扬态度。从本例我们至少可以获得两方面的启示：一是修辞者的社会态度往往需要通过词语的附加修辞功能体现；二是人们理解话语，不但要理解话语的理性信息，还应理解话语的情感意义，尤其是修辞者的社会心理信息，比如社会态度等。

再如，据报道，广东省汕尾市的一女副市长，贪污受贿数十万元。广东省监察厅向她出示立案决定书时，她却号啕大哭着说："我不就是大手大脚一点吗？我是人民的公仆，花人民一点钱算什么？"② 显然，她的话语除了理性信息之外，还蕴含了这个"人民公仆"的"官念"，那就是做人民的公仆，就应该由人民来养着，吃人民的，穿人民的，拿人民的，花人民的，都是理所当然的，是天经地义的。显然，这种"官念"有点霸道。但她的话语又确确实实反映了这样一种社会心理，尽管它不是社会的主流。

话语体现社会心理、通过话语可以认知社会心理的原理，适用于各种交际或者说传播领域。比如，2003年12月13日，美国驻伊拉克部队抓获伊拉克前总统萨达姆。美国媒体多用"抓住""抓到"或"逮捕"，而我国的媒体则不一样。人民网用的是"DNA检测证实萨达姆被捕"，③新华网开始用"伊朗媒体称萨达姆被捕"，④ 后来用"伊拉克前总统萨

---

① 夏斐、吴苏州《武汉科大六女生校园"拾荒"——多数学生表示不理解，一些教授表示支持》，《光明日报》，2003年11月29日。
② 黄俊伟《"公仆"一席话》，《读者》，1999年第1期。
③ 人民网，2003年12月14日。
④ 新华网，2003年12月14日。

达姆被美军生擒"。①"抓住""抓到""逮捕""被捕""被美军生擒",体现了不同的立场态度。"抓住""抓到"多用于口语,没有明显的褒贬态度倾向。但是"逮捕"则蕴含了一定的态度,往往指被逮捕的对象为非法的或犯罪的。"被生擒"则蕴含了被擒对象的非正义性,而"被捕"则一定程度上蕴含了被逮捕对象的正义性。上述不同词语的使用,反映了修辞者复杂而矛盾的社会态度。

由上面的分析还可以看出,修辞者的社会心理可以通过话语的不同层面反映出来,既可通过话语信息反映出来,也可通过修辞手段、修辞方法乃至话语风格反映出来。因此,通过话语析出修辞者的社会心理,应注意上述各个方面。

通过话语理解修辞者社会心理的原理,在社会生活中具有重要的实践价值。比如,为政者通过公众的话语,可以把握公众的社会心理状态,以此来调整政治策略。不仅古代的统治者如此,现代社会的行政管理者也是如此。现实生活中所谓的了解社情民意,主要是通过话语进行的。

综上所述,话语理解除了话语意义之外,还包括修辞交际双方的社会信息、心理信息等各种语境信息以及话语自身的各种社会知识、自然知识等等。此外,还有一些可以通过话语的直接信息推出的其他相关信息。比如,2003 年在青海可可西里发生了一起全国最大的猎杀野生动物案。在案件侦破中,保护区管理局的寻山队员首先抓获了第一批犯罪嫌疑人。经过审讯,这些人承认他们是盗猎者,但枪支埋到山里去了。在进一步搜查后,寻山队员发现了一封情书。这封信是后方的一个女的写给前面的盗猎者的。信上写道:"你已经出去一个月了,大家都回来了,你到现在怎么还没回来,我们害怕你出事,希望你赶紧回来,钱可以慢慢挣。"办案人员通过该信推断出了一个重要信息:有的盗猎者依然在保护区中。因为一般盗猎的规律是提前进去一个月,等风雪把车印全部掩盖了,他再从事盗猎。② 这一信息并不是该信书中的直接信息,而是通过判断、推理获取的新信息。不言而喻,这些信息较之话语本身的意义更有价值。因此,话语理解不但可以理解话语的意义,析出相关的修辞主体信息、社会心理信息,还可以通过判断推理获取其他信息。这不但对修辞者建构话语、进行信息反馈具有重要意义,而且对其他社

---

① 新华网,2003 年 12 月 15 日。
② 《年终特别节目:反盗猎篇》,《央视国际》,2003 年 12 月 29 日。

会行为的决策也具有重要意义。

第三节 话语理解的原则

话语理解并不是对话语进行随意的、毫无限制的任意理解，而是需要遵循一定的规则、规律，需要遵守一定的理解秩序。否则，可能会造成不良的社会后果。一方面，人们将无法确定话语的真实含义，捕捉不到所需信息；另一方面，可能导致望文生义、误解甚至于曲解。如此，不但会影响交际效果，导致人际冲突，同时还会影响社会交际秩序。因此，我们对话语理解的原则进行研究，并概括为以下五个方面。

一、言境统一

任何话语都是在一定的语境中产生的。因此，话语的理解也必然需要原始语境作为信息解析系统。离开了语境，话语的真实意义就难以把握。话语的理解离不开具体的语境，语境信息不同，话语的功能效果也不一样。因此，话语理解必须切合原始语境。

所谓言境统一的原则，就是对任何话语的理解都必须联系其产生的原始语境，切合原始语境的各种因素，而不应脱离话语的原始语境进行理解。这一原则的理论基础是，任何话语的产生都离不开特定的语境，话语信息只有在特定的语境中才有实际价值。离开了话语所产生的语境，一是难以确定话语的真实信息，二是会导致信息增殖，引发社会纠纷。

例如，上文所举的王瑞状告张纪中的实例中，《中国文艺家》的记者在采访张纪中之后，撰文转述张的话说："《射雕英雄传》就更是这样了，因为没有导演了，王瑞让我给开除了，弄了个香港导演，后期他也不管了，后期全是我在那儿做的，剪接、配音、动效、音乐、合成。"结果致使王瑞把记者和张纪中一起告上了法庭。原告认为被告说他被"开除"了损害了其名誉，但张纪中却称是记者把"开了"写成"开除"。有关法律人士分析说，官司打到这一步，已经陷入了文字游戏。记者如果拿出录音证明"开除"确实是张纪中说的，张纪中则要证明"开除"的含义就是"解聘"，其性质没那么严重；如果记者拿不出录音证明，张纪中或许要证明"开了"和"开除"有何区别，方言里有没有"开了"这个词，其含义是不是"解聘"。

显然，上述官司中有表达问题，记者用词时没有把握好"开了"和"开除"的理性意义和附加意义差异，混淆了口语词与书面语词、日常用语和法律术语的区别。但其中也存在话语理解问题：一方面，从被告人的回答看，是记者误解了张纪中的话语，把"开了"解读成了"开除"，原因是没有联系具体语境。原语境中，张纪中的话语"开了"，只是弃而不用，并非纪律处分。根据 1957 年 10 月 26 日颁布的《国家行政机关工作人员奖惩暂行规定》以及《企业职工奖惩条例》，"开除"是指用人单位对严重违反劳动纪律、破坏规章制度，造成重大经济损失和有其他违法乱纪行为屡教不改的职工，依法强行解除劳动关系的最高行政处分。① 显然，原始语境中，被告张的话语并非如此严肃的法律用语。另一方面，原告没有依据原始语境理解被告张纪中和记者的话语，也是形成冲突的根源之一。如果原告弄清楚了，确实是记者的误解，也不至于把被告推上法庭。

话语理解切合语境，也包括要切合修辞者的文化背景以及与之相应的社会心理。比如，在中国的文化背景中，年龄一般并不是一个敏感话题。中国人不但不忌讳询问年龄，且喜欢"老"，因为"老"意味着资历深、辈分高，受人尊敬。但是，欧美人对年龄却十分忌讳，且忌讳"老"，因为"老"意味着无用、老朽等。因此，在这类跨文化交际的话语理解过程中，需要注意相互了解各自的民族心理或习俗。比如，美国传教士亚瑟·亨·史密斯《中国人气质》中曾经谈到这样一件事：一位绅士和夫人在中国生活了数年，准备回国。中国朋友送给他们的老母亲两幅漂亮的卷轴。因为双方的母亲恰好同岁，于是中国朋友在卷轴题字"福如东海"和"寿比南山"下，分别有一行小字"七十福寿""六十容光"。前者是暗示接受者的母亲的。对卷轴大大赞扬一番之后，代母亲受赠的一个人，斗胆询问一位主要馈赠者，为什么知道两位母亲同龄，却称一位七十岁，另一位才六十。于是，得到了一个具有充分个性的回答：倘若在每幅卷轴上都题相同的文辞——"七十岁"，那就显得作者太缺乏创造性了！②

---

① 杨昌平《"开了"和"开除"有无区别？——〈射雕〉官司陷入文字游戏》，《北京晚报》，2003 年 9 月 24 日。
② 亚瑟·亨·史密斯《中国人气质》，张梦阳、王丽娟译，敦煌文艺出版社，1995 年，第 33 页。

亚瑟·亨·史密斯在书中对那位中国人的做法持否定态度，因为该故事所属一章的题目是"忽视精确"。他认为两位老人明明都是七十岁，而馈赠人却说一个是"七十福寿"，另一个是"六十容光"，显然不精确。这不仅令当事的外国人困惑，也令他难以接受。史密斯的不满，表面看是认为中国人"忽视精确"，其实质是不满于中国人对待他人年龄的态度。在西方人眼里，"七十岁"和"六十岁"价值不同，前者更为老，离死神更近，而"六十岁"则还年轻，具有生命优势。所以，在史密斯看来，指称他人的母亲用年龄高的实数，对自己的母亲却要往小里说，往年轻里说，是对他人的不尊重。而在中国人看来，却恰恰相反。"七十岁"要比"六十岁"优越，福大寿大，"六十岁"的没有"七十岁"的资格老、辈分高。

此外，在中国人看来，上述处理不但尊重对方及其母亲，而且很富有艺术性。在中国人看来，既然两位老人同岁是一个共知的事实，因此在卷轴这样的艺术馈赠品上，就没有必要一概据实述写。否则，如果在两幅卷轴的下面都写上"七十岁"或"六十岁"，是违背汉语对偶方法的，是缺乏创造性的。卷轴上的"七十福寿"与"六十容光"只是为了对仗，并非实指，这并不影响馈赠者的祝福动机。

显然，史密斯并不了解上述文化以及心理差异，而当事的中国人也不了解欧美人的上述观念。如果史密斯从汉民族的心理出发，结合中国的文化背景来理解上述话语，就不至于认为中国人"忽视精确"了，相反会认为中国人很懂得审美。而如果中国的当事人了解对方的文化心理，也不至于用上述说法。所以说，如果双方了解上述差异，在话语理解时就不至于产生误解了。这说明在跨文化交际或传播中，话语理解与语境尤其是民族文化、民族心理相结合的重要实践价值。

话语理解中"言境统一"的另一层含义，是要考虑话语的语体类型差异，区分不同语体类型的要求。实用语体与客观现实联系密切，而艺术语体则与客观现实语境具有一定距离。上述语体不同，话语理解时的语境要求也不一样。实用语体的话语，理解时要密切联系客观实际，而艺术语体的话语，则不一定要与客观现实语境一一对应。否则，就可能出现信息析出失误，进而引发社会冲突。

比如，电视剧《大宅门》第五集老福晋有一句台词："我不要这些蒙古大夫给我看病……"电视剧播出后，189名蒙医药工作者在内蒙古阜新蒙古族自治县人民法院把该剧以及相关的个人和单位告上法庭，被告包括该剧导演兼编剧郭宝昌及出版了《大宅门》图书及影视光盘的人民文学出版社、作家出版社和中国国际电视总公司。原告在起诉书中称:"在这些图书及影视作品中,通过王爷母亲老福晋之口,作者以及其他三被告把蒙古大夫骂作是治疗牲口的兽医……作者通过情节设置,采用对比手法,把蒙古大夫贬得一钱不值……其诋毁蒙古大夫的动机昭然若揭……作为一个源头,在全国范围内产生了恶劣影响,使蒙医药工作者蒙受了严重的经济损失与精神伤害……"这里的损失包括求医者减少、相关医学院校招生减少等。对此,郭宝昌说,他很糊涂,想知道是怎样因使用了一句老北京的地方话而成为了一个侵害名誉权的始作俑者的。"我用的是一个流传了几百年的俗语,我不是这个词的发明人,谈不上主观故意去损害某些人的利益,这里更谈不上民族问题——'蒙古大夫'和蒙古族大夫完全是两回事。为此如果要我赔偿,我只能说我就是没钱。"①

显然,上例虽然是一场法律纠纷,但实际却是一个话语理解问题。引发纠纷的话语是剧中人物的台词。正如被告所言,剧作中使用俗语并无伤害蒙医药工作者的故意,且"蒙古大夫"与"蒙古族大夫"也有差异。双方之所以产生冲突,关键在于实用语体话语和艺术语体话语的混淆,不清楚两种语体话语理解的原则,把艺术话语当作生活话语来理解了。实际上,观众并不一定同原告一样按照生活话语的理解原则来理解艺术话语。

当然,这并不意味着编剧采取上述表达方法没有问题。尽管"蒙古大夫"一说是历史形成的,但人们的修辞行为却是能动的、积极的。在如今的法制社会中,人们在运用语言的时候,也应适当提高法律意识,避免使用那些有可能对特殊人群造成不愉快的词语,以促进社会合作。

二、言实统一

话语理解还应与客观实际相统一,就是话语理解要联系客观实际,与客观实际相比照,对话语进行公正、客观的理解、分析和评价。话语一般是客观现实的反映,但话语信息与客观现实又难于一一对应。客观现实在经过言语者的思维加工并符号化为话语之后,要经过传输,最后由听读者进行理解。在这样一个复杂的信息生成、传输、接收、析出的

---

① 孙红《〈大宅门〉一台词惹祸端》,《北京晨报》,2003年12月24日。

过程中,由于诸多变量的存在,话语的信息与客观实际往往会出现不一致。有时是信息损耗,有时是信息增殖。这两种情况都会影响交际的顺利进行。因此,为了防止或避免出现信息损耗或信息增殖,理解话语时就要与客观事实相联系,把话语信息处理同客观实际进行比照,根据客观事实来判断、评价话语以及言语动机,以便维护言语交际秩序的公正性。否则,如果只是根据话语本身或者把话语放置在一个以言说者或理解者为中心的评价体系中,话语理解、评价的结果就会有失公正。

把言实统一作为话语理解的准则,其理据不仅在于它可以提高公众言语交际的效率,而且在于它可以维护社会言语交际秩序的公正性,因为现实生活中还存在多种言语不实现象,如谎言、欺骗、诬陷、流言、谣言等等。最典型的就是20世纪50年代末期中国的浮夸风气,不但日常言语交际中存在大量的浮夸现象,政党、政府的各种媒体也是如此。一亩地产数万斤粮食的报道屡见不鲜。浮夸不但导致了许多社会决策失误,也导致了社会信任危机。所有这一切除了政治的影响之外,从言语道德角度看,就是修辞交际违背基本的伦理规范。不但表达失德,话语理解也违背了求实的道德规范。实际上,这种现象在现实社会生活中依然大量存在。比如,据报道,辽宁省辽阳县在执行"国家高油高产大豆计划"时,部分乡镇村屯上报的种植亩数不实,不仅使国家项目在这里流于形式,国家还多支付补贴款,而有些农户却至今拿不到应得补助。① 又有报道称,中国自1983年12月8日颁布《中华人民共和国统计法》以来,先后开展了5次统计执法大检查,查处了一大批统计违法行为。最近几年来,各级统计部门每年查处的统计违法案件都在1万件以上。2002年全国共立案检查统计违法案件1.83万件,结案1.56万件。在统计上弄虚作假的严重现象引起了中国最高领导层的警惕。中共中央办公厅、国务院办公厅发出了关于坚决反对和制止在统计上弄虚作假的通知,中共中央纪律检查委员会、中共中央组织部、国家统计局还联合组织了通知执行情况的检查。② 显然,这些言语虚假现象对社会具有很大的危害,如果话语接受者离开了客观实际,把对话语信息的认知

---

① 范春生、刘京金《辽阳部分乡镇虚报国家项目种植亩数造成大量损失》,新华网,2003年6月20日。

② 刘东凯《中国官员统计数字弄虚作假引起最高领导层警惕》,新华网,2003年12月8日。

局限在话语本身,毫无评价地相信言语者的话语信息,那就难以识别其信息的真伪,有时还会带来严重的后果,损害社会交际秩序的公正性。

实际上,生活中的许多话语并非总是符合实际的,有真话,有假话,也有流言蜚语和谎言。美国人威廉·巴库斯曾说过:"有人曾统计过,我们每人每天能说二百次谎话!然而我们却认为自己是诚实、正直的人","谎言毁灭了我们的计划,败坏了我们的性格,瓦解了我们的关系,撕裂了我们的精神,并断送了我们最甜蜜的幻想",但我们却"对谎言变得麻木不仁,因为我们的日常生活已使我们习惯于道听途说和流言蜚语。只要我们还没有睡觉,这些东西便从上百个扬声器中向我们倾泻而来。我们听到的往往是虚假的;然而更糟的是,我们竟把虚假当作理所当然的真实"。[①] 因此,客观地认知话语,公正地评价话语,准确地辨别话语信息的真伪,有助于提高我们的言语交际生活质量,使我们的生活变得更为美好。这不仅对话语理解者重要,对其他人特别是说话者和话语中所涉及到的人,也同样是至关重要的。比如,生活中,我们经常会遇到来自各个方面的话语信息,如报刊新闻、商业广告、工作汇报、群众意见等等。对这些话语的信息,应该进行客观地认知、分析、评价,否则就会做出错误的判断,造成纠纷或冲突。

当然,话语理解中的"言实统一"原则也是有语体限制的。对实用语体尤其是口语语体、科技语体、政论语体、新闻语体等类型的话语的认知,应该遵循"言实统一"的原则。而对于艺术语体类型的话语的认知,多数情况下就不宜"言实统一",如果对艺术话语进行"言实统一"的理解,在现实社会中寻找一个对应的语境参照系统,并确认话语的客观所指,那将会导致谬误甚至于误解、曲解甚至诬陷。

例如,1962年,作家李建彤创作了一部反映刘志丹革命事迹的长篇小说《刘志丹》。在征求意见时,该小说却触怒了一些人。小说中曾描写了一个被游击队改编的土匪,后来该土匪又叛变投敌了。当时有个头面人物,就认为该土匪是他的哥哥,于是就到康生那里去告状。后来,康生认为该书是为高岗"翻案",尽管小说里没出现高岗的名字,也没有写高岗的主要事迹,但康生却硬说"小说中的罗炎就是高岗"。

---

① [美]威廉·巴库斯《说真话的艺术》,孙安迹等译,辽宁人民出版社,1988年,第4-6页。

该小说成了一桩骇人听闻的文字狱,株连了一大批人。① 显然,康生等人对该小说话语的认知理解违背了语体要求,他们混淆了艺术话语与日常生活话语的不同认知模式,用认知日常话语的方法认知艺术话语,导致社会悲剧就难免了。当然,除此而外,他们如此理解话语,其中也掺杂了许多政治因素。

　　生活中有许多社会冲突就是由于混淆了艺术语体话语与实用语体话语的理解差异造成的。如果是在跨文化交际中,这种现象造成的社会后果往往更为严重。比如,2003年1月,柬埔寨和泰国之间爆发了一场外交危机,起因是泰国"女明星的台词"。2002年12月和2003年1月,柬埔寨报纸《吴哥之光》两度发表泰国女明星素瓦南"吴哥窟应属泰国"的言论。吴哥窟是柬埔寨的象征,图案印在柬国旗上。

　　上述报道在柬埔寨全国上下引起强烈的不满。一些民众因不能容忍素瓦南的言论,把这位他们曾十分喜爱的泰国明星的照片和影视宣传画,从家里墙壁上撕下扔到河里。2003年1月27日,洪森公开发表评论称,泰国女明星关于吴哥窟属泰国的言论,是污辱与侵犯柬国家尊严,并说这位明星的身价还不如吴哥窟前的几株野草。他下令在全国停映素瓦南主演的电视剧和电影。金边市长更下令全面封杀泰国影视片,一些金边市民还呼吁抵制泰国商品。

　　2003年1月29日上午,数千名来自金边各大学的学生到泰国驻柬埔寨大使馆前抗议示威,要求使馆对素瓦南的言论作出解释。他们分发传单,高呼口号,一些人在泰使馆大门上写"泰国是强盗"的标语,焚烧泰国国旗。路经该地的市民为学生叫好,过往车辆狂鸣喇叭以示声援。傍晚时分,局势趋于失控。随即发生了示威者袭击并纵火焚烧泰国驻柬埔寨使馆的事件,泰国大使和其他工作人员越墙而逃,大使摔伤了足踝。此后,一些人还分头前往金边的泰资企业打、砸、抢、烧,泰国国际航空公司、泰国西那瓦移动电话、泰京银行金边分行和一些泰国餐馆等损失严重。有些人甚至在街上追打泰侨,趁火打劫,抢掠泰国机构的财物。

　　在泰国,总理他信于当天下令三军进入战备状态,准备武装救援。泰国海军"扎克里·纳勒贝特"号轻型航空母舰从梭桃邑海军基地起

---

① 戴智贤《山雨欲来风满楼——60年代前期的"大批判"》,河南人民出版社,1994年,第3、75-78页。

锚,载着突击队驶往200公里以外的泰柬相邻海域;空军8架F-16战斗机和两架"支奴干"运输直升机待命出击;陆军特种部队向泰柬边界集结。直到22时,他信接到驻柬大使电话告知使馆全体人员安全,金边骚乱初步得到控制时,才收回战备命令。30日0时20分,他信通过国家电视台发表声明,宣布立即召回驻柬大使,当日起将泰柬外交关系由大使级降为代办级,要求柬埔寨驻泰国大使出境。两国关系严重恶化。

此后,为缓和两国关系,柬埔寨方面从30日起全面采取了积极措施。洪森首相当天上午发表声明,指出骚乱事件是由一小撮极端分子散布谣言挑起的,严重伤害了两国关系,使"一直健康发展的柬泰关系降至令人担忧的地步"。他还表示要严惩肇事者,无条件赔偿泰方在事件中的损失。柬警方迅速逮捕了近170名涉案嫌疑人,对其中50余人提起了诉讼,包括发表未经证实的有关泰国明星不当言论报道的《吴哥之光》负责人和播发谣言的私营"蜂巢"电台负责人。

2月4日至5日,贺南洪作为洪森的代表访泰,正式就"1·29"骚乱事件向泰方致歉。在向他信转交洪森的致歉信后,贺南洪还获准觐见泰国普密蓬国王,向他转交了柬国王西哈努克的亲笔信。在柬方道歉后,泰国总理对柬方道歉的诚意和采取的积极措施表示一定程度的满意。他说,洪森首相知错认错,表现了君子风度。两国是邻邦,无法分离,希望两国政府和人民加强沟通和理解,一切迅速恢复正常。但这无疑需要一段时日。①

为什么会发生上述外交危机呢?这固然与两国的历史因素有密切关系,但问题的关键还在于话语理解。柬媒体蓄意混淆艺术语体话语与实用语体话语的差异,把影视剧中的台词当作实用话语来报道、理解、评价,是导致两国冲突的主要直接原因。实际上,外貌甜美清纯的素瓦南,是泰国当红影视歌坛明星。针对来自柬埔寨的指责,素瓦南说:"我从未就柬埔寨的事情接受过任何采访。我对柬埔寨以及柬埔寨人民毫无偏见。引起柬埔寨人愤怒的话是有人从我两年前出演的一部电视剧台词中断章取义。"这说明素瓦南并无冒犯柬埔寨人民的主观故意。从话语理解角度看,导致上述两国冲突的直接原因有二:一是柬埔寨的媒体把素瓦南的台词当作现实生活中的话语来处理,断章取义,蓄意制造

---

① 孙伟《泰当红影星一句台词差点挑起两国战争》,《环球时报》,2003年2月7日。

事端。二是柬埔寨的民众在不了解事实真相的情况下盲目相信,不辨真伪,被人利用。如果柬埔寨民众开始时,就认识到艺术话语与现实话语的本质差异,就不会导致上述严重的社会后果。柬媒体正是利用了不同语体类型话语理解原则的差异性原理。本例充分说明了正确区分话语语体类型差异在话语理解中的重要意义。

当然,艺术话语的认知也并非绝对排斥与现实的统一性。实际上,艺术话语的建构也是需要一定的现实基础的,只是艺术话语信息的真实与日常话语的真实有差距,后者追求的是生活的真实,前者要达到的则是艺术的真实。即使如此,艺术话语也应有实可依。否则,其艺术性就会打折扣。比如,1958年"大跃进"时期出现的话语"深耕细作产量高,一棵玉米穿云霄;顺着梯子爬上去,半月才到玉米腰"等等,① 就是十分典型的例子。显然,这是诗歌话语,属于艺术话语范畴。其修辞方法主要是夸张,但不难看出,这些夸张并不成功,因为它们违背了事物的客观逻辑基础。所以,人们认知此类话语时得出的评价是随意乱夸。可见,艺术话语的建构或认知也需要一定的客观现实基础。

三、言人统一

在修辞过程中,话语是修辞者说或写出的,是针对相对确定的交际对象的。因此,话语的功能也必然要以话语产生时的人际关系网络为参照系。所以,话语的功能发生,不仅基于话语信息、言语方式,而且关涉言语者以及话语理解者的各种社会及心理因素。比如,同样的话语,普通群众说出来,与国家领导人说出来,其功能效果是不同的。人类社会交际秩序或传播秩序得以维护的基本前提就在于此;而人类交际秩序的破坏或变更,也在于此。其基本原理在于,人们理解话语时,对言语动机及话语信息的判断、评价,往往以言语者的话语角色及其同话语理解者的社会角色关系为坐标。这是把握言语动机,保持话语信息稳定、守衡,促进人际交流与合作的重要条件。

现实生活中,许多情况下话语的意义与言者的心理信息,特别是言语动机,并不完全一致,因此对话语信息的理解应言人结合,从交际双方的角色关系中析出言语者的动机、情感、态度,进而判断言语者动

---

① 戴智贤《山雨欲来风满楼——60年代前期的"大批判"》,河南人民出版社,1994年,第3页。

机的善恶。如果违背上述原则，使话语与说写者脱离，则可能导致话语原始信息的损耗，引发社会冲突或争端。而遵循上述原则，则可减少话语理解中的信息损耗或避免信息增殖，随之减少或避免社会冲突。下面的实例就很能说明问题。

据记载，1961年初春，刘少奇在老家炭子冲散步时，发现电线杆上贴着一张纸条，上面写着："我们饿肚皮，只怪刘少奇。打倒刘少奇！"刘少奇从稚嫩的笔画断定是小孩子写的。童言无忌，也许他能说出许多大人不敢说的意见来。于是，刘少奇产生一股冲动，希望见见纸条的作者。案子很快破了，作案人是花明楼区完小四年级姓肖的学生，一个10岁的孩子。学校里气氛骤然紧张。

张贴打倒刘少奇主席的标语，是现行反革命行为！为了挽回影响，校长提出三条处理意见：一、开除该学生学籍，交司法机关处理；二、班主任管理不严，要追究政治责任；三、对全校学生作一次摸底排队，及时发现苗头，防止类似事件再次发生。校长和教导主任都向上级写了报告，检查自己严重失职的错误，请求给予处分。一时间，花明楼区完小人心惶惶，草木皆兵！

刘少奇得知此事后着急地说："口害，把学校也搞得很紧张！""不要开除学籍。小孩子吃不饱饭，有怨气。我是国家主席，当然有责任。至于校长、班主任，更不要责怪，怎么能怪他们呢？我倒想见见这个肖伏良，他写那个条子，一定事出有因！"后来，刘少奇见到了该小学生，了解了事情的原委，并安慰了他。

原来，这个小学生是因为偷拿了公共食堂的饭，遭民兵队长训斥后，才迁怒于刘少奇的。民兵队长训斥他：偷饭是往刘主席脸上抹黑！小孩子受不得委屈，走了极端。在与刘少奇平和的谈话中，该生说出了对公共食堂的看法。最后，刘少奇说："小孩子天真无邪，把广大群众不敢说的话和盘托出，宝贵得很呀！"随即指示当地公安部门对此类案件组织一次复查，如果有错，一律平反！①

常言说"童言无忌""小孩嘴里掏实话"。孩子是天真无邪的，心里有什么说什么。那个小学生因受到食堂炊事员的训斥和误导而迁怒于刘少奇，写了标语。那么该如何来理解评价其话语呢？本例为我们提供

---

① 《刘少奇面对一张要打倒他的标语》，参见《渴望真话——刘少奇在1961》，张步真著，珠海出版社，1998年。

了一个很好的范例，那就是言人统一，客观公正地解析话语信息。如果上升到政治高度，该生的言语行为在当时看来，显然是"反革命"行为，是要受到严厉惩处的。

但刘少奇却从实际出发，以一个国家领导人的宏大气魄，虚心听取孩子的话语，深入了解民情，体现了高尚的伟人情操。这同时也反映了刘少奇在话语理解方面高尚的道德品质。他不以维护个人权威为目的，而是设身处地为老百姓着想，把话语同言语者结合起来认知理解，实事求是地析出言语者的真实动机、情绪、情感等信息，因而听到了真话，也挽救了当事人的命运。这是合乎"言人统一"的话语理解准则的，因此取得了良好的社会效果。

话语理解中，"言人统一"的原理，不仅适用于现实社会生活，即使在艺术修辞领域中也需要遵循这一原则。比如，京剧演员杨小楼在北京第一舞台演京剧《青石山》时，扮演关平。演周仓的老搭档有事告假，临时由一位别的花脸代替。这位花脸喝了点酒，到上场时，昏头昏脑地登了台，竟忘了带不可缺少的道具——胡子。杨小楼一看要坏事，心想演员出错，观众喝倒彩可就糟了。他灵机一动，临时加了一句台词："咳！面前站的何人。"饰演周仓的花脸纳闷了，不知怎么回事。"俺是周仓——"这时，演员得做一个动作：理胡子。这一理，把这个演员吓清醒了，可是心中一转，口中说道："——的儿子！"杨小楼接过去说："咳，要你无用，赶紧下去，唤你爹爹前来！""领法旨！"那演员赶紧下去戴好了胡子，又上台来了。

本例中，扮演周仓的花脸固然粗心大意，但交际双方都机智聪颖，能根据各自的话语顺水推舟，避免了演出尴尬。其中很重要的一条就是交际双方能根据两者的双重话语角色理解话语。花脸和杨小楼之间不但具有剧情中的角色关系，同时还具有现实生活中的同事关系。因此，当杨小楼临时加话而花脸没有摸到胡子时，花脸就明白了其中的缘故。此时，花脸的话语理解策略是由剧情转移到现实，根据同事关系理解话语的。而杨小楼也是从剧情和现实两个方面，针对扮演花脸的演员的实际，理解花脸演员的话语的。否则，两人就难以通过默契合作救场。

在话语理解的秩序框架内，"言人统一"也是一条不可或缺的准则。这一准则的本质，就是把话语同对言语者的整体认知结合起来，进行综合判断和评价，实现话语、人格、动机等的统一。当然，"言人统一"并不意味着要依照交际双方之间个人关系的好恶来以人举言，而是要本乎于社会道德。

四、言行统一

孔子曾说过:"始吾于人也,听其言而信其行;今吾于人也,听其言而观其行。"① 话虽简单,却包含了一个关于话语理解的深刻原理,即话语理解要"言行统一",就是要把言语者的话语信息与其行为结合起来理解、评价,不以言废行,也不以行废言。说得好而不做,或者做得好而不说,都会得到公正的评价。这是维护社会言语交际道德秩序的重要保证。反之,如果仅从言语出发,以一个人的话语为主体,对其进行人格、品质、动机等的评价,往往是片面、轻率的,是缺乏道德责任的。这样的话语理解,往往会失去公正,因而也最容易导致误解,引发社会矛盾。

例如,据传清朝雍正四年(1726年),查嗣庭担任江西省考官,他出了一道考题,叫做"维民所止"。于是,有人向皇帝上书说,"维""止"二字正是"雍正"二字去掉了上半截。这句话的意思是想砍掉雍正皇帝的头。雍正皇帝看后,勃然大怒,当即下令将查嗣庭逮捕入狱。后来,查嗣庭又被罗织了其他罪名,惨遭杀害。② 本例悲剧的发生自然有其深厚的社会根源。除了封建统治者内部的尔虞我诈之外,还有话语理解方面的问题。告发者的话语理解显然是牵强附会的,他或者出于对皇帝权威的崇拜和邀功请赏的目的,或者是为了消除异己,随意把考题中的"维""止"与"雍正"相连,进而推导出查嗣庭欲砍掉皇帝头的言语动机,以此罗织罪名。

实际上,"维民所止"是《诗经·商颂·玄鸟》中的一句话,上下文是:"邦畿千里。维民所止。肇域彼四海。四海来假。"不难看出,原文"维民所止"与砍雍正皇帝的头风马牛不相及。好事者把两者相连理解,并没有现实根据。话语理解者所利用的是歪曲和断章取义,他既不联系查嗣庭的实际行为,也不考虑查嗣庭的人格,就话语论话语,进行言语动机推测和动机评价。若以此推理,凡是说到或写到"维""止"的都将难免有弑君的嫌疑。岂不是人人自危了吗?如果允许这样的话语理解行为存在,那么整个社会的言语交际秩序将无法保持公正,势必会导致社会动乱。今天看来,告发者和清朝的执政者是有意曲解,

---

① 《论语·公冶长》。
② 孔立《清代文字狱》,中华书局,1980年版,第13-14页。

有悖于"言行统一"等话语理解准则。对"维民所止"的理解应联系查嗣庭所处的微观语境，而不应同其他社会政治因素乱联系，应该同查嗣庭的人格、品质、行为结合起来，而不应仅仅从泄私愤和维护封建统治的角度出发。

再如，据报道，中央音乐学院原教授、著名作曲家刘雪庵，1936年秋在上海音专的一次同学联欢会上即兴创作了一首《何日君再来》的探戈舞曲。1938年，上海艺华影业公司拍歌舞片《三星伴月》，编剧黄嘉谟填词，该曲作为影片的插曲。但到了1957年，刘雪庵却因此曲被打成了十恶不赦的"右派""汉奸""反革命""历史悠久的反革命歌手、黄色作曲家及政客"。这首歌曲也被说成是"亡国之音""汉奸歌曲"。[①]

而实际上这却是一首表达同窗情谊的抒情歌曲，但经过19个春秋之后，在特定的历史条件下它却成了迥然不同的反动歌曲。这显然不是一般的误会，而是有意曲解、歪曲。话语的理解者，不但背离了话语所产生的原始语境，不顾客观实际，而且割裂了话语与作者的实际行为，得出的结论当然十分荒谬。当人们给作者加罪名的言语行为，实际上是栽赃陷害。这种话语理解和评价行为毫无道义可言，今天看来，是非常荒谬的，也是不人道的。

由上面的语例分析可以看出，强调"言行统一"的话语理解准则，今天乃至以后都具有重要的实践意义，它不仅有利于保持健康、公正的言语交际秩序，而且可以促进社会合作，乃至于维护言语交际的社会道德秩序。

五、言德统一

以上话语理解的原则，关涉了语境、客观实际、修辞主体及其行为等，其核心就是保持话语信息析出的客观性、真实性、全面性，以保持话语理解行为的德性。话语理解主体在理解话语、析出话语信息、对话语进行评价时，应该为言语者、社会以及话语理解主体自身担负一定的道义责任，既不应望文生义，也不应任意曲解、歪曲他人的话语，故意制造纠纷。这实际上是话语理解的道德原则。也就是说，话语理解应合乎社会道德要求，遵守社会道德规范。当然，道德也是多层次的。它既

[①] 《刘雪庵探戈舞曲与〈何日君再来〉》，《文摘报》，1997年11月2日。

有民族性、时代性,还具有阶级性,同时还具有个体性。因此,话语理解与社会道德相统一,应该辩证地理解。

"言德统一"原则提出的现实依据是,生活中存在的大量违背上述伦理原则现象。比如,在经济生活中,消费者与商家经常发生冲突。而许多冲突是与话语理解的原则、方法有关的。下面这个实例就很有代表性。据报道,2003 年 5 月,北京众弘新世纪商贸有限公司在商场内张贴告示承诺:"手机三包、七天包退、假一罚十。"一消费者在该公司购买了一部摩托罗拉 A388 手机后,发现该手机标识非原配标识,电池系假冒产品。当该消费者拿着鉴定结论去索赔时,众弘公司只愿意按《消法》双倍赔偿。其理由是"假一罚十"中的"十",可以解释为十元⋯⋯显然,这种理解不但有违事实,也违背话语理解的伦理公约。结果,该公司被消费者推上被告席,法院判决其赔偿消费者十倍的购机款。①

尽管语言具有抽象性、歧义性,但是在特定的语境下,其信息往往是确定的,是不能任意解释的。有些商家在营销中附加的"本店拥有最终解释权"或"解释权归本店",是违背话语理解的伦理原则的。话语理解不但需要遵循上述的基本原则,还要遵循社会公约的基本伦理原则。否则,就要受到社会的舆论谴责或法律制裁。

话语理解中的"言德统一"原则,是人类社会交际秩序的一个重要方面。它不但有助于话语信息析出的客观性、真实性、全面性,也有助于维护社会公正,促进社会合作。当然,违背上述原则,则不但意味着信息析出客观性、真实性的丧失,同时也意味着社会公正乃至社会正义的丧失。当社会秩序混乱时,这种情况也往往会出现。比如,据报载,1945 年重庆国共两党和平谈判时,柳亚子请人镌刻了三枚印章,印文分别是:

兄事斯大林弟畜毛泽东

大儿孔文举小儿杨德祖前身陶彭泽后身韦苏州(边款:余请立庵治印援正平例有大小儿语北海齿德远在祢上正平德祖生死肝胆交绝无不敬之意斯语特表示热爱耳虑昧者不察更)

---

① 冯松《商家诡辩"十"为"十元" 法院认定"十"为"十倍"》,《北京晚报》,2003 年 12 月 10 日。

前身祢正平后身王尔德大儿斯大林小儿毛泽东
（李海珉《两枚印章一桩冤案》，《人物》，1998年第10期）

这三枚印文的理解，显然需要放置其原始语境中据实解析。据有人考证，第一枚"兄事""弟畜"典故出自《史记·季布传》，季布和季心兄弟是著名游侠。季心因打抱不平杀了人，逃往吴国，躲在吴丞相袁丝家里，他"长事袁丝，弟畜灌夫、籍福之属"。"畜"通"蓄"，意同爱护，意思是季心以待兄长的态度尊敬袁丝，以对弟辈的态度爱护灌夫和籍福。第二枚中的"大儿""小儿"出自《后汉书·祢衡传》。东汉建安初年，在京城许昌聚集了许多贤士大夫，而祢衡只看得起刚直敢言的孔融和才智敏捷的杨修，他说："大儿孔文举，小儿杨德祖，余子碌碌，莫足数也。""陶彭泽"和"韦苏州"，分别指不肯为五斗米折腰的陶渊明和清廉刚直的苏州刺史韦应物。第三枚的"祢正平"和"王尔德"，前者是祢衡，他性刚傲物，不随时俗，后为曹操所杀；后者是19世纪反对当时市侩哲学和传统道德的英国唯美主义作家。也就是说，据此理解，三枚印章的印文表明了柳亚子对斯大林和毛泽东的热爱。

"兄事斯大林弟畜毛泽东"一印，可以追溯到20世纪20年代。1922年，柳亚子自称列宁的"私淑弟子"，把他看作自己的老师，与斯大林如同窗，故称斯大林为兄。1926年，柳亚子在广州与毛泽东相识。此后，他对毛泽东一直是兄长般地爱护。第三印中的"大儿斯大林小儿毛泽东"，是柳亚子援引祢衡成例来表情达意，"儿"是"孺子""男儿"的意思。邹容在《革命军》一书中，也套用过"大儿华盛顿小儿拿破仑"的说法，表达他对这两位杰出人物的尊崇。当年柳亚子与邹容是莫逆之交，对邹容援用"大儿小儿"成例的印象异常深刻。毛泽东将个人安危置之度外，前往重庆与蒋介石谈判，柳亚子认为这是大仁大智大勇的行为。为了表达对斯大林和毛泽东的感情，他请人刻了这枚印章以表敬意。柳亚子担心"昧者不察"，特地请镌刻者增刻了边款加以解释。①

据此看来，上述解释应该是合乎实际的，是把话语放置到其所产生的原始语境中进行解释的，应该是合乎印章主人的原意的。但这三枚印章在文化大革命时期，却被进行了另样的解析。"1966年，康生看到了这

---

① 李海珉《两枚印章一桩冤案》，《人物》，1998年第10期。

几枚印章，马上断定是反动的，令全部废毁，制造了莫须有的反动印章案。对'兄事斯大林弟畜毛泽东'一印，康生无法容忍：柳亚子怎么可以与领袖称兄道弟呢？至于'大儿''小儿'的印文，康生看了更是暴跳如雷，想借此打击一大片。其实，康生应知道该如何解释的，可他竟利用群众不熟悉历史典故和文言词汇，故意诱使人们把'大儿''小儿'理解成大儿子和小儿子，不准专家进行鉴定和解说。康生气势汹汹地责问：中国革命博物馆'是个革命博物馆，还是个反革命博物馆？'威压之下，几枚印章被砸碎，馆长受到迫害。柳亚子尽管已经辞世，但在大字报上仍被点名为老反革命分子。"①

同样的话语，在不同历史时期，在不同的理解者眼里，结果却如此不同。前者是据实解析。后者则是望文生义有意曲解，今天看来是有悖事实的，也是有悖于话语理解的道德原则的。所以，话语理解应该遵循一定的道德原则，这样才有利于社会的合作与进步。否则，就可能导致误解，引发纠纷，有时甚至导致惨祸。

话语理解是言语交际中一个不可或缺的重要组成部分，也是社会交际秩序的一个重要组成部分。话语理解、评价的公正与否，直接关系到社会交际秩序的质量和社会合作效率的高低。"言境""言实""言人""言行""言德"等相统一，既是社会公众关于话语理解的社会约定，也是言语交际秩序得以维护、公众合作效率得以提高的重要保证，同时也是整个社会道德水准得以保持的重要条件。上述原则之间是相互联系的有机整体，不可割裂开来。因此，在修辞交际中，听读者应遵守话语理解的上述原则，对言语者以及相关的对象负一定的道义责任，既不能误解、也不能曲解甚至望文生义和断章取义。

☞ 思考题

1. 什么是话语理解？
2. 谈谈语言意义和言语意义的异同。
3. 话语理解的原则有哪些？结合生活实际谈谈你的体会。

---

① 李海珉《两枚印章一桩冤案》，《人物》，1998年第10期。

练习题

根据所学的知识填空

1. 听读者根据一定的语境对说写者的话语进行解读，从而析出话语的语言意义、言语意义、_____以及修辞者的其他信息和语境信息，进而进行评价和反馈的行为和过程，这就是话语理解。

2. 修辞包括了话语的建构和_____两个双向过程。

3. _____是话语脱离一定语境时的意义，即组成话语的语言单位所具有的社会约定俗成的固有意义的集合，也就是我们通常所说的字面意思。

4. 话语的言语意义是推知话语其他信息的主要途径，也是交际对象所关注的重点，尤其是当_____时。

5. 所谓言外之意多是话语理解者认知到的_____，比如修辞者的心理信息、语境信息等等。

6. 人们在理解话语时，也会自觉不自觉地析出修辞者话语中所浸润的_____，如社会态度、道德观念、审美观念以及其他社会价值观念等等。

7. 话语理解切合语境，也包括要切合修辞者的_____以及与之相应的社会心理。

8. 话语理解还应与客观实际相统一，就是话语理解要联系客观实际，与客观实际相比照，对话语进行_____。

9. 话语理解主体在理解话语、析出话语信息、对话语进行评价时，应该为言语者、社会以及话语理解主体自身_____，既不应望文生义，也不应任意曲解、歪曲他人的话语，故意制造纠纷。

10. "言境""言实""言人""言行""_____"等相统一，既是社会公众关于话语理解的社会约定，也是言语交际秩序得以维护、公众合作效率得以提高的重要保证，同时也是整个社会道德水准得以保持的重要条件。

第七章　修辞学史

中国古代有没有修辞学思想？20世纪70年代，有西方学者提出："东方或中东没有修辞学。"作为西方学者炮制出来的一个命题，该观点折射出了西方文化的偏见与傲慢。其潜台词是，中国和东方没有民主，缺乏理性，不讲知识，没有真理，是不可说服的蛮荒之地。事实证明，中国不但拥有悠久的修辞和修辞学历史，而且修辞学思想博大精深。早在2500多年前，孔子就提出了"修辞立其诚"的思想。战国时期，苏秦、张仪的纵横修辞曾显赫一时。鬼谷子、王充、曹丕、刘勰、陈骙等都提出了丰富的修辞思想。20世纪以来，中国的修辞学研究蓬勃发展。进入21世纪，中国学者自强不息，潜心挖掘中国的修辞文化矿藏，进军国际学术舞台，争夺国际学术话语权。他们组建起了世界汉语修辞学会，并顺应各国学者要求扩展为全球修辞学会，吸纳了来自五大洲的学者，汉语成为官方学术语言。中国学者在国际学术舞台上拥有了话语权。

修辞学是一门历史悠久而又历久弥新的学科。她有丰厚的文化底蕴。从古埃及、古中国、古希腊、古罗马，到21世纪的欧美、东亚，修辞学的著名学者璨若星河，经典著作浩如烟海。东方的孔子、鬼谷子、刘勰、陈骙、高田早苗、坪内雄藏、岛村泷太郎、五十岚力，欧美的伊索克拉底、柏拉图、亚里士多德、西塞罗、昆体利安、奥古斯汀、弗朗西斯·培根、乔治·康帕拜尔、理查德·怀特利、肯尼斯·柏克、哈伊姆·佩雷尔曼、韦恩·布斯等等，都是人类历史上著名的修辞学家。可以说，修辞学贯穿了人类文明发展的历程。因此，探讨中外修辞学的学术思想史，了解修辞学的发展历程，把握其研究现状和发展趋势，也是学习、研究修辞的有机组成部分。

一、中国的古典修辞学传统

文化的对立、冲突与融合，在人类全球化过程中不可回避。在经济、政治、环境日益全球化，文化和传播的全球态势也进一步加剧的今天，如何面对长期形成的文化对立与冲突，如何形成人类文化发展的合力，建构大同世界，成为修辞学等诸多领域国际学者责无旁贷的学术使命。

1. 中国古代不但有修辞，而且有丰富的修辞学思想

"在东方或中东没有修辞学传统"，西方学者不止一次地如此断言。有人认为，修辞完全是一种西方现象，非洲与亚洲时至今日还未出现修辞学；① 有人提出，"修辞是西方所独有的现象"，② "任何试图在亚洲发现西方古典修辞学经典理论的努力都是徒劳的"。③ 于是，修辞学就被描述成了欧罗巴人的专利，成了人类有文献记载以来数千年历史长河中上帝赐予西方的尤物。

那么，中国或东方古代是否有修辞和修辞学？西方学者所持的"东方或中国乃至非洲无修辞学"论，是基于怎样的逻辑呢？在此问题上，难道上帝真的漠视了他的东方子民了吗？显然不是，东方和中国从古至今都一直存在修辞和修辞学，这是毫无疑问的。只要人类使用语言，使用符号，就存在修辞和修辞学，因为修辞是人们能动地使用语言以提高传播效果的行为。"东方或中国乃至非洲无修辞学论"，是基于古希腊、古罗马的修辞或修辞学观念作出的判断，其中折射着文明的偏见。西方的古典修辞，就是以城邦社会为语境的演说、劝服和论辩。其经典模式是由"诉讼""议政""典礼"三种演说和"觅材取材""布局谋篇""文体风格""记忆""表达技巧"等五个步骤，以及"人格""情感""逻辑"等说服要素构成的范畴体系。④ 我们称之为"三说""五艺"

---

① 詹姆斯·墨菲《古典修辞学史纲》，美国戴维丝：赫尔玛格拉斯出版社，1983年，美国纽约：蓝登书屋，1972年第一版。

② 肯尼迪·A·肯尼迪《历史与跨文化比较修辞学导论》，美国纽约：牛津大学出版社，1998年。

③ 罗伯特·T·奥利弗《古印度与古中国的传播与文化》，美国纽约：锡拉丘兹大学出版社，1971年。

④ [美] 迈克尔·莱夫《西方修辞学概览》，陈汝东、王晓峰译，《修辞学论文集》第12集，中国修辞学会编、北京大学新闻与传播学院编，黑龙江人民出版社，2009年。

"三素"。如果以此模式框定其他文化和文明中的修辞或修辞学形态，无论是亚洲、非洲、美洲，都是不合适的，也不会得出其所期望的结论。"西方之外无修辞学"的观点是狭隘的，它反映的是某些西方学者的自大与傲慢。

该如何阐释中国的古典修辞学传统呢？我们认为，讨论中国古典修辞学思想时，不应囿于西方的文化视角和古典修辞学分析模式，它需要一种更具有包容性的学术胸怀，那就是文化多元的全球视角；把中国古典修辞思想放置到当时人类文明的多样性中进行观察。如此，我们会有不同的发现，也会得出不同的结论。

首先，有必要区分修辞和修辞学的形态。"修辞"和"修辞学"是两个不同的概念。前者指的是人们的修辞活动，后者指的则是关于修辞的学说和思想。从现存的文献看，说服、论辩现象或者说"长短术""纵横术"，是我国先秦时期典型的修辞形式，特别是在战国时期，以门客、游说之士为最。《春秋左传》《战国策》等古籍中有许多关于策士论辩的记载，属于论辩修辞。而《诗经》《论语》等，则是文学和教育话语，也是当时的修辞样式。而当时关于修辞的思想和学说则遍布先秦诸子的著作。

其次，要阐释中国古典修辞、修辞学，还应明确什么是修辞、修辞学。什么是"修辞""修辞学"，或者说"修辞""修辞学"是什么，众说纷纭。我们认为，"修辞""修辞学"不仅是一个历史概念，也是一个民族、国家和文化乃至文明概念，即在不同的时代、民族、国家乃至文化和文明中存在不同的修辞形态，"修辞学"也具有不同的含义。但是，这不等于说，众多的"修辞""修辞学"观不存在任何交集。相反，尽管存在上述方面的差异，"修辞""修辞学"依然是一个相对明晰的概念。简单地说，修辞是人类的一种媒介符号传播行为，是人们依据具体的语境，有意识、有目的地建构话语和理解话语以及其他文本，以取得理想传播效果的社会行为。显然，运用语言等媒介符号进行思想、观念、情感交流，以实现信息共享、行为协调的传播行为，是人类修辞的共性。修辞学就是研究修辞规律，即揭示如何高效地实现人类语言等信息交流规律的学问。

第三，如何看待中国的古典修辞学思想，即人们关于修辞的学说和看法。表面看，在先秦时期，中国并没有看起来像古希腊、古罗马那样系统的修辞学理论，也没有像亚氏那样名为《修辞学》的著作，但是有《鬼谷子》《韩非子》等关于论辩、说服技巧和语言谋略的著作，其他关于语言修养、言语交流的思想和学说，则遍及诸子百家，璨若星河。理解、概括和阐释中国的古典修辞学思想，不能机械地沿袭古希腊、古罗马的范畴体系，而应立足于华夏文化的源头，泛舟于中华文明时空交错的历史长河中，沿着人类如何积极有效地使用语言这一脉络，结合宗法社会和龟甲兽骨与竹简文明的特点，来系统全面地把握、理解、阐释中国的古典修辞学思想。如此，我们就会发现中国古典修辞思想的多样形态和壮丽景观。

2. 孔子、鬼谷子、韩非子、叔孙豹、主父偃的修辞学思想

（1）鬼谷子、韩非子：修辞是说服和论辩的手段与技巧。

"纵横术"或"长短术"是战国时期的显学。当时，众多游说、策论之士奔走在各诸侯国之间，摇唇鼓舌，纵横捭阖，劝说诸侯，或合纵或连横，以牟取爵位与财富，比如苏秦兄弟、张仪、范雎、蔡泽等人。这种风气一直延续到汉代，比如蒯通、郦食其、主父偃等，都是当时的雄辩策论之士。表面看，这些人都是依靠"三寸不烂之舌"求取功名的，实际上，雄辩背后折射出的是智慧和谋略。苏秦以合纵之术，先后说动燕、赵、韩、魏、齐、楚六国之君，联合抗秦，被山东六国聘为国相。张仪、甘茂则先后劝说秦王，离间山东六国，各个击破，因此被用为秦相。在礼崩乐坏的春秋战国乃至后世的战乱时代，论辩、说服成为与战争手段并用的治国之术。诸侯国之间的冲突和争端，许多是通过论辩、说服等外交手段解决的，比如张仪说秦王、苏秦为赵合纵说齐宣王、触龙说赵太后等历史故事，说的都是纵横术。中国先秦时期的说服、论辩故事，多收录在《战国策》《战国纵横家书》等著作中。①

《鬼谷子》是中国古代"纵横术"的典型代表，② 是中国古典论辩修辞的代表作，其中的大部分是先秦时人所作。司马迁的《史记》、刘向的《说苑·善说》均引述了《鬼谷子》中的话。此外，《韩非子》等

---

① 1973 年在中国湖南马王堆汉墓中出土了西汉帛书，后由马王堆汉墓帛书整理小组整理编辑成《战国纵横家书》，1976 年由北京文物出版社出版。

② 唐柳宗元在《鬼谷子辩》中对《鬼谷子》的真伪提出质疑，阮元、秦恩复、周广业、俞樾等认为该书为先秦时代的著作。胡应麟认为《鬼谷子》是东汉时人荟萃苏秦、张仪之书附益而成，或皇甫谧所伪造。钱穆在《先秦诸子系年·鬼谷子辨》中认为《鬼谷子》为东汉后晚出伪书。今人利用出土文献和传统文献相对照，认为一部分篇章为真，有些篇章为伪。

书中也有许多关于论辩的思想。以论辩、说服为主的"纵横术",无疑是中国古典时期最为重要的修辞形态之一。但是,"纵横术"与古希腊时期的演说、论辩修辞尤其是诡辩术不同。

首先,两者的文化背景和适用环境不同。中国的"纵横术"服务于战国时期纷乱的社会现实,尤其是诸侯国之间的利益纷争。当时,周朝礼崩乐坏,公共事务由权力决定,而不是民主程序。其次,两者所存在的社会制度不同,劝说的对象和目的也不同。古希腊时期的议政、典礼、诉讼演说,劝说的是民主城邦社会中类似议会的群体。中国"纵横术"劝说的则是集权社会中的君主,是一个权势主体。我们把上述两种修辞形态分别称为"个体修辞"和"公共修辞"。[①] 当然,两者也有相似之处,它们都不同程度地忽视了道德,只在乎成败。如今,在全球化的国际冲突中,以说服、论辩为主要功能的"纵横术",依然具有积极意义。在这种意义上说,修辞是一种说服、论辩的技巧、手段和工具。

(2) 孔子:修辞是一种道德修养,是一种生活方式,也是一种社会礼制。

孔子是中国古典文化的代表性符号,其思想是中华民族先秦时期智慧的集成。孔子关于语言、修辞的论述开创了华夏修辞文明的先河。在孔子的私学教育中就开设有"言语"一科。关于修辞,孔子说:"君子进德修业。忠信,所以进德也;修辞立其诚,所以居业也。"[②] 这往往被看作是迄今所发现的把"修""辞"两字连在一起用的最早文献。汉代许慎的《说文解字》上说:"修,饰也","辞,讼也"。而"讼"在古代是"争论、争辩"的意思。由此观之,"修辞"就是修饰论辩。在这一点上,中国古代的修辞观与古希腊的修辞观是具有一致性的,因为两者都定位在论辩上。[③] 所不同的是,中国古代对修辞的阐释更早。唐代的孔颖达认为:"修辞立其诚,所以居业者,辞谓文教,诚谓诚实也;外则修理文教,内则立其诚实,内外相成,则有功业可居,故云居业也。"[④] 也就是说,"修"就是"修理","辞"就是"文教","修辞"

---

① 陈汝东《论全球化时代的东亚修辞学教育》,《韩中语言文化研究》第22辑,韩国现代中国研究会、韩国中国言语文化研究会编,2010年2月,第3-19页。
② 《周易·乾·文言》。
③ Chen Rudong, "Rhetorical Thought Comparison of Ancient China and Ancient Greece: From Confucius to Aristotle", *Korean Journal of Rhetoric*, Sept., 2007.
④ 《十三经注疏·周易正义》,唐·孔颖达疏,中华书局,1979年,第15-16页。

就是"修理文教"的意思,即提高自身言谈举止等外在素养。这虽然与现代的"修辞"观有一定距离,但是,其基本方面是一致的。可见,儒家的修辞观是立足于道德修养,修辞被看作是提高道德修养、安身立命的重要手段。

关于修辞的社会功能,孔子曾说:"志有之,言以足志,文以足言;不言,谁知其志?言之无文,行而不远。晋为伯,郑入陈,非文辞不为功,慎辞哉。"① 在此,孔子不仅说明了辞藻与意义传播效果之间的关系,同时阐明了修辞的国家功能,尤其是修辞之于国家安全和外交的重要作用。孔子的修辞思想也反映在其弟子的话语中。比如,子贡就说过:"出言陈辞,身之得失,国之安危也。"② 这说明,先秦时人对言语的认识,不只限于言语的交际功能,而是上升到了其对于人格及道德的价值高度。在今天看来,这也是十分深刻的。孔子的上述修辞思想,可以归纳为一个言语道德准则系统:言礼、言仁、言忠、言信等四个方面。③

首先,孔子主张言语要合乎"礼"。子曰:"非礼勿视,非礼勿听,非礼勿言,非礼勿动。"④ "非礼勿言",即不合乎"礼"的话不说。这可以看作当时的一项修辞道德准则。在先秦的社会秩序中,礼制是核心,也是判断言语是否合乎道德的准绳。一切社会行为必须符合"礼",话语也不例外。"正名"是"言礼"的重要方面,即维护表示名分的语词的固有含义,用"君君、臣臣、父父、子子"⑤的"礼制"来匡正这些词的内涵和外延,遣词造句时要合乎"名分",即做到"名正言顺"。"名不正,则言不顺;言不顺,则事不成;事不成,则礼乐不兴;礼乐不兴,则刑罚不中;刑罚不中,则民无所措手足……"⑥ 所以,匡正社会秩序,恢复礼制,首先要"正名"。可见,维护词语的固有含义,就是维护礼制,就符合社会道德要求。此外,修辞还要合乎伦理角色规范,说话时的语气、态度要与言说者的伦理角色相适应,维护具体角色在特定场合中的言语规范,使话语与说者和听众的伦理角色及

---

① 《左传·襄公二十五年》。
② 刘向《说苑·善说》。
③ 陈汝东《论汉民族先秦时期的言语道德思想》,《语文建设》,1997年第6期。
④ 《论语·颜渊》。
⑤ 《论语·颜渊》。
⑥ 《论语·子路》。

角色关系相适应,使语词与它所本应代指的对象相切合,也就是维护社会的言语秩序。

孔子说:"君子义以为质,礼以行之,孙以出之,信以成之。君子哉!"① "孙以出之",就是用谦逊的话来表达。所谓"故礼恭,而后可与言道之方;辞顺,而后可与言道之理;色从,而后可与言道之致。故未可与言,而言谓之傲;可与言,而不言谓之隐;不观气色而言,谓之瞽。故君子不傲、不隐、不瞽,谨顺其身",② 就是要求话语合乎礼节,言语的语气、态度、方式切合交际对象。总之,修辞合乎"礼",实际上涵盖了两个伦理层次:一是符合周朝的社会道德制度,二是符合一般民众的人际伦理关系。修辞合乎"礼",就意味着要从两个层面对言语行为进行道德判断:一是言语与国家利益之间的道德关系,二是言语与民众利益之间的道德关系。前者表现为统治者的利益,后者表现为民众的利益。言语行为的道德价值,即在于维护上述两者的利益。

其次,修辞要合乎"仁"。"仁",就是"爱人"。③ 古人认为:"言谈者,仁之文也。"④ 也就是说,话语是仁爱的表现方式。"仁"也是当时人际伦理关系的理想,言语也应遵守"仁"的原则。"君子必辩,凡人莫不好言其所善,而君子为甚焉。是以小人辩言险,而君子辩言仁也。言而非仁之中也,则其言不若其默也,其辩不若其呐也……"⑤ 在这里,作者阐述了君子和小人在言语上的差异,即话语是否"仁",以及"仁"在话语评价中的重要性。因此说,"言仁"也是当时的一项修辞道德准则。"仁"在言语中的体现是"讷"。孔子曾说:"刚、毅、木、讷近仁。"⑥ "讷者,谨言",⑦ 也就是说话要谨慎。而"仁者,其言也讱"。⑧ "讱"就是说话谨慎。"慎言"可说是当时对"言仁"道德准则的一个朴素概括。

在中华文明中,言与行相比,行胜于言,因此,古人不倡导空谈,

---

① 《论语·卫灵公》。
② 《荀子·劝学》。
③ 《论语·颜渊》。
④ 《礼记·儒行》。
⑤ 《荀子·非相》。
⑥ 《论语·子路》。
⑦ 康有为《论语注》。
⑧ 《论语·颜渊》。

更反对花言巧语。这一传统源自儒家的言语道德思想。孔子曾说:"君子名之必可言也,言之必可行也。君子于其言无所苟而已矣。"① 意思就是要说到做到。这是衡量人格价位的重要标准。"古者言之不出,耻躬之不逮也。"② "君子耻其言而过其行",③ 可见,"言行一致"在当时也是一种道德修养和人格要素。也正如此,后世更强调书面语,而淡化甚至漠视了口头或者演说、论辩传统。这种传统的实质,就是偏重媒介的时间文明,而轻视媒介的空间文明。这与伊尼斯所推崇的古希腊偏向空间的口头文明是相反的。由此,我们发现了为什么后世中国缺乏公共演说传统的文化动因。

第三,修辞要"忠"。"忠"是古代伦理思想特别是儒家伦理的一个重要方面,同时也是先秦时期的修辞道德准则。"忠"就是维护君臣之间的伦理关系。"忠"不仅是对臣民的要求,也是对君王的要求。对君王来说,"忠"就是忠于职守,为民谋福利;对臣民来说,"忠"就是为君王尽忠职守,没有二心。体现在血缘关系上,"忠"就是"孝"。"忠"反映到修辞中就是"言忠",也就是话语要忠诚:一是态度真诚,二是对言语对象忠心。古人认为"言忠"是治国安邦的一个重要方面。"言忠信,行笃敬,虽蛮貊之邦行矣。言不忠信,行不笃敬,虽州里,行乎哉?"④ 也就是说,言语"忠信"可以取信于民,会获得民众拥戴。同时,"言忠"也是立身之道。"君子有九思:视思明,听思聪,色思温,貌思恭,言思忠……"⑤ 可见,"言忠"是做人的必要方面。

最后,修辞要"信"。"信"也是修辞的道德准则之一。所谓"修辞立其诚",就是要诚信,不说假话,话语的内容要真实可信。比如,孔子在回答学生的问话时说,能做到"恭、宽、信、敏、惠"这五个方面,就可以说达到"仁"的要求了。他进一步说:"恭则不侮,宽则得众,信则人任焉,敏则有功,惠则足以使人。"⑥ 也就是说,"信"可以取得他人的信任,人家就敢于任用你。这说明,"信"是人的修养的重要方面。"言信"的功能还体现在治国理政方面。"道千乘之国,敬

---

① 《论语·子路》。
② 《论语·里仁》。
③ 《论语·宪问》。
④ 《论语·卫灵公》。
⑤ 《论语·季氏》。
⑥ 《论语·阳货》。

事而信，节用而爱人，使民以时。"① 也就是说，治理国家、发号施令也要讲诚信。"人而无信，不知其可也"②，作为修辞的标准，"信"既是一种个人道德修养，也是一种人格道德理想。

儒家关于"言礼""言仁""言忠"和"言信"的四项道德准则，实际上也代表了先秦时期汉民族的修辞道德规范。这四项道德准则分别反映了当时社会道德对修辞各个方面的要求，它们既有区别又有联系。"言礼"是修辞的道德总纲，它规定了修辞与整个社会伦理制度的关系。"言仁""言忠""言信"则是"言礼"的具体化。它们分别是社会道德对修辞态度、修辞行为的社会责任、修辞内容以及修辞与其他社会行为关系的要求。总之，在孔子看来，说话、修辞，既是社会礼制的一个重要方面，也是社会道德修养的重要内容。通过剖析孔子的修辞思想，我们发现，在先秦时期，修辞是一种道德修养，是一种生活方式，也是一种社会礼制。这种修辞思想对中国后世的修辞行为产生了巨大影响。

（3）叔孙豹：修辞是一种人生追求，是使人生不朽和永恒的方式；魏文帝曹丕：文章，经国之大业，不朽之盛事。

在重新阐释中国古典修辞学思想时，我们没有发现与西方古典修辞学一一相对应的"五艺"等范畴，也没有与修辞推理、探求真理等的直接表述。但是，这不等于说中国古典修辞学对上述问题漠不关心，而是他们所关心的重点和范畴不同。中国的古典修辞学也有五大范畴，那就是"礼"、"仁""忠""信""德"（或"道"）。中国古典修辞学所关心的"真理"就是"道"，就是"人生"，是达于至善的手段和途径。唐代韩愈、柳宗元所倡导的"文以载道"，可以看作先秦时期修辞思想在后世的涅槃。

在先秦时期，把修辞上升到人生不朽高度的，应首推叔孙豹。《左传·襄公二十四年》中引述叔孙豹的话说："太上有立德，其次有立功，其次有立言，虽久不废，此之谓三不朽。……禄之大者，不可谓不朽。"③ 这表明，运用语言，建构话语，著书立说，被当时人看作是建功立业的重要部分，也是功德的标志之一。道德、功勋、言语互为补

---

① 《论语·学而》。
② 《论语·为政》。
③ 《左传·襄公二十四年》。

充,构成了当时及后世的三大人生追求。在当时人的价值观念中,道德、功勋、言语比之于物质方面的"禄"更重要。叔孙豹说的虽然是著书立说的价值,实际上也是修辞的人生价值,著书立说是通过修辞实现的,立言也就是立辞。可见,修辞既是一种人生追求,也是人生的表现形态,同时也是使人生不朽和永恒的方式。

"德、功、言"之说被后世发扬光大,并产生了重要影响。魏文帝曹丕曾说:"盖文章,经国之大业,不朽之盛事。年寿有时而尽,荣乐止乎其身,二者必至之常期,未若文章之无穷……"① 曹丕说的是为文,也就是著书立说,这自然离不开修辞,尤其是书面语修辞。这种学说也可以阐释为修辞即经国伟业、不朽盛事。这是中国古典修辞思想中对修辞社会功能的一种高度概括。此外,到了清代,魏源提出:"立德,立功,立言,立节,谓之四不朽……"② 无论是气节,还是贞节,都属于道德范畴。因此,魏源的"四不朽"实际上还是"三不朽"。

(4)主父偃:修辞是安身立命、治国安邦的手段和方式。

把修辞系统地上升到安身立命、治国安邦高度进行阐释的,应首推汉代的主父偃。他说:"人而无辞,安所用之。昔子产修其辞而赵武致其敬,王孙满明其言而楚庄以惭,苏秦行其说而六国以安,蒯通陈其说而身得以全。夫辞者乃所以尊君重身,安国全性者也。故辞不可不修,说不可不善。"③ 主父偃是汉代的谋臣、策士,以论辩见长。在这里,他把修辞上升到了立身处世、治国安邦的高度。这不仅是对先秦"纵横"思想的发扬,同时也是对孔子修辞思想的延伸。其实,这种修辞关系身家性命与社稷的思想,也可以追溯到先秦时期。《周易·系辞》中就说:"君子居其室,出其言善,则千里之外应之,况其迩者乎?……言行,君子之所以动天地也,可不慎乎!"④ 由此可见,当时人已把言语看作个人参与社会管理的必要能力和修身齐家的必备素质。它同时表明了言语能力、言语质量在社稷民生中的重要作用,也就是修辞的重要作用。

总之,中国古典时期就奠定了一种修辞学思想传统。这种修辞学传

---

① 曹丕《典论·论文》。
② 魏源《魏源集·默觚上·学篇九》。
③ 刘向《说苑·善说》。
④ 《周易·系辞》。

统所折射出的是：修辞既是一种论辩、说服的工具，也是一种道德修养；既是一种人生追求，一种使人生不朽永恒的方式，也是一种安身立命、治国安邦的重要手段；既是一种社会秩序，也是一种通向仁爱、忠信、礼制的桥梁。在中国古典修辞学思想中，我们发现了修辞从工具、技巧、手段到规则、秩序，从修养到人生追求和生活方式，从个体到社会秩序、国家管理，从微观到宏观的历史轨迹。

二、现代修辞学的基本理论成就

我国的现代修辞学诞生于20世纪初，至20世纪中叶趋于成熟，至20世纪90年代进一步完善。进入21世纪以来，我国的修辞学事业蓬勃发展。期间，中国和世界华裔学者自强不息，潜心挖掘中国的修辞文化矿藏，进军国际学术舞台，争取国际学术话语权。他们不断提出新的学说，建立了自己的国际学术组织，并与世界各国学者一起，为全球修辞学的发展开拓了新的空间。目前，中国修辞学不但在国际学术舞台上拥有了话语权，而且已经成为全球修辞学研究的一支生力军。下面，我们就从基本理论、学术事业、国际空间、未来发展等方面，对我国现当代修辞学的成就与经验等作一简要的阐述。

1. 修辞观念不断更新，修辞属性认识大大加深

回顾20世纪中国修辞学的发展，我们不难发现，"修辞观"经历了从传统的"修饰观""技巧观""努力观"[1]"美辞观"，[2] 逐步发展到"过程观"[3]"组合观"[4]"言语交际行为观"[5]"认知行为观"[6]"传播行为观"[7] 的过程。上述修辞观念的历史沿革，反映了人们对修辞本质属性认识不断深化的进程。它推动了修辞研究观念的历史变革，具有重要的理论意义。

---

[1] 陈望道《修辞学发凡》，上海教育出版社，1979年，第3页。
[2] 张弓《现代汉语修辞学》，河北教育出版社，1993年，第1页。
[3] 张志公《张志公语文教育论集》，人民教育出版社，1994年，第532页。
[4] 刘焕辉《修辞学纲要》，花洲文艺出版社，1991年，第43、50-68、82页。
[5] 陈汝东《社会心理修辞学论略》，《修辞学习》，1995第3期，第13页。
[6] 陈汝东《语境认知的修辞价值》，《语言文字应用》，1998年第3期；《关于认知修辞学的理论建设》，《面向21世纪的修辞学研究》，中国修辞学会编，广东人民出版社，2001年。
[7] 陈汝东《论修辞研究的传播学视角》，《湖北师范学院学报》，2004年第2期；《修辞学论文集》（第七集），张先亮、傅惠钧主编，新华出版社，2005年。

进入 21 世纪后，随着修辞学研究的全球化发展，人们对修辞的认识进一步加深。我们主张，"修辞不仅是一种选择语音、词语、句式、修辞格等的语言运用现象，也不仅是一种运用语言、音乐、图片、图像、建筑、环境等涉及听觉、视觉、触觉等媒介符号，建构有效的文本，传播信息，以影响、改变他人情感、态度、思想、观念乃至行为的社会行为现象"，而且修辞"也是一种人类传播现象，是一种人类传播秩序和社会秩序，是公共权力和公共秩序建构、社会事务处理、公共政策制定的方式和方法，是一种社会公平、公正的制度体系，是一种人类生活方式，同时也是一种人类文化和文明的样类。"①

如此，修辞从一种论辩、说服工具，延展到道德修养、人生追求乃至社会秩序、文化和文明形态高度，这更进一步反映修辞的社会本质。西方学者之所以把"修辞""修辞学"看作是西方现当代社会的文化基础，是建立在对修辞作为一种社会秩序、社会文化和文明的认识基础上的。西方经历了数次文艺复兴，复兴到哪里？复兴到古希腊的文化传统，复兴到城邦国家的民主制度，而这种古典制度的核心就是，公民拥有自由平等的言论权利，可以通过公共演说决定社会权力体系，决定公共政策和公共事务，决定社会公平和社会正义。

上述修辞观念的转变，使修辞研究实现了从"修辞手段"到修辞主体及其言语行为规律、传播规律和传播秩序乃至人类文化和文明样式的转移，这可说是 20 世纪以来中国修辞学发展的最显著成就之一。它不仅肯定了修辞性质的人文性，同时也提出了修辞的社会性以及文化和文明性质，使学科参照点集中于人的传播行为、传播秩序和人类文化和文明形态，而不是停留在对言语行为手段与方法的研究上。这一变化实现了中国修辞学的历史性转变，使汉语修辞学研究对象由游离于人类之外的手段、方法，回归到人类行为的规律——修辞交际行为、媒介传播行为和社会传播秩序的规律自身。这意味着中国修辞学不仅关心修辞本体，而且关心修辞行为的自身价值，关心人类自身的本质属性之一——会使用符号的动物，而且具有是非善恶评价。修辞观念的行为化、社会化、秩序化、文化和文明形态化，为中国修辞学在 21 世纪的发展奠定

---

① 陈汝东《新兴修辞传播学理论》，北京：北京大学出版社，2011 年，第 178 页；陈汝东《古典与未来：中国修辞学思想的全球意义》，《北京大学学报》（哲学社会科学版），2013 年第 5 期。

了坚实的理论基础。

20世纪中叶后，如果说语言研究实现了由语言到言语的转向，那么90年代后期以来，修辞研究中的修辞主体及其行为的转向，则一定程度上实现了语言研究的言语主体转向——从研究言语到研究言语行为与言语主体及其所具有的社会心理特性之间的关系。从传统的"修饰观"到"言语交际行为观"和"认知行为观"，催生了不同的修辞研究理念和理论体系，同时也使修辞学研究的重点由解决语言形式与表达内容之间的关系，上升到解决交际双方的矛盾，解决人与人、个人与社会、社会组织乃至于国家之间的矛盾，① 上升到了解决人类全球秩序高度。

2. 汉语修辞学的研究对象和研究领域大大拓展

从20世纪初期至今，汉语修辞学的研究对象和研究领域也经历了一个大的历史变革。20世纪初，汉语修辞学主要承继了我国古代的传统，构建起了主要以古代语例为主的汉语修辞学体系，其研究对象主要是汉语运用中的辞格系统。至20世纪30年代，研究对象不但包括了积极修辞现象，也包括了消极修辞现象以及文体、风格。这一时期的代表作是陈望道的《修辞学发凡》。至90年代中期，修辞格研究达到鼎盛，代表作是谭永祥的《修辞新格》。从50年代开始，现代汉语修辞学逐渐把语音、词汇、句式的修辞功能以及语段、语篇的建构方法乃至于语体、风格作为研究重点。这方面60年代的标志性著作有张志公的《修辞概要》、张弓的《现代汉语修辞学》等。至八九十年代，诸多的著述表明，这方面的探究日臻完善，达到了前所未有的高度，基本上建立了完善的具有较大的可操作性的实用汉语修辞学体系。

需要指出的是，开始于20世纪50年代末期的语体研究以及传统的语言风格研究，在20世纪取得了前所未有的成就。80年代后期开始建立相对独立的语体学，20世纪末趋于成熟。其中具有代表性的著作有王德春的《语体略论》、② 王德春、陈瑞端的《语体学》。③ 80年代末，现代汉语风格学的理论体系初步形成，至世纪末期趋于成熟。这方面的

---

① 陈汝东《社会心理修辞学的研究方法》，《汉语学习》，1995年第1期。
② 福建教育出版社，1987年9月。
③ 广西教育出版社，2000年。

代表作有张德明的《语言风格学》、①郑远汉的《言语风格学》、②黎运汉的《汉语风格学》③等等。

修辞研究理念的形成与社会实用具有密切关系。把语言要素的修辞功能和修辞格作为研究核心，其理论指向是为公众提供可操作的修辞方法，有利于提高表达效果。这是修辞学服务于交际实践的直接途径之一。而随着研究的深入，人们发现，修辞手段的选择与使用不是孤立的、一成不变的。因此，要寻找完成特定的交际任务与选择相应的修辞手段之间的共变关系。这使得探讨修辞规律——即在何种语境条件下应使用什么样的修辞手段最佳，成为研究重点。人们发现，研究修辞交际的实际过程，揭示其运作规律，更为重要。因此，到90年代中期以后，汉语修辞学的研究对象开始由语言修辞手段、修辞格、语体、风格、语境、言语接受转向修辞行为和修辞交际过程，并成为研究重点。人们力图通过解析修辞交际的运作过程，揭示修辞行为的规律。修辞学开始由提供修辞手段、修辞方法，转向揭示修辞交际行为及其运作规律。这一转变是历史性的。

汉语修辞研究把修辞交际过程作为研究重点，把探讨修辞交际行为的规律作为研究目标，促使其研究领域从语言表达拓展到话语理解，进而研究话语信息的接受、理解以及认知。这标志着修辞研究开始向完整的修辞传播系统转变。④此后，话语理解研究受到重视，逐渐被纳入修辞研究视野。20世纪末期，修辞学的研究领域拓展到人类语言传播的全过程，既包括了语言表达，也包括了话语的理解，并从静态和动态两个层次深入解析了修辞传播全过程各种语境因素的运作机制，⑤并在话语理解的机制、方法、道德原则等方面取得进展。⑥这方面的著作有谭学纯等的《接受修辞学》、陈汝东的《社会心理修辞导论》《认知修辞学》等。

此外，20世纪的中国修辞学，不仅取得了书面语修辞研究的巨大

---

① 东北师范大学出版社，1990年。
② 湖北教育出版社，1990年。
③ 广东教育出版社，2000年。
④ 比如谭学纯等的《接受修辞学》，上海教育出版社，1992年。
⑤ 陈汝东《社会心理修辞学导论》（博士学位论文），1995年5月。
⑥ 陈汝东《论话语认知的心理机制及方法》，《云南楚雄师专学报》，2000年第1期；《话语理解中的道德准则》，《道德与文明》，2000年第4期。

成就，同时也在口语修辞研究领域结出了硕果，出版了许多口语修辞、辩论艺术、演讲艺术方面的著作。此外，在诸多的实用修辞领域也有很大拓展，形成了百花齐放的局面。这包括公共关系修辞学、文艺修辞学、广告修辞学、模糊修辞学、逻辑修辞学等。

进入21世纪后，中国修辞学的研究对象开始向其他媒介符号和传播领域拓展，比如宗教修辞、建筑修辞、视觉修辞、图像修辞、音乐修辞、舞蹈修辞、修辞伦理、传播修辞以及公共修辞、国家修辞、全球修辞等等。这些分支领域，使修辞学的研究对象由语言修辞领域，扩展到了其他符号修辞领域。其研究目的由语言修辞手段的结构和功能、言语规律、修辞过程、修辞机制，向传播规律、传播秩序乃至文化和文明形态转变。同时，这也标志着修辞学理论向其他学科的渗透。

3. 研究方法的社会化、科学化发展

历史地分析，修辞学研究的基本方法大体表现出两种倾向：其一是以人为主体的社会学方法，其二是以语言手段为主体的语言学方法。① 20世纪80年代中叶前，我国的修辞学研究所采用的主要是后一种研究方法，主要是"以语言中的修辞手段为研究对象的"。② 这种研究方法较之于本世纪50年代之前传统的辞格归纳法前进了一大步。80年代，系统论、信息论、控制论等被引入修辞研究，在修辞学体系构建中起了积极作用。上述研究视角的不足是不同程度地忽视了修辞主体及其行为的主导作用。这种欠缺在20世纪90年代后期的研究中得到了弥补。这一时期，中国修辞学更加偏重于采用社会学的理论和方法来解析修辞规律，"将修辞现象置于人的社会性的背景上加以认识，修辞被看作人类诸多社会行为中一种基本的社会行为"，③ 并"把修辞主体的社会心理因素纳入修辞研究的视野，揭示修辞同社会心理的共变关系，力图从客观现实世界，主观思维世界和语言世界的三维空间上，建构起科学的修辞理论体系"。④

回顾20世纪中国修辞学的研究方法，可以说"那种从经验思维出

---

① 陈汝东《社会心理修辞学的研究方法》，《汉语学习》，1995年第1期。
② 陈汝东《社会心理修辞学的研究方法》，《汉语学习》，1995年第1期。
③ 曾毅平《社会心理修辞学：修辞研究新范式》，《毕节师专学报》，2000年第4期。
④ 聂莉娜《建构在三维空间上的修辞理论体系》，《修辞学习》，2000年第2期。

发，主观随意式地就事论事地把握研究对象的做法正在被扬弃"①　或者说已被大部分扬弃。有些修辞学者正在参照其他众多的相邻学科的理论和方法，对修辞交际系统的内在规律进行全面系统的科学阐释，这种阐释已不再主要依靠自我内心体验，而是注重从修辞交际所关涉的社会因素、心理因素以及社会心理因素等的实际运作过程，来解析修辞行为实施的社会理据及其功能效果。这种对相邻学科理论的借鉴和能动发挥，使修辞学在参与社会主流文化互动中的地位和作用得以加强。

　　进入 21 世纪后，修辞学的研究方法呈现出多样化趋势，既采用传统的人文学科的方法，也采用社会科学的方法，既有哲理分析，也有逻辑思辨，既有实例证明，也有文献佐证，既有语言修辞举隅，也有其他媒介符号的分析，同时还采用了认知科学的理论和方法。

4. 揭示了新的修辞规律和修辞原则

　　对学科研究对象的内在规律性的揭示是任何科学的首要任务，也是其学科发展的重要标志。20 世纪的中国修辞学在对修辞规律的揭示和发现方面取得了很大进展。

　　20 世纪 30 年代，"修辞以适应题旨情景为第一义"②的论断被正式提出，且对"题旨情景"作了分析，但对如何适应题旨情景没提供科学阐释。1962 年，提出了"语言环境"概念，人们使用语言的规律被确认为修辞学的研究对象。③ 1963 年，又提出了"结合现实语境，注意修辞效果"的修辞原则。④ 1964 年，进一步提出了"言语环境"范畴，并确认"分析言语环境是建立修辞学的基础"，⑤ 修辞适应语境原则研究又推进了一步。1989 年，言语规律被概括为三大类：与言语环境相适应的规律、选择语言成分组成话语的规律和与言语目的和交际任务相适应的规律。⑥ 这种对修辞规律的概括，区分了修辞所关涉的三个不同层次：修辞与语境的关系、修辞与语言手段的关系和修辞与言语目的、言语任务的关系。1991 年，修辞的基本原则被概括为"明确目的，看

---

　　① 宗廷虎《60 年来的汉语修辞学》，《修辞学研究》第七辑，中国华东修辞学会编，南京大学出版社，1997 年。
　　② 陈望道《修辞学发凡》，上海教育出版社，1979 年，第 11 页。
　　③ 王德春《语言学的新对象和新学科——言语和修辞学》，《文汇报》，1962 年 3 月 1 日。
　　④ 张弓《现代汉语修辞学》，河北教育出版社，1993 年，第 1-2 页。
　　⑤ 王德春《使用语言的环境》，《学术研究》，1964 年第 5 期。
　　⑥ 刘焕辉《修辞学纲要》，花洲文艺出版社，1991 年，第 50-68、82 页。

清对象""适应环境，注意场合""前后连贯，关照上下文"。① 较之以前的研究，此种提法强调了"修辞目的"和"交际对象"在修辞过程中的重要性。此后，随着语境研究的深入，提出并建立了语境学，② 语境因素的揭示也逐渐全面细致，产生了以语境为主线探讨修辞规律的许多论著，使修辞与语境相切合的规律得到了更为详尽的阐释。③

到90年代末期，随着社会学、心理学以及社会心理学方法的引入，人们开始从辖制修辞交际过程的社会心理因素系统，揭示制约修辞交际的社会心理机制和原则，取得了较大的进展。修辞行为与其所关涉的社会心理因素系统的共变关系得到了比较详尽的阐释。21世纪初，又揭示了修辞的认知规律。④ 迄今为止，修辞规律研究已取得了丰硕的成果。修辞必须与言语动机、言语目的相一致，必须符合话语的结构组织规律、必须切合修辞所关涉的其他社会心理因素等规律的揭示，这大大增强了修辞交际活动的可操作性。⑤

此外，从修辞效果评价层次上对微观修辞原则的探讨，也取得了较大进展。传统的"三性"说（准确性、鲜明性、生动性）⑥ 受到了来自各方面的挑战。"明晰、确切、简练"说，⑦ "确切、简明、生动"说，⑧ "准确、连贯、简练、生动"说，⑨ "得体、适度、协调"说⑩等被相继提出。此外，还有宏观与微观相结合的"得体"说。⑪ 上述研究成果对指导修辞实践无疑大有帮助。20世纪末人们在总结上述研究成果的同时，又从修辞行为角度，从修辞过程中话语组织所关涉的各种因

---

① 王德春、陈晨《现代修辞学》，江西教育出版社，1989年，第28-32页。
② 王德春、陈晨《现代修辞学》，江西教育出版社，1989年，第39-72页。
③ 比如寸镇东《语境与修辞》，贵州人民出版社，1996年；冯广艺《语境适应论》，湖北教育出版社，1999年，等等。
④ 陈汝东《论修辞的社会心理原则》，《北京大学学报》（哲社版），1997年第2期；《社会心理修辞学导论》，北京大学出版社，1999年；《认知修辞学》，广东教育出版社，2001年。
⑤ 陈汝东《对外汉语修辞学》，广西教育出版社，2000年，第159-263页。
⑥ 中共中央文献研究室编《建国以来毛泽东文稿》（第七册），中央文献出版社，1992年，第61页。
⑦ 张志公《修辞概要》，上海教育出版社，1982年，第24-36页。
⑧ 刘焕辉《修辞学纲要》，花洲文艺出版社，1991年，第43页。
⑨ 北京大学中文系现代汉语教研室《现代汉语（修辞）》（油印稿），1987年。
⑩ 寸镇东《语境与修辞》，贵州人民出版社，1996年，第315-325页。
⑪ 王希杰《修辞学通论》，南京大学出版社，1996年，第342页。

素（包括语言、修辞主体、话语信息、言语环境、交际任务等）及其相互关系、语体差异和修辞过程中话语修辞效果功能发生的实际情况及其层次性，提出了关涉真、善、美三方面的"正确""准确""适切"和"恰切"四项微观原则，① 使话语组织及其评价更具可操作性。②

近年来，随着修辞学研究对象和领域的不断扩大以及对修辞规律的深入挖掘，修辞规律的揭示由修辞的社会心理规律，逐渐延伸到认知规律，以至于修辞传播规律，特别是修辞传播的秩序规律，也包括许多分支传播领域中的修辞规律等等，比如宗教修辞规律、音乐修辞规律、图像修辞规律、建筑修辞规律等等。总之，20世纪以来的中国修辞学，不仅在宏观的修辞传播规律研究方面取得了可喜的成就，而且在微观的话语以及其他符号文本的组织及其评价原则层次取得了突破性的进展。

5. 修辞学理论体系不断完善

我国现代修辞学上述研究成就的直接体现，就是修辞学理论体系的不断发展和完善。如果说我国古代的修辞论主要集中在三点：一是炼字，二是修辞格，三是文体、风格；那么，到了20世纪初期，除上述研究范围外，还注意了修辞理论体系的建设。这一时期修辞学理论体系的建构，主要是以修辞手段的结构和功能为主。到了30年代，修辞学的理论体系逐渐丰富。其中，陈望道的《修辞学发凡》最具代表性。虽然该书的大部分篇幅用于总结概括积极修辞现象——修辞格，但也用了一定篇幅来阐述消极修辞现象，并论述了文体、风格和修辞研究简史。本书另一项重要贡献是对修辞以及修辞学的基本理论进行了较为系统的阐述。这对后来的修辞研究起了积极的推动作用。以修辞方法的结构和功能为主的修辞理论体系，在20世纪80年代进一步发展，并日臻全面。这方面的代表作是谭永祥的《修辞美学》和《修辞精品六十格》。③

20世纪五六十年代，受现代语言学研究的影响，汉语修辞学理论

---

① 陈汝东《论修辞的四个微观原则》，《术语标准化与信息技术》，2000年第4期。
② 在修辞原则的内涵及其确立标准问题上，尚存在一些分歧。相关文献请参见宗世海《关于修辞原则的一些问题》，《修辞·语体·风格》，曾毅平、刘凤玲主编，香港文化教育出版社有限公司，2000年，第111-119页。
③ 谭永祥《修辞美学》，北京语言学院出版社，1992年；《修辞精品六十格》，山西人民出版社，1993年。

体系的建构逐渐以语言体系各要素的修辞功能为主线。这方面的代表著作主要是1953年出版的张志公的《修辞概要》、①1960年出版的周迟明的《汉语修辞》②和1963年出版的张弓的《现代汉语修辞学》。③张志公的《修辞概要》建立了"用词、造句、修饰、篇章、风格"的理论体系。张志公认为："修辞学头一样要讲的就是用词、造句、成篇的一些基本原则。……为了收到更好的效果，还需要在句子和篇章里用些办法把说的话作些必要的加工、润饰，进一步还需要养成一定的风格。这些——修饰的方法和风格的养成，是修辞学的又一部分内容。"④周迟明的《汉语修辞》和张弓的《现代汉语修辞学》，都把语体作为修辞学理论体系的一个重要组成部分。到20世纪80年代后期，语体、风格不但成为独立的修辞学分支学科，拥有了相对独立的理论体系，而且与已有的修辞学理论融为一体。

除上述理论体系之外，1986年，刘焕辉在《言语交际学》⑤中建立了主要以探讨言语交际规律为目的的修辞学体系：全书分为三部分，第一部分论述"言语交际学"的基本理论；第二部分论述"言语交际的基本规律"，包括"言随旨遣""有的放矢""言为心声，文如其人""心相照言相通""到什么山上唱什么歌""什么时代说什么话"；第三部分论述"言语交际的语言组合手段"。尽管该书名为"言语交际学"，但其中不乏修辞原理，也可以说是一部修辞学著作。

1989年，王德春、陈晨的《现代修辞学》建立了新的修辞学体系。该书以现代修辞学的各分支学科作为主线，构建了包括语境学、语体学、风格学、文风学、言语修养学、修辞手段学、修辞方法学、话语修辞学、信息修辞学、控制修辞学等在内的理论体系。90年代中期，有的还借鉴国外的修辞学理论，阐述了"零度和偏离""显性和潜性"以及"得体性原则"等理论观点，并把其作为修辞学理论体系建构的重要组成部分。⑥此外，还建立其他分支学科理论体系，比如"模糊修辞

---

① 张瓖一《修辞概要》，中国青年出版社，1953年。
② 周迟明《汉语修辞》，山东人民出版社，1960年。
③ 张弓《现代汉语修辞学》，天津人民出版社，1963年。
④ 张志公《修辞概要》，上海教育出版社，1982年，第3-4页。
⑤ 刘焕辉《言语交际学》，江西教育出版社，1986年。
⑥ 王希杰《修辞学通论》，南京大学出版社，1996年，第342页。

学""文艺修辞学"① 等等。

上述理论体系主要是以语言表达为主的修辞理论体系。进入90年代后，又相继提出了以话语理解或修辞交际全过程为主线的理论体系，比如"接受修辞学""社会心理修辞学""认知修辞学"等等。"社会心理修辞学"是以语境因素尤其是修辞所关涉的社会因素、心理因素和社会心理因素为逻辑主线建立的静态修辞学理论体系。"认知修辞学"则借鉴认知科学的理论，对修辞行为过程的认知系统进行了比较全面、系统的阐释，使修辞研究由静态真正跨入了动态。

21世纪以来，修辞学的理论体系又呈现出新的气象。随着新的研究对象和研究领域的出现，又涌现出许多新的理论形态，比如修辞传播学的理论体系，比如陈汝东的《新兴修辞传播学理论》就提出和建构许多新的理论体系雏形，包括宗教修辞学、建筑修辞学、视觉修辞学、图像修辞学、修辞伦理学、传播修辞学等等。这些为修辞学未来的理论发展奠定了良好基础。

除上述方面，我国的修辞学史研究也取得了显著进展，涌现了许多中国修辞学史著作，比如郑子瑜的《中国修辞学史稿》、② 易蒲、李金苓的《汉语修辞学史纲》、③ 宗廷虎的《中国现代修辞学史》、④ 袁晖和宗廷虎的《汉语修辞学史》、⑤ 周振甫的《中国修辞学史》、⑥ 郑子瑜、宗廷虎主编的《中国修辞学通史》⑦ 和袁晖的《二十世纪的汉语修辞学》⑧ 等等。这些著作梳理了中国古代的修辞思想资料，也概括了中国现代修辞学发展的历史脉络，并且丰富了修辞学史研究的理论与方法。此外，这些研究成果有助于驳斥西方个别学者对中国修辞学、东方修辞学的错误看法。我国的修辞学思想史研究，也对修辞学融入社会主流文化特别是传统文化起了推波助澜的作用。当然，现有的修辞学史研

---

① 蒋有经《模糊修辞浅说》，光明日报出版社，1991年；郑颐寿《文艺修辞学》，福建教育出版社，1993年。
② 郑子瑜《中国修辞学史稿》，上海教育出版社，1984年。
③ 易蒲、李金苓《汉语修辞学史纲》，吉林教育出版社，1989年。
④ 宗廷虎《中国现代修辞学史》，浙江教育出版社，1990年。
⑤ 袁晖、宗廷虎《汉语修辞学史》，安徽教育出版社，1990年。
⑥ 周振甫《中国修辞学史》，商务印书馆，1991年。
⑦ 郑子瑜、宗廷虎主编《中国修辞学通史》，吉林教育出版社，1998年。
⑧ 袁晖《二十世纪的汉语修辞学》，书海出版社，2000年。

究也存在堆砌文献资料、缺乏理论上的系统性等弊端。

三、现代修辞学事业的发展成就

中国的现代修辞学，除在科学本体理论上取得了巨大进展之外，还在修辞学事业的其他方面取得了巨大成就。这表现在：

第一，形成了一定规模的修辞学研究与教学队伍。从现有的资料看，新中国建立以前从事汉语修辞研究且有一定成果的在50人左右；而从新中国建立到21世纪初，汉语修辞学的研究队伍已经扩大到数百人。这支队伍已经形成了相对合理的年龄分布，构成了具有较强研究能力的梯队。值得注意的是，修辞学研究队伍的知识结构已发生了相当大的变化。他们中有的不仅具有丰富的修辞学理论知识，而且拥有语言学、社会学、哲学、伦理学等相关学科的理论知识。此外，还造就了一支修辞学教学队伍，他们遍布从中学到大学的各级教学层次。

第二，从20世纪80年代初期开始，成立了专门的全国性学术研究组织——中国修辞学会，并且建立了全国各大区的修辞学分会以及相关的专业研究学会。特别是2002至2009年期间，中国修辞学会的发展势头迅猛。学会在王德春会长、陈汝东秘书长的领导和全体同仁的共同努力下，先后连续召开多次国际、国内会议，建立了多个专业分会，比如对外汉语修辞学会、中国语言教育学会等。中国修辞学会会员曾一度达到六七百人，外加各大区、各省修辞学分会以及各专业分会会员，共计约两千人。其中有较多著述的达百余人。这在中国修辞学研究历史上是前所未有的。

第三，创办了专门的学术刊物——《修辞学习》。[①] 该刊是1982年在华东修辞学分会会长王德春教授的领导下由华东修辞学分会创办的，已经出版100多期，刊发论文数千篇，[②] 已经成为我国修辞学研究者与学习者的重要阵地之一。中国修辞学会还不定期出版《修辞学论文集》，刊发中国修辞学会会员的最新研究成果。此外，还有一些学报辟有修辞研究专栏，比如《北京大学学报》《江淮论坛》《安徽师范大学学报》《阜阳师范学院学报》等等。与此同时，还出版了数百部修辞学专著，形成了丰富的修辞学理论文库。

---

① 该期刊后改名为《当代修辞学》。
② 陈汝东《〈修辞学习〉与中国当代修辞学》，《修辞学习》，2000年第4期。

第四，形成了相对完善的修辞学人才培养体系。我国现代修辞学自20世纪50年代进入现代汉语教学体系，构成现代汉语课程的一部分。①此后，逐渐独立为一门课程。80年代开始培养修辞学方向的硕士，90年代中期开始培养修辞学方向的博士。目前，有数十所大学设立了修辞学硕士学位专业方向，有的还设立了博士学位方向，比如北京大学的"当代修辞传播学理论与应用"博士学位方向等。

第五，中国修辞学的上述成就，在我国国民素质教育中发挥了重要作用。从正规的学校教育到一般的民众自我教育，国民语言素质乃至整体素质的提高，都有修辞学的一份功劳。随着修辞学研究的深入和修辞学教育体系的完善，修辞学在国民整体素质提高中的作用将更加重要。

第六，我国修辞学界的国际学术交流也得到了很大发展，不但积极开展与国际修辞学界的对话，而且登上了国际学术舞台，并成为一支重要的力量。2000年，美国明尼苏达大学修辞学系教授艾伦·葛络斯，应陈汝东邀请来华出席中国修辞学会成立20周年大会，开辟了我国当代修辞学国际学术交流的新时代。

此后，先后有来自美国、法国、英国、德国、俄罗斯、日本、韩国的学者来华交流合作。此外，2005年7月我国学者陈汝东应邀出席了在美国南加州大学召开的国际修辞学史学会第15届年会，并做特邀大会报告。2009年7月，在加拿大麦吉尔大学召开的国际修辞学史学会第17届年会上，陈汝东当选为国际修辞学史学会的理事。这些标志着中国修辞学学者登上了国际学术舞台，并赢得了国际学术界的认可。

四、现代修辞学发展的经验教训

在综括20世纪中国修辞学研究的历史经验时，强调"社会需要"以及"中外文化碰撞交融"在中国修辞学发展中的重要作用是十分必要的。② 此外，我们还应该指出，20世纪中国修辞学的兴起、停滞与发展繁荣与中国社会的政治、经济形势不无关系。20世纪80年代以来，中国宽松的政治形势和飞速发展的经济为修辞学等其他人文社会科学的发展提供了良好的外部环境。此外，我们还应该指出，其发展的学科动

---

① 袁晖《二十世纪的汉语修辞学》，书海出版社，2000年。
② 宗廷虎《修辞学研究的历史经验和21世纪发展前瞻》，《扬州大学学报》（人社版），1999年第1期，第276页。

力还包括中国修辞学者的不懈追求和奋发进取精神，以及修辞学人才的培养、不断更新的知识结构和对国外修辞学理论的批判吸收。20世纪中叶以后特别是80年代后期，中国修辞学者的"自警意识"或"危机意识"，对中国修辞学理论的持续发展起了促动作用。这一时期，有不少学者不断反思并重新审视、总结评价中国修辞学的发展状况，主动发现学科发展中潜在的危机，并不断提出新的预见。

此外，重视人才培养也是中国修辞学发展繁荣的重要因素。中国修辞学从20世纪80年代初开始，建立自己的学术研究组织，并不断发展培养这方面的人才，注意改善修辞学后继人才的知识结构，培养其坚定的学科意识。修辞学研究者较高的语言学理论知识、外语知识和其他相关人文社会科学知识，为修辞学理论的开拓奠定了坚实的基础。最后，现代科学发展特别是与修辞学相邻学科的发展以及修辞学研究者对这些学科的积极借鉴、吸收，也构成了20世纪中国修辞学发展壮大的原因之一。

总之，稳定而宽松的社会与科学研究环境、不懈的学科自警和发展意识、持续的人才培养以及知识结构拓展和对相邻学科理论的积极借鉴，都是中国修辞学继续发展的重要因素。当然，在中国修辞学的发展中，也有许多有待改善的地方，包括学者学缘结构单一、知识结构老化、外语水平比较低、民族文化和国际交流意识不强，学术规范意识不够，学术品格不高，学术研究功利性严重等等，都是制约中国修辞学持续繁荣发展的重要因素。

五、未来中国修辞学理论展望

1. 汉语修辞学的本体理论发展趋势

21世纪是一个相当长的历史阶段，对中国修辞学在今后长达一个世纪的发展作出全面具体的预测，是不现实的。但从目前的形势看，新世纪汉语修辞学的本体理论至少会在以下几个方面进一步发展延伸。

首先，对修辞属性的全面认识，将在20世纪基础上进一步沿着言语交际行为方向发展，并将突出其认知属性。因此，汉语修辞学的研究对象，除了传统的修辞手段、修辞方法之外，将突出修辞交际过程，特别是制约修辞交际过程的各种社会因素、心理因素、社会心理因素系统及其内部的互动关系。这将包括话语建构和话语理解两个方面。其次，会加强对修辞交际过程的认知心理机制的研究，探讨人类修辞交际中话语建构和话语理解的认知心理过程。该方面研究的体现形式将是"社会心理修辞学"和"认知修辞学"的不断建构和完善。再次，研究领域将进一步拓展。在对已有领域进行继续研究的基础上，将开辟一些新的研究领域，比如影视修辞领域、网络修辞领域、人工智能修辞领域以及政治修辞领域、经济修辞领域等等。

最后，在研究方法方面，修辞学将进一步借鉴社会学、心理学、社会心理学，特别是认知心理学的理论和方法。微观层次上，将采用社会心理分析法，解析修辞交际行为的功能效果，同时也会采用实验法测试修辞手段的功能以及修辞过程中各种社会角色的选择及扮演。此外，也会采用认知分析方法，综合解析修辞交际行为成败的认知理据。当然，有些传统方法也将被继承，比如例证法、语例调查法等，主要用以综括新的修辞手段、修辞方法，分析其结构和功能。上述研究理念将催生出新的修辞规律。这主要是修辞的社会心理规律和认知规律以及道德规律和审美规律。这些即将取得的研究成果将大大丰富修辞学的本体理论。

当然，上述发展走向的保持和成果的取得，不但需要稳定的社会基础，同时也需要修辞研究队伍的不断进化，特别是研究者知识结构的不断更新。显然，仅仅拥有修辞理论知识和语言理论知识储备是远远不够的，还需要丰厚的哲学、社会学、传播学、心理学、社会心理学、认知心理学以及美学、文学、伦理学等的知识储备，特别是新闻学、传播学的理论知识和实践经验。这是新世纪修辞学发展对修辞学研究人才培养提出的更高要求。

2. 修辞学分支学科在新世纪的进一步拓展

除本体理论发展外，21世纪中国修辞学的分支学科将得到全面发展。这包括以下几个方面。

首先，已具备完整学科形态的辞格学、语体学、语境学、风格学以及公共关系修辞学、接受修辞学、言语交际学、文艺修辞学、小说修辞学和修辞美学等等，将进一步完善。需要指出的是，上述分支学科的发展，不应是20世纪成果的简单延续，而应是在新的理论知识基础上的重构。比如，文艺修辞学，就不应是传统意义上的文艺领域中的积极修辞方法的结构功能分析，而是叙事修辞理论和文艺修辞批评理论的建构，是对艺术话语建构及解构进行修辞批评分析，锻造语言学与文学的链条，更好地促动两门学科的良性发展及人才培养，与国外的修辞批评理论接轨，摆脱文艺作品政治与社会批评的窠臼，走艺术话语建构与解构的修辞批评之路。

此外，在此意义上继续发展和完善各文艺话语体式的修辞理论，这包括诗歌修辞理论、小说修辞理论、戏剧修辞理论、影视修辞理论（诉诸视觉的图像修辞理论）。此外，一些尚未具备学科形态的实用修辞学分支学科也将被完善，这包括政治修辞学、法律修辞学、新闻修辞学、科技修辞学、广告修辞学、教育修辞学、传播修辞学、网络修辞学、计算修辞学等等。

其次，将建立一些理论修辞学分支学科，这除了上述的社会心理修辞学、认知修辞学之外，还包括社会修辞学、心理修辞学、修辞哲学、修辞伦理学、文化修辞学以及跨文化修辞学或比较修辞学等。这些分支学科虽然在20世纪已分别提出，也有了一定的发展,[①] 但实际上并没有形成完整的学科形态。因此，继续构筑与完善上述分支学科理论，将会成为21世纪中国修辞学发展的必然选择。

再次，进入21世纪以后，新近提出的一些新兴交叉学科领域，包括宗教修辞学、建筑修辞学、视觉修辞学、图像修辞学、修辞伦理学、传播修辞学、音乐修辞学、舞蹈修辞学以及公共修辞学、国家修辞学、全球修辞学等等，将得到进一步的发展和完善，尤其是公共修辞学、国家修辞学和全球修辞学。

所谓"公共修辞则是指社会个体或群体以公共利益为指向的修辞行为，其修辞动机在于公共意志表达，公共权力建构和公共政策制定"。[②] 公共修辞学则是指研究人类公共修辞规律的新兴交叉学科，它以揭示公共意志表达、公共权力建构和公共政策制定的修辞规律为目的。

而"国家修辞学，是研究国家修辞现象、修辞手段、修辞策略，揭示国家修辞规律的新兴交叉学科，国家修辞学是公共修辞学的一个重要

---

① 这方面的主要著述包括：陆稼祥《内外生成修辞学》，重庆出版社，1998年；吴礼权《中国修辞哲学史》，台湾商务印书馆，1995年；王希杰《修辞学和哲学》，《海南师范学院学报》，1992年第4期；陈汝东《修辞伦理学及其研究》，《修辞与文化》，中国修辞学会编，新疆大学出版社，2000年；等等。

② 陈汝东《论全球化时代的东亚修辞学教育》，《韩中语言文化研究》第22辑，韩国现代中国研究会、韩国中国言语文化研究会编，2010年2月，第3-19页。

组成部分"。① "全球修辞学,就是从人类文化和文明视角研究全球修辞规律的新兴交叉科学,它旨在综括人类全球修辞的手段和方法,探讨解决人类共同面临的全球生存与发展问题的修辞战略和对策,揭示全球传播的修辞规律。"② 毫无疑问,上述新兴分支学科代表了未来国际修辞学发展的方向,也是修辞学进一步向其他学科发展的前沿阵地。

最后,需要指出的是,上述分支学科的理论建设,不应是对现有成果的重复,也不应该是对相邻学科理论的生吞活剥,而应该是合理的吸收利用和攀高创新。此外,还有一个方面也将会有进展,即修辞学史和修辞史的理论的进一步建构。当然,对中华民族修辞学史、修辞历史的研究,应该重在从比较的角度进行东西方修辞学史的研究,探讨具有普遍性的人类修辞学史;同时从比较角度研究各国的修辞形态,包括在修辞手段、修辞现象、修辞方法、修辞秩序、修辞制度等方面的异同和特点,概括人类修辞史的沿革及其发展规律,而不是对前人相关论述的资料堆积、罗列及综述。

六、世界学术舞台上的中国修辞学

修辞学不仅是一门民族性很强的学科,同时也是一门具有广泛共性的世界性学科。在中国现当代修辞学的发展历程中,我们不难发现其对国外修辞学理论成果的批判和吸收。20世纪初,中国修辞学理论体系的建立和发展得益于日本修辞学、英国修辞学等国外修辞学。50年代又从苏联的功能修辞学中汲取营养,建立了汉语语体学。80年代开始,汉语修辞学加大了对西方古典修辞学和现当代修辞学的介绍、了解和借鉴力度,并在此基础上形成了一些新的修辞学理论,比如社会心理修辞学、接受修辞学、认知修辞学等等。这不仅丰富了中国修辞学的理论体系,同时也对世界修辞学理论的发展做出了贡献。

如果说20世纪90年代以前的中国修辞学主要是"进口"的话,那么,从20世纪末中国修辞学已经开始向外输出。进入21世纪后,中国学者用世界眼光和国际视野,用兼容并包的汉文化胸怀,奋力进行学术文化的创新。通过创新理论学说,中国的修辞学学者引领了国际学术发

---

① 陈汝东《论国家话语能力》,《北京大学学报》(哲学社会科学版),2011年第5期。
② 陈汝东《古典与未来:中国修辞学思想的全球意义》,《北京大学学报》(哲学社会科学版),2013年第5期。

展的方向，为风云变换的国际秩序变革与重构提供理论支撑。修辞学为西方独有，中国和东方无修辞学的观点也随之破灭。

中国学者采取"请进来，走出去"的战略，通过各种方式传播和捍卫自己本民族的文化传统。2007年，在法国召开的国际修辞学史学会第十六届年会上，北京大学陈汝东联合华裔及欧美汉语修辞学者，组建起了世界汉语修辞学会。此后，学会发展迅速，分别在中国大陆、香港、韩国的首尔、日本的札幌召开了多次年会暨国际修辞学研讨会，创刊了《国际修辞学研究》。[①] 2012年10月，在陈汝东会长的领导下，世界汉语修辞学会顺应各国学者的要求，于韩国成功扩展为全球修辞学会。截止目前，全球修辞学会已吸纳了来自全世界五大洲数十个国家的数百名学者。与此同时，全球修辞学会相继成立了"国际修辞传播学会""国际语言传播学会""全球语言与文化教育学会""全球传媒伦理与法制联合会""认知传播学会"等分会；韩国修辞学会、保加利亚修辞学等，也先后加入。全球修辞学会秘书处设在北京大学，该会工作语言为汉语和英语。

相信，在21世纪，随着中国修辞学理论的发展、完善，她将向世界输出自己的理论和方法，在世界修辞学舞台上占有一席之地。当然，这需要我国修辞学者不断努力更新知识结构，不仅应具有良好的语言学理论知识，而且应具备哲学、社会学、传播学、心理学、社会心理学、伦理学等学科的理论知识。此外，还应有较高的外语水平，适时把握国外修辞学的理论动态。唯其如此，中国修辞学才能不断创新，才能走出国门，冲向世界，开展国际对话。

科学是无国界的。虽然汉语修辞学有其自身的研究对象，必须借助于汉语实例来构建具有民族语言特点的理论体系，为提高国民素质服务。但在理论上，各国的修辞学都是相通的。因此，我们有必要继续强调借鉴、吸收其他国家修辞学的新理论、新方法，加大引介的力度。就目前的情况看，我们对外国修辞学了解、学习和借鉴得还很不够。我们还不能够与其他国家的修辞学者进行全面、通畅的交流与合作。因此，继续引进、介绍、学习、借鉴乃至输出，仍十分必要。

---

① 由高等教育出版社出版，目前已出版了三辑。

七、中国修辞学事业的发展前景

随着中国修辞学理论在 21 世纪的发展和完善，其学科地位和作用将会不断提升。首先，修辞学在人文社会科学中的地位和影响将不断加强，以往修辞学重接受、轻输出的现象将得到扭转。因为，修辞学分支学科理论的完善，将大大提高修辞学理论与其他人文社会学科的联系。这不仅包括汉语语言学的其他分支学科，也包括文学、美学、哲学、传播学、政治学、社会学、心理学、伦理学等学科。其次，随着中国修辞学学科建设的逐步完善，其在国民教育体系中的地位将获得提升。这不仅体现在正规的中小学教育系统中，也将体现在一般的国民素质教育中。将来，在我国中小学的课程体系中，也许会出现一门口语修辞或口语交际课程，或者以修辞为核心的语文课程。

当然，最重要的是修辞学在我国高等教育学科设置中的地位将有望改观。20 世纪初期以来，我国的现代修辞学从无到有，从小到大，其在高等教育体制中的地位逐步提升。从设置选修课到设置硕士点和博士点，都体现了中国修辞学事业蓬勃发展的势头。修辞学的这种发展势头虽令人鼓舞，但离其应有的作用和地位尚有很大距离。作为语言运用领域的核心学科，修辞学应统辖所有的语言运用领域。修辞学的科学体系，不仅应包括古典的演讲学、论辩学，还应该囊括说服学、辞格学、语体学、风格学以及修辞哲学、修辞美学、修辞伦理学和社会心理修辞学、传播修辞学等诸多的分支学科。

在 21 世纪初，我们先后提出建立以修辞学为核心的专业或学科体系，成立修辞学系或相关的学科设置。[①] 近年来，修辞学研究的深入表明，修辞学的拓展必将带动其专业地位的确立——它将可能成为独立的专业方向，甚或成为单独的修辞学系。现在，修辞学已不再专属于传统的中文专业，而是扩展到了新闻学、传播学等其他专业领域。因此，修辞学辟为专业或系，并非没有理论和实践基础。

修辞学的课程体系，不应局限在修辞学的基本理论，还应包括修辞

[①] 陈汝东《简论以修辞为纲的对外汉语教学理念》，《对外汉语教学与研究》，2004 年第 3 期；陈汝东《论以修辞学为中心的学科体系建设》，《修辞学论文集》第十集，中国修辞学会编、王德春、李月松主编，上海外语教育出版社，2006 年 11 月；《福建师范大学学报》，2007 年第 1 期。

批评、演讲修辞、言语交际、修辞伦理、影视修辞、广告修辞、新闻修辞、传播修辞、修辞学史,以及播音与主持修辞、视觉修辞、影视修辞、建筑修辞、话语修辞、舞蹈修辞、网络修辞以及公共修辞、国家修辞、全球修辞等等。也许,这一天的到来需要耐心,但它迟早是会来的。

目前,国内有的大学,已设置了修辞学系或修辞学专业。这表明,建立以修辞学为核心的专业、学科体系、修辞学系,或话语学专业、话语学系,[①] 必将成为现实。显然,这还需要修辞学者进一步的理论开拓,同时也需要其他相邻学科建制的完善。

实际上,修辞学的这种学科地位和建制早已在美国等国家确立。在美国,修辞学是独立的学科,其表现形态不但是独立的专业,而且是一个系,有的甚至与言语交际、新闻、传播等结合成为一个学院。当然,中外修辞学在研究领域、研究方法以及研究成果等方面不尽相同,但相互借鉴,相互影响,相互融合,是大势所趋。当然,我们说的融合并不意味着汉语修辞学的操作客体由汉语转变为英语,而是理论和方法及学科建制上的统一。

我国修辞研究的历史文献浩如烟海,限于篇幅我们只是对现代部分做一简略的总结、概括。未来中国修辞学的发展前景,将十分广阔,十分灿烂。在未来的百年时间中,中国修辞学的具体发展难以准确拟测。我们只能就目前以及未来若干年的发展趋势做一简要的展望。也许,上述有些目标的实现用不了一个世纪的时间,而有的则需更长一点的时间。中国的修辞学者应该有信心,也应该有能力实现上述目标。中国修辞学也必将成为全球修辞学舞台上的一支生力军,必将引领全球修辞学的学科发展方向。

☞ **思考题**

1. 用实例驳斥"东方或中国无修辞学"的观点。
2. 谈谈中国古典修辞学的主要思想观点。
3. 为什么说修辞是一种文化和文明形态?谈谈你的理解。

---

① 陈汝东《论语法研究的现状与趋势》,《浙江大学学报》,2008 年第 6 期;陈汝东《论话语学的学科建构》,《当代中国话语研究》,第 2 卷第 1 期,浙江大学出版社,2009 年。

练习题

根据所学内容，选择合适的词语填空

1. 西方的古典修辞，就是以城邦社会为语境的演说、劝服和论辩。其经典模式是由"诉讼""议政""典礼"三种演说和"觅材取材""_____""文体风格""记忆""表达技巧"等五个步骤。

2. 说服、论辩现象，或者说"长短术""_____"，是我国先秦时期典型的修辞形式，特别是在战国时期，以门客、游说之士为最。

3. 《_____》是中国古代"纵横术"的典型代表，① 是中国古典论辩修辞的代表作。

4. 《左传·襄公二十四年》中引述叔孙豹的话说："太上有立德，其次有立功，_____，虽久不废，此之谓三不朽。……禄之大者，不可谓不朽。"

5. 魏文帝曹丕曾说："盖文章，_____，不朽之盛事。年寿有时而尽，荣乐止乎其身，二者必至之常期，未若文章之无穷……"

6. 修辞既是一种论辩、说服的工具，也是一种道德修养；既是一种人生追求，一种使人生_____，也是一种安身立命、治国安邦的重要手段；既是一种社会秩序，也是一种通向仁爱、忠信、礼制的桥梁。

7. 公共修辞学则是指研究_____，它以揭示公共意志表达、公共权力建构和公共政策制定的修辞规律为目的。

8. 他们于 2007 年在法国组建起了_____，并分别在中

---

① 唐柳宗元在《鬼谷子辨》中对《鬼谷子》的真伪提出质疑，阮元、秦恩复、周广业、俞樾等认为该书为先秦时代的著作。胡应麟认为《鬼谷子》是东汉时人荟萃苏秦、张仪之书附益而成，或皇甫谧所伪造。钱穆在《先秦诸子系年·鬼谷子辨》中认为《鬼谷子》为东汉后晚出伪书。今人利用出土文献和传统文献相对照，认为一部分篇章为真，有些篇章为伪。

国大陆、香港、韩国的首尔、日本的札幌召开了多次年会暨国际修辞学研讨会，创刊了《国际修辞学研究》。

9. 2012年10月，世界汉语修辞学会顺应各国学者的要求，于韩国成功扩展为_____。

10. 进入21世纪后，修辞学研究的深入表明，修辞学的拓展必将带动其专业地位的确立——它将可能成为独立的专业方向，甚或成为单独的_____。